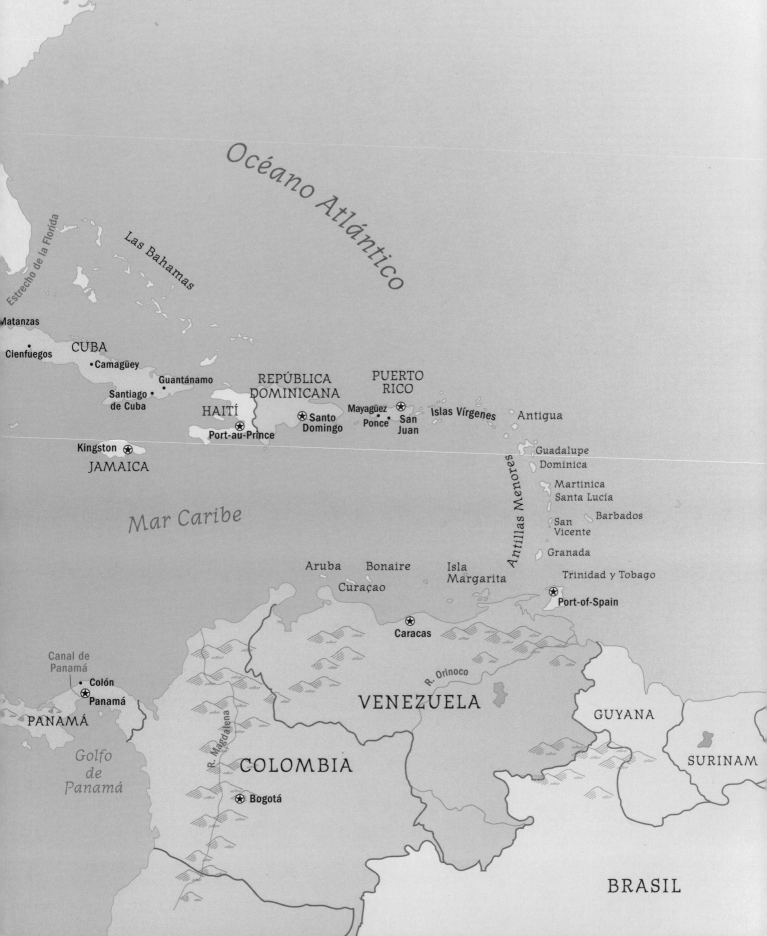

Océano Atlántico

Estrecho de la Florida

Las Bahamas

Matanzas

Cienfuegos

CUBA

Camagüey

Guantánamo

Santiago de Cuba

HAITÍ

Port-au-Prince

REPÚBLICA DOMINICANA

Santo Domingo

PUERTO RICO

Mayagüez

Ponce

San Juan

Islas Vírgenes

Antigua

Kingston

JAMAICA

Mar Caribe

Guadalupe

Dominica

Martinica

Santa Lucía

San Vicente

Barbados

Granada

Antillas Menores

Aruba

Bonaire

Curaçao

Isla Margarita

Trinidad y Tobago

Port-of-Spain

Caracas

R. Orinoco

Canal de Panamá

Colón

Panamá

PANAMÁ

Golfo de Panamá

R. Magdalena

COLOMBIA

Bogotá

VENEZUELA

GUYANA

SURINAM

BRASIL

ANNOTATED INSTRUCTOR'S EDITION

Impresiones

RAFAEL SALABERRY

Rice University

CATHERINE M. BARRETTE

Wayne State University

PHILLIP ELLIOTT

Southern University

MARISOL FERNÁNDEZ-GARCÍA

Northeastern University

PEARSON

Prentice
Hall

UPPER SADDLE RIVER, NJ 07458

Publisher: *Phil Miller*
Senior Acquisitions Editor: *Bob Hemmer*
Assistant Director of Production: *Mary Rottino*
Senior Production Editor: *Nancy Stevenson*
Senior Development Editor: *Julia Caballero*
Senior Director of Market Development: *Kristine Suárez*
Executive Marketing Manager: *Eileen Bernadette Moran*
Assistant Editor: *Meriel Martínez Moctezuma*
Editorial Assistant: *Pete Ramsey*
Media Editor: *Samantha Alducin*
Media Production Manager: *Roberto Fernandez*
Assistant Manager, Prepress & Manufacturing: *Mary Ann Gloriande*
Prepress & Manufacturing Buyer: *Brian Mackey*
Creative Design Director: *Leslie Osher*
Senior Art Director: *Ximena P. Tamvakopoulos*
Interior Image Specialist: *Beth Boyd Brenzel*
Director, Image Resource Center: *Melinda Reo*
Manager, Rights and Permissions: *Zina Arabia*
Formatting and Art Manager: *Guy Ruggiero*
Illustrator: *Chris Reed*
Electronic Art: *SIREN Design/Communications*
Cover Art: *Obed Gómez, "Four Years," 18 × 24" pastel on paper/Obed Art*

Credits appear on pp. 561–562, which constitute a continuation of the copyright page.

This book was set in 10/12 New Baskerville typeface by ICC and was printed and bound by Von Hoffman Press, Inc. The cover was printed by Coral Graphics.

© 2004 by Pearson Education, Inc.
Upper Saddle River, NJ 07458

Printed in the United States of America
10 9 8 7 6 5 4 3 2 1

ISBN 0-13-092914-X (Student text)
ISBN 0-13-093605-7 (Annotated Instructor's Edition)

Pearson Education LTD., *London*
Pearson Education Australia PTY, Limited, *Sydney*
Pearson Education Singapore, Pte. Ltd.
Pearson Education North Asia Ltd., *Hong Kong*
Pearson Education Canada, Ltd., *Toronto*
Pearson Educación de Mexico, S.A. de C.V.
Pearson Education—Japan, *Tokyo*
Pearson Education Malaysia, Pte. Ltd.
Pearson Education, *Upper Saddle River,* New Jersey

Brief Contents

1 Introducción al español   2

2 Primeras experiencias   38

3 Las universidades y la educación   78

4 Las rutinas y las profesiones   116

5 Las fiestas y las tradiciones   152

6 Las comidas y la conversación   186

7 Las artes y los deportes   222

8 La familia y la sociedad   260

9 Los viajes y la cultura   298

10 La comida y la dieta   336

11 Las compras y el consumismo   376

12 La cultura y los medios de comunicación   416

13 La medicina y la salud   454

14 El medio ambiente y la calidad de vida   486

Scope and Sequence

1 Introducción al español 2

VOCABULARIO EN CONTEXTO

· Presentaciones y saludos 4
· Préstamos y cognados 7
· Los números 10
· El abecedario 12

Intercambios comunicativos
· Para pedir ayuda (*help*) en la clase 14

ENFOQUE CULTURAL

· Los países donde se habla español 16

2 Primeras experiencias 38

VOCABULARIO EN CONTEXTO

· Los colores 40
· El cuerpo humano 44
· Más números 45

Intercambios comunicativos
· Agradecer (*thank*) y pedir disculpas (*apologies*) 48
· Hacer una petición (*request*) 48

ENFOQUE CULTURAL

· El español en los EE.UU. 49

3 Las universidades y la educación 78

VOCABULARIO EN CONTEXTO

· La hora 80
· Las clases 82

Intercambios comunicativos
· Pausas y palabras para mantener una conversación 86
· Palabras y expresiones para confirmar y mostrar interés en la conversación 86

ENFOQUE CULTURAL

· México 88

4 Las rutinas y profesiones 116

VOCABULARIO EN CONTEXTO

· Las carreras y las profesiones 118
· El tiempo y las estaciones 123

Intercambios comunicativos
· Saludos 126

ENFOQUE CULTURAL

· Cuba y la República Dominicana 128

GRAMÁTICA EN CONTEXTO

· Subject pronouns 17
· Optional pronouns 18
· The verb *ser* 19
· Articles 23

INTEGRACIÓN COMUNICATIVA

· El español en el mundo 24
· Una carta de presentación 26

COMPARACIONES CULTURALES

· ¿Cuántos continentes hay? 28
· Bilingual poetry 29

Diferencias dialectales
· Variaciones regionales 31
· ¿Zeta o ese? 33

GRAMÁTICA EN CONTEXTO

· Grammatical gender and articles 51
· Plurals 53
· Adjectives 54
· The verb *estar* 56
· Present tense 58
· *Gustar* 61

INTEGRACIÓN COMUNICATIVA

· Hispanos famosos 63
· La población hispana en los Estados Unidos 65

COMPARACIONES CULTURALES

· La poesía chicana: Francisco X. Alarcón y Lin Romero 68

Diferencias dialectales
· Espanglish o español 69

GRAMÁTICA EN CONTEXTO

· *Gustar (nos/les)* 90
· Present tense (plural forms) 91
· *Tener que*. . . and *tener ganas de*. . . 94
· Introduction to reflexive verbs 95
· Introduction to the present progressive 97

INTEGRACIÓN COMUNICATIVA

· El sistema métrico 101
· Paralelos en los sistemas educativos 102

· El sistema métrico 101

COMPARACIONES CULTURALES

· El muralismo 106
· Sor Juana Inés de la Cruz y Octavio Paz 107

Diferencias dialectales
· Espanglish II 110

GRAMÁTICA EN CONTEXTO

· Reciprocal verbs 129
· Stem-changing verbs in the present 131
· Irregular verbs in the present 133
· Immediate future: *ir* + *a* + infinitive 134
· Adverbs that end in *-mente* 135

INTEGRACIÓN COMUNICATIVA

· Entrevistas de trabajo 140

COMPARACIONES CULTURALES

· Paralelos entre Hemingway y Martí 142

Diferencias dialectales
· ¿Qué tú quieres? 144
· La poesía del *-sión* 144

5 Las fiestas y las tradiciones 152

VOCABULARIO EN CONTEXTO

· Las fiestas y las celebraciones 154
· La familia 156

Intercambios comunicativos
· Opiniones a favor y en contra 162

ENFOQUE CULTURAL

· Puerto Rico 163

6 Las comidas y la conversación 186

VOCABULARIO EN CONTEXTO

· Lugares para tomar algo y conversar 188
· La comida y la bebida 190

Intercambios comunicativos
· Invitaciones 193

ENFOQUE CULTURAL

· España 194

7 Las artes y los deportes 222

VOCABULARIO EN CONTEXTO

· Los deportes 224
· Las artes 230

Intercambios comunicativos
· Disculpas 232

ENFOQUE CULTURAL

· Argentina y Uruguay 234

8 La familia y la sociedad 260

VOCABULARIO EN CONTEXTO

· Las relaciones familiares 262
· Los apellidos hispanos 264
· Diferentes etapas de la vida 266

Intercambios comunicativos
· Apoyo y comprensión 269

ENFOQUE CULTURAL

· El español en el mundo 270

GRAMÁTICA EN CONTEXTO

· Impersonal **se** 165
· Contrasting **ser**, **estar**, and **haber** 166
· Negative expressions 168
· Possessive adjectives and pronouns 169
· Introduction to indirect object pronouns 170
· Verbs similar to **gustar** 172

INTEGRACIÓN COMUNICATIVA

· Celebraciones seculares y religiosas 173
· La influencia indígena y africana en Puerto Rico 175
· Las relaciones entre los EE.UU. y Puerto Rico 177

COMPARACIONES CULTURALES

· La bandera de Puerto Rico 179
· El himno nacional 180

Diferencias dialectales
· ¡Ay bendito! 181

GRAMÁTICA EN CONTEXTO

· Ordinal adjectives 195
· Direct object pronouns 198
· Informal commands 201

INTEGRACIÓN COMUNICATIVA

· En el restaurante 203
· Espectáculos tradicionales: El cine 206

COMPARACIONES CULTURALES

· Imágenes de España 210
· "Las moscas" 212

Diferencias dialectales
· Vosotros 214
· El ceceo 214

GRAMÁTICA EN CONTEXTO

· Regular preterit 236
· Irregular preterit 240

INTEGRACIÓN COMUNICATIVA

· El fútbol femenino 242
· Deportistas hispanos famosos 244

COMPARACIONES CULTURALES

· El tango 247
· Horacio Quiroga: El almohadón de plumas 250

Diferencias dialectales
· Uso del **vos** 253
· Pronunciación de la /y/ y la /ll/ 254

GRAMÁTICA EN CONTEXTO

· The imperfect 272
· The preterit and the imperfect 274
· Verbs that change meaning 277
· Other irregular verbs in the preterit 278

INTEGRACIÓN COMUNICATIVA

· Mujeres no tradicionales del mundo hispano 280
· Lenguaje menos sexista 281
· Apelativos cariñosos 282

COMPARACIONES CULTURALES

· La identidad de los hispanos 285
· Hispanos, latinos y otras categorías 288
· Poesía y amor 288

Diferencias dialectales
· *Djudeo-espanyol* 289
· /t/ y /d/ 290

9 *Los viajes y la cultura* 298

VOCABULARIO EN CONTEXTO

· Los viajes 300

Intercambios comunicativos
· Emociones y sentimientos 307

ENFOQUE CULTURAL

· Chile 309

10 *La comida y la dieta* 336

VOCABULARIO EN CONTEXTO

· La comida y la dieta 338

Intercambios comunicativos
· Pedir y dar ayuda 345

ENFOQUE CULTURAL

· Ecuador y Perú 347

11 *Las compras y el consumismo* 376

VOCABULARIO EN CONTEXTO

· Las compras 378
· Solicitud de crédito 383

Intercambios comunicativos
· Expresar duda y sorpresa 385

ENFOQUE CULTURAL

· Bolivia y Paraguay 387

12 *La cultura y los medios de comunicación* 416

VOCABULARIO EN CONTEXTO

· Formas de arte clásico 418
· Críticas teatrales y cinematográficas 422

Intercambios comunicativos
· Dar y recibir consejos 424

ENFOQUE CULTURAL

· Provincias unidas de Centroamérica 426

GRAMÁTICA EN CONTEXTO	INTEGRACIÓN COMUNICATIVA	COMPARACIONES CULTURALES
· Preterit and imperfect 311 · Personal **a** with animate direct objects 314 · **Hace** + (time) + **que** + present or preterit 316	· Islas Galápagos, Isla de Pascua e Islas Canarias 318 · Augusto Pinochet 320 · El comercio y la economía chilena 322	· Bebidas tradicionales de Chile y de los EE.UU. 326 · "Oda al vino" 327 · Dos Premios Nobel de literatura 327 **Diferencias dialectales** · El presente perfecto 328 · /r/ y /r̄/ 330
GRAMÁTICA EN CONTEXTO	INTEGRACIÓN COMUNICATIVA	COMPARACIONES CULTURALES
· Formal commands 349 · Double object pronouns 352	· Platos y recetas típicas 354 · Reglas de etiqueta 356	· El indigenismo andino 364 · Leyenda popular: "La quenita" 365 **Diferencias dialectales** · Diferencias de vocabulario 367 · La **b** y la **v** 369
GRAMÁTICA EN CONTEXTO	INTEGRACIÓN COMUNICATIVA	COMPARACIONES CULTURALES
· Comparatives and superlatives 388 · The passive voice 392 · The passive **se** 394 · **Por** and **para** 395	· El regateo 396 · Consumidores inteligentes y responsables 398 · El tratado de libre comercio 400 · Cartas comerciales 404	· Los países del Mercosur 406 · Augusto Roa Bastos 408 **Diferencias dialectales** · La ropa 409 · La **l** 411
GRAMÁTICA EN CONTEXTO	INTEGRACIÓN COMUNICATIVA	COMPARACIONES CULTURALES
· The subjunctive: Impersonal expressions 427 · **Lo** + adjective 430	· El arte 431 · La televisión 432 · Una cultura en común 438	· George Washington y Francisco Morazán 440 · Identidad cultural 442 · Dos Premios Nobel: Rigoberta Menchú y Óscar Arias 442 · Augusto Monterroso 444 **Diferencias dialectales** · El español en la red 445 · La **b** y la **v** 446

13 *La medicina y la salud* 454

VOCABULARIO EN CONTEXTO

· Malestares físicos y
recomendaciones 459
· Síntomas y enfermedades 460
· Medicinas y remedios 461

Intercambios comunicativos
· Deseos de mejoría y
despedidas 462

ENFOQUE CULTURAL

· Los países bolivarianos 463

14 *El medio ambiente y la calidad de vida* 486

VOCABULARIO EN CONTEXTO

· La ciudad 488
· Las reglas de tráfico 490
· La biodiversidad global 492

Intercambios comunicativos
· Tomar la palabra y finalizar una
conversación 493

ENFOQUE CULTURAL

· Costa Rica y Nicaragua 496

Appendix 1 **B Activities 521**
Appendix 2 **Verb Charts 535**
Appendix 3 **Spanish-English Glossary 542**
Appendix 4 **English-Spanish Glossary 552**
Credits 561
Index 563

GRAMÁTICA EN CONTEXTO	INTEGRACIÓN COMUNICATIVA	COMPARACIONES CULTURALES
· The subjunctive in dependent clauses 465 · The future and the conditional 466 · The future and the conditional: Uses 468 · *Se* with unplanned events 469	· En la sala de espera 472 · El examen médico annual 473	· Los ancianos 476 · Atención médica 477 · *Cien años de soledad* 478 **Diferencias dialectales** · Reforma ortográfica 480 · La **g**, la **j** y la **h** 481

GRAMÁTICA EN CONTEXTO	INTEGRACIÓN COMUNICATIVA	COMPARACIONES CULTURALES
· Present subjunctive with nonexistent and indefinite antecedents 497 · Past and present subjunctive 499 · The past subjunctive in hypothetical situations 500	· Perspectivas urbanas 502 · La diversidad biológica 505 · El calentamiento de la atmósfera 505	· El medio ambiente y la biodiversidad en Costa Rica y EE.UU. 508 · Ecotours 509 · La poesía de Rubén Darío 511 **Diferencias dialectales** · El voseo 513 · La **p**, la **t** y la **k** 514

Preface

Drawing on up-to-date research in second language acquisition, *Impresiones* is a complete language program that motivates students to take responsibility for their own learning by making them active participants in the learning process. Students learn to think critically about cultural, communicative, and grammatical aspects of the Spanish language as they discover the richness and diversity of the Spanish-speaking world and compare its cultures with their own.

Highlights of the Program

Active learning

Instead of passively absorbing ready-made rules, then only subsequently moving to practice activities, students discover grammar rules and communicative functions *on their own* through carefully sequenced activities. For each major linguistic topic, students are first immersed in a communicative context, and then guided to focus and reflect on the forms being used. By the end of the process, they have inferred the appropriate rules for themselves and are prepared to use them in meaningful communication.

Linguistic and cultural diversity

Students learn to appreciate cultural diversity and to understand the many different ways in which culture shapes our attitudes and views of the world. They move beyond stereotypes to understand the fascinating richness of Hispanic cultures and gain awareness of the interesting varieties of the Spanish language.

Integrated video

The *Impresiones* program includes an original video, *Las impresiones de Guadalupe*, thoroughly integrated with the text itself, that has been carefully designed both to interest students and to reflect the pedagogical goals of the program as a whole. The events in each episode are related to the corresponding chapter's theme, and the carefully scripted—yet natural—language reflects the vocabulary and grammar that students will have learned up to that point in the course, as well as cultural and pragmatic topics treated in the text. Consistent with the program's emphasis on active learning, activities in the text encourage students to observe and reflect on what they see in the video to further expand their knowledge of Spanish.

Detailed, color-coded annotations

The annotations in black simplify lesson planning by helping instructors navigate through the many supplemental resources that make up the *Impresiones* program. They allow instructors to see at a glance all materials on a given topic that can be used in the classroom or assigned as homework. The annotations in blue provide answers and offer guidance on using the student text effectively in the classroom.

> **INTEGRATED COMPONENTS**
>
> Use the following instructional resources to practice the **Present tense (plural forms)**.
>
> ■ **Gramática viva:** Present of regular verbs in -ar, Present tense of regular -er, -ir verbs
> ■ **Student Activities Manual/o-SAM:** Activities 3-9, 3-10, 3-11
> ■ **Companion Website:** Chapter 3, Gramática en contexto, Present Tense (plural forms)

How does *Impresiones* achieve its objectives?

Impresiones presents learners with themes and topics that contrast cultural perspectives and develop in students an appreciation of their own culture and the cultures of others. In addition, it systematically presents and explicitly analyzes cultural similarities and differences among the many regions of the Spanish-speaking world, including basic dialectal features.

Impresiones does more than develop students' cultural awareness and understanding of Spanish-speaking groups. *Impresiones* contrasts and blends the functional and social uses of Spanish with basic linguistic structures, resulting in a rich, dynamic, and successful learning experience. For this purpose, key grammar points are introduced in the context of functional uses of the language and later developed in integrated activities. Moreover, every chapter features both oral and written communication strategies that learners can put to immediate use in and out of class.

Chapter Organization

Vocabulario en contexto

A series of chained tasks that promote the active and critical processing of the lexicon (picture-based thematic vocabulary for the chapter).

Intercambios comunicativos

An explicit analysis of the pragmatics of interaction with a reinforcement of vocabulary (listening and video activities).

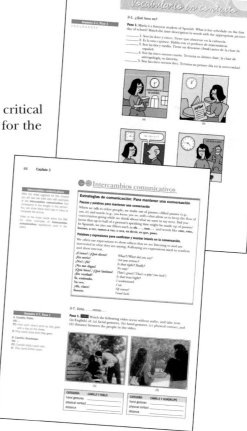

Enfoque cultural

An analysis of specific Spanish-speaking regions (critical-thinking activities from the students' own cultural perspectives).

Gramática en contexto

Focus on specific linguistic structure(s) within a communicative context.

Integración comunicativa

An integration of structure, vocabulary, and function (with special emphasis on reading, writing, and audio activities).

Comparaciones culturales

Selected original literary pieces from the regions highlighted in this section contextualize the analysis of specific grammar topics or content areas introduced in the chapter. Additionally, a section on dialectal variations serves to compare differences among Spanish-speaking groups.

Diferencias dialectales

A short description of well-known regional variations to show the richness of the Spanish language. Through brief directed listening activities, students experience different native speakers of Spanish.

Video: Las impresiones de Guadalupe

An integrated storyline video, with pre-viewing, viewing, and post-viewing activities, follows the cultural experiences of a Mexican student who studies abroad in the United States.

Conceptual Basis of *Impresiones*

Impresiones has been conceptualized as a new approach for the teaching of Spanish along three different lines: 1) the teaching and learning of culture, 2) the development of sociolinguistic skills, and 3) the teaching and learning of grammar.

Language-in-culture orientation

Impresiones integrates cultural information throughout the majority of sections of every chapter. Cultural similarities and differences are contrasted and explicitly analyzed to gain understanding of Spanish-speaking cultures and the way culture is represented in language. As a point of departure for the development of pedagogical activities, *Impresiones* uses the rationale that "teachers can provide learning activities appropriate to grade level that explore the process of stereotyping and the role that stereotypes play in forming and sustaining prejudice" (National Standards for Foreign Language Learning, pp. 48–49). This approach is embedded in the analysis of the relationships between practices and perspectives (Standard 2.1) and products and perspectives (Standard 2.2) of the Spanish cultures.

A unique feature of the book is that it contextualizes language form and language functions with topics from both the target language culture and the student's own cultural setting. This is done to (a) provide students with the vocabulary with which they can communicate and share with Spanish-speaking people their own cultural background and heritage, and (b) ease the transition of students toward understanding new perspectives on topics they may have already analyzed from within their own cultural perspectives.

An explicit focus on the variety of Spanish-speaking cultures

The division of cultural information by country follows the theoretical rationale proposed by several—especially Latin American—dialectologists (e.g., Lipski, 1994). On the other hand, macrodivisions of the Spanish-speaking world (e.g., Southern Cone, Afro-Hispanic culture, U.S.-influenced varieties) are also presented in the chapters that explicitly deal with such geopolitical distributions. In terms of the sequence of presentation of the countries, the first few chapters of *Impresiones* provide students with information about the countries that have had the most immediate influence in the United States through immigrant and native populations. Mexico, Puerto Rico, Spain, Cuba, and the Dominican Republic together are presented in Chapters 3, 4, 5, and 6 respectively. Chapters 1 and 2 focus on Hispanics in the United States.

An explicit focus on the sociocultural appropriateness of language form

The rapid demographic evolution of multiculturalism in the United States and the world requires a more explicit and comprehensive approach toward the teaching of pragmatics, culture, and dialectal differences. To reflect this, the tasks in *Impresiones* introduce a wide range of varieties of Spanish, promote the appropriate sociocultural use of Spanish through the manipulation of various combinations of interlocutors, topics, and purposes (e.g., formal and informal settings, interlocutors of different ages, gender, and backgrounds), and present linguistic structures in association with an analysis of the appropriate sociocultural uses of linguistic form (e.g., generalizability to other settings, probability of use, and relevance to learners' communicative needs). For instance, key dialectal differences are explicitly presented in as simple and clear a way as possible so that the beginning-level student can start to develop an awareness of language differences across different Spanish-speaking cultures.

A rational integration of meaning and form

The meaning versus form (or fluency versus accuracy) debate is no longer a discriminating factor among teaching approaches because current second language acquisition research shows that both meaning and form appear to be essential. In turn, *Impresiones* places an emphasis on when and how to focus students' attention on form and meaning. Furthermore, *Impresiones* tries to reach a balance between functional and structural accuracy to eventually help students achieve higher levels of linguistic complexity: It "pushes" learners to communicate and interact in ever-increasingly appropriate and complex ways. For instance, a learner who accurately conjugates verbs with the **tú** form and who speaks quite fluently may still be using the inappropriate form if the formal **usted** form is necessary. Throughout *Impresiones*, learners are progressively encouraged to focus on increasing the level of appropriateness (complexity) of Spanish even if at any given stage they are able to express themselves without major hesitations or pauses (high fluency) or if they avoid major mistakes by using a small repertoire of heavily practiced structures (high accuracy).

A learner-based approach to language learning

Impresiones engages students from the very beginning in the development of productive abilities as proposed by the Council on the National Standards for Foreign Language Learning: "Active use of the language is central to the learning process; therefore, learners must be involved in generating utterances for themselves. They learn by doing, by trying out language, and by modifying it to serve communicative needs" (p. 41).

A task-based approach to language learning

Impresiones asks students to engage in real communicative tasks by way of testing hypotheses about language form in line with the assumption of the National Standards that "students do not acquire communicative competence by learning the elements of the language system first" (p. 40). Indeed, one of the foundational principles for the design of *Impresiones* activities is the assumption that to achieve functional communicative abilities in a second language, communication requirements must be established first. In practice, linguistic structures that are not yet part of the learners' competence are first highlighted in communicative tasks, thereby providing students with a rationale for learning the target grammar elements. Tasks—as implemented in *Impresiones*—enable teachers to lead learners to:

- communicate with limited resources,
- become aware of apparent limitations in their knowledge about linguistic structures that are necessary to convey the message appropriately and accurately, and
- look for alternatives to overcome such limitations.

The above-mentioned sequencing of tasks in *Impresiones* also increases the chances that learners will attempt to heighten the complexity of the linguistic means by which they communicate because the sequence:

- focuses on the natural/meaningful relationship between communicative tasks and grammar practice,
- includes pedagogical tasks with explicit pre-task objectives, on-task goals, and post-task objectives, and
- presents students with the purpose of each task so that they know the activity will have a measurable and relevant outcome.

In practice, this means that, in general, activities focus students' attention on the structural properties of the language after they have analyzed the meaning of oral and written pieces aided by contextual information and task demands and objectives.

A psycholinguistic sequencing of task stages

Activities are comprised of several interconnected steps. Steps within activities build on one another through content-based transitions, and help learners achieve their communication goals. This task sequence approach is based on the analysis of teaching and learning tasks for both teachers and learners across four dimensions represented by the four I's (for mnemonic retrieval):

Teacher		Learner
Introduction of topic	⟷	Involvement
Illustration	⟷	Inquiry
Implementation	⟷	Induction
Integration	⟷	Incorporation

Learners first develop the motivation to participate in a task (*involvement*). Then they are led to a process of discovery through natural curiosity (*inquiry*). Later, a process of *induction* of structure follows until knowledge is actively *incorporated*. A corresponding cycle for teachers underlines the importance of formal instruction in this process.[1]

A needs-based approach

Successful learner-centered approaches assume the learners' goals to be of central importance in motivating students to achieve the course objectives. *Impresiones* responds to the needs of a new population of students who take Spanish as a second language in colleges and universities for both basic instrumental reasons like job search and job improvement, and educational reasons such as cultural integration and cultural affiliation. In this respect, the topics of *Impresiones* have been selected in order to address the following demographic factors:

■ The rapidly growing Spanish-speaking population in the United States has an increasing economic, political, and cultural impact on the nation as a whole.

■ The variety of Spanish-speaking cultures is increasingly visible given the variety of backgrounds of Spanish-speaking immigrants.

■ There is an increasing number of non-traditional students (e.g., a more mature population) taking Spanish courses, a trend that is expected to continue and increase in the future.

Learning styles and learning strategies

Given the changing needs and objectives of an increasingly diverse student population, it has become more important to address the variety of learning styles and learning strategies through the development of learning tasks that address these needs. Throughout *Impresiones*, task objectives are related to the goals and themes of each chapter; they address the students' needs as they:

■ focus on both transactional and interactional purposes (conveying a message versus "face work" such as greetings, small talk),

■ incorporate a wide range of genres (poetry, short stories, news reports),

■ promote the development of strategic competence (circumlocution, rephrasing), and include authentic and minimally adapted (spoken and written) texts, including natural data presented in audiotapes/videotapes.

---

[1]This framework is based on the concept of the three I's (Illustration, Induction, and Interaction) proposed by Michael McCarthy to replace the traditional model based on the three P's (Presentation, Practice, and Production).

Interpretation and implementation of the national standards

Impresiones promotes the development of the five C's advocated by the Council on the National Standards for Foreign Language Learning (i.e., Communication, Cultures, Connections, Comparisons, and Communities) by way of providing a valid interpretation and implementation of the standards. *Impresiones* achieves this goal by paying attention to the development of pragmatic knowledge, the development of critical knowledge (across all aspects of the language), the expansion of content knowledge about the different cultures that comprise the Spanish-speaking world, an explicit focus on the process of acquisition through the implementation of both inductive and deductive approaches to learning, and a focus on the context of learning in academic settings through classroom-based communicative tasks.

Rational integration through systematized recycling

Basic topics, themes, and grammar structures are covered in the first half of the program (Introduction through Chapter 7). The same topics are then addressed again at a higher level of conceptualization, and in different contexts, in the second half of the program (Chapters 8 to 14). The advantage of this organization of topics is that it provides reinforcement for students continuing on from the first half of the text, plus a better transition for students coming directly from high school or other programs to the second level. Additionally, the activities in *Impresiones* provide grammar and vocabulary presentations in a graded and integrated fashion, building upon the body of knowledge developed in previous chapters as they promote active, learner-centered analysis of Spanish.

The Complete Program

In-text Audio CD (0-13-048378-8)   The in-text audio contains all of the passages that accompany the listening activities from the student textbook. It also contains recordings of the end-of-chapter vocabulary.

Student Activities Manual (0-13-092916-6)   Paralleling the organization of the main text, the Student Activities Manual provides meaningful practice and review for students outside of class. This manual offers additional practice of each chapter's vocabulary and grammatical structures through form-based exercises, including sentence-building activities, completion exercises, fill-ins, and realia-based activities. Reading and writing skills are developed in a series of interesting and personalized activities, while speaking and listening skills are developed through the audio activities. In addition, the Manual includes video activities for the *Impresiones de Guadalupe* video.

Answer Key to Accompany the Student Activities Manual (0-13-048385-0) The Answer Key provides the answers for the discrete point items in the Manual.

Audio CDs to Accompany the Student Activities Manual (0-13-048386-9)   The CDs contain all of the passages that accompany the listening activities in the Manual.

Las Impresiones de Guadalupe Student Video CD-ROM (0-13-048379-6) The Student Video CD-ROM features the complete integrated video on an interactive CD-ROM along with additional comprehension-based pre- and post-viewing activities, and access to the complete script. With the Video CD-ROM, students have the flexibility to view the video clips and complete their activities on their own time.

Gramática viva: Interactive Spanish Grammar CD-ROM (0-13-111796-3) This interactive CD-ROM is designed for students to learn and practice grammar outside of class, so they are prepared for a highly interactive, communicative classroom experience. An instructional video on the CD-ROM delivers detailed grammar explanations and examples for 60 grammatical structures. The instruction is immediately followed by:

- Oral drill practice with voice recording capability, allowing students to learn and practice their pronunciation
- Written activities with immediate feedback to practice the grammar forms in context
- An oral activity, in which students will be able to develop and practice their oral skills
- A guided, open-ended writing activity to enable students to use the grammatical structures in increasingly demanding contexts

Annotated Instructor's Edition (0-13-093605-7)   This AIE is the first modern language title that will have two-color annotations organized into two types:

- Those that provide information on activities from each of the supplements corresponding to a given item in the student text.
- Those that provide detailed information, suggestions, and explanations on how to teach with the *Impresiones* program.

Marginal notations in the Annotated Instructor's Edition include information about the content of the activities, responses to convergent activities, teaching tips, and hints on effective classroom techniques. Additional notations include notes for expanding on in-class activities.

Instructor's Resource Manual (0-13-048370-2)   Author written, the IRM for *Impresiones* is unique and could be used as one of the assigned reading materials in a second-language methodology course or an intensive teacher training three-day workshop.

- Chapter 1 contains (a) a short questionnaire that instructors can use to assess their teaching style, (b) a review (in the form of a dialogue) of myths about teaching methodologies and (c) an outline of a teaching Portfolio (with useful guidelines to create it).
- Chapter 2 provides annotated sample activities for each section of a chapter of *Impresiones* with an explanation of what students are doing in each case.
- Chapter 3 contains a summary of learning strategies used in *Impresiones:* reading, writing, literature, listening, and speaking skills as well as culture and vocabulary strategies.
- Chapter 4 provides teachers with a comprehensive analysis of what they need to know to teach Spanish even if they never taught a language class before. The chapter contains sections on (a) syllabus planning (including a sample syllabus), (b) lesson planning (including a complete series of sample lesson plans for nine classes covering all of Chapter 1 as well as a sample test for the entire chapter), (c) guidelines to teach grammar, (d) ideas for successfully managing classroom interaction, (e) tips on how to reflect and evaluate teaching practices, and (f) a useful guide to understand the expectations that teachers and students bring to Spanish class.
- Chapter 5 gives suggestions on how to prepare one's own pedagogical activities with a variety of media (including the use of pictures, video, and graphic images such as cartoons).

The IRM concludes with several appendices, including a video guide with the complete video script. Additional appendices contain tables for scoring class participation, error correction, the audio script, etc.

Image Resource CD (0-13-048376-1)   All images (except photos) are provided on the Image Resource CD to enable professors to use the images in creating their own activities, adapt the images for testing, create unique transparencies, etc.

Print Testing Program (0-13-048381-8)   Carefully developed to reflect the methodology of the text, the testing program consists of paper exams.

CD Testing Program (0-13-048383-4)   The CD version of the testing program consists of Word files of the print testing program delivered to instructors on a CD-ROM to enable easy copying and customization of each exam.

Las impresiones de Guadalupe VHS Video Cassette (0-13-048382-6)   The integrated video program, *Las impresiones de Guadalupe,* accompanies the text through a series of 14 discrete chapter vignettes that average six minutes in length. The video is an original dramatic story line that provides a culturally accurate, rich, and authentic view of several native Spanish speakers interacting with each other in situations that are thematically related to chapters in the text. Pedagogical support for the video includes activities within the textbook, the Activities Manual, and on a Video CD-ROM. The story, through carefully scripted natural language, reflects the realistic experiences of a Mexican student majoring in broadcasting during her semester abroad at an American university. Guadalupe participates in a Hispanic broadcasting seminar and produces and hosts her own show in Spanish at the financially failing local college radio station. The unifying theme centers on the exposure to cultural diversity and interactions.

Online Supplements

Companion Website™ at *www.prenhall.com/impresiones* Features interactive, automatically graded vocabulary and grammar practice self-tests, in-text audio, Student Activities Manual audio, and Web exploration activities that expose students to authentic culture. In addition, an interactive flash-card module helps students study vocabulary, while an interactive soccer game provides a fun way to review certain grammar structures. The site includes extensive links to language resources on the Web for both students and instructors.

Online Student Activities Manual (o-SAM) at *www.prenhall.com/impresiones* An electronic version of the Student Activities Manual, linked to an easy-to-use gradebook, automatically scores machine-gradable activities and posts results to the instructor's online gradebook. The o-SAM contains all activities in the printed SAM, the accompanying audio, and all the content on the Companion Website™.

Course Management   o-SAM content is also available in formats compatible with several widely used course management platforms (WebCT, Blackboard, CourseCompass).

Acknowledgments

While we take pride in being the co-authors of *Impresiones,* we are also keenly aware and appreciative of the fact that much of what is commendable in our textbook is due to the contributions of many individuals. We take this opportunity to thank everyone who offered us support, suggestions, and criticisms, all of which led to improvements in the conceptualization, articulation, design, and development of *Impresiones.*

   We are especially grateful to the folks at Prentice Hall whose faith in *Impresiones* and tireless dedication were invaluable in guiding this project to a successful conclusion:

■ To Phil Miller, Publisher, for his commitment to and confidence in the pedagogical ideas behind *Impresiones.*

■ To Bob Hemmer, Senior Acquisitions Editor, for his vast pedagogical knowledge and his judicious and perceptive thinking.

■ To Julia Caballero, Senior Development Editor, for her steadfast attention to detail and her scrupulous review of numerous drafts.

- To Meriel Martínez Moctezuma, Supplements Editor, for her patience and assistance with the development and integration of various *Impresiones* components.

- To Samantha Alducin, Media Editor, for her skillful management of the excellent media products that were designed and incorporated into *Impresiones*.

- To Nancy Stevenson, Senior Production Editor, for her patience, tireless effort and cheerful attitude, and for keeping us on track.

- To Mary Rottino, Assistant Director of Production, for mindfully overseeing every detail of the manuscript's production.

- To Meghan Barnes and Pete Ramsey, Editorial Assistants, for their incredible ability to masterfully coordinate so many tasks with so little advanced notice.

- To Roberto Fernández, Media Production Manager, for taking charge of the myriad technical details.

- To Stacy Best, former Marketing Manager, for her strategic thinking and her suggestions for making *Impresiones* a successful textbook.

- To Eileen Moran, Executive Marketing Manager, for her efforts in coordinating marketing for *Impresiones*.

We sincerely appreciate the artists, Chris Reed and SIREN Design/Communications, who succeeded in taking our sketchy descriptions and rendering them into attention-grabbing figures. Many thanks to the photo researcher, Diana Gongora, for her keen eye for choosing striking images.

A textbook as ambitious as *Impresiones* would not have been possible were it not for the help of additional writers, who graciously contributed their time and expertise to the project. Many thanks to Cindy Morefield-Pinder, for her outstanding work on the textbook's testing program. We are indebted to José Narbona of Rice University, Pablo Viedma of the University of Minnesota, and Enrica Ardemagni of I.U.P.U.I., for their stellar work on the *Impresiones* Web site activities. We are also appreciative to Alfonso Illingworth-Rico of Eastern Michigan State University, for his painstaking labor on the *Impresiones* Student Video CD-ROM. We gratefully acknowledge the many companies, artists, writers, and organizations that allowed us to reproduce their materials in *Impresiones*. A special thanks goes to Ruth Claros and her daughters for their stories about Chile.

Many reviewers were called upon to critique the numerous drafts of the textbook, and we take this opportunity to recognize and thank them for their time, detailed comments, and insightful suggestions. Their recommendations and criticisms helped us to further refine the original pedagogical foundation of *Impresiones*, making it a more practical and useful textbook. We kindly acknowledge the contributions and candor of the following reviewers:

Activities Pilot

Carmen Albaladejo, *Michigan State University*
Angela DeLutis, *University of Maryland*
Margaret Eomurian, *Houston Community College, Northeast*
Ana Vives de Girón, *Collin County Community College*
Zennia D. Hancock, *University of Maryland*
George Henson, *Collin County Community College*
Melvin Hinton, *University of Wisconsin at Madison*
Patricia Houston, *Pima Community College, Downtown*
Edith Jaco, *College of DuPage*
April Mizuki, *Santa Monica College*

Reviewers (including rounds 1 and 2)

Oswaldo Lopez, *Miami-Dade Community College*

Peg Haas, *Kent State University*
Barry Velleman, *Marquette University*
Carmen Vigo-Acosta, *Mesa Community College*
Judith Liskin-Gasparro, *University of Iowa*
Richard K. Curry, *Texas A&M University*
Kimberly Sallee *University of Missouri, Columbia*
Vanisa D. Sellers, *Ohio University*
Geoffrey Barrow, *Purdue University, Calumet*
Barbera Gonzalez-Pino, *University of Texas, San Antonio*
Maria Dorantes, *University of Michigan*
Pacini Lombardi, *University of Southern Indiana*
An Chung Cheng, *University of Toledo*
Susan McMillen Villar, *University of Minnesota*
Josef Hellebrandt, *Santa Clara University*

Jeff Longwell, *New Mexico State University*
Nicasio Urbina, *Tulane University*
Judith Rusciolelli, *Middle Tennessee State University*
Alicia B. Cipria, *University of Alabama*
Alfonso Illingworth-Rico, *Eastern Michigan University*
Eric Jewell, *Truman State University*
Gerardo A. Lorenzino, *Temple University*
Robert Chierico, *Chicago State University*
Manel Lacorte, *University of Maryland*
Gayle Vierma, *University of Southern California*
Pilar Ara, *Pasadena City College*

Focus Groups

Laurie Rodgers, *University of Oregon*
Yamandu Acosta, *Andrew College*
Yolanda Gonzalez, *Valencia Community College*
Angela Carlson-Lombardi, *University of Minnesota, Twin Cities*
Conxita Domenech, *Front Range Community College, Westminster Campus*

Casilde Isabelli, *The University of Nevada*
Cynthia Medina, *York College of Pennsylvania*
Mary Diehl, *University of Texas*
Judy Collier, *Goucher College*
Paula Ellister, *University of Oregon*
Bethzaida Fernández, *Duke University*
Kari López, *Northwestern Oklahoma State University*
Enrica Ardemagni, *Indiana University, Purdue University, Indianapolis*
Elizabeth Cure Calvera, *Virginia Tech University*
Agnes Dimitriou, *University of California*
Yolanda Gonzalez, *Valencia Community College*
Elaine McAllister, *Kennesaw State University*
Lynn McGovern-Waite, *Bridgewater College*
Ana Oskoz, *University of Iowa*
Sandra Schreffler, *University of Connecticut*
Ann White, *Virginia Commonwealth University*

We would like to conclude by thanking our families, without whose love and support this project would not have been possible. It should be noted that during the development of *Impresiones,* each of the co-authors experienced a major milestone in life: Three of us welcomed our first baby, while the fourth co-author attended his son's university graduation. We dedicate *Impresiones* to them and to the other members of our families, for their inspiration and patience throughout the writing of our textbook.

Rafael Salaberry
Catherine M. Barrette
Phillip Elliott
Marisol Fernández-García

Impresiones

1

Introducción al español

Vocabulario en contexto

- Presentaciones y saludos
- Préstamos y cognados
- Los números
- El abecedario

Intercambios comunicativos

- Para pedir ayuda (*help*) en la clase

Enfoque cultural

- Los países donde se habla español

Gramática en contexto

- Subject pronouns
- Optional pronouns
- The verb **ser**
- Articles

Integración comunicativa

- El español en el mundo
- Una carta de presentación

Comparaciones culturales

- ¿Cuántos continentes hay?
- Bilingual poetry

Diferencias dialectales

- Variaciones regionales
- ¿Zeta o ese?

Vídeo: Las impresiones de Guadalupe

En resumen

Note

These exploratory activities preview some of the major topics covered in the chapter. They do not require right answers. If students do not offer options, volunteer one or two and move on. After you finish the chapter, ask students to do these activities again to give them a sense of progress as, most likely, they'll do better at the end of the chapter.

Vocabulario en contexto

Ask students to think of other words that could be associated with the main word in the box. After you complete the chapter, come back to this page and ask them to mention as many words as they can remember (without consulting notes).

Gramática en contexto

Ask students to fill in the empty spaces in this text. Do they notice any particular structure that differs substantially from English?

Comparaciones culturales

Ask students to add a few more entries to the lists.

Vocabulario en contexto

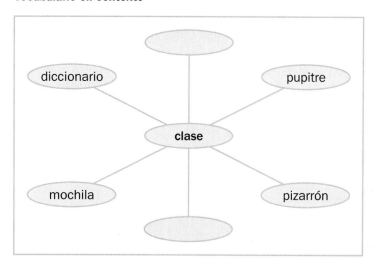

Gramática en contexto

Mario es un estudiante en la universidad. El Dr. Torres es un profesor de francés.
La Dra. Palermo es médica y es la madre del Dr. Torres.
Mario usa ___tú___ con el Dr. Torres. El Dr. Torres usa ___usted___ con Mario. La Dra. Palermo usa _____ con Mario.

Comparaciones culturales

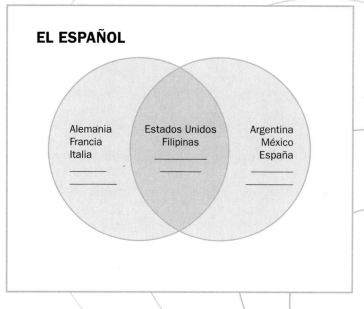

3

Vocabulario en contexto

In this class, you are going to meet new people from different backgrounds and from different cultures.

1-1. Presentaciones y saludos

Paso 1. Casual introductions and greetings are very predictable. After reading the dialogues, match each English translation with its corresponding Spanish dialogue.

1. — ¡Hola! Me llamo María José. ¿Cómo se llama usted?
    — Me llamo Carlos. Mucho gusto.
    — Es un placer, Carlos.

2. — ¡Hola! Soy Carlos. Mucho gusto.
    — Mucho gusto, Carlos. Yo soy María José.

3. — ¡Hola! Mi nombre es María José. Y tú ¿cómo te llamas?
    — Mi nombre es Carlos. Encantado.
    — Encantada, Carlos.

a. — *Hi! My name is María José. What's your name?*
    — *My name is Carlos. Nice to meet you.*
    — *Pleased to meet you, Carlos.*

b. — *Hi! I'm Carlos. Nice to meet you.*
    — *Nice to meet you, Carlos. I'm María José.*

c. — *Hi! My name is María José. What's your name?*
    — *My name is Carlos. It's a pleasure to meet you.*
    — *Pleased to meet you, Carlos.*

Cultura

When passing another person we know on the street, it is considered rude not to acknowledge his/her presence without at least a nod of the head or a hand wave. If pressed for time, however, Spanish speakers will normally say **hola** and keep going.

Paso 2. ❷ Choose a partner, and act out the previous dialogues. First read your lines in silence. Then, looking at your partner, try to say your lines without looking at the text.

Suggestion 1-1, Paso 2
Ask students to use this technique in all subsequent role-plays in which they have to read their lines. This technique helps them develop their short-term memory faster.

Paso 3. ⒢ Finally, introduce yourself to your classmate using your real name. Practice the different dialogues given above. Pair up with other students, and ask them to introduce themselves.

Answers 1-1, Paso 3
Answers will vary.

Suggestion 1-1, Paso 3
Novice students will normally equate *My name is* with **Mi nombre es**. Point out that the expression **Me llamo** (roughly translated as *I am called*) is synonymous with **Mi nombre es**.

1-2. Tú y usted

Paso 1. Spanish marks degrees of formality (associated with the concepts of age, respect, social distance, or power) with two pronouns that correspond to the English word *you* (singular). Observe the differences in the following versions of a similar exchange. Which of the two versions do you think is more formal?

1.   — ¡Hola! ¿Cómo te llamas?
    — Me llamo Julio. Y tú, ¿cómo te llamas?
    — Me llamo Antonio. Mucho gusto.
    — Igualmente.

2.   — ¡Buenos días! Mi nombre es Antonio Gómez Pérez, ¿cuál es su nombre?
    — ¡Buenos días! Me llamo Julio Rodríguez Menéndez. Perdón, ¿cómo se llama usted?
    — Antonio Gómez Pérez. Mucho gusto, Julio.
    — Igualmente. Es un placer, Antonio.

Suggestion 1-2, Paso 1
Direction lines for activities will be presented with the use of the informal **tú**, to maximize students' exposure to the informal use of pronouns. You can use the formal pronoun **usted**, however, to address students, and ask them to reciprocate with the same formal pronoun. Otherwise, several activities throughout the book will require that students use the formal **usted** (e.g., role-playing activities in which the formal register is required).

Paso 2. Decide whether the following exchanges are formal or informal according to the following factors: respect (e.g., a child speaking to an elderly person), social distance (e.g., new acquaintances), and power (e.g., a police officer speaking to a car driver).

Answers 1-2, Paso 1
Version 2 uses more formal language: **Buenos días** vs. **Hola**; **usted** vs. **tú**; complete name vs. first name only.

1.   — ¡Buenas tardes! Mi nombre es Jesús Ordóñez.
    — Mucho gusto. Yo me llamo Margarita Hernández.
    — Es un placer, Sra. Hernández.
    — Encantada, Sr. Ordóñez.

Suggestion 1-2, Paso 2
Point out that Jesús is a typical name in Spanish. Many Spanish names are based on names from the Old and New Testaments.

Answers 1-2, Paso 2
Dialogue 1: formal, new acquaintances; Dialogue 2: formal, unequal power relationship, respectful; Dialogue 3: formal, dialogue between a doctor and a patient

2. — ¡Buenas noches, profesor!
   — ¡Buenas noches, Alberto!
   — ¿Cómo está usted?
   — Muy bien, gracias. ¿Y usted?
   — Bien, gracias. Hasta luego, Alberto.
   — Hasta luego, profesor.

3. — ¡Buen día!
   — ¡Buenos días, doctor!
   — ¿Cómo está?
   — Más o menos. Un poco cansada (*tired*).
     ¿Y usted?
   — Muy bien, gracias.

Cultura

The concept of **saludar** among Spanish speakers is different from greetings in most communities in the United States. North Americans do not normally shake hands or kiss when there is a large gathering of people, for instance, when going to a party at a friend's house. Typically, people wave their hands or simply say "hello" or "goodbye" from a distance. Among Spanish speakers, however, it is very common for people arriving at a social gathering—or leaving such an event—to individually kiss or shake hands with everyone they know (and sometimes with people they don't know as well). Not doing this is considered impolite, rude, or at the very least, aloof.

Paso 3. Can you classify the exchanges in Paso 2 according to the time of the day when they occur? Notice that there are four basic expressions in English, but only three in Spanish.

ENGLISH (INGLÉS)	SPANISH (ESPAÑOL)	EXPRESSION
morning	mañana	buenos días *or* buen día
afternoon	tarde	buenas tardes
evening	tarde/noche	buenas tardes/noches
night	noche	buenas noches

Dialogue 1: _____

Dialogue 2: _____

Dialogue 3: _____

ESTRATEGIAS   Vocabulario

There are three types of clues that will help you understand and learn Spanish words. These are: (1) loan words (e.g., **aficionado, tacos**), (2) cognate words (e.g., **problema, solución**), and (3) context. You will learn more about all these throughout this course.

1-3. Préstamos *(Loan words)*

Paso 1. You may already know some Spanish through loan words. See if you can define or find a synonym for the following Spanish-based words and phrases, which have become part of our everyday language and culture in North America.

adobe	caliente	mucho
aficionado	cerveza	nada
amigo	fiesta	poncho
barrio	hombre	rodeo
burrito	loco	tacos

Paso 2. There are also a few expressions in Spanish, familiar to most English speakers, that can help you interact with Spanish speakers in a rudimentary but successful way. Provide the English equivalent for each Spanish expression.

adiós	(no) hablo español
gracias	por favor
hasta la vista	señor/señora
hola	sí/no
mi casa es su casa	no comprendo

Paso 3. ❷ With a partner, make a list of (a) other Spanish words that are part of popular culture, and (b) other Spanish expressions that may be heard in the area where you live.

Paso 4. Words have different associations, or connotations, depending on their use and on the culture that uses them. For each of the following words, write **I** (**inglés**) next to the association you think corresponds to an English language perspective and **E** (**español**) next to the one that corresponds to a Spanish language perspective.

PALABRA	ASOCIACIÓN 1	ASOCIACIÓN 2
almuerzo *(lunch)*	_____ main (or substantial) meal	_____ light meal
educado	_____ well-mannered	_____ (school) educated
barrio	_____ neighborhood	_____ ghetto

Vocabulario

You may already know a substantial number of words in Spanish through cognates, words that you can easily understand because they look (and are sometimes pronounced) like words in English. Cognates exist because English and Spanish words come, to a large extent, from the Latin language: Many words in English and Spanish have the same root. In fact, close to 75% of present-day English words have Latin roots. The use of words with Latin roots increased as a result of the occupation in 1099 of the British Isles by the Normans, who spoke French, another Latin-based tongue.

1-4. Palabras similares *(Cognate words)*

Paso 1. Underline all the Spanish words whose meaning you *cannot* guess.

1. **objetos de la clase:** calculadora, diccionario, mapa, computadora.
2. **artes:** escultura, cine, ópera, teatro, música, danza.
3. **profesiones:** actor, doctor/a, líder, profesor/a, político/a, piloto/a.
4. **cursos universitarios:** biología, filosofía, francés, historia, inglés, literatura, matemáticas, música, química, psicología, sociología.
5. **conceptos abstractos:** libertad, cooperación, humanismo.
6. **adjetivos:** eficiente, excelente, horrible, importante, interesante, optimista, pesimista, popular, realista, sentimental, terrible, tradicional.

Paso 2. **G** Form two groups. One group chooses a word from one of the categories numbered 1 to 5 in Paso 1, and asks the other group to describe the word selected with one of the adjectives listed under number 6. If the combination makes sense, the second group takes over. If it's illogical, the first group selects another word.

MODELO: biología: **interesante**
              escultura: _____

Vocabulario

Some apparent cognates are actually false cognates. For instance, **embarazada** looks like *embarrassed,* but in fact, it means *pregnant.* And the name of the Lone Ranger's sidekick—*Tonto*—is translated as **Toro** *(bull)* in the Spanish version of the comic book, because **tonto** means *dumb* or *silly.* In other cases, the problem is related to the scope of the meaning of the word. For instance, the word *stupid* is a cognate of the Spanish word **estúpido/a.** However, **estúpido/a** has a much stronger connotation than *stupid.*

1-5. Variaciones

Paso 1. Some English and Spanish words have a common Latin root. Note that while the Latin root is the same, there is a change in the endings: *culture* → cult**ura**, *optimism* → optim**ismo**. Give the Spanish translation for the following words. Then, add at least two more Spanish words for each ending.

INGLÉS	ESPAÑOL	INGLÉS	ESPAÑOL
adventure	_____	*capitalism*	_____
agriculture	_____	*Catholicism*	_____
architecture	_____	*communism*	_____
cure	_____	*materialism*	_____
pure	_____	*patriotism*	_____

Paso 2. Now study the following endings: *position* → posi**ción**; *obesity* → obesi**dad**. Then, try to give the Spanish equivalent of the English words below.

INGLÉS	ESPAÑOL	INGLÉS	ESPAÑOL
instruction	_____	*eternity*	_____
organization	_____	*university*	_____
civilization	_____	*reality*	_____
communication	_____	*society*	_____
emotion	_____	*necessity*	_____

1-6. Contexto

Paso 1. Context may also help you understand the meaning of words that you may not otherwise know. The following ad offers a unique opportunity to learn Spanish while traveling. Underline the words in the ad that are *not* obvious cognate words in English.

Visita ciudades como Miami, Nueva York o San Antonio y **aprende español durante tus vacaciones.**

Ofrecemos inmersión total en el idioma. Abandona los hoteles sin personalidad. Ofrecemos una estadía con una familia que habla español todo el día.

Es muy fácil:
1. Completa el formulario de este folleto
2. Llama al 1-800-555-8989 (o al 1-800-555-2665 para obtener información en inglés)
3. Visítanos en Internet. Ve a nuestra dirección: www.prenhall.com/impresiones

Es un método que garantiza resultados…y mucha diversión. No pierdas tiempo. ¡Llama ya!

Paso 2. Try to get the gist of the message by relying on the context of the advertisement. Check off the sentences that are true:

1. _____ You can learn Spanish in several cities in the United States.
2. _____ The ad assumes that hotels have no personality.
3. _____ The ad asks you not to waste time and call right away.
4. _____ To register, you must do three things: Fill out the form, call on the phone, and visit their Web page.

Paso 3. You are so excited about this opportunity that you decide to register for this unique trip. Fill out the following form in Spanish to register. Can you guess what you have to write in each space?

Nombre y apellido: _____
(letra de imprenta, por favor)

Dirección: _____   **Número de apartamento:** _____

Ciudad: _____

Estado: _____   **Código postal:** _____

Número de teléfono: _____   **Número de fax:** _____

Correo electrónico: _____

1-7. Números

Paso 1. Your instructor will read some numbers in Spanish. Listen carefully, and then cover the names of the numbers to see if you can read them (from 1 to 10 first, and then from 11 to 30).

1 uno	11 once	21 veintiuno
2 dos	12 doce	22 veintidós
3 tres	13 trece	23 veintitrés
4 cuatro	14 catorce	24 veinticuatro
5 cinco	15 quince	25 veinticinco
6 seis	16 dieciséis	26 veintiséis
7 siete	17 diecisiete	27 veintisiete
8 ocho	18 dieciocho	28 veintiocho
9 nueve	19 diecinueve	29 veintinueve
10 diez	20 veinte	30 treinta

Paso 2. Listen carefully as your instructor reads random numbers from the list. Check off the numbers in your book when you hear them. How many can you understand?

1-8. Examen de matemáticas

Paso 1. Read the following math operations, and orally provide the answers in Spanish.

MODELO:

$2 + 2 = 4$ Dos **más** dos son cuatro *or* Dos **y** dos son cuatro.
$4 - 2 = 2$ Cuatro **menos** dos son dos.

$4 + 5 =$	$5 + 8 =$	$30 - 21 =$
$10 - 6 =$	$12 + 15 =$	$20 - 3 =$
$2 + 22 =$	$25 - 11 =$	$9 + 19 =$

Paso 2. ❷ Write three other math operations. Then, without showing the equations, read them out loud and ask a classmate to give you the answer.

Paso 3. ❿ Play *Jeopardy!*, using reverse math. Form two teams. A member of one team calls a number and a member of the other team poses a question whose mathematical operation is the answer to the first number.

MODELO: E1: Cinco.
E2: ¿Cuatro más uno?
E1: Correcto (*or* Excelente, Muy bien, Perfecto).

1-9. ¿Qué hay? ¿Cuántos hay?

Paso 1. 🆎 Interview your partner to find out what objects (and how many) there are in his/her drawing. Write the number next to the objects in your picture. Take turns.

MODELO: E1: ¿Hay sillas en el salón de clase?
E2: Sí, hay sillas.
E1: ¿Cuántas hay?
E2: Hay diez.

Gramática

There are many grammatical features in Spanish that, although different from those in English, do not require an extensive linguistic analysis. For instance, both *there is* and *there are* are translated into Spanish as **hay.**

🅐

🅑 Information for student B, p. 521

Paso 2. ❷ Now identify the objects depicted in the pictures that you can find in your own classroom (**salón de clase**). Make a list, and prepare questions to ask your partner.

MODELO: E1: ¿Hay sillas en nuestro salón de clase?
E2: Sí, hay sillas.
E1: ¿Cuántas hay?
E2: Hay. . .

1-10. El abecedario (o el alfabeto) en español

AUDIO How many letters are there in English? How many are there in Spanish?

Paso 1. Listen to the letters of the alphabet in Spanish. Circle the letters that you think are very different from the ones in English.

SÍMBOLO	LETRA	EJEMPLO
A	a	Argentina
B	be (larga)	Bolivia
C	ce	Colombia
D	de	Durango
E	e	Ecuador
F	efe	Florida
G	ge	Guatemala
H	hache	Honduras
I	i	Italia
J	jota	Jerez
K	ka	Kansas
L	ele	Lima
M	eme	México
N	ene	Nicaragua
Ñ	eñe	España
O	o	Orlando
P	pe	Perú
Q	cu	Quito
R	ere	Cartago
S	ese	Salamanca
T	te	Tampico
U	u	Uruguay
V	ve/uve/be corta	Venezuela
W	doble be/uve doble	Washington
X	equis	Extremadura
Y	i griega	Paraguay
Z	zeta	Zaragoza

Paso 2. Ⓖ Read one letter aloud and challenge other students to read the corresponding word from the list of examples.

Paso 3. **AUDIO** Listen to the names of some countries and cities of the world in Spanish. Number them in the order you hear them.

_____ Albuquerque	_____ Guinea Ecuatorial
_____ Bulgaria	_____ Jamaica
_____ Cayo Hueso	_____ Los Ángeles
_____ Chile	_____ México
_____ Ecuador	_____ San Francisco
_____ Florida	_____ Suecia

Suggestion 1-10, Paso 1

To make a contextualized transition to the next exercise, practice what your students have learned just now with what they will learn. Using the word **hay,** ask students the following questions: *¿Cuántas letras hay en el alfabeto en inglés? (En el alfabeto en inglés hay veintiséis letras.); ¿Cuántas letras hay en el alfabeto en español? (En el alfabeto en español hay veintisiete letras.)*

Suggestion 1-10, Paso 1

Students will most likely select the following letters as the ones that most differ from English: the vowels *e, i* and perhaps *o* and *u.* The consonants which they might think differ the most are *g, h, j, ñ, r, x,* and perhaps *y* and *z* too.

Suggestion 1-10, Paso 2

Point out that both the letters *b* and *v* are pronounced in the same way (as the English *b*). Many native speakers jokingly refer to the letters *b* and *v* as **V de vaca y B de burro.**

Suggestion 1-10, Paso 2

In keeping with the latest rules of Spanish dictionaries, starting in 1994, the letters *ch* and *ll* are not included as separate entries. It is not even necessary, then, to point out to students this development in the evolution of the Spanish dictionary if you do not want to, since the present system does not differ greatly from the English one, except for the letter entry *ñ.*

Answers 1-10, Paso 3

Albuquerque 3, *Bulgaria* 4, *Cayo Hueso* 1, *Chile* 6, *Ecuador* 8, *Florida* 11, *Guinea Ecuatorial* 9, *Jamaica* 2, *Los Ángeles* 5, *México* 10, *San Francisco* 7, *Suecia* 12

Vocabulario

You do not find many Spanish-speaking children engaged in any activity similar to the ever popular spelling bee in English. This is because Spanish words are much easier to spell, and they do not provide as much of a challenge as English words do. You will learn, however, specific nuances of Spanish pronunciation in subsequent chapters.

1-11. ¿Cómo se escribe tu nombre?

Paso 1. Your instructor will spell the first or last names of several students, one at a time. Raise your hand if you know the name of the student, say the complete name, and point to the student.

MODELO: Profesor/a: Jota, e, ene, ene, i, efe, e, ere.
          E1: Jennifer.
      Profesor/a: Sí, correcto.

Paso 2. ❷ Now, interview two classmates you do not know and find out their names by relying only on how they are spelled. Did you get the right names?

MODELO: E1: ¿Cómo se escribe tu nombre? (*How do you spell your name?*)
      E2: Ese, e, a, ene. [*Sean*]
      E1: ¿Cómo se escribe tu apellido?
      E2: Be, ere, y griega, a, ene. [*Bryan*]

Paso 3. U.S.A. is the acronym that stands for United States of America. Do you know any other acronyms in English? Give the acronym and ask your classmates to tell you what the acronym stands for.

Paso 4. 🅰🅱 Some of the following acronyms have missing letters. In pairs, play "Hangman." Say a letter and your partner will tell you if it is part of the word. For each failed try your partner will draw a part of your body for a total of six tries (two legs, two arms, trunk, and head). Take turns guessing one whole acronym. Do you know the English equivalents as well?

MODELO: E1: ¿Eme?
      E2: Sí, hay dos: en la palabra 1, la letra número 3; en la palabra 2, la letra número 1.

🅐

1. CEE: C_m_n_d_d   Ec_n_m_c_   E_r_p_ _
2. EEUU: Estados Unidos de América
3. FIFA: Federación Internacional de Fútbol Asociado
4. FMI: F_nd_ _o_eta_io   In_e_naciona_
5. OEA: Or_ani_a_ión   de   _s_a_os   Am_r_c_n_s
6. ONU: Organización de Naciones Unidas

🅱 Information for student B, p. 521

Intercambios comunicativos

Intercambios comunicativos

After the video segment for this chapter you will see two brief clips with examples of the **Intercambios comunicativos** that correspond to the images in this section. You can show these brief clips in class to complete the activity.

Refer to the Video Guide within the IRM for other examples of **Intercambios comunicativos** expressions used in the video.

Vocabulario

This section is designed to help you develop your communication strategies in Spanish and to communicate efficiently. Do not worry excessively about analyzing the grammatical structure of fixed phrases or idiomatic expressions. You will analyze their structure in subsequent chapters.

Asking for meaning or clarification

¿Cómo se dice *excuse me* en español?	*How do you say* excuse me *in Spanish?*
¿Qué quiere decir *perdón*?	*What does* perdón *mean?*
¿Cómo se escribe *gracias*?	*How do you write/spell* gracias?
Tengo una pregunta.	*I have a question.*
Repite/a, por favor.	*Repeat, please.*
Un poco más despacio, por favor.	*A little bit more slowly, please.*
No entiendo. Otra vez, por favor.	*I don't understand. Say that again, please.*

Asking for permission

¿Se puede entrar?	*May I come in?*
¿Puedo ir al baño, por favor?	*May I go to the bathroom, please?*
¿Me permite abrir/cerrar la puerta/ventana?	*May I open/close the door/window?*
¡Pasa! (informal)/¡Pase! (formal)	*Come in!*
Perdón.	*Excuse me (to attract attention/apologize).*
(Con) permiso.	*Excuse me (to come through/to ask permission).*

Understanding directions or instructions in the classroom

Abran el libro (en la página 5).	*Open the book (to page 5).*
Cierren el libro.	*Close the book.*
Trabajen solos/en parejas/en grupos.	*Work alone/in pairs/in groups.*
Lean el texto de la página 7.	*Read the text on page 7.*
Escriban un párrafo (sobre Martí).	*Write a paragraph (about Martí).*
Escuchen, por favor.	*Listen, please.*
Hablen, por favor.	*Speak, please.*
Presten atención, por favor.	*Pay attention, please.*

1-12. No entiendo

Paso 1. VIDEO Can you associate one or more of the expressions in the box above with the following scenes from the video?

Paso 2. Watch the segments of the video that correspond to each picture and take note of the expressions used in each case. Are those the same expressions you selected in Paso 1?

Dialogue 1:

Guadalupe: _____, profesor. ¿_____ el nombre del curso?

Prof. Parra: Ah, sí, disculpen. Muy buena pregunta. El título del curso en español es "Producción de programas de radio local y de Internet".

Dialogue 2:

Pablo: _____

Prof. Parra: Sí, cómo no, adelante. Buenos días.

Pablo: Con permiso.

Paso 3. Before the end of class, Professor Parra gives important directions to his students about the program and how to contact him. Watch those segments and complete the blank spaces in the following transcription.

Prof. Parra: Por último, aquí tienen el programa del curso. _____ mucha _____ al proyecto final del semestre. La información está en _____.

Prof. Parra: . . . Lo único que falta es el "email". La dirección es sencilla: **parrar@tsf.edu.**

Jordi: _____.

Prof. Parra: Sí, ¡cómo no! Pe, a, doble ere, a, ere, arroba, te, ese, efe, punto, e, de, u.

Paso 4. ❷ With another classmate, think of two possible scenarios that could generate miscommunication between a teacher and a student. Act out the scene, and then exchange roles, acting out the second skit. Are all the role-plays credible?

MODELO: E1: Abran el libro en la página 10.
              E2: No entiendo. Repita, por favor.

ENFOQUE CULTURAL

1-13. ¿Dónde se habla español?

Paso 1. **AB** There are 20 countries where Spanish is spoken as the official or main language. First, see if you can write the names of the countries that are missing from your map. Then, confirm your answers with your partner.

MODELO: E1: ¿Se habla español en Brasil?
E2: No, se habla portugués.
E1: ¿Y en Paraguay?

A

Hay 20 países donde se habla español como lengua oficial.

B Information for student B, p. 522

Paso 2. **2** Spanish is also spoken as a second language in several other countries. From the list below, check off the countries or regions where you think there is a significant number of local residents who are native speakers of Spanish. To verify your answers, ask your partner, following the model.

MODELO: E1: Creo que en Alemania se habla español.
E2: No, creo que no. En mi opinión, en Alemania no se habla español.

_____ Alemania		_____ Filipinas
_____ Belice		_____ Israel
_____ Holanda		_____ Guyana Francesa
_____ Estados Unidos		_____ Jamaica

Paso 3. Now write the names of six states in the United States where more than 10% of the population speaks Spanish.

MODELO: Arizona

Answer 1-13, Paso 2

Spanish is spoken by residents of _Estados Unidos, Filipinas,_ and _Israel._

Answers 1-13, Paso 3

Arizona, California, Florida, New Mexico, New York, Texas

Paso 4. Finally, in order to complete the following sentence, select the names of the three cities in the United States where more than 50% of the population speaks Spanish.

Más del cincuenta por ciento (50%) de la población habla español en . . .

Boston   Miami
Chicago   Cincinnati
Los Ángeles   San Antonio

Paso 5. Can you guess with which Spanish-speaking countries the Hispanic populations of the cities mentioned in Paso 4 have ties?

I. Subject pronouns

1-14. Sujetos en español

Paso 1. Subject pronouns in Spanish are almost equivalent to subject pronouns in English.

ESPAÑOL	INGLÉS
yo	I
tú, usted (Ud.)	you (informal, formal)
él, ella	he, she
nosotros, nosotras	we
vosotros, vosotras	you (plural, informal—in Spain only)
ustedes (Uds.)	you (plural)
ellos, ellas	they

There are a few differences, however. Decide which of the following statements is true (**Ciertas = C**) or false (**Falsas = F**). Provide examples in Spanish to substantiate your position.

_____ 1. There is a distinction between the informal and formal *you*.
_____ 2. There is a distinction between the singular and plural *you*.
_____ 3. There is a distinction between the masculine and feminine *we*.
_____ 4. There is a distinction between the masculine and feminine *they*.
_____ 5. There is no Spanish equivalent for the English subject pronoun *it*.

Answers 1-13, Paso 4
Los Ángeles, Miami, and San Antonio

Answers 1-13, Paso 5
Answers will vary, though Miami has mostly a Cuban population, San Antonio has a Mexican population, and Los Angeles has a mixture of Mexicans and Central Americans.

INTEGRATED COMPONENTS
Use the following instructional resources to practice **Subject pronouns**.
- **Gramática viva:** Subject pronouns
- **Student Activities Manual/o-SAM:** Activities 1-15, 1-16
- **Companion Website:** Chapter 1, Gramática en contexto, Subject pronouns

Note 1-14, Paso 1
In several Spanish-speaking countries, there is another form used as a second-person singular subject pronoun (**vos**) that represents the most informal option on a continuum that goes from **usted** to **tú** to **vos**. Similarly, in most of Spain, there is an informal version of the second-person plural form: **vosotros**. An extended treatment of the above-mentioned pronouns will be presented in Chapter 6 (**vosotros**) and Chapter 7 (**vos**).

Answers 1-14, Paso 1
All the statements are true. 1. There is a distinction between the informal and formal *you* (**tú–usted**); 2. There is a distinction between the singular and plural *you* (**ustedes** versus **tú** or **usted**); 3. There is a distinction between the masculine and feminine *we* (**nosotros–nosotras**); 4. There is a distinction between the masculine and feminine *they* (**ellos–ellas**); 5. There is no Spanish equivalent for the English subject pronoun *it*.

Suggestion 1-14, Paso 1
If you wish, you can recycle the use of **hay** and cognates by paraphrasing the previous statements in Spanish: *Hay una diferencia de formalidad entre tú y usted.*

1-15. Ejemplos de pronombres

Paso 1. Underline the pronouns in the following dialogues.

1.   Dra. Díaz: ¿Cómo está usted, Dr. Rodríguez?
   Dr. Rodríguez: Muy bien gracias, Dra. Díaz, ¿y usted?
        Dra. Díaz: Bien, gracias.

2. —Ustedes son de Argentina y ellas son de Chile, ¿no?
—No, nosotros somos de Chile y ellas son de Bolivia. Ellos son de Argentina.

3. —La mesa está en el salón.
—¿Dónde está?
—En el salón, donde estás tú.

Paso 2. Place a mark (**X**) under the headings that best describe each pronoun. The pronouns I (**yo**) and we (**nosotras**) are done for you.

	SINGULAR	PLURAL	MASCULINE	FEMININE	INFORMAL	FORMAL
yo	X		X	X		
tú						
usted (Ud.)						
él						
ella						
nosotros						
nosotras		X		X		
vosotros						
vosotras						
ustedes (Uds.)						
ellos						
ellas						

II. Optional pronouns

1-16. ¿Quién es?

Paso 1. Spanish verbs are often used without an explicit subject because verb endings help identify the subject of a sentence. Which pronoun do you think has been omitted in the following sentence?

—¿Dónde está Pedro?   —*Where is Pedro?*
—Está en casa.   —[_____] *is at home.*

Paso 2. Identify the subject to which the second verb in these sentences refers. Then give the equivalent subject pronoun.

MODELO: Mi amigo es inteligente. No es tonto.   **_él_**
       es *(verb)* → mi amigo *(subject)* = él *(pronoun)*

1. Arturo es optimista. No es pesimista.

    _____

2. Gustavo toca la guitarra muy bien y es muy creativo.

    _____

3. El profesor de español es de México. Es mexicano.

    _____

4. La profesora de física es de Colombia. No es mexicana.

_____

5. María José estudia mucho. Es muy responsable.

_____

6. La clase de arte es interesante. No es tradicional.

_____

Gramática

As shown above, subject pronouns in Spanish are used or omitted depending on various discourse functions. When they are used, they serve several communicative functions. Pronouns as a subject are only used:

· for emphasis and contrast,
· to avoid ambiguity (the verb endings for the second-person formal and for the masculine and feminine third-person subjects are identical), and
· to mark politeness.

Paso 3. Indicate the communicative function represented by the subject pronouns underlined in the sentences below.

MODELO: Michael y yo estudiamos lenguas modernas: **él** estudia español y **yo** estudio francés.

 __contrast__

1. — Profesor, Marcos y yo vamos a terminar el proyecto juntos.
   — Bueno, pero **él** debe verme (*see me*) pronto.

   _____

2. — ¿Son ustedes de Paraguay?
   — Bueno, **yo** soy de Paraguay, pero **ella** es de Uruguay.

   _____

3. — ¿Está **usted** bien?
   — Sí, sí, muchas gracias.

   _____

Answers 1-16, Paso 3

1. avoid ambiguity, 2. contrast, 3. politeness

III. The verb *ser* (singular)

1-17. Ser o no ser

Paso 1. The verb **ser** (*to be*) has various forms for the first-, second-, and third-person singular. After reading the following dialogues, decide which are the appropriate verb forms for each of the singular persons of the verb **ser.**

— Me llamo Rafael Rodríguez. Mucho gusto.
— ¿De dónde **eres**?
— **Soy** de México. (*Or:* Soy mexicano.)
— Mi amigo **es** de México también.

— Hola Juan, **eres** un estudiante nuevo, ¿verdad?
— Sí, profesora.
— Y, ¿de dónde **eres**?
— **Soy** de Chile; y usted, profesora, ¿de dónde **es**?
— De aquí, pero mi familia **es** de Chile también, ¡qué casualidad!

INTEGRATED COMPONENTS

Use the following instructional resources to practice **The verb *ser* (singular)**.

- **Gramática viva:** *Ser*
- **Student Activities Manual/o-SAM:** Activities 1-17, 1-18
- **IRCD:** p. 20, p. 22
- **Companion Website:** Chapter 1, Gramática en contexto, The verb *ser* (singular)

Note 1-17, Paso 1

Although **usted** is the formal version of the second person pronoun, it is conjugated like the third person pronoun (él/ella).

Paso 2. Now, fill the chart below based on the previous examples.

PRONOUN	SER (SINGULAR)
yo	_____
tú	_____
usted (Ud.)	_____
él/ella	_____

1-18. ¿De dónde eres?

Paso 1. Try to write sentences using the information about each person's place of origin. Use the information on the map. Note that you can either start the sentences with: **Me llamo (Pedro)** or **Mi nombre es (Pedro).**

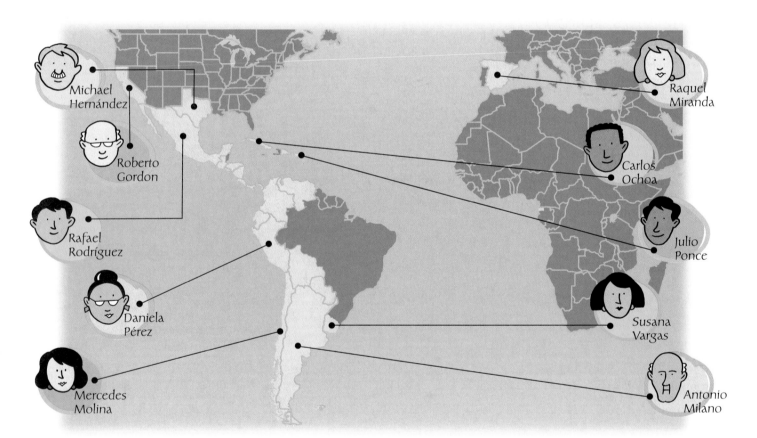

MODELOS: Me llamo Rafael Rodríguez. Soy de México.
Mi nombre es Raquel Miranda. Soy española.

1. _____
2. _____
3. _____
4. _____
5. _____
6. _____
7. _____
8. _____
9. _____
10. _____

Gramática

Note that the subject pronoun is not needed in the Modelos because the context makes it clear that the sentence refers to the person who is speaking. Using the subject pronoun would not clarify any ambiguity, and would therefore signal presumptuousness on the part of the speaker.

Paso 2. Read the following two dialogues in which people introduce themselves. Then write two other similar dialogues using the people and places from the map in Paso 1.

— ¡Hola! ¿Cómo te llamas?

— Me llamo Peter. Y tú, ¿cómo te llamas?

— Me llamo Mercedes. ¿De dónde eres?

— Soy de (los) Estados Unidos. ¿Y tú?

— Soy de México. Mucho gusto.

— Buenos días. ¿Cómo se llama?

— Mi nombre es Esteban. ¿Y usted?

— Me llamo Maryseli. ¿De dónde es, Esteban?

— Soy estadounidense. ¿Y usted, de dónde es?

— Soy de Puerto Rico. Encantada.

— Es un placer.

Paso 3. **G** Use the dialogue format you have just learned to greet several of your classmates. First, write a dialogue with blank spaces for the names and city of origin of your classmates. Then, interview three of your classmates and write down their names next to their city. Finally, introduce them to the rest of the class.

MODELO: Les presento a Gregg. Es de San Francisco.
Let me introduce you to Gregg. He is from San Francisco.

Suggestion 1-18, Paso 3

Write down the names of different countries on 3 × 5″ cards. Have students take the nationalities indicated on their cards to give more variety to this activity (otherwise the majority is likely to be from the U.S.A.!). This is always a fun exercise, especially when students forget names!

Follow-up 1-18, Paso 3

Select students and ask them to introduce themselves and then to introduce the person to their right or left. Next, that person will introduce himself/herself and will again introduce the previous student. The chain continues until everyone is mentioned. If students forget a name, they should ask again, using the formula they have just been practicing.

1-19. ¿Cómo se llama?

Paso 1. ❷ Identify these famous Hispanics and their place of birth. Practice the dialogue with a classmate.

MODELO: E1: ¿Cómo se llama la persona de la foto 1?
E2: Se llama Marc Anthony.
E1: ¿De dónde es?
E2: Es de Puerto Rico.

(1) Marc Anthony (Puerto Rico)   (2) Chayanne (Puerto Rico)   (3) Enrique Iglesias (España)

(4) Penélope Cruz (España)   (5) Jennifer López (Estados Unidos)   (6) Shakira (Colombia)

ESTRATEGIAS | **Gramática**

To transform an affirmative statement into a negative one, simply place the word **no** before the verb: *Ricky Martin **no** es de México; es de Puerto Rico.*

Paso 2. Ⓖ Write two statements about the people in the photographs: one true and one false. Read your statements to your classmates, and have them guess which one is not true.

MODELO: E1: Shakira es de Venezuela.
E2: No. Shakira no es de Venezuela. Es de Colombia.

IV. The verb *ser* (plural)

You already know the singular forms of the verb **ser.** Now you will learn the plural forms.

1-20. ¿De dónde son ustedes?

Paso 1. Interview your classmates and learn who is from your same city or town. Together, form a group. It is all right, however, if there is just one person in a "group."

MODELO: E1: Hola. ¿De dónde eres?
E2: Soy de Miami, Florida. ¿Y tú?
E1: Soy de Miami también (*too*). Mucho gusto.
E2: Igualmente.

Paso 2. After forming groups according to your city of origin, choose a person to introduce your group and create a chain. Use the chart below as a guide to form plurals.

MODELO: Grupo 1: Nosotros/as **somos** de Miami.
Grupo 2: Ellos/as **son** de Miami, Florida. Nosotros/as **somos** de Houston, en Texas.
Grupo 3: Ellos/as **son** de. . .

Paso 3. Are most of your classmates from the same state? A small number of cities or towns? Which ones? Complete this summary.

La mayoría (*most*) es de _____.

Algunos (*some*) son de _____.

Unos pocos (*a few*) son de _____.

Paso 4. Finally, complete the chart with the corresponding verb conjugations.

PRONOUN	SER (PLURAL)
nosotros/as	_____
ustedes (Uds.)	son
ellos/ellas	_____

V. Artículos

Gramática

The structure and function of indefinite and definite articles in both Spanish and English are very similar. In general, in both languages the indefinite article (**a** boy) is used to refer to new information, whereas the definite article (**the** boy) is used to mark information already known to the speaker.

Hay **un** libro de español en la mesa. Es **el** libro del curso.
*There's **a** Spanish book on the desk. It's **the** course book.*

Note that in Spanish there is a subdivision of definite and indefinite articles by grammatical gender.

INTEGRATED COMPONENTS
Use the following instructional resources to practice **The verb *ser* (plural)**.
- **Gramática viva:** *Ser*
- **Student Activities Manual/o-SAM:** Activities 1-17, 1-18
- **Companion Website:** Chapter 1, Gramática en contexto, The verb *ser* (plural)

Suggestion 1-20, Paso 1
If the majority of students are from the same city in the same state, then prepare role-playing cards with the names of different U.S. cities or other countries. Distribute the cards to your students. Have each student interview four classmates to find out where they are from, without showing his/her card. The rest of the activity should follow the one described.

Answers 1-20, Paso 4
somos, son

INTEGRATED COMPONENTS
Use the following instructional resources to practice **Artículos**.
- **Gramática viva:** Definite article; gender and number, Indefinite articles
- **Student Activities Manual/o-SAM:** Activity 1-19
- **Companion Website:** Chapter 1, Gramática en contexto, Artículos

1-21. El, un. . .

Paso 1. Keeping in mind that the key letter that helps you distinguish feminine from masculine articles is the letter **a**, try to complete the following chart.

	MASCULINE	FEMININE	ENGLISH
indefinite singular	un	una	a (an)
indefinite plural	unos	_____	some, few
definite singular	el	la	the
definite plural	los	_____	the

Paso 2. With the information from the chart above, can you select the right choice for each one of the options below?

1. Hay **un/el** hombre y **una/la** mujer en la plaza. **Un/El** hombre es de Nueva York y **una/la** mujer es de Los Ángeles.
2. **Una/La** profesora de mi universidad recibió el premio Nobel.
3. En la clase hay **una/la** estudiante de Nueva York y **una/la** estudiante de San Antonio. **Una/La** estudiante de San Antonio estudia economía.

INTEGRACIÓN COMUNICATIVA

ESTRATEGIAS   Lectura

Skimming a text is a useful reading technique that requires looking over a text quickly in order to understand its overall meaning. While skimming, the reader may focus on some specific goals such as: (a) getting the gist of the passage, (b) understanding its organization, or (c) finding out about the intentions or objectives of the writer. In the following activity you will be guided towards the overall understanding of the text.

1-22. El español en el mundo

Paso 1. Can you guess the number of Spanish speakers in the countries where Spanish is an official language? Skim the text below to verify your guess.

a. 35 millones
b. 120 millones
c. 250 millones
d. 350 millones

Paso 2. Now, skim the paragraphs on page 25, and decide which of the following questions corresponds to each paragraph.

a. ¿Es fácil o difícil estudiar español?   párrafo _____
b. ¿Por qué es importante estudiar español?   párrafo _____
c. ¿En qué países se habla español?   párrafo _____

El español en el mundo

Hablar español es muy útil porque hay muchas personas en los Estados Unidos que hablan este idioma. En mi opinión, hablar español es importante en muchas profesiones; por ejemplo, si eres doctor o doctora, puedes (*you can*) establecer una comunicación efectiva con los pacientes de un hospital. También, si eres policía puedes hablar con las personas que necesitan ayuda y así evitar (*in this way avoid*) errores de comunicación.

Hay 20 países donde el español es el idioma oficial o principal. Además, si contamos a los Estados Unidos y Puerto Rico, hay 22 países donde se habla español. En los países donde el español es el idioma oficial hay aproximadamente 350 millones de personas que hablan este idioma. En los Estados Unidos el español no es un idioma oficial, pero el censo nacional del año 2000 revela que hay aproximadamente 35 millones de hispanos y la mayoría de los hispanos habla español. Por otro lado (*On the other hand*), Puerto Rico es oficialmente un territorio de los Estados Unidos, pero tiene muchas características de país independiente. Por ejemplo, Puerto Rico tiene una selección deportiva que participa en las Olimpíadas.

El español no es difícil porque hay muchas palabras en inglés y español que son muy similares. Por ejemplo, *optimist* y optimista, o *solution* y solución, son casi iguales. La causa de estas similitudes es que estas palabras en inglés y español tienen un origen común en el latín. El español es un descendiente directo del latín. En contraste, el inglés recibe influencia del latín durante la ocupación normanda de Inglaterra y además, el prestigio del latín en las universidades durante la Edad Media (*Middle Ages*) contribuye (*contributes*) a la incorporación de muchas palabras de este idioma.

Paso 3. ❷ Now read the text more carefully and underline the five most difficult words. Try to guess their meaning from context or by consulting with another classmate.

Paso 4. ❷ Finally, write two questions about each paragraph. Then, interview your partner to see if s/he can answer them.

MODELO: E1: ¿Por qué es importante el español?
E2: Porque hay muchas personas que hablan español.

1-23. Contraste entre el aprendizaje del inglés y del español

Paso 1. AUDIO Listen to two Spanish speakers, and take note of what each one says to answer the questions below:

PREGUNTAS	PERSONA 1	PERSONA 2
1. ¿Cómo se llama?		
2. ¿De dónde es?		
3. ¿Cuál es su profesión?		

Paso 2. AUDIO Now listen carefully to what each person has to say about her experience learning English. Write the name of the person next to the expressions that describe how they feel about learning English:

1. Es fácil.
2. Es muy difícil.
3. No es importante en mi profesión.
4. Es útil para la comunicación.
5. Es importante para mi profesión.

Paso 3. Finally, think about your own experience learning Spanish so far and write two sentences to describe it.

| ESTRATEGIAS | Escritura |

To develop your writing abilities, consider writing as a process that requires several steps:

1. Brainstorming ideas and collecting information
2. Organizing ideas and creating an outline
3. Identifying purpose, audience and context
4. Writing a first draft
5. Revising content and vocabulary
6. Writing a second draft
7. Revising grammar and punctuation

These steps will guide your first experiences writing in Spanish. In each chapter you will focus on particular aspects of the writing process. Note, however, that the first three steps may be presented in different order. In this first chapter, try to put into use the Spanish you have learned so far. Try to express your ideas using cognates, loan words, and the vocabulary and grammar you have learned throughout this chapter.

1-24. Una carta de presentación

Paso 1. You are going to write a letter to an imaginary pen pal in a Hispanic country. Determine the register (formal or informal) and the length of the letter.

1. The context: This is the first time you are communicating with your pen pal, and the only thing s/he knows about you is that you are studying Spanish at an American university.
2. The purpose of your letter is to introduce yourself and tell your pen pal something about yourself and about your experience learning Spanish.

Paso 2. Write some notes and key words to address each of the following topics:

1. A brief description of your Spanish class.
2. A brief description of your Spanish teacher/professor (e.g., traits of his/her personality: **¿Es un/a profesor/a tradicional, optimista, eficiente?**).
3. Your experience learning Spanish.
4. Your opinion and your classmates' opinions about learning Spanish.

Paso 3. Write a brief paragraph for each of the four topics (two or three sentences per paragraph is enough). The following linking words can help you join or contrast ideas: **también** (*also*), **además** (*besides*), **pero** (*but*), **sin embargo** (*however*). Forms for salutation and closing are shown below:

¡Hola!/Querido/a X (*Dear X*):
¡Adiós!/Saludos

Paso 4. ❷ Exchange your letter with a classmate. Can your partner understand what you wrote? Can you understand what your partner wrote? Exchange ideas about what needs to be clarified to achieve the purpose of your letters.

Paso 5. Now review the language of your letter, paying attention to the correct use of vocabulary and grammar. Write a clean copy and hand it in to your instructor.

1-25. Examen de geografía

Paso 1. You have learned a great deal about the Spanish-speaking world. Do you think you would pass an **examen de geografía**? Use the information provided on the map.

1. ¿Cuántos países hay en América?
2. ¿Cuántos países hay en Norteamérica?
3. ¿En qué países de América se habla portugués?
4. ¿En qué países de África se habla español?
5. ¿En qué países de América se habla inglés?
6. ¿Cuál es la capital de Argentina?
7. ¿Cuál es la capital de Paraguay?
8. ¿Cuál es la capital de Guatemala?
9. ¿Cuál es el país más grande (*biggest*) de Sudamérica?

Paso 2. Can you create your own **examen de geografía**? Use the information from the map to write three additional geography questions.

Paso 3. ❷ Now, challenge your partner to answer the questions you wrote. Can s/he respond without looking at the map? Take turns after each right response.

Comparaciones culturales

Cultura

Learning a second language involves more than vocabulary, grammar, and pronunciation. To communicate successfully in Spanish requires an understanding of cultural perspectives: different ways of interpreting reality and different ways of interacting with others. In this textbook, you are going to discover more about yourself, your language and culture(s), and the language and culture(s) of Spanish-speaking people everywhere.

Answer 1-26, Paso 2

Explain that if you follow the criteria under (1), opción A seems to be the right answer (but, since the *Suez* canal is artificial, *África* is really connected to *Asia*). If you follow the criteria under (2), none of the proposed answers is right because the seven large tectonic plates are: *África, Antártida, Eurasia, India, América del Norte, América del Sur,* and *Océano Pacífico.* If you follow the criteria under (3), any answer may be right. Obviously then, cultural–political considerations override geographical facts.

Answers 1-26, Paso 3

The Olympic Committee considers a population-based system that renders five continents: Africa, Asia, Europe, America, and Australia. Obviously, Antarctica is not part of the classification because this landmass is not populated by any single nation of any continent.

1-26. ¿Cuántos continentes hay?

Paso 1. The differences among languages and cultures go beyond word associations or abstract concepts. In some cases, these differences may be as concrete as the classification of landmasses, such as continents. Select the classification of continents that you think is right, then verify with a classmate.

OPCIÓN A	OPCIÓN B	OPCIÓN C	OPCIÓN D
(5 continentes)	(5 continentes)	(6 continentes)	(7 continentes)
América	América	América	América del Norte
África	África	África	América del Sur
Australia	Australia	Australia	África
Europa	Eurasia	Europa	Europa
Asia	Antártida	Asia	Asia
		Antártida	Australia
			Antártida

Paso 2. Below are three different criteria used in the division of the world into continents. Based on the criteria that you selected, how many continents do you count?

1. A continent is a large unbroken landmass completely surrounded by water.
2. A continent is determined by any one of the large tectonic plates.
3. A continent is any large landmass inhabited by people.

Paso 3. The five interlocking colored rings of the Olympic Games (black, blue, green, red, and yellow) represent the union of the five continents. Make a list of the continents that you think are represented by the Olympic Committee's five rings.

Cultura

In many Spanish-speaking countries, children are taught to count five continents (options A or B in Paso 1). If you classify **América** as one continent, **americano** then refers to any inhabitant of that continent. Thus, using the term **americano** to refer only to the nationality of someone from the United States may be perceived as inaccurate. In many countries a citizen of **los Estados Unidos** is called **estadounidense**. It is not uncommon, however, to use the term **norteamericano** as well, although this too may seem inaccurate, since North America is made up of the United States, Canada, and Mexico.

Paso 4. Finally, decide which of the four classifications of America is taught in the school represented in the following cartoon. Can you understand the punch line?

Answer 1-26, Paso 4

América es todo un continente.

© Joaquín Salvador Lavado Tejón (QUINO)
Todo Mafalda—Ediciones de La Flor, 1993

América es:

_____ el país Estados Unidos de América.
_____ los países Estados Unidos y Canadá.
_____ los países Estados Unidos, Canadá y México.
_____ todo un continente.

Cultura

As we have seen in previous sections, learning another language involves more than simply learning word lists and grammar rules. We have analyzed the cultural connotations of vocabulary and grammar, pragmatic differences in conversational interactions and cultural concepts represented in language. Yet, language can also be used as art. Literature, whether poetry or prose, provides us with a means to both express and understand ourselves and our cultural identities.

1-27. Bilingual poetry

Paso 1. "Where you from?" is the title of a bilingual poem (i.e., parts of the poem are in English, while others are in Spanish). Skim the first lines of the poem on the next page. What do you think the poem is about? Check off all possible topics.

Answer 1-27, Paso 1

2

1. _____ La inmigración de personas de países hispanohablantes a Europa.
2. _____ La confusión de identidad cuando una persona vive en dos culturas diferentes.
3. _____ El proceso administrativo para iniciar una visa.

Paso 2. Here are the first lines of the poem. Can you translate into English the sections of the poem that are written in Spanish?

"Where you from?" *Gina Valdés*

soy de aquí
y soy de allá
from here
and from there
born in L.A.
del otro lado y de éste
crecí° en L.A.   *I grew up*
y en Ensenada
my mouth
still tastes
of naranjas
con chile. . .

Answer 1-27, Paso 3

3

Paso 3. Why do you think the author uses both English and Spanish in this poem?

1. _____ Quiere demostrar que habla bien los dos idiomas.
2. _____ Quiere confundir al lector.
3. _____ Quiere expresar que pertenece a dos culturas.

1-28. Soy de la frontera

Answers 1-28, Paso 1

aquí, allá, sur, norte, zurda

Paso 1. ❷ Read the rest of the poem, and, guessing from the context, find the words in Spanish that are equivalent to the following words in English.

here: _____
there: _____
south: _____
north: _____
left-handed: _____

. . . soy del sur
y del norte
crecí zurda
y norteada°   *north-oriented*
cruzando fron
teras crossing
San Andreas
Tartamuda°   *stutterer*
y mareada°   *dizzy*
where you from?
soy de aquí
y soy de allá
I didn't build
this border
that halts me
the word fron
tera splits
on my tongue

Paso 2. Find the word **frontera** in the poem. Which of the following objectives do you think the author is trying to achieve with her use of that word?

a. _____ La escritora expresa su actitud revolucionaria hacia la gramática.

b. _____ La escritora expresa su sentimiento de división cultural.

Paso 3. Ⓖ Use your limited Spanish as an artistic advantage to express yourself bilingually. Write from three to five extra lines to add to the poem by Valdés. Then, read your lines to your classmates and let them decide if you are **muy creativo** o **poco creativo.**

Answers 1-28, Paso 2
The most likely answer according to the context is b.

···Diferencias dialectales···

Imagine you are with a group of native English speakers from different regions of the world. Would you be able to recognize the person from Australia? What about the one from Ireland? And the one from South Africa? Or the person from India? You can probably identify these speakers if you pay attention to differences in pronunciation, intonation, vocabulary, etc. The same is the case for Spanish. For instance, some Spanish speakers use the word **autobús** for *bus,* but others use the word **guagua.** Some speakers pronounce the *c* in **gracias** as an /*s*/, but others use a sound similar to the English sound /*th*/ as in *cathedral.* These dialectal differences constitute a common topic of conversation among speakers of Spanish. In fact, it is very likely that you will be engaged in such a discussion with native speakers. In this section you will be introduced to some major differences among dialects of Spanish.

1-29. *Lad, chap, guy,* or *dude?*

Paso 1. Which other words are used to refer to the following in the English language? Which ones are used or preferred in the area where you live?

bucket: _____

elevator: _____

soft drink: _____

subway: _____

fall: _____

fellow: _____

Answers 1-29, Paso 1
Possible variations are: for bucket: pail, tub; for elevator: lift; for soft drink: pop, soda; for subway: underground, tube, metro, and other local acronyms; for fall: autumn; for fellow: chap, lad, guy, dude, man, brother, etc.

Paso 2. ❷ Compare your list of words to those of a classmate. Are they similar? If they are different, is it due to regional variation or personal preference?

1-30. ¿Cómo se dice *bus* en tu región?

Paso 1. **AB** With your partner, find out as many variations as you can for the Spanish equivalents of the following words: little boy, bus, and blond.

MODELO: E1: ¿Cómo se dice *bus* en México?
E2: Se dice camión.

A Busca información sobre Argentina, Colombia, Chile, España y Uruguay.

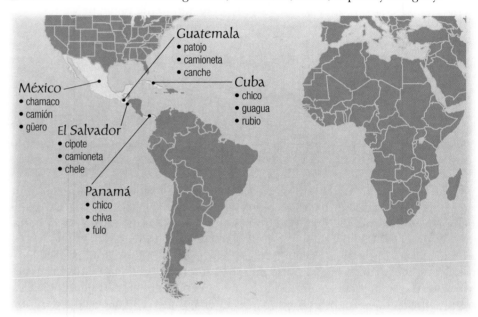

B Information for Student B, p. 522

Information for Student B, p. 522

Paso 2. Now ask your instructor which words s/he prefers and find out which language variety s/he uses.

Cultura

Notice that apart from regional variations there are also personal variations among speakers. For instance, to greet someone or to say goodbye, there are many different expressions to choose from. The decision about which one to use is based mostly on personal preference and, to some extent, degree of formality.

Paso 3. The following expressions are **saludos** (greetings) and **despedidas** (farewells). Can you sort them out?

¿Qué tal?	¡Hasta luego!	¡Chau!	¡Qué lo pase/n bien!
¿Cómo estás/n?	Nos vemos.	¡Hasta la vista!	¿Cómo anda/s?
¡Hasta pronto!	¿Qué hubo?		

SALUDOS	DESPEDIDAS
_____	_____
_____	_____
_____	_____
_____	_____
_____	_____

Follow-up 1-30, Paso 2

Ask students to interview various Spanish speakers to find out where they are from based on the information on the maps, and to expand their database.

Answers 1-30, Paso 3

¿Qué tal?, ¿Qué hubo?, ¿Cómo andas?, and *¿Cómo estás?* are all greetings. The rest are farewells.

Paso 4. Write in Spanish the greetings and farewells you would use with:

1. your instructor _____
2. a classmate _____
3. a member of your immediate family _____

Gramática

Except for some parts of Spain, the majority of Spanish speakers make no distinction between the pronunciation of the letters **s**, **z**, and **c** (when **c** is followed by **e** or **i**). All three are pronounced the same. (In Chapter 6 you will learn the pronunciation of the Spanish **zeta**.)

1-31. ¿Zeta o ese?

Paso 1. Pronounce the following words, using an /s/ sound for all three letters **s, z,** and **c.**

1. Marcelo Rodríguez es el esposo (*husband*) de Graciela.
2. Graciela Pérez Ordóñez es la esposa (*wife*) de Marcelo.
3. Hay dieciocho diccionarios sobre la mesa.
4. Esta (*this*) posición política es muy tradicional.

Paso 2. Another noticeable feature of the pronunciation of the majority of Spanish-speaking countries is the omission or aspiration (the pronunciation of a consonant with an aspirate, like the sound /h/ in English) of the /s/ sound. Can you explain why the *s* is typically pronounced with the last word but not the first three?

mos-ca → mo-ca (*fly*)   us-ted → uhted
des-de → de-de (*from*)   ca-sa → casa (*house*)

Paso 3. AUDIO The following sentences will be read twice. Listen to them and check (**X**) whether the speaker pronounces all the /s/ sounds (typical of careful and slow speech), or whether s/he reads them with aspiration (as is typical in normal conversation, especially while speaking fast).

	With aspiration	Without aspiration
1a. ¿Quiénes son los estudiantes de Los Ángeles?	_____	_____
1b. ¿Quiénes son los estudiantes de Los Ángeles?	_____	_____
2a. Estos son los dos estudiantes que están en la clase conmigo.	_____	_____
2b. Estos son los dos estudiantes que están en la clase conmigo.	_____	_____
3a. ¿Usted es de España o de los Estados Unidos?	_____	_____
3b. ¿Usted es de España o de los Estados Unidos?	_____	_____
4a. La fiesta es en la casa de Mercedes.	_____	_____
4b. La fiesta es en la casa de Mercedes.	_____	_____

Note 1-31, Paso 1

For your information, interestingly, the labiodental sound (similar to the /th/ in sound *thumb*) did not become part of the Spanish dialects from Spain until the beginning of the conquest in the Americas in the 1500s. In fact, due to its late introduction, it was not part of the features that were incorporated into the American dialects of Spanish.

Suggestion 1-31, Paso 2

Explain that in the word **casa** the *s* is pronounced because it is placed at the beginning of the syllable. When the /s/ sound is placed at the end of the syllable it is routinely softened or even deleted.

Audioscript 1-31, Paso 3

1a. ¿Quiéne son lo etudiante de Los Ángele? [/s/ sounds aspirated]
1b. ¿Quiénes son los estudiantes de Los Ángeles?
2a. Estos son los dos estudiantes que están en la clase conmigo.
2b. Esto son lo do etudiante que etán en la clase conmigo. [/s/ sounds aspirated]
3a. ¿Usted eh de Ehpaña o de loh Ehstadoh Unidoh? [/s/ sounds aspirated]
3b. ¿Usted es de España o de los Estados Unidos?
4a. La fiesta es en la casa de Mercedes.
4b. La fiehta eh en la casa de Mercedeh. [/s/ sounds aspirated]

Answers 1-31, Paso 3

With aspiration: 1a, 2b, 3a, 4b; Without aspiration: 1b, 2a, 3b, 4a

Video

Las impresiones de Guadalupe

Primeras impresiones

1-32. ¿Dónde están?

Paso 1. Take a look at the following opening scenes from the video and describe what you see in them.

MODELO: En la foto 1, hay ___5___ personas. Hay. . .

Paso 2. Based on the information available in the previous photos, can you guess the title of the course that these students are taking? **El título del curso es:**

1. "Análisis matemático diferencial"
2. "Producción de programas de radio local y de Internet"
3. "Historia de los movimientos migratorios europeos del siglo XIX"

Paso 3. Think about the title of the video and try to guess the most likely summary of the plot of the video script.

1. Un profesor chicano enseña un curso a un grupo de estudiantes de inter-cambio. En cada episodio, Guadalupe nos habla de diferentes experiencias.
2. Una estudiante de intercambio de México viene a estudiar a Estados Unidos. En cada episodio, Guadalupe aprende sobre la cultura de EE.UU. y la cultura hispana.
3. Una estudiante de intercambio de México viene a estudiar a EE.UU. En cada episodio Guadalupe tiene un problema emocional diferente: romance, aventura, etc.

Las impresiones de Guadalupe

1-33. ¿Quiénes son los estudiantes?

Paso 1. Watch the scene where the students introduce themselves, without taking notes. Then, try to fill in the blanks with the same expressions the students used. If you cannot remember the exact expression use another one you think could be appropriate.

Pablo:	_____ Pablo, Pablo Negrini. . . ¿profesor?. . .
Prof. Parra:	Parra, Ricardo Parra, para servirle. Y, ¿de dónde es Ud.?
Pablo:	_____ Argentina. De Buenos Aires.
Prof. Parra:	. . . ¿Y Ud., señorita?
Guadalupe:	_____ Guadalupe Fernández y vengo de Guadalajara, México.
Prof. Parra:	¡Ah, qué interesante! Bueno, la persona siguiente.
Consuelo:	Yo soy de Cali, Colombia y _____ Consuelo Hernández, bueno mis amigos y mi familia me dicen Connie.
Jordi:	_____ Jordi Berlanga-Escolar, y mi familia _____ Barcelona pero yo nací en Madrid.
Prof. Parra:	¿De dónde es y cómo se llama?
Camille:	_____ aquí, pero mi mamá es de Cuba. _____ Camille Franklin-Montemayor. Uso dos apellidos porque me siento que pertenezco a dos culturas, o sea, que soy "bicultural".

Answers 1-33, Paso 1

Mi nombre es, Yo soy de, Yo soy, me llamo, Me llamo, viene de, Soy de, Mi nombre es

Paso 2. Now watch the scene with the students' introductions again and confirm your best guesses from Paso 1.

Impresiones culturales

1-34. ¿De qué diversidad cultural habla?

Paso 1. After Professor Parra makes a comment about the cultural diversity of his students, Guadalupe appears to be puzzled. Analyze what she says to herself and select the most likely inferences that can be made on the basis of her comment (mark all that apply).

Answers 1-34, Paso 1

a and c

Suggestion 1-34

In subsequent chapters students will compare several cultural characteristics that make up what is called the "Hispanic culture." For now, see if they can classify some of the immediate linguistic differences that the characters in this story have already noticed. Have them write the name and the country of origin (birth or family) of the person who uses each one of the following words: **bus, camión, colectivo, bondi.**

Answers:

bus: Connie, Colombia; Camille, Cuba-EE.UU.
camión: Guadalupe, México
colectivo: Pablo, Argentina
bondi: Pablo, Argentina

Prof. Parra:	Esto es excelente. En esta clase hay una variedad cultural increíble. Hay gente de muchos países: de Argentina, . . . de México, . . . España, . . . Colombia, . . . y bueno, yo soy puertorriqueño, creo que la variedad de experiencias culturales va a contribuir al desarrollo de este curso.
Guadalupe:	Pero ¿de qué variedad habla este señor? ¿Somos tan diferentes? Si todos hablamos el mismo idioma.

Guadalupe cree que . . .

a. _____ No hay diferencias entre las variedades del español.
b. _____ Hay muchas diferencias culturales entre los países hispanos.
c. _____ La cultura de los pueblos hispanohablantes es homogénea.

Paso 2. How important do you think the cultural diversity is that Professor Parra is talking about? Select the answer that best represents your opinion on this topic.

1. Creo que las únicas (*only*) diferencias culturales son en el uso de palabras.
2. La cultura hispánica es muy variada por la influencia de muchos grupos culturales.
3. Pienso que la única diferencia cultural fundamental es la que existe entre los grupos hispanohablantes de América y España.

En resumen

Gramática

1. Subject pronouns

yo	*I*	nosotros/nosotras	*we*
tú	*you (singular, informal)*	vosotros/vosotras	*you (plural, informal)*
usted (Ud.)	*you (singular, formal)*	ustedes (Uds.)	*you (plural, formal)*
él	*he*	ellos/ellas	*they*
ella	*she*		

2. Optional pronouns

Spanish verbs are generally used without an explicit subject because verb endings help identify the subject of a sentence. Subject pronouns in Spanish are only used:

- for emphasis and contrast
- to avoid ambiguity (the verb endings for the second-person formal and for the masculine and feminine third-person subjects are identical), and
- to mark politeness.

3. The verb *ser*

yo **soy**	nosotros/nosotras **somos**
tú **eres**	vosotros/vosotras **sois**
él/ella/usted **es**	ellos/ellas/ustedes **son**

4. Negative + verb

To make an affirmative statement in Spanish into a negative one, simply place the word **no** before the verb.

5. Articles

	Masculine	Feminine	English
indefinite singular	**un**	**una**	*a (an)*
indefinite plural	**unos**	**unas**	*some, few*
definite singular	**el**	**la**	*the*
definite plural	**los**	**las**	*the*

Vocabulario

Presentaciones y saludos

adiós	*goodbye*	¿Cómo está usted?	*How are you? (formal)*
¡Bienvenido/a/os/as!	*Welcome!*	¿Cómo estás?	*How are you? (informal)*
buenas noches	*good evening/good night*	¿Cómo se llama usted?	*What's your name? (formal)*
buenas tardes	*good afternoon*		
buenos días	*good morning*	¿Cómo te llamas?	*What's your name? (informal)*

¿De dónde eres?	Where are you from? (informal)
¿De dónde es usted?	Where are you from? (formal)
encantada/o	delighted
es un placer	it's a pleasure
hasta la vista	see you around
hasta luego	see you later
hola	hello
Hola, ¿qué tal?	Hi, how's it going?
igualmente	likewise
Les presento a _____.	I would like to introduce you (plural) to _____.
más o menos	so-so
Me llamo _____.	My name is _____.
Mi nombre es _____.	My name is _____.
Mucho gusto.	Nice to meet you.
Muy bien, gracias.	Very well, thank you.
Soy _____.	I am _____.
Soy de _____.	I am from _____.
Te/Le presento a _____.	I would like to introduce you (informal/formal) to _____.
¿Todo bien?	Everything all right?
¿Y tú?	And you?
¡Qué casualidad!	What a coincidence!
¡Qué interesante!	How interesting!
¡Cómo no!	Of course!

Cosas del salón de clase

un bolígrafo	a pen
un borrador	an eraser
una cesta	a basket
una computadora	a computer
un cuaderno	a notebook
un escritorio	a desk
un lápiz	a pencil
un libro	a book
una mesa	a table
una mochila	a backpack
un papel	a paper
una pizarra	a chalkboard
una puerta	a door
un pupitre	a desk
una silla	a chair
una televisión	a television
una tiza	a piece of chalk
una ventana	a window
una videocasetera	a VCR

Verbos útiles

aprender	to learn
hablar	to speak
obtener	to obtain
querer (quiere)	to want (s/he wants)
tener (tiene)	to have (s/he has)
venir (viene; vengo)	to come (s/he comes; I come)
vivir	to live

Preguntas útiles

¿Cuántos/as ___ hay?	How many ___ are there?
¿Dónde está ___?	Where is ___?
¿En qué país se habla ___?	In which country is ___ spoken?
¿Hay alumnos en la clase?	Are there students in class?
¿Qué hay en ___?	What's in ___?

Palabras útiles

el apellido	the surname
la ciudad	the city
el correo electrónico	the e-mail
el desarrollo	the development
la dirección	the address
la gente	the people
el idioma	the language
el país	the country
la población	the population
la pregunta	the question
la respuesta	the answer
la traición	the betrayal
las vacaciones	vacations

Frases adicionales

conmigo	with me
contigo	with you (informal)
difícil	difficult
durante	during/while
facil	easy
juntos	together
más	more/plus
menos	less/minus
sencillo	simple
útil	useful

2 Primeras experiencias

Vocabulario en contexto

- Los colores
- El cuerpo humano
- Más números

Intercambios comunicativos
- Agradecer (*thank*) y pedir disculpas (*apologies*)
- Hacer una petición (*request*)

Enfoque cultural

- El español en los EE.UU.

Gramática en contexto

- Grammatical gender and the definite article
- Plurals
- Adjectives
- The verb **estar**
- Present tense
- **Gustar**

Integración comunicativa

- Hispanos famosos
- La población hispana en los Estados Unidos

Comparaciones culturales

- La poesía chicana: Francisco X. Alarcón y Lin Romero

Diferencias dialectales

- Espanglish o español

Video: Las impresiones de Guadalupe

En resumen

Note

These exploratory activities preview some of the major topics covered in the chapter. They do not require right answers. If students do not offer options, volunteer one or two and move on. After you finish the chapter, ask students to do these activities again to give them a sense of progress as, most likely, they'll do better at the end of the chapter.

Vocabulario en contexto

Ask students to think of other words that could be associated to the main word in the box. After you complete the chapter, come back to this page and ask them to mention as many words as they can remember (without consulting notes).

Gramática en contexto

Ask students to fill in the empty spaces in this text. Do they notice any particular structure that differs substantially from English?

Comparaciones culturales

Ask students to add a few more entries to the lists.

Vocabulario en contexto

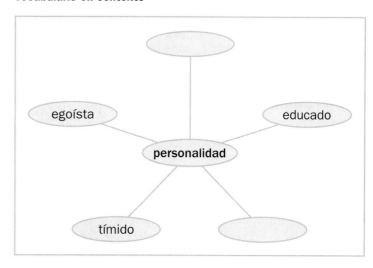

egoísta — educado — personalidad — tímido

Gramática en contexto

Los sábados,

... *estudio* español.

... _____ por el parque.

... lavo la ropa.

... _____ por teléfono.

Comparaciones culturales

¿Dónde viven los hispanos?

11 millones _____   3 millones _____
7 millones *Texas*   1 millón y medio _____
3 millones _____   1 millón 300 mil _____

2-1. Los colores: What is your favorite color?

Answers 2-1, Paso 1

1. *el limón, amarillo;* 2. *la hierba, verde;* 3. *el océano, azul;* 4. *el café, marrón, negro;* 5. *la leche, blanca;* 6. *el vino, morado, rosado;* 7. *la noche, negra;* 8. *la manzana, roja, verde, amarilla;* 9. *la naranja, anaranjada/naranja;* 10. *la rosa, rosada, roja, amarilla, blanca;* 11. *el metal, gris*

Paso 1. Match each item with its corresponding color. In some cases there can be more than one color for an item.

MODELO: el café: marrón, negro

(1) el limón   (2) la hierba   (3) el océano   (4) el café

(5) la leche   (6) el metal   (7) el vino   (8) la noche

(9) la manzana   (10) la naranja   (11) la rosa

amarillo/a   marrón   azul   blanco/a   gris

rosado/a   morado/a   negro/a   rojo/a

verde   anaranjado/a

Paso 2. 🅖 Interview your classmates and find someone who likes the same color you do. What's the most popular color in your class?

MODELO: E1: ¿Qué color te gusta más?
E2: El azul. ¿Y a ti?
E1: A mí me gusta el azul también. Me gusta mucho.

2-2. Las banderas y los colores

Paso 1. In Spanish, name the colors of the American flag.

_____   _____   _____

Paso 2. Many people of Hispanic heritage live in the United States. Most of them come from five nations. Can you guess the names of at least three of these five countries?

1. _____
2. _____
3. _____

Paso 3. What are the colors of the flag of each of the nations you named? Look at the flags of the nations below and check to see whether you chose the right colors.

PAÍS O NACIÓN	COLORES DE LA BANDERA
1. _____	_____
2. _____	_____
3. _____	_____

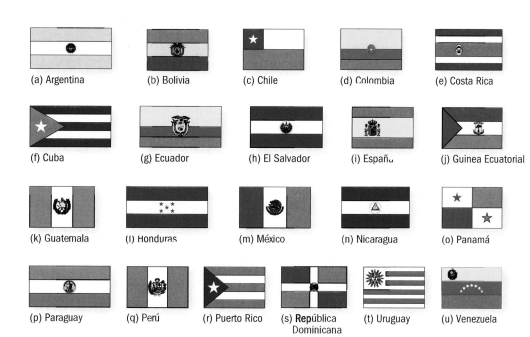

(a) Argentina   (b) Bolivia   (c) Chile   (d) Colombia   (e) Costa Rica

(f) Cuba   (g) Ecuador   (h) El Salvador   (i) España   (j) Guinea Ecuatorial

(k) Guatemala   (l) Honduras   (m) México   (n) Nicaragua   (o) Panamá

(p) Paraguay   (q) Perú   (r) Puerto Rico   (s) **Rep**ública Dominicana   (t) Uruguay   (u) Venezuela

Paso 4. Look at the flags again, and say which one has the following colors.

MODELO: azul y blanco: **la bandera de Honduras**

1. azul, blanco y amarillo _____
2. azul, blanco y rojo _____
3. azul, amarillo y rojo _____
4. blanco y rojo _____
5. rojo y amarillo _____
6. rojo, amarillo y verde _____
7. verde, blanco y rojo _____

2-3. ¿Hay una relación entre los colores favoritos y la personalidad?

Paso 1. First, read the interview with Dr. Castillo about colors and personality. Then underline all the cognates that refer to personality traits.

> **Entrevistadora:** Dr. Castillo, ¿existe una relación entre los colores y la personalidad?
>
> **Dr. Castillo:** Bueno, sí y no. Hay características de la personalidad que se reflejan en nuestras preferencias con respecto a[1] los colores, pero son generalizaciones y, por lo tanto, no hay necesariamente una relación estricta.
>
> **Entrevistadora:** Bien, pero en general, si a una persona le gusta un color determinado, ¿cuáles son las características de su personalidad?
>
> **Dr. Castillo:** En general, si a una persona le gustan los colores brillantes y atrevidos,[2] como el rojo o el anaranjado, es probablemente muy expresiva, activa, enérgica y quizás impulsiva, incluso hasta agresiva. Si le gustan los colores oscuros como el negro, la personalidad suele ser seria y elegante, pero a veces pesimista. El rosado y el blanco se asocian con una personalidad ingenua, creativa y optimista. El amarillo representa a personas independientes y soñadoras. Los tonos violetas o morados corresponden generalmente a personalidades muy románticas, apasionadas y un poco egoístas.

[1] with respect to   [2] bold

Paso 2. 🔁 With a partner, check to see whether you have underlined the same cognates. Then circle other words that are not cognates but that you think are being used to describe personality traits.

Paso 3. 🔁 From the vocabulary box choose three adjectives: two that can be grouped together and another one that does not belong to the same category. Read them to your partner and ask him/her to tell you which one does not belong.

MODELO: E1: agradable, cómico, antipático
                E2: Antipático no corresponde a esa categoría.
                E1: Es cierto, agradable y cómico son características positivas.

Vocabulario

Otros adjetivos para describir características emocionales y psicológicas:

agradable	extrovertido/a	perezoso/a (*lazy*)
ambicioso/a	honesto/a	pesimista
antipático/a	idealista	rebelde
atlético/a	inteligente	responsable
cómico/a	liberal	sincero/a
conservador/a	moderno/a	tonto/a
creativo/a	nervioso/a	tímido/a
egoísta	orgulloso/a (*proud*)	trabajador/a (*hard-working*)
educado/a (*polite*)	paciente	

Paso 4. Finally, look at the following drawing and define the personalities of the psychologist, the reporter, and the camera operator. Pay attention to the colors of clothing they wear, their facial expressions, etc.

MODELO: Según (*According to*) el doctor Castillo, el sicólogo es serio porque usa el color negro y también el color azul oscuro.

2-4. Tus colores favoritos y tu personalidad

Paso 1. 🅖 Interview four of your classmates about their favorite colors.

MODELO: E1: ¿Cuál es tu color favorito?
E2: Es el rojo.
E1: Entonces eres. . .

Paso 2. Report to the class your findings about your classmates' personality traits, based on their color preferences. Then ask them to say whether they agree or not with Dr. Castillo's analysis. NOTE: Make sure that the personality adjective agrees with the person's gender.

MODELO: E1: El color favorito de Jennifer es rojo. Por eso, creo que ella es expresiva y enérgica.
E2: No, no es cierto. Soy poco enérgica.

2-5. La personalidad y los personajes famosos

Paso 1. From the vocabulary list on page 42, choose the adjectives that you think best describe the personality of the following famous people.

1. Tom Cruise
2. Britney Spears
3. Elvis Presley
4. Shakira
5. Enrique Iglesias
6. Carlos Santana
7. Jennifer López
8. Tiger Woods

MODELO: Tom Cruise es atlético, orgulloso y extrovertido.

Paso 2. ❷ Now, choose three adjectives that describe your personality. Exchange notes with another student, and report your results.

MODELO: Isela es paciente y extrovertida, y yo también. Pero ella es atlética y yo no.

2-6. El cuerpo humano

Paso 1. We are going to play **Simón dice**, the Spanish version of the game *Simon says*. Your instructor will lead the game first and then assign students to take over. NOTE: In Spanish we use the reflexive ending (**-te**) attached to the verb **toca** (*to touch*): **tócate**.

MODELO: E1: Simón dice: tócate el pie. . ., tócate la cara. . ., (*Everyone touches the mentioned body part with his/her hands.*)

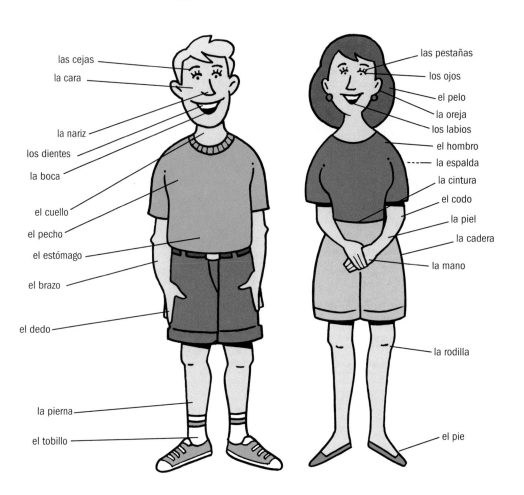

las cejas
la cara
la nariz
los dientes
la boca
el cuello
el pecho
el estómago
el brazo
el dedo
la pierna
el tobillo

las pestañas
los ojos
el pelo
la oreja
los labios
el hombro
la espalda
la cintura
el codo
la piel
la cadera
la mano
la rodilla
el pie

E S T R A T E G I A S   Vocabulario

The following words are used to describe people according to their hair and eyes.
pelo: rubio/a (*blond/e*), moreno/a (*dark-haired/brunette*), largo (*long*), corto (*short*), rizado (*curly*), lacio (*straight*)
ojos: azules/celestes, marrones/café, verdes, negros

Paso 2. 🄖 In a group, take turns playing a variation of *Simon says*. One of you describes a person in the group. Another one points to the person described.

MODELO: E1: Señala una persona con pelo rubio.
E2: (*S/he points out someone with blond hair.*)

2-7. ¿Quién es?

Paso 1. Write a short description of the eye and hair color of at least three students.

MODELO: Pablo tiene los ojos azules y el pelo negro.

Paso 2. Now read your description aloud, omitting the student's name, and ask other students to guess who the person is. If no one can guess, add more information about this student.

E1: Tiene los ojos marrones y el pelo negro.
E2: ¿Es Alberto?
E1: No, no es Alberto. Esta persona es de Canadá.
E2: ¿Es Marcos?
E1: Sí, es él.

Paso 3. Fill in the following table with information about three famous people.

NOMBRE	NACIONALIDAD	RASGO FÍSICO	PERSONALIDAD
Jennifer López	estadounidense	pelo largo	inteligente
_____	_____	_____	_____
_____	_____	_____	_____
_____	_____	_____	_____

Paso 4. **G** Read aloud the information about one of the persons you selected without mentioning his/her name. Then, have your classmates try to guess the identity of the mystery character.

2-8. Bingo o lotería

In order to play bingo you first have to learn some numbers in Spanish.

Paso 1. Check off the numbers your instructor calls out.

30-39	40-90	100-199	200-1,000
treinta	cuarenta	cien	doscientos/as
treinta y uno/a	cincuenta	ciento uno/a	trescientos/as
treinta y dos	sesenta	ciento dos	cuatrocientos/as
treinta y tres	setenta		quinientos/as
treinta y cuatro	ochenta		seiscientos/as
treinta y cinco	noventa		setecientos/as
treinta y seis			ochocientos/as
treinta y siete			novecientos/as
treinta y ocho			mil
treinta y nueve			

Suggestion 2-8, Paso 1

Tell students that you like Spanish because it allows you to study and to have fun at the same time: *A mí me gusta la clase de español porque estudiamos y también nos divertimos. Por ejemplo, ahora vamos a jugar lotería. ¿Cómo se dice lotería en inglés? En inglés, lotería se dice bingo. Pero en español la lotería también se llama bingo, como en inglés.*

Answers 2-8, Paso 1

Answers will vary.

Follow-up 2-8, Paso 1

Write random numbers on the board (or on a transparency), and ask students to read them. Then, ask students to provide the answers to some basic mathematical operations (you can use the numbers on the board to make this easier).

Paso 2. Twenty more numbers are needed in the following bingo chart. Complete it with any number you want. Then, get ready to play bingo.

0-9	11-19	20-29	30-39	40-49	50-59	60-69	70-79	80-89	90-99
2					51		70		
	15	23		42				85	
						68			
			39						99

Paso 3. AUDIO Cross out the numbers you have on your chart as you hear them. The first student to complete one row shouts out *¡Bingo!*, or *¡Lotería!* After you win, read back the numbers you crossed out, so that the other students in the class can confirm your champion status.

2-9. ¿Cuántas personas viven en. . .?

Paso 1. AB You are missing information about the number of inhabitants in some Spanish-speaking countries. Interview your partner to obtain the missing data. Use the following table to help you read the numbers.

1.000	mil	500.000	quinientos mil/medio millón
2.000	dos mil	175.000	ciento setenta y cinco mil
15.000	quince mil	1.000.000	un millón (de. . .)
25.000	veinticinco mil	2.000.000	dos millones (de. . .)
100.000	cien mil	50.000.000	cincuenta millones (de. . .)

MODELO: E1: ¿Cuántos habitantes hay en México?
E2: Hay ciento seis millones de habitantes.

Ⓐ

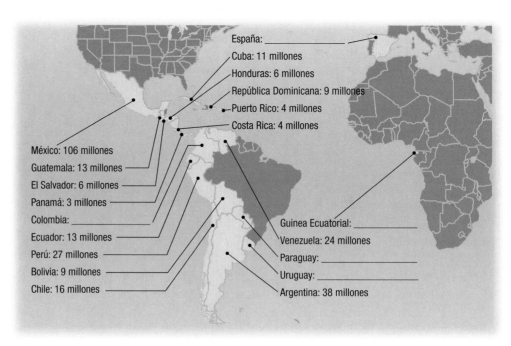

España: _____
Cuba: 11 millones
Honduras: 6 millones
República Dominicana: 9 millones
Puerto Rico: 4 millones
Costa Rica: 4 millones
México: 106 millones
Guatemala: 13 millones
El Salvador: 6 millones
Panamá: 3 millones
Colombia: _____
Ecuador: 13 millones
Perú: 27 millones
Bolivia: 9 millones
Chile: 16 millones
Guinea Ecuatorial: _____
Venezuela: 24 millones
Paraguay: _____
Uruguay: _____
Argentina: 38 millones

Ⓑ Information for student B, p. 523

Paso 2. **G** Your instructor will ask each group five questions about the approximate number of inhabitants in some of the countries on the map. You are not to look at the map. The first group to get all five questions correct wins.

Vocabulario

Interrogative words, or question words, are used to find out specific information.
These are some common question words:

¿Cómo. . .?	How/What?	¿Cuál(es). . .?	Which?
¿Por qué. . .?	Why?	¿De qué. . .?	From what?
¿De dónde. . .?	From where?	¿Adónde. . .?	Where to?
¿Cuándo. . .?	When?	¿Cuánto/a(s)?	How much?,
¿Quién(es). . .?	Who?		How many?
¿Qué. . .?	What?	¿De quién(es). . .?	From whom?
¿Dónde. . .?	Where?		

Please note that all question words have a written accent over the stressed syllable.

2-10. ¿Quién es?

Paso 1. Match the following questions with their most logical answer.

Answers 2-10, Paso 1
1. b, 2. f, 3. d, 4. e, 5. a, 6. c

1. _____ ¿De dónde eres?

2. _____ ¿Quiénes son tus actores favoritos?
3. _____ ¿Cuántos años tienes?
4. _____ ¿Qué idioma prefieres, el español o el inglés?
5. _____ ¿Por qué te gusta estudiar español?

6. _____ ¿Cómo se llama tu esposa?

a. Me gusta porque quiero trabajar en un país hispanohablante.
b. Soy de España.
c. Se llama Graciela.
d. Tengo 44 años.
e. Prefiero el español, pero normalmente hablo inglés.
f. Benicio del Toro y Johnny Depp

Paso 2. Now use some of the questions in Paso 1 to prepare a questionnaire to interview another student.

Paso 3. **2** Use the questionnaire you created to interview a classmate. Then exchange roles.

Paso 4. **G** Describe the classmate you interviewed to the rest of the class without giving his/her name. The rest of the class should guess who the person is based on the information you provide.

Es de _____.
Tiene _____ años.
Sus actores favoritos son _____.
Su novio/a (esposo/a) se llama _____.

⊙⊙ Intercambios comunicativos

Intercambios comunicativos

After the video segment for this chapter you will see two brief clips with examples of the **Intercambios comunicativos** that correspond to the images in this section. You can show these brief clips in class to complete the activity.

Refer to the Video Guide within the IRM for other examples of **Intercambios comunicativos** expressions used in the video.

Thanking, apologizing, and accepting thanks

Muchísimas gracias.	*Thank you so much.*
Muchas gracias.	*Thank you very much.*
Gracias.	*Thanks.*
Lo siento.	*I'm sorry.*
De nada.	*You're welcome.*

To make a request

¿Te/Le molestaría. . . ?	*Would you mind . . . ?*
Perdón, ¿te/le importa. . . ?	*Excuse me, do you mind (Is it OK). . . ?*
¿Me puede(s) hacer un favor?	*Can you do me a favor?*
¿Puede(s). . . , por favor?	*Can you . . . , please?*

To accept or turn down a request

¡Por supuesto!	*Of course!*
¡Cómo no!	*Of course!*
¡Claro!	*Of course!*
No hay problema.	*No problem.*
Muchas gracias, pero. . .	*Thank you very much, but . . .*
Lo siento, no puedo.	*I'm sorry, I can't.*

2-11. Perdón

Answers 2-11, Paso 1

1: Dialogue A, 2: Dialogue C

Paso 1. Which of the following dialogues do you think corresponds to the following two scenes from the video?

(1)

(2)

Dialogue A:
—¡Ay, Dios mío! Perdón, ¿te importa ayudarme?
—¡Claro! Oye, ¡cuántos libros. . . !

Dialogue B:
—¡Muchas gracias!
—No hay problema.

Dialogue C:
—Ah, sí me encantaría.
—Es el 71-35-87.
—Gracias.
—De nada.

Dialogue D:
—¿Me acompañas a tomar un café en la cafetería?
—Ay, gracias, me encantaría pero no puedo. Tengo clase esta tarde y voy a los dormitorios a dejar los libros.
—No hay problema,. . . no te preocupes.

Paso 2. `VIDEO` Now, watch the video and confirm your predictions.

Paso 3. ❷ Pick a partner to role-play one of the dialogues, and expand it as necessary with other useful expressions you already know. Then decide whose presentation is the most creative, the funniest, and the most educational.

Paso 4. ❷ How do you read phone numbers in Spanish? Use Dialogue 2 on page 48 as a model to interview as many classmates as you can. Write down their phone numbers.

Follow-up 2-11, Paso 4

Who was able to write down the most phone numbers? Whoever claims to have the largest number will have to read them and prove they are correct. After each number is read, the person the number corresponds to will say *"Es mi número de teléfono".*

ENFOQUE CULTURAL

The Spanish-speaking heritage of the United States is often reflected in the names of cities or states.

2-12. Pasado histórico

Answers 2-12, Paso 1

All are Spanish words except for Corpus Christi (Latin), Illinois (Native American), Ithaca (Greek), New Orleans (French), and Tallahassee (Native American).

Paso 1. Circle the names of cities and states that you think are based on Spanish words or phrases.

Suggestion 2-12, Paso 1

Point out that although Key West does not sound like a derivative of Spanish, it is a phonological adaptation of *Cayo Hueso,* which is, in fact, the word still used by many Spanish speakers.

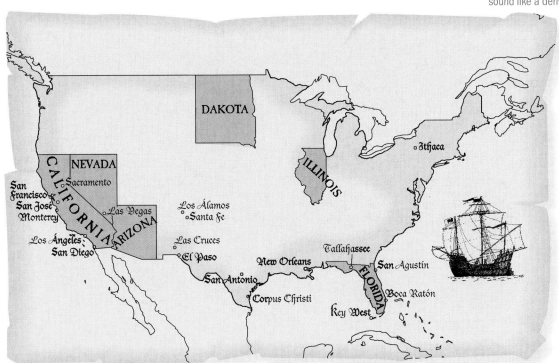

Paso 2. Read the text below and underline at least ten cognate words.

La historia hispánica de Estados Unidos

San Agustín[1] es una ciudad en la Florida. Entre[2] las ciudades de colonización europea, San Agustín es la más antigua de los Estados Unidos. Su fundación data del año 1565. La influencia española se puede ver en la arquitectura, los nombres de las calles, la comida y el arte. La arquitectura de San Agustín es típicamente española con alguna influencia árabe. Los lugares de interés más populares son la Basílica, el monumento nacional del Castillo de San Marcos (el fuerte más antiguo en territorio estadounidense), la misión Nombre de Dios (construida en el siglo XVI) y la plaza de la Constitución (construida en 1598).

En San Agustín hay una estatua dedicada a Ponce de León, el explorador español que llegó a[3] la Florida en el año 1513. El nombre de la Florida está basado en la frase la Pascua Florida.[4] Ponce de León era[5] el gobernador de Puerto Rico en esa época. Él intentó establecer[6] una colonia española en la Florida, pero los indígenas lo expulsaron.[7] En el año 1565, Pedro Menéndez de Avilés fundó[8] San Agustín.

San Agustín

[1] St. Augustine   [2] among   [3] arrived to   [4] Easter   [5] was   [6] tried to establish   [7] threw him out   [8] founded

Answers 2-12, Paso 3

Only 3 is false.

Paso 3. After reading the text, decide which of the following statements is false. If you need to read the text again, do so carefully, and then check off (✔) your answer.

1. _____ El nombre de la Florida es una abreviación de la frase "la Pascua Florida".

2. _____ San Agustín es la ciudad de origen europeo más antigua de los Estados Unidos.

3. _____ Ponce de León es el fundador de San Agustín.

4. _____ El Castillo de San Marcos es un fuerte.

Paso 4. Finally, write three statements about the reading. Challenge your classmates to see if they know whether your statements are **ciertos** (true) or **falsos** (false).

MODELO: San Agustín es una ciudad de Texas. ¿Es cierto o falso?

Gramática en contexto

I. Grammatical gender and the definite article

2-13. El o la

Paso 1. As you may already know, nouns in Spanish are assigned grammatical gender: masculine (accompanied by the article **el**) or feminine (accompanied by the article **la**). There are three important clues that can help you determine the grammatical gender of a noun. Find examples in the **Masculine/Feminine** table below to demonstrate each of the following rules.

a. The ending of the noun is a very important clue. Masculine nouns generally end in **-o** and feminine nouns end in **-a**.

   Ejemplos: _____

b. If an animate noun ends in a consonant but has a masculine gender, an **-a** is added when making reference to females.

   Ejemplos: _____

c. The definite article also helps to identify the grammatical gender of a noun. In some cases, this is the only way to decide whether a noun is feminine or masculine because both masculine and feminine genders have the same ending.

   Ejemplos: _____

Answers 2-13, Paso 1

a. *libro, escritorio, cuaderno, compañero, amigo;* b. *doctor, profesor;* c. *artista, estudiante, periodista, atleta*

Suggestion 2-13, Paso 1

Although it might not be necessary, be ready to explain, if asked, that there is an exception to this rule: la changes to el when a feminine noun starts with a stressed **a** or **ha**, which blends with the **a** of the feminine article: **el agua** (NOT *la agua*), **el alma** (NOT *la alma*), **el hada** (NOT *la hada*). There is, however, no change in the plural form of these nouns, since in this case there is no conflict between two vowels: **las aguas, las almas, las hadas.** There is also no change if the letter **a** in the noun is not stressed: **la abeja** or **la hacienda.** Finally, **el** changes to **la** if an adjective is placed before the noun: **el alma latina** versus **la generosa alma.**

MASCULINE		FEMININE	
el libro	el profesor	la calculadora	la profesora
el escritorio	el artista	la pizarra	la artista
el cuaderno	el estudiante	la mesa	la estudiante
el compañero	el periodista	la compañera	la periodista
el amigo	el atleta	la amiga	la atleta
el doctor		la doctora	

Paso 2. Now, pay attention to the definite article used before each of the following words, and give the grammatical gender that corresponds to each one.

MODELO: la actividad: **feminine**

la cantidad	el sistema	la estudiante	el artista
la televisión	el idioma	el arte	la dentista
la condición	el estudiante	la clase	el problema

Answers 2-13, Paso 2

la cantidad: feminine, *la televisión:* feminine, *la condición:* feminine, *el sistema:* masculine, *el idioma:* masculine, *el estudiante:* masculine, *la estudiante:* feminine, *el arte:* masculine, *la clase:* feminine, *el artista:* masculine, *la dentista:* feminine, *el problema:* masculine

Paso 3. Analyze the endings of the nouns above, and identify which noun endings are likely to be associated with masculine or feminine gender.

Nouns ending in -**ión** are usually _____.
Nouns ending in -**ad** are usually _____.
Nouns ending in -**ma** are usually _____.
Nouns ending in -**ista** are usually _____.
Nouns ending in -**e** are usually _____.

Paso 4. Add the article that corresponds to each of the following nouns.

1. _____ libertad
2. _____ oración
3. _____ problema
4. _____ programa
5. _____ realidad
6. _____ recepcionista
7. _____ economista

Paso 5. Finally, decide which is the correct article in the context of this paragraph. Keep in mind that when the prepositions **de** or **a** are used with the article **el,** they are contracted to **del** or **al.** NOTE: Use your knowledge of cognates to guess the meaning of some of the new verbs.

María José, (el/la) amiga de Sebastián

Sebastián tiene dos amigos de países hispanohablantes: una es una estudiante mexicana y el otro es un estudiante peruano. (El/La) estudiante de México se llama María José. Estudia en (el/la) universidad estatal. Todos los días (del/de la) semana hace lo mismo. Por (el/la) mañana, toma el autobús en (el/la) esquina (*corner*) (del/de la) calle 8 y se baja en (el/la) avenida 15, cerca (del/de la) edificio (*building*) (del/de la) congreso. Después, va (al/a la) cafetería y conversa con (el/la) estudiante de Perú, Carlos Rodríguez. Los dos son compañeros (del/de la) clase de matemáticas. Luego, María José estudia en (el/la) biblioteca por dos horas y lee (el/la) periódico. Asiste a tres clases hasta (el/la) mediodía. Finalmente, María José regresa (*returns*) a su casa por (el/la) tarde.

2-14. Género biológico o género arbitrario

Paso 1. Analyze the following pairs of words. Can you discover the rule that explains gender assignment?

el secretario	la secretaria	el hombre	la mujer
el niño	la niña	el estudiante	la estudiante
el profesor	la profesora	el padre	la madre

ESTRATEGIAS Gramática

If you mentioned the sex of the referent, you were right! Grammatical gender is not the same as biological gender; however, grammatical gender generally coincides with biological gender for animate nouns.

Paso 2. The masculine form has traditionally been used to refer to certain professions, careers, or jobs because few or no women had occupied certain positions until recently. Change the names of these masculine professions to the corresponding feminine.

MODELO: el obrero: **la obrera**

el carpintero: _____
el bombero (*firefighter*): _____
el ingeniero (*engineer*): _____
el arquitecto: _____
el ministro: _____
el presidente: _____

Paso 3. Analyze the following pairs of words. Can you find a rule that explains gender assignment (other than the rule about the ending of the nouns or biological gender)?

la causa   el efecto
la idea   la acción
la noche   el día
la luna (*moon*) el sol (*sun*)
la mañana   la tarde
la clase   el aula (*classroom*)

Gramática

If you were not able to find a rule or an explanation to account for gender assignment, you were right! Generally speaking, grammatical gender is arbitrary for inanimate nouns.

II. Plurals

2-15. ¿Dónde está el plural?

Paso 1. Can you provide the plurals? Follow the example.

MODELO:

La casa es. . .	Las casas son. . .
grand**e**	grand**es**
gri**s**	gri**ses**
El auto es. . .	Los autos son. . .
moderno	_____
marrón	_____

Gramática ESTRATEGIAS

It is easy to make singular words plural in Spanish. To form the plural:

a. add **-s** to nouns that end in a vowel: libro → libro**s**.

b. add **-es** to nouns that end in a consonant: actividad → actividad**es**.

c. change the **-z** to **-c** in nouns that end in the letter **-z**: lápiz → lápi**c**es.

d. family names do not change: los Rodríguez, los Peralta.

Paso 2. Now, can you provide the plurals for these words?

Ella es. . .   Ellas son. . .

    agradable   _____

    liberal   _____

    inteligente   _____

    cómica   _____

Él es. . .   Ellos son. . .

    honesto   _____

    conservador   _____

    paciente   _____

    optimista   _____

Paso 3. The writer of the following sentences forgot some of the plurals. Can you fix them? Use the words in bold as a guide to make a decision about which nouns should be plural.

MODELO: Necesito comprar **muchos** lápiz para la clase de pintura.
           Necesito comprar muchos *lápices* para la clase de pintura.

1. **Los** estudiante estudian mucho.
2. **Tomo las** clase de francés y español.
3. **Los** profesor son muy simpáticos.
4. Hay **cinco** persona matriculadas (*registered*) en la clase.
5. **Los** padre de **los** estudiante están en el estadio.

Paso 4. ❷   Finally, write three short sentences in singular form. Then, read them and ask your partner to give you their plural form.

MODELO: E1: La bandera es grande.
           E2: Las banderas son grandes.

III. Adjectives

Gramática

Adjectives in both Spanish and English serve to describe or give more information about nouns. However, adjectives in Spanish, unlike their counterparts in English, agree in number and gender with the nouns they modify.

El hombre es alt**o** (baj**o**).   *The man is tall (short).*

Las mujeres son alt**as** (baj**as**).   *The women are tall (short).*

2-16. ¿Qué es?

Paso 1. Complete the following sentences, using the appropriate forms of the adjectives below, to describe the objects and people in the picture.

viejo/a–nuevo/a	rápido/a–lento/a	lindo/a–feo/a	alto/a–bajo/a
gordo/a–delgado/a	enorme–diminuto/a	grande–pequeño/a	pobre–rico/a

(1)   (2)   (3)

(4)   (5)   (6)

MODELO: La computadora es grande, vieja y lenta.

1. La computadora es. . .
2. El escritorio es. . .
3. La silla es. . .
4. La señora es. . .
5. El hombre es. . .
6. El niño es. . .

Paso 2. Ⓖ Read your description to the class. Have volunteers guess the name of the object or person, based on your description.

MODELO: E1: Es grande, vieja y lenta.
E2: ¿Es la computadora?
E1: Sí. Muy bien.

Paso 3. Read the list of adjectives in Paso 1 again. Then, try to make a generalization about the adjectives that do not change form from the masculine to the feminine.

Gramática

Some adjectives serve to quantify nouns:

¿Hay **algún** estudiante de Texas?	*Is there any student from Texas?*
No, no hay **ningún** estudiante de Texas.	*No, there is no student from Texas.*
Sí, hay **muchos/pocos** estudiantes de Texas.	*Yes, there are many/a few students from Texas.*

2-17. ¿Cuántos hay? ¿Quiénes son?

Paso 1. ❷ You have two minutes to interview as many classmates as you can in order to complete the sentences below. You will not be able to interview everyone, so make an informed guess when answering the questions based on the information you gathered.

MODELO: E1: Mark, ¿de dónde eres?
E2: Soy de Los Ángeles.
E1: Muchas gracias.

1. La mayoría de los estudiantes son de _____.
2. Hay muchos estudiantes de _____.
3. Hay algunos/unos pocos estudiantes de _____.
4. No hay ningún estudiante de _____.

Paso 2. ❷ Share your findings with your classmate.

MODELO: E1: Hay dos estudiantes de Nueva York.
E2: ¿Quiénes son?
E1: Son Michael y Esteban.

Paso 3. **G** Finally, read one of the sentences from Paso 1. Other students may challenge you, depending on the information they may have gathered.

MODELO: E1: No hay ningún estudiante de Texas.
E2: No es cierto. Hay dos estudiantes de Texas: Robert y yo.

IV. The verb *estar*

Gramática

The verb **estar** is equivalent to the English verb *to be*. Remember that the Spanish verb **ser** is also equivalent to the verb *to be*. The difference, however, is that **ser** and **estar** are used in different contexts. The verb **estar** is typically used to mark location and the current state of health or emotions.

¿Dónde está Manuel?	*Where is Manuel?*
Está en el salón de clase.	*He is in the classroom.*
¿Cómo está Manuel?	*How does Manuel feel?*
Está contento.	*He is happy.*

Suggestion 2-17, Paso 1

If there is a majority of students from any single city in your class, write down the names of specific cities or states on 3 × 5" cards and distribute them to the students.

INTEGRATED COMPONENTS

Use the following instructional resources to practice **The verb** *estar*.

- **Gramática viva:** Hay/está
- **Student Activities Manual/o-SAM:** Activity 2-14
- **IRCD:** p. 57, p. 58
- **Companion Website:** Chapter 2, Gramática en contexto, The verb *estar*

2-18. ¿Dónde estás? ¿Cómo estás?

Paso 1. As you do the rest of the activities, keep coming back until you complete the following chart.

PRONOUNS	ESTAR (SINGULAR)
yo	_____
tú	_____
usted (Ud.)	_____
él/ella	está
nosotros/as	_____
ustedes (Uds.)	_____
vosotros/as	estáis
ellos/ellas	_____

Answers 2-18, Paso 1

estoy, estás, está, estamos, están, están

Suggestion 2-18, Paso 1

Point out to students that after this, the abbreviations for **usted** and **ustedes** will be used: **Ud.** and **Uds.**

Paso 2. Match the physical/emotional states (right column) with the most likely place (left column) where you feel that way.

MODELO: ansioso/a, preocupado/a, en la clase de física

Answers 2-18, Paso 2

Answers will vary.

cansada   contenta   ansiosa

enojada   relajada   preocupada   triste

LUGAR	ESTADO DE ÁNIMO
el gimnasio	cansado/a; agotado/a
la clase de física	contento/a; alegre–feliz
la clase de español	ansioso/a; preocupado/a
la cafetería	enojado/a
el dormitorio	relajado/a
el cine	triste
el estadio de fútbol	
la biblioteca	
el laboratorio de ciencias	
la casa	

Paso 3. ❷ Imagine you are in one of the places mentioned in Paso 2. Interview your classmate to find out where s/he is and how s/he feels in that place. Take turns.

MODELO: E1: ¿Dónde estás?
　　　　　E2: (Estoy) en la clase de física.
　　　　　E1: ¿Cómo estás?
　　　　　E2: (Estoy) preocupada y ansiosa.

Paso 4. **AB** In your drawing you can see five people in five different places. Five other persons are missing. Your partner has information about them. Ask him/her who else is in each place and how they are feeling.

A

Manuel/la biblioteca

Marta/el gimnasio

Ana/la clase

Alberto/el teatro

Carmen/la cafetería

MODELO: E1: ¿Quién está en la biblioteca?
E2: Manuel.
E1: ¿Cómo está?
E2: Está contento.

B Information for student B, p. 523

Paso 5. After you have gathered the data from your partner, answer the following questions. Then, go back to the chart from Activity 2-18, Paso 1, and complete the missing plural forms.

¿Quiénes están en la biblioteca? _____
¿Cómo están? _____

V. Present tense

Gramática

Regular Spanish verbs are classified into three types based on their infinitive endings: **-ar** verbs, **-er** verbs, and **-ir** verbs. The conjugations of these verbs do not necessarily coincide; however, **-er** and **-ir** verb conjugations are often similar.

2-19. Actividades diarias

Paso 1. As you do the activities in this section, keep coming back to this chart to fill in the blank spaces.

PRONOUNS	-AR: ESTUDIAR	-ER: COMER	-IR: ESCRIBIR
yo	estudi ____	com ____	escrib ____
tú	estudi ____	com ____	escrib ____
él/ella/Ud.	estudi ____	com ____	escrib ____

Paso 2. Alberto, Ricardo, Ana, and Adriana are very active people, and they tell us about their busy lives. Match the descriptions to their corresponding pictures.

(a)

(b)

(c)

(d)

1. Soy una persona muy trabajadora (*hard-working*). Escribo artículos de investigación en la oficina, viajo a conferencias universitarias todas las semanas (*weekly*), ayudo a mi esposo en la cocina y hasta (*even*) toco el piano por la noche, cuando no estoy muy cansada.

2. Soy una persona muy atlética. Corro en el parque por la mañana, como fruta y yogur al mediodía, salto a la cuerda por la tarde y bailo salsa por la noche.

3. Soy una persona dinámica. Estudio mercadeo en la universidad, trabajo en el aeropuerto dos días a la semana, llamo por teléfono a mis amigos para relajarme (*relax*) por las noches y toco la guitarra en todas las fiestas.

4. Soy una persona muy estudiosa. Asisto a clase de alemán durante la mañana, escucho cintas de alemán por las tardes y leo mucho por las noches. Mi lectura favorita, por supuesto (*of course*), es la poesía de Goethe, un poeta alemán.

Paso 3. Underline the verbs in each sentence. Note that the verbs **soy (ser)** and **estoy (estar)** are irregular.

Paso 4. Return to 2-19, Paso 1, and complete the chart with the present tense for the first person singular.

2-20. Las actividades del fin de semana

Paso 1. Check off the activities you do on Saturdays, and add any activities not included in the list.

Los sábados, yo. . .

. . . estudio español.
. . . lavo la ropa.
. . . escribo cartas/un diario.
. . . como en un restaurante mexicano.
. . . veo un video.
. . . toco el piano.
. . . escucho música.
. . . _____

. . . camino por el parque.
. . . hablo por teléfono.
. . . leo el periódico/una revista.
. . . corro en el parque.
. . . compro libros.
. . . canto tangos.
. . . asisto a la ópera.
. . . _____

Paso 2. AUDIO Now you are going to listen to two students playing a variation of the game "Twenty questions." Take note of the activities that the person interviewed does on Saturdays. Then, fill in the **él/ella/Ud.** forms in 2-19, Paso 1.

Los sábados,

. . . estudia por la mañana.
. . . lava la ropa.
. . . escribe cartas.
. . . come en un restaurante mexicano.
. . . ve un video.
. . . toca el piano.
. . . escucha música.
. . . _____

. . . camina por el parque.
. . . habla por teléfono.
. . . lee el periódico/una revista.
. . . corre en el parque.
. . . compra libros.
. . . canta tangos.
. . . asiste a la ópera.
. . . _____

2-21. Tus actividades

Paso 1. Write the verb forms for the pronoun **tú** next to each statement in the list above. Listen again to the questions in the audio for activity 2-20, Paso 2, for examples of the **tú** forms. Then complete the chart in 2-19, Paso 1, with the **tú** forms.

Paso 2. ❷ Play the game "Ten questions." Interview a classmate and see who can get five *Yes* answers with the fewest questions. NOTE: If you do not ask a complete question you lose one turn.

MODELO: E1: ¿Estudias alemán?
E2: Sí, estudio alemán. *or* No, no estudio alemán.

Paso 3. **G** Now, tell the rest of the class if you got one right answer in fewer than five tries. Mention the activities that you guessed incorrectly. Who got a correct answer in one try? How about two tries?

MODELO: Diana no estudia alemán, no corre en el parque pero escribe cartas a su familia.

VI. Gustar

2-22. Las preferencias de la clase

Paso 1. Do you like to study Spanish? **¿Te gusta estudiar español?** The verb **gustar** helps you convey information about what you like or do not like.

If you say "**Me gusta la clase de español**" (*I like Spanish class*) what you literally mean is: "Spanish class is pleasing to me." Mark what you like or do not like in the following chart.

ME GUSTA	NO ME GUSTA	CATEGORÍA
_____	_____	la clase de español
_____	_____	la clase de biología
_____	_____	el café de Starbucks
_____	_____	la cerveza mexicana
_____	_____	la ópera
_____	_____	la música de Bach

Paso 2. Now mark the activities that you like or don't like:

ME GUSTA	NO ME GUSTA	CATEGORÍA
_____	_____	estudiar español
_____	_____	comer tacos
_____	_____	comer en restaurantes elegantes
_____	_____	beber té por la tarde
_____	_____	beber limonada por la mañana
_____	_____	ir al teatro

Paso 3. **G** Each person in the group will say which school subject he or she likes the most. What's the most popular subject among your classmates?

Suggestion 2-22

You don't need to introduce students to the concept of "indirect object pronouns" just yet. Simply introduce the various pronouns as if they were lexical items, and focus the students' attention instead on the exchange of information used with this structure.

Suggestion 2-22, Paso 3

Point out that we can emphasize how much we like (or dislike) something or some activity simply by adding the cognate word **mucho** (or the word **nada** for a dislike). Make sure students learn to position **mucho** after **gustar.**

2-23. ¿Te gusta la clase de español?

Paso 1. Read the dialogue below and decide which of the following statements is cierto (**C**) or falso (**F**).

CARLOS: ¿Te gustan los idiomas, Rosa?

ROSA: Sí, a mí me gusta mucho el español, pero a Roberto le gusta el alemán.

CARLOS: Roberto, ¿te gusta estudiar alemán?

ROBERTO: Sí, pero me gustan más las matemáticas.

CARLOS: A ti no te gustan las matemáticas, ¿verdad, Rosa?

ROSA: No, a mí no me gustan mucho. Pero, en general me gusta mucho aprender cosas nuevas.

CARLOS: Sí, a mí también me gusta mucho estudiar, especialmente lenguas. Pero tengo que reconocer (*recognize*) que no me gusta mucho estudiar matemáticas.

1. _____ A Carlos le gusta estudiar matemáticas.
2. _____ A Carlos le gusta mucho estudiar lenguas.
3. _____ A Roberto no le gustan las matemáticas.
4. _____ A Roberto no le gusta estudiar alemán.
5. _____ A Rosa le gusta mucho estudiar matemáticas.
6. _____ A Rosa le gusta estudiar español.

Paso 2. Use the information from the dialogue in Paso 1 to complete the following chart. Did you notice that when the item that you like is plural you add the **-n** marker of plural to **gustar**?

(A mí) (no)	**me gusta**	la clase de español / estudiar español.
(A ti) (no)	_____	la clase de español / estudiar español.
(A Rosa) (no)	_____	la clase de español / estudiar español.
(A mí) (no)	**me gustan**	las clases de lenguas.
(A ti) (no)	_____	las clases de lenguas.
(A Rosa) (no)	_____	las clases de lenguas.

Paso 3. ❷ Prepare three questions to ask three of your classmates about three activities they like. Write out the questions and answers.

MODELO: E1: Javier, ¿te gusta ir al cine?
E2: Sí, me gusta (mucho) ir al cine *or* No, no me gusta.

Paso 4. **G** Report to the class what your classmates like or dislike. Identify the person: "*A* (name of person), *le gusta. . .*".

MODELO: A Mark le gusta estudiar español. No le gusta estudiar física. En general, a Mark le gusta estudiar en la universidad.

INTEGRACIÓN COMUNICATIVA

2-24. Fechas importantes de los hispanos en los Estados Unidos

Paso 1. How much do you know about Hispanics in the United States? After reading the following text, match the correct date from the choices given with the event that took place in that year.

1968   1959   1991   1966   1989

_____ El Dr. Severo Ochoa recibe el premio Nobel de Medicina.

_____ El Dr. Luis Álvarez recibe el premio Nobel de Física.

_____ César Chávez organiza una protesta no violenta.

_____ Ileana Ros-Lehtinen es la primera mujer hispana que llega al congreso.

_____ La Dra. Ellen Ochoa viaja al espacio.

Hispanos famosos

Hay muchas fechas importantes en la historia de los hispanos en los Estados Unidos. En las ciencias, el Dr. Severo Ochoa recibe el premio Nobel de Medicina en el año mil novecientos cincuenta y nueve. El Dr. Luis Álvarez recibe el premio Nobel de Física en el año mil novecientos sesenta y ocho. En el campo social, César Chávez organiza una protesta no violenta para defender a los trabajadores migratorios en el año mil novecientos sesenta y seis. Las mujeres hispanas también aportan mucho al progreso de los Estados Unidos. Por ejemplo, en mil novecientos ochenta y nueve, Ileana Ros-Lehtinen es la primera mujer hispana en el congreso de los Estados Unidos. Y en el año mil novecientos noventa y uno, la Dra. Ellen Ochoa viaja al espacio.

Paso 2. ② Now, take turns with a partner to describe one of the people in the photographs. Your partner has to guess who you are describing. Use the adjectives that refer to the physical and personality traits that you learned in this chapter.

MODELO: La Dra. Ellen Ochoa tiene pelo largo y lacio.

Severo Ochoa

Luis Álvarez

Ileana Ros-Lehtinen

César Chávez

Ellen Ochoa

Paso 3. ⒶⒷ Now, test your partner's memory of the information from Paso 1 with the following questionnaire. Your partner must close his/her book to answer your questions. But you will help him/her by reading the two alternative dates to choose from.

Ⓐ

1. La primera mujer hispana en el congreso de los Estados Unidos, en el estado de la Florida, fue (*was*) Ileana Ros-Lehtinen en el año:

   a. 1989
   b. 1966

2. Severo Ochoa recibe el premio Nobel de Medicina, por su investigación del ARN, en el año:

   a. 1999
   b. 1959

Ⓑ Information for student B, p. 524

ESTRATEGIAS Lectura

Scanning a text is a very useful reading technique that requires the search for specific information without necessarily being concerned with the overall meaning of the text.

2-25. La población hispana en los Estados Unidos

Paso 1. After reading the following paragraph, fill in the missing information in the chart below.

AÑO	POBLACIÓN HISPANA EN LOS ESTADOS UNIDOS	PORCENTAJE DEL TOTAL
1990	_____	10%
_____	34 millones	_____
2010	_____	_____
2050	100 millones	_____

Suggestion 2-25, Paso 1

This activity represents a real-life reading comprehension task: transferring data from charts to text or vice versa. Alternatively, you can assess students' understanding of the text by using traditional comprehension questions.

Answers 2-25, Paso 1

1990:   22 millones   10%
2000:   34 millones   12%
2010:   45 millones   15%
2050:   100 millones   25%

La población hispana en los Estados Unidos

El español es un idioma muy importante en los Estados Unidos porque la población hispana aumenta más rápido que otros grupos de población. El censo de 1990 registra unos veintidós millones de hispanos (aproximadamente el diez por ciento), el censo del 2000 registra treinta y cuatro millones, lo que representa casi el 12% de la población total. Para el 2010, los cálculos oficiales estiman una población de aproximadamente cuarenta y cinco millones (equivalente al quince por ciento). Para el año 2050, se estima que la población de origen hispano en los Estados Unidos va a ser de casi cien millones de habitantes, número que representa aproximadamente el veinticinco por ciento de la población total de los Estados Unidos.

Paso 2. Now, transfer the data from the following paragraph to this chart.

GRUPO HISPANOHABLANTE	PORCENTAJE
_____	_____
_____	_____
_____	_____
_____	_____
_____	_____

Answers 2-25, Paso 2

mexicanos: 62%, puertorriqueños: 10%, cubanos: no sé, dominicanos: no sé, salvadoreños: no sé

Los cinco grupos de hispanos que representan la mayoría de la población hispanohablante en los Estados Unidos son de origen mexicano, puertorriqueño, cubano, dominicano y salvadoreño. Estos cinco grupos unidos representan aproximadamente el ochenta y cinco por ciento del total de la población hispana en los Estados Unidos. Es importante notar que, de los cinco grupos mayoritarios, el grupo de los mexicano-estadounidenses representa aproximadamente dos tercios (sesenta y dos por ciento) de toda la población hispana. Los puertorriqueños representan el segundo grupo mayoritario, con aproximadamente un diez por ciento.

Paso 3. AUDIO Now listen to the third paragraph and locate the names of the different Hispanic groups in the map by region or state.

Paso 4. Finally, read the paragraph you have just heard to verify your answers.

Los cinco grupos hispanos mayoritarios se distribuyen regionalmente. La mayoría de los mexicano-estadounidenses vive en la costa oeste y en el sur de los Estados Unidos, principalmente en los estados de California y Texas, seguidos por Nuevo México y Arizona. Muchos mexicanos son habitantes estadounidenses desde antes (*from before*) de la creación de los Estados Unidos. Otros mexicanos continúan llegando de México a los Estados Unidos por razones económicas principalmente. Los puertorriqueños prefieren vivir en el noreste, principalmente en Nueva York y en Nueva Jersey, pero también viven en Illinois. Ellos son ciudadanos de los Estados Unidos desde el año 1917. La mayoría de los cubanos vive en el sur de la Florida, especialmente en Miami. El mayor número de cubanos llegó a los Estados Unidos, principalmente por razones políticas, después de la revolución de Fidel Castro en 1959. Los dominicanos viven en el noreste, principalmente en la ciudad de Washington. Finalmente, los salvadoreños viven principalmente en el sur y en el oeste.

ESTRATEGIAS Escritura

To write a summary report you need to gather relevant information and summarize it. In the following activity you will be guided through a series of steps to write a report about the different groups that define the category *Hispanic* in the United States. You have already collected the relevant information in the previous activities, now it's time to put it all together.

2-26. Un breve informe sobre los hispanos en los Estados Unidos

Paso 1. Based on the information from the previous activities, write some short sentences to summarize the following topics from your own perspective. Make sure you recycle some of the structures from those paragraphs, but write simple sentences.

Grupos hispanos en los Estados Unidos:

_____

_____

Personas y fechas importantes:

_____

_____

Descripción de los hispanos:

_____

_____

Paso 2. ❷ Share your notes with a classmate. Do you have similar information? Would you like to add or modify any idea? Classify the information in logical groups and decide in which order you would like to present the information.

Paso 3. Make a list of what you still need to find out about Hispanics in the United States. Write questions for each topic and do your research online or in the library.

Paso 4. Put the information you have into one or two paragraphs that will become the first draft of your report on what you have learned in this chapter about Hispanics in the United States. Imagine that your audience will be the readers of the Hispanic newspaper at your university (or an Internet newspaper).

Paso 5. ❷ Exchange the first draft of your report (one or two short paragraphs) with a partner. Make suggestions to each other to help improve the content of your reports.

Paso 6. Write a second version of your report incorporating new ideas or modifying others as necessary.

Paso 7. Review your report focusing on the accuracy of the language. Focus your revision on the following aspects:

- gender and number agreement between nouns and adjectives and between articles and nouns
- use of subject pronouns (only necessary for emphasis, clarification, and politeness)
- use of negation
- use of **ser** and **estar**

Finally, check the use of accent marks with a word processor and make corrections as necessary.

Comparaciones culturales

ESTRATEGIAS	Lectura

Reading poetry is not like reading a newspaper report. You do not necessarily need to understand the meaning of every word, nor do you need to interpret each word literally. Instead, try to get a general "feeling" for the poem by focusing on some of the words that stand out or that you can understand. With more practice you will be able to "crack the code" and arrive at deeper and deeper levels of analysis.

2-27. La poesía chicana

Answer 2-27, Paso 1
1. "Ondas Chicanas", 2. "Oscura Luz"

Paso 1. As you have learned in previous activities, Mexican-Americans or Chicanos constitute the largest group of Hispanics in the United States. Read the following poems from two Chicano writers and identify which summary corresponds to which poem.

Título del poema:

1. _____ Habla sobre la alegría de vivir y de pertenecer a un grupo cultural que tiene mucho dinamismo, mucha energía y mucha alegría.

2. _____ Habla sobre la apariencia física y la identidad espiritual de los chicanos en EE.UU.

"Oscura Luz" *Francisco X. Alarcón*

teñida de noche°	*dyed with night*
tengo la piel	
en este país	
de mediodía	
pero más oscura	
tengo el alma°	*soul*
de tanta° luz	*so much*
que llevo adentro	

"Ondas Chicanas" *Lin Romero*

Vivo en este movimiento	
bosque° de la vida	*forest*
aquí hay maíz vivo	
aquí hay frutas maduras	
aquí los árboles° cantan°	*trees; sing*
en montañas se oyen poemas	
como besos°	*kisses*
gotas de lluvia°	*raindrops*
rayos de sol°	*sun*
aquí la gente es madura	
rellena de amor	
aquí brotan° vidas	*spring forth*

Paso 2. Now read both poems again and select the adjectives that best describe the tone of each one.

ES UN POEMA. . .	"ONDAS CHICANAS"	"OSCURA LUZ"
alegre		
triste		
divertido		
melancólico		
emocional		
optimista		
pesimista		
lírico		
filosófico		

Paso 3. Now select three or four words from each poem that you think summarize the theme of each poem.

2-28. Mi poesía

Paso 1. Write a minimum of ten words in Spanish to describe your experiences as a U.S. citizen or resident.

Paso 2. Now, organize and expand your list of words to write an original poem that describes your life in the United States.

Paso 3. **G** Share your poem with the rest of the class. Which poem strikes you as the most melodic? The most emotional? The most difficult to understand?

El poema más melódico es el de (nombre) _____.

El poema más emocional es el de (nombre) _____.

El poema más difícil es el de (nombre) _____.

••• Diferencias dialectales •••

Cultura

Spanglish (SPANish + enGLISH), or *espanglish* in Spanish (ESPAñol + eNGLISH), is the combination of Spanish with English; this "newest slang" is used by many bilingual Spanish and English speakers in the United States. Although these speakers learn many expressions in English, they still prefer to say some things in Spanish. *Spanglish* reflects, then, the linguistic identity of many Hispanics in the United States.

2-29. Espanglish o español

Paso 1. The following are some words and expressions from **espanglish**, with their equivalent in most varieties of Spanish. Can you guess the meaning of each expression in English, based on what it looks like in **espanglish**?

ESPANGLISH	ESPAÑOL	ENGLISH
aplicación, forma	solicitud, formulario	_____
e-mail	correo electrónico	_____
mánager	gerente	_____
márketing	mercadeo	_____
parking	estacionamiento	_____
ticket	multa	_____
aplicar para un trabajo (*job*)	solicitar un trabajo	_____
chequear	examinar/comprobar	_____
completar la forma	llenar la solicitud, llenar el formulario	_____
cliquear	seleccionar/presionar/pulsar	_____
hacer una decisión	tomar una decisión	_____
lonchar	almorzar	_____
MBA	maestría en administración de empresas	_____

Paso 2. The following ad, advertising scholarships offered by a university, contains several examples of **espanglish**. Some phrases and words, however, might not be understood in other Spanish-speaking countries, where not everyone is bilingual. Rewrite the ad to make it conform to standard Spanish.

La Universidad Internacional
MONTEMAYOR
ofrece muchas becas para estudiar en el programa de MBA.

Es muy fácil aplicar para una beca:
- Primero, chequea la información sobre la universidad en Internet.
- Después, cliquea en la forma de aplicación.
- Finalmente, completa la forma para aplicar para una beca.

Si quieres recibir más información antes de hacer una decisión, escribe un e-mail a:
información@universidad.im.edu

Gramática

As you have already learned, Spanish words do not start with any of the following combinations: **sc-**, **sp-**, or **st-**. English words that start with those combinations of consonants become Spanish words by adding an initial vowel, to make them conform to Spanish phonological rules. We have already seen one such contrast with the words *Spanglish–espanglish*.

2-30. ¿Esprite, Espráit o Sprite?

Paso 1. Read each word, and then translate it into Spanish. Do not worry about the exact spelling, but try to approximate it by applying the Spanish phonological rule to each word.

ski ____________________

scan ____________________

sprite ____________________

standard ____________________

stress ____________________

stereo ____________________

Answers 2-30, Paso 1

ski: *esquí,* scan: *escán,* sprite: *esprite,* standard: *estándar,* stress: *estrés,* stereo: *estéreo*

Paso 2. AUDIO Now, listen to the tape and repeat the Spanish words from Paso 1, trying to pronounce the vowel that is needed in Spanish.

Audioscript 2-30, Paso 2

esquí, escán, espráit, estándar, estrés, estéreo

Video

Las impresiones de Guadalupe

Primeras impresiones

2-31. ¿De qué hablan Camille y Guadalupe?

Paso 1. Camille and Guadalupe meet for the first time outside class. Look at the pictures to determine which of the following topics are likely to be discussed in this first encounter.

	Muy probable	Posible	Poco probable
1. Camille le pregunta a Guadalupe sobre su familia en México.	_____	_____	_____
2. Camille invita a Guadalupe a ir al supermercado con ella.	_____	_____	_____
3. Camille invita a Guadalupe a tomar un café.	_____	_____	_____
4. Guadalupe le pide dinero a Camille para comprar sus libros.	_____	_____	_____
5. Guadalupe le pregunta a Camille de dónde es ella.	_____	_____	_____
6. Camille le pregunta a Guadalupe cuánto tiempo va a estar en Estados Unidos.	_____	_____	_____
7. Guadalupe describe a su ex-novio de México.	_____	_____	_____
8. Guadalupe le cuenta a Camille sobre su proyecto para la clase del profesor Parra.	_____	_____	_____
9. Camille y Guadalupe intercambian números telefónicos.	_____	_____	_____
10. Guadalupe describe a su perrito "Rex".	_____	_____	_____

Paso 2. Watch the video once without stopping and take note of words or phrases that can help you decide which of the topics from Paso 1 were actually discussed.

MODELO: Número de teléfono: **Tema 9**

Paso 3. Now write four or five questions to find out more about a classmate you have recently met. Use those questions to have a brief chat with him/her.

MODELO: ¿De dónde eres?

2-32. ¿Qué planes tiene Guadalupe?

Paso 1. During the last part of their conversation, Camille talks about the course she and Guadalupe are taking together. Watch the last part of the video segment again and mark the statements that best describe Camille and Guadalupe's conversation.

Answers 2-32, Paso 1

1. b, 2. a, 3. a, 4. b

1. Camille asks Guadalupe about her ideas for the project they have to do for Professor Parra's course.

   a. Guadalupe says that she has lots of ideas for a final project.
   b. Guadalupe says that she has no idea what to do for a final project.

2. Guadalupe tells Camille that she is interested . . .

   a. . . . in working at the radio station.
   b. . . . in working as an intern for the local newspaper.

3. Camille suggests that Guadalupe talk to . . .

   a. . . . the manager of the station, Professor Parra, or Pablo.
   b. . . . the manager of the station, and Professor Parra, but not Pablo.

4. Camille tells Guadalupe that Pablo may be interested in a position at the radio station.

   a. Guadalupe is happy to know that Pablo will apply for a position at the radio station.
   b. Guadalupe is NOT happy to know that Pablo will apply for a position at the radio station.

Paso 2. Lupe reaffirms (and expands) her linguistic responses with non-linguistic means as well. Which scene corresponds to each one of the following idiomatic expressions that Lupe uses in response to Camille?

¡No tengo ni idea!   ¡Lo que me faltaba!

Paso 3. Finally, what do you think is going to happen in subsequent episodes based on what you have seen so far?

1. Guadalupe y Pablo compiten por la misma (*the same*) posición en la estación de radio.
2. Guadalupe y Pablo se hacen amigos y comparten (*share*) la misma posición en la estación de radio.

Impresiones culturales

2-33. Funciones comunicativas en la conversación

Answers 2-33, Paso 1

Information request: 1, 2, 4, 5; expressing an emotion/ expressing support: 3; change of topic of conversation: 5, 6; invitation to do something: 6

Paso 1. Match each one of Camille's remarks below with their intended communicative function.

Answers 2-33, Paso 2

a. 5, b. 1, c. 4, d. 3, e. 2

1. ¿Y eres nueva aquí en la universidad?
2. ¿Y por cuánto tiempo te quedas?
3. Cuéntame, ¿cómo es?
4. Oye, ¿cuál es tu tema para el proyecto de la clase?
5. ¿Me acompañas a tomar un café en la cafetería?

· information request
· expressing an emotion/expressing support
· change of topic of conversation
· invitation to do something

Follow-up 2-33

Ask students if they can think of other questions that might be appropriate in this type of situation. Then ask students to exchange dialogues with another pair.

Paso 2. Select Guadalupe's most likely response to Camille's questions and statements in Paso 1. Then, watch the video again to verify your responses.

1. Ay, lo siento, me encantaría pero tengo una clase esta tarde.
2. ¿Por qué lo preguntas? ¿Lo parezco?
3. ¡No tengo ni idea!
4. Bueno es moreno. . . sus ojos. . . tan azules.
5. Sólo un semestre.

En resumen

Gramática

1. Grammatical gender and articles

Nouns in Spanish are marked by grammatical gender: masculine (preceded by the article **el**) or feminine (preceded by the article **la**). Masculine nouns generally end in **-o** and feminine nouns end in **-a**. If an animate noun ends in a consonant but has a masculine gender, add **-a** when making reference to females (el pintor → la pintora).

2. Plurals

To form the plural: Add **-s** to nouns that end in a vowel (**libro–libros**). Add **-es** to nouns that end in a consonant (**actividad–actividades**). In nouns that end in the letter **-z**, change the **-z** to **-c** (**lápiz–lápices**). Family names do not change (**los Rodríguez, los Peralta**).

3. Noun and adjective agreement

Spanish adjectives agree in number and gender with the nouns they modify: **un hombre alto, una mujer alta, muchos hombres altos, muchas mujeres altas.**

4. The verb *estar*

Estar is typically used to mark (1) location, and (2) the current state of health/emotions.

yo	**estoy**	nosotros/nosotras	**estamos**
tú	**estás**	vosotros/vosotras	**estáis**
él/ella/Ud.	**está**	ellos/ellas/Uds.	**están**

5. Present tense (regular verbs, singular)

Regular Spanish verbs are classified into three types based on their infinitive endings: **-ar** verbs, **-er** verbs, and **-ir** verbs.

subject pronouns	-ar	-er	-ir
	estudiar	**comer**	**escribir**
yo	estudio	como	escribo
tú	estudias	comes	escribes
él/ella/Ud.	estudia	come	escribe

6. *Gustar* (with nouns or infinitives)

The form **gusta** is used when followed by singular nouns and infinitives, and **gustan** with plural nouns. **Me**, **te**, or **le** (*I, you, s/he*) refer to who likes the item mentioned, and precede **gusta/n**.

Vocabulario

Los colores

amarillo	*yellow*
anaranjado, naranja	*orange*
azul	*blue*
blanco	*white*
gris	*gray*
marrón/café	*brown*
negro	*black*
rojo	*red*
rosado, rosa	*pink*
verde	*green*
violeta, morado	*violet/purple*

Adjetivos opuestos

alegre, feliz, contento/triste	*happy/sad*
algún/ningún	*some/any (none)*
alto/bajo	*tall/short*
barato/caro	*cheap/expensive*
delgado/gordo	*thin/fat*
enojado/calmado	*angry/relaxed*
enorme/diminuto	*enormous/tiny*
grande/pequeño	*big/small*
largo/corto	*long/short*
lindo, bonito/feo	*pretty/ugly*
muchos/pocos	*many/a few*
perezoso/trabajador	*lazy/hard-working*
pobre/rico	*poor/rich*
preocupado/relajado	*worried/relaxed*
rápido/lento	*fast/slow*
rizado/lacio	*curly/straight*
rubio/moreno	*blond(e)/dark-haired, brunette*
soñador/realista	*dreamer; dreamy/ realistic*

viejo/joven/nuevo	*old/young (for a person)/ new (for an object)*

Más adjetivos

agradable	*nice*
ambicioso	*ambitious*
ansioso	*anxious*
antipático	*unpleasant*
cansado, agotado	*tired*
educado	*polite, well-mannered*
enérgico	*vigorous*
extrovertido	*outgoing*
orgulloso	*proud*
tímido	*timid*
tonto	*silly*

Algunos lugares

el aeropuerto	*airport*
la biblioteca	*library*
la calle	*street*
la casa	*house*
el cine	*movie theater*
la ciudad	*city*
la clase	*classroom*
el dormitorio	*bedroom*
el edificio	*building*
la esquina	*corner*
el estadio de fútbol	*soccer field*
el gimnasio	*gym*
el laboratorio de ciencias	*science lab*
la plaza	*square*
la residencia estudiantil	*dorm*

Palabras más usadas del cuerpo humano

la boca	mouth
el brazo	arm
la cara	face
los dientes	teeth
la mano	hand
la nariz	nose
los ojos	eyes
el pelo	hair
el pie	foot
la piel	skin
la pierna	leg

Algunos verbos

aprender	to learn
asistir	to attend, to go to
aumentar	to increase
ayudar	to help
bailar	to dance
beber	to drink
caminar	to walk
cantar	to sing
comer	to eat

compartir	to share
comprar	to buy
contestar	to answer
correr	to run
escribir	to write
escuchar	to listen
hablar	to talk
hacerse amigo de	to get to be friends with
hay	there is, there are
ir	to go
lavar	to wash
leer	to read
llamar	to call
oír	to hear
pertenecer	to belong
preguntar	to ask
relajar(se)	to relax
saltar	to jump
solicitar	to apply for
tener	to have
tocar	to play (an instrument), to touch, to knock on a door

trabajar	*to work*	el/la ministro/a	*minister*
ver	*to see, to watch*	la mujer	*woman*
viajar	*to travel*	el niño	*child, kid*
vivir	*to live*	el/la obrero/a	*worker*
		el/la periodista	*journalist*
		el/la profesor/a	*teacher, the professor*

Palabras para referirse a personas

el/la amigo/a	*friend*		
el/la arquitecto/a	*architect*		
el/la atleta	*athlete*	## Otros sustantivos	
el/la bombero/a	*fireman*	el cuaderno	*notebook*
el/la carpintero/a	*carpenter*	la cuerda	*rope*
el/la ciudadano/a	*citizen*	el escritorio	*desk*
el/la compañero/a	*classmate, colleague*	la hierba	*grass*
		la leche	*milk*
el/la economista	*economist*	el libro	*book*
el/la esposo/a	*spouse*	la manzana	*apple*
el/la estudiante	*student*	la mesa	*table*
el/la explorador/a	*explorer*	la naranja	*orange*
la gente	*people*	la pizarra	*blackboard*
el/la habitante	*inhabitant*	la poesía	*poetry*
el hombre	*man*	la rosa	*rose*
el/la ingeniero/a	*engineer*	la silla	*chair*
		el vino	*wine*

3 Las universidades y la educación

Vocabulario en contexto

- La hora
- Las clases

Intercambios comunicativos

- Pausas y palabras para mantener una conversación
- Palabras y expresiones para confirmar y mostrar interés en la conversación

Enfoque cultural

- México

Gramática en contexto

- **Gustar (nos/les)**
- Present tense (plural forms)
- **Tener que. . .** and **tener ganas de. . .**
- Introduction to reflexive verbs

Integración comunicativa

- Paralelos en los sistemas comunicativos
- El sistema métrico

Comparaciones culturales

- El muralismo
- Sor Juana Inés de la Cruz y Octavio Paz

Diferencias dialectales

- Espanglish II

Vídeo: Las impresiones de Guadalupe

En resumen

Note

These exploratory activities preview some of the major topics covered in the chapter. They do not require right answers. If students do not offer options, volunteer one or two and move on. After you finish the chapter, ask students to do these activities again to give them a sense of progress as, most likely, they'll do better at the end of the chapter.

Vocabulario en contexto

Ask students to think of other words that could be associated to the main word in the box. After you complete the chapter, come back to this page and ask them to mention as many words as they can remember (without consulting notes).

Gramática en contexto

Ask students to fill in the empty spaces in this text. Do they notice any particular structure that differs substantially from English?

Comparaciones culturales

Ask students to add a few more entries to the list.

Vocabulario en contexto

Gramática en contexto

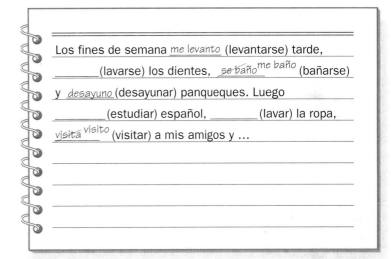

Los fines de semana _me levanto_ (levantarse) tarde, _____ (lavarse) los dientes, _se baño / me baño_ (bañarse) y _desayuno_ (desayunar) panqueques. Luego _____ (estudiar) español, _____ (lavar) la ropa, _visita / visito_ (visitar) a mis amigos y …

Comparaciones culturales

17 ABRIL

17 Lunes
cancelar suscripción

18 Martes
llamar a mamá
hacer reserva de vuelo

18 Miércoles

ABRIL 23

20 Jueves
hacer cita con el médico
devolver vídeo

21 Viernes
comprar boletos para el teatro

22 Sábado
cine

23 Domingo

Vocabulario en contexto

3-1. ¿Qué hora es?

Paso 1. María is a first-year student of Spanish. What is her schedule on the first day of school? Match the time description in words with the appropriate picture.

_____ 1. Son las doce y cinco. Tiene que almorzar en la cafetería.

_____ 2. Es la una y quince. Habla con el profesor de matemáticas.

_____ 3. Son las dos y media. Tiene un descanso *(break)* antes de la clase de español.

_____ 4. Son las cinco menos cuarto. Termina su última clase, la clase de antropología, su favorita.

_____ 5. Son las cinco menos diez. Termina su primer día en la universidad.

(a)

(b)

(c)

(d)

(e)

Paso 2. Now, write the following times in complete sentences.

MODELO:

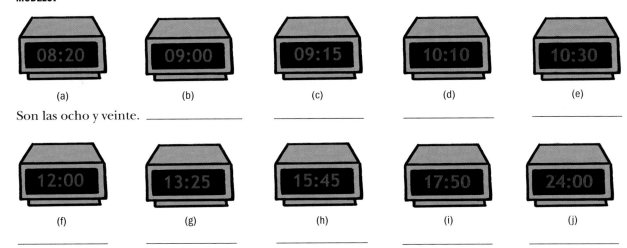

(a)　　　　　(b)　　　　　(c)　　　　　(d)　　　　　(e)

Son las ocho y veinte. _____ _____

(f)　　　　　(g)　　　　　(h)　　　　　(i)　　　　　(j)

_____ _____ _____

Paso 3. Use the expressions below to start a dialogue for each one of the following scenes.

(a)　　　　　　　　　(b)

(c)　　　　　　　　　(d)

1. Disculpe profesor, ¿me puede decir la hora?
2. Oye, ¿me dices la hora, por favor?
3. Señora, ¿le importa decirme la hora?
4. Perdón, ¿tiene hora?

MODELO: En la biblioteca

ANTONIO: Oye, ¿me dices la hora, por favor?
BEATRIZ: Claro, es la una.
ANTONIO: Gracias.

Paso 4. ② Finally, act out the dialogues you wrote, adding one or more of the following expressions.

¡Qué tarde!　　　¡Es muy tarde! (*late*)
¡Qué temprano!　¡Es temprano! (*early*)

ESTRATEGIAS | Vocabulario

Some routine phrases we use in conversation become socially scripted exchanges over time. For instance, in English we use fixed phrases such as: *How are you doing?, What's up?, Fine, thank you, and you?*, etc. Memorize some of the equivalent expressions in Spanish so you can use them strategically in your conversations: Memorizing these expressions will save you time and allow you to concentrate on other aspects of your message and will make your speech more native-like.

3-2. Mis clases favoritas

Answers 3-2, Paso 1

Lenguas: *(el) alemán, (el) español, (el) inglés, (el) francés, (el) latín.* **Humanidades:** *(la) antropología, (el) arte, (la) geografía, (la) historia, (la) literatura, (la) música, (el) teatro.* **Ciencias:** *(la) astronomía, (el) cálculo, (la) física, (la) informática, (la) ingeniería, (las) matemáticas, (la) química.* **Ciencias Sociales:** *(las) ciencias políticas, (las) ciencias sociales, (la) psicología, (la) sociología.* **(La) educación física:** *(el) baloncesto, (el) fútbol, (la) natación, (el) tenis.* **Negocios:** *(la) contabilidad, (el) mercadeo o marketing*

Paso 1. Classify the following academic subjects into the categories listed in the chart below.

(el) español	(el) latín	(la) antropología	(la) geografía
(la) historia	(la) literatura	(la) música	(el) teatro
(la) contabilidad	(el) inglés	(la) astronomía	(el) cálculo
(el) francés	(la) física	(la) economía	(el) arte
(la) informática	(el) alemán	(la) ingeniería	(el) mercadeo o marketing
(las) matemáticas	(la) psicología	(la) química	(las) ciencias políticas
(la) sociología	(las) ciencias sociales	(el) tenis	(el) baloncesto
(el) fútbol	(la) natación		

LENGUAS	HUMANIDADES	CIENCIAS	CIENCIAS SOCIALES	EDUCACIÓN FÍSICA	NEGOCIOS

Suggestion 3-2, Paso 2

You might also ask students to give you specific times for each class, as in the following example: Me gusta tomar español a las ocho de la mañana, pero prefiero mis clases de ciencias por la tarde.

Paso 2. Now select your favorite class for each subject matter and decide at what time of the day you prefer to take each one.

MODELO: **Mis clases favoritas son** español, arte, informática, antropología y tenis. **Me gusta tomar** todas mis materias en la mañana **pero prefiero** tenis por la tarde.

Paso 3. ❷ Interview one of your classmates about his/her preferred classes and write down your findings. This information will be useful to help you discover the most popular subject and time in your group.

MODELO: E1: Hola, Michael, ¿cuál es tu clase favorita?
E2: Mi clase favorita es español.
E1: ¿Y a qué hora te gusta tener (*to have*) la clase de español?
E2: Me gusta tomar español por la mañana.

Paso 4. Finally, share your findings with the rest of the class to find out the most popular subject and time.

La clase más popular es: _____

La hora más popular es: _____

3-3. El horario de clases

Paso 1. Read María's schedule and decide whether the following sentences are true (**Ciertas = C**) or false (**Falsas = F**).

HORA	LUNES	MARTES	MIÉRCOLES	JUEVES	VIERNES
8:00	arte		arte		arte
9:00	alemán	biblioteca	alemán	biblioteca	alemán
10:00	geografía		geografía		geografía
11:00			inglés		inglés
12:00	almuerzo	almuerzo	almuerzo	almuerzo	almuerzo
12:30	antropología		antropología		
1:30		biblioteca		biblioteca	
2:30					
3:30		piano		piano	

1. María no tiene clases por la tarde.   C   F
2. Tres clases de María son tres días a la semana.   C   F
3. María estudia varias horas en la biblioteca los martes y los jueves.   C   F
4. Las clases de piano son los martes y los jueves.   C   F
5. A las 11 de la mañana nunca tiene clases.   C   F
6. Tiene clase de antropología por la tarde.   C   F

Paso 2. AUDIO María asks Ramón Juárez, another new student from Mexico, about his schedule. Listen to Ramón's response, and complete his schedule.

HORA	LUNES	MARTES	MIÉRCOLES	JUEVES	VIERNES
8:00	_____	_____	_____	_____	_____
9:00	informática	_____	informática	_____	informática
10:00	_____	_____	_____	_____	_____
11:00	_____	_____	_____	_____	_____
12:00	almuerzo	_____	almuerzo	_____	almuerzo
12:30	_____	_____	_____	_____	_____
1:30	_____	_____	_____	_____	_____
2:30	_____	_____	_____	_____	_____
4:00	_____	filosofía	_____	filosofía	_____
5:15	_____	_____	_____	_____	_____

Paso 3. How are Ramón's and María's schedules similar? How are they different? Explain the similarities and differences.

MODELO: Los horarios de Ramón y María son similares porque Ramón tiene clase de _____ los lunes a las _____ y María también.
Son diferentes porque Ramón tiene clase de _____ los lunes a las _____ , pero María no tiene clase.

Vocabulario

As you can see, the prepositions you use in Spanish with expressions of time are not the same ones you use in English. You will have to learn them as you would learn any other vocabulary item:

los lunes	*on Mondays*
el lunes	*on Monday*
a las 5	*at five*
por la tarde	*in the afternoon*

3-4. ¿Qué especialización tienen tus compañeros/as de clase?

Paso 1. Write your own schedule for Mondays, with each class and its specific time.

HORA	MIS CLASES	LAS CLASES DE MI COMPAÑERO/A
8:30	lingüística	filosofía

Paso 2. ❷ Ask a classmate about his or her schedule for Mondays. Then write it next to your own.

MODELO: E1: ¿Qué clases tienes los lunes?
E2: Los lunes tengo clase de química.
E1: ¿A qué hora es tu clase de **química**?
E2: Mi clase de **química** es a **las 11:00 de la mañana.**

Paso 3. Finally, report to the class what you found out about your classmate's schedule for Mondays. The rest of the class will guess your classmate's major (*especialización*) based on the classes that s/he takes on Mondays.

MODELO: E1: Sean tiene cuatro clases los lunes: química, matemáticas, español y cálculo.
E2: Hmm, creo que su especialización es química.

3-5. Asociaciones de personas famosas con materias académicas

Answers 3-5, Paso 1

1. *psicología;* 2. *historia americana, ciencias políticas;* 3. *música;* 4. *historia antigua, ciencias políticas;* 5. *literatura;* 6. *biología*

Paso 1. Match the names of the following six people with the subject matters with which they are associated. NOTE: There could be more than one subject for each person.

1. Sigmund Freud _____
2. George Washington _____
3. Wolfgang Amadeus Mozart _____
4. Julio César _____
5. William Shakespeare _____
6. Charles Darwin _____

Paso 2. Now match the names of the following six famous Spanish-speaking people and the subjects with which they are associated. You may not know some of them but your instructor will help you.

1. Miguel Cervantes _____
2. Simón Bolívar _____
3. César Chávez _____
4. José Martí _____
5. Fidel Castro _____
6. Mario Molina _____

Paso 3. ② Now think of six famous people and ask your partner in which class you are most likely to study those people.

MODELO: E1: Cristobal Colón (*Columbus*)
E2: **Se estudia a** Cristobal Colón **en la clase de historia**.

3-6. La comunicación en clase

Paso 1. What subjects do you associate with these personal traits? Write your response next to each adjective. Note that you may choose more than one subject for each adjective.

MODELO: exacto/a: **ciencias**

1. expresiva: _____
2. filosófica: _____
3. idealista: _____
4. lógica: _____
5. sociable: _____

Paso 2. Now make a list of at least five subjects for which you think it is important to have good public-speaking skills (**saber hablar en público**). Make a list of five other subjects for which having good public-speaking skills is less essential.

1. Generalmente es importante saber hablar en público en:
   ciencias políticas, _____
   _____

2. No es tan importante tener habilidad para expresarse oralmente en:
   química, _____
   _____

Paso 3. How can you improve your public-speaking skills in your native language and in Spanish? Mark the strategies that are more appropriate for each language.

PARA MEJORAR (*IMPROVE*) MI HABILIDAD ORAL EN...	INGLÉS	ESPAÑOL
Practico mi conversación frente a un espejo (*mirror*)	___	___
Practico mi conversación en silencio	___	___
Escribo una lista de los temas de mi discurso	___	___
Preparo tarjetas para recordar los temas	___	___
Asisto a las mesas de conversación de la universidad	___	___
Miro películas sin subtítulos	___	___
Escucho la radio	___	___
Leo el diario	___	___

Paso 4. ⓖ Which are the preferred strategies? Do they vary across languages?

Intercambios comunicativos

Intercambios comunicativos

After the video segment for this chapter you will see two brief clips with examples of the **Intercambios comunicativos** that correspond to the images in this section. You can show these brief clips in class to complete the activity.

Refer to the Video Guide within the IRM for other examples of **Intercambios comunicativos** expressions used in the video.

Estrategias de comunicación: Para mantener una conversación

Pausas y palabras para mantener una conversación

When we talk to other people, we make use of pauses—filled pauses (e.g., *um, er*) and words (e.g., *you know, you see, well*)—that allow us to keep the flow of conversation going while we think about what we want to say next. Did you know that up to half of a person's speaking time might be made up of pauses? In Spanish, we also use fillers such as **eh. . . , mm. . .** and words like **este, esto, bueno, a ver, vamos a ver, o sea, es decir, es que, pues.**

Palabras y expresiones para confirmar y mostrar interés en la conversación.

We often use expressions to show others that we are listening to and are interested in what they are saying. Following are expressions used to confirm and show interest.

¿Cómo?/¿Qué dices?	*What?/What did you say?*
¿En serio?	*Are you serious?*
¿No?/¿Sí?	*Is that right? Really?*
¡No me digas!	*No way!*
¡Qué bien!/¡Qué lástima!	*That's great!/That's a pity! (too bad!)*
¿De verdad?	*Is that true/right?*
Sí, entiendo.	*I understand.*
Ya veo.	*I see.*
¡Ah, claro!	*Of course!*
Suerte.	*Good luck.*

3-7. Este. . . , mmm. . .

Answers 3-7, Paso 1

A. Camille/Pablo
HG: —
PC: Hold each other's arms as they greet with a kiss on the cheek.
D: They stand close while they greet.

B. Camille/Guadalupe
HG: —
PC: Camille holds Lupe's arm.
D: They stand farther apart.

Paso 1. VIDEO Watch the following video scene without audio, and take note (in English) of: (a) facial gestures, (b) hand gestures, (c) physical contact, and (d) distance between the people in the video.

(1)

(2)

CATEGORÍA	CAMILLE Y PABLO
hand gestures	_____
physical contact	_____
distance	_____

CATEGORÍA	CAMILLE Y GUADALUPE
hand gestures	_____
physical contact	_____
distance	_____

Specific gestures are normally associated with specific verbal expressions. Some of these associations are culturally based. Pay attention to them when you watch native speakers interacting with each other (or with you). Gestures and physical behavior underline particular meanings as the latter are conveyed both through verbal and physical means.

Vocabulario   **E S T R A T E G I A S**

Paso 2. VIDEO Can you guess the topic of the conversation from your analysis of the physical cues in Paso 1? Choose the most likely description from the options below and then watch the video with audio to confirm your guess.

a.   Guadalupe, Camille y Pablo tienen una conversación amistosa.
b.   Guadalupe, Camille y Pablo tienen una conversación de negocios.
c.   Guadalupe, Camille y Pablo tienen una conversación romántica.

Answers 3-7, Paso 2

option a

Paso 3. VIDEO Listen to the dialogue again. Do you hear filled pauses or expressions of interest? Insert them in the appropriate places in the dialogue.

CAMILLE: ¡Hola chico!

PABLO: ¿Qué tal, cómo les va?

CAMILLE: ¿Te acuerdas de Lupe? ¿de la clase del profesor Parra?

PABLO: Sí, claro. Hola.

GUADALUPE: ¿Qué onda?

PABLO: ¿Qué tal? ¿Cómo andan?

CAMILLE: ¿Adónde vas? Te ves muy cansado.

PABLO: Sí, ayer me dormí a las dos de la mañana buscando mis apuntes de la clase del profesor Parra, no recuerdo dónde están. Me gusta tener buenos apuntes, así es que tengo que hablar con el profesor para conseguir los apuntes de clase.

CAMILLE: Ah, de él hablamos. Lupe quiere conseguir un trabajo en la estación de radio de la universidad.

PABLO: Yo también. Lupe, si querés podemos ir juntos a la oficina del profesor Parra ahora mismo.

GUADALUPE: No, gracias Pablo. Estoy muy ocupada ahorita.

Videoscript 3-7, Paso 3

Camille: ¡Hola chico! **Pablo:** ¿Qué tal, cómo le va? **Camille:** (mirando a Pablo) Esteee. . . te acuerdas de Lupe, ¿no? ¿de la clase del profesor Parra? **Pablo:** Sí, claro. Esteee. . . Hola. **Guadalupe:** ¿Qué onda?. . . **Pablo:** ¿Qué tal? ¿Cómo andan? **Camille:** ¿Adónde vas? Te ves muy cansado. **Pablo:** ¡Hmmm!. . . esteee. . . sí, es queee, . . . ayer me dormí a las dos de la mañana buscando mis apuntes de la clase del profesor Parra, no recuerdo dónde están. . . este. . . me gusta tener buenos apuntes, así es que tengo que hablar con el profesor para. . . um. . . o sea. . . conseguir los apuntes de clase. . . **Camille:** Ah, de él hablamos. Lupe quiere conseguir un trabajo en la estación de radio de la universidad. **Pablo:** ¿En serio?. . . mira. . . Yo también. Lupe, si querés podemos ir juntos a la oficina del profesor Parra ahora mismo. **Guadalupe:** Este. . . No, gracias, Pablo. Estoy muy ocupada ahorita.

Paso 4. ❷ With another student add pauses and fillers to the following script. Get together with another pair of students and act out the dialogue for them. They will take note of your interaction according to the categories in the chart below. Then the other pair of students acts out the dialogue and you fill out the chart.

E1: Hola, Alberto, ¿cómo estás?
E2: Muy bien, gracias. ¿Y tú?
E1: Estoy preocupado porque tengo un examen de español.
E2: No te preocupes. Tú estudias mucho.
E1: Sí, pero tengo dificultad para hablar de una forma natural. ¿Puedes ayudarme, por favor?
E2: Sí, ¡por supuesto!
E1: Muchas gracias.
E2: De nada. ¿De qué tema te gusta hablar?
E1: Me gusta mucho hablar de. . . .

Paso 5. Compare the notes that each pair took. Which categories were the best for each pair? Which could be improved?

CATEGORÍA	E1		E2	
	NATURAL	POCO NATURAL	NATURAL	POCO NATURAL
pauses and fillers	‾‾‾‾‾	‾‾‾‾‾	‾‾‾‾‾	‾‾‾‾‾
expressions of interest	‾‾‾‾‾	‾‾‾‾‾	‾‾‾‾‾	‾‾‾‾‾
facial gestures	‾‾‾‾‾	‾‾‾‾‾	‾‾‾‾‾	‾‾‾‾‾
hand gestures	‾‾‾‾‾	‾‾‾‾‾	‾‾‾‾‾	‾‾‾‾‾
physical contact	‾‾‾‾‾	‾‾‾‾‾	‾‾‾‾‾	‾‾‾‾‾
distance	‾‾‾‾‾	‾‾‾‾‾	‾‾‾‾‾	‾‾‾‾‾

ENFOQUE CULTURAL

Did you know that Mexico is one of the top tourist countries in the world?

3-8. Atracciones turísticas de México

Paso 1. Here you have seven tourist attractions in Mexico. Rate them according to your particular interests from **1:** most interesting (*más interesante*) to **7:** least interesting (*menos interesante*).

‾‾‾‾‾ La población de ballenas grises (*gray whales*) en México ha aumentado mucho en los últimos años. La protección de estos mamíferos (*mammals*) por parte del gobierno continúa, y los turistas pueden verlos, durante los meses de enero y febrero, en la costa Sur de Baja California.

_____ El Parque Nacional del Cañón del Cobre es cuatro veces más grande que el Cañón del Colorado (*Grand Canyon*). La profundidad del Cañón del Cobre es de 4.000 metros.

_____ Las mariposas (*butterflies*) monarca emigran (*migrate*) desde los Estados Unidos y Canadá hacia México en el mes de noviembre y, hasta mediados de abril, se disfruta de un espectáculo único, cuando aproximadamente cien millones de mariposas adornan (*decorate*) los árboles de las montañas de Michoacán con su color naranja.

_____ La Plaza México en la ciudad de México es la plaza de toros (*bulls*) más grande del mundo, con una capacidad para 50.000 personas.

_____ Después de la ciudad del Vaticano, en Roma, la Catedral de la Virgen de Guadalupe en la ciudad de México es el lugar religioso más visitado del mundo, con seis millones de peregrinos (*pilgrims*) al año.

_____ En la ciudad de México hay una colección muy grande de murales creados por artistas mundialmente reconocidos (*world renowned*), como Diego Rivera. También hay pinturas muy importantes de su esposa Frida Kahlo y de muchos otros artistas.

_____ México es famoso por su música de mariachi. Además tiene una extensa atmósfera cultural. En el Auditorio Nacional de México o en el Palacio de Bellas Artes, se puede disfrutar de la orquesta sinfónica, el ballet internacional, la ópera y el teatro.

Paso 2. Select the two most important Mexican attractions for each of the following people.

Answers 3-8, Paso 2
Alberto y Sonia: *el Parque Nacional y las ballenas*
Pedro y Juan: *mariachis y la Plaza México*
Ricardo y Jimena: *las ballenas y los murales*

A Alberto le gusta mucho la naturaleza y a su amiga Sonia le gusta escalar montañas.

1. _____
2. _____

A Pedro le encanta la música y a su amigo Juan le gusta mucho visitar monumentos históricos.

1. _____
2. _____

A Ricardo le gustan los animales y a Jimena le gusta mucho el arte.

1. _____
2. _____

Paso 3. ❷ Now interview other classmates to find out which attractions they prefer. Form a group with those peers that could travel together to Mexico based on the interests they share.

MODELO: E1: ¿Te gusta visitar lugares históricos?
E2: Sí, me encanta.

Paso 4. Ⓖ Finally, each group should mention the tourist attraction they like the most. Which one is the most popular attraction in your class? the least popular?

Gramática en contexto

1. Gustar (nos/les)

3-9. ¿Qué les gusta hacer a los estudiantes hispanos en su tiempo libre?

Paso 1. María's friends seem very busy during their free time. Check off the activities they like to do.

(a) caminar por el parque

(b) pasar tiempo con la familia

(c) ir al cine

(d) ir a ver los partidos de fútbol americano

(e) jugar al béisbol

(f) bailar en fiestas o en la discoteca

A los amigos de María. . .

1. ___ les gusta caminar por el parque.
2. ___ les gusta escribir.
3. ___ les gusta ir al cine.
4. ___ les gusta ir a ver los partidos de fútbol americano.
5. ___ les gusta bailar en fiestas o en la discoteca.
6. ___ les gusta hacer la tarea.
7. ___ les gusta pasar tiempo con la familia.
8. ___ les gusta hacer ejercicios de matemáticas.
9. ___ les gusta practicar deportes.
10. ___ les gusta estudiar en la biblioteca.

Paso 2. ② What activities do you like to do during your free time? With a partner, write a list of five activities you both like to do and another five you do not like to do. Note that for *we like (something)* you use **nos gusta**.

MODELO: En nuestro tiempo libre **nos gusta** jugar a la pelota, estudiar matemáticas, etc.

Paso 3. Do you have preferences in common with María's friends? Contrast the activities from Paso 1 with Paso 2, and then write a summary using the following sentences.

A los amigos de María les gusta . . . y a nosotros también.
A los amigos de María no les gusta . . . y a nosotros tampoco nos gusta.
A los amigos de María les gusta . . . pero a nosotros no nos gusta.
A los amigos de María no les gusta . . . pero a nosotros sí.

2. Present tense (plural forms)

3-10. ¿Qué hacen los fines de semana?

Paso 1. Complete the endings for the verb forms you studied in the previous chapter (*yo, tú, usted/él/ella*). Then, after doing the rest of the steps in this activity, come back and fill in the plural verb endings.

	HABLAR	COMER	ESCRIBIR
yo	habl_____	com_____	escrib_____
tú	habl_____	com_____	escrib_____
usted/él/ella	habl_____	com_____	escrib_____
nosotros/as	hablamos	com_____	escrib_____
vosotros/as	habláis	coméis	escribís
ustedes/ellos/ellas	habl_____	comen	escrib_____

Paso 2. [AUDIO] Listen to María describe what she and her friends do during the week and on weekends. Check off the activities that are mentioned.

ACTIVIDADES	DURANTE LA SEMANA	DURANTE EL FIN DE SEMANA
. . . estudian y preparan sus tareas.		
. . . caminan por el parque.		
. . . lavan ropa.		
. . . hablan por teléfono con sus familias.		
. . . visitan a sus amigos.		
. . . escriben cartas.		
. . . leen el periódico.		
. . . comen en un restaurante.		
. . . corren en el parque.		
. . . miran una película en el cine.		
. . . bailan música rock.		
. . . tocan el piano.		
. . . asisten a misa.		
. . . compran libros.		
. . . escuchan música.		

INTEGRATED COMPONENTS

Use the following instructional resources to practice the **Present tense (plural forms)**.

- **Gramática viva:** Present of regular verbs in -ar, Present tense of regular -er, -ir verbs
- **Student Activities Manual/o-SAM:** Activities 3-9, 3-10, 3-11
- **Companion Website:** Chapter 3, Gramática en contexto, Present Tense (plural forms)

Answers 3-10, Paso 1

yo: *hablo, como, escribo;* tú: *hablas, comes, escribes;* usted/él/ella: *habla, come, escribe;* nosotros/as: *hablamos, comemos, escribimos;* vosotros/as: *habláis, coméis, escribís;* ustedes/ellos/ellas: *hablan, comen, escriben.*

Answers 3-10, Paso 2

Durante la semana: *corren en el parque, comen en un restaurante y escuchan música.* Durante el fin de semana: *bailan música rock, hablan por teléfono con sus familias, lavan la ropa y estudian y preparan las tareas para sus clases.*

Audioscript 3-10, Paso 2

¡Hola! Me llamo María y soy de México. Voy a hablarles de las actividades que mis amigos y yo hacemos normalmente durante la semana. . . y también durante el fin de semana. Bueno. . . este, generalmente. . . durante la semana eh. . . , todos estamos muy ocupados. . . porque asistimos a clase en la universidad. Pero todos los días algunos de mis amigos y yo hacemos alguna cosa juntos. Este, . . . por ejemplo, Pilar, Ana y yo corremos en el parque media hora todas las mañanas. . . porque nos gusta hacer deporte antes de asistir a las clases. Y, ¿qué más? Bueno, generalmente comemos en casa. . . pero los miércoles. . . todos los amigos de mi grupo comemos en un restaurante. Es una buena oportunidad para hablar de nuestras cosas. Además, a mis amigos y a mí nos gusta muuuucho la música y por eso algunas tardes. . . nos reunimos y escuchamos discos que nos gustan. . . y los discos nuevos que alguno de nosotros compra.

Durante el fin de semana nos gusta divertirnos. Generalmente vamos a una discoteca y este, . . . bailamos mucho, especialmente música rock. ¡Me encanta! También visitamos a nuestra familia o hablamos con ellos por teléfono durante el fin de semana. ¡Pero no todo es diversión! ¡Ah, no, señor! Durante el fin de semana lavamos la ropa. ¡Siempre hay mucha ropa sucia de la semana! Además los domingos estudiamos y preparamos nuestras tareas para estar listos para las clases de la semana.

Paso 3. ❷ Complete the statements in the table with personal information, then check off the activities you and your partner usually do on weekdays and on the weekend. Add two or three additional sentences.

ACTIVIDADES	DURANTE LA SEMANA	DURANTE EL FIN DE SEMANA
. . . estudiamos . . .		
. . . caminamos por . . .		
. . . lavamos . . .		
. . . hablamos por teléfono con . . .		
. . . visitamos a . . .		
. . . escribimos . . .		
. . . leemos . . .		
. . . comemos en . . .		
. . . corremos en . . .		
. . . miramos una película en . . .		
. . . bailamos . . .		
. . . tocamos . . .		
. . . asistimos a . . .		
. . . compramos . . .		
. . . escuchamos . . .		

Paso 4. ❷ Compare the activities you and María and her friends do. Write some conclusions by completing the statements in the model.

MODELO: Las actividades son similares porque durante la semana los dos grupos. . . y durante el fin de semana los dos grupos. . .

Las actividades son diferentes porque durante la semana María y sus amigos. . . mientras que nosotros. . . y durante el fin de semana ellos. . . mientras que nosotros. . .

3-11. ¿Con qué frecuencia?

Paso 1. **AUDIO** María's friend, Mark, is a college student beginning a Spanish major. Listen to him and fill out the chart below. How often does he do the following activities on the weekends? The first activity is already checked off.

LOS FINES DE SEMANA MARK. . .	SIEMPRE	MUCHAS VECES	A VECES	NUNCA
estudia español.	X			
camina por el parque.				
lava la ropa.				
habla por teléfono.				
visita a sus amigos.				
escribe cartas.				
lee el periódico.				
come en un restaurante mexicano.				
corre por el parque.				
ve un video.				
compra libros.				
toca el piano.				
canta tangos.				
escucha música.				
asiste a la ópera.				

Paso 2. Now write down the frequency with which you do these and other activities on weekends.

Paso 3. **G** Interview your classmates to find one person who does at least two activities with the same frequency you do. The first group to finish shouts "Listo/a!" (*ready*).

MODELO: Estudiamos español tres veces por semana.

INTEGRATED COMPONENTS

Use the following instructional resources to practice **Tener que**. . . and **tener ganas de**. . .

- **Gramática viva:** Tener, tener que
- **Student Activities Manual/o-SAM:** Activities 3-12, 3-13
- **Companion Website:** Chapter 3, Gramática en contexto, Tener que. . . and tener ganas de. . .

3. Tener que. . . and tener ganas de. . .

3-12. ¿Qué tienes que hacer?

Paso 1. Check off the activities you **have to do** today. Then add two more activities to the list.

Tengo que. . . lavar la ropa.   ☐
estudiar mucho.   ☐
llamar a mis padres.   ☐
ir al supermercado.   ☐
cocinar.   ☐

_____.

_____.

Gramática

The verb **tener** is used in a variety of fixed expressions in Spanish. Two of the most common ones are:

tener que + infinitive	=	_to have to + infinitive verb_
tener ganas de + infinitive	=	_to feel like + –ing form of verb_

EJEMPLOS:

Mark **tiene ganas de correr** en el parque. . . pero no puede porque **tiene que lavar** la ropa.

Mark wants to run (feels like running) in the park . . . but he can't because he has to do the laundry.

Tengo ganas de ir al cine. . . pero no puedo porque **tengo que terminar** mi tarea.

I feel like going to the movies . . . but I can't because I have to finish my homework.

Paso 2. Now think of three to five activities you feel like doing but cannot, because you have to do other things.

MODELO: **Tengo ganas de jugar** al fútbol, pero no puedo porque **tengo que ir** al banco para depositar un cheque.

Paso 3. 🅖 Now ask three of your classmates about what they feel like doing and what they have to do this coming weekend. Write down their answers.

MODELO: E1: ¿Qué **tienes ganas de hacer** este fin de semana?
E2: **Tengo ganas de** ir al cine.
E1: ¿Qué **tienes que hacer** este fin de semana?
E2: **Tengo que** viajar a Nueva York para la graduación de mi hermana (_sister_).

Paso 4. Think about the responses you heard and choose the person you think has the most difficult or uninteresting obligation. Share your finding with the rest of the class.

MODELO: Este fin de semana Roberto tiene ganas de dormir mucho, pero. . . tiene que estudiar para su clase de química.

4. Introduction to reflexive verbs

3-13. La rutina matinal de María y de Mark

Paso 1. Read the sentences about María and then match the sentences about her friend Mark with the corresponding drawing.

INTEGRATED COMPONENTS

Use the following instructional resources to practice **reflexive verbs**.

- **Gramática viva:** Reflexive verbs
- **Student Activities Manual/o-SAM:** Activities 3-14, 3-15
- **IRCD:** p. 93
- **Companion Website:** Chapter 3, Gramática en contexto, Introduction to reflexive verbs

1. A María no le gusta levantarse temprano. Generalmente se levanta a las ocho y media.

2. Se lava los dientes en dos minutos.

3. Pero necesita veinte minutos para ducharse.

4. Se mira en el espejo (*mirror*) para maquillarse (*to put on make-up*). Se maquilla en cinco minutos.

5. Generalmente se peina rápido. Está lista a las nueve y diez.

(a)

(b)

(c)

Answers 3-13, Paso 1

a. 2, b. 4, c. 1, d. 3, e. 5

(d)

(e)

1. _____ En cambio, a Mark le gusta levantarse muy temprano. Generalmente se levanta a las seis de la mañana.
2. _____ Se ducha muy rápido y generalmente está listo en diez minutos.
3. _____ Pero necesita mucho tiempo para afeitarse: se afeita en quince minutos.
4. _____ Se mira en el espejo y se peina muy rápido.
5. _____ Luego desayuna café con tostadas y se lava los dientes en cinco minutos. A las siete y media toma el bus para ir a la universidad.

Answers 3-13, Paso 2

levantarse, se levanta, se lava los dientes, ducharse, se mira, maquillarse, se maquilla, se peina, levantarse, se levanta, se ducha, afeitarse, se afeita, se mira, se peina, se lava los dientes

Answers 3-14, Paso 1

Odalys se levanta a las 6:30, Graciela a las 7:00; Odalys se lava los dientes en cinco minutos, Graciela se lava los dientes a las 7:20; Odalys se baña a las 6:45, Graciela a las 7:25; Odalys se peina a las 7:00, Graciela a las 7:45; Odalys se maquilla a las 7:05, Graciela a las 8:05; Odalys desayuna a las 7:15, Graciela a las 8:35, Odalys toma el bus a las 7:30, Graciela a las 8:55.

Audioscript 3-14, Paso 1

Odalys y Graciela son dos amigas que tienen rutinas muy diferentes. Odalys siempre se levanta a las seis y media; y rápidamente está en el baño. Se lava los dientes en cinco minutos. Se baña a las seis y cuarenta y cinco. A las siete se peina. A las siete y cinco se maquilla. A las siete y cuarto toma su desayuno muy rápido. Finalmente, a las siete y media, toma el bus para la universidad. En cambio, Graciela se levanta tarde: generalmente a las siete. Veinte minutos más tarde, se lava los dientes y a las siete y veinticinco se baña. Se peina a las ocho menos cuarto. Pero demora veinte minutos para maquillarse. Y después demora media hora más para desayunar. Toma el bus a las nueve menos cinco. ¡Siempre llega tarde a sus clases!

Answers 3-14, Paso 3

lavarse: *yo me lavo, tú te lavas, usted/él/ella se lava;* **levantarse:** *yo me levanto, tú te levantas, usted/él/ella se levanta;* **afeitarse:** *yo me afeito, tú te afeitas, usted/él/ella se afeita;* **maquillarse:** *yo me maquillo, tú te maquillas, usted/él/ella se maquilla;* **bañarse:** *yo me baño, tú te bañas, usted/él/ella se baña;* **peinarse:** *yo me peino, tú te peinas, usted/él/ella se peina.*

Paso 2. Some verbs in Spanish use a special pronoun (**se**) that signals that the verb is reflexive. Can you underline the reflexive verbs in the previous sentences?

Paso 3. Analyze the verbs you underlined and determine the accuracy of the following statements about the conjugation of reflexive verbs. Verify with your instructor.

1. The particle **se** attaches to the end of the verb when the verb is not conjugated (infinitive form).
2. The particle **se** is placed in front of the verb, and separated from it, when the verb is conjugated.

3-14. ¿Quién es más eficiente?

Paso 1. AUDIO Odalys and Graciela have the same routine every day. Odalys, however, is more efficient. Listen to the narration, and write down the times each of them does the activities in her morning routine.

ACTIVIDAD	ODALYS	GRACIELA
Se levanta a las	_____	_____
Se lava los dientes a las	_____	_____
Se baña a las	_____	_____
Se peina a las	_____	_____
Se maquilla a las	_____	_____
Desayuna a las	_____	_____
Toma el bus a las	_____	_____

Paso 2. When do you do these activities? Write at what time you do each one.

MODELO: Me levanto **a las seis de la mañana.**

1. Me lavo los dientes _____.
2. Me afeito _____.
3. Me maquillo _____.
4. Me baño _____.
5. Me peino _____.

Paso 3. Now complete the chart with the missing singular forms of the present tense.

	LAVARSE	LEVANTARSE	AFEITARSE	MAQUILLARSE	BAÑARSE	PEINARSE
yo	me lavo					
tú		te levantas				
usted/él/ella				se maquilla		

Paso 4. ❷ Interview another student, and ask him/her when s/he does some of these activities.

MODELO: E1: ¿A qué hora **te levantas**?
E2: **Me levanto** a las seis de la mañana.
E1: ¡Te levantas muy temprano!

Paso 5. Share your findings about the differences in your routine with the rest of the class.

MODELO: Cristina se levanta a las ocho, se baña en cinco minutos y toma el bus a las nueve. En cambio, yo me levanto a las seis, y tomo el bus a las siete.

5. Introduction to the present progressive

3-15. ¿Qué están haciendo en la clase?

Paso 1. Read the following paragraph and underline the actions that are not represented in the following drawing.

Esta es una imagen típica de una clase de español: la profesora está hablando. Hay un estudiante que está fumando y otro que está durmiendo. Dos estudiantes al fondo de la clase están comiendo hamburguesas y otros dos están bebiendo café. Una estudiante está mirando por la ventana. Hay también un estudiante que está bailando y otro que está cantando. Dos estudiantes están escribiendo. Pero, la mayoría de los estudiantes está escuchando a la profesora con mucha atención.

Paso 2. ❷ Go back to the preceding paragraph, and make a list of the verbs that are written in their present progressive form. Then, compare your answers with those of your partner.

INTEGRATED COMPONENTS

Use the following instructional resources to practice the **present progressive**.

- **Gramática viva:** Progressive forms (estar + gerund)
- **Student Activities Manual/o-SAM:** Activity 3-16
- **IRCD:** p. 95
- **Companion Website:** Chapter 3, Gramática en contexto, Introduction to the present progressive

Answers 3-15, Paso 1

*Esta es una imagen típica de una clase de español: la profesora está **hablando**. Hay un estudiante que está **fumando** y otro que está **durmiendo**. Dos estudiantes al fondo de la clase están **comiendo** hamburguesas, y otros dos están **bebiendo** café. Una estudiante está **mirando** por la ventana. Hay también un estudiante que está **bailando** y otro que está **cantando**. Dos estudiantes están **escribiendo**. Pero, la mayoría de los estudiantes está **escuchando** a la profesora con mucha atención.*

Paso 3. Complete the following table with the progressive verbs in the previous paragraph. The first verb in the paragraph, **está hablando,** is done for you. Then, confirm your answers with your instructor.

TIPO DE VERBO	TERMINACIÓN (*ENDING*)	EJEMPLOS
-**ar** verbs	-**ando**	**está hablando** (hablar)
-**er** verbs		
-**ir** verbs		

Paso 4. Finally, complete the rule for the formation of the present progressive by filling out the blanks with -**iendo** or -**ando**.

For -**ar** verbs → _____
For -**er** and -**ir** verbs → _____

3-16. ¿Qué está pasando?

Paso 1. How would you translate the following sentences? What is the difference in meaning between the simple present tense and the present progressive? The context associated with each sentence will give you a clue.

1a. Elena **está estudiando** español porque tiene un examen en quince minutos.

1b. Elena **estudia** español en la universidad; es su especialización.

2a. **Estamos corriendo** porque no queremos llegar tarde.

2b. **Corremos** todos los días (*every day*) porque nos gusta hacer ejercicio juntos.

Gramática

Note that English speakers say, for example, *I'm studying Spanish* to mean both *I'm studying Spanish at this moment* and *I'm studying Spanish as an ongoing or habitual activity*. The Spanish present progressive, unlike its English counterpart, is used to refer only to activities in which one is engaged at a specific time. To talk about ongoing or habitual activities, the simple present tense is used in Spanish.

Paso 2. Now, go back to the examples in Paso 1 and explain how the present progressive is formed. Use the following questions as a guide:

1. Which verb is the auxiliary verb?
2. Which verb is the main verb?
3. Do you conjugate both the main verb and the auxiliary verb?

INTEGRACIÓN COMUNICATIVA

3-17. ¿Qué materias les gustan a estos (these) estudiantes?

Paso 1. **AB** What do these students like or dislike? First, complete the table with the information you have, then get the information you don't have from your classmate. Take turns asking and answering questions.

MODELO: A: ¿De dónde son Rosalía y Mariela?
      B: Son de Caracas, Venezuela.

NOMBRE Y APELLIDO	ES/SON DE	LE/LES GUSTA(N)	NO LE/LES GUSTA(N)
Rosalía y Mariela García	Caracas, Venezuela		
Agustín Fernández			
Rafael Callejas			
Carlos y Gabriela Oviedo			
Clara Ordóñez			
Arturo y Ricardo Fuentes			
Andrea y Sebastián Ballesteros			
Carlos Aguirre			

A

1. Me llamo Rosalía García, y ella es mi hermana Mariela. Somos de Caracas, Venezuela. Nos gusta mucho estudiar matemáticas y física, pero no nos gustan las clases de humanidades.
2. Soy de Tijuana, México. Me llamo Agustín Fernández. Me gusta mucho la clase de español, pero no me gusta estudiar física.
3. Soy Rafael Callejas y soy de Málaga, España. Me gusta mucho estudiar matemáticas y física, pero no me gustan las clases de filosofía e idiomas.
4. Mi nombre es Carlos Oviedo y ella es mi hermana Gabriela. Somos del Distrito Federal de México. Nos gustan las clases de ciencias exactas, pero también nos gusta mucho estudiar ciencias sociales. Las clases que no nos gustan son las clases de educación física.

B Information for student B, p. 524

Paso 2. **2** Can you guess the majors of the students described in the previous paragraphs (both A and B)? First fill out the chart below and then compare your responses with those from your classroom partner.

MODELO: **Nombre**   **Especialización**
      Arturo   Lenguas modernas

      E1: Creo que la especialización de Arturo es lenguas modernas.
      E2: ¿Por qué?
      E1: Porque le gustan las clases de español y alemán.

NOMBRE	ESPECIALIZACIÓN	NOMBRE	ESPECIALIZACIÓN
Rosalía y Mariela		Clara	
Agustín		Arturo y Ricardo	
Rafael		Andrea y Sebastián	
Carlos y Gabriela		Carlos	

Answers 3-17, Paso 1

Rosalía y Mariela García son de Caracas, Venezuela; les gustan las matemáticas y la física, no les gustan las humanidades. Agustín Fernández es de Tijuana, México; le gusta el español, no le gusta la física. Rafael Callejas es de Málaga, España; le gustan las matemáticas y la física, no le gustan la filosofía y los idiomas. Carlos y Gabriela Oviedo son de México; les gustan las ciencias exactas y sociales, no les gusta la educación física; Clara Ordóñez es de Quito, Ecuador; le gustan la biología y la química, no le gusta la filosofía; Ricardo y Arturo Fuentes son de Medellín, Colombia; les gustan los idiomas y el inglés, no les gustan la física y la biología. Andrea y Sebastián Ballesteros son de Cuba y de Chicago; les gustan la filosofía y las ciencias sociales; no les gustan las matemáticas. Carlos Aguirre es de Miami, le gustan la filosofía y las ciencias sociales; no le gustan las matemáticas.

Answers 3-17, Paso 2

Clara: química, biología; Ricardo: lenguas; Andrea: filosofía y ciencias sociales; Sebastián: filosofía y ciencias sociales; Carlos: filosofía y ciencias.

Paso 3. 🄖 Now interview other students in your class and get together with the ones who have the same major you have.

Paso 4. 🄖 Finally, each group of students with the same major will tell the other students what classes they like and which ones they dislike. Listen to each group as they describe what they like and do not like. Are the preferences of the students in the groups similar? Very different?

MODELO: E1: ¿Cuál es tu especialización?
E2: Historia, ¿y la tuya?
E1: Negocios.

3-18. El prestigio universitario

Paso 1. Make a list of the universities that are especially famous for each of the following majors:

MODELO: Ingeniería: MIT

1. biología marina: _____
2. ciencias políticas: _____
3. inglés: _____
4. lenguas: _____
5. música: _____

Paso 2. 🄖 Select the most important factors that make a good university.

Una universidad es prestigiosa porque . . .

_____ es grande.

_____ tiene pocos estudiantes.

_____ tiene mucha variedad de clases.

_____ tiene programas en muchas disciplinas.

_____ está cerca de mi casa.

_____ ofrece becas de estudio muy buenas.

_____ tiene profesores muy famosos en su disciplina.

_____ tiene profesores con mucho interés en la enseñanza.

_____ tienen un buen programa para ayudar a los estudiantes a encontrar buenos trabajos.

_____ tiene mucha tecnología avanzada para sus estudiantes.

_____ prepara bien a sus estudiantes.

Paso 3. After discussing with your group the qualities of good universities, write the names of five U.S. universities that you think fit your description. Decide which characteristics from Paso 1 apply to these universities, and write them down.

1. _____
2. _____
3. _____
4. _____
5. _____

Paso 4. ② Make a list of the best attributes of your university. Then, use that list to write a short paragraph that will be used in a campaign to promote your university. What type of picture can you use to accompany the paragraph?

3-19. Universidades famosas en México

Paso 1. Go to the *Impresiones* web page (www.prenhall.com/impresiones), and select one of the five Mexican universities listed there: Universidad Nacional Autónoma de México, Instituto Politécnico Nacional, Instituto de Estudios Técnicos Avanzados de Monterrey, Universidad de Guadalajara, or Universidad Autónoma de Puebla. Then, answer the following questions for the university you have chosen:

1. ¿Puedes estudiar tu especialidad allí?
2. ¿Ofrece clases similares a las clases de tu universidad?
3. ¿Qué diferencias hay?
4. ¿Qué te interesa específicamente de esa universidad?

Paso 2. AUDIO Now listen to an interview with three students from Mexico. In the interview, the students talk about three prestigious universities. What are the names of these universities?

Paso 3. AUDIO Listen to the interviews again and determine why each student chose to study at a particular university.

	UNIVERSIDAD	CARACTERÍSTICAS
Guillermo		
Ana		
Javier		

Vocabulario   ESTRATEGIAS

To fill out application forms in the United States, you write your height in feet and inches and your weight in pounds. But in Mexico and other Spanish-speaking countries, your height is measured in meters and your weight in kilograms.

3-20. El sistema métrico

Paso 1. Describe the physical appearance of each person in the chart according to his or her height and weight in Mexico.

NOMBRE	ESTATURA	PESO	APARIENCIA FÍSICA
Agustín Fernández	1 metro 62 centímetros	80 kilos	bajo y gordo
Rafael Callejas	1 metro 80 centímetros	80 kilos	_____
Clara Ordóñez	1 metro 50 centímetros	45 kilos	_____
Gabriela Oviedo	1 metro 75 centímetros	70 kilos	_____
Andrea Ballesteros	1 metro 60 centímetros	45 kilos	_____
Sebastián Ballesteros	1 metro 55 centímetros	74 kilos	_____

Altura: alto/a, de estatura media, bajo/a

Peso: grande o gordo/a, de peso medio, delgado/a

Peso
1 onza =	28.35 gramos
1 libra (16 onzas) =	0.45 kilogramos
1 kilo =	2.20 libras

Longitud
1 pulgada =	2.54 centímetros
1 pie (12 pulgadas) =	30.48 centímetros
1 yarda (3 pies) =	0.91 centímetros
1 milla (1760 yardas) =	1.6 kilómetros
1 centímetro =	0.39 pulgadas
1 metro =	39.4 pulgadas
1 kilómetro (1000 metros) =	0.62 millas

Paso 2. What is the equivalent in the United States to the metric system? Use the items in the list to complete the third column of the following chart. Please note that not all of the measurements on the list are needed to complete the chart.

MEDIDA	SISTEMA MÉTRICO	EN LOS ESTADOS UNIDOS
1. temperatura	grados centígrados	_____
2. distancia	kilómetros/metros/centímetros	_____
3. peso	kilos	_____
4. presión	kilogramo x centímetro cuadrado	_____

ESTRATEGIAS   Lectura

Guessing: When we read we are engaged in a constant process of guessing based on our background knowledge. Previous knowledge helps us fill in the information not explicitly mentioned in a text. Guessing, however, is inherently culture-specific. In the following activity you will be asked to reassess preconceived notions you may have about cultural practices and institutions in order to understand the view of Spanish-speaking societies and to assess the possible existence of pan-Hispanic interpretations.

3-21. Paralelos en los sistemas educativos

Paso 1. Study the following drawings to decide which one of the following captions would accurately describe them.

(a)

(b)

1. Los estudiantes de un **colegio** tienen aproximadamente entre
   a. 6 y 12 años.
   b. 12 y 18 años.
   c. 18 y 22 años.
2. La **facultad** significa
   a. el grupo de profesores de una universidad.
   b. una de las divisiones académicas de la universidad.
   c. el gimnasio de la universidad.

Paso 2. Educational systems may be different from country to country. First try to guess the right answer for the following three statements. Then read the following text to confirm or revise your predictions. Finally, underline the sentences that confirm your guess.

1. Un/a **profesor(a)** enseña en. . .
   a. la educación secundaria
   b. la universidad
   c. los dos niveles
2. El **bachillerato** se obtiene al finalizar. . .
   a. la educación primaria
   b. la educación secundaria
   c. la universidad
3. La palabra **escuela** se usa para la educación. . .
   a. primaria
   b. secundaria
   c. universitaria

Algunas diferencias entre sistemas educativos

Aunque (*although*) hay algunas diferencias, la secuencia de estudio en el sistema educativo de los países hispanohablantes es muy similar al sistema estadounidense. El proceso educativo consiste en tres ciclos de aproximadamente seis años cada uno (más el período inicial de la educación preescolar). A los seis años, los niños asisten (*attend*) a una escuela pública o privada para cursar estudios primarios. Después de completar los estudios primarios ingresan a la escuela secundaria, en algunos países, "colegio" o "liceo". Allí estudian seis años más. Luego, al terminar la secundaria, los jóvenes (*young adults*) de diecisiete a dieciocho años reciben su título de bachiller y pueden ingresar a la universidad. En la universidad, los estudiantes de los países hispanohablantes cursan carreras específicas, con materias obligatorias, desde el primer año. Las universidades están compuestas de facultades como Veterinaria, Medicina, Leyes, Economía, etc.

Es fácil notar algunas diferencias entre los sistemas educativos. Por ejemplo, en los Estados Unidos, los estudiantes tienen aproximadamente dos años de la universidad para decidir su carrera final. También hay diferencias con respecto al vocabulario: en los países hispanohablantes, un/a "maestro/a" es una persona que enseña en la escuela primaria, y un/a "profesor/a" enseña en la educación secundaria o en la universidad. Sin embargo, las diferencias existen no sólamente entre los países hispanos y los Estados Unidos, sino también entre los mismos países hispanos. Por ejemplo, en México, el título de bachiller se recibe al finalizar los estudios universitarios. Sin embargo, en otros países latinoamericanos y en España, los estudiantes son bachilleres al terminar la secundaria. En estos países la licenciatura en una especialización se recibe al finalizar la universidad.

Paso 3. The following chart includes false cognates that may be mistakenly used to refer to the Spanish words. Write the appropriate translation for each Spanish word.

ESPAÑOL	FALSE COGNATE	ENGLISH
escuela	school (as in university)	_____
bachillerato	bachelor	_____
colegio	college	_____
facultad	faculty (group of professors)	_____

Paso 4. ❷ Are there any other aspects of the education system of the Hispanic countries that you would like to learn about? Prepare a list of at least three questions to ask your teacher.

ESTRATEGIAS   ## Escritura

The following activity will ask you to consider several factors that are important when writing a formal letter to request specific information about a product or a service. As in previous chapters, remember that the writing process starts before you actually write the letter. Try to use the vocabulary presented in this chapter.

3-22. Una carta a una universidad mexicana

Paso 1. You are considering the possibility of spending a year abroad and you want to contact the Mexican university you chose in Paso 1 of Actividad 3-19. First, make a list of the factors that will influence whether or not you will select that university.

Los factores que son importantes para tomar una decisión sobre esta universidad:

_____

_____

_____

Paso 2. Now make a list of the things that you already know about this university and of the things you do not know but that you would like to find out more about.

Lo que sé (*what I know*) sobre esta universidad:

_____

_____

Lo que no sé sobre esta universidad:

_____

_____

Paso 3. ❷ Classify and group your ideas from the three categories above in the most effective order to create an outline. Give your outline to a classmate, and ask whether s/he understands what you are asking for (the purpose of your letter).

Paso 4. Now, write the first draft of your letter: one or two short paragraphs. Start your letter with a formal salutation: **Estimado señor/a X** (*Dear Mr./Mrs. X*). To close the letter, use the formula **En espera de su amable respuesta, lo saluda atentamente** (*I look forward to hearing from you. Sincerely,*).

Paso 5. ❷ Exchange the first draft of your letter with the same partner who read your outline. Make suggestions to help improve the content of each other's letter.

Paso 6. Write a second version of the letter incorporating new ideas or modifying others as necessary. Finally, review your letter, focusing on the correct use of the language. Give a copy of your letter to your instructor, who can use all letters to create a master letter. You can use this to contact the university you choose.

3-23. La buena educación

Paso 1. First, check off the behaviors that are normally considered impolite or rude in your culture.

CATEGORÍA	ES UN EJEMPLO DE MALA EDUCACIÓN
1. comer en el salón de clase	_____
2. llegar tarde a clase	_____
3. estar en casa descalzo (barefoot)	_____
4. invitar a unos amigos a la fiesta de otro amigo	_____
5. no hacer cola (not to wait in line)	_____
6. saludar (greet) a los/as amigos/as con un beso	_____
7. usar las manos para comer	_____
8. hablar mientras otra persona habla	_____
9. hablar con la boca llena (with food in your mouth)	_____
10. visitar a otra persona sin llamar antes por teléfono	_____
11. usar un gorro (cap) en clase	_____

Paso 2. **G** Compare your results with other classmates and tally the results for the whole group. Are there regional differences? Then, compare your chart with one completed by a typical group of university students from Mexico. Are there significant differences?

MODELO: En general, comer en el salón de clase no es un ejemplo de mala educación en EE.UU. Pero en los países hispanos, la mayoría de la gente piensa que es un ejemplo de mala educación.

Según los estudiantes mexicanos. . .

CATEGORÍA	ES UN EJEMPLO DE MALA EDUCACIÓN
comer en el salón de clase	18 de 20 (18 out of 20)
llegar tarde	5 de 20
estar en casa descalzo	12 de 20
invitar a unos amigos a la fiesta de otro amigo	10 de 20
no hacer cola	16 de 20
saludar a los/as amigos/as con un beso	1 de 20
usar las manos para comer	16 de 20
hablar mientras otra persona habla	8 de 20
hablar con la boca llena	15 de 20
visitar a otra persona sin llamar antes por teléfono	3 de 20
usar un gorro en clase	4 de 20

Paso 3. AUDIO Listen to the following conversation between Roberto, an exchange student from Mexico, and his student host in the U.S. In this dialogue, the student from Mexico expresses surprise about three important differences he noted when comparing his culture with that of the U.S. Which differences does the student mention?

MODELO: El estudiante de México dice que los estadounidenses comen en el salón de clase. Pienso que esta diferencia puede crear malentendidos culturales.

Paso 4. AUDIO Listen to the conversation again and note the expressions the student uses to express his opinion. Then use some of them to express your own opinion about what you consider three important sources of misunderstanding. What information can you give to exchange students coming to the U.S. to avoid cultural misunderstandings?

MODELO: Es importante llegar a tiempo a clase.

Cultura

You have seen that **colegio** and **facultad** are false cognates of *college* and *faculty*. **Bien educado/a** is another false cognate. The concept of **bien educado/a** (literally *well educated*) is better translated into English as *polite* or *courteous*.

Audioscript 3-23, Paso 3

John: ¡Hola Roberto! ¿Vas a estudiar en la casa de tus compañeros de clase hoy?

Roberto: ¡Hola! Pues. . . la verdad. . . um. . . no estoy seguro. . .

John: Ah, ¿no?. . . ¿por qué?

Roberto: . . .Bueno. . . no sé. . . estudié con ellos en su casa el lunes y el miércoles. . . pero. . . la situación es extraña. . .

John: Ah, ¿sí?, ¿por qué?

Roberto: Bueno. . . no sé. . . cuando estamos en la casa ellos siempre están descalzos. . . Creo que no están preparados para recibirme. . .

John: Roberto, eso no es extraño. . . A muchas personas les gusta estar descalzas en casa. . . es natural para ellos. No significa que no estén preparados para tu visita.

Roberto: ¡Ah! Pues en mi país, cuando tienes visitas en tu casa no estás descalzo. . . Pero, además. . . no sé. . . creo que para mis compañeras de clase no soy simpático. . .

John: Y, ¿por qué piensas eso?

Roberto: Bueno. . . cuando llego a su casa no me saludan con un beso. . . sólo dicen ¡hola!

John: Y, ¿te parece extraño?

Roberto: ¡Claro! En mi país lo natural es saludar a las amigas con un beso.

John: ¡Ay Roberto! Decir hola es normal aquí, en los Estados Unidos. No saludamos a las amigas con un beso siempre.

Roberto: Pues. . . ¡qué extraño! Pero. . . además, cuando como pollo, no hay tenedores para comer. . . y tengo que comer el pollo con las manos. Pienso que eso es de mala educación.

John: Sí, claro, a veces no usamos tenedores para el pollo, lo comemos con las manos

Roberto: ¿Y no es de mala educación comer con las manos?

John: No necesariamente, especialmente entre estudiantes y compañeros de clase las situaciones son generalmente muy informales

Roberto: Pues en mi país es de mala educación comer con las manos.

John: ¡Ay Roberto qué finos son los estudiantes de tu país!

Comparaciones culturales

3-24. El muralismo y otras formas de preservación de la memoria cultural

Paso 1. Murals represent popular expressions of art in Mexico and various cities in the U.S. Describe the following two murals with a list of adjectives.

Detail of mural by Diego Rivera in Mexico City

El Barrio—mural in NYC

Paso 2. ② Now, identify the concepts, ideas, and symbols represented in each mural.

	LA HISTORIA DE MÉXICO	EL BARRIO
el patriotismo	_____	_____
la inmigración	_____	_____
la memoria del pueblo	_____	_____
el problema de las drogas	_____	_____
el amor	_____	_____
la situación de la mujer	_____	_____
la violencia urbana	_____	_____
la familia	_____	_____

Paso 3. Write the names of two or three artists from the United States or Canada who have helped create and preserve the cultural identity of your country (**muralistas, pintores, cantantes, arquitectos, escultores, actores, autores**). Then, use the following questions as a guide to write a short paragraph about each artist.

1. ¿Quién es?
2. ¿Por qué son famosas sus obras?
3. ¿Qué mensajes comunican?
4. ¿Por qué te gustan sus obras?

Paso 4. Select a famous mural or painting that is important to you or that you like. Write a short paragraph to describe it and what it represents for you.

3-25. Dos figuras literarias mexicanas

Paso 1. Two famous Mexican poets are Sor Juana Inés de la Cruz (1651–1695) and Octavio Paz (1914–1998). Look at their photographs and describe their physical appearance.

Paso 2. Analyze the portraits again but now describe personality features that you think are conveyed by their portraits.

Paso 3. **G** Now modify and/or expand the following sentences to write your description of the personality of these two authors.

1. Es una persona con mucho carácter y una gran fuerza de espíritu.
2. Es una persona que parece (*seems*) tener mucha paciencia.
3. Su mirada refleja una gran convicción espiritual, pero también demuestra un conocimiento profundo de la naturaleza humana, de sus debilidades y de sus necesidades espirituales.
4. Su mirada refleja una gran sensibilidad.
5. Su apariencia general indica que es una persona de mucha sabiduría (*wisdom*).

3-26. La racionalidad de Sor Juana

Paso 1. Sor Juana Inés de la Cruz wanted to have a formal education, but she couldn't because she was a woman. Put the following statements in chronological order to learn more about her life.

Answers 3-26, Paso 1

1, 5, 3, 2, and 4

1. Nace en 1648 y a los siete años quiere vestirse de niño (*dress as a boy*) para poder asistir a la universidad.
2. Como no tiene la opción de asistir a la universidad decide entrar en un convento como monja.
3. Durante su juventud Sor Juana Inés medita mucho sobre su futuro y el significado de la vida. Quiere asistir a la universidad pero no puede porque es mujer.
4. En el convento escribe poesía muy hermosa (*beautiful*) que supera a la poesía de los escritores de su época.
5. Durante su infancia su inteligencia se manifiesta en todas las materias desde el latín hasta las matemáticas.

Paso 2. The following stanza of one of Sor Juana's poems is representative of the beauty of her writing.

En dos partes dividida
Tengo el alma en confusión
Una, esclava a la pasión,
Y otra, a la razón medida.

Can you identify in the poem the antonyms for the following words?

1. integrada: _____
2. pasión: _____
3. cuerpo: _____
4. claridad: _____
5. libre: _____

Paso 3. Read the stanza again and write your personal interpretation in a paragraph.

Paso 4. Finally, share your thoughts with other students. Are there many different interpretations among you? Is one interpretation in particular better than the others? Which one? Why?

3-27. La sensualidad de Octavio Paz

Paso 1. **AB** Interview your classmate to complete your biography of Octavio Paz. Don't show the information you have.

MODELO: E1: ¿Qué sucede en el año mil novecientos catorce?
E2: En el año mil novecientos catorce. . .

A

1914: _____
1933: Publica su primer libro de poemas (*Luna Silvestre*)
1937: _____
1938: Regresa a México y colabora en la fundación del diario *El Popular*
1943–1945: _____
1945: Recibe una beca de la fundación Guggenheim
1946–1952: _____
1952: Viaja a Oriente, India y Japón
1966: _____
1981: Recibe el premio Miguel de Cervantes
1990: _____
1998: Muere en México

B Information for student B, p. 000

Paso 2. What image corresponds to each stanza in the following poem by Octavio Paz? Write the number of the image that corresponds to each stanza.

"Dos cuerpos"   *Octavio Paz*

Dos cuerpos frente a frente   *face to face*
son a veces dos olas
y la noche es océano.
Imagen: _____

(1)

Dos cuerpos frente a frente
son a veces dos piedras
y la noche desierta.
Imagen: _____

(2)

Dos cuerpos frente a frente
son a veces raíces
en la noche enlazadas.
Imagen: _____

roots
tied together

(3)

Dos cuerpos frente a frente
son a veces navajas
y la noche relámpago.
Imagen: _____

knives
lightning

(4)

Dos cuerpos frente a frente
son dos astros que caen
en un cielo vacío.
Imagen: _____

empty

(5)

Paso 3. In each stanza of "Dos cuerpos," Octavio Paz associates certain words with others that refer to the natural world. Read the words that Paz chooses to describe his ideas, and then write your own possible associations.

MODELO: olas: **agua, movimiento, turbulencia, océano**

1. océano: _____
2. piedras: _____
3. raíces: _____
4. navajas: _____
5. astros: _____

···Diferencias dialectales ···

In the previous chapter we studied some words used by bilingual speakers of English and Spanish in the United States. There are also many words from English that Spanish has borrowed and has readily incorporated into its lexicon.

3-28. Espanglish II

Paso 1. Can you identify the English origin of the following Spanish words?

bar	estrés	espray	film	flash
flirtear	fotocopia	hobby	huachimán	jet
jip	líder	mitín/mitin	show	video

Cultura

There are many words in English that come from other languages such as Latin and Greek and describe new concepts and technical things. As you know, Latin and Greek were also the origin of Spanish.

Greek: Tele (*far*), phone (*sound*), graphe (*to write*), orthos (*straight*), dentos (*teeth*), anti (*against*), biotikos (*life*), tekhne (*art*), logia (*study*), akros (*peak*), phobia (*fear*), ismo (*state*)

Latin: trans (*through*), inter (*between*), bi (*two*), videre (*to see*), continere (*to contain*), lingua (*language*), socius (*friend*)

Paso 2. Organize the following words that come from Latin and Greek under the most appropriate heading.

antibiótico	bilingüismo	internet	ortodoncia
sociología	teléfono	telégrafo	televisión

HUMANIDADES	MEDICINA	TECNOLOGÍA

Gramática

In English, a vowel that is not stressed may change its sound, but in Spanish vowels do not generally change their phonetic qualities. Consequently, you should enunciate all vowels in Spanish clearly and distinctly—even if they are not stressed.

3-29. El candidato tiene mucha habilidad política

Paso 1. Contrast what happens to a word when it changes grammatical categories. Can you describe what happens to the first vowel (*a*) in either language?

ability⟶able

habilidad→hábil

Paso 2. `AUDIO` Read the following related words without changing the quality of each vowel. Then listen to the tape and compare. The vowel that is stressed in each word has been written in boldface.

candid**a**to – candidat**u**ra

hum**i**lde – humild**a**d

cost**u**mbre – acostumbr**a**r – acostumbr**a**do

insult**a**r – ins**u**lto – insult**a**nte

argument**a**r – argum**e**nto – argumentaci**ó**n

estudi**a**r – est**u**dio – estudiosam**e**nte

Paso 3. Now, read the following ad for a political campaign to be broadcast by radio. Make sure all similar vowels are pronounced alike so that you sound like a native.

El candidato a la alcaldía de la ciudad del "Partido de los estudiantes" argumenta que un voto por su candidatura es una buena decisión para los ciudadanos de su ciudad. Argumenta que su experiencia como legislador en la legislatura de la ciudad lo habilita para tomar decisiones más útiles. Nuestro humilde candidato es un claro ejemplo de humildad.

Audioscript 3-29, Paso 2

candidato–candidatura
humilde–humildad
costumbre–acostumbrar–acostumbrado
insultar–insulto–insultante
argumentar–argumento–argumentación
estudiar–estudio–estudiosamente

Audioscript 3-29, Paso 3

El candidato a la alcaldía de la ciudad del "Partido de los estudiantes" argumenta que un voto por su candidatura es una buena decisión para los ciudadanos de su ciudad. Argumenta que su experiencia como legislador en la legislatura de la ciudad lo habilita para tomar decisiones más útiles. Nuestro humilde candidato es un claro ejemplo de humildad.

Video

Las impresiones de Guadalupe

Primeras impresiones

3-30. Un ratón de biblioteca

Paso 1. Mark all the habits that you think define a **ratón de biblioteca** (*a nerd*).

_____ Se levanta temprano.
_____ Siempre llega temprano a clase.
_____ Le gusta salir (*to go out*) mucho.
_____ Le gusta sacar buenas notas en sus cursos.
_____ Le gusta estudiar mucho.
_____ Le gusta dormir mucho.
_____ ¿Otras características?

Paso 2. ❷ Share your ideas from Paso 1 with a classmate. Do you agree about which habits define a **ratón de biblioteca**?

Paso 3. Now, watch the first scenes of the video when Pablo joins Guadalupe and Camille and decide which of the features you discussed apply to Pablo. Why do Guadalupe and Camille think he is a **ratón de biblioteca**? Do you agree with them?

Las impresiones de Guadalupe

3-31. ¡Qué mala onda!

Paso 1. In this chapter we discover more evidence of competition and some discord between Guadalupe and Pablo. Match a description of the situation with the corresponding line of dialogue.

Descripción
1. Guadalupe le pregunta a Pablo cuál es su horario de clases en tono sarcástico.
2. Guadalupe critica a Pablo por ser un ratón de biblioteca.
3. Guadalupe no quiere acompañar a Pablo a ver al profesor Parra.
4. Guadalupe no está feliz de que Pablo tenga ganas de trabajar en la estación.
5. Pablo dice que está tomando siete cursos cuando Guadalupe dice que está tomando tres.
6. Pablo le explica a Camille que la expresión que usa Guadalupe es una expresión popular en México.

Diálogo
a. Guadalupe: Este. . . , no, gracias Pablo. Estoy muy ocupada ahorita.
b. Pablo: ¡Ché,. . . pero eso no es nada! Yo estoy tomando siete materias.
c. Guadalupe: ¡Híjole! ¡Qué mala onda eres Pablito!
d. Pablo: Es sólo un modismo mexicano.
e. Guadalupe: ¿Y pues, cuéntanos, cómo es tu horario que no tienes tiempo para nada más?
f. Guadalupe: Pues, es que Pablo es un poco arrogante y no me cae bien.

Paso 2. Observe Guadalupe's and Pablo's facial expressions during their conversation. Write down the words that express their emotions in these two scenes.

MODELO: Está enojada.

Impresiones culturales

3-32. Diferencias entre los sistemas educativos

Paso 1. Camille is learning about the educational system in Spanish-speaking countries. Help her fill in the missing words in her notes.

Si quieres ser _____, entras inmediatamente a la _____ de
medicina; si _____, entras _____ a la facultad de abogacía;
_____ profesor, entras directamente a la _____ de
pedagogía.

Paso 2. Camille wrote the following notes after her conversation. Can you identify which advantage corresponds to the system in **los Estados Unidos** and which one to **los países hispanohablantes?**

1. Una ventaja del sistema de educación en _____ es que los estudiantes tienen más tiempo para tomar decisiones muy importantes para su futura vida profesional.
2. Una ventaja del sistema de educación en _____ es que los estudiantes no tienen que tomar de nuevo las materias que ya tomaron en la secundaria.

Paso 3. Given the differences in the educational systems mentioned above, which system do you prefer? Write a sentence explaining your perspective.

En resumen

Gramática

1. *Gustar* (with nouns or infinitives)

The form **gusta** is used with singular nouns and infinitives; **gustan** is used with plural nouns. **Nos** or **les** (*we* or *you* (plural) / *they*) refers to the person who likes the item mentioned, and precedes **gusta/n.**

2. Present tense regular verbs (plural)

Subject Pronouns	-ar	-er	-ir
	hablar	**comer**	**escribir**
nosotros/as	hablamos	comemos	escribimos
ustedes/ellos/ellas	hablan	comen	escriben
vosotros/as	habláis	coméis	escribís

3. *Tener que. . .* and *tener ganas de. . .*

tener que + infinitivo = *to have to* + infinitive verb

tener ganas de + infinitivo = *to feel like* + -ing form of verb

4. Introduction to reflexive verbs

Reflexive verbs have two parts: the main verb and the reflexive particle. The particle comes before and is separate from the verb when the verb is conjugated, but is attached to the end of the verb in the infinitive form.

	lavarse
yo	**me lavo**
tú	**te lavas**
usted/él/ella	**se lava**

5. Introduction to the present progressive

The Spanish present progressive is used only to refer to activities in which one is engaged in at a specific time. It is formed by using **estar** + the present participle which ends in **-ando** (**-ar** verbs) or **-iendo** (**-er** and **-ir** verbs).

hablar: **habl** + **ando** = **hablando**

comer: **com** + **iendo** = **comiendo**

vivir: **viv** + **iendo** = **viviendo**

Vocabulario

La hora

¿Cuál es tu horario?	*What's your schedule?*
Es la una y quince/	*It's one fifteen.*
Es la una y cuarto.	
Es tarde/temprano	*It's late/early*
¿Qué hora es?	*What time is it?*
Son las dos y media/	*It's half past two.*
Son las dos y treinta.	
Son las tres menos veinte.	*It's twenty until three.*

Los días de la semana

domingo	*Sunday*
jueves	*Thursday*
lunes	*Monday*
martes	*Tuesday*
miércoles	*Wednesday*
sábado	*Saturday*
viernes	*Friday*

Algunos verbos útiles

abrir	*to open*
asistir	*to attend*
bailar	*to dance*
caminar	*to walk*
cantar	*to sing*
comer	*to eat*
comprar	*to buy*
conseguir	*to attain, to obtain*
corregir	*to correct*
correr	*to run*
crecer	*to grow*
creer	*to believe*
deber	*to have to, must*
desaparecer	*to disappear*
disfrutar	*to enjoy*
enseñar	*to teach*
entretener	*to entertain*
escribir	*to write*
escuchar	*to listen*
hacer	*to do*
interrumpir	*to interrupt*
invitar	*to invite*
jugar	*to play (a sport)*
lavar	*to wash*
leer	*to read*
llegar	*to arrive*
mejorar	*to better, to improve*
mirar	*to watch, to see*
pasar (tiempo)	*to spend (time)*
poder (puede)	*to be able (s/he can)*
practicar	*to practice*
preparar	*to prepare*
recordar	*to remember*
regresar	*to return*

saludar	*to greet*
subir	*to go up, to climb*
tocar (el piano)	*to play (the piano)*
tomar	*to take, to drink*

Algunos verbos reflexivos

afeitarse	*to shave*
bañarse	*to bathe*
despedirse	*to say goodbye*
despertarse	*to wake up*
ducharse	*to take a shower*
especializarse	*to specialize*
lavarse	*to wash (oneself)*
levantarse	*to get up*
maquillarse	*to put on make-up*
peinarse	*to comb (one's hair)*
quedarse	*to stay*
relajarse	*to relax*
vestirse	*to get dressed*

Las materias académicas
Las lenguas

el alemán	*German*
el árabe	*Arabic*
el chino	*Chinese*
el francés	*French*
el hebreo	*Hebrew*
el inglés	*English*
el japonés	*Japanese*
el ruso	*Russian*

Otras materias

las ciencias políticas	*political science*
la contabilidad	*accounting*
la física	*physics*
la informática	*computer science*
la ingeniería	*engineering*
los negocios	*business*
la química	*chemistry*
el teatro	*theater*

Palabras y expresiones asociadas con la universidad

los apuntes de clase	*class notes*
la clase/el curso/la materia	*class/course/material*
la enseñanza	*teaching*
la especialidad/la	*major; specialization*
especialización	
el horario de clases	*class schedule*
las notas	*grades*

Otras palabras y expresiones

la distancia	*distance*
lo que (no) sé	*what I (do not) know*
lo que quiero saber	*what I want to know*
la presión	*pressure*

4 Las rutinas y las profesiones

Vocabulario en contexto

- Las carreras y profesiones
- El tiempo y las estaciones

Intercambios comunicativos
- Saludos

Enfoque cultural

- Cuba y la República Dominicana

Gramática en contexto

- Reciprocal verbs
- Stem-changing verbs in the present
- Irregular verbs in the present
- Immediate future: **ir** + **a** + infinitive
- Adverbs that end in -**mente**

Integración comunicativa

- Entrevistas de trabajo

Comparaciones culturales

- Paralelos entre Hemingway y Martí

Diferencias dialectales
- ¿Qué tú quieres?
- La poesía del -**sión**

Vídeo: Las impresiones de Guadalupe

En resumen

Note

These exploratory activities preview some of the major topics covered in the chapter. They do not require right answers. If students do not offer options, volunteer one or two and move on. After you finish the chapter, ask students to do these activities again to give them a sense of progress as, most likely, they'll do better at the end of the chapter.

Vocabulario en contexto

Ask students to think of other words that could be associated to the main word in the box. After you complete the chapter, come back to this page and ask them to mention as many words as they can remember (without consulting notes).

Gramática en contexto

Ask students to fill in the empty spaces in this text. Do they notice any particular structure that differs substantially from English?

Comparaciones culturales

Ask students to add a few more entries to the lists.

Vocabulario en contexto

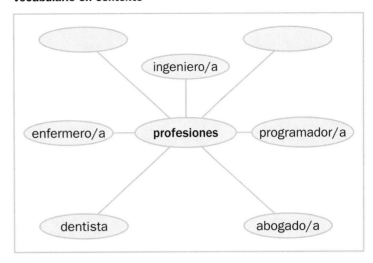

Gramática en contexto

Mi rutina diaria

(1) Me _desperto despierto_ a las 5 y 45 pero _me levanto_ a las 6 de la mañana. (2) _Me baño_ muy rápido y _____ café y tostadas. (3) _Salo Salgo_ de casa a las 7 y _____ a la universidad a las 7 y 40. (4) Mi primera clase _comenza comienza_ a las 8.

Comparaciones culturales

SALUDOS TÍPICOS	EN MI COMUNIDAD	ENTRE HISPANOHABLANTES
Dos hombres se besan.	es raro	a veces
Dos mujeres se besan.	a veces	casi siempre
Un hombre y una mujer se besan.	_____	_____
Un adulto y un niño se besan.	_____	_____
Dos amigos se abrazan.	_____	_____
Hay poca distancia entre las personas.	_____	_____

Vocabulario en contexto

4-1. Las carreras y profesiones

Paso 1. Each of the professions described below is represented in the drawing. First, in the following table write the name of the profession described. Then indicate the number of the drawing where this profession is represented.

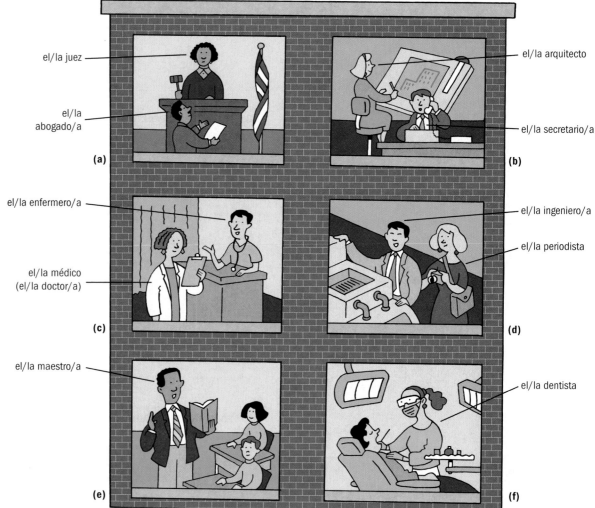

el/la juez

el/la abogado/a

(a)

el/la arquitecto

el/la secretario/a

(b)

el/la enfermero/a

el/la médico (el/la doctor/a)

(c)

el/la ingeniero/a

el/la periodista

(d)

el/la maestro/a

(e)

el/la dentista

(f)

DESCRIPCIÓN	PROFESIÓN	DIBUJO Nº
1. Defiende a sus clientes en la corte.	*abogado*	*1*
2. Atiende a los pacientes en un hospital y ayuda a los doctores.	_____	___
3. Dicta sentencias judiciales en la corte.	_____	___
4. Atiende a pacientes que tienen problemas con la dentadura.	_____	___
5. Diagnostica enfermedades y recomienda tratamiento médico.	_____	___
6. Diseña casas y edificios.	_____	___
7. Enseña en una escuela.	_____	___
8. Escribe para un periódico (diario).	_____	___
9. Hace trabajos generales en una oficina.	_____	___
10. Hace análisis estructurales de edificios, calles, etc.	_____	___

Paso 2. **AB** You and your partner have descriptions of different professions. Ask him/her to read one of the descriptions on his/her pages and guess who the person is. Then, change roles.

el/la maestro/a   el/la cocinero/a (el/la chef)   el/la dependiente (el/la vendedor/a)   el mecánico/la mujer mecánico

el/la secretario/a
el/la enfermero/a
el/la mesero/a
el/la camarero/a
el/la electricista
el/la bombero/a

el/la peluquero/a   el/la obrero/a   el policía/la mujer policía

A

1. Prepara comidas en un restaurante.
2. Atiende a los clientes en una tienda.
3. Repara automóviles en el taller.
4. Enseña a los niños en una escuela.
5. Cuida a los enfermos en el hospital.
6. Escribe cartas y habla por teléfono en una oficina.

B Information for student B, p. 524

Vocabulario

Otras profesiones y oficios

el/la agente de viajes/de seguros	*the travel/insurance agent*
el/la chófer	*the driver*
el/la analista de sistemas	*the systems/computer analyst*
el/la asesor/a financiero/a	*the financial advisor*
el/la cartero/a	*the mail carrier*
el/la contador/a	*the accountant*
el/la traductor/a	*the translator*
el/la bibliotecario/a	*the librarian*
el/la locutora de radio	*the radio commentator*

Paso 3. **G** Your professor will divide the class into two groups to play charades. One volunteer from your group will mimic a profession, and the other group will guess the name of the profession. When a group guesses the profession correctly, you exchange roles.

4-2. ¿Cuál es tu especialidad?

Follow-up 4-2, Paso 1

Introduce additional professions and occupations. The picture file will also be useful for this presentation. Many cognates such as **recepcionista, sicólogo,** or **actor** will be easy for students to understand.

Paso 1. **G** Interview three classmates, and ask them about their (selected or potential) major or the career they want to pursue, and the subjects they prefer to study. Note their answers below.

MODELO: E1: ¿Qué carrera estudias, Juana?
E2: Estudio arquitectura.
E1: ¿Cuáles son tus materias favoritas?
E2: Me gustan la arquitectura y las matemáticas.

NOMBRE	CARRERA QUE ESTUDIA	MATERIAS FAVORITAS
Juana	*arquitectura*	*arquitectura y matemáticas*

Suggestion 4-2, Paso 2

Write each answer on the blackboard as students speak. Place all similar answers in one column. This information will be needed in Paso 3.

Paso 2. Read the information from one of the students you interviewed to see if someone can guess the name of the student. Pay attention to each student's answer.

MODELO: E1: Estudia ciencias políticas y sus materias favoritas son la historia y el derecho político. ¿Quién es?
E2: ¿Es Marcos?
E1: No, no es Marcos.

Paso 3. Now, using the information your instructor has written on the blackboard, fill in the chart below.

CARRERAS	MATERIAS FAVORITAS	PORCENTAJE DE LA CLASE (5%, 20% . . .)
economía	_finanzas, matemáticas_	_8%_
_____	_____	_____
_____	_____	_____
_____	_____	_____

Paso 4. Finally, complete the following sentences about your classmates' careers and favorite subjects.

La mayoría de los compañeros de mi clase estudia _____.
Algunos estudian _____.
Muy pocos/Unos pocos estudian _____.
La(s) materia(s) favorita(s) de la clase es/son _____.
Algunos prefieren la(s) materia(s) de _____.
Muy pocos/Unos pocos prefieren la(s) materia(s) de _____.

4-3. Ofertas de trabajo

Paso 1. Read these help-wanted ads from a Spanish-speaking newspaper and underline the words you recognize.

OFERTAS

MODELOS profesionales, mínimo 1,75; desfile en pasarela en feria de moda, especialidad: ropa primaveral. 915924842

CHICAS, chicos publicidad — televisión. 915945759

INMOBILIARIA necesita empleada administrativa. 20–35 años. Goya, 5

SE NECESITA camarero, camarera para bar con comidas, zona Huertas. 616456898

MONITOR, monitora de aeróbic. 942242122

SE NECESITAN vendedores para tienda de muebles. Posibilidad de promoción. 914591254

BOMBEROS, policía local para parque: próxima apertura. 916649166

Paso 2. Now write the answers to the following questions.

1. What do you think **se necesita/se necesitan** means?
2. Which job is not open to men?
3. For which job is physical appearance important?
4. Is there a position with an age restriction?
5. For which jobs is it especially important to be physically strong and in good condition?
6. Which position includes an opportunity to move to a position of higher responsibility or status?

Paso 3. Imagine you are going to apply for a summer job. Which ad would you choose? Why are you interested in that particular job?

MODELO: Prefiero el trabajo de vendedor para tienda de muebles porque me gusta hablar con la gente y vender productos.

Suggestion 4-3, Paso 2

The questions are in English to check comprehension of the text. Questions in Spanish: 1. ¿Qué significan las expresiones **se necesita** y **se necesitan**?, 2. ¿Cuál de los puestos no es para hombres?, 3. ¿Para cuál puesto es importante la apariencia física?, 4. ¿Hay alguna oferta de trabajo con restricciones de edad?, 5. ¿Para cuáles puestos es muy importante estar en forma y ser muy fuerte físicamente?, 6. ¿Cuál puesto incluye una oportunidad de obtener una posición de mayor responsabilidad o categoría?

Answers 4-3, Paso 2

1. needed; 2. The job at a realtor (administradora comercial para inmobiliaria) is not open to men; 3. for modeling; 4. the job for an administrative assistant, at a realtor; 5. for an aerobics coach, as well as for firefighters and police men and women; 6. for salespeople at a furniture store

Follow-up 4-3, Paso 3

Ask the students to share their opinions and ask the class to tally the results (e.g., How many prefer to work in a real estate agency?).

4-4. La ropa adecuada para cada ocasión

Paso 1. Write your recommendations for the type of clothing needed by both men and women for each of the following situations. Follow the model.

MODELO: Para trabajar en un banco   *Para los hombres es recomendable llevar traje y corbata. Para las mujeres es recomendable llevar un vestido formal.*

1. una entrevista de trabajo con una firma de abogados
2. una entrevista de trabajo con una compañía del tipo "punto.com"
3. una cena en la casa de un colega de trabajo
4. una cita romántica en un restaurante de lujo
5. una tarde en el parque

Paso 2. Now choose the color combinations you would use for three situations given in Paso 1.

MODELO: Para la entrevista con la firma de abogados uso corbata azul, camisa azul y traje negro.

Paso 3. ❷ Classify each outfit from Paso 2 according to the following combinations:

1. combinación formal (como para [*as for*] una entrevista de trabajo)
2. combinación innovadora (como para un concierto de música rock)
3. combinación elegante (como para una boda [*wedding*])
4. combinación alegre (como para una fiesta de cumpleaños)

Paso 4. ❷ Decide which type of clothing you should wear for the following occasions.

1. una tarde en el parque con una temperatura de 24 grados centígrados
2. una noche para ir caminando (*to walk*) a una fiesta con una temperatura de 10 grados centígrados y con lluvia
3. una tarde en el estadio de fútbol con una temperatura de 15 grados centígrados
4. una noche en la calle con una temperatura de 5 grados centígrados
5. una mañana en el jardín de tu casa con una temperatura de 18 grados centígrados

4-5. El tiempo, las estaciones y el estado de ánimo

Paso 1. Match the following weather conditions with the season of the year.

°Centígrados	°Fahrenheit
-100	-148
-50	-58
-40	-40
-30	-22
-20	-4
-10	14
0	32
5	41
10	50
15	59
20	68
25	77
30	86
35	95
40	104
45	113
50	122

1. Hace frío. 2. Hace calor. 3. Llueve/Está lloviendo.

4. Nieva/Está nevando. 5. Truena. 6. Hace sol.

7. Hay relámpagos. 8. Hay viento. 9. Está nublado.

PRIMAVERA Marzo Abril Mayo

VERANO Junio Julio Agosto

OTOÑO Septiembre Octubre Noviembre

INVIERNO Diciembre Enero Febrero

ESTACIÓN	DIBUJO Nº
primavera	_____
verano	_____
otoño	_____
invierno	_____

Paso 2. Describe the weather conditions in the following U.S. cities for the indicated month. Then, name the season.

MODELO: En Buffalo, Nueva York, en diciembre, nieva y hace frío; es invierno.

CIUDAD	MES	TIEMPO	ESTACIÓN
Buffalo, NY	diciembre	*nieva, hace frío*	*invierno*
Washington, DC	agosto	_____	_____
San Juan, PR	abril	_____	_____
Denver, CO	octubre	_____	_____
Minneapolis, MN	febrero	_____	_____

Culture

The weather conditions for any given city vary not only because of geographical latitude and hemispheric position, but also due to altitude, humidity levels, cold or warm ocean currents, etc. For instance, summer and winter in tropical countries are defined not so much by extremes of cold and heat, but by degrees of dryness and wetness (e.g., Havana, San Juan).

Paso 3. Now, name the season and describe the weather conditions in the following Spanish-speaking cities for the months indicated below. NOTE: Remember that seasons are opposite in the northern and southern hemispheres.

CIUDAD	MES	ESTACIÓN	TIEMPO
Santiago, Chile	marzo	_____	_____
Buenos Aires, Argentina	septiembre	_____	_____
Montevideo, Uruguay	diciembre	_____	_____
Asunción, Paraguay	agosto	_____	_____
Madrid, España	agosto	_____	_____
Distrito Federal, México	junio	_____	_____

Paso 4. Now describe the weather conditions for each season in the city where you or your family currently lives.

primavera: _____

verano: _____

otoño: _____

invierno: _____

4-6. Asociaciones

Paso 1. Write an activity that the people in each picture would want to do in each situation.

MODELO: tiene calor → (Pablo) **tiene ganas de** ir a la playa (*beach*).

Pablo tiene calor.

Marta tiene frío.

Carlos y Mariela tienen sed.

Martín y Jorge tienen hambre.

Alberto tiene miedo.

Aurora tiene sueño.

Alfredo tiene suerte.

Orlando está triste.

José y Rocío están contentos.

Roberto está cansado.

Daniel está enojado.

Felipe está preocupado.

Carolina está enferma.

Paso 2. With what physical or emotional states do you associate these situations?

MODELO: Luisa ve la película *Psicosis* en la televisión.   **Tiene miedo**.

1. Antonio siempre gana mucho dinero en el casino.
2. Los niños van a comer muy tarde hoy.
3. Ana está en casa y tiene un examen en la universidad en cinco minutos.
4. Alberto y Juan estudian todas las noches para un examen.
5. Hace 39 grados centígrados y el aire acondicionado de Lola no funciona.

⊙━⊙ Intercambios comunicativos

Intercambios comunicativos

After the video segment for this chapter you will see two brief clips with examples of the **Intercambios comunicativos** that correspond to the images in this section. You can show these brief clips in class to complete the activity.

Refer to the Video Guide within the IRM for other examples of **Intercambios comunicativos** expressions used in the video.

Estrategias de comunicación: Proximidad y contacto físico

As the saying goes, a picture is worth a thousand words. And we may add that a face gesture or a light touch with our hands may be worth even more than a thousand words in communicating with others. We communicate and interact with others not only through language but by means of hand and facial gestures, physical proximity, shaking hands, touching, kissing, etc. To be able to communicate in another language we also need to pay attention to the second language of our bodies, hands, and faces.

4-7. Saludos

Paso 1. Look at how these Hispanic people greet each other, and decide how frequently you see these types of greetings in your community (your hometown or university). Use the following expressions: **es raro** (*rarely*), **a veces** (*sometimes*), **casi siempre** (*very often*), and **siempre** (*always*).

Dos mujeres se besan.

Un hombre y una mujer conversan de negocios.

Un niño y un adulto se saludan.

Tres mujeres caminan del brazo.

SALUDOS TÍPICOS	EN MI COMUNIDAD	ENTRE HISPANOHABLANTES
Dos hombres se besan.	*es raro*	*a veces*
Dos mujeres se besan.	_____	_____
Un hombre y una mujer se besan.	_____	_____
Un adulto y un niño se besan.	_____	_____
Dos amigos se abrazan.	_____	_____
Hay poca distancia entre las personas.	_____	_____

Paso 2. Now, classify the following types of greetings, according to the level of familiarity between the people involved. Use the following options: **muy cercana** (*very close*), **cercana** (*close*), **ambigua** (*ambiguous*), **distante** (*distant*), **muy distante** (*very distant*).

Answers 4-7, Paso 2

Answers will vary but some likely answers for Spanish speakers are: *muy cercana, cercana, muy cercana, distante, muy cercana, cercana, distante.*

SALUDO	TIPO DE RELACIÓN
Dos hombres se besan.	_____
Dos mujeres se besan.	_____
Un hombre y una mujer se besan.	_____
Los interlocutores mantienen mucha distancia cuando hablan.	_____
Dos amigos se abrazan.	_____
Un adulto y un niño se besan.	_____
La persona da un apretón de manos débil (*weak handshake*).	_____

Paso 3. Which of the behaviors mentioned in the previous step are likely among Spanish speakers? Read the following passage and underline the statements that serve to confirm or reject your prediction in Paso 2.

Answers 4-7, Paso 3

Sections more likely to be underlined are: *. . . es común el contacto físico. . . Los saludos más comunes entre los hispanohablantes son un beso, un apretón de manos o un abrazo. . . no mantienen mucha distancia. . . es común saludar con un gesto de la mano, con un movimiento de la cabeza o con un simple "hola", . . . un apretón de manos débil* (weak) *transmite falta de interés.*

En los diversos grupos hispanohablantes es común el contacto físico cuando dos personas se saludan (*greet each other*). Los saludos más comunes entre los hispanohablantes son un beso, un apretón de manos o un abrazo. Cuando una persona no tiene suficiente tiempo es común saludar con un gesto de la mano, con un movimiento de la cabeza o con un simple "Hola". En la mayoría de los países hispanohablantes, un apretón de manos débil (*weak*) transmite falta de interés. Además (*also*), hay variación en el contacto físico entre los grupos hispanos. Por ejemplo, en Argentina y Uruguay no es raro ver a dos hombres amigos que se saludan con un beso. Sin embargo (*However*), en otros países hispanohablantes, los hombres se dan un apretón de manos (*handshake*) pero muy raramente un beso.

Suggestion 4-7, Paso 3

As a cultural note you may want to point out that: *El saludo con un beso en Argentina y Uruguay es probablemente a causa de la influencia de la inmigración italiana.*

Paso 4. Now, write down how you would greet the following people. How might a person from a Spanish-speaking country greet them?

¿CÓMO SALUDAS A. . .	
. . . tus padres?	*Nos saludamos con un abrazo y un beso.*
. . . tus hermanos/as?	*Nos saludamos con . . .*
. . . tus amigos?	_____
. . . tus amigas?	_____
. . . tus profesores hombres?	_____
. . . tus profesores mujeres?	_____
. . . tu entrenador/a *(coach)*?	_____

¿CÓMO SALUDA UNA PERSONA DE TU EDAD DE UN PAÍS LATINO A. . .	
. . . sus padres?	*Se saludan con . . .*
. . . sus hermanos/as?	_____
. . . sus amigos?	_____
. . . sus amigas?	_____
. . . sus profesores hombres?	_____
. . . sus profesores mujeres?	_____
. . . su entrenador/a?	_____

4-8. ¡Hola Lupe!

Paso 1. VIDEO Look at the following scenes from the video and describe the physical interaction associated with the greeting.

MODELO: Guadalupe y Pablo se saludan con beso.

(1)

(2)

Paso 2. Taking into consideration the degree of familiarity among the participants in each scene, write the greetings that are likely to be used in each case in a dialogue form.

Paso 3. Finally, watch the video scenes that correspond to each picture and take note of the greetings that are actually used in the video. Are they more or less equivalent to the ones you wrote in Paso 2?

ENFOQUE CULTURAL

4-9. Cuba y la República Dominicana

Paso 1. The chart on page 129 has several errors. For three of the categories, the information that should go under one country is actually under the other. Can you find the mistakes?

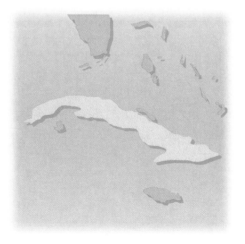

TEMA	CUBA	REPÚBLICA DOMINICANA
área	igual a Pensilvania	el doble de Nueva Hampshire
población	11 millones	casi 8 millones y medio
gobierno	democracia representativa	estado comunista
independencia	20 de mayo de 1902	27 de febrero de 1844
jefe de Estado	Leonel Fernández Reyna	Fidel Castro
capital	Santo Domingo	La Habana

Paso 2. Read these paragraphs and underline the statements that help you confirm your predictions.

Cuba y la República Dominicana son dos países con muchas similitudes. Los dos están en el mar Caribe y ambos (*both*) son mecas turísticas con playas hermosas. Cuba tiene once millones de habitantes y la República Dominicana tiene casi ocho millones y medio. La capital de Cuba es La Habana y la capital de la República Dominicana es Santo Domingo. Cuba ocupa una isla entera, mientras que (*while*) la República Dominicana es la parte occidental de una isla, La Española, que comparte con Haití.

Además existen diferencias políticas entre Cuba y la República Dominicana. Por ejemplo, Fidel Castro es el jefe político de un régimen comunista, mientras que Leonel Fernández Reyna es un presidente democrático. El héroe máximo de Cuba es José Martí, un poeta y revolucionario que combina las cualidades de George Washington y Thomas Jefferson en una sola persona. En la República Dominicana, por otro lado, Juan Pablo Duarte es el héroe máximo y es conocido como el líder de la rebelión contra los haitianos en la lucha por la independencia.

Paso 3. ❷ Finally, write three questions based on the information you have learned about Cuba and the Dominican Republic. Cover your page, ask your questions out loud, and have a partner answer them.

MODELO: E1: ¿Cómo se llama el héroe máximo de Cuba?
E2: Se llama José Martí.

Gramática en contexto

I. Reciprocal verbs

4-10. Nos llevamos muy bien. . . *(We get along well . . .)*

Paso 1. Which of these activities describe a good relationship between two people who love each other?

1. Nos escribimos por correo electrónico con frecuencia.
2. Nos llamamos por teléfono antes de acostarnos.
3. No nos hablamos por días y días.
4. Nos abrazamos y nos besamos cuando nos encontramos.
5. Nos miramos en silencio por horas.
6. Nos gritamos (*shout*) cuando nos hablamos.
7. Nos damos la mano cuando caminamos por la calle.
8. Nos peleamos (*fight*) cuando nos vemos.

Gramática

Reciprocal actions in English are usually conveyed with the words *each other* or *one another*. Notice that in the following sentence there are two people and one action (verb):

Peter and I, . . . we love each other.
Robert and Lisa, . . . they love one another.

In contrast, in Spanish, reciprocal actions are conveyed placing the particle **nos** or **se** before the verb being used:

Pedro y yo, . . . **nos amamos.**
Roberto y Lisa, . . . **se aman.**

Paso 2. Now describe your relationship with a person who is very close to you (e.g., your best friend, your mother, your father, a brother, or a sister).

MODELO: Nos llamamos por teléfono todos los días.

Answers 4-10, Paso 3

Answers will vary, but sentence 1 applies to some Hispanic countries; 2 and 3 apply to most Hispanic countries and, in some contexts, to the United States too; 4, 5, and 6 apply both to Hispanic countries and the United States.

Paso 3. There are some differences in the ways people from Hispanic countries and people from your community greet each other. Based on what you have learned so far, check off whether the following descriptions apply to people in your community or in Hispanic countries.

SALUDOS	EN MI COMUNIDAD	ENTRE LOS HISPANOHABLANTES
1. Dos hombres se saludan con un beso.	_____	_____
2. Dos mujeres se saludan con un beso.	_____	_____
3. Un hombre y una mujer se saludan con un beso.	_____	_____
4. Dos hombres se dan la mano para saludarse.	_____	_____
5. Dos mujeres se dan la mano para saludarse.	_____	_____
6. Un hombre y una mujer se dan la mano para saludarse.	_____	_____

Suggestion 4-10, Paso 4

Provide students with some examples to show how context can help avoid ambiguity: *En la oficina los empleados* **se saludan** *todas las mañanas; En la clase, los estudiantes* **nos saludamos** *todos los días.*

Paso 4. Would you say context plays a role in determining how people greet each other in a given culture? Why? Give an example or two.

MODELO: En los Estados Unidos, en una situación muy informal un hombre y una mujer no se dan la mano para saludarse pero en situaciones muy formales sí.

ESTRATEGIAS   Gramática

The particle **se** is used in reflexive verbs as well as reciprocal verbs. There are some important clues that help you distinguish them.

1. Reciprocal verbs are conjugated only in the first and third persons plural: **Ana y Roberto se miran; Nosotros nos miramos**.
2. The cases that can be ambiguous are the ones with plural subjects (*we, you, they*): **Nos miramos (en el espejo)** (*We look at ourselves in the mirror*). **Nos miramos** (*We look at each other*).
3. Context can help you avoid ambiguities between reflexive and reciprocal meanings.

II. Stem-changing verbs in the present

4-11. Me divierto los fines de semana *(I have fun on the weekends)*

Paso 1. The following text describes a typical student's routine. Unfortunately, some sentences are out of sequence. Can you put them in a logical order?

> (1) Me baño muy rápido y desayuno café y tostadas. (2) Me despierto a las 5 y 45 de la mañana pero me levanto a las 6. (3) Llego a la universidad a las 7 y 40 porque mi primera clase comienza a las 8. (4) Generalmente, me sirvo carne y vegetales y tomo leche porque prefiero no tomar bebidas gaseosas. (5) Al mediodía tomo un descanso y almuerzo a la cafetería de la universidad. (6) Asisto a más clases y voy a la biblioteca por la tarde. (7) Cuando llego a casa me siento cansado. Por eso ceno muy poco. (8) Finalmente, a las 5 vuelvo a casa, pero generalmente pierdo mucho tiempo por el tráfico. (9) Al día siguiente repito la misma rutina, pero el sábado me divierto mucho con mis amigos. (10) Después de cenar siempre miro la televisión y después me acuesto.

——— ——— ——— ——— ——— ——— ——— ——— ——— ———

Paso 2. In the previous text there are some verbs that undergo spelling changes. Write the form of each verb from the text and select one of the three categories of spelling changes (**o → ue; e → ie; e → i**). Mark **No hay cambio** when the verb has no spelling change.

VERBOS	FORMA EN EL TEXTO	CAMBIO
bañarse (*to bathe*)	me baño	No hay cambio
desayunar (*to have breakfast*)	desayuno	No hay cambio
despertarse (*to wake up*)	me despierto	e → ie
levantarse (*to get up*)		
llegar (*to arrive*)		
comenzar (*to begin*)		
servirse (*to serve oneself*)		
tomar (*to drink, to take*)		
preferir (*to prefer*)	prefiero	
asistir (*to attend*)		
almorzar (*to have lunch*)		
sentirse (*to feel*)	me siento	
cenar (*to have dinner*)		
volver (*to return*)	vuelvo	
perder (*to lose, to miss*)		
repetir (*to repeat*)	repito	
divertirse (*to have fun, to enjoy oneself*)		
mirar (*to watch*)		
acostarse (*to go to bed*)		

INTEGRATED COMPONENTS
Use the following instructional resources to practice **Stem-changing verbs in the present**.
- **Gramática viva:** Verbs with stem changes
- **Student Activities Manual/o-SAM:** Activity 4-8.
- **Companion Website:** Chapter 4, Gramática en contexto, Stem-changing verbs in the present

Answers 4-11, Paso 1
The logical order is: 2, 1, 3, 5, 4, 6, 8, 7, 10, 9.

Answers 4-11, Paso 2
me levanto, no hay cambio; llego, no hay cambio; comienza, e → ie; me sirvo, e → i; tomo, no hay cambio; prefiero, e → ie; asisto, no hay cambio; almorzar, no hay cambio; me siento, e → ie; ceno, no hay cambio; vuelvo, o → ue; pierdo, e → ie; repito, e → i; me divierto, e → ie; miro, no hay cambio; me acuesto, o → ue

Suggestion 4-11, Paso 2
Point out that **almorzar** does not undergo the change because it is not conjugated. When conjugated, however, it changes to **almuerzo,** etc.

Answers 4-11, Paso 3

*volver: vuelvo, vuelves, vuelve, volvemos, vuelven; **dormir:** duermo, duermes, duerme, dormimos, duermen; **pensar:** pienso, piensas, piensa, pensamos, piensan; **perder:** pierdo, pierdes, pierde, perdemos, pierden; **pedir:** pido, pides, pide, pedimos, piden*

Paso 3. With the information you have gathered so far, you should be able to fill in the blank spaces in the following table of conjugations. Note that none of the **nosotros** forms has a spelling change.

VERBOS	CONJUGACIÓN
o → ue	
contar (*to count*)	cuento, cuentas, cuenta, contamos, cuentan
volver	_____, vuelves, _____, _____, _____
dormir (*to sleep*)	_____, _____, _____, _____, _____
e → ie	
pensar (*to think*)	_____, piensas, _____, _____, _____
perder	_____, _____, _____, _____, _____
sentir (*to feel*)	siento, sientes, siente, sentimos, sienten
e → i	
pedir (*to ask for*)	pido, _____, pide, _____, piden

Gramática

Some verbs like the ones shown above change the spelling of their stems. Here are other verbs in each category:

o → ue: costar (*to cost*), encontrar (*to find*), llover (*to rain*), morir (*to die*), mostrar (*to show*), poder (*to be able*), soñar (*to dream*), volar (*to fly*)

e → ie: cerrar (*to close*), empezar (*to begin*), entender (*to understand*), querer (*to want, to love*)

e → i: conseguir (*to get*), seguir (*to follow*)

4-12. Mi rutina

Paso 1. Write a paragraph of at least six sentences to describe your daily routine. Use the paragraph in 4-11, Paso 1, as a model.

Paso 2. ② Now interview another classmate about his/her daily routine. Are your routines very different? Take note of the differences.

MODELO: E1: ¿A qué hora te despiertas?
E2: Me despierto a. . .

Paso 3. One of you will present your group's findings to the rest of the class. Listen to other groups' presentations to find out about other students' routines. Take note of their answers.

E1: Roberto se despierta a las seis de la mañana, pero yo me despierto a las siete. Además. . .

Paso 4. Are there common patterns in the daily routines of the students in your class? Look at your notes and write two sentences.

MODELO: La mayoría de los estudiantes tiene clases por la mañana.
Casi todos estudian por lo menos dos horas al día.

III. Irregular verbs in the present

4-13. Mi rutina en clase

Paso 1. Irregular verbs have more than one stem in their conjugation. The table below includes six common irregular verbs. After completing the following activities, come back to fill in the table with the forms that are missing.

	HACER (to do/make)	PONER (to put)	SALIR (to go out)	TRAER (to bring)	OÍR (to hear)	DECIR (to say)
yo	_____	_____	_____	_____	_____	_____
tú	haces	pones	sales	traes	oyes	dices
él/ella/Ud.	_____	_____	_____	_____	_____	_____
nosotros/as	hacemos	_____	salimos	traemos	oímos	_____
vosotros/as	hacéis	ponéis	salís	traéis	oís	decís
ellos/ellas/Uds.	hacen	_____	salen	_____	oyen	dicen

Paso 2. How frequently do you do the following activities during the week? Place a check mark (√) in the appropriate column.

ACTIVIDADES	SIEMPRE	A VECES	NUNCA
1. Salgo muy temprano para la universidad.	_____	_____	_____
2. Traigo mi computadora portátil a las clases.	_____	_____	_____
3. Traigo mi almuerzo de casa.	_____	_____	_____
4. Traigo todos los libros necesarios a la clase.	_____	_____	_____
5. Oigo conceptos y palabras nuevas.	_____	_____	_____
6. Hago muchas preguntas.	_____	_____	_____
7. Hago la tarea todas las tardes/noches.	_____	_____	_____
8. Salgo al baño (restroom) durante la clase.	_____	_____	_____
9. Pongo la mochila debajo del pupitre.	_____	_____	_____
10. Digo "¡Buenos días!" o "¡Buenas tardes!" al entrar en la clase.	_____	_____	_____

Paso 3. ❷ Find out how frequently your partner does the same activities. Ask him/her questions following the model, and then check off the option that applies to him/her in the table below.

MODELO: E1: ¿Con qué frecuencia sales temprano de casa?
    E2: No salgo temprano nunca. Mi primera clase es a las 11:00 de la mañana.

ACTIVIDADES	SIEMPRE	A VECES	NUNCA
1. Sale muy temprano de casa para la universidad.	_____	_____	_____
2. Trae su computadora portátil a las clases.	_____	_____	_____
3. Trae su almuerzo de casa.	_____	_____	_____
4. Trae todos los libros necesarios a la clase.	_____	_____	_____
5. Oye conceptos y palabras nuevas.	_____	_____	_____
6. Hace muchas preguntas.	_____	_____	_____
7. Hace la tarea todas las tardes/noches.	_____	_____	_____
8. Sale al baño durante la clase.	_____	_____	_____
9. Pone la mochila debajo del pupitre.	_____	_____	_____
10. Dice "¡Buenos días!" o "¡Buenas tardes!" al entrar en la clase.	_____	_____	_____

INTEGRATED COMPONENTS

Use the following instructional resources to practice **Irregular verbs in the present.**

- **Gramática viva:** Present irregular: *hacer, saber, dormir, volver, dar, ir*
- **Student Activities Manual/o-SAM:** Activity 4-9
- **Companion Website:** Chapter 4, Gramática en contexto, Irregular verbs in the present

Answers 4-13, Paso 1

Yo hago, pongo, salgo, traigo, oigo, digo; usted/él/ella hace, pone, sale, trae, oye, dice; nosotros hacemos, ponemos, salimos, traemos, vimos, decimos; ellos/ellas hacen, ponen, salen, traen, oyen, dicen.

Paso 4. Compare what you and your partner do and report your findings to the class.

MODELO: Mi compañero y yo salimos temprano para la universidad siempre porque...

Paso 5. Now go back to Paso 1 and complete the verb chart.

IV. Immediate future: *ir* + *a* + infinitive

4-14. ¿Qué vas a hacer mañana?

Paso 1. Analyze the following exchange and then explain how to express the immediate future in Spanish. It's very easy because you use a similar structure in English.

> JUAN: ¿Qué **vas a hacer** mañana?
> ANA: **Voy a ir** al cine. **Voy a ver** la última película de Penélope Cruz.
>
> **Regla:**
> En inglés se usa: *to be* (conjugated) *going* + *to* + *infinitive*
>
> I am   going to go (*to the movies*).
>
> En español se usa: ir   (conjugado) + _____ + _____
>
> Voy   a   ir (al cine).

Paso 2. As illustrated above, you use the conjugated form of the verb **ir** + **a** + the infinitive form of the verb to express immediate future in Spanish. Can you fill in the following chart?

SUBJECT PRONOUNS	IMMEDIATE FUTURE FORMS
yo	voy a (caminar)
tú	vas a (caminar)
él/ella/Ud.	_____
nosotros/as	_____
vosotros/as	vais a (caminar)
ellos/ellas/Uds.	_____

4-15. El futuro profesional

Paso 1. Ana is a very dedicated student in the field of International Relations. Following is a list of things she wants to do to find a good job after graduation. Check off (√) the pursuits you think are important for her professional future.

_____ Va a estudiar dos lenguas.
_____ Va a participar en programas de estudios en el extranjero.
_____ Va a practicar varios deportes.
_____ Va a trabajar como voluntaria en diferentes instituciones.
_____ Va a tomar tres cursos de física.
_____ Va a ser miembro de asociaciones importantes en su campo.
_____ Va a hacer prácticas de trabajo en diversas compañías.
_____ Va a sacar un título (*degree*) avanzado en negocios.

Paso 2. How are you going to prepare yourself for your future? Use the chart from Paso 1 as a model to make a list of your most important plans.

MODELO: Quiero ser profesor/a de historia en una escuela secundaria.

• Voy a estudiar dos especialidades: educación e historia.
• También voy a trabajar de voluntario/a en una escuela.
• Además, voy a ser miembro de la Sociedad de Historia.

INTEGRATED COMPONENTS

Use the following instructional resources to practice **Immediate future:** *ir* + *a* + **infinitive**.

- **Gramática viva:** *ir* + *a* + infinitive
- **Student Activities Manual/o-SAM:** Activities 4-11, 4-12
- **Companion Website:** Chapter 4, Gramática en contexto, Immediate future: *ir* + *a* + infinitive

Answers 4-14, Paso 1

ir (conjugado) + *a* + *verbo principal (infinitivo)*

Answers 4-14, Paso 2

va a, vamos a, van a

Paso 3. ❷ Interview a classmate to find out how s/he is going to prepare for the future. Take notes to present your findings to the class.

MODELO: E1: Hola, me llamo Alan. Voy a ser médico. ¿Qué vas a ser tú?
E2: Hola, soy Myles. Voy a ser. . .
E1: ¿Qué vas a hacer para prepararte bien?
E2: Voy a. . .

Paso 4. Write a brief report with your findings, and describe your classmate's plans to the rest of the class. Make special mention of any ideas that are new and exciting to you as well.

MODELO: Myles va a ser médico y va a estudiar química y anatomía. . .

V. Adverbs that end in -*mente*

Gramática

Adverbs are words that add information to or modify the information conveyed by a verb (**Trabaja *rápidamente***), an adjective (**Es relativamente *alto***) or another adverb (**Trabaja muy *bien***).

INTEGRATED COMPONENTS
Use the following instructional resources to practice **Adverbs that end in -*mente***.
- **Student Activities Manual/o-SAM:** Activity 4-13
- **Companion Website:** Chapter 4, Gramática en contexto, Adverbs that end in -*mente*

4-16. Un ejercicio relativamente fácil

Paso 1. The following sentences contain an adverb. Underline the word you think is the adverb.

1. Me despierto fácilmente por las mañanas.
2. Generalmente desayuno un café con tostadas.
3. Frecuentemente voy en coche a la universidad.
4. Para el almuerzo como un sandwich rápidamente.
5. Normalmente voy al restaurante que está cerca de mi casa.
6. Raramente estudio en la biblioteca

Answers 4-16, Paso 1

1. *fácilmente,* 2. *Generalmente,* 3. *Frecuentemente,* 4. *rápidamente,* 5. *Normalmente,* 6. *Raramente*

Gramática

Note that the first three adjectives—**fácil, general,** and **frecuente**—have a single form for masculine and feminine in Spanish; however, **rápido/a** and **raro/a** both have different masculine (**-o**) and feminine (**-a**) endings. As you can see, the feminine ending is the one used to form the adverb ending in **-mente**: **rápid<u>a</u>mente, rar<u>a</u>mente**.

Paso 2. The adverbs shown in Paso 1 are formed by a base adjective and the ending **-mente** (-ly). Write the adverbs from Paso 1 in the left column and their two parts in the middle and right columns.

Answers 4-16, Paso 2

1. *fácilmente, fácil, -mente;* 2. *generalmente, general, -mente;* 3. *frecuentemente, frecuente, -mente;* 4. *rápidamente, rápido/a, -mente;* 5. *normalmente, normal, -mente;* 6. *raramente, raro/a, -mente*

ADVERB	ADJECTIVE	ENDING
1. <u>fácilmente</u>	<u>fácil</u>	<u>-mente</u>
2. _____	_____	_____
3. _____	_____	_____
4. _____	_____	_____
5. _____	_____	_____
6. _____	_____	_____

INTEGRACIÓN COMUNICATIVA

4-17. ¡A buscar un buen empleo!

Paso 1. Choose the items that affect your decision about your future employment:

1. _____ buen salario
2. _____ horario flexible
3. _____ número de horas de trabajo
4. _____ sobrepaga por horas extra *(extra pay for overtime)*
5. _____ beneficios de retiro
6. _____ desarrollo de mi potencial
7. _____ oportunidad de conocer a otros profesionales
8. _____ oportunidad de ser creativo/a
9. _____ contribución a la sociedad
10. _____ relaciones sociales con colegas
11. _____ seguro de salud *(health insurance)*
12. _____ días de vacaciones

Paso 2. Imagine you are interested in getting a job as a sales executive. Read the following newspaper ads, and choose the best one for your interests as marked in Paso 1.

(1)
Empresa de distribución de productos electrónicos necesita EJECUTIVO/A DE VENTAS.

Principales responsabilidades: mantener base de datos y supervisar personal administrativo. Número de vacantes: 2. Salario relativo credenciales del postulante. Seguro de salud proporcionado por la empresa. Horario flexible. Cuatro semanas de vacaciones para postulantes con más de un año de experiencia. **Enviar currículum a: logitec@ut.com**

(2)
Se necesitan VENDEDORES LOCALES DE PRODUCTOS ELECTRÓNICOS para compañía internacional con base en Nueva York.

Independencia para seleccionar lista de productos para venta con más potencial en su región. Opción de dirigir nueva sucursal en su ciudad en el futuro. Salario depende del número de ventas. No se ofrecen beneficios. **Llame al 555-3487 para solicitar entrevista.**

(3)
Importante empresa internacional con sede en Washington, USA, busca VENDEDOR(A) DE PRODUCTOS FARMACÉUTICOS.

No se necesita experiencia previa. Requisitos: excelente inglés y manejo de computadora. Horario de oficina, pero se ofrece generosa sobrepaga por horas extras. **Salario:** U.S. $56.000 anuales más beneficios.

Paso 3. ❷ Explain to your partner why you chose the ad you did.

MODELO: Me interesa el trabajo de la compañía. . . porque ofrece un horario flexible y la oportunidad de ser creativo/a.

E S T R A T E G I A S | Lectura

> Because we read for different purposes, efficient reading requires that we adapt our reading techniques to our goals. In the following activity you will be guided towards reading efficiently in order to fill out forms (in this particular case, job application forms).

4-18. ¿Cómo solicitar un trabajo?

Paso 1. ❷ To apply for a job, you normally need to fill out an application. Use the information in the following cover letter to fill out the job application for Mr. Álvarez. If certain facts are not given, you should make them up.

Sra. Ana Isabel Fuentes Díaz
Clínica Dental Emos
Gran Vía, 6
Santo Domingo, República Dominicana
668660

Puerto Plata, 9 de enero de 2004

Estimada Sra. Fuentes:

Le escribo para expresar mi interés por el puesto de director de la Clínica Dental Emos. Como Ud. puede apreciar en mi currículo *(resumé)*, además de ser médico dentista, tengo una maestría en administración de empresas, ambos títulos de la Universidad Nacional de la República Dominicana. También tengo mucha experiencia profesional. Fui *(I was)* dentista durante quince años en dos hospitales de gran prestigio, uno público y otro privado. Además tuve *(I had)* la oportunidad de adquirir amplia experiencia administrativa y de entrenamiento *(training)* y supervisión de personal en ambos *(both)* hospitales. En el primero de ellos, el Hospital de San Jacinto, fui dentista profesional, y también me encargué de la contratación y entrenamiento de personal durante cinco años. En mi actual empleo, en el Hospital Martí, me dedico exclusivamente a la administración y supervisión de personal.

Con mi formación y experiencia en el sector público y en el privado creo poder contribuir muy favorablemente al futuro de la clínica Emos. Puede comunicarse conmigo en el teléfono y dirección que se adjuntan en el currículo.

En espera de su amable respuesta se despide atentamente,

Víctor A Hernández
Víctor Álvarez Hernández

SOLICITUD DE EMPLEO
Clínica Dental Emos, Gran Vía, 6, Santo Domingo 668660

Nombre del solicitante: _____

Dirección: _____

Teléfono: _____   **Puesto solicitado:** _____

ESTUDIOS (comience por el más reciente)

1. **Título:** _____
   Institución: _____
   _____
   Fechas: _____

2. **Título:** _____
   Institución: _____
   _____
   Fechas: _____

EXPERIENCIA PROFESIONAL (comience por la más reciente)

1. **Puesto:** _____
   Lugar: _____ **Fechas:** _____
   Responsabilidades: _____
   _____

2. **Puesto:** _____
   Lugar: _____ **Fechas:** _____
   Responsabilidades: _____
   _____

Indique brevemente por qué le interesa este trabajo: _____

Paso 2. ❷ Another important step when applying for a job is to prepare a résumé. Check off the suggestions that will help you write a good résumé.

Para escribir un buen currículo, tienes que:

1. ☐ Analizar bien para qué tipo de empresa vas a presentar el currículo.
2. ☐ Ser arrogante.
3. ☐ Personalizar la información.
4. ☐ Utilizar un lenguaje claro y conciso.
5. ☐ Dar datos falsos.
6. ☐ Escribir en la computadora con una letra no demasiado pequeña.
7. ☐ Incluir mucha información personal (estado civil, número de hijos. . .).
8. ☐ Sintetizar la información para facilitar el trabajo del seleccionador.
9. ☐ Buscar la máxima cantidad de información sobre la empresa.
10. ☐ Acompañar el currículo con una breve carta de presentación con tus cualidades para el trabajo.
11. ☐ Destacar los aspectos más notables del currículo (con **negrita** o <u>subrayado</u>).
12. ☐ Mezclar los datos personales con los profesionales.
13. ☐ Escribir con letra legible.
14. ☐ Utilizar el mismo currículo para diferentes trabajos.

Paso 3. Use the information from Mr. Álvarez's cover letter in Paso 1 to fill out the following form to create a résumé for him. NOTE: Keep in mind the recommendations from Paso 2.

Víctor Álvarez Hernández

Objetivo de trabajo: _____

_____

Ocupación actual: _____

_____

Educación: _____

_____

Cargos anteriores: _____

_____

Talleres de capacitación profesional: _____

_____

Conocimientos de computación: _____

_____

Conocimientos de otras lenguas: _____

_____

Información de interés: _____

_____

Paso 4. Now complete the following lines with your personal information to create your own résumé. Keep in mind the recommendations given above.

Nombre y apellido: _____

Objetivo de trabajo: _____

Ocupación actual: _____

Educación: _____

Cargos anteriores: _____

Talleres de capacitación profesional: _____

Conocimientos de computación: _____

Conocimientos de otras lenguas: _____

Información de interés: _____

Paso 5. ❷ Exchange résumés with a classmate and offer suggestions on what can be improved according to the suggestions in Paso 2.

4-19. Buenas noticias

Paso 1. AUDIO Listen to the phone conversation and determine the purpose of the call from the following options.

El motivo de la llamada telefónica es:

a. comunicar que el puesto fue cancelado.
b. hacer una cita para una entrevista de trabajo.
c. saber si el candidato habla inglés y español.

Paso 2. AUDIO Listen to the conversation again and take note of the following.

Nombre de la persona que llama: _____
Nombre de la persona que responde: _____
Fecha de la entrevista: _____
Día de la entrevista: _____
Hora de la entrevista: _____
Lugar de la entrevista: _____

Paso 3. AUDIO Check off (√) the phrases that you heard in the conversation. To confirm your answers, listen to the conversation one last time.

1. _____ Encantado de hablar con usted.
2. _____ Un placer hablar con usted.
3. _____ ¿Puede repetir la hora, por favor?
4. _____ Al habla.
5. _____ Dígame.
6. _____ Un momentito, por favor,
7. _____ ¿En qué lo puedo ayudar?
8. _____ Igualmente. Muchas gracias por su llamada.

Paso 4. Select one of the expressions in Paso 3 to carry out each of the following functions.

a. _____ to answer the phone
b. _____ to let the caller know you are the person to whom s/he wishes to speak
c. _____ to reciprocate
d. _____ to close a conversation in a formal and polite manner

4-20. Una entrevista de trabajo

Paso 1. **AUDIO** Now listen to the actual job interview and put the following items that were discussed at the meeting in sequential order.

1. _____ razón por la que quiere abandonar su trabajo anterior
2. _____ fecha para comenzar el nuevo trabajo
3. _____ responsabilidades específicas en el nuevo trabajo
4. _____ beneficios sociales que ofrece la empresa

Paso 2. **AUDIO** Listen to the interview again. Now put Mr. Álvarez's responses in chronological order.

1. _____ Muchas gracias. Es usted muy amable.
2. _____ Muchas gracias. Me alegra escuchar eso.
3. _____ Bueno, es que en estos momentos. . .
4. _____ Buenos días. Es un placer, Sra. Fuentes.
5. _____ A comienzos del próximo mes.

Paso 3. Finally, do you remember the response that Mr. Álvarez gave as to why he was interested in the position he is applying for? Is his response satisfactory to the interviewer? How do you know?

E S T R A T E G I A S | Escritura

To be an effective writer it is crucial that you consider the goal of your writing, the reader, and the context of communication. Stating the goal of your writing can help you determine which ideas to include and how to organize them in the most effective way. Likewise, the characteristics of the reader are important to decide whether you need to address him/her in a formal or informal way (e.g., **tú** versus **usted**), and what information s/he knows already. Finally, the context of communication is important to decide the means of communication: Should you write a letter, a memo, or a postcard?

4-21. ¡A solicitar un empleo!

Paso 1. You are going to write a letter of introduction in which you seek the job you most want. First, select the ad in Activity 4-17 that interests you the most, and underline the information that you must take into account to write your letter. You can also think of an ideal position not listed in the ads you have read.

Paso 2. Make a list of the information you want to include in your letter and try to group and classify the information in logical categories. For example, you may want to group together the information about your previous work experience.

Paso 3. Now think about the order in which you would like to present the information, and draft an outline putting your ideas in the way you think they will be more effective. Is there information you would like to emphasize? Would you like to contrast or compare any facts?

Paso 4. Reread Víctor Álvarez Hernández's letter on page 137 and make an outline of the different parts of the letter (e.g., address, date, salutation, etc.). How does that outline compare to the outline for your letter?

4-22. La carta de solicitud

Paso 1. Write the first draft of your own letter of introduction to apply for the job you chose.

Paso 2. ❷ Exchange your first draft with a classmate who chose the same ad you did. Read his/her letter and make suggestions about content and organization. Are there any ideas you do not understand? Would you include other information? Would you organize it in a different order? Mention what you liked, too!

Paso 3. Use your classmate's comments to revise the content of your first draft, the organization of the main ideas, and the persuasiveness of your statements.

Paso 4. Finally, reread your letter and pay attention to the accuracy of grammar, vocabulary, and spelling. Edit your letter as necessary and prepare a clean version to give to your instructor. S/he will review the letter and will let you know if s/he would be interested in your candidacy for the job.

4-23. La ética de trabajo

Paso 1. ❷ Mark all the adjectives listed that describe a good employee.

inteligente	responsable	mentiroso/a (*liar*)	haragán/holgazán (*lazy*)
honesto/a	irresponsable	puntual	tímido/a
voluntarioso/a	conversador(a)	sociable	apático/a

Paso 2. ❻ Share your opinion of what constitutes a good work ethic with the rest of the class, and together make a list of the ten most important characteristics of a good employee.

MODELO: Un/a buen/a trabajador/a es inteligente, honesto/a, etc.

Paso 3. **AUDIO** Listen to an interview with a Spanish-speaking business person. Write down the characteristics that he believes define good workers. How many of the features that you identified in the previous step are mentioned by the interviewee?

Paso 4. **AUDIO** Finally, listen to the tape again to ascertain which of the following statements are actually said by the interviewee.

1. Todos tenemos defectos y podemos cometer errores.
2. Si (*if*) la honestidad y la responsabilidad están presentes todo se puede solucionar.
3. Las personas que llegan tarde no tienen respeto al trabajo.
4. Si (*if*) me gusta lo que hago, es decir, si me gusta mi trabajo, hago mejor las cosas.

Suggestion 4-21, Paso 1

This is a typical writing activity that relies on fixed formulas and expressions. Writing as a process, however, will be emphasized in other activities later.

Follow-up 4-22, Paso 4

Conduct short job-interview skits. Ask students to use the information in their letters to prepare answers for the typical questions they are likely to be asked during the interview. Conduct the job-interview skits during your office hours, or, alternatively during class time while students are doing Paso 2 of this activity.

Answers 4-23, Paso 3

persona honesta, responsable y que tiene un alto espíritu de trabajo, madurez, dedicación al trabajo

Audioscript 4-23, Paso 3

En mi opinión, un empleado modelo es una persona que es honesta, responsable y que tiene un alto espíritu de trabajo. Hay otros factores también que pueden o no ser importantes. Está claro que todos tenemos defectos y podemos cometer errores, o a veces lo que sucede es que tenemos situaciones personales complicadas, y podemos llegar tarde, o un día hacer un trabajo que no es el mejor. Pero, en fin, si la honestidad y la responsabilidad están presentes todo se puede solucionar. Por eso es que cuando tengo que contratar a alguien, personalmente, lo que yo busco en un empleado es honestidad, y responsabilidad, es decir madurez. Bueno, en realidad me olvido del factor más importante, y que es el que resume todos los demás: es la dedicación al trabajo, es decir, el amor al trabajo. A mí me parece que las personas que vienen a trabajar con ganas de trabajar son las que mejor trabajan. No tengo ninguna duda al respecto. Así me siento yo: si me gusta lo que hago, es decir si me gusta mi trabajo, hago mejor las cosas. Pero bueno esa es mi opinión. A usted, ¿qué le parece?. ¿Está de acuerdo?

Answers 4-23, Paso 4

1, 2, and 4 are said by the interviewee.

Comparaciones culturales

Cultura

Authors of great literature have often found inspiration for their writings in their real-life struggles. Hemingway and Martí were such authors. Both of them had a great affection for the island of Cuba, which they used as the background and inspiration for many of their writings.

4-24. Paralelos entre Hemingway y Martí

Paso 1. ❷ Hemingway was an American writer whose books contributed to a better understanding of the cultures of two Spanish-speaking nations: Spain and Cuba. Based on what you know about Hemingway's life and work, underline the corresponding geographical location.

1. Hemingway vive en La Habana/Madrid durante aproximadamente 20 años.
2. Hemingway asiste a muchos espectáculos de toreo en Cuba/España.
3. Su novela *El viejo y el mar* está basada en sus experiencias en la costa cubana/española.
4. Su novela *Por quién doblan las campanas* está basada en sus experiencias durante la guerra civil en contra del general Francisco Franco en Cuba/España.
5. Hemingway dona su medalla del premio Nobel a la gente de Cuba/España.
6. Hemingway se reúne con Castro/Franco en 1960 durante un concurso de pesca.
7. Mientras vive en Cuba/España utiliza su yate como barco de guerra (*warship*) para buscar (*search for*) y perseguir barcos alemanes durante la segunda guerra mundial.

Paso 2. In an interesting parallel with Hemingway, José Martí was a Cuban writer who fought for Cuba's independence and lived in New York. The following short biography of José Martí contains four factual mistakes. Based on your knowledge of history, try to spot the historical inaccuracies.

M artí nace en el año 1853 en Cuba. Comienza muy temprano su lucha por la independencia, y a la edad de quince años, es enviado al exilio por traición a la corona (*crown*) inglesa. Martí viaja por Francia, España e Inglaterra hasta que finalmente, llega a Estados Unidos (a Nueva York) con su esposa y su hijo. Al principio, Martí piensa que en los Estados Unidos hay mucha libertad. Sin embargo, su entusiasmo por el sistema de democracia de este país no dura (*lasts*) mucho. Martí argumenta que los Estados Unidos es una amenaza para las democracias de América Latina y decide luchar para prevenir la anexión de Cuba a México. Martí cree que Cuba no puede ser libre sin igualdad económica, racial y de sexos. En 1892 Martí funda el Partido Revolucionario Mexicano. Tres años después, Martí desembarca en la costa sureste de Cuba y comienza una guerra de guerrillas. Pero, en su primer día de batalla, el 19 de mayo de 1895, Martí muere. José Martí es un personaje que trasciende barreras ideológicas. Efectivamente, Martí es el héroe oficial de Fidel Castro pero también, es el héroe de los refugiados españoles que viven en Miami. Por ejemplo, la radio que transmite propaganda anti Castro desde Miami se llama Radio Martí.

Paso 3. AUDIO Listen to the tape to confirm your preliminary guesses.

Paso 4. Finally, write a list of the characteristics that you think make Martí a hero and add the names of famous historical figures from the U.S. that you think share those characteristics.

MARTÍ	PERSONAJES DE EE.UU.
valiente	Washington
intelectual	_____
_____	_____
_____	_____

4-25. Yo soy un hombre sincero. . .

Paso 1. The following are the opening lines of three verses from one of the most famous poems of Martí. Use the information from Martí's biography from the previous activity to give examples of his life that justify his statements.

Yo soy un hombre sincero. . .
Yo vengo de todas partes. . .
Yo sé los nombres extraños. . .

MODELO: Creo que es un hombre sincero porque defiende a su patria contra el imperio español.

Paso 2. After reading the complete verses for each one of the previous opening lines, decide which of the following statements corresponds to each verse.

a.   Me puedo comunicar con gente de muchas clases sociales y con perspectivas muy diferentes.
b.   Conozco a mi país y a mi gente. Por eso siento mucho dolor por mi Cuba oprimida.
c.   Soy una persona honesta, soy de Cuba y quiero expresar mis sentimientos hacia mi pueblo.

1. Yo soy un hombre sincero
De donde crece° la palma   *grows*
Y antes de morirme quiero
Echar mis versos del alma°.   *soul*

2. Yo vengo de todas partes,
Y hacia todas partes voy:
Arte soy entre las artes,
En los montes°, monte soy.   *hills or forests*

3. Yo sé los nombres extraños
De las yerbas° y las flores,   *plants*
Y de mortales engaños°,   *disappointments*
Y de sublimes dolores°.   *pains*

Paso 3. Read the following verse from another poem written by Martí and find out to which words the following definitions correspond.

1.   _____ : forma de energía
2.   _____ : mineral sólido y muy combustible
3.   _____ : proporcionado y bello a los sentidos
4.   _____ : perdurable o que no cambia

Todo es hermoso y constante,
Todo es música y razón,
Y todo como el diamante
Antes que luz es carbón

Paso 4. ❷ Finally, decide if the previous poem presents a positive or negative view. (¿Es optimista o pesimista? ¿Por qué?) Share your opinion with your partner.

···Diferencias dialectales···

4-26. ¿Qué tú quieres?

Paso 1. Usually when Cubans and Dominicans form questions, they do not change the order of subject and verb, but rather maintain the same order as in an affirmative sentence. According to this statement, select the questions they usually make.

MODELO: Quiero ir al parque.

       a. ¿Qué tú quieres hacer?
       b. ¿Qué quieres hacer?

1. Me llamo Roberto Albornoz Pérez.
    a. ¿Cómo usted se llama?
    b. ¿Cómo se llama usted?
2. Quiero encontrar un trabajo con un buen sueldo.
    a. ¿Qué quieres tú?
    b. ¿Qué tú quieres?
3. Vamos a las 9 menos cuarto.
    a. ¿Cuándo ustedes van al cine?
    b. ¿Cuándo van al cine ustedes?
4. Te recomiendo usar tu traje negro.
    a. ¿Qué me recomiendas usar para la entrevista?
    b. ¿Qué tú me recomiendas usar para la entrevista?

> ## Cultura
>
> In the Caribbean region, in general, subject pronouns are used more frequently than in other Spanish-speaking areas. Furthermore, in questions, subject pronouns keep the same word order as that used in affirmative statements.

Paso 2. Dominicans tend to use subject pronouns that in other varieties of Spanish are usually dropped. Rewrite the following sentences as if they were used by non-Dominican speakers of Spanish.

MODELO: Cuando tú tienes una entrevista tú tienes que vestirte bien.

     Cuando tienes una entrevista tienes que vestirte bien.

1. Si tú trabajas mucho tú vas a tener éxito.
2. Tú tienes un trabajo que tú disfrutas.
3. Ustedes van al cine porque ustedes no tienen que trabajar.

4-27. La poesía del -sión

Paso 1. Read the following words in English and then in Spanish. What do you notice in terms of the pronunciation of the ending for each word?

Action, description, and passion   Acción, descripción y pasión

> ## Gramática
>
> Many words that end in **-ión** come from Latin. Although they are spelled very similarly in both English and Spanish, their pronunciation is a bit different.
>
> NOTE: Almost all the words that end in **-ión** are feminine: la alteración, la pasión, etc.
>
> | | |
> |---|---|
> | **-ción/-sión:** | alteración, pasión, misión, mansión, administración, abstención, revelación, puntuación, prohibición, concentración, proporción |
> | **-cción/-xión:** | acción, instrucción, deducción, destrucción, infracción, redacción, anexión, complexión, crucifixión, conexión, inflexión, obstrucción |
> | **-pción:** | adopción, descripción, decepción, percepción, excepción, transcripción, suscripción, recepción |
> | **-tión:** | digestión, cuestión, combustión |

Paso 2. Listen to your instructor and underline all the words that s/he reads.

Suggestion 4-27, Paso 2

Read random words and underline them as you do.

Paso 3. **G** In a group, take turns reading the following tongue twister. Who can read it the fastest?

La digestión es una acción que no requiere pasión sino la adopción de una reflexión sin mayor acción.

Paso 4. **G** Use some of the words from Paso 1 to write your own tongue twister. Share your creation in a group.

Video

Las impresiones de Guadalupe

Primeras impresiones

4-28. La entrevista de trabajo de Guadalupe

Paso 1. Guadalupe would like to have her own program at the radio station. Professor Parra asks her about her background and experience. From the following list, select what you think would be most helpful to get the job at the radio station.

1. _____ She is a major in journalism or in communications.
2. _____ She had her own programs in other radio stations.
3. _____ She had an internship in a radio station.
4. _____ She helped to get funding to open a radio station at her university.

Paso 2. Professor Parra would like to know Guadalupe's reasons for wanting to work at the radio station. Which three factors do you think she will be likely to mention?

1. _____ She wants to learn about radio stations in a foreign university.
2. _____ It will give her an opportunity to work with international students.
3. _____ She will be better prepared for Professor Parra's class.
4. _____ She needs to earn money to pay for her studies abroad.

Paso 3. VIDEO Watch the segment of the interview where Guadalupe talks about the topics in Paso 1 and Paso 2. Does she mention any of the items you selected in the previous lists? Which ones?

4-29. ¿Cómo reacciona Guadalupe?

Answers 4-29, Paso 1

1. b, 2. a, 3. b, 4. a

Paso 1. VIDEO Watch the entire segment of the interview and choose the option that best completes each summary statement.

1. Professor Parra tells Guadalupe that . . .
   a. he will have to think about her qualifications for the position.
   b. she is a good candidate and he gives her the position.
   c. there is another candidate that is better qualified for the position.

2. Professor Parra reads Guadalupe an e-mail that says the radio station . . .
   a. is having some financial difficulties.
   b. will be electing a new department head.
   c. has received funding to improve its programs.

3. Guadalupe will work at the radio station with . . .
   a. a graduate student that has been working there for a while.
   b. Jordi Berlanga-Escolar.
   c. Pablo Negrini.

4. Guadalupe . . .
   a. is pleased when she finds out who her co-worker will be.
   b. does not like the idea of having a co-worker at the radio station.
   c. rejects Professor Parra's offer.

Paso 2. VIDEO Guadalupe uses several expressions to react to what Professor Parra tells her during the interview. Read the summary of each of Professor Parra's turns. Then, watch the segment again and match each expression with the corresponding turn of Professor Parra.

Answers 4-29, Paso 2

1. c; 2. a; 3. b; 4. e; 5. d

1. _____ Prof. Parra tells Guadalupe that she is a good candidate and that they will finalize the details of her appointment via e-mail.
2. _____ Prof. Parra comments that the student who is currently working at the station is graduating and will be getting a position in her field.
3. _____ Prof. Parra informs Guadalupe that the radio station is in a difficult situation.
4. _____ Prof. Parra reads Guadalupe the e-mail that explains the financial situation of the station.
5. _____ Prof. Parra wonders if Guadalupe is still interested in the position.

    a. ¡Ay! ¡Qué maravilla!   c. ¿De veras?   e. ¡Ah! Comprendo.
    b. ¡No me diga!   d. ¡Claro que sí estoy interesada!

Paso 3. ➋ Analyze the following images from the video and write what you think Guadalupe and Prof. Parra could be saying at that point during the interview. Write at least one sentence for Prof. Parra and one for Guadalupe for each image.

Impresiones culturales

4-30. ¿Cómo saluda Guadalupe al profesor Parra?

Paso 1. ➋ Did you ever wonder how to greet or address a person? What were your concerns? Describe three situations that you think may be rather common.

Paso 2. Watch the first part of the video episode and identify the segment in which Guadalupe tells Camille about her doubts about how to greet Professor Parra. Which options does she consider?
a. to kiss Professor Parra
b. to shake hands with him
c. to say "Good afternoon" and nod her head

Answers 4-30, Paso 2

a and b

Paso 3. Camille advises Guadalupe. What is Camille's advice?
a. She should kiss Professor Parra.
b. She should shake hands with him.
c. She should say "Good afternoon" and nod her head.

Answer 4-30, Paso 3

b

En resumen

Gramática

1. Reciprocal verbs

Reciprocal actions in English are usually conveyed with the words *each other* or *one another*. In Spanish, reciprocal actions are conveyed placing the particle **nos** or **se** in front of the verb being used:

Pedro y yo **nos amamos.** Roberto y Luisa **se aman.**
Pedro and I love each other. Roberto and Luisa love each other.

2. Stem-changing verbs in present tense

There are three categories of stem changes (**o → ue; e → ie; e → i**) that occur in all present tense forms of stem-changing verbs except in the **nosotros** and **vosotros** forms: **volver: vuelvo,** but *volvemos* and *volvéis;* **preferir: prefiero,** but *preferimos* and *preferís;* **repetir: repito,** but *repetimos* and *repetís.*

3. Some irregular verbs in present tense

	hacer	poner	salir	traer	oír	decir
yo	hago	pongo	salgo	traigo	oigo	digo
tú	haces	pones	sales	traes	oyes	dices
él/ella/Ud.	hace	pone	sale	trae	oye	dice
nosotros/as	hacemos	ponemos	salimos	traemos	oímos	decimos
vosotros/as	hacéis	ponéis	salís	traéis	oís	decís
ellos/ellas/Uds.	hacen	ponen	salen	traen	oyen	dicen

4. Immediate future: *ir + a +* infinitive

To refer to the future in Spanish, you use the conjugated form of the verb **ir** + **a** + the infinitive form of the verb. Example: **Voy a estudiar**—*I am going to study.*

5. Adverbs that end in -mente

To form adverbs ending in **-mente**, add **-mente** to the feminine form of adjectives ending in **-o: rápido → rápidamente.** For other adjectives just add **-mente: fácil → fácilmente; frecuente → frecuentemente.**

Vocabulario

Las carreras y las profesiones

el/la abogado/a	*lawyer*
el/la arquitecto/a	*architect*
el/la bombero/a	*fireman*
el/la cajero/a	*cashier*
el/la carpintero/a	*carpenter*
el/la cocinero/a	*cook*
el/la dentista	*dentist*
el/la dependiente o	*shop assistant*
el/la vendedor/a	*or salesperson*
el/la electricista	*electrician*
el/la enfermero/a	*nurse*
el/la fontanero/a o	
el/la plomero/a	*plumber*
el/la ingeniero/a	*engineer*
el/la juez/a	*judge*
el/la maestro/a	*teacher*
el/la mecánico/la	
mujer mecánico	*mechanic*
el/la médico/a o el/la	
doctor	*doctor*
el/la mesero/a, camarero/a	*waiter*
el/la modelo	*model*
el/la obrero/a	*laborer*
el/la peluquero/a	*barber/hair stylist*
el/la periodista	*newspaper reporter*
el/la piloto	*pilot*
el/la policía, la mujer policía	*policeman, -woman*
el/la secretario/a	*secretary*
el/la agente de viajes/de	
seguros	*travel/insurance agent*
el/la chófer	*driver*
el/la analista de sistemas	*systems/computer*
	analyst
el/la asesor/a financiero/a	*financial advisor*
el/la cartero/a	*mail carrier*
el/la contador/a	*accountant*
el/la traductor/a	*translator*
el/la bibliotecario/a	*librarian*
el/la locutor/a de radio	*radio commentator*

Sustantivos relacionados con los trabajos

el campo (de estudios)	*field (of studies)*
el cargo	*position*
la carta	*letter*
la carta de presentación	*cover letter*
la cita	*date, appointment*
el/la cliente	*client*
el/la colega	*colleague*
las cualificaciones (para	*qualifications,*
un trabajo)	*credentials*
la empresa	*company*
la entrevista	*interview*
el jefe/la jefa	*boss*
la llamada	*call*
el puesto	*position, job*
la sobrepaga o la paga extra	*extra pay*
el sueldo	*salary*

Verbos relacionados con las profesiones

cuidar	*to take care of*
dictar (sentencias judiciales)	*to pronounce*
	(the verdict)
diseñar	*to design*
funcionar	*to work (a machine,*
ganar (dinero)	*to make money*
	a plan)
ser conocido	*to be well known/*
	famous
tomar un descanso	*to take a break*
vender	*to sell*

El tiempo y las estaciones

está nublado	*it's cloudy*
está tronando / truena	*it's thundering*
hace calor	*it's hot*
hace frío	*it's cold*
hace sol	*it's sunny*
hay relámpagos	*there is lightning*

hay viento	it's windy
el invierno	winter
llueve/está lloviendo	it's raining
nieva/está nevando	it's snowing
el otoño	autumn or fall
la primavera	spring
el verano	summer

Los meses del año

enero	January
febrero	February
marzo	March
abril	April
mayo	May
junio	June
julio	July
agosto	August
septiembre	September
octubre	October
noviembre	November
diciembre	December

Los estados físicos y emocionales

estar cansado/a	to be tired
estar contento/a	to be happy

estar enfermo/a	to be sick
estar enojado/a	to be angry
estar preocupado/a	to be worried
estar triste	to be sad
sentirse (cansado, bien, etc.)	to feel (tired/well)
tener calor	to be hot
tener frío	to be cold
tener ganas de + verbo en infinitivo	to feel like + -ing verb form
tener hambre	to be hungry
tener miedo	to be afraid
tener sed	to be thirsty
tener sueño	to be sleepy
tener suerte	to be lucky

Los saludos

abrazar	to hug
el abrazo	hug
el apretón de manos	handshake
besar	to kiss
el beso	kiss
dar un apretón de manos	to shake hands
el gesto	gesture
el saludo	greeting

La ropa

el abrigo	*coat*
la blusa	*blouse*
la camisa	*shirt*
la camisa de manga corta	*short-sleeved*
la camiseta/playera/remera	*T-shirt*
la campera/la chaqueta/el saco	*jacket*
el collar	*necklace*
la corbata	*tie*
los cordones de zapatos	*shoelaces*
la falda	*skirt*
el impermeable	*raincoat*
los pantalones	*pants or trousers*
los pantalones cortos/shorts	*shorts*
un par de vaqueros/jeans/ pantalones mezclillas	*jeans*
la piyama/el pijama	*pajamas*
la ropa interior	*underwear*
las sandalias	*sandals*
la sudadera	*sweatshirt*
el suéter	*sweater*
los tacones altos	*high-heeled shoes*
el traje	*suit*
el vestido	*dress*
los zapatos	*shoes*
los zapatos de correr/zapatos tenis/zapatos de lona	*sneakers*

5 Las fiestas y las tradiciones

Vocabulario en contexto

- Las fiestas y las celebraciones
- La familia

Intercambios comunicativos
- Opiniones a favor y en contra

Enfoque cultural

- Puerto Rico

Gramática en contexto

- Impersonal **se**
- Contrasting **ser**, **estar**, and **hay**
- Negative expressions
- Possessive adjectives and pronouns
- Introduction to indirect object pronouns
- Verbs similar to **gustar**

Integración comunicativa

- Celebraciones seculares y religiosas
- La influencia indígena y africana en Puerto Rico
- Las relaciones entre Puerto Rico y EE.UU.

Comparaciones culturales

- La bandera de Puerto Rico
- El himno nacional

Diferencias dialectales

- ¡Ay bendito!
- Las sílabas

Video: Las impresiones de Guadalupe

En resumen

Note

These exploratory activities preview some of the major topics covered in the chapter. They do not require right answers. If students do not offer options, volunteer one or two and move on. After you finish the chapter, ask students to do these activities again to give them a sense of progress as, most likely, they'll do better at the end of the chapter.

Vocabulario en contexto

Ask students to think of other words that could be associated to the main word in the box. After you complete the chapter, come back to this page and ask them to mention as many words as they can remember (without consulting notes).

Gramática en contexto

Ask students to fill in the empty spaces in this text. Do they notice any particular structure that differs substantially from English?

Comparaciones culturales

Ask students to add a few more entries.

Vocabulario en contexto

Gramática en contexto

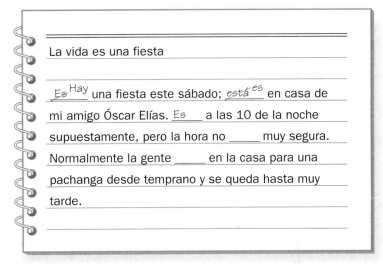

Comparaciones culturales

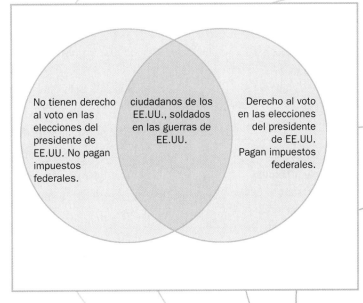

Vocabulario en contexto

Cultura

Thanksgiving is not celebrated in Hispanic countries. Halloween is celebrated only in some Hispanic cities, and this is very recent. The word **Pascua** can refer to *Christmas* (**Pascuas Navideñas**) or to *Easter* (**La Pascua Florida** or **La Pascua de la Resurrección**).

5-1. Las fiestas y las celebraciones

Paso 1. **AB** Pregúntale a tu compañero/a si sabe las fechas en que se celebran las fiestas que están en tu almanaque (calendario). Contesta sus preguntas también.

MODELO: E1: ¿Cuándo es la Nochevieja?
　　　　　　E2: Es el treinta y uno de diciembre.

A

B Information for student B, p. 525

Paso 2. **2** Ahora pregúntale a tu compañero/a con qué fiesta asocia algunas actividades o palabras de tu calendario.

MODELO: E1: ¿Con qué fiesta asocias los fuegos artificiales?
　　　　　　E2: Con el Día de la Independencia.
　　　　　　E1: Yo también.

Paso 3. **AUDIO** Escucha a continuación una lista de fechas y escríbelas al lado de la celebración con la que las asocias.

1.　el Día de Acción de Gracias: _____

2.　el Día de los Enamorados: _____

3.　el Día de Año Nuevo: _____

4.　el Día de Nochebuena: _____

5.　el Día de Navidad: _____

6.　el Día de las Brujas: _____

7.　el Día de la Independencia de los Estados Unidos: _____

Paso 4. ❷ ¿Hay algunas celebraciones hispanas que no se festejen tradicionalmente o que sean menos populares en los Estados Unidos? ¿Cuáles son? Compártelas con tu compañero/a.

5-2. Las fiestas tradicionales en los EE.UU. y en el mundo hispano

Paso 1. AUDIO Escucha la descripción de varias celebraciones y escribe en la tabla siguiente el nombre de la celebración y algunas palabras clave asociadas con ella.

CELEBRACIÓN	PALABRAS CLAVE
1. _____	_____
2. _____	_____
3. _____	_____
4. _____	_____
5. _____	_____
6. _____	_____

Paso 2. Identifica ahora el nombre de cada una de las celebraciones siguientes.

MODELO: Las personas cristianas asisten a ceremonias religiosas para celebrar la muerte y la resurrección de Jesucristo: **Semana Santa**

1. Generalmente, se hace una fiesta y se invita a la familia y los amigos. Todos traen regalos.
2. Algunas personas visitan el cementerio este día y llevan flores a las tumbas de sus familiares.
3. Es una celebración de tres días que precede a la Cuaresma (*Lent*). Muchas personas se disfrazan (*wear costumes*) y celebran este día con fiestas, bailes y desfiles (*parades*). La más famosa es la celebración de Río de Janeiro.
4. Se cena con la familia. Hay mucha comida y bebidas. A las doce de la noche se bebe champaña y se desea "Feliz Año" a todos. Muchas personas, especialmente los jóvenes, salen a discotecas, bailan y se divierten toda la noche.
5. Es un día muy especial en enero para los niños hispanos porque esa mañana, cuando se despiertan, encuentran regalos.

Cultura

In the Christian tradition, **Cuaresma** is Lent, a period of 46 days dedicated to penance; it begins on Ash Wednesday and ends on Easter Sunday.

Paso 3. Para terminar, selecciona una celebración de la lista anterior y describe lo que haces en esa fecha en uno o dos párrafos.

Answers 5-1, Paso 4

el Día de Reyes, el Carnaval, el Día del Santo, el Día de Todos los Santos, la Semana Santa

Audioscript 5-2, Paso 1

1. En muchos lugares se celebra este día con una gran barbacoa y con fuegos artificiales.
2. En algunas familias, en este día los niños abren los regalos que trae Papá Noel.
3. Muchos niños se disfrazan con trajes que dan miedo, por ejemplo, disfraces de esqueletos, fantasmas, y otros.
4. Los novios y esposos se dan regalos especiales en este día.
5. En este día haces algo especial para tu mamá, para que ella no tenga que trabajar.
6. Esta fiesta es muy importante en los Estados Unidos. Se prepara una cena especial en casa y se invita a la familia y, a veces, a amigos muy cercanos.

Answers 5-2, Paso 1

1. Día de la Independencia: barbacoa, fuegos artificiales; 2. Navidad: regalos, Papá Noel; 3. Día de las Brujas: disfraces, miedo; 4. Día de los Enamorados: novios, esposos, regalos; 5. Día de las Madres: especial, mamá; 6. Día de Acción de Gracias: fiesta familiar, importante en EE.UU.

Answers 5-2, Paso 3

1. el cumpleaños, 2. el Día de los Muertos, 3. el Carnaval, 4. la Nochevieja, 5. el Día de los Reyes Magos

Audioscript 5-3, Paso 1

Me llamo Marcos Ferré Tomás y soy de San Juan, Puerto Rico. Ahora estudio en los Estados Unidos pero toda mi familia vive en Puerto Rico. Mis fiestas favoritas son las de la época de la Navidad. Durante las vacaciones de Navidad siempre voy a Puerto Rico.

Answers 5-3, Paso 1

1. de Puerto Rico, 2. en los Estados Unidos, 3. la Navidad, 4. a Puerto Rico

Audioscript 5-3, Paso 2

El día de Nochebuena mis padres, mis dos hermanas, Cristina y Elena, y yo vamos a casa de mis abuelos maternos, los padres de mi mamá, Adelita. Mis abuelos maternos se llaman Adela y Antonio y son muy simpáticos. Además de mis abuelos maternos y mis padres, también vienen a la casa de mis abuelos, los hermanos de mi mamá, mis tíos. Mi mamá tiene dos hermanos pero no tiene ninguna hermana; es la única hija de la familia. Los hermanos de mi mamá se llaman Ángel y Luis. Ángel está soltero pero Luis está casado. La esposa de mi tío Luis se llama Manuela. Mis tíos Luis y Manuela tienen un hijo, Arturo, y una hija, Gloria.

Answers 5-3, Paso 2

abuela, tío, primo, hermana

Audioscript 5-3, Paso 3

El día de Navidad mis padres, mis hermanas y yo vamos a la casa de los padres de mi padre, mis abuelos paternos. Mi padre se llama Gabriel como mi abuelo. No tiene hermanos, es hijo único, por eso no tengo primos ni tíos por parte de mi papá. Pero el Día de Navidad en casa de mis abuelos paternos es muy divertido porque siempre nos visitan muchos amigos. Otro de mis días favoritos es el Día de Nochevieja. Ese día lo celebramos en nuestra casa con las familias de mi mamá y de mi papá. También vienen muchos amigos de mis padres, de mis hermanas, de mis primos y míos. ¡Cantamos y bailamos hasta muy tarde por la noche!

Answers 5-3, Paso 3

Nochebuena: *familia materna: abuelos, padres, hermanas, tíos y primos;* **Navidad:** *familia paterna: abuelos, padres, hermanas y amigos;* **Nochevieja:** *familias materna y paterna, amigos de padres, de hermanas, de primos y sus amigos*

5-3. La familia y las fiestas

Paso 1. AUDIO Escucha a Marcos Ferré y responde a las siguientes preguntas.

1. ¿De dónde es Marcos?
    _____

2. ¿Dónde está ahora?
    _____

3. ¿Cuál es su época favorita?
    _____

4. ¿Dónde va en esta época?
    _____

Paso 2. AUDIO Como ya sabes, Marcos celebra las fiestas con su familia. Escucha lo que él dice sobre su familia y completa su árbol familiar. Incluye los nombres de sus parientes y la relación que tienen con él.

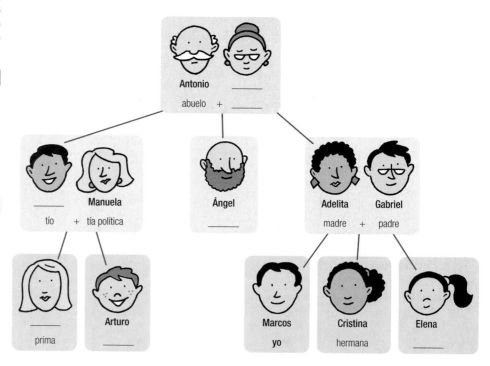

Paso 3. AUDIO Escucha la descripción completa de cómo Marcos celebra sus fiestas y escribe en la tabla siguiente en casa de quién celebra Marcos la Nochebuena, la Navidad y la Nochevieja.

DÍA FESTIVO	EN CASA DE QUIÉN LO CELEBRA
Nochebuena	_____
Navidad	_____
Nochevieja	_____

5-4.¿Con quién celebras los días festivos?

Paso 1. ¿Cuáles son tus días festivos favoritos? ¿Con quién los celebras generalmente?

DÍA FESTIVO	CON QUIÉN LO CELEBRAS
Navidad	_____
Nochevieja	_____
Día de la Independencia	_____
Día de Acción de Gracias	_____
Día de los Enamorados	_____

Paso 2. ② Entrevista ahora a tu compañero/a para saber si celebra las fiestas como tú.

MODELO: E1: ¿Con quién pasas (*spend*) el día de los enamorados?
E2: Con mi novio.

Paso 3. ⑤ Comparte tus respuestas con el resto de la clase. Toma nota de lo que dicen otros/as estudiantes y contesta las siguientes preguntas.

1. ¿Cuáles son los tres días festivos favoritos de la mayoría de los estudiantes de la clase?
2. ¿Con quién celebra los días festivos la mayoría de los estudiantes?

5-5. La Navidad en Puerto Rico

Paso 1. Marcos nos cuenta ahora cómo se celebra la Navidad en Puerto Rico. ¿Puedes identificar con qué descripción se asocian las siguientes imágenes?

(a)   (b)   (c)

1. _____ La Nochebuena es una fiesta religiosa que se celebra el 24 de diciembre. Generalmente se pone el árbol de Navidad con luces y adornos (*ornaments*), se cena con la familia y se va a la Misa de Gallo. En la Misa de Gallo, los niños se visten para representar las figuras principales del Nacimiento: la Virgen María, San José, el niño Jesús y los tres Reyes Magos.
2. _____ Todos esperan la medianoche del 31 de diciembre para despedirse del Año Viejo y recibir al Año Nuevo. En algunos lugares hay fuegos artificiales. Las familias y amigos se reúnen en una casa y allí se baila, se come, se canta y se bebe.
3. _____ La noche del 5 de enero (el día anterior al Día de Reyes), los niños preparan paja (*straw*) y agua para los camellos. Otros niños también ponen leche con galletas (*cookies*) para los Reyes Magos. La mañana siguiente, el 6 de enero, los niños encuentran los regalos debajo de su cama.

Paso 2. ❷ Ahora lee la descripción de otras actividades que Marcos hace típicamente durante la época de Navidad. Después con un/a compañero/a expliquen qué actividades hacen ustedes normalmente y cuáles son diferentes.

MODELO: En Año Nuevo nosotros también hacemos resoluciones pero no comemos las doce uvas.

1. A las doce de la noche se hacen resoluciones. Algunas familias comen doce uvas (*grapes*), una por cada campanada, cuando suenan las campanadas. Estas uvas simbolizan los doce deseos (*wishes*) que se piden al año nuevo.
2. Otra tradición de la Navidad en Puerto Rico son los aguinaldos (*Christmas carols*): grupos de personas cantan versos y canciones, y bailan.
3. El Año Nuevo se celebra el 1° de enero. En Puerto Rico se acostumbra vestir de amarillo para empezar el año con buena suerte.
4. Durante la época navideña son típicas las Misas de Aguinaldo. Se celebran todas las madrugadas entre las cinco y seis de la mañana, durante los nueve días antes de Nochebuena.
5. En la mañana del 25 de diciembre hay regalos para niños y adultos debajo del árbol de Navidad.

Paso 3. ⓖ Escribe dos palabras que asocies con una fiesta específica y agrega otra palabra que no esté relacionada con esa fiesta. Luego, pídele al resto de la clase que identifique la fiesta y que diga la palabra que no corresponde a la lista.

MODELO: E1: Fuegos artificiales, barbacoa, nieve
E2: Es el 4 de julio. La nieve no se asocia a esta fiesta.

E S T R A T E G I A S | Vocabulario

The following are expressions you can use to congratulate someone or to wish someone your best on a special occasion.

Te felicito	*I congratulate you*
Felicitaciones/Felicidades/Enhorabuena	*Congratulations*
Feliz Navidad	*Merry Christmas*
Feliz Año Nuevo	*Happy New Year*
Feliz cumpleaños/Felicidades	*Happy birthday*

You can use **Felicitaciones, Felicidades,** and **Te felicito** for any occasion. You use **¡Enhorabuena!,** however, when something good or beneficial has happened to anyone you know (e.g., when people get married, when they have a child, when they win the lottery, when they find a good job).

5-6. ¡Felicitaciones! o ¡Qué desgracia!

Paso 1. ¿Qué dices en cada una de las siguientes situaciones? Utiliza las expresiones más apropiadas de Estrategias de Vocabulario (en esta página) y Estrategias de Cultura (en la página siguiente).

MODELO: Tu compañero/a saca una buena nota en un examen muy difícil.
¡Qué bueno! . . . ¡Felicitaciones! Eres muy inteligente.

1. Un amigo/a gana un millón de dólares en el programa *¿Quién quiere ser millonario?*
2. Tu profesor/a va a tener trillizos (*triplets*).

3. Ves a una vieja amiga el 1° de enero.
4. Tu mejor amigo/a recibe una F en su examen de química.
5. Es el Día del Santo o del cumpleaños de tu hermano/a.
6. Tu compañero/a de cuarto tiene un accidente con su auto.
7. El nombre de tu novio/a aparece en la lista del decano (*dean's list*) del semestre pasado.

Cultura   **E S T R A T E G I A S**

The following expressions are used to show surprise and as a reaction to unexpected situations.

¡Qué bueno! ¡Qué alegría! ¡Qué felicidad! ¡Me alegro mucho! ¡Pero, qué sorpresa! are used for favorable events.

¡Ay, qué lástima! ¡Ay, qué desgracia! ¡Cuánto lo siento! ¡Lo lamento/siento mucho! are used if the event is unfavorable.

¡Ay, Dios mío! ¡Qué increíble! ¡No lo puedo creer! can be used in either case, depending on various factors such as the context of the conversation, the familiarity of the speakers, or non-linguistic cues such as facial gestures and body language.

Paso 2. Lee la siguiente tarjeta (*postcard*) y escribe:

1. la relación entre (*between*) Aurora y Rocío.
2. la causa por la que Aurora escribe esta tarjeta.
3. lo que le gusta a Aurora de esta fiesta.

Ponce, 20 de enero de 2004

Hola Rocío,

   Estoy pasando las vacaciones de Navidad en casa de mis abuelos maternos. Vamos a reunirnos muchos familiares a celebrar estas fiestas: mis abuelos paternos y maternos, mis padres, hermanos y hermanas, y todos los tíos y primos. ¡En total seremos veinticinco personas! Siempre lo paso genial en casa de mis abuelos, y estas Navidades serán especiales porque toda la familia va a estar junta.

   Te deseo una Feliz Navidad y lo mejor para el Año Nuevo.

Con mucho cariño de tu amiga,

Aurora

PUERTO RICO

Rocío Martínez
Cristo 27, 1° D
San Juan, P.R. 00923

Paso 3. Escribe ahora una tarjeta a una persona que conoces y expresa tu opinión sobre una celebración determinada.

Paso 4. ❷ Pídele a un/a compañero/a que lea tu tarjeta y que describa:

1. la relación que tú tienes con la persona que recibe la tarjeta.
2. la causa por la que escribes la tarjeta.
3. otros detalles importantes sobre tu opinión de la celebración.

Vocabulario

The verb *to know* has two equivalents in Spanish: **saber** and **conocer**.

Answers 5-7, Paso 1

1a. to know a fact, 1b. to know a fact and to know how to do something, 2a. to know someone, 2b. to meet someone, 3a. to be familiar with something, 3b. to be familiar with something, 3c. to know a fact

Answers 5-7, Paso 2

1. *saber*, 2. *saber*, 3. *conocer*, 4. *conocer*, 5. *conocer*

Answer 5-7, Paso 3

Marc Anthony

5-7. ¿A quién conoces?

Paso 1. Asocia los verbos **saber** o **conocer** de las siguientes oraciones con su correspondiente significado en inglés.

to know a fact
to know how to do something
to be familiar with something
to know someone
to meet someone

1a. ¿**Sabes** el nombre de esa joven?
   Do you know the name of that young lady?

1b. No, pero **sé** que es dominicana y que **sabe** bailar merengue.
   No, but I know that she is Dominican and that she knows how to dance merengue.

2a. ¿**Conoces** al nuevo estudiante?
   Do you know the new student?

2b. No, pero quiero **conocerlo**.
   No, but I want to meet him.

3a. ¿**Conoces** Puerto Rico?
   Do you know Puerto Rico?

3b. Sí, lo **conozco** bien. Yo soy puertorriqueño.
   Yes, I know it well. I am Puerto Rican.

3c. **Sé** que Puerto Rico es un estado libre asociado de los EE.UU.
   I know that Puerto Rico is a U.S. commonwealth.

Paso 2. Analiza ahora las oraciones anteriores y clasifica los verbos **saber** y **conocer** de acuerdo con su significado.

SIGNIFICADO	VERBO
1. To know a fact.	**saber**
2. To know how to do something.	
3. To be familiar with something.	
4. To know someone.	
5. To meet someone.	

Paso 3. ¿Sabes quién es esta persona? Lee su descripción.

Conozco a una persona muy famosa. Sé que vive en Nueva York. También sé que sus padres son originalmente de Puerto Rico. Pero no sé si esta persona conoce bien Puerto Rico. Sabe cantar en español y en inglés. También conoce personalmente a muchos cantantes de música latina como Gloria Estefan. ¿Quién es? ¿Cristina Aguilera? ¿Jennifer López? ¿Ricky Martin? ¿O tal vez Marc Anthony?

Paso 4. **G** Escribe un párrafo similar al anterior sobre una persona que tú conozcas (personalmente o no). Lee la descripción al resto de la clase. ¿Alguien sabe quién es?

Vocabulario

INDEFINITE EXPRESSIONS		NEGATIVE EXPRESSIONS	
algo	something, anything	**nada**	nothing, not anything
alguien	someone, anyone	**nadie**	no one, nobody
alguno/alguna	someone, anyone, one	**ninguno/ninguna**	not any, none
algunos/algunas	any, some		
también	also	**tampoco**	neither, either
siempre	always	**nunca**	never
alguna vez	ever, sometime	**nunca/ninguna vez**	never
algunas veces	sometimes		
en alguna parte	somewhere	**en ninguna parte**	nowhere
de algún modo	somehow	**de ningún modo**	in no way

5-8. Una fiesta excelente

Paso 1. Utiliza las siguientes frases para describir la fiesta de tu dibujo. Tu compañero/a tiene que identificar las diferencias con su dibujo. Luego, intercambien roles: Tu compañero/a describe su dibujo y tú identificas las diferencias en el tuyo.

_____ Los invitados nunca llegan tarde.

_____ Ningún invitado se va muy temprano.

_____ Algunas personas no traen nada para comer.

_____ Nadie baila samba.

_____ Ninguna persona quiere bailar.

_____ No hay ningún disco compacto de Jennifer López.

_____ No hay chocolate en ninguna parte.

_____ Siempre hay alguna cerveza fría.

_____ El anfitrión (*host/hostess*) no tiene ninguna mascota (*pet*) en su casa.

Paso 2. **AB** Observa una escena típica de las fiestas que organiza Magali (dibujo A) o Claudia (dibujo B) y completa las siguientes frases para describir esa fiesta. Luego entrevista a tu compañero/a para saber qué tienen en común las fiestas de Magali con las de Claudia.

MODELO: B: ¿Es cierto que en las fiestas de Magali ninguna persona baila?
A: Sí, es cierto/No, no es cierto, en las fiestas de Magali. . .

A

B Information for student B, p. 525

1. Los invitados nunca/siempre. . .
2. Ningún invitado/Todos los invitados. . .
3. Ninguna persona/Algunas personas. . .
4. Nadie/Todos. . .
5. Ninguna persona/Todos. . .
6. No hay ningún/ninguna. . .
7. No hay. . .
8. Nunca/Siempre hay. . .

Gramática

The words **nadie** and **alguien** require the use of the personal **a** when they function as direct objects of the verb, but not when they are subjects.

As direct objects:
—¿Conoces **a alguien** en Puerto Rico?

—No, no conozco **a nadie**.

As subjects:
—¿**Alguien** sabe la hora?

—No, **nadie** tiene reloj.

Intercambios comunicativos

After the video segment for this chapter you will see two brief clips with examples of the **Intercambios comunicativos** that correspond to the images in this section. You can show these brief clips in class to complete the activity.

Refer to the Video Guide within the IRM for other examples of **Intercambios comunicativos** expressions used in the video.

Paso 3. Completa las siguientes oraciones sobre las fiestas con expresiones negativas. Luego comparte tus respuestas con otros/as estudiantes.

MODELO: En una fiesta religiosa. . .
En una fiesta religiosa, **nadie bebe alcohol.**

En una fiesta sorpresa. . .
En una fiesta de cumpleaños. . .
En una fiesta de la universidad/oficina. . .

Intercambios comunicativos

Para pedir una opinión

¿Qué cree(s)?	*What do you think? (formal/informal)*
¿Qué le/te parece?	*What do you think? (formal/informal)*
¿Qué opina(s)?	*What is your opinion? (formal/informal)*
¿Cuál es tu/su opinión?	*What is your opinion? (informal/formal)*

Para expresar una opinión

Creo que. . .	*I think that . . .*
Me parece que. . .	*I think that . . .*
En mi (tu/su/nuestra) opinión. . .	*In my (your, his/her/their, our) opinion . . .*
Por un lado. . . por otro. . .	*On the one hand . . . on the other . . .*

Para expresar acuerdo

Estoy de acuerdo.	*I agree.*
Tiene(s) razón.	*You are right.*
Me parece que sí.	*I believe so.*

Para expresar desacuerdo

No estoy de acuerdo.	*I do not agree.*
Creo que está(s) equivocado.	*I think you are wrong.*
Creo que no.	*I do not think so.*
Me parece que no.	*I do not think so.*

5-9. Opiniones a favor y en contra

Paso 1. VIDEO Guadalupe y Jordi van a ver al profesor Parra para exponer sus ideas para recaudar fondos. Observa las siguientes fotos de Jordi y Lupe mientras escuchan la respuesta del profesor Parra: ¿Crees que están de acuerdo con sus ideas? Luego, mira las siguientes imágenes del video sin sonido y decide qué expresiones físicas del profesor Parra expresan acuerdo o desacuerdo.

(1)

(2)

	ACUERDO	DESACUERDO
expresiones faciales	_____	_____
gestos con las manos	_____	_____
movimientos de la cabeza	_____	_____

Paso 2. Mira ahora el video con sonido y pon una X bajo el nombre de la persona que usa cada expresión.

Answers 5-9, Paso 2
1. Guadalupe, 2. Prof. Parra, 3. Guadalupe, 4. Guadalupe, 5. Prof. Parra, 6. Jordi, 7. Jordi, 8. Guadalupe

	GUADALUPE	JORDI	PROF. PARRA
1. ¿Qué le parece?	_____	_____	_____
2. Pienso que para organizar una subasta. . .	_____	_____	_____
3. ¡Sí, es cierto!	_____	_____	_____
4. Pero por otro lado. . .	_____	_____	_____
5. Me parece que hay que considerar. . .	_____	_____	_____
6. Ahora que lo dice. . . estoy de acuerdo con él.	_____	_____	_____
7. Honestamente, no estoy de acuerdo.	_____	_____	_____
8. Ahora que lo pienso. . .	_____	_____	_____

Paso 3. Clasifica las expresiones anteriores en la tabla siguiente.

Answers 5-9, Paso 3
a. 1; b. 2, 5, 8; c. 3, 6; d. 4, 7

a. frases que sirven para solicitar opiniones: _____
b. frases que sirven para expresar opiniones en general: _____
c. frases que sirven para expresar acuerdo: _____
d. frases que sirven para expresar desacuerdo: _____

Paso 4. Finalmente confirma tus predicciones del Paso 1 con la información de los Pasos 2 y 3.

ENFOQUE CULTURAL

5-10. Puerto Rico

Paso 1. Marca el país con el que asocias cada una de las siguientes personas.

Answers 5-10, Paso 1
Associated with Puerto Rico: Benicio Del Toro and Jennifer López; with México: Vicente Fox, Salma Hayek, and Pancho Villa; with Cuba: José Martí; with España: Antonio Banderas

	PUERTO RICO	MÉXICO	ESPAÑA	CUBA
José Martí	_____	_____	_____	_____
Antonio Banderas	_____	_____	_____	_____
Vicente Fox	_____	_____	_____	_____
Benicio Del Toro	_____	_____	_____	_____
Jennifer López	_____	_____	_____	_____
Salma Hayek	_____	_____	_____	_____
Pancho Villa	_____	_____	_____	_____

Paso 2. Clasifica las siguientes oraciones sobre Puerto Rico de acuerdo con las categorías que se indican a continuación. Una oración puede corresponder a más de una categoría.

CATEGORÍA	ORACIÓN #
geografía	_____
personas famosas	_____
economía	_____
historia	_____

1. En el año 1952 Puerto Rico se convierte (*becomes*) en territorio de los Estados Unidos.
2. A comienzos del Siglo XX, Puerto Rico recibe trabajadores chinos, italianos, alemanes y libaneses.
3. La industria más importante de la isla de Puerto Rico es la producción farmacéutica: constituye más de un cuarto (¼) del producto bruto interno (*gross domestic product*).
4. La superficie de Puerto Rico es de aproximadamente 10.000 kilómetros cuadrados (160 kilómetros de este a oeste y 60 kilómetros de norte a sur).
5. En San Juan, la capital de Puerto Rico, hay dos estadios de béisbol que tienen el nombre de dos famosos beisbolistas puertorriqueños: Roberto Clemente e Hiram Bithorn.
6. Algunas personas famosas de origen puertorriqueño en los Estados Unidos son Roberto Alomar, Marc Anthony, Benicio Del Toro, Jennifer López, José Feliciano, Ricky Martin, Geraldo Rivera y Juan Chichi Rodríguez.
7. Los primeros habitantes de Puerto Rico eran (*were*) descendientes de las tribus Arawak y Carib del Caribe.

Paso 3. ❷ Escribe ahora oraciones similares sobre los Estados Unidos.

MODELO: En el año 1776 los Estados Unidos declara su independencia de Gran Bretaña.

1. A comienzos del Siglo XX, los Estados Unidos recibe trabajadores. . .
2. La industria más importante de los Estados Unidos es. . .
3. La superficie de los Estados Unidos es de aproximadamente. . .
4. En la capital de los Estados Unidos (Washington, D.C.) hay. . .
5. Algunas personas famosas de origen _____ en los Estados Unidos son. . .
6. Los primeros habitantes de los Estados Unidos eran. . .

Paso 4. Por último, organiza las oraciones por categorías, escribe una introducción y una conclusión, y utiliza tu descripción como base para:

a. una película documental sobre los Estados Unidos.
b. un libro de geografía para estudiantes de la escuela primaria.
c. un panfleto (*brochure*) para distribuir a las embajadas de los Estados Unidos en el extranjero.

NOTA: La introducción y la conclusión tienen que reflejar el objetivo que seleccionas.

Gramática en contexto

I. Impersonal *se*

5-11. ¿Dónde se habla español?

Paso 1. ¿Cómo traduces al inglés las siguientes expresiones del español?

MODELO: Se habla español.
Spanish is spoken here.

1. Se aceptan donaciones para la Cruz Roja aquí.
2. No se permite fumar en este autobús.
3. No se venden cigarrillos a menores.
4. ¿Cómo se dice "Hola" en inglés?

Gramática

The impersonal **se** is used when one does not want to identify who performs the action. **Se** is also equivalent to impersonal expressions in English, such as *one, people, you,* or *they.* You use these subjects when you want to avoid mentioning the person who performs the action and want to emphasize the action more than the person who does it.

Paso 2. Considera las siguientes expresiones en inglés y decide quién hace cada acción.

MODELO: **They** say that lightning never strikes twice in the same place.
"They" refers to people in general.

1. **One** must always say *please* and *thank you.*

_____

2. **People** generally open their Christmas presents in the morning.

_____

3. When the lottery jackpot gets big, **you** know **you** have to buy a ticket.

_____

Gramática ESTRATEGIAS

In impersonal **se** constructions, the verb agrees with the object (not the subject).

Se habla español.	*Spanish is spoken (here).*
Se hablan varias lenguas en Perú.	*Several languages are spoken in Perú.*
Se cocina el plátano.	*(One) cooks the plantain.*
Se cocinan los plátanos.	*(One) cooks the plantains.*

Use phrases with **se** in:

1. Instructions: Para bailar la salsa **se** coloca la mano en la cintura.
2. Recipes: **Se** agregan sal y pimienta.
3. Classified ads: **Se** dan clases de baile para principiantes.

5-12. Se baila mucho en las fiestas

Paso 1. ¿Cómo traduces al inglés los siguientes usos del **se**?

En una fiesta de cumpleaños se lleva un regalo para la persona del cumpleaños, se escucha música y se come torta. En cambio, durante la fiesta de carnaval se baila toda la noche.

Paso 2. Piensa en dos tipos de fiestas diferentes: una divertida y una aburrida, y escribe un párrafo sobre lo que se hace en cada una. Usa el texto del Paso anterior como modelo e incorpora al menos dos de las siguientes ideas.

Se saluda a todas las personas con un beso o un apretón de manos.
Se conversa con interés.
Se discute con mucha intensidad.
No se rechaza (*reject*) ningún plato.
Se cocinan muchas comidas.

Paso 3. **G** Selecciona una de las fiestas descritas en el Paso anterior y lee tu descripción en grupo para que tus compañeros/as adivinen de qué fiesta se trata.

II. Contrasting *ser, estar,* and *haber*

5-13. ¿Es nervioso o está nervioso?

Paso 1. En español hay tres verbos que equivalen al verbo *to be* en inglés: **ser**, **estar** y **haber**. Analiza las oraciones siguientes y subraya el verbo que se usa en cada una de ellas.

1. En Puerto Rico hay procesiones religiosas en honor del santo patrón de cada ciudad.
2. Mi hermano no es alto, pero es muy guapo.
3. El Carnaval más grande (*biggest*) del mundo es el de Río de Janeiro.
4. PEDRO: ¿Dónde es la fiesta?
   MARISOL: Es en el hotel Villanova.
5. PEDRO: ¿Dónde está Juan?
   MARISOL: Está en casa.
6. PEDRO: ¿Cómo estás?
   MARISOL: Estoy bien, gracias.
7. ¡Qué alto está tu hijo! *Your son is so tall!* (Implying that he's taller than you expected.)
8. ¡Antonio está muy guapo! *Antonio looks very handsome!* (Implying that he has done something to his hair, his wardrobe, or something else that makes him look better than usual.)

Paso 2. A continuación se describen los usos de los verbos **ser**, **estar** y **haber** del Paso anterior. Selecciona el verbo correspondiente y escribe luego la letra de la oración del Paso 1 donde se refleja ese uso.

	VERBO	ORACIÓN Nº
a. This verb is used to mark location in general.	ser/estar/haber	_____
b. This verb is used to identify the location of events (but *not* of people or things).	ser/estar/haber	_____
c. This verb is used with adjectives, to indicate a change from the norm or from your expectations.	ser/estar/haber	_____
d. This verb is the most restricted in use, because it is only followed by nouns. Its meaning is equivalent to English *there exist*(s), *there is,* or *there are.*	ser/estar/haber	_____
e. This verb is used with adjectives that describe nouns.	ser/estar/haber	_____
f. This verb is used to indicate current state of health/ emotions/being.	ser/estar/haber	_____

Paso 3. Si comparas las oraciones 2, 7 y 8 del Paso 1, vas a notar que los verbos **ser** y **estar** se pueden usar con los mismos adjetivos, pero su significado cambia. Observa la descripción de Pedro en los dibujos y explica en inglés la diferencia en el uso de **ser** y **estar**.

Año 2003

Pedro es gordo y Manolo es delgado.

Año 2004

Pedro está delgado.

Paso 4. ❷ Con tu compañero/a, describe la situación que determina el uso de **ser** o **estar** en las siguientes oraciones.

MODELO: Manuel **es** nervioso: **Siempre está preocupado.**

Manuel **está** nervioso: **Tiene un examen de matemáticas y no sabe nada.**

1. Marcos es delgado.   Marcos está delgado.
2. Esa persona es celosa (*jealous*).   Esa persona está celosa.
3. Carlos es guapo.   Carlos está guapo.
4. La manzana es verde.   La manzana está verde.
5. El señor es aburrido (*boring*).   El señor está aburrido.
6. El novio es elegante.   El novio está elegante.

Answer 5-14, Paso 2

. . . es muy trabajadora; Por eso en mi país hay varias. . . ; Se dice que la vida es más rica. . . ; en un fin de semana es típico ir a. . . ; o para estar en una pachanga. . . ; Una pachanga es bien viva; En cualquier pachanga puede haber personas. . . ; ya no hay comida y todos están cansados; Hay una fiesta este sábado; es en casa de mi amigo Óscar Elías; Es a las 10 de la. . . ; la hora no es muy segura. Normalmente la gente está en la casa. . . ; Allí van a estar Óscar y su familia, . . . ; Si está su amigo Leo, va a ser una noche. . .

Answers 5-14, Paso 3

Possible explanations are: *Por eso en mi país **hay** varias palabras. . .* → to show existence; *La vida **es** más rica. . .* → used with an adjective that describes a noun; ***Es** típico ir. . .* → used with an adjective that describes a noun; *para **estar** en una pachanga. . .* → to mark location in general; *Una pachanga **es** bien viva. . .* → used with an adjective that describes a noun; *Puede **haber** personas de todas las edades. . .* → to show existence; *Ya no **hay** comida. . .* → to show existence; *Todos **están** cansados. . .* → the adjective *cansado* is always used with *estar*; ***Hay** una fiesta este sábado. . .* → to show existence; ***Es** en casa de mi amigo. . .* → to identify the location or time of events; ***Es** a las 10 de la noche. . .* → to identify the location or time of events; *La hora no **es** muy segura. . .* → used with an adjective that describes a noun; *Normalmente la gente **está** en la casa. . .* → to mark location in general; *Allí van a **estar** Óscar. . .* → to mark location in general; *Si **está** su amigo Leo. . .* → to mark location; *Va a **ser** una noche muy divertida. . .* → used with an adjective that describes a noun.

INTEGRATED COMPONENTS

Use the following instructional resources to practice **Negative expressions**.

- **Gramática viva:** Negatives
- **Student Activities Manual/o-SAM:** Activity 5-10
- **Companion Website:** Chapter 5, Gramática en contexto, Negative expressions

Answers 5-15, Paso 2

1. a; 2. a; 3. b, c; 4. b, c; 5. b, c; 6. b, c; 7. b, c; 8. a

5-14. La vida es una fiesta

Paso 1. Débora, una puertorriqueña, nos da su opinión sobre la actitud de los puertorriqueños. Marca con un círculo las actividades o costumbres que son diferentes de las tuyas y subraya las costumbres que son similares.

La gente de Puerto Rico es muy trabajadora, pero también le gusta divertirse con los amigos. Por eso, en mi país hay varias palabras para una fiesta: una **parranda**, una **pachanga**, una **parrillada** (cuando se cocina en la parrilla, o en una barbacoa). Se dice que la vida es más rica cuando se comparte (*share*) con los amigos. Por eso, en un fin de semana es típico ir a las casas de varios amigos sólo para conversar, o para estar en una pachanga que dura hasta la madrugada. Una pachanga es bien viva; todos bailan, hablan y comen con gusto. En cualquier pachanga puede haber personas de todas las edades: jóvenes y viejos, todos divirtiéndose (*having fun*). Sólo se van cuando ya no hay comida y todos están cansados. Hay una fiesta este sábado; es en casa de mi amigo Óscar Elías. Es a las 10 de la noche, supuestamente, pero la hora no es muy segura. Normalmente, la gente está en la casa para una pachanga desde temprano y se queda hasta muy tarde. Allí van a estar Óscar y su familia, sus amigos y sus vecinos. Si está su amigo Leo, va a ser una noche muy divertida (*funny*) y llena de chistes; él los sabe todos.

Paso 2. Ahora escribe dos ejemplos del texto anterior que contengan **hay**, **ser**, y **estar**.

Paso 3. ❷ Lee a tu compañero/a los ejemplos anteriores y explícale por qué se usan los verbos **hay**, **ser** y **estar**.

MODELO: La gente de Puerto Rico **es** muy trabajadora.
*The verb **es** is used with an adjective that describes a noun.*

III. Negative expressions

5-15. ¿Qué no se hace en tus fiestas?

Paso 1. Describe tres cosas o actividades que tus invitados **no** hacen cuando tú organizas una fiesta. (NOTA: Usa como guía algunas expresiones de la actividad 5-8, Paso 1.)

MODELO: Nadie bebe alcohol en mis fiestas.

Paso 2. Usa las siguientes generalizaciones sobre el uso de expresiones negativas en español para describir las formas gramaticales usadas en los ejemplos de abajo.

MODELO: La generalización **a** describe el ejemplo **1**.

a. There must always be a negative expression before the conjugated verb (**no** or another negative expression).
b. There can be more than one negative word in a sentence.
c. If you use **no** and a second negative word, the latter is always placed after the verb.

EJEMPLOS:

1. **No** bailo salsa.	*I don't dance salsa.*
2. **Nunca** bailo salsa.	*I never/don't ever dance salsa.*
3. **No** bailo **nunca** salsa.	*I never/don't ever dance salsa.*
4. **No** bailo salsa **nunca**.	*I never/don't ever dance salsa.*
5. **No** hay **nada** en la mesa.	*There is nothing on the table.*
6. **No** viene **nadie** a la fiesta.	*Nobody is coming to the party.*
7. **No** viene a la fiesta **nadie**.	*Nobody is coming to the party.*
8. **Nadie** viene a la fiesta.	*Nobody is coming to the party.*

Paso 3. Subraya ahora la opción correcta en las siguientes oraciones.

MARICELI: Y tú, ¿conoces a algún/alguno puertorriqueño?

ANTONIO: No, yo tampoco conozco a ningún/ninguno puertorriqueño.

CARLOS: ¿Hay algún/alguna persona de Puerto Rico en la fiesta hoy?

ANDREA: No, no hay ningún/ninguna.

IV. Possessive adjectives and pronouns

5-16. Preferencias

Paso 1. Lee el siguiente párrafo y subraya el uso de las palabras que indican posesión (equivalentes a **my**, **your**, etc. en inglés).

> Conozco a muchas personas de Puerto Rico. Por ejemplo, mi compañero de clase de física es puertorriqueño. También conozco a su novia y a sus padres: todos son de Puerto Rico. Y finalmente nuestra vecina de apartamento, se llama Mariceli y **es** de San Juan.

Paso 2. Ahora completa la tabla con las formas posesivas que faltan.

PRONOUN	ADJECTIVE AND NOUN (SG.)	ADJECTIVE AND NOUN (PL.)	ENGLISH
yo	mi amigo/a	mis amigos/as	*my friend/s*
tú	tu amigo/a	_____	_____
él/ella	_____	_____	*his/her friend/s*
nosotros/as	_____	_____	*our friend/s*
vosotros/as	vuestro/a amigo/a	vuestros/as amigos/as	*your friend/s*
ustedes	_____	sus amigos/as	_____
ellos/ellas	su amigo/a	_____	_____

Paso 3. Compara el uso de los adjetivos posesivos en español y en inglés de acuerdo con el texto anterior y completa la siguiente tabla. Di si las afirmaciones son ciertas (**C**) o falsas (**F**).

POSSESSIVE ADJECTIVES	ENGLISH	SPANISH
1. . . . express to whom something/someone belongs.	C	_____
2. . . . are placed before the noun.	C	_____
3. . . . agree in number with the noun they modify.	F	_____
4. . . . always agree in gender with the noun they modify.	F	_____
5. . . . sometimes agree in gender with the noun they modify.	F	_____

Gramática

The words **alguno** and **ninguno** drop the final **-o** when placed before a noun. The feminine gender words **alguna** and **ninguna** never lose their final vowel.

MARICELI: ¿Conoces a **algún** puertorriqueño? *Do you know any Puerto Ricans?*

MARCOS: No, **no** conozco a **ninguno**. *No, I do not know any.*

Answers 5-15, Paso 3

algún, ningún, alguna, ninguna

INTEGRATED COMPONENTS

Use the following instructional resources to practice **Possessive adjectives and pronouns**.

- **Gramática viva:** Possessives
- **Student Activities Manual/o-SAM:** Activities 5-11, 5-12
- **Companion Website:** Chapter 5, Gramática en contexto, Possessive adjectives and pronouns

Answers 5-16, Paso 1

mi, su, sus, nuestra

Answers 5-16, Paso 2

tú: tus amigos/as, your friend/s; él/ella: su amigo/a, sus amigos/as, his/her friends; nosotros/as: nuestro/a amigo/a, nuestros/as amigos/as; ustedes: su amigo/a, your/their friend/s; ellos/ellas: sus amigos/as, their friend/s

Answers 5-16, Paso 3

1. C, 2. C, 3. C, 4. F, 5. C

5-17. ¿Quién es?

Paso 1. ❷ Describe a una persona sin mencionar su nombre. Tu compañero/a tiene que adivinar a quién estás describiendo.

MODELO: E1: Vive en los Estados Unidos. Su profesión es actor. Su esposa se llama Melanie Griffith.
E2: Es Antonio Banderas.

Paso 2. Ⓖ Imagina que tu compañero/a es una persona famosa. Descríbelo/la y pregunta al resto de la clase de quién se trata.

MODELO: E1: Vive en Washington. Su profesión es presidente. Su esposa se llama Laura.
E2: Es George Bush.

Gramática

When the possessive adjective (e.g., **mi**, **tu**, **su**) follows the noun, it changes into a long form, except in the case of **nuestro/a** and **vuestro/a**, which do not change. The meaning of the adjective remains the same.

REFERENCE POINT	MASCULINE SG.	FEMININE SG.	MASCULINE PL.	FEMININE PL.
yo	amigo **mío**	amiga **mía**	amigos **míos**	amigas **mías**
tú	amigo **tuyo**	amiga **tuya**	amigos **tuyos**	amigas **tuyas**
usted/él/ella	amigo **suyo**	amiga **suya**	amigos **suyos**	amigas **suyas**
nosotros/as	amigo nuestro	amiga nuestra	amigos nuestros	amigas nuestras
vosotros/as	amigo vuestro	amiga vuestra	amigos vuestros	amigas vuestras
ustedes/ellos/ellas	amigo **suyo**	amiga **suya**	amigos **suyos**	amigas **suyas**

When the noun is dropped and an article is added before the long form of the possessive adjective, a possessive pronoun is created.

¿Cuáles son mis discos y cuáles son **los tuyos**?

Los míos son los de Shakira y **los tuyos** son los de Jennifer López.

V. Introduction to indirect object pronouns: Singular and plural

Gramática

In a typical sentence there are usually several "participants." One of the participants is the subject of the sentence. In many instances, the subject is the agent, that is, the one who initiates an action.

5-18. ¿Qué le compramos a Ana para su cumpleaños?

Paso 1. Señala el sujeto/el agente en las siguientes oraciones.

MODELO: <u>María</u> compra el regalo.

1.   Ángeles compra regalos.
2.   Juan y Cristina preparan una sorpresa.
3.   Ana escribe invitaciones de cumpleaños.
4.   Antonio y Carlos celebran la Navidad con sus familias.

Paso 2. Ahora sustituye con un pronombre los sujetos de las oraciones del Paso 1.

MODELO: María compra el regalo: **Ella**

Paso 3. Indica quién se beneficia (*benefits*) de la acción en las siguientes oraciones.

1. Ana les escribe invitaciones de cumpleaños a sus amigos.
2. A Ana le preparan una sorpresa de cumpleaños Juan y Cristina.
3. María le compra regalos a Ana.
4. A María Ana le da un beso.

Gramática

The indirect object noun is always preceded by the preposition **a**. When the noun that is the indirect object is explicitly mentioned in a sentence, as in the examples in Paso 3, it is also necessary to place an indirect object pronoun (**le** or **les** in the cases above) before the conjugated verb. Sometimes the noun that functions as indirect object is not explicitly mentioned because it is obvious from the context. In such cases, only the indirect object pronoun is used in the sentence.

Paso 4. ❷ Dile a tu compañero/a a quién se refieren los pronombres en negrita de las siguientes oraciones.

ANTONIO: ¿Sabes qué quiere Ana para su cumpleaños?

MARÍA: Sí, **le** voy a comprar un disco compacto de Juan Luis Guerra.

ANTONIO: No sé qué comprar. . ., ¡ah! ya sé, **le** voy a hacer una torta.

MARÍA: ¡Claro! **Me** encanta tu idea.

Paso 5. Completa ahora la siguiente tabla con los pronombres que faltan.

PERSONA	SINGULAR	PLURAL
primera	_____	nos _____
segunda	_____	les, os (*to you all, for you all*)
tercera	_____	_____

5-19. ¿Qué te regalan?

Paso 1. Estas son algunas cosas que los amigos de Ana hacen generalmente para celebrar su cumpleaños. Escribe en la columna de la derecha las cosas que hacen tus amigos para celebrar el tuyo.

A ANA	A MÍ
le regalan discos compactos	*me regalan. . .* _____
le regalan libros	_____
le regalan ropa	_____
le regalan bombones (*chocolates*)	_____
le preparan una sorpresa	_____
le hacen una torta	_____
le cantan la canción "¡Feliz cumpleaños!"	_____
le dan un ramo de rosas rojas, sus favoritas	_____

Gramática

Besides the subject/agent, there usually are other participants. One of them is the indirect object. The indirect object is the entity that benefits or is the recipient in a situation.

Answers 5-18, Paso 2
1. *Ella*, 2. *Ellos*, 3. *Ella*, 4. *Ellos*

Answers 5-18, Paso 3
1. *sus amigos*, 2. *Ana*, 3. *Ana*, 4. *María*

Answers 5-18, Paso 4
le (*her*) refers to Ana (I am going to buy a compact disc of Juan Luis Guerra *for her*); **le** (*her*) refers to Ana; **me** (*to me*) refers to María (I love your idea!).

Answers 5-18, Paso 5
primera: me; segunda: te; tercera: le, les

Paso 2. Escribe las tres cosas favoritas que tus amigos te hacen para tu cumpleaños o los regalos favoritos que recibes.

MODELO: Mis amigos me escriben un poema para mi fiesta, me regalan/dan bombones, . . .

Paso 3. **G** Entrevista a cuatro compañeros/as para saber las cosas favoritas que hacen sus amigos para su cumpleaños o los regalos favoritos que reciben. Toma nota de las respuestas y decide quién es el más mimado (*spoiled*).

MODELO: E1: ¿Qué hacen tus amigos para ti?
          E2: Me preparan una cena especial.

A _____ , sus amigos le _____ .
A _____ , sus amigos le _____ .
A _____ , sus amigos le _____ .
A _____ , sus amigos le _____ .

VI. Verbs similar to *gustar*

Gramática

In chapters 2 and 3, you were introduced to the verb **gustar**. Remember that, unlike most verbs in Spanish, the subject of **gustar** is placed after the verb. However, as with any other verb that takes an indirect object, the indirect object pronoun is placed before the verb **gustar**: *me gusta*, *nos gusta*, etc.

5-20. ¿Qué te encanta hacer?

Paso 1. Subraya las formas del pronombre de objeto indirecto en las siguientes oraciones.

1. A Ana le gusta bailar en su fiesta de cumpleaños.
2. A Marcos le gusta cantar pero a mí me gusta tocar la guitarra.
3.   LORENA: ¿Qué te gusta hacer a ti, Luis?
            LUIS: A mí me gusta hablar con mis amigos.
4.   LUIS: Y a ustedes, ¿qué les gusta hacer?
       PACO Y ANA: A nosotros nos gusta comer torta y beber cerveza.

Paso 2. Hay otros verbos en español que funcionan como el verbo **gustar**. ¿Los puedes encontrar en el siguiente párrafo? Subráyalos.

Hoy Ana celebra su cumpleaños. A ella le encanta organizar una fiesta con baile para festejar su día. Por eso, hoy van a venir dos amigos de su novio que tocan la guitarra muy bien. Ana no los conoce mucho pero le parecen simpáticos y le caen muy bien. Ana tiene casi (*almost*) todo listo (*ready*), pero aún (*still*) le falta comprar vasos y platos de plástico. Ella siempre les prepara platos típicos de Puerto Rico a sus invitados y siempre le queda mucha comida para el resto de la semana. Generalmente Ana festeja su cumpleaños hasta las 2 de la mañana porque no le importa levantarse tarde al día siguiente.

INTEGRATED COMPONENTS

Use the following instructional resources to practice **Verbs similar to *gustar***.

- **Gramática viva:** (*A mí*) *me interesa/ gusta*
- **Student Activities Manual/o-SAM:** Activity 5-14
- **Companion Website:** Chapter 5, Gramática en contexto, Verbs similar to *gustar*

Answers 5-20, Paso 1

1. *le*, 2. *le y me*, 3. *te y me*, 4. *les y nos*

Answers 5-20, Paso 2

encanta, parecen, caen, falta, queda, importa

Paso 3. Adivina qué significan estos verbos de acuerdo con el contexto anterior. Empareja los verbos de la columna de la izquierda con la correspondiente traducción de la columna de la derecha.

Answers 5-20, Paso 3

1. f, 2. a, 3. e, 4. b, 5. c, 6. d

1. _____ le encanta
2. _____ le parecen
3. _____ le caen bien
4. _____ le falta
5. _____ le queda
6. _____ le importa

a. *She thinks they are . . .*
b. *She still needs . . .*
c. *She has (something) left.*
d. *She minds/cares.*
e. *She likes them.*
f. *She likes it very much.*

Paso 4. Escribe lo que te gusta hacer en tu fiesta de cumpleaños. Utiliza la siguiente lista.

Me encanta. . .
Me gusta. . .
No me gusta. . .
No me importa. . .

Paso 5. ❷ Compara tus respuestas con las de un/a compañero/a.

MODELO: Me encanta recibir regalos y estar con mis amigos. Mis amigos beben cerveza pero no me importa. ¿Y a ti?, ¿qué te encanta? ¿Y qué hacen tus amigos que no te importa?

INTEGRACIÓN COMUNICATIVA

5-21. Celebraciones seculares y religiosas

Paso 1. ¿Puedes identificar con qué religión se asocia cada una de las siguientes fechas o actividades? Escribe una **C** si se asocia con la religión **cristiana** (*Christian*), una **J** con la religión **judía** (*Jewish*), y una **M** con la religión **musulmana** (*Muslim*). Escribe una **S** si es **secular** (no religiosa) y **NS** si no sabes la respuesta.

Answers 5-21, Paso 1

1. M; 2. J; 3. C (*Cuaresma*/Lent), J (*Yom Kippur*) y M (*Ramadán*); 4. S; 5. S; 6. S; 7. M; 8. M; 9. J; 10. S; 11. J

1. _____ Eid
2. _____ Jánuca
3. _____ el ayuno (no se come nada durante ciertas horas o días)
4. _____ el Día de la Hispanidad
5. _____ el Día de la Independencia
6. _____ el Día de los Trabajadores
7. _____ la peregrinación a Meca
8. _____ Ramadán
9. _____ Shabbat
10. _____ el Día de las Secretarias
11. _____ Yom Kippur

Paso 2. ❷ Entrevista a un/a compañero/a que tenga información sobre una fiesta religiosa que tú no conozcas bien. Utiliza las fiestas del Paso 1 para tu entrevista.

MODELO: E1: ¿Sabes algo sobre la fiesta de Ramadán?
E2: Sí, ¿qué quieres saber?
E1: ¿Cuándo se celebra?

E S T R A T E G I A S   Lectura

Successful and efficient reading requires that you keep track of main ideas and supporting details. In the following activity you will be asked to organize scrambled sentences that make up a single text into a coherent whole.

5-22. Celebraciones paganas

Answers 5-22, Paso 1

1. *Puerto Rico, 2. Nueva Orleans*

Paso 1. Una de las fiestas paganas más famosa es el Carnaval. Observa las fotos de esta celebración e identifica el lugar o país en el que se celebra esta fiesta.

(1)   (2)

Answers 5-22, Paso 2

A possible order is: 4, 1, 2, 3, 5. Titles will vary.

Paso 2. Las siguientes oraciones describen el Carnaval. ¿Puedes organizarlas en una secuencia lógica y agregarle un título? NOTA: Puede haber más de una secuencia posible.

1. _____ Algunas de las características fundamentales del Carnaval se pueden ver en el uso de máscaras y disfraces, la música y las procesiones.
2. _____ Otra característica fundamental que identifica al Carnaval es que su objetivo principal es celebrar la vida.
3. _____ A causa de su origen pagano, algunos de sus elementos más famosos provienen de antiguos ritos de las primeras civilizaciones.
4. _____ El Carnaval, una de las celebraciones más famosas del mundo, se festeja en diferentes lugares. Pero, en todos ellos tiene características en común.
5. _____ Por ejemplo, se dice que el ruido (*noise*) de la fiesta tiene el propósito de espantar a los espíritus malignos para preservar la vida.

Paso 3. Lee el párrafo siguiente y completa después la descripción del *Mardi Gras* de Nueva Orleans según el modelo.

MODELO: En los Estados Unidos, se festeja el Carnaval de *Mardi Gras*. . . .

El Carnaval más (*most*) famoso es, sin duda, el de Río de Janeiro en Brasil. Pero otros carnavales también tienen mucha fama. Por ejemplo, el Carnaval de Veracruz en México, es, probablemente, el segundo Carnaval más grande del mundo. En Bolivia, el Carnaval de Oruro tiene fama internacional y es el evento cultural que atrae el mayor número de turistas a Bolivia. En Uruguay, la fiesta principal del Carnaval se denomina *candombe* o *candomblé*. En Puerto Rico el Carnaval es una gran fiesta popular, aunque no es tan (*as*) importante como en otros lugares. Una característica importante del Carnaval de Puerto Rico es el uso de las máscaras que se usan para espantar a los espíritus malos.

5-23. La influencia indígena en Puerto Rico

Paso 1. Las siguientes oraciones describen la historia de los grupos indígenas de Puerto Rico. Colócalas en el orden cronológico correcto y lee el texto en el párrafo del Paso 2 para confirmar tu respuesta.

1. _____ Los conquistadores españoles llegan a la isla de Borinquen.
2. _____ Los taínos y los caribes combinan sus fuerzas.
3. _____ La tribu de los carib viene a Puerto Rico para conquistar a los taínos.
4. _____ Los indios taínos y los caribes combaten a los conquistadores.

Suggestion 5-23, Paso 1

This is an exercise on common sense and prediction. With the history they already know, how many students can actually make correct predictions?

Answers 5-23, Paso 1

3, 1, 2, 4

Paso 2. Al siguiente texto le falta el título. Debes darle uno después de leerlo.

Answer 5-23, Paso 2

A possible title is *La influencia de las lenguas indígenas en el español*.

En Puerto Rico se habla español. Sin embargo, en el español de hoy en día se puede ver la influencia de las lenguas indígenas. Así, en Puerto Rico se escucha no sólamente la lengua de los conquistadores españoles, sino también la voz de dos grupos de indios que vivieron (*lived*) en la isla en la época de Cristóbal Colón: los indios carib y los indios taínos. De hecho, todavía se utilizan palabras de estos dos grupos: *canoa, hamaca, barbacoa, huracán* e *iguana*.

Se cree que la tribu carib, una población de América del Sur, muy violenta y caníbal, fue (*went*) a Puerto Rico para conquistar a los taínos. Sin embargo, al llegar los españoles, los dos grupos de indios combinaron sus fuerzas para combatir a los nuevos conquistadores. Se sabe ahora que ni los caribes ni los taínos ganaron (*won*), pero hoy en día se puede apreciar su presencia en la lengua española, y aún en el nombre del mar y de la región; el Caribe, donde está Puerto Rico.

Paso 3. Subraya todos los usos de la partícula **se** en el texto y explica por qué se usa el verbo en singular o plural en cada caso.

Answers 5-23, Paso 3

The use of the verb in sg. or pl. depends on whether the direct object is sg. or pl. 1. *se habla: español* is sg.; 2. *se puede ver: ver,* an infinitive, is sg.; 3. *se escucha: la lengua* is sg.; 4. *se utilizan: palabras* is pl.; 5. *Se cree que la tribu,* a whole sentence preceded by *que* is sg.; 6. *Se sabe:* same as #5; 7. *se puede: su presencia* is sg.

5-24. La influencia africana en Puerto Rico

Paso 1. AUDIO La influencia de las culturas africanas se puede ver en las comidas típicas de Puerto Rico. Escucha la grabación, ¿cuáles de las siguientes palabras de origen africano se mencionan?

a. el guineo
b. la sopa
c. el tomate
d. el quingombó
e. los ñames
f. la zanahoria

Audioscript 5-24, Paso 1

Muchas personas no lo saben, pero en Puerto Rico hay muchas comidas típicas que son de África. Por ejemplo, los puertorriqueños comen muchos plátanos o bananas. Pero en Puerto Rico se llaman *guineos* y son originalmente de África. La palabra *guineo* tiene relación con el nombre de un país de África: Guinea. Otro ejemplo es lo que en EE.UU. se llama *okra* y que en Puerto Rico se llama *quingombó*. El quingombó tiene origen africano también.

Answer 5-24, Paso 1

a y d

Paso 2. Muchas palabras que tienen la combinación **mb** o **ng** son de origen africano. ¿Cuáles de las palabras de la siguiente lista crees que tienen su origen en lenguas africanas?

a. la danza
b. la rumba
c. el tambor
d. la conga
e. el guiso
f. el mondongo
g. el quingombó
h. el candombe

Answer 5-24, Paso 2

b. *la rumba,* c. *el tambor,* d. *la conga,* f. *el mondongo,* g. *el quingombó,* h. *el candombe*

Paso 3. AUDIO La música africana también tuvo (*had*) influencia sobre la cultura puertorriqueña. Escucha la grabación y escribe cuatro o cinco palabras que se puedan utilizar para describir cada uno de los tipos de música y baile que son populares en Puerto Rico. ¿Cuáles de estos tipos de música crees que tienen una clara raíz africana?

la bomba/la plena: **dinámicas,** . . . _____

la salsa: _____

el rock: _____

el merengue: _____

la rumba: _____

Paso 4. Finalmente, observa la siguiente foto de la plena, un baile puertorriqueño, y escribe tres oraciones para describir lo que ves.

5-25. Contrastes culturales

Paso 1. Ahora que tienes más información sobre Puerto Rico, decide si las siguientes afirmaciones son ciertas o falsas.

	CIERTO	FALSO
1. Más del 95 por ciento de sus habitantes son monolingües.	_____	_____
2. Más del 50 por ciento de su población es de origen europeo.	_____	_____
3. Su geografía es muy variada.	_____	_____
4. Sus fiestas incluyen tradiciones paganas y religiosas.	_____	_____
5. Su música es muy rítmica.	_____	_____

Paso 2. Escribe un ejercicio similar al anterior, pero con información de los EE.UU.

	CIERTO	FALSO
1. Nuestra población es mayormente de origen italiano.	_____	_____
2. _____	_____	_____
3. _____	_____	_____
4. _____	_____	_____
5. _____	_____	_____

Paso 3. ❷ Lee ahora tus oraciones del Paso 2 a un/a compañero/a, pídele que te conteste y completa la tabla.

Escritura   **E S T R A T E G I A S**

To hold the attention of your reader and be a persuasive writer, you need to make good transitions. Here are a few useful phrases.

Emphasis
sinceramente	*I, for one/to be honest*
personalmente	*in my opinion/personally*
de hecho	*in fact*

Consequence
también/además	*also/moreover*
así que/por lo tanto	*thus/therefore*
como resultado	*as a result*
entonces	*then*
por eso	*because of that, therefore*

Concession
por otro lado	*on the other hand*
a pesar de (eso)	*despite (that)*
sin embargo	*nevertheless*

Conclusion
al final/finalmente	*in the end/finally*
por último	*finally*
en conclusión	*in conclusion*

5-26. Las relaciones entre los EE.UU. y Puerto Rico

Paso 1. En el siguiente párrafo hay información sobre la situación política de Puerto Rico. Léelo y escribe una lista de los factores más importantes—a favor y en contra—de la independencia política de Puerto Rico.

L os puertorriqueños son ciudadanos (*citizens*) legales de los Estados Unidos desde la firma (*signature*) del acta Jones, del año 1917. Por eso, participan como soldados en la defensa de los Estados Unidos. Sin embargo, a pesar de ser ciudadanos, los puertorriqueños no pueden votar en las elecciones nacionales aunque sí pueden votar en las elecciones primarias para elegir candidatos de cada partido político. Además, los puertorriqueños no tienen representantes o senadores con voto ni en el Congreso ni en el Senado de los Estados Unidos. A pesar de eso, están muy interesados en la política estadounidense. Por ejemplo, más del 60% vota en las elecciones locales. Por otro lado, los puertorriqueños no pagan impuestos federales.

Answers 5-26, Paso 1

Los puertorriqueños son ciudadanos de los EE.UU.; participan en la defensa del país; no pueden votar en las elecciones nacionales; votan en las primarias; no tienen representantes ni en el Congreso ni en el Senado; no pagan impuestos federales.

Audioscript 5-26, Paso 3

Maricelí: La verdad, Manuel, es que estoy un poco cansada de la política. La televisión y la radio están dominadas por este tema. Que la separación de EEUU, que la unión, ¡ay! . . . ya estoy cansada de tanto bla, bla, bla. Al final se habla mucho pero nunca se hace nada.

Manuel: Sí, es verdad que muchas veces se habla mucho pero se hace poco. Pero, bueno, . . . estamos hablando de los políticos. Y sabes que los políticos nunca trabajan muy rápido. Pero, en realidad no estoy de acuerdo contigo. Creo que se puede hacer mucho para terminar el colonialismo de Estados Unidos. Primero fue España y ahora Estados Unidos, pagamos impuestos pero no tenemos derecho al voto. Además, creo que Puerto Rico tiene una identidad y una cultura propia que justifica una separación.

Maricelí: No sé. . . Yo creo que esto de la separación de Puerto Rico de los Estados Unidos es una manera de distraer a la población de las cosas importantes. Además, no entiendo por qué dicen que la independencia de EE.UU. es mejor. En el mundo moderno, ya no importan las fronteras de los países, porque después de todo en materia comercial el mundo está cada vez más unido. Mira la situación del acuerdo comercial con Canadá y México, o la unión comercial y hasta política de los países de Europa. Creo que Puerto Rico obtiene muchos beneficios económicos de la unión con EE.UU.

Manuel: No sé, no sé, Maricelí. . . yo creo que estás equivocada. Fíjate en la situación de la isla de Vieques. La marina de EE.UU. la utiliza como campo de maniobras militares porque sabe que Puerto Rico no tiene voto en las cámaras de representantes y de senadores de EE.UU. ¿Por qué no van a otros estados a hacer lo mismo? ¿Qué crees que va a pasar si van a California a hacer lo mismo?

Maricelí: Ay, Manuel. . . ¡Creo que exageras! Es decir, en principio estoy de acuerdo con tu análisis de la situación de la isla de Vieques. Pero en ese caso, no necesitas la separación de EE.UU. y ser un país independiente. Tú acabas de dar la solución: Puerto Rico puede ser estado asociado de EE.UU. y así tener votos en las cámaras de representantes y senadores de EE.UU., ¿no?, ¿no es esa una solución?

Manuel: Sí, es cierto. En teoría es una solución. ¡Pero creo que eres muy optimista Maricelí! ¿Tú crees que EE.UU. va a permitir a Puerto Rico ser un estado asociado? Me parece que es una maniobra política para dividir la opinión pública y ganar votos para mantener el estatus quo, ¿no crees?

Maricelí: Bueno, creo que no vamos a llegar a un acuerdo en este tema, así que me parece que lo mejor es cambiar de tema. Es el problema de los debates sobre la política en Puerto Rico: todo el mundo tiene opiniones muy fuertes y después es difícil poder llegar a una negociación.

Manuel: Sí, es cierto Pero, en mi opinión, esa es la ventaja de la democracia: poder compartir opiniones diferentes. Pero bueno, hablando de eso, ¿quieres estudiar para la clase de política moderna?

Paso 2. Piensa en los posibles intereses de cada una de las siguientes personas. ¿Quién crees que está a favor de la independencia de Puerto Rico?

	A FAVOR	EN CONTRA	NO LE IMPORTA
Un puertorriqueño de la ciudad de Nueva York	_____	_____	_____
Un puertorriqueño que vive en Puerto Rico	_____	_____	_____
Una persona de Cuba que vive en Miami	_____	_____	_____
Un mexicano–americano de Washington, D.C.	_____	_____	_____
Un miembro del Partido Demócrata	_____	_____	_____
Un miembro del Partido Republicano	_____	_____	_____
La gobernadora de Puerto Rico	_____	_____	_____

Paso 3. **AUDIO** Escucha la opinión de dos puertorriqueños sobre las opciones políticas de Puerto Rico. ¿Quién está a favor de la independencia y quién favorece otras opciones?

A FAVOR DE	INDEPENDENCIA	SER ESTADO DE EE.UU.
Manuel	_____	_____
Maricelí	_____	_____

Answers 5-26, Paso 3

Maricelí está a favor de ser estado de EE.UU. Manuel está a favor de la independencia.

Paso 4. **AUDIO** Escucha la grabación de nuevo e indica con una cruz (X) en la columna correspondiente quién presenta cada argumento.

	MANUEL	MARICELÍ
1. Pagamos impuestos pero no tenemos derecho al voto.	_____	_____
2. Puerto Rico tiene una identidad y una cultura propia que justifica una separación.	_____	_____
3. En el mundo moderno, ya no importan las fronteras de los países.	_____	_____
4. Puerto Rico obtiene muchos beneficios económicos de la unión con los EE.UU.	_____	_____
5. La marina de los EE.UU. utiliza a Puerto Rico como campo de maniobras militares porque sabe que Puerto Rico no tiene voto en las cámaras de representantes y de senadores de los EE.UU.	_____	_____
6. Puerto Rico puede ser estado libre asociado de los EE.UU. y así tener votos en las cámaras de representantes y senadores de los EE.UU.	_____	_____
7. Los EE.UU. utiliza la idea del estado libre asociado como una maniobra política para dividir la opinión pública y ganar votos para mantener el estatus quo.	_____	_____

Answers 5-26, Paso 4

1. *Manuel,* 2. *Manuel,* 3. *Maricelí,* 4. *Maricelí,* 5. *Manuel,* 6. *Maricelí,* 7. *Manuel*

5-27. Sinceramente, creoque. . .

Paso 1. Escribe una oración con tu posición general con respecto a la independencia de Puerto Rico.

Paso 2. Ahora escribe un borrador (*draft*) con los diversos factores a favor y en contra de tu posición. Luego, agrega palabras para crear transiciones entre argumentos u oraciones. Un párrafo o dos es suficiente.

Paso 3. ❷ Intercambia tu borrador con otro/a estudiante. Subraya los argumentos a favor y en contra, y decide si su argumento es convincente o no. Escribe una oración de respuesta con tu opinión.

Comparaciones culturales

5-28. La bandera de Puerto Rico

Paso 1. ¿Qué significado tiene una bandera? Analiza los elementos y colores de cada una de las siguientes banderas: ¿a qué país o región pertenece cada una?, ¿qué conceptos o símbolos crees que representan los elementos y colores de cada una?

PAÍS	COLORES	FIGURAS	SÍMBOLOS
1. _____	_____	_____	_____
2. _____	_____	_____	_____
3. _____	_____	_____	_____
4. _____	_____	_____	_____
5. _____	_____	_____	_____

Paso 2. Selecciona el período histórico (1895 ó 1952) al que corresponde cada una de las representaciones de los elementos de la bandera de Puerto Rico (a ó b).

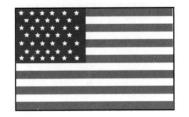

	OCUPACIÓN DE ESPAÑA (1895)	OCUPACIÓN DE EE.UU. (1952)
1. La estrella solitaria representa. . .		
a. la Isla de Puerto Rico	_____	_____
b. el Estado Libre Asociado de Puerto Rico.	_____	_____
2. Las franjas (*stripes*) rojas representan. . .		
a. la sangre (*blood*) de los patriotas de la revolución.	_____	_____
b. la sangre del pueblo representada en los tres poderes del Gobierno Republicano (Legislativo, Ejecutivo y Judicial).	_____	_____
3. Las franjas blancas representan. . .		
a. la victoria y la paz luego de obtener la independencia.	_____	_____
b. la libertad del individuo y los derechos humanos (*human rights*).	_____	_____
4. El triángulo azul equilátero representa. . .		
a. el mar y el cielo azul de Puerto Rico.	_____	_____
b. la forma Republicana de Gobierno representada por sus tres poderes.	_____	_____

Paso 3. Investiga el significado simbólico de los elementos de la bandera de los EE.UU. y de uno de sus estados. Prepara un breve informe con tus resultados y preséntalo en clase.

Cultura

The literature of any specific region or country conveys information about the cultural identity of a nation. National anthems are a special type of national literature that is full of symbolism and acts as a reminder of what a nation is about. In the following activity we will explore the symbolism of **La Borinqueña**, the national anthem of Puerto Rico.

5-29. El himno nacional de Puerto Rico

Paso 1. La siguiente lista describe las principales ideas que se presentan en cada estrofa (*verse*) de "La Borinqueña", el himno nacional (*national anthem*) de Puerto Rico. Después de leerlo, indica a qué estrofa corresponde cada idea.

Una conexión íntima existe entre la isla y su medio ambiente.   Estrofa _____

El cielo puro y las olas del mar ofrecen protección y tranquilidad.   Estrofa _____

La isla de Puerto Rico es hermosa.   Estrofa _____

La belleza (*beauty*) de Puerto Rico provoca admiración.   Estrofa _____

(1) La tierra° de Borinquen   *land*
    donde he nacido yo,
    es un jardín florido
    de mágico fulgor°   *radiance*

(2) Un cielo siempre nítido°   *clean*
    le sirve de dosel°   *canopy*
    y dan arrullos° plácidos   *whispers*
    las olas a sus pies.

(3) Cuando a sus playas llegó Colón,
    exclamó lleno de admiración:
    —¡Oh!, ¡oh! ¡oh!, ésta es la linda
    tierra que busco yo.

(4) Es Borinquen la hija,
    la hija del mar y el sol,
    del mar y el sol,
    del mar y el sol.

Paso 2. `AUDIO` Ahora escucha la música de "La Borinqueña" y marca las palabras que mejor describen este género musical.

La música del himno de Puerto Rico es:

melancólica _____   romántica _____

violenta _____   marcial _____

inspiradora _____   alegre _____

dinámica _____   melódica _____

Paso 3. ❷ Finalmente, compara con tu compañero/a los himnos nacionales de EE.UU. y Puerto Rico: ¿Hay diferencias conceptuales importantes? ¿Cuáles son las imágenes más importantes de cada himno? ¿Qué tipo de música tiene el himno de EE.UU.?

MODELO: En muchos himnos nacionales se expresan las virtudes militares de un país. En el himno nacional de Puerto Rico se describe la belleza de este país. Por ejemplo, . . .

Gramática

The spoken language has a vitality that is difficult to freeze in dictionaries or books. For instance, the language you use with friends may differ in many aspects, especially vocabulary, from the type of language you use in the essays and reports you write for your classes. Spanish is also rich in this respect, as you will soon find out if you try to speak with a native speaker. Use the context of each utterance as a guide to understand what is being said.

···Diferencias dialectales···

5-30. ¡Ay bendito!

Paso 1. A los puertorriqueños les encanta usar muchas expresiones populares que se pueden escuchar en Puerto Rico o en las calles de Nueva York. Usa el contexto de cada oración para adivinar el significado de cada frase o palabra.

Algunas expresiones populares puertorriqueñas

1. ¡Eres muy **chango!** No debes tener vergüenza *(embarrassment)* de hablar con Odalys. Creo que ella quiere bailar contigo también.

2. ¡Llevas unos **mahones** bonitos! Y te quedan muy bien. ¿Dónde te los compraste?

3. ¿Dónde están mis **espejuelos**? ¡No puedo ver nada!

4. ¡Qué **chinas** deliciosas! Son muy buenas para hacer un jugo.

5. ¡Vamos a **janguear** esta noche! Es sábado y trabajo mucho durante la semana.

6. Necesito un **pon** para ir al bosque del Yunque.

7. ¡**Ay bendito!**

8. Vamos a tomar la **guagua** para ir al centro.

a. pantalones vaqueros, los jeans

b. persona tímida, opuesto de extrovertido

c. autobús

d. gafas, lentes

e. aventón, viaje *(ride)*

f. naranjas, una fruta popular de la Florida

g. anglicismo que significa callejear *(hang out)*

h. exclamación popular típicamente puertorriqueña que se usa en muchas ocasiones

Paso 2. Investiga otras variedades de español para descubrir otras palabras populares típicas de otras regiones del mundo hispanohablante. Por ejemplo, ¿qué variedades conoce tu instructor/a?

Video
Las impresiones de Guadalupe

Primeras impresiones

5-31. Las propuestas para obtener fondos

Paso 1. ② Guadalupe y Jordi se reúnen con el profesor Parra para hablar de cómo obtener fondos para la estación de radio. Seleccionen las tres propuestas que piensan que Jordi y Guadalupe le van a presentar al profesor Parra.

	Sí	No
1. Organizar un baile (*dance*) con música de diferentes países hispanos y vender los boletos (*tickets*).	_____	_____
2. Organizar una subasta (*public auction*) con artículos baratos (*inexpensive*) y de interés para los estudiantes.	_____	_____
3. Organizar un concurso (*contest*) para diseñar una playera que anuncie (*advertises*) el programa.	_____	_____
4. Organizar un festival de cine con películas de varios países hispanos.	_____	_____
5. Organizar un festival de comida de varios países hispanos y cobrar (*charge*) a los restaurantes participantes.	_____	_____
6. Organizar un partido de fútbol con jugadores hispanos.	_____	_____

Answer 5-31, Paso 3

2, 3 y 5; le gusta más la idea 5

Answer 5-32, Paso 1

Possible answers: 1. Subasta. El profesor Parra piensa que es una idea interesante pero la estación no tiene dinero para comprar los artículos. Por otro lado, piensa que es posible que algunos artículos no se vendan. Guadalupe está de acuerdo con la opinión del profesor Parra, pero Jordi cree que la subasta puede tener éxito. 2. Diseño y venta de playeras. El profesor Parra piensa que la idea es buena pero no es un plan de acción rápido; Jordi y Guadalupe están de acuerdo con él. 3. Festival de comida: Al profesor Parra le parece muy buena idea. Piensa que es mucho trabajo pero se puede ganar mucho dinero. También es posible integrar a los vecinos de los barrios vecinos. Guadalupe y Jordi están de acuerdo con el profesor Parra.

Paso 2. Ⓖ Compartan los resultados de su discusión con el resto de la clase. ¿Cuáles son las tres propuestas con más votos? ¿Cuáles son las principales ventajas y desventajas de cada una?

Paso 3. Mira el segmento del episodio en el que Guadalupe y Jordi hablan con el profesor Parra sobre sus ideas para obtener fondos y verifica qué propuestas del Paso 1 aparecen en el segmento. ¿Qué idea le gusta más al profesor Parra?

5-32. ¿Qué piensa cada personaje de las propuestas?

Paso 1. Mira de nuevo el episodio y completa la tabla con la opinión que cada personaje tiene sobre cada una de las propuestas.

Propuesta	Profesor Parra	Guadalupe	Jordi
1. subasta	**no le gusta**	_____	_____
2. diseño y venta de playeras	_____	_____	_____
3. festival de comida	_____	_____	_____

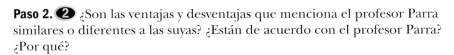

Paso 2. ➋ ¿Son las ventajas y desventajas que menciona el profesor Parra similares o diferentes a las suyas? ¿Están de acuerdo con el profesor Parra? ¿Por qué?

Paso 3. Guadalupe propone poner música durante el festival de comida. ¿Qué piensa el profesor Parra de esta idea? ¿Cuál es tu opinión al respecto?

Impresiones culturales

5-33. Más allá de las palabras

Paso 1. ➋ Observa las siguientes imágenes de este episodio y describe con palabras lo que comunica cada personaje en cada foto con su expresión física.

Answer 5-32, Paso 3

El profesor Parra piensa que es una idea excelente. Personal opinions will vary.

(1)

(2)

> **MODELO:** (Foto 1) PROF. PARRA: Es una idea interesante, pero no tenemos dinero.
>
> GUADALUPE: ¡Ay, creo que tiene razón!
>
> JORDI: No, no estoy convencido.

Paso 2. ⓖ En grupos de tres preparen un minidiálogo con una propuesta diferente a las del episodio de video. Uno de ustedes va a hacer el papel del profesor Parra, otro el de Guadalupe y otro el de Jordi. Interpreten su diálogo incorporando gestos, expresiones y un tono de voz apropiados.

Paso 3. ⓖ Cada grupo va a interpretar su minidiálogo al frente de la clase. ¿Qué grupo tiene la actuación más convincente (*convincing*)?

En resumen

Gramática

1. Impersonal *se*

The impersonal **se** is used to emphasize an activity rather than the subject who performs the action. Note that with the **se** construction, the verb agrees with the object (not the subject).

Se habla español.   *Spanish is spoken (here).*
Se hablan varias lenguas en Perú.   *Several languages are spoken in Perú.*

2. Contrasting *ser, estar,* and *haber*

Estar is used: (1) to mark location in general, (2) with adjectives, to indicate a change from the norm or from your expectations, and (3) to indicate current state of health/emotions/being.

Ser is used: (1) to identify the location of events, and (2) with adjectives that describe nouns.

Hay is only followed by nouns. Its meaning is equivalent to the English *there exist(s), there is,* or *there are.*

3. Possessive adjectives and pronouns

Pronoun	Adjective and noun (sg.)	Adjective and noun (pl.)	English
yo	mi amigo/a	mis amigos/as	*my friend/s*
tú	tu amigo/a	tus amigos/as	*your friend/s*
él/ella/usted	su amigo/a	sus amigos/as	*his/her/your friend/s*
nosotros/as	nuestro/a amigo/a	nuestros/as amigos/as	*our friend/s*
vosotros/as	vuestro/a amigo/a	vuestros/as amigos/as	*your friend/s*
ellos/ellas/ustedes	su amigo/a	sus amigos/as	*their/your friend/s*

4. Introduction to indirect object pronouns: Singular and plural

The indirect object is the entity that benefits or is the recipient in a situation.

Persona	Singular	Plural
primera	**me** (*to me, for me*)	**nos** (*to us, for us*)
segunda	**te** (*to you, for you*)	**os, les** (*to you all, for you all*)
tercera	**le** (*to/for him, her, you*)	**les** (*to them, you all*)

5. Verbs similar to *gustar*

The subject of **gustar** (and similar verbs) is placed after the verb. The indirect object pronoun is placed before the verb: **me** gusta, **nos** encanta, **te** parece, **les** cae bien, etc.

Vocabulario

Las fiestas y celebraciones (in chronological order)

Año Nuevo	New Year's Day
el día de los Reyes Magos	Epiphany
el día de los Enamorados	Valentine's Day
el Carnaval	Mardi Gras
el miércoles de Ceniza	Ash Wednesday
la Cuaresma	Lent
la Semana Santa	Holy Week
la Pascua	Easter
el día de la Madre/ del Padre	Mother's/Father's Day
el día de la Independencia	Independence Day (for the U.S.)
el día de las Brujas	Halloween
el día de todos los Santos	All Saint's Day
el día de los Muertos	Day of the Dead
el día de Acción de Gracias	Thanksgiving Day
la Nochebuena	Christmas Eve
la Navidad	Christmas
la misa de Gallo	midnight mass (Christmas Eve)
la Nochevieja	New Year's Eve
el cumpleaños/el día del Santo	birthday/Saint's day

La familia

abuelo/a	grandfather/grandmother
abuelos maternos	maternal grandparents
abuelos paternos	paternal grandparents
ahijado/a	godson/goddaughter
concuñado/a	relationship of both in-laws
cuñado/a	brother-in-law/sister-in-law
esposo/a	husband/wife
familiares	relatives
hermanastro/a	stepbrother/stepsister
hermano/a	brother/sister
hijastro/a	stepson/stepdaughter
hijo/a	son/daughter
madrastra	stepmother
madre	mother
madrina	godmother
mamá/mami	mom
media hermana	half sister
medio hermano	half brother
nieto/a	grandson/granddaughter
novio/novia	boyfriend/girlfriend
nuera	daughter-in-law
padrastro	stepfather
padre	father
padres	parents
padrino	godfather
papá/papi	dad
parientes	relatives
primo/a	cousin
sobrino/a	nephew/niece
suegro/a	father-in-law/mother-in-law
tío/a	uncle/aunt
yerno	son-in-law

Sustantivos relacionados con las fiestas

los aguinaldos	Christmas carols
el/la anfitrión/a	host/hostess
los bombones	chocolates
la buena suerte	good luck
el/la cantante	singer
el concurso	contest
los adornos	ornaments
el desfile	parade
los fuegos artificiales	fireworks
el/la invitado/a	guest
la madrugada	daybreak
la mascota	pet
la pachanga	party
el ramo de flores	flower bouquet
el regalo	present
la subasta	auction
la tarjeta	card
la torta	cake

Sustantivos relacionados con la representación política

la bandera	flag
el/la ciudadano/a	citizen
el derecho al voto	right to vote
los derechos humanos	human rights
los habitantes	inhabitants
los impuestos	taxes
la lengua	language
la marina	the navy
el país	country
el porcentaje	percentage
por ciento	percent
el tratado	treaty
el vecino/la vecina	neighbor

Verbos relacionados con las fiestas

asistir	to attend
bailar	to dance
cobrar	to charge
compartir	to share
comprar	to buy
dar un beso/besar	to kiss
disfrazarse	to wear costumes
divertirse	to have fun
hacer chistes	to tell jokes
pasar bien/genial	to have a good/great time
tener éxito	to be successful
vender	to sell

6 *Las comidas y la conversación*

Vocabulario en contexto

- Lugares para tomar algo y conversar
- La comida y la bebida

Intercambios comunicativos

- Invitaciones

Enfoque cultural

- España

Gramática en contexto

- Ordinal adjectives
- Direct object pronouns
- Informal commands

Integración comunicativa

- En el restaurante
- Espectáculos tradicionales: el cine

Comparaciones culturales

- Imágenes de España
- "Las moscas"

Diferencias dialectales

- Vosotros
- El ceceo

Video: Las impresiones de Guadalupe

En resumen

Note

These exploratory activities preview some of the major topics covered in the chapter. They do not require right answers. If students do not offer options, volunteer one or two and move on. After you finish the chapter, ask students to do these activities again to give them a sense of progress as, most likely, they'll do better at the end of the chapter.

Vocabulario en contexto

Ask students to think of other words that could be associated to the main word in the box. After you complete the chapter, come back to this page and ask them to mention as many words as they can remember (without consulting notes).

Gramática en contexto

Ask students to fill in the empty space in this text. Do they notice any particular structure that differs substantially from English?

Comparaciones culturales

Ask students to add a few more entries to the lists.

Vocabulario en contexto

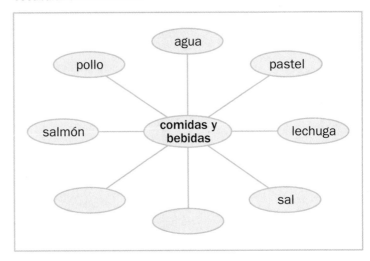

Gramática en contexto

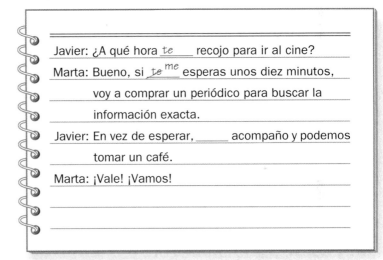

Javier: ¿A qué hora _te_ recojo para ir al cine?

Marta: Bueno, si _te_ _me_ esperas unos diez minutos, voy a comprar un periódico para buscar la información exacta.

Javier: En vez de esperar, _____ acompaño y podemos tomar un café.

Marta: ¡Vale! ¡Vamos!

Comparaciones culturales

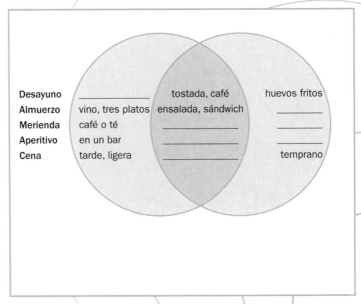

Desayuno	_____	tostada, café	huevos fritos
Almuerzo	vino, tres platos	ensalada, sándwich	_____
Merienda	café o té	_____	_____
Aperitivo	en un bar	_____	_____
Cena	tarde, ligera	_____	temprano

Vocabulario en contexto

6-1. ¿Cómo pasas el tiempo libre?

Paso 1. En tu tiempo libre, ¿qué haces? Relaciona los lugares siguientes con las actividades que normalmente se hacen en ellos. Luego agrega dos lugares y dos actividades más.

LUGARES	ACTIVIDADES
1. ___ el cine	a. ver un partido de fútbol
2. ___ el parque	b. ver una película
3. ___ la cafetería	c. charlar (hablar) con los amigos
4. ___ el restaurante	d. ver una obra de teatro
5. ___ el zoológico	e. nadar
6. ___ el estadio	f. observar a los animales y a la naturaleza
7. ___ el museo	g. tomar el sol
8. ___ la playa	h. contemplar obras de arte
9. ___ el teatro	i. caminar
10. ___ el dormitorio	j. comer
11. ___ la discoteca	k. descansar
12. ___ la piscina	l. bailar

Paso 2. 🄖 A continuación entrevista a tus compañeros/as y busca dos personas que hagan al menos una actividad distinta a la tuya en cualquiera de los lugares mencionados en el paso anterior.

MODELO: E1: ¿Qué haces en la playa?
E2: En la playa mis amigos y yo normalmente nos bañamos, caminamos y comemos.
E1: Pues, yo me baño y camino en la playa, pero nunca como allí.

Paso 3. Comparte ahora los resultados de tu encuesta (*poll*) con los demás estudiantes. ¿Quién hace alguna actividad diferente a los demás?

6-2. Lugares para tomar algo y conversar

Paso 1. Observa la caricatura en la página 189. ¿Por qué crees que la mujer le pregunta al mozo (camarero) si se quiere sentar para charlar con ella?

a. Porque quiere pedirle la receta del plato que acaba de comer.
b. Porque quiere conversar con alguien ya que su esposo está hablando por teléfono.
c. Porque quiere saber su opinión sobre la última película de Almodóvar.

© MAITENA

Cultura

La comida y la bebida forman parte de nuestra vida diaria, no sólo para satisfacer necesidades básicas, sino también para establecer y mantener relaciones sociales. En los países hispanohablantes la costumbre de salir a tomar una copa (*a drink, literally a glass*) o tomar un café es una manera de ser sociable y de disfrutar de la vida. La sobremesa (*after-dinner conversation*) es otra actividad social en la que los comensales charlan o hablan sobre diversos temas.

Paso 2. ¿Adónde se puede salir a comer o a tomar algo? Empareja cada lugar con su correspondiente definición.

Answers 6-2, Paso 2

1. b, 2. e, 3. a, 4. c, 5. d

1. _____ bar
2. _____ café
3. _____ cibercafé
4. _____ restaurante
5. _____ tasca

a. se puede tomar café y navegar por Internet.
b. se pueden tomar diferentes cócteles y bebidas alcohólicas, pero también se puede comer cosas ligeras (*light*).
c. se puede comer un almuerzo o una cena completa.
d. se comen tapas.
e. se puede tomar café y comer diferentes tipos de dulces (*sweets*).

Paso 3. Ahora, marca con una cruz (X) los lugares que normalmente visitas cuando estás acompañado(a) de las siguientes personas.

	BAR	CAFÉ	CIBERCAFÉ	RESTAURANTE	TASCA
amigos	_____	_____	_____	_____	_____
compañeros/as de clase	_____	_____	_____	_____	_____
colegas de trabajo	_____	_____	_____	_____	_____
hermanos/as	_____	_____	_____	_____	_____
novio/a	_____	_____	_____	_____	_____
padres	_____	_____	_____	_____	_____

Paso 4. ② Entrevista a un/a compañero/a de clase para comparar opiniones.

MODELO: E1: ¿Adónde vas cuando sales con tus padres?
E2: Voy a un restaurante elegante.

Paso 5. Ⓖ Explica a la clase las diferencias que tienes con tu compañero/a. Luego escucha lo que dicen los demás estudiantes y toma nota para saber cuál es el lugar más popular para ir a comer o a beber con las diferentes personas del Paso 2.

6-3. La comida y la bebida

Paso 1. En el dibujo que sigue, las comidas y las bebidas están colocadas al azar (*randomly*). Agrupa cada comida y bebida en la categoría correspondiente de la tabla siguiente.

CARNES	PESCADOS/ MARISCOS	LEGUMBRES	FRUTAS	ESPECIAS	DULCES	BEBIDAS
pollo	salmón	lechuga	banana	sal	pastel	agua

Paso 2. Lee el siguiente párrafo y luego escribe los nombres de los alimentos que los hispanos comen en cada una de las comidas del día.

Las comidas del día

El desayuno es la primera comida del día. En los países hispanos se desayuna generalmente entre las siete y las diez de la mañana. El desayuno hispano es ligero. Muchos hispanos desayunan un café con una tostada, galletas, *croissant* u otro tipo de bollo o pan.

El almuerzo, o la comida, es la comida principal del día. En los países hispanos se almuerza generalmente entre la una y las tres de la tarde. Un almuerzo típico consta de tres platos. El primero puede ser una sopa o una ensalada. El segundo plato casi siempre es de carne o pescado acompañados de patatas, arroz o legumbres y el tercero, el postre, es generalmente una fruta o algo dulce como helado o pastel.

La merienda, o el café o té de la media tarde, se puede considerar otra de las comidas del día. A veces, después de salir del trabajo, los hispanos toman un aperitivo que es, generalmente, una bebida alcohólica antes de la cena. Los hispanos, en general, cenan entre las ocho y las diez de la noche. La cena es similar al almuerzo, pero normalmente, es más ligera.

desayuno: _____
_____
almuerzo: _____
_____
merienda: _____
_____
cena: _____
_____

Paso 3. Según el párrafo anterior agrupa las palabras siguientes con su correspondiente definición.

1. bollo   2. ligero   3. plato   4. postre

a. ____ con pocas calorías o sustancias grasas, de poca consistencia
b. ____ recipiente redondo y plano para poner la comida o comida que se sirve en él
c. ____ plato dulce, fruta, etc. que se toma al final de la comida
d. ____ pan esponjoso de harina con huevos, leche, etc.

Paso 4. ❷ Con un/a compañero/a prepara una breve descripción oral sobre los alimentos que se comen típicamente en una de las comidas principales en EE.UU.

MODELO: Para el desayuno muchos estadounidenses desayunan huevos fritos y tocino, y toman un café.

6-4. ¿Qué te gusta comer?

Suggestion 6-4, Paso 1

Tell students what you usually eat for breakfast, lunch, and dinner.

Paso 1. ¿Qué le gusta comer a tu profesor/a para el desayuno, el almuerzo y la cena? Escucha lo que dice y haz un círculo alrededor de los nombres de los alimentos que menciona.

una taza de chocolate

un *croissant*

jugo (zumo) de naranja

una taza de café

un huevo duro

carne con patatas al horno

una tostada

mermelada

MER

un vaso de leche

hamburguesa con papas (patatas) fritas

pescado con arroz

mantequilla

una taza de té

pasta

cereales

sopa

sándwich ó bocadillo de jamón y queso

ensalada

huevos fritos

Paso 2. 🄖 Ahora escribe lo que te gusta comer y tomar a ti para el desayuno, el almuerzo o la cena. Luego entrevista a varios/as compañeros/as para saber qué comen ellos.

MODELO: E1: ¿Qué te gusta tomar para el desayuno?
E2: Me gusta tomar un jugo de naranja y un café.
E1: Pues a mí me gusta una Coca-Cola.

Paso 3. 🄖 Escucha qué dicen tus compañeros/as y rellena la siguiente tabla. Escribe quién come la comida más extraña, más típica, más grande y más saludable (*healthy*).

	MÁS EXTRAÑO/A	MÁS TÍPICO/A	MÁS GRANDE	MÁS SALUDABLE
el desayuno	_____	_____	_____	_____
el almuerzo	_____	_____	_____	_____
la cena	_____	_____	_____	_____

E S T R A T E G I A S Vocabulario

El circunloquio es una estrategia de comunicación que puedes usar cuando no recuerdas una palabra en particular, o cuando no sabes la palabra específica. En ese caso puedes utilizar otras palabras (sinónimos) o puedes hacer una descripción más extensa de la palabra que no puedes recordar (un circunloquio). Esta estrategia es muy útil cuando se estudia una lengua nueva, porque no se conocen muchas palabras. Por ejemplo, si tu interlocutor no sabe que es una tortilla española puedes usar el siguiente circunloquio: **Es como una *omelette* que se hace con patatas, huevos y cebolla. Es salada y muy rica.**

6-5. ¿Cómo se dice. . .?

Paso 1. Las siguientes definiciones se refieren a palabras que ya conoces de las actividades anteriores. ¿Puedes adivinar a qué palabra corresponden?

1. Es el sabor opuesto o contrario a salado.
2. Es una comida caliente y líquida; se sirve de primer plato.
3. Aquí las personas se reúnen a charlar, a tomar café y a navegar en la red o a utilizar el correo electrónico.
4. Esta bebida no tiene alcohol, pero tiene gas; es generalmente dulce pero tiene diferentes sabores.
5. Esta persona atiende a los clientes en un restaurante.
6. En este lugar al aire libre se puede pasear, correr, jugar o simplemente sentarse a ver la naturaleza.

Paso 2. ❷ Escribe tres circunloquios tomando como modelo los del paso anterior. ¿Puede tu compañero/a adivinar lo que describes? Luego intercambien circunloquios con otra persona y vuelvan a adivinar qué son.

⊙⊙ Intercambios comunicativos

Para invitar a alguien a hacer algo

¿Te apetece ir a tomar un café?	*Would you like to go for a cup of coffee?*
¿Tienes planes para este fin de semana?	*Do you have plans for the weekend?*
¿Te interesa ir al cine?	*Would you like to go to the movies?*
¿Qué te parece si alquilamos un video?	*How about if we rent a video?*

Para aceptar una invitación

¡Con mucho gusto!	*I'd love to!*
¡Sí, me encantaría!	*Sure, I'd love to!*
¡Por supuesto!	*Of course!*
¡Cómo no!	*Of course! Sure! Great!*

Para rechazar una invitación

¡Ay, me encantaría, pero ya tengo planes!	*Ah, I'd love to, but I already have plans!*
¡Ay, qué lástima, pero hoy no puedo!	*Ah, I'm sorry, but today I can't!*
Hoy es imposible, ¿qué te parece mañana?	*Today is impossible, what about tomorrow?*
¡Lamentablemente tengo que estudiar!	*Unfortunately, I have to study!*

6-6. Invitaciones

Paso 1. VIDEO Las siguientes imágenes del video muestran la reacción de Guadalupe cuando Jordi la invita a comer tapas y la reacción de Jordi cuando Guadalupe lo invita a una exposición de pintura. Escribe un posible diálogo para cada escena. Luego adivina la respuesta que cada uno da a la respectiva invitación.

(1)

(2)

Paso 2. VIDEO Escucha el diálogo correspondiente a la escena del video representada en las fotos anteriores. ¿Qué expresiones que tú usaste (*you used*) aparecen?

Paso 3. ② Invita a alguien de tu clase a una actividad social para el próximo fin de semana (ir al cine, a tomar café, a una fiesta, etc.). Luego cambien de papel.

ENFOQUE CULTURAL

6-7. España

Paso 1. AUDIO Escucha la grabación y luego rellena los espacios en blanco con la información que falta en el siguiente mapa de España.

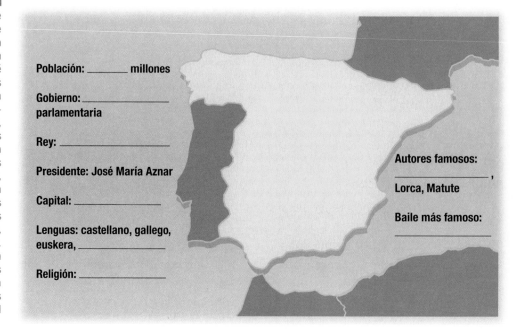

Población: _____ millones

Gobierno: _____ parlamentaria

Rey: _____

Presidente: José María Aznar

Capital: _____

Lenguas: castellano, gallego, euskera, _____

Religión: _____

Autores famosos: _____, Lorca, Matute

Baile más famoso: _____

Paso 2. Ⓖ Empareja cada categoría con el dato sobre España que corresponda.

DATOS	
1. _____ Es mayormente urbana y se concentra en las costas, con la excepción principal de Madrid.	a. relieve
2. _____ El euro.	b. clima
3. _____ Predomina el sector de los servicios, la industria y la pesca.	c. economía
4. _____ Variado, en general montañoso. La altitud media es de las mayores de Europa.	d. población
5. _____ Después de Italia, es el país de Europa que recibe más turistas.	e. moneda
6. _____ Es muy variado y se define de acuerdo con la región geográfica: el clima atlántico, el clima mediterráneo, el clima de las islas Canarias y el clima de montaña.	f. territorio
7. _____ Es el cuarto país de Europa en extensión, después de Rusia, Francia y Alemania.	g. turismo

Paso 3. Utiliza la información de los Pasos 1 y 2 para escribir tres preguntas posibles sobre España.

MODELO: ¿Qué tipos de clima hay en España?

Paso 4. ❷ Hazle a tu compañero/a las preguntas que escribiste en el Paso 3. ¿Sabe las respuestas? ¿Puede contestar sin mirar el libro? Cuando terminen, contesta tú sus preguntas.

Gramática en contexto

I. Ordinal adjectives

6-8. ¿Quién es la primera dama de los Estados Unidos?

Paso 1. Completa la siguiente tabla con los numerales ordinales que faltan.

PRESIDENTE	DAMA	INGLÉS
primero	_____	*first*
_____	segunda	*second*
tercero	_____	*third*
cuarto	_____	*fourth*
quinto	_____	*fifth*
_____	sexta	*sixth*
_____	séptima	*seventh*
octavo	_____	*eighth*
_____	novena	*ninth*
_____	décima	*tenth*

Gramática

Like any other adjectives in Spanish, ordinal adjectives agree in gender and number with the noun they modify: **primero, primera, primeros, primeras.** In contrast, ordinal adjectives remain unchanged in English: first, second, etc.

ESTRATEGIAS   Gramática

When the ordinal numerals **primero** and **tercero** are in masculine singular form, they drop the final **-o** before a noun:

Soy el **tercero** en la cola.   *I am the third one in line.*
Prefiero el **tercer libro**.   *I prefer the third book.*

As first, second, and third are abbreviated in English—1st, 2nd, 3rd—the same happens with their Spanish equivalents.

Primer: 1er Primero: 1° Primera: 1^{a}
                    Segundo: 2° Segunda: 2^{a}
Tercer: 3er Tercero: 3° Tercera: 3^{a}

Answers 6-8, Paso 2

primera, primer, tercer, primer, segunda, cuarto

Paso 2. Completa los espacios en blanco en las siguientes oraciones.

1. Alejandra es la _____ (*first*) en la cola.
2. Jordi es el _____ (*first*) español que conozco.
3. Éste es el _____ (*third*) bar de tapas que visito este mes.
4. El _____ (*first*) plato del menú es típico de España.
5. Prefiero la _____ (*second*) pintura de ese autor.
6. España es el _____ (*fourth*) país que firma el tratado.

6-9. Una cartelera de españoles famosos

Answers 6-9, Paso 1

Las personas que no son de España son: Jennifer López (de Nueva York, EE.UU.) y Sor Juana Inés de la Cruz (de México)

Paso 1. **AB** Intercambia información con tu compañero/a para descubrir el nombre y la profesión de los españoles famosos que están haciendo fila (*waiting in line*) para entrar al cine. NOTA: ¿Pueden adivinar el nombre de las dos personas que no son de España en la fila?

MODELO: E1: ¿Quién es la segunda persona de la izquierda?
E2: Creo que es Penélope Cruz.

A

ORDEN EN LA FILA	NOMBRE	PROFESIÓN
Primera persona:	Pedro Almodóvar	director de cine
Segunda persona:	_____	_____
Tercera persona:	Miguel de Cervantes	escritor
Cuarta persona:	_____	_____
Quinta persona:	_____	_____
Sexta persona:	Jennifer López	cantante y actriz de cine
Séptima persona:	_____	_____
Octava persona:	Pablo Picasso	pintor
Novena persona:	_____	_____
Décima persona:	Alexei Shirov	ajedrecista (*chess player*)

B Information for student B, p. 526

Paso 2. **❷** La foto a la derecha es de una de las personas que se mencionan en el Paso anterior. Comenta su apariencia física con tu compañero/a. ¿Creen que representa la imagen típica de un español? ¿Por qué? ¿Pueden adivinar quién es?

Paso 3. Las siguientes oraciones se refieren a la persona de la foto. Ponlas en orden lógico y explica tu selección de acuerdo con la cronología de los hechos.

MODELO: La primera oración es la oración número 2 porque presenta la pregunta general que se contesta en el resto del párrafo. La segunda es la número...

1. Se llama Alexei Shirov y es todavía muy joven.
2. ¿Sabes que uno de los mejores jugadores contemporáneos del ajedrez representa a España?
3. En el año 2000, jugó en el campeonato mundial establecido por FIDE, la Federación internacional de ajedrez.
4. Nació en 1972 pero no en España, sino en Latvia, aunque vive en España desde hace mucho tiempo.
5. Desde 1992, Shirov ha sido uno de los diez mejores ajedrecistas del mundo.

orden: _____   _____   _____   _____   _____

Paso 4. ¿Conoces a alguna persona famosa de los Estados Unidos que nació (*was born*) en otro país, pero vive aquí y representa el espíritu de los EE.UU.?

Answers 6-10, Paso 2

1. *El pronombre es* **lo**, 2. *reemplaza al sustantivo* **capítulo**, 3. *un verbo conjugado.* Note that even though in these examples the direct object pronouns precede the conjugated verb in each sentence, object pronouns can also be attached to the end of infinitives, present participles, or affirmative commands.

II. Direct object pronouns: *lo* and *la*

6-10. La conozco

Paso 1. Lee el siguiente párrafo y subraya las palabras que se repiten innecesariamente. ¿Cómo puedes solucionar la redundancia?

> Todos los días leo un capítulo para la clase siguiente. Luego estudio el capítulo asignado cuidadosamente. Aprendo el capítulo de memoria y, finalmente, leo el capítulo en voz alta para prepararme para tomar el examen.

Paso 2. Para evitar la repetición de los sustantivos se usan pronombres (*pronouns*). Lee la siguiente versión del párrafo anterior y luego contesta las siguientes preguntas.

> Todos los días leo el capítulo asignado para la próxima clase. Luego lo estudio cuidadosamente. Lo aprendo de memoria y, finalmente, lo leo en voz alta para prepararme para tomar el examen.

1. ¿Cuál es el pronombre que se utiliza en este párrafo?
2. ¿A qué sustantivo reemplaza?
3. ¿Qué tipo de palabra se encuentra después del pronombre átono (*unstressed*) en cada ejemplo?

Gramática

In English, direct objects often follow the verb and answer the question *What?* or *Whom?*

> The students read **their notes** after class. They read **them** quickly.
> They read *what* after class? They read *their notes*.

Their notes is the direct object and can be replaced by the direct object pronoun **them**.

Paso 3. La tabla siguiente resume el uso de los pronombres de objeto directo (*direct object pronouns*). Después de hacer las actividades que siguen, vuelve para completar la información que falta en la tabla.

PRONOMBRE DE SUJETO	PRONOMBRE DE OBJETO DIRECTO
yo	_____
tú	_____
Ud.	**lo, la**
él (*and masc. nouns*)	**lo**
ella (*and fem. nouns*)	**la**
nosotros/as	_____
vosotros/as	**os**
Uds.	_____
ellos (*and masc. nouns*)	_____
ellas (*and fem. nouns*)	_____

III. Direct object pronouns: *me* and *te*

6-11. ¿Me conoces?

Paso 1. ¿A quién crees que se refieren los pronombres **me** y **te** en las siguientes oraciones, a Juan o a Mario?

JUAN: ¿**Me** llamas por teléfono después de tu clase?
MARIO: Sí, ¡cómo no!, **te** llamo a las 7 ó 7 y media.

Paso 2. ❷ Marta y Javier están hablando de sus planes para el fin de semana. Trabaja con otro/a estudiante y completen los espacios en blanco con los pronombres de complemento directo **me** o **te**.

MARTA: Hola, Javier, ¿cómo estás?

JAVIER: Bien, Marta, gracias. ¿Y tú?

MARTA: Muy bien. Pensando en este fin de semana, no puedo decidir qué hacer. ¿(1)_____ ayudas?

JAVIER: Sí, claro que (2) _____ ayudo. ¿Qué ideas tienes?

MARTA: Pues, quiero ver la nueva película de Almodóvar, pero el cine está lejos y no tengo coche.

JAVIER: Yo tengo coche y me gusta Almodóvar también. (3) _____ llevo.

MARTA: ¡Qué amable Javier! Oye, si tú (4) _____ llevas al cine, ¿puedo invitar a Amelia a venir con nosotros también? Es que ella (5) _____ quiere conocer.

JAVIER: ¡Perfecto! Entonces ¿a qué hora (6) _____ recojo para ir al cine?

MARTA: Bueno, si (7) _____ esperas unos diez minutos, voy a comprar un periódico para ver a qué hora es la película.

JAVIER: En vez de esperar (8) _____, (9) _____ acompaño y podemos tomar un café.

MARTA: ¡Vale! ¡Vamos!

Paso 3. ❷ Imagina que Javier ya no habla con Marta sino con su vecina (*neighbor*) de 70 años de edad, la señora Vázquez. Escribe el diálogo de nuevo con los cambios necesarios, y ensáyalo con tu compañero/a.

MODELO: SRA. VÁZQUEZ: Hola, Javier, ¿cómo estás?
JAVIER: Bien, Sra. Vázquez, gracias. ¿Y usted?

IV. Direct object pronouns: *nos*, *los*, and *las*

6-12. ¿No los conoces?

Paso 1. Identifica los sustantivos a los que se refieren los pronombres de objeto directo de las oraciones siguientes.

MODELO: José, Gerardo y yo tenemos planes esta noche: Laura **nos** invitó a un baile.

Nos: José, Gerardo y yo

1. Estudiante: No entiendo bien los conceptos nuevos. Profesora: Los explico otra vez. Si después de mi explicación aún no los entiendes, los podemos ver de nuevo la clase que viene.

_____

2. ¿Sabes si Mayra, Diana y Fátima van al teatro esta noche? Hace mucho tiempo que no las veo y las extraño (*miss*) mucho.

_____

INTEGRATED COMPONENTS

Use the following instructional resources to practice **Direct object pronouns: me and te**.

- **Gramática viva:** Direct object pronouns
- **Student Activities Manual/o-SAM:** Activity 6-13
- **Companion Website:** Chapter 6, Gramática en contexto, Direct object pronouns: *me* and *te*

Answers 6-11, Paso 1

Both refer to Juan.

Answers 6-11, Paso 2

1. me, 2. te, 3. te, 4. me, 5. te, 6. te, 7. me, 8. te, 9. te

Answers 6-11, Paso 3

1. me, 2. la, 3. te, 4. me, 5. la, 6. la, 7. me, 8. la, 9. la

INTEGRATED COMPONENTS

Use the following instructional resources to practice **Direct object pronouns: nos, los, and las**.

- **Gramática viva:** Direct object pronouns
- **Student Activities Manual/o-SAM:** Activity 6-14
- **Companion Website:** Chapter 6, Gramática en contexto, Direct object pronouns: *nos, los,* and *las*

Answers 6-12, Paso 1

los: conceptos; *las:* Mayra, Diana y Fátima

Paso 2. Por primera vez, Marisol va a recibir en su casa a sus futuros suegros (*parents-in-law*), los padres de su novio. Lee el mensaje de correo electrónico de Marisol a su amiga Pilar, e identifica el referente de los pronombres de objeto directo en negrita.

MODELO: Mis futuros suegros llegan mañana; **los** voy a buscar al aeropuerto, ya que Marcos trabaja.

los: mis futuros suegros

Querida Pilar:

Te escribo para contarte que Marcos invitó a sus padres a visitarnos para celebrar nuestro compromiso. Como te puedes imaginar, estoy súper nerviosa. En una semana van a llegar mis futuros suegros, pero no **los** conozco muy bien. Además **nos** van a visitar durante dos semanas. ¿Te imaginas? Necesito tu ayuda y tu consejo. Por favor, ayúdame. ¿Cómo **los** puedo recibir? ¿Preparo una fiesta con muchos invitados? ¿O **los** invito a algo más íntimo como una cena privada? Pero, ¿qué comida preparo? ¿**La** preparo sola, o con la ayuda de mi futura suegra? ¿Y qué hago si no les gusta mi comida? Y no sé qué hacer con respecto a las bebidas alcohólicas: ¿**las** sirvo aunque Marcos y yo no tomamos alcohol? Tú conoces a sus padres y estoy segura de que tienes muchas sugerencias buenas, y ahora. . . **las** necesito más que nunca. ¿Qué me aconsejas? ¡Ayúdame! Estoy desesperada.

Marisol

Paso 3. Lee la respuesta de Pilar con los consejos para Marisol y subraya los que tú crees que son útiles.

Querida Marisol,

Aquí te mando algunas ideas. Espero que te ayuden.

A tus suegros: Los recibes con mucha alegría. Los saludas con un beso y un abrazo. Los llevas a la sala para conversar. Los invitas a tomar un té o un café.

A tu suegra: La invitas a preparar la comida contigo si cocinas en tu casa. La llevas a caminar después de la comida o, si quiere salir de compras, la llevas a una tienda elegante. De noche la puedes animar para ir al teatro o a la ópera, o también si quiere hacer algo más informal, la acompañas al cine a ver una película.

A tu suegro. Por la tarde lo llevas a jugar al golf o lo invitas a ver su deporte favorito en la televisión. De noche lo animas a salir de casa o lo acompañas al videoclub. Lo dejas elegir una de sus películas favoritas.

Pilar

Paso 4. Tal vez algunos de los consejos anteriores reflejen estereotipos sobre los papeles de un suegro y una suegra. Prepara una lista de consejos para Marisol, diferentes a los de Pilar. ¿Qué consejos le darías tú (*would you give her*)?

A tu suegra: _____

A tu suegro: _____

A los dos: _____

V. Informal commands

6-13. ¡Aprende español y diviértete!

Paso 1. Éstas son las recomendaciones que un estudiante de España les da a los estudiantes de EE.UU. que van a estudiar español en su universidad. Léelas y decide si lo que dice es cierto (**C**) o falso (**F**).

INTEGRATED COMPONENTS

Use the following instructional resources to practice **Informal commands**.

- **Gramática viva:** Informal commands; Informal commands vs. present indicative
- **Student Activities Manual/o-SAM:** Activity 6-15
- **Companion Website:** Chapter 6, Gramática en contexto, Informal commands

¡Hola! ¡Bienvenido a España!

Éstas son algunas recomendaciones para tener éxito en los estudios, practicar mucho español y divertirse. Primero, estudia todas las noches; no esperes hasta la noche antes del examen porque es difícil estudiar mucho en poco tiempo. No te acuestes demasiado tarde. Ve a clase todos los días para practicar español y conocer a muchos estudiantes. Sé abierto y haz muchos amigos; no seas tímido. Habla con los profesores y con los estudiantes después de las clases.

Pero lo más importante, ¡no te olvides de divertirte! Aprende español hablando con la gente en todas partes. No te quedes en casa. Sal con tus amigos a los bares y restaurantes, ¡pero no salgas hasta muy tarde y no bebas mucho alcohol! Si te gusta bailar, ve a las discotecas o a clases de baile. Visita museos y exposiciones y haz muchas preguntas. ¡Ven a visitarnos pronto!

Answers 6-13, Paso 1

Only 2 and 4 are true.

	CIERTO	FALSO	
1.	_____	_____	Don't study during the day. Study at night because it's quieter.
2.	_____	_____	But don't go to bed too late.
3.	_____	_____	Don't go to class; instead go to bars to chat with the local people.
4.	_____	_____	Talk to your professors and classmates after class.
5.	_____	_____	Go to discos and take dance classes, but don't go to art exhibitions because few people attend them.

Paso 2. Vuelve a leer el texto "¡Hola! ¡Bienvenido a España!" y subraya los verbos que se usan para dar recomendaciones.

MODELO: Primero, <u>estudia</u> todas las noches.

Answers 6-13, Paso 2

estudia, no esperes, no te acuestes, asiste, sé, haz, no seas, habla, no te olvides, aprende, no te quedes, sal, no salgas, no bebas, ve, visita, haz, ven

Gramática

Los mandatos informales afirmativos se usan para dar órdenes o pedir cosas (*commands or requests*). Tienen la misma forma que la tercera persona del singular del presente de indicativo.

TERCERA PERSONA DEL SINGULAR	MANDATO
él/ella habla	Habla (tú).
el/ella bebe	Bebe (tú).
él/ella escribe	Escribe (tú).

Algunos mandatos informales son irregulares en la forma afirmativa. En general, son verbos muy comunes, por ejemplo: decir: **di**; tener: **ten**; poner: **pon;** ser: **sé**.

Paso 3. Completa la tabla siguiente con ejemplos de mandatos afirmativos regulares e irregulares que se usan el texto "¡Hola! ¡Bienvenido a España!"

FORMAS REGULARES	FORMAS IRREGULARES
_____	_____
_____	_____
_____	_____
_____	_____
_____	_____
_____	_____

Paso 4. ❷ Con un/a compañero/a, escribe seis recomendaciones para estudiantes españoles que van a estudiar en tu universidad y quieren aprender la lengua y cultura de tu país. Usa mandatos afirmativos.

MODELO: Primero, asiste a los partidos de fútbol americano de la universidad. Son una parte importante de la cultura universitaria. Segundo, . . .

Paso 5. ⒼPor último, comparte las recomendaciones con la clase. Decide cuáles son las recomendaciones más comunes y las más originales.

6-14. ¡No lo hagas!

Paso 1. Para algunas recomendaciones, el estudiante de España da mandatos informales en forma negativa. Mira la tabla siguiente y luego completa los espacios en blanco sobre la formación de los mandatos negativos regulares.

PRESENTE DE INDICATIVO	MANDATO NEGATIVO	MANDATO AFIRMATIVO
(yo) no espero	no esperes (tú)	espera
(yo) no me acuesto	no te acuestes (tú)	acuéstate
(yo) no salgo	no salgas (tú)	sal
(yo) no bebo	no bebas (tú)	bebe

Para formar los mandatos negativos informales regulares,

1. Si el verbo termina en **-ar**, elimina la última letra del presente de indicativo (esper**o** o me acuest**o**) y añade la terminación _____.
2. Si el verbo termina en **-er** o en **-ir**, elimina la última letra del presente de indicativo (salg**o** o beb**o**) y añade la terminación _____.
3. Si el verbo es reflexivo, pon el pronombre **te** (antes/después) del verbo y la negación **no** (antes/después) del pronombre.

Paso 2. La misma regla se usa con los mandatos negativos que son irregulares en la forma afirmativa. ¿Puedes completar la siguiente tabla con las formas de los mandatos que faltan?

PRESENTE DE INDICATIVO	MANDATO NEGATIVO
(yo) hago	*no hagas (tú)*
(yo) salgo	_____
(yo) veo	_____
(yo) digo	_____
(yo) pongo	_____
(yo) vengo	_____
(yo) tengo	_____

Paso 3. Ⓖ Con dos compañeros/as, escriban en cinco minutos mandatos negativos informales para darle recomendaciones al grupo de españoles que quiere visitar su universidad. ¡El grupo con más mandatos es el ganador!

Gramática

1. Three common verbs that don't follow the regular pattern are **estar**, **ser**, and **ir**.

No estés	*Don't be* (Note the accent on the second **e**)
No seas	*Don't be*
No vayas	*Don't go*

2. Unlike affirmative commands, in negative commands pronouns do not attach to the verb.

No te levantes.	*Don't get up.*
No te pongas esa camisa.	*Don't put on that shirt.*
No las compres.	*Don't buy them.*

3. Change **c** to **qu** (when **c** is before **e**) and **g** to **gu** (when **g** is before **e**) to maintain the same pronunciation of the consonant.

   Buscar ⇒ busco: no bus**ques**

No busques tu tarea ahora.	*Don't look for your homework now.*

   Entregar ⇒ entrego: no entre**gues**

No entregues la tarea tarde.	*Don't hand in your homework late.*

INTEGRACIÓN COMUNICATIVA

6-15. En un restaurante

Paso 1. ❷ Estás en un restaurante en España a la hora del almuerzo. Lee el siguiente menú y marca los platos que conoces. Consulta con tu compañero/a, ¿conocen muchos platos?

Restaurante Olé   MENÚ

Entrantes

Tabla de Ibéricos	11€
Tabla de quesos y patés variados	9€
Calamares a la romana	8€
Mejillones a la vinagreta	8€

Sopas

Sopa de mariscos	5€
Sopa de calabacín	4€
Sopa de champiñones	4€
Crema de espárragos	5€
Minestrone	4€
Caldo gallego	3€

Carnes y pescados*

Chuletón con guarnición	13€
Entrecot	14€
San Jacobo	9€
Costillas a la brasa	7€
Pollo asado	5€
Merluza en salsa verde	10€
Trucha con jamón	8€
Besugo a la plancha	15€
Bacalao a la Vizcaína	15€

Todos los platos van acompañados de ensalada y patatas asadas o fritas, a su preferencia.

Postres

Tarta de manzana	2€
Tarta de queso	2€
Tarta de almendra	2€
Fruta de la temporada	1€
Flan	2€
Helado	2€
Arroz con leche	2€

Tenemos a su disposición una amplia carta de vinos.

Paso 2. **AB** Con tu compañero/a túrnense para hacer de camarero/a y cliente. Averigua en qué consisten los platos de tu menú que no tienen descripción.

MODELO: CLIENTE: Perdone, ¿qué es un San Jacobo?
           CAMARERO/A: El San Jacobo es un tipo de carne rellena con jamón y queso.

A

PLATO	DESCRIPCIÓN
gazpacho	Sopa fría con pan, aceite, vinagre, tomate, cebolla y ajo.
paella	
ensaladilla rusa	Ensalada fría preparada con atún (*tuna*) y trozos de patatas y de zanahorias cocidas. También lleva guisantes, aceitunas (*olives*) y pimientos rojos en conserva (*preserve*), todo cubierto de mayonesa.
cocido madrileño	
caldo gallego	Guiso (*stew*) preparado con carne de ternera (*veal*) y de cerdo (*pork*), patatas y verduras (*green vegetables*) como repollo (*cabbage*).
empanada gallega	
pulpo a la marinera	
flan	Dulce preparado con una mezcla de huevos, leche y azúcar.

B Information for student B, p. 526

Paso 3. **2** Ahora que tienes una descripción de muchos platos del menú, imagina que vas a cenar. Dile a tu compañero/a (el/la camarero/a) qué te gustaría (*you would like*) comer.

6-16. ¿Me trae la carta, por favor?

Paso 1. Señala con una cruz (X) las frases que el/la camarero/a puede decirles a los clientes en un restaurante.

_____   1. Buenas tardes, aquí tienen la carta.
_____   2. ¿Les gustaría algún aperitivo (*appetizer*)?
_____   3. ¿Qué quieren comer?
_____   4. Yo soy vegetariano, ¿qué me recomienda?
_____   5. ¿Me puede traer la tabla de Ibéricos, por favor?
_____   6. Creo que voy a pedir el salmón.
_____   7. ¿Qué quieren para beber?
_____   8. Enseguida les traigo la cuenta.
_____   9. ¿Desean un postre?, ¿café?
_____   10. ¿Aceptan tarjetas de crédito?

Paso 2. **G** En grupos de cinco estudiantes, representen al/a la camarero/a y a los clientes. Preparen una escena en la que uno de los clientes no encuentra nada que le guste. Los otros tienen que convencerlo/la de pedir algo.

Cliente 1: Le encantan los pescados y mariscos.
Cliente 2: Le gustan mucho las carnes y tomar vino.
Cliente 3: Le gustan los pescados pero no puede comer sal.
Cliente 4: Es vegetariana, le encantan las pastas.

Paso 3. Cada grupo presenta su escena al resto de la clase. Los demás tienen que juzgar (*judge*) si la situación tiene un final feliz, tiene un final negativo, o no tiene una conclusión clara.

6-17. Algunos lugares famosos de Madrid

Paso 1. AUDIO Madrid, la capital de España, es el punto de llegada de casi todos los que visitan ese país. Escucha a un español que da instrucciones para llegar a tres lugares famosos de Madrid. ¿A qué lugares te llevan las instrucciones? NOTA: Tu punto de inicio está marcado con una cruz en el mapa.

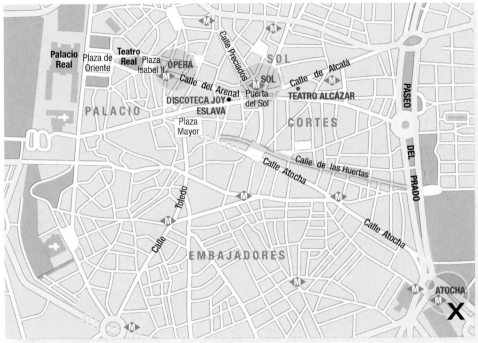

Audioscript 6-17, Paso 1

1. Para ver el ambiente madrileño es una buena idea ir a este lugar. Siempre hay mucha gente y puedes ver tiendas típicas y tomar unas tapas en las terrazas de los restaurantes. Sal de la estación y toma la calle de Atocha. La calle de Atocha es larga, sigue recto hasta la *Plaza Mayor*. Cruza esta plaza y continúa recto. Al final de la calle hacia el norte, cruzando la calle del Arenal está este lugar.

2. Por la tarde puedes ir a este lugar. Sal de Atocha de nuevo y sigue recto por la calle de Atocha hasta llegar a la *Plaza Mayor*. Ve a la derecha y cruza la Puerta del Sol. Sigue recto por la calle de Alcalá. *En el número 20 de la calle de Alcalá* está este lugar donde puedes ver una obra de teatro.

3. Si te gusta bailar, por la noche puedes ir a este famoso lugar. Al salir del teatro, sigue la calle de Alcalá en dirección a la Puerta del Sol. Cruza la Puerta del Sol y toma una calle que está enfrente y que se llama *calle del Arenal*. En el número 11 de esta calle está este lugar.

Answers 6-17, Paso 1

Lugar 1. Ópera, Lugar 2. el teatro Alcázar, Lugar 3. la discoteca Joy Eslava

Lugar 1: _____

Lugar 2: _____

Lugar 3: _____

Vocabulario   **E S T R A T E G I A S**

Algunas preposiciones comunes para dar direcciones son las siguientes:

a la derecha (de)	*to the right* (*of*)
a la izquierda (de)	*to the left* (*of*)
al lado derecho/izquierdo	*to the right/left side*
adelante	*ahead*
recto/derecho	*straight ahead*
enfrente de	*in front of*
frente a	*facing*
detrás de	*behind*
por la calle, el centro	*along/by/through the street, downtown*

Paso 2. Escucha la grabación nuevamente y pon una cruz (X) al lado de los verbos en forma de mandatos (*commands*) que se usan.

Answers 6-17, Paso 2

sal, continúa, ve, sigue, cruza, toma

_____ entra   _____ ve

_____ dobla (*turn*)   _____ sigue

_____ sal   _____ busca

_____ vuelve   _____ cruza

_____ continúa   _____ toma

Paso 3. **AB** Estás con tu compañero/a de clase en la Plaza Mayor de Madrid. Van a hacer un tur por la zona del Madrid de los Austrias. Tu mapa tiene algunos de los lugares más importantes que quieren visitar. Pregúntale a tu compañero/a cómo llegar desde la Plaza Mayor a esos lugares.

MODELO: E1: ¿Cómo voy a la Puerta del Sol?
E2: Primero cruza la Plaza Mayor y dobla a la derecha. Sigue la calle todo recto y estás en la Puerta del Sol.

A

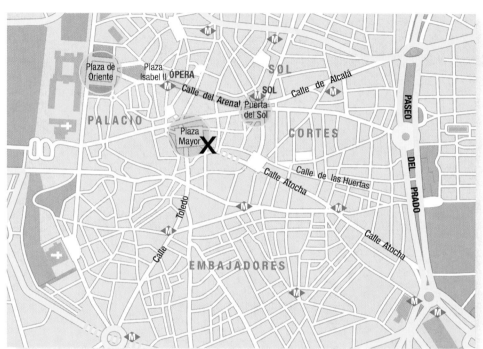

Calle Preciados
Teatro Real
Palacio Real

B Information for student B, p. 527

ESTRATEGIAS   Lectura

When we read a text it is helpful to have a general understanding of the issues discussed in the passage before we can process the details of the topic.
For instance, movie reviews rely on a certain amount of knowledge that readers are expected to have about the director, the genre, and the type of movie being discussed.

6-18. Espectáculos tradicionales: el cine

Answer 6-18, Paso 1

2

Paso 1. Uno de los directores más famosos del cine español, Pedro Almodóvar, recibió (*received*) la nominación a un Oscar en 2003 por la dirección de su película *Hable con ella*. Analiza los cuatro personajes principales de la película y trata de adivinar el género cinematográfico al que corresponde.

- Un enfermero, Benigno, trabaja en un hospital.
- Un escritor, Marco, visita a su novia, Lydia, en el hospital.
- Lydia, la novia de Marco, torera de profesión, está internada en el hospital, víctima de una cornada (*goring*).
- Alicia, una joven estudiante de ballet, está en coma en el hospital donde trabaja Benigno.

Creo que es una película:

1. _____ de aventuras con mucha acción.

2. _____ romántica con muchos diálogos.

3. _____ de ciencia-ficción con muy buenos efectos especiales.

4. _____ de suspenso con mucho misterio.

Paso 2. Ahora lee el primer párrafo de la reseña de la película *Hable con ella* y decide cuál de las siguientes opciones es la más probable como tema central de esta película.

Answer 6-18, Paso 2

Option b is true.

Reseña: *Hable con ella*

Dirección y guión: Pedro Almodóvar. Interpretación: Javier Cámara (Benigno), Leonor Watling (Alicia), Darío Grandinetti (Marco), Rosario Flores (Lydia). Fotografía: Javier Aguirresarobe.

Hable con ella es una película conmovedora. Desde su impactante primera producción cinematográfica, *Pepi, Luci, Bom y otras chicas del montón* en 1978, Almodóvar ha demostrado su admirable capacidad para reflejar, en tono de comedia, personajes únicos y surrealistas, particularmente mujeres. En éste, su décimocuarto film, el irreverente director manchego centra su atención en dos hombres quienes, con su mediocridad, sus fobias y sus temores, se hacen totalmente creíbles.

a. Marco va a visitar a su novia al hospital y allí descubre que Benigno es un enfermero que se enamora de sus pacientes y las asesina con drogas. Marco establece contacto con Benigno para buscar pruebas contra él y llevarlo a la cárcel (*jail*).

b. Benigno y Marco se conocen y profundizan su amistad durante el tiempo en el que esperan la recuperación de las mujeres a las que aman. Así los dos hombres expresan sus sentimientos más íntimos y llegan a descubrirse a sí mismos.

c. Benigno y Marco se conocen y profundizan su amistad hasta que se enamoran. Cuando Lydia se recupera Marco debe decidir con quién va a continuar su vida amorosa: Lydia o Benigno.

Paso 3. Lee ahora el resto de la reseña y subraya las frases que describen el tema central de esta película.

Almodóvar crea una trama con fuerza interior que es intimista pero que nunca llega a la sensiblería. Los diálogos son creíbles y fluidos, la fotografía de Aguirresarobe (el mismo fotógrafo de la película "Los otros" con Nicole Kidman) es sugestiva, melodramática, impecable y las interpretaciones de los actores expresan con profundidad la soledad, la incomunicación humana, y la necesidad de hombres y de mujeres de la interacción social. La expresión de los sentimientos, por parte de los hombres en particular, es conmovedora. Almodóvar crea una historia simple en la que se expresa que la exteriorización de la sensibilidad o de la afectividad no es patrimonio exclusivo de las mujeres. Para lograr esa comunicación con el espectador Almodóvar cuenta con actores estupendos como Darío Grandinetti y sobretodo Javier Cámara. Este último representa un personaje ambiguo, ingenuo y eternamente triste. Su actuación es muestra de una impresionante capacidad artística, que bajo la dirección magistral de Almodóvar hace que el espectador se sienta partícipe de la trama. Leonor Watling, a pesar de lo poco que dice es sumamente elocuente, en una palabra, magnífica, mientras que la interpretación de Rosario Flores es simple y sin excesos.

Hasta el momento, la obra cumbre de Almodóvar, con la que obtuvo el Oscar a la mejor película extranjera en el 2000, era "Todo sobre mi madre". Pero Almodóvar no se durmió en los laureles y nos sorprende ahora con otra obra maestra por la que recibió la nominación del Oscar al mejor director de cine. Efectivamente, esta es una película madura e intimista, y ¿por qué no decirlo? uno de los mejores opus de la filmografía de Almodóvar.

Paso 4. Vuelve a leer toda la reseña y completa la tabla siguiente con ejemplos de las descripciones usadas para cada una de las siguientes categorías.

CATEGORÍA	ADJETIVOS O FRASES DESCRIPTIVAS
la película:	conmovedora, . . .
el director:	admirable capacidad para reflejar, en tono de comedia, personajes únicos y surrealistas, . . .
Darío Grandinetti:	
Javier Cámara:	
Leonor Watling:	
Rosario Flores:	
la fotografía:	
la trama:	

Paso 5. ❷ Finalmente, habla con tu compañero/a sobre el guión de una película o la biografía de un actor que te guste sin decir el nombre. Tu compañero/a tiene que decir si sabe cuál es la película o el actor y decir el nombre.

Escritura **ESTRATEGIAS**

You read a movie review written in rather sophisticated language. Even if you did not understand every word or idea, you probably understood the gist of the argument by paying attention to key words that convey the critic's opinion of the movie. For the following written activity, you will be asked to pay special attention to the use of adjectives.

6-19. La recomiendo

Paso 1. Vas a escribir una crítica sobre tu película favorita. Antes de comenzar decide a qué lectores (audiencia) vas a dirigir tu crítica.

- tus amigos
- los estudiantes de la clase de español
- tu familia
- unos amigos que organizan un club de cine para mostrar películas
- ¿otra posibilidad? _____

Paso 2. Anota palabras clave (*key words*) sobre los aspectos más destacables (*outstanding*) de la película en las siguientes categorías. No uses adjetivos huecos (*empty*) como "importante" o "interesante" para describir o cualificar. Estos adjetivos no le dan información al lector.

la película: _____

el director: _____

los actores: _____

el guión: _____

la fotografía: _____

Paso 3. Para cada categoría, haz oraciones completas con las palabras que seleccionaste (*you selected*). Luego organiza las oraciones de una manera coherente.

Paso 4. ❷ Intercambia tu crítica con un/a compañero/a que escribió (*wrote*) sobre la misma película o una similar (si es posible). Comenta con él/ella las ideas de la crítica. ¿Pueden entender todo? ¿Es necesario añadir información? ¿Es necesario eliminar información? ¿Es necesario cambiar o modificar información?

Paso 5. ❻ En grupos de cinco, túrnense para leer cada crítica sin decir el nombre de la película, ¿Pueden sus compañero/as adivinar qué película es?

Paso 6. Haz los cambios de contenido necesarios. Después, revisa el uso de la gramática, los acentos y la puntuación. Entrega la crítica a tu profesor/a.

Comparaciones culturales

6-20. Imágenes de España

Paso 1. España es un país muy famoso por su cocina, pero también por su larga historia e influencia mundial. Escribe una lista de al menos diez palabras clave que asocias con este país.

Paso 2. ❷ Comparte tu lista con la de un/a compañero/a. ¿Cuántas palabras se encuentran en las dos listas?

Answer 6-20, Paso 3

All photographs are from Spain.

Paso 3. Observa las siguientes fotos y decide cuántas palabras de tu lista puedes usar para describirlas. ¿Crees que todas las fotos son de España? ¿Podrían ser algunas de los Estados Unidos? ¿Por qué?

6-21. Las comunidades autónomas de España

Paso 1. AUDIO Escucha la información sobre las diferentes comunidades autónomas de España. Luego, completa el mapa con el nombre de estas comunidades, de su gente y de las lenguas que hablan.

Comunidad autónoma:	GALICIA	PAÍS VASCO	CATALUÑA	ANDALUCÍA
Grupo étnico representativo:	_____	_____	_____	_____
Lengua:	_____	_____	_____	_____

Paso 2. Lee el siguiente texto sobre una de las comunidades autónomas: Galicia. ¿Por qué no se conforma al estereotipo de España que tiene la gente de los Estados Unidos?

> **G**alicia no se conforma al estereotipo de España porque. . .
> Galicia es completamente verde y tiene una costa parecida a la costa de Escocia. Su clima es templado y húmedo. Se dice que Galicia es la región con las prácticas más puras de las tradiciones célticas. Por ejemplo, los gallegos tocan la gaita (*bagpipe*). La palabra **gaita** tal vez procede del gótico *gaits*. Esta palabra se utiliza también en las lenguas del oriente europeo y significa **cabra**. La etimología de la palabra entonces tiene sentido (*makes sense*) porque el fuelle (*bag*) de la gaita se hace con la piel de cabra. Hay gaiteros famosos a nivel mundial. Por ejemplo, un integrante del grupo de música *The Chieftains* es gallego. Su nombre es Carlos Núñez.

Cultura

Muchas obras literarias describen cosas simples de la vida. Por ejemplo, el autor Antonio Machado escribió sobre las moscas (*flies*) y sobre las memorias y recuerdos que evocan estos insectos tan simples. A su vez, el cantautor catalán Joan Manuel Serrat popularizó ese poema como canción (con música del argentino Alberto Cortés).

Paso 3. ¿Crees que los diferentes estados de Estados Unidos son como las comunidades autónomas de España? Escribe un párrafo para apoyar tu posición.

Paso 4. 🅖 Contrasta tu párrafo con el de un compañero/a. Juntos, escriban tres semejanzas y tres diferencias entre España y los Estados Unidos para compartir con el resto de la clase. Haz una encuesta: ¿cuáles son las semejanzas y diferencias más importantes?

6-22. "Las moscas"

Paso 1. Marca con una cruz (X) todas las palabras que son útiles para describir a las moscas.

_____ pequeñitas

_____ amistosas (*friendly*)

_____ familiares

_____ pertinaces (*persistent*)

_____ sonoras

_____ revoltosas (*mischievous*)

_____ divertidas

_____ golosas (*gluttonous*)

_____ voraces (*voracious*)

_____ viejas

Paso 2. En la primera estrofa del poema el autor dice que las moscas le recuerdan (evocan) muchas cosas del pasado. ¿Cuáles de las siguientes cosas del pasado asocias con las moscas? Agrega otras que no están en la lista.

el verano
el salón de la familia
la adolescencia
la escuela
la infancia
la juventud

Paso 3. ¿En cuáles de los siguientes objetos crees que las moscas se posan (*sit*) normalmente? Agrega otros que no están en la lista.

juguetes
cartas de amor
la calva (*bald head*)
libros
párpados (*eyelids*) de los muertos

Paso 4. Ahora lee el poema y marca con una cruz (X) las categorías que el autor incluye en cada estrofa.

Answers 6-22, Paso 4

D refers to *Descripción*, R to *Recuerdos*, and O to *Objetos*. 1. D, R; 2. D, R, and O; 3. R; 4. D, R; 5. R; 6. D, R, and O; 7. D, R.

ESTROFA Nº	DESCRIPCIÓN	RECUERDOS	OBJETOS
1.	_____	_____	_____
2.	_____	_____	_____
3.	_____	_____	_____
4.	_____	_____	_____
5.	_____	_____	_____
6.	_____	_____	_____
7.	_____	_____	_____

"Las moscas"   *Antonio Machado*

(1) Vosotras, las familiares,
    inevitables golosas,
    vosotras, moscas vulgares,
    me evocáis todas las cosas.

(2) ¡Oh, viejas moscas voraces
    como abejas° en abril,   *bees*
    viejas moscas pertinaces
    sobre mi calva infantil!

(3) ¡Moscas del primer hastío°   *boredom*
    en el salón familiar,
    las claras tardes de estío°   *summer*
    en que yo empecé° a soñar°!   *I began; to dream*

(4) Y en la aborrecida° escuela,   *bored*
    raudas° moscas divertidas,   *rapid*
    perseguidas°, perseguidas   *persecuted*
    por amor de lo que vuela°,   *present tense of* volar, *to fly*
    —que todo es volar—, sonoras
    rebotando° en los cristales   *bouncing*
    en los días otoñales. . .

(5) Moscas de todas las horas,
    de infancia y adolescencia,
    de mi juventud dorada°;   *golden*
    de esta segunda inocencia,
    que da el no creer en nada,

(6) de siempre. . . Moscas vulgares,
    que de puro° familiares   *pure*
    no tendréis digno° cantor°:   *worthy; singer*
    yo sé que os habéis posado
    sobre el juguete encantado°,   *enchanted*
    sobre el librote cerrado,
    sobre la carta de amor,
    sobre los párpados yertos°   *stiff*
    de los muertos.

(7) Inevitables golosas,
    que ni labráis° como abejas,   *plow*
    ni brilláis° cual mariposas°;   *shine; butterflies*
    pequeñitas, revoltosas,
    vosotras, amigas viejas,
    me evocáis todas las cosas.

···Diferencias dialectales···

In most regions of Spain the pronoun **vosotros/as** is used to convey familiarity and informality in place of the pronoun **ustedes** (*you all, you guys*). Like the **nosotros/as** forms, the **vosotros/as** forms of verbs do not change stem either.

6-23. ¿Cuánto sabéis vosotros sobre vosotros?

Paso 1. ❷ Emparejad las preguntas con las respuestas y prestad atención al contenido.

1. _____ ¿Tenéis planes para esta noche?
2. _____ ¿Servís paella todos los días?
3. _____ ¿Tomáis zumo de naranja con frecuencia?
4. _____ ¿Estudiáis mucho?
5. _____ ¿Conocéis al famoso autor Camilo José Cela?
6. _____ ¿Os gusta la comida española?
7. _____ ¿Qué vais a pedir para comenzar? o ¿Qué pedís para comenzar?
8. _____ ¿Sabéis el nombre del restaurante?

a. No, no nos gusta mucho el zumo.
b. Sí, la servimos todos los días; la paella es nuestra especialidad.
c. Vamos a pedir una tortilla española, unas aceitunas y una sopa de pescado para comenzar.
d. ¡Por supuesto que lo sabemos! El nombre del restaurante es *El molino*.
e. No, no tenemos planes para esta noche.
f. Sí, estudiamos todos los días.
g. Sí, nos encanta. Las tapas de este bar son deliciosas.
h. Sí, lo conocemos.

Paso 2. ❷ Analizad las formas verbales que se utilizan en las preguntas del Paso anterior. ¿A qué pronombre corresponden? Con esa información, completad la siguiente tabla.

PRONOMBRE SUJETO	-AR: TOMAR	-ER: TENER	-IR: SERVIR
nosotros/as	_____	_____	servimos
Uds.	toman	tienen	_____
vosotros/as	_____	_____	_____
ellos/as	toman	_____	sirven

Paso 3. Ⓖ Escribid tres preguntas más similares a las del Paso 1. Hacédselas a otros grupos de estudiantes de la clase.

Paso 4. Finalmente, volved al poema de Machado y marcad todos los verbos que están conjugados con **vosotros**. Los podéis encontrar en las estrofas 1, 6 y 7.

Gramática

En el norte y también en la parte central de España, la letra **s** se pronuncia como [s], pero la letra **c** (antes de las vocales **-e** e **-i**) al igual que la letra **z**, se pronuncian como /θ/ (sonido similar a la combinación **th** en inglés, en palabras como *thin* o *thigh*).

Ca**s**a vs. ca**z**a   /s/ vs. /θ/

Ve**s** vs. ve**z**   /s/ vs. /θ/

6-24. Zaragoza está en España

Paso 1. AUDIO Escucha la pronunciación de dos personas de diferentes países de habla hispana. ¿Puedes identificar a la persona de España? Márcala con una cruz (X).

	DE ESPAÑA	DE OTRO PAÍS
1. cerveza	_____	_____
2. cocina	_____	_____
3. concierto	_____	_____
4. hacia	_____	_____
5. lápices	_____	_____
6. plaza	_____	_____
7. Zaragoza	_____	_____

Paso 2. Escucha la grabación de nuevo, y trata de imitar el acento español.

Video
Las impresiones de Guadalupe

Primeras impresiones

6-25. ¿Por qué llama Jordi a Guadalupe?

Paso 1. Jordi llama a Guadalupe por teléfono. Observa las imágenes de los dos hablando. De acuerdo a lo que sabes sobre los dos personajes, ¿qué tipo de conversación piensas que van a tener?

1. Van a tener una conversación romántica.
2. Van a hablar sobre las clases y los estudios.
3. Van a conversar sobre temas para el programa de radio de Jordi.
4. Van a hablar sobre sus planes para las próximas vacaciones.

Paso 2. ❷ Trabaja con un/a compañero/a que tenga la misma opción que tú en el Paso 1. Hagan una lista de los temas específicos que Guadalupe y Jordi van a tratar en la conversación.

MODELO: las clases y los estudios

6-26. Detalles de la conversación

Paso 1. VIDEO Mira el video y decide si la opción que seleccionaste en el Paso 1 es la correcta o si necesitas cambiarla.

Paso 2. VIDEO Mira el video de nuevo y marca con una cruz (X) los temas que Guadalupe propone para el programa de radio de Jordi.

1. _____ Un reportaje sobre los hábitos de estudio de los estudiantes.
2. _____ Un reportaje sobre la obra de teatro Romeo y Julieta.
3. _____ Un reportaje sobre una exposición en el museo de arte.
4. _____ Un reportaje sobre la situación financiera de la estación de radio.

Paso 3. VIDEO Mira el video una vez más y decide cuál de las siguientes opciones es la apropiada para completar cada oración.

1. A Jordi le gusta el fútbol pero a Guadalupe. . .
   a. le parece que eso no tiene nada de cultura.
   b. le gusta más el tenis.
   c. le parece que a los estudiantes no les va a gustar ese tema.

2. Jordi piensa que un reportaje sobre la obra de teatro Romeo y Julieta. . .
   a. va a ser perfecto para el programa.
   b. no les va a interesar a los jóvenes.
   c. es muy difícil de escribir.

3. Jordi cree que un reportaje sobre la exposición del museo de arte. . .
   a. es un tema muy sofisticado.
   b. es una buena idea.
   c. es perfecto para el programa de Guadalupe.

4. Guadalupe. . .
   a. acepta la invitación de Jordi para ir de tapas.
   b. rechaza la invitación de Jordi para ir de tapas.
   c. quiere invitar a Pablo a ir de tapas con ella y Jordi.

Comparaciones culturales

6-27. ¿Van a tener una cita Guadalupe y Jordi?

Paso 1. ❷ Lee el siguiente segmento y habla con un/a compañero/a sobre las reacciones de Jordi y Guadalupe en las líneas 6–9.

1. GUADALUPE: ¿Bueno, qué te interesa? Porque es más fácil hacer algo sobre lo que a uno le gusta que sobre lo que a uno no le gusta.
2. JORDI: Pues. . . es difícil, ¡a mí me encanta el fútbol!
3. GUADALUPE: Pues claro, eres hombre. . .
4. JORDI: Lo sé, lo sé.
5. GUADALUPE: ¿Pero eso de cultura qué tiene? ¡Nada!
6. JORDI: ¡Por eso te necesito, guapa!
7. GUADALUPE: ¡Ay qué lindo! Muchas gracias, tú también eres chulo.
8. JORDI: ¿Cómo?
9. GUADALUPE: Nada, nada. . . ¿te gusta el teatro?

Paso 2. ❷ Ahora analicen el siguiente segmento y expliquen la respuesta de Jordi en las líneas 5 y 7.

1. JORDI: Vale. ¡Ah, oye! Y. . . ¿qué te parece si invitamos a Pablo? Al pobre no le dieron el trabajo en la emisora porque no tenían presupuesto para pagarle y está un poquito deprimido. . . a él también le encantan los museos.
2. GUADALUPE: Sí, bueno, está bien. Pero no le digas que vamos de tapas primero.
3. JORDI: ¡Mmm! Pero vamos de tapas, ¿no?
4. GUADALUPE: Oye, fue tu idea. . . podemos ir antes de ir al museo.
5. JORDI: ¡Ah! Sí, vale. Sólo quería estar seguro de que. . .
6. GUADALUPE: ¿De qué?
7. JORDI: Pues de que íbamos de ir. . . solos.
8. GUADALUPE: Ay. . ., ¡claro que vamos a ir los dos solitos!
9. JORDI: ¡Vale! Pues, ¡venga! ¡Unas gambas al ajillo no le van mal a nadie!

Paso 3. ❷ VIDEO Mira con un/a compañero/a las dos escenas del video de los Paso 1 y 2. Señalen los gestos, expresiones faciales y variación en la voz que acompañan las reacciones de Guadalupe y Jordi.

Paso 4. ❷ Con un/a compañero/a discutan: ¿Cómo se puede definir una cita (a date) en tu cultura? Después de ver la interacción y reacciones de Guadalupe y Jordi, ¿piensan que Jordi y Guadalupe van a tener "una cita"? ¿Por qué?

En resumen

Gramática

1. Ordinal adjectives

primer(o)/a	*first*	**sexto/a**	*sixth*
segundo/a	*second*	**séptimo/a**	*seventh*
tercer(o)/a	*third*	**octavo/a**	*eighth*
cuarto/a	*fourth*	**noveno/a**	*ninth*
quinto/a	*fifth*	**décimo/a**	*tenth*

2. Direct object pronouns

me (*me*): masc. and fem.

te (*you*): masc. and fem.

lo (*him/you form. sing.*): masc.

la (*her/you form. sing.*): fem.

nos (*us*): masc. and fem.

os (*you pl. inf.*): masc., or masc. and fem.

los (*them, you pl.*): masc., or masc. and fem.

las (*them, you pl.*): fem.

3. Informal commands

Affirmative regular informal commands (using **tú**) are the same as the present form for the third-person singular (**él/ella/usted**).

Canta conmigo.	*Sing with me.*
Repite esta canción bonita.	*Repeat this beautiful song.*

Some of the most common verbs have irregular informal command forms for the affirmative: decir: **di**, hacer: **haz**, ir: **ve**, poner: **pon**, salir: **sal**, ser: **sé**, tener: **ten**, venir: **ven**. Derivative verbs follow the same pattern: posponer: **pospón**, detener: **detén**.

The same accent rules, as well as the appropriate attachment of the pronoun to the verb, apply to affirmative commands with both direct and indirect object pronouns:

Cómpralo.	*Buy it.*
Regálale las entradas.	*Give the tickets to her.*

If a verb is reflexive, you must add an accent to the stressed vowel when you attach the reflexive pronoun at the end of the verb.

bañarse: **Báñate.**	*Bathe yourself.*

4. Negative commands

For regular and irregular verbs, negative informal commands are formed:

1. Conjugating the verb in the first-person singular of the present tense: vender: **vendo**
2. Removing the **-o** ending to get the stem: **vend-**
3. Adding **-es** to -ar verbs, or **-as** to -er and -ir verbs: **vendas**
4. Putting **no** before the command form: **no vendas**

Three common verbs that don't follow this pattern are **estar**, **ser**, and **ir**:

No estés. (*Don't be.* Note the accent on the second *e*.)
No seas. (*Don't be.*)
No vayas. (*Don't go.*)

Verb stems ending in **c** change to **qu** before **e**, and those ending in **g** change to **gu** before **e** to retain their pronunciation:

buscar → busco → no bus**ques**: No **busques** a María ahora. (*Don't look for María now.*)
entregar → entrego → no entre**gues**: No **entregues** la carta. (*Don't hand in the letter.*)

Unlike affirmative commands, in negative commands, pronouns are placed before the verb form:

No te vayas.	*Don't go.*
No te metas en problemas.	*Don't get into trouble.*
No las vendas.	*Don't sell them.*
No lo repitas nunca.	*Don't ever repeat it.*

Vocabulario

Comidas, bebidas y especias

el aceite de oliva	*olive oil*
la aceituna	*olive*
el agua	*water*
el agua con gas, sin gas	*carbonated, non-carbonated water*
el ajo	*garlic*
la albahaca	*basil*

el albaricoque, el damasco	*apricot*
el arroz	*rice*
el atún	*tuna*
el azúcar	*sugar*
el bacalao	*cod (fish)*
el besugo	*sea bream (type of fish)*
el bocadillo	*sandwich*
la bollería, el pan	*bread*
los camarones, gambas	*shrimps*

la canela en polvo	cinnamon powder	la naranja	orange
los caracoles	snails	las ostras	oysters
la carne de cerdo	pork	la paella	rice with meat, seafood, and vegetables
la carne de res	beef		
la carne	meat		
la cebolla	onion	el pan	bread
los champiñones, hongos	mushrooms	las papas (patatas)	potatoes
la chuleta, chuletón	chops (usually pork, unless specified)	las pasas	raisins
		el pastel, torta	cake
las costillas	ribs	el pavo	turkey
los dulces	sweets	el perejil	parsley
el durazno	peach	el pescado	fish
las fresas	strawberries	la pimienta negra	black pepper
la galleta (de sal)	cookie, cracker	el pimiento o pimentón	pepper
el gazpacho	cold soup with bread, tomatoes, and garlic	los pinchos morunos	shish kebab
		el refresco	soda
		la sal	salt
las habas, frijoles, habichuelas, porotos	beans	la sandía, la patilla	watermelon
		la trucha	trout
la harina	flour	el vino	wine
el helado	ice cream	las uvas	grapes
los huevos	eggs	las zanahorias	carrots
la langosta	lobster	el zumo (jugo)	juice
la leche	milk		
la lechuga	lettuce		
las legumbres, vegetales	legumes, vegetables	**Verbos**	
el maíz	corn	acompañar	to go (somewhere with someone)
la mantequilla	butter		
la manzana	apple, block (as in a city block)	aconsejar	to give advice
		almorzar, comer	to have lunch
los mariscos	seafood	apetecer	to feel like (+ ing verb form)
los mejillones	mussels		
la mermelada	jelly or jam, marmalade	cenar	to have dinner/ supper

conocer	to know (a person/place, be familiar with)
desayunar	to have breakfast
descansar	to rest
discutir	to discuss, to exchange ideas/opinions
disfrutar	to enjoy
esperar	to wait
ganar	to win
jugar	to play
llevar (a alguien) en coche	to give (someone) a ride
merendar	to have an afternoon snack
nacer	to be born
presentar (a alguien)	to introduce (a person to someone)
recibir	to receive
recoger	to pick up
saber	to know (a fact, how to do something)
vivir	to live

Más sustantivos relacionados con las comidas

los alimentos	food items
el almuerzo, la comida	lunch
la cena	dinner, supper
el desayuno	breakfast
la merienda	afternoon snack, tea-time snack
los platos, la vajilla	dishes
el postre	dessert
la receta	recipe

el sabor	taste
la sobremesa	after-meal conversation

Otros sustantivos

el/la cantante	singer
el consejo	advice
el escritor	writer
el/la jugador/a	player
la moneda	currency, coin
el mundo	world
el/la novio/a	boyfriend/girlfriend
el relieve	landscape

Adjetivos relacionados con la comida

caliente	hot
ligero	light
salado	salty
soso	insipid

Ordinal adjectives

primer/a	first
segundo/a	second
tercer/a	third
cuarto/a	fourth
quinto/a	fifth
sexto/a	sixth
séptimo/a	seventh
octavo/a	eighth
noveno/a	ninth
décimo/a	tenth

7 Las artes y los deportes

Vocabulario en contexto

· Los deportes
· Las artes

Intercambios comunicativos

· Disculpas

Enfoque cultural

· Argentina y Uruguay

Gramática en contexto

· Regular preterit
· Irregular preterit

Integración comunicativa

· El fútbol femenino
· Deportistas hispanos famosos

Comparaciones culturales

· El tango
· Horacio Quiroga: El almohadón de plumas

Diferencias dialectales

· Uso del **vos**
· Pronunciación de la /y/ y la /ll/

Video: Las impresiones de Guadalupe

En resumen

Note

These exploratory activities preview some of the major topics covered in the chapter. They do not require right answers. If students do not offer options, volunteer one or two and move on. After you finish the chapter, ask students to do these activities again to give them a sense of progress as, most likely, they'll do better at the end of the chapter.

Vocabulario en contexto

Ask students to think of other words that could be associated to the main word in the box. After you complete the chapter, come back to this page and ask them to mention as many words as they can remember (without consulting notes).

Gramática en contexto

Ask students to fill in the empty spaces in this text. Do they notice any particular structure that differs substantially from English?

Comparaciones culturales

Ask students to add a few more entries to the lists.

Vocabulario en contexto

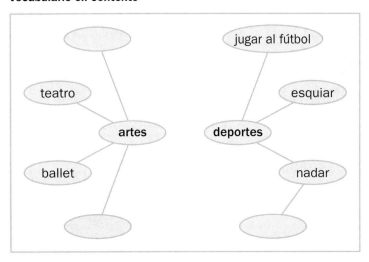

Gramática en contexto

> Ayer fue un día fabuloso para mi hermana Lisa.
> El día (1) ~~comienzó~~ comenzó como todos los otros. Lisa
> (2) se levantó a las siete, (3) _____ pan tostado y
> (4) _____ un café.

Comparaciones culturales

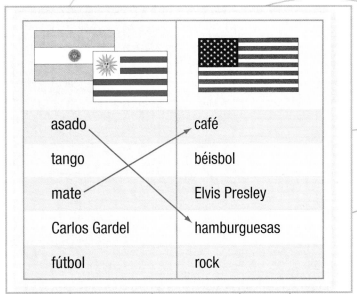

223

Vocabulario en contexto

7-1. ¿Cuál es tu deporte favorito?

Paso 1. ❷ En parejas escriban el número de la imagen que corresponde al deporte o actividad atlética de la siguiente lista.

_____ pescar

_____ nadar (hacer natación)

_____ hacer ejercicio aeróbico (hacer aeróbic)

_____ hacer jogging/correr

_____ hacer yoga

_____ hacer windsurf

_____ esquiar (hacer esquí nórdico/alpino)

_____ hacer esquí acuático

_____ jugar al voleibol

_____ jugar al hockey sobre hierba

_____ jugar al fútbol

_____ jugar al baloncesto/básquetbol

_____ levantar pesas (*weights*)

_____ jugar al golf

_____ jugar al ajedrez (*chess*)

_____ montar/andar en bicicleta

Cultura

Chess is considered to be a sport in many Spanish-speaking countries, such as Argentina or Uruguay, for instance.

Paso 2. Clasifica todas las actividades deportivas del Paso anterior de acuerdo con las siguientes categorías.

Deportes relacionados con el agua: _____

_____

Deportes de máximo ejercicio aeróbico: _____

_____

Deportes de mínimo ejercicio aeróbico: _____

_____

Answers 7-1, Paso 2

Relacionados con el agua: *pescar, nadar (hacer natación), hacer windsurf, hacer esquí acuático;* **máximo ejercicio aeróbico:** *jugar al fútbol, jugar al baloncesto/básquetbol, jugar al hockey sobre hierba, montar/andar en bicicleta, hacer ejercicio aeróbico (hacer aeróbic), hacer jogging/correr, esquiar (hacer esquí nórdico/alpino), jugar al voleibol, nadar (hacer natación);* **mínimo ejercicio aeróbico:** *hacer yoga, levantar pesas, jugar al golf, jugar al ajedrez, pescar*

Paso 3. Ⓖ Entrevista a tres compañeros/as y pregúntales qué deportes les gustan. ¿Cuál es el deporte más popular de tu clase?

Vocabulario

Many Spanish words that refer to sports come from English words that have been adapted to Spanish phonology such as **fútbol** (*football*), **jonrón** (*homerun*), or **voleibol** (*volleyball*).

7-2. ¿Qué características tienen los deportes?

Paso 1. Marca con una cruz (X) las dos características más representativas de cada uno de los siguientes deportes.

MODELO: El baloncesto es un deporte popular y atlético.

	POPULAR	VIOLENTO	DIVERTIDO	ABURRIDO	EMOCIONANTE	ATLÉTICO
el baloncesto	X					X
el fútbol						
el fútbol norteamericano						
la natación						
el golf						
el béisbol						
el hockey						
el ciclismo						
el boxeo						

Paso 2. **G** Comparte los resultados de tu tabla con el resto de la clase y escucha las opiniones de los demás. ¿Cuál es el deporte que tiene más votos para cada característica (popular, violento, etc.)?

Paso 3. ¿A qué deporte crees que se refiere el personaje de esta caricatura? ¿Por qué?

- el hockey
- el ciclismo
- el paracaidismo (*skydiving*)
- el buceo submarino (*scuba diving*)

Answer 7-2, Paso 3

Any one of these sports is possible, although Maitena's friend is not thinking about a traditional sport.

Suggestion 7-2, Paso 3

The *vos* forms and usage will be the focus of student observation later in the chapter (pp. 253 ff.). For now, focus on the meaning of the cartoon.

© MAITENA

7-3. Personas, objetos y lugares relacionados con los deportes

Paso 1. Observa los dibujos y determina con qué actividades deportivas están asociadas las personas en la tabla siguiente. NOTA: En algunos casos pueden estar asociadas con todos los deportes.

Suggestion 7-3, Paso 1

You may point out that there are a few synonyms for *arquero*, such as *portero/a* or *golero/a*. What is called *la piscina* (the swimming pool) in Spain is called *la alberca* in Mexico, and *la pileta* in Argentina. The word *salvavidas* is a compound word in Spanish: *salvar* = *to save* and *vidas* = *lives*. Point out that it can be either masculine or feminine, depending on the person to whom it refers. Other examples of compound words are: *el tocadisco*s (record player), *el lavaplatos o el lavavajillas* (dishwasher).

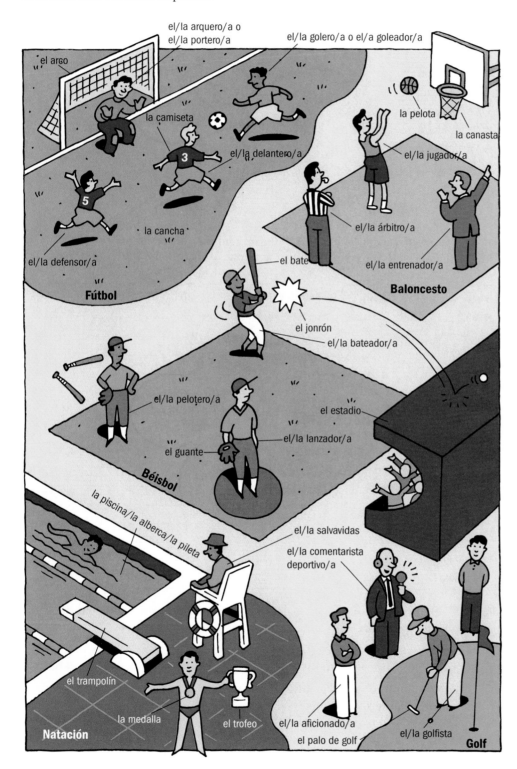

PERSONAS	DEPORTES
el/la defensor/a	*fútbol, baloncesto*
el/la delantero/a	_____
el/la arquero/a	_____
el/la aficionado/a	_____
el/la comentarista deportivo/a	_____
el/la árbitro/a	_____
el/la bateador/a	_____
el/la lanzador/a	_____
el/la pelotero/a	_____
el/la jugador/a	_____
el/la entrenador/a	_____
el/la golfista	_____
el/la salvavidas	_____
el/la tenista	_____

Answers 7-3, Paso 2

fútbol: *el arco, la camiseta, la cancha, el estadio, la pelota, el trofeo, la medalla;* **béisbol:** *el bate, el guante, el jonrón, el estadio, la camiseta, la cancha, la pelota, el trofeo, la medalla;* **baloncesto:** *la canasta, la pelota, el trofeo, la medalla, la camiseta, la cancha;* **natación:** *la piscina, el trampolín, el trofeo, la medalla;* **golf:** *el palo de golf, la pelota, el trofeo, la medalla;* **tenis:** *la raqueta, la pelota, el trofeo, la medalla***

Paso 2. Marca con una cruz (X) los deportes con los que se asocian los objetos y lugares de la lista. NOTA: Cada objeto se puede asociar con más de un deporte.

	FÚTBOL	BÉISBOL	BALONCESTO	DEPORTES ACUÁTICOS	OTROS
el arco	_____	_____	_____	_____	_____
la camiseta	_____	_____	_____	_____	_____
la cancha	_____	_____	_____	_____	_____
el bate	_____	_____	_____	_____	_____
el guante	_____	_____	_____	_____	_____
el jonrón	_____	_____	_____	_____	_____
el estadio	_____	_____	_____	_____	_____
la canasta	_____	_____	_____	_____	_____
la pelota	_____	_____	_____	_____	_____
el trofeo	_____	_____	_____	_____	_____
la medalla	_____	_____	_____	_____	_____
la piscina	_____	_____	_____	_____	_____
el trampolín	_____	_____	_____	_____	_____
el palo de golf	_____	_____	_____	_____	_____
la raqueta	_____	_____	_____	_____	_____

Answers 7-3, Paso 3

1. *canasta,* 2. *jonrón,* 3. *escalar,* 4. *raqueta,* 5. *ciclista*

Paso 3. A continuación subraya la palabra que no se asocia con las demás del grupo y explica por qué.

MODELO: bate, lanzador, pelota, <u>arquero</u>

El arquero juega al fútbol. Los otros son elementos asociados con el béisbol.

1. piscina, trampolín, canasta, salvavidas
2. defensor, delantero, jonrón, arco
3. ciclismo, escalar, pedalear, bicicleta
4. golfista, palo de golf, raqueta, guante
5. camiseta, canasta, pelota, ciclista

Paso 4. ❷ Ahora crea dos listas de cuatro palabras cada una. Usa como modelo las listas del Paso 3. Pídele a tu compañero/a que te diga qué palabra no corresponde.

7-4. ¿Qué deporte es?

Paso 1. ② Con un/a compañero/a, seleccionen un deporte y descríbanlo (*describe it*), sin decir qué deporte es.

MODELO: Este deporte se juega en el invierno y en la primavera. Cada equipo tiene cinco jugadores. Algunos jugadores importantes de este deporte son Kevin Garnett y Shaquille O'Neal.

Paso 2. Ⓖ Ahora lean la descripción que han escrito. ¿Puede el resto de la clase adivinar el nombre del deporte?

MODELO: E1: Este deporte se juega. . . ¿Qué deporte es?
E2: ¿Es el baloncesto?
E1: Sí. ¡Muy bien!

7-5. ¿Quién ganó?

Paso 1. AUDIO Escucha los relatos deportivos correspondientes a cuatro comentaristas diferentes y determina el deporte que corresponde a cada comentario.

	1	2	3	4
fútbol				
baloncesto				
béisbol				
hockey				

Paso 2. AUDIO Escucha nuevamente los relatos y escribe los resultados de cada competencia.

Real Madrid/Fórum Valladolid: _____

Boca Juniors/Newell's de Rosario: _____

Concepción Patín Club/Social San Juan: _____

Diablos Rojos/Industriales de La Habana: _____

Paso 3. AUDIO Escucha los relatos una vez más e indica a qué relato deportivo (1–4) pertenece cada una de estas citas:

1. _____ Williams y Garcés **mostraron** su superioridad en el juego interior en los primeros minutos.
2. _____ Este partido **marcó** el final de una gira de tres partidos con equipos de la Liga Nacional Cubana.
3. _____ Fernando Crosa **marcó** el primer gol del equipo local a los 10 minutos del primer tiempo.
4. _____ **Fue** un partido malo, con demasiada lucha y juego fuerte.
5. _____ **Controló** el juego el equipo del Fórum.
6. _____ Carreño **anotó** el segundo gol.

Paso 4. Por último, escribe el infinitivo de los verbos en pasado que están en el Paso anterior.

MODELO: mostraron: **mostrar**

7-6. Las artes

Paso 1. ❷ Además de los deportes, otra actividad popular de los fines de semana es la asistencia a espectáculos artísticos. Mira la lista de los siguientes espectáculos y califícalos según tu interés. A continuación, compara tus respuestas con un/a compañero/a.

ME GUSTA	MUCHO	MÁS O MENOS	UN POCO	NADA
el ballet	_____	_____	_____	_____
un concierto de música clásica	_____	_____	_____	_____
una exposición de pintura impresionista	_____	_____	_____	_____
un concierto de guitarra clásica	_____	_____	_____	_____
una exposición de pintura moderna	_____	_____	_____	_____
una obra de teatro	_____	_____	_____	_____
una película	_____	_____	_____	_____

Paso 2. Marca con una cruz (X) los verbos y las acciones que asocias con cada actividad artística. Puedes asociar más de una actividad con cada verbo.

	LA ESCULTURA	LA PINTURA	LA DANZA	EL TEATRO	EL CINE	LA MÚSICA
pintar	_____	_____	_____	_____	_____	_____
dibujar (*draw*)	_____	_____	_____	_____	_____	_____
tocar la guitarra	_____	_____	_____	_____	_____	_____
bailar	_____	_____	_____	_____	_____	_____
actuar	_____	_____	_____	_____	_____	_____
tocar el piano	_____	_____	_____	_____	_____	_____
tallar (*carve*)	_____	_____	_____	_____	_____	_____
cantar	_____	_____	_____	_____	_____	_____
tocar la batería	_____	_____	_____	_____	_____	_____

Paso 3. Finalmente, lee los grupos de palabras y subraya la que no se asocia con las demás del grupo. Luego explica por qué.

MODELO: violín, piano, óleo, bandoneón (*concertina*)
El óleo se usa para pintar. Los otros son instrumentos musicales.

1. pintura, guitarra, exposición, colores
2. ópera, ballet, pintura, concierto
3. cine, teatro, ballet, escultura
4. tocar el piano, bailar, tocar la batería, tocar la guitarra
5. dibujar, pintar, actuar, tallar

7-7. ¡Encuentra las diferencias!

Paso 1. ❷ Con un/a compañero/a miren los dibujos siguientes y busquen las diferencias que existen entre ellos. ¿Quién las encontró primero?

ESCENA 1

ESCENA 2

MODELO: En el apartamento 1A de la escena 1, hay una persona tocando el piano y otra haciendo ballet.

Y en el piso 1A de la escena 2, hay dos personas haciendo ballet.

Paso 2. G Finalmente, con tu compañero/a escojan una de las escenas de uno de los dibujos anteriores para representar delante de la clase. Los demás estudiantes tienen que describir la actividad que ustedes representan. ¿Qué grupo lo adivina primero?

⊶ Intercambios comunicativos

Intercambios comunicativos

After the video segment for this chapter you will see two brief clips with examples of the **Intercambios comunicativos** that correspond to the images in this section. You can show these brief clips in class to complete the activity.

Refer to the Video Guide within the IRM for other examples of **Intercambios comunicativos** expressions used in the video.

Para pedir disculpas (*Apologizing*)

¡Ay, perdón! pero fue sin querer.	*I'm sorry, but I didn't mean to do it.*
Lo siento mucho.	*I'm very sorry.*
¡Ay! No sé como disculparme.	*Aagh! I don't know what to say . . .*
¡Ay! No sé qué decir.	*Aagh! I don't know what to say . . .*
Discúlpame/Discúlpeme. (*formal*)	*Forgive me.*
¡Cuánto lo siento!	*I'm so sorry.*
Ay, ¿pero dónde tengo la cabeza?	*Agh! What was I thinking?!*

Para aceptar disculpas (*Accepting apologies*)

No es nada.	*It's not that important.*
No importa.	*It doesn't matter.*
Fue un accidente.	*It was an accident.*
No te preocupes. (*informal*)	*Don't worry about it.*
No se preocupe. (*formal*)	*Don't worry about it.*
No es para tanto.	*It's not that important.*

7-8. Fue sin querer (*I didn't mean it*)

Paso 1. VIDEO Mira las dos imágenes o el video sin sonido de las situaciones en las que Pablo choca con una persona desconocida y con Guadalupe. ¿Cómo crees que se disculpa Pablo con cada una de ellas? ¿Cómo reaccionan la persona desconocida y Guadalupe?

PABLO: _____

OTRA PERSONA: _____

PABLO: _____

OTRA PERSONA: _____

GUADALUPE: _____

PABLO: _____

Paso 2. ② VIDEO Mira ahora el video con sonido. Identifica las diferencias entre tus diálogos y el diálogo del video. Compara tus diálogos con los de un/a compañero/a. Si hay diferencias, ¿cuál de los dos es más apropiado?

Paso 3. ② ¿Qué haces si necesitas pedir disculpas? Lee con tu compañero/a las siguientes situaciones vergonzosas (*embarrassing*) y escriban posibles respuestas. Escojan las dos mejores y léanlas a la clase.

MODELO: Chocaste sin querer con una persona al salir del teatro.
—¡Ay, perdón!, fue sin querer. No sé donde tengo la cabeza.

1. Olvidaste (*you forgot*) ir a buscar a tu compañero/a de cuarto para ir a un partido de fútbol.
2. Llegaste tarde a una cita con tu novio/a.
3. Olvidaste comprar los billetes para ir a un concierto de rock con un compañero de clase.
4. En la cafetería, derramaste (*spilled*) una taza de café sobre un/a extraño/a (*stranger*).
5. Invitaste a ver un partido de béisbol a un/a compañero/a de clase, pero olvidaste la billetera (*wallet*) o tu cartera.

Paso 4. ② ¿Cómo responde la persona afectada por el accidente a las disculpas? Imaginen otras tres situaciones vergonzosas y, entre los dos, preparen diálogos cortos para presentarlos en clase.

MODELO: E1: ¡Ay, perdón!, fue sin querer. Lo siento mucho.
E2: Oh, no te preocupes. No es nada.

Paso 5. Cuando pedimos disculpas nos comunicamos con nuestro cuerpo también. Trata de recordar algunos de los movimientos o expresiones de contacto físico entre Pablo y Guadalupe, y entre Pablo y la persona desconocida. Después, responde a las siguientes preguntas.

1. ¿Qué distancia hay entre estas personas?
2. ¿Se tocan en algún momento? ¿Cuándo?
3. ¿Hacen gestos con la cara? ¿Cuáles?
4. ¿Hacen gestos con las manos? ¿Cuáles?

ENFOQUE CULTURAL

7-9. ¿Qué sabes de Argentina y Uruguay?

Paso 1. **AB** Observa el mapa y completa la columna de la siguiente tabla con la información del país que no tienes. Luego, entrevista a tu compañero/a para confirmar tus conclusiones.

MODELO: E1: ¿Cuál es el área de la Argentina?
E2: Un tercio (*third*) de los Estados Unidos.

A

CARACTERÍSTICA	ARGENTINA	URUGUAY
área	un tercio de los Estados Unidos	_____
población	35 millones	_____
temperatura	muy variada	_____
capital	Buenos Aires	_____

B Information for student B, p. 527

Paso 2. ❷ Con tu compañero/a marquen con una cruz (X) las palabras que creen que están asociadas con Argentina, con Uruguay, con ambos países o con ninguno de los dos.

	ARGENTINA	URUGUAY	LOS DOS	NINGUNO
gaucho	_____	_____	__X__	_____
Evita Perón	_____	_____	_____	_____
Diego Maradona	_____	_____	_____	_____
Pelé	_____	_____	_____	__X__
empanadas	_____	_____	_____	_____
mate	_____	_____	_____	_____
asado (*barbecue*)	_____	_____	_____	_____
tacos	_____	_____	_____	_____
calor tropical	_____	_____	_____	_____
frío	_____	_____	_____	_____
ópera	_____	_____	_____	_____
merengue	_____	_____	_____	_____
candombe	_____	__X__	_____	_____
tango	_____	_____	_____	_____
béisbol	_____	_____	_____	_____
fútbol	_____	_____	_____	_____
rugby	_____	_____	_____	_____
esquí alpino	_____	_____	_____	_____

Paso 3. ❷ Lean ahora las siguientes oraciones y escriban al lado de cada una la palabra de la lista anterior que corresponde a cada definición.

1. Hierba que da el nombre a la bebida caliente que contiene cafeína que se bebe en Argentina y Uruguay. _____

2. Carne que se cocina sobre una parrilla (*grill*), típicamente al aire libre.

    _____

3. Música de origen africano que se toca en Uruguay especialmente durante el carnaval. _____

4. Uno de los grandes jugadores de fútbol argentino de todos los tiempos.

    _____

5. Deporte muy popular en la región montañosa de la ciudad de Bariloche, Argentina.

    _____

Gramática en contexto

INTEGRATED COMPONENTS

Use the following instructional resources to practice **The preterit**.

- **Gramática viva:** Preterit tense of regular verbs + regular verbs with spelling changes
- **IRCD:** p. 236
- **Companion Website:** Chapter 7, Gramática en contexto, The preterit

Answers 7-10, Paso 1

A 2, B is not illustrated, C 1, D 3, E is not illustrated, F is not illustrated, G 4, H is not illustrated, I 5, J 6

I. The preterit

7-10. ¿Qué hicieron Roberto y Carlos ayer?

Paso 1. Roberto y Carlos son dos hermanos gemelos (*twins*) argentinos que tienen gustos diferentes. Lee lo que hicieron (*what they did*) ayer e indica a qué dibujo corresponde cada oración.

A. _____ Ayer **Roberto** asistió a un partido de voleibol de su universidad.
B. _____ Conversó con sus amigos y animó (*cheered*) a su equipo.
C. _____ Luego fue al estadio y practicó con su equipo de fútbol.
D. _____ Después tomó un helado.
E. _____ Finalmente regresó a su casa y estudió para su clase de inglés.

F. _____ Ayer **Carlos** asistió a la clase de música por la mañana.
G. _____ Tocó la guitarra por una hora.
H. _____ Luego conversó con su profesora por media hora.
I. _____ Por la tarde fue a un concierto de música clásica.
J. _____ Antes de volver a su casa fue al cine que está cerca de su casa y miró una película.

Paso 2. Lee de nuevo las oraciones del Paso anterior y escribe la forma del pasado que corresponde al infinitivo de cada verbo. ¿Puedes identificar alguna característica de la forma del pasado de estos verbos?

asistir _____   tomar _____
conversar _____   regresar _____
animar _____   estudiar _____
ir _____   tocar _____
practicar _____   mirar _____

Paso 3. Aquí tienes una tabla incompleta del pretérito de los verbos terminados en -ar, -er e -ir. Completa la tercera persona del singular. Después de hacer las actividades siguientes termina el resto de la tabla.

	-AR: ESTUDIAR	-ER: PERDER	-IR: ASISTIR
yo	_____	_____	_____
tú	_____	_____	_____
él/ella/Ud.	_____	perdió	_____
nosotros/as	_____	_____	_____
vosotros/as	estudiasteis	perdisteis	asististeis
ellos/ellas/Uds.	_____	_____	_____

Paso 4. Generalmente otras palabras que indican pasado acompañan a las formas verbales del pasado. Mira la siguiente lista y marca con una cruz todas las frases o palabras que indican pasado.

_**X**_ anoche   _____ hoy
_____ el sábado pasado   _____ mañana
_____ la semana pasada   _____ a las 5 y 40
_____ ayer   _____ en una hora
_____ anteayer   _____ más tarde
_____ el martes pasado   _____ en unos minutos

Answers 7-10, Paso 2

asistió, conversó, animó, fue, practicó, tomó, regresó, estudió, tocó, miró. A written accent on the last syllable of the third person singular of a verb is an obvious sign of the preterit.

Answers 7-10, Paso 3

Yo estudié, perdí, asistí; tú estudiaste, perdiste, asististe; él/ella/Ud. estudió, asistió; nosotros/as estudiamos, perdimos, asistimos; ellos/ellas/Uds. estudiaron, perdieron, asistieron

Suggestion 7-10, Paso 3

Ask students to contrast endings with **-o** in present and past tense and to use context as a helpful aid as follows: *¿En qué oración el sujeto es yo y en cuál el sujeto es Pedro?* 1. *Camino hasta el estadio de fútbol.* 2. *Caminó hasta el estadio de fútbol.*

Answers 7-10, Paso 4

anoche, el sábado pasado, la semana pasada, ayer, anteayer, el martes pasado

NOTE: Although they are not inherently indicative of past tense, *a las 5 y 40* and *más tarde* could also indicate past tense if they were part of a sequential narrative set in the past.

Gramática   **ESTRATEGIAS**

The Spanish *preterit* is used to signal events that took place in the past:

Pedro compró una pelota.   *Pedro bought a ball* or *Pedro did buy a ball.*

The preterit is used when describing events that have begun and ended or in sequential plots that focus on the main events of a story.

Pedro **asistió** a clase y **tomó** notas. Luego **fue** a la biblioteca y **estudió** por dos horas. Finalmente **regresó** a casa y **miró** televisión.

There is another form of past tense in Spanish called the *imperfect* that is generally used to provide details about the background that accompanies the main events of a sequential plot. More details about the use of the imperfect will be presented in Chapters 8 and 9.

II. The preterit: Third person singular (*él/ella/Ud.*)

7-11. ¿Cuándo y quién lo hizo?

Paso 1. Marca con una cruz (X) las actividades que hizo (*did*) tu compañero/a de cuarto (o uno/a de tus mejores amigos/as) el fin de semana pasado.

1. _____ Se levantó muy temprano.
2. _____ Estudió para el curso de español.
3. _____ Tocó la guitarra (u otro instrumento musical).
4. _____ Jugó al baloncesto/fútbol/béisbol (u otro deporte).
5. _____ Escuchó música en casa.
6. _____ Salió a caminar con un/a amigo/a.
7. _____ Compró un libro.
8. _____ Comió en un restaurante y le gustó mucho la comida.
9. _____ Llamó por teléfono a su familia.
10. _____ Asistió a un concierto.
11. _____ Miró televisión hasta tarde.
12. _____ Se acostó muy tarde.

Paso 2. Piensa en una persona famosa. ¿Qué crees que hizo esa persona el año pasado? Prepara una lista de por lo menos dos actividades. Usa algunos de los verbos del Paso 1. No escribas ni digas el nombre de la persona.

MODELO: Trabajó en muchas películas famosas y ganó un Óscar por una película.

Paso 3. 🄖 Lee a tus compañeros/as la lista de actividades de la persona que seleccionaste. ¿Quién puede adivinar el nombre del famoso personaje misterioso?

MODELO: E1: Habló por radio, asistió a un concierto y cenó en la Casa Blanca. ¿Quién es?
E2: Es el presidente de los Estados Unidos.

III. The preterit: First and second person singular (*yo/tú*)

7-12. Tus actividades del sábado pasado

Paso 1. Marca con una cruz (X) las actividades que hiciste el sábado pasado y luego agrega tres más.

1. _____ Estudié para el curso de español.
2. _____ Leí mucho para una clase de ciencias.
3. _____ Toqué la guitarra (u otro instrumento musical).
4. _____ Jugué al baloncesto/fútbol/béisbol (u otro deporte).
5. _____ Escuché música en casa.
6. _____ Salí a caminar con un/a amigo/a.
7. _____ Compré un libro.
8. _____ Comí en un restaurante elegante y me gustó mucho la comida.
9. _____ Llamé por teléfono a mi familia.
10. _____ Asistí a un concierto.
11. _____ Miré televisión hasta tarde.
12. _____.
13. _____.
14. _____.

Paso 2. ❷ Vas a hacerle preguntas a tu compañero/a sobre las actividades del Paso anterior. Utiliza los siguientes ejemplos como modelo para escribir las preguntas. Luego escoge cinco para hacérselas a tu compañero/a.

¿Estudi**aste** español?
¿Le**íste** un libro?
¿Sal**iste** a caminar con un/a amigo/a?
¿Compr**aste** algo?

Answers 7-12, Paso 2

estudiaste, leíste, tocaste, jugaste, escuchaste, saliste, compraste, comiste, llamaste, asististe, miraste

Paso 3. ⓖ A continuación, escribe tres preguntas originales y entrevista a dos estudiantes sobre lo que hicieron el sábado pasado. Anota las respuestas.

Suggestion 7-12, Paso 3

Point out that no conjugations for the second person singular have any type of stem-changing vowels in the preterit.

Paso 4. ⓖ Escoge las respuestas de uno/a de los/las estudiantes que entrevistaste. Léelas a la clase. ¿Puede la clase adivinar de qué estudiante se trata?

MODELO: E1: El sábado pasado asistió a un concierto, jugó al béisbol, compró un libro, comió en un restaurante elegante y miró un video. ¿Quién es?
  E2: Creo que/Pienso que/Me parece que es. . .

IV. The preterit: Plural forms (*nosotros/ellos/ellas/Uds.*)

7-13. Las actividades del año pasado de mis compañeros

Paso 1. ⓖ En grupos de cuatro estudiantes, marquen con una cruz (X) la opción que mejor define las actividades del grupo del año pasado.

INTEGRATED COMPONENTS

Use the following instructional resources to practice **The preterit: Plural forms (*nosotros/ellos/ellas/Uds.*)**.

■ **Gramática viva:** Preterit tense of regular verbs + regular verbs with spelling changes

■ **Student Activities Manual/o-SAM:** Activity 7-9

■ **Companion Website:** Chapter 7, Gramática en contexto, The preterit: Plural forms (*nosotros/ellos/ellas/ Uds.*)

	TODOS	ALGUNOS	NADIE O MUY POCOS
Asistimos a muchos partidos del equipo de fútbol de la universidad.	___	___	___
Estudiamos más de tres horas casi (*almost*) todos los días.	___	___	___
Tomamos clases durante el verano.	___	___	___
Sacamos muy buenas notas (*grades*).	___	___	___
Vimos varias exposiciones de arte.	___	___	___
Bailamos muchos fines de semana.	___	___	___
Empezamos a practicar un deporte nuevo.	___	___	___
Leímos libros muy interesantes.	___	___	___
Tocamos un instrumento.	___	___	___
Trabajamos muchas horas a la semana.	___	___	___

Gramática

Irregular verbs share some features with regular verbs:

1. The forms used with the second person singular, **tú**, share the ending **-iste** of regular **-er** and **-ir** verbs.

2. The forms used with **nosotros** end with **-imos**, just like the regular **-er** and **-ir** verbs.

3. The **-o** ending, which is used in the third person singular of regular verbs, is also represented in these irregular verbs, but it does not carry a written accent (except for **ser/ir** and **ver**).

4. For **ellos/ellas/Uds.**, which is the third person plural form, these irregular verbs end in **-ron**, just like regular verbs; only the preceding vowel changes.

Answers 7-14, Paso 1

vine; hiciste, fuiste; tuvo; estuvimos, tuvimos, vimos; hicieron, vinieron

Answers 7-14, Paso 2

All statements are true.

Paso 2. ❷ Ahora, cada estudiante del grupo va a entrevistar a un/a estudiante de otro grupo y va a tomar nota de las respuestas en la siguiente tabla.

En tu grupo, ¿cuántos estudiantes. . .

_____ asistieron a muchos partidos del equipo de fútbol de la universidad?

_____ estudiaron más de tres horas casi todos los días?

_____ tomaron clases durante el verano?

_____ sacaron muy buenas notas?

_____ vieron varias exposiciones de arte?

_____ bailaron muchos fines de semana?

_____ empezaron a practicar un deporte nuevo?

_____ leyeron libros muy interesantes?

_____ tocaron un instrumento?

_____ trabajaron muchas horas a la semana?

Paso 3. Vuelve a la actividad 7-10, Paso 3, y termina de completar la tabla.

V. The preterit: Irregular verbs

7-14. Mis impresiones

Paso 1. Algunos verbos tienen formas irregulares en el pretérito. Completa la siguiente tabla de acuerdo con la información que acabas de leer en el recuadro de Gramática. NOTA: Otros verbos irregulares se presentarán (*will be presented*) en los capítulos siguientes.

ESTAR	HACER	IR/SER	TENER	VENIR	VER
estuve	hice	fui	tuve	_____	vi
estuviste	_____	_____	tuviste	viniste	viste
estuvo	hizo	fue	_____	vino	vio
_____	hicimos	fuimos	_____	vinimos	_____
estuvisteis	hicisteis	fuisteis	tuvisteis	vinisteis	visteis
estuvieron	_____	fueron	tuvieron	_____	vieron

Paso 2. Señala con una cruz (X) las afirmaciones que crees que son correctas según la información presentada en la tabla anterior.

1. _____ Las formas del pretérito de los verbos **ir** y **ser** son idénticas. Por eso, el contexto de la oración determina su significado: (a) **Fui** al parque y (b) **Fui** jugador profesional de fútbol.

2. _____ El verbo **hacer** mantiene el sonido /s/ de su infinitivo: **hacer** ⇒ **hic–** + **–o** ⇒ **hizo**.

3. _____ Ninguno de los verbos irregulares presentados en esta tabla tiene un acento escrito.

Gramática

First person singular (yo) irregular endings in the preterit:

Verbs whose infinitives end in **-car**, **-gar**, and **-zar** change their orthography in the first person singular to keep the same pronunciation as the infinitive:

sa-car	→ sa-**qué**	Ayer sa**qué** entradas para un concierto.
		Yesterday I bought tickets for a concert.
ju-gar	→ ju-**gué**	El fin de semana pasado jug**ué** al tenis dos horas.
		Last weekend I played tennis for two hours.
empe-zar	→ empe-**cé**	Empe**cé** a practicar fútbol hace unos meses.
		I started to play soccer some months ago.

Paso 3. Compara lo que dicen la niña y el anciano (*old man*) en esta caricatura. ¿Cuál de las siguientes tres traducciones de lo que dice el anciano crees que es la correcta?

Answer 7-14, Paso 3

b

© Joaquín Salvador Lavado Tejón (QUINO)
Todo Mafalda—Ediciones de La Flor, 1993

NIÑA: Thank God spring arrived.
ANCIANO: a. Thank God spring did not arrive.
                    b. Thank God I survived until spring.
                    c. Thank God spring is not hot.

Gramática

Third person singular and plural irregular endings in the preterit:
Some verbs whose infinitives end in **-ir** in the preterit (e.g., **pedir**, **sentir**) change the vowel **e** to **i** in the third person singular and plural.

	SENTIR	PEDIR
él/ella/Ud.	s**i**ntió	p**i**dió
ellos/ellas/Uds.	s**i**ntieron	p**i**dieron

The vowel **i** without an accent, when placed between two vowels, becomes **y** in the third person singular and plural of the preterit.

	LEER		OÍR		CREER	
él/ella/Ud.	(leió)	→ le**y**ó	(oió)	→ o**y**ó	(creió)	→ cre**y**ó
ellos/as/Uds.		→ le**y**eron		→ o**y**eron		→ cre**y**eron

7-15. ¿Qué hiciste la semana pasada?

Paso 1. Marca con una (X) las actividades que hiciste la semana pasada y agrega dos más.

1. _____ ir a comer a un restaurante
2. _____ jugar al golf
3. _____ ver una película en el cine
4. _____ hacer ejercicio
5. _____ ir a una fiesta
6. _____ andar en bicicleta
7. _____ leer una novela de suspenso
8. _____ hacer la tarea de español
9. _____ tener que estudiar para un examen
10. _____ sacar una buena nota en un examen difícil
11. _____ _____
12. _____ _____

Paso 2. ❷ Selecciona dos actividades que hiciste la semana pasada de la lista anterior y agrega una actividad que no hiciste. Lee las tres actividades a tu compañero/a. Tu compañero/a tiene que adivinar cuál es la actividad que no hiciste.

MODELO: E1: Hice la tarea de español, jugué al golf y saqué una buena nota en un examen difícil.
    E2: Hmm, . . . creo que no jugaste al golf porque no te gustan los deportes.

INTEGRACIÓN COMUNICATIVA

7-16. El fútbol femenino como espectáculo deportivo

Paso 1. 🄖 ¿Qué opinan del fútbol femenino? En grupos de tres estudiantes, compárenlo con el fútbol masculino y decidan si es más (o menos) entretenido, violento, divertido, aburrido, atlético, etc. Comiencen sus frases con la expresión: Creo que/Me parece que. . .

Paso 2. 🄖 ¿Cuánto saben sobre el fútbol femenino? En los mismos grupos, traten de contestar las siguientes preguntas. Hagan un círculo alrededor de la opción que consideren correcta.

1. ¿En qué zonas del mundo es muy popular el fútbol femenino?
   a. Japón   b. Europa   c. los Estados Unidos   d. todas las anteriores

2. ¿Cuántas mujeres juegan al fútbol en los Estados Unidos?
   a. 30 millones   b. 13 millones   c. 300 millones   d. 3 millones

3. ¿Qué equipo ganó los Juegos Olímpicos de Atlanta en 1996?
   a. Japón   b. Alemania   c. los Estados Unidos   d. Francia

4. ¿En qué año se organizó el primer mundial de fútbol femenino?
   a. 1951   b. 1971   c. 1991   d. 2001

5. ¿En qué años aumentó enormemente la práctica del fútbol femenino?
   a. en los 60   b. en los 70   c. en los 80   d. en los 90

Paso 3. Comprueba tus respuestas a las preguntas del Paso anterior en el siguiente texto y subraya la información que sirve para contestarlas.

El fútbol femenino

El fútbol femenino ha alcanzado ya la cifra de 40 millones de personas que lo practican y ha superado cuantitavamente al fútbol juvenil masculino. A lo largo de los años noventa, la expansión del fútbol femenino ha batido récords de crecimiento. Nunca antes un deporte había obtenido un desarrollo de esta magnitud a escala mundial. La cifra de 40 millones de mujeres federadas es muy significativa si se tiene en cuenta que son 120 millones los jugadores que componen hoy el fútbol masculino después de casi diez décadas de existencia internacional organizada.

Si bien en Europa este deporte se practica desde los años setenta, las mujeres nórdicas reclamaron su incorporación oficial a los campeonatos de la FIFA (Federación Internacional de Fútbol Asociado) en 1986, en México, cuando se disputó el mundial de

fútbol masculino. El entonces presidente de FIFA, el brasileño Joao Havelange, organizó un torneo experimental que tuvo lugar en 1990, en China. El éxito fue tal que al año siguiente, también en China, la FIFA organizó el primer mundial de fútbol femenino, ganado por la selección de Estados Unidos.

Estados Unidos, campeón olímpico en 1996 y campeón del mundo en 1991, es el ejemplo más evidente del éxito de este deporte. En Atlanta, una media de 78.000 espectadores presenció los partidos de fútbol femenino, dato que indica el gran potencial que tiene Estados Unidos, con 13 millones de jugadoras.

Japón, Europa, Estados Unidos y China son los centros de mayor desarrollo de este deporte. El presidente del máximo organismo del fútbol mundial, Joseph Blatter, aseguró que en el año 2010 podría haber tantas mujeres como hombres jugando al fútbol.

7-17. Resultados de los torneos mundiales de fútbol femenino

Paso 1. AB Entrevista a tu compañero/a para encontrar la información que te falta.

MODELO: E1: ¿Quién obtuvo el cuarto puesto en los Juegos Olímpicos del 96?
E2: Creo que fue. . .

A

RESULTADOS	JUEGOS OLÍMPICOS—ATLANTA 1996	MUNDIAL—EE.UU. 1999
Primer puesto	_____	Estados Unidos
Segundo puesto	_____	R.P. China
Tercer puesto	_____	Brasil
Cuarto puesto	_____	Noruega
Quinto puesto	_____	Alemania
Sexto puesto	_____	Suecia
Séptimo puesto	_____	Nigeria
Octavo puesto	_____	Rusia

B Information for student B, p. 528

Paso 2. 2 Ahora que tú y tu compañero/a tienen la información necesaria, comparen los resultados de los torneos.

MODELO: Noruega tuvo el tercer puesto en los Juegos Olímpicos, pero el cuarto en el Mundial de 1999.

Answers 7-16, Paso 3

1. *Japón, Europa, EE.UU. y China son los centros. . .* ; 2. *dato que indica el gran potencial que tiene EE.UU. con 13 millones. . .* ; 3. *EE.UU., campeón olímpico en 1996. . .*; 4. *El éxito fue tal que al año siguiente. . .*; 5. *A lo largo de los años 90, la expansión del fútbol femenino. . .*

Follow-up 7-16, Paso 3

Tell students to write two sentences that could be either true or false and to challenge a classmate to remember the information from the text s/he has just read. Give them the following sentence as an example: *En el mundial de Atlanta del año 1999, la media de asistentes fue de 78.000 espectadores, ¿es cierto o falso?*

7-18. ¿Quiénes son los deportistas hispanos más famosos?

Paso 1. AUDIO Escucha la opinión de varios hispanohablantes sobre la estrella deportiva hispana más importante y escribe los nombres de los deportistas y del deporte que practican.

	DEPORTISTA	DEPORTE	RAZÓN POR LA QUE ES FAMOSO/A
1.	_____	_____	_____
			_____
2.	_____	_____	_____
			_____
3.	_____	_____	_____
			_____

Paso 2. AUDIO Escucha nuevamente la grabación y toma nota, en la tercera columna de la tabla anterior, de las razones por las que estos deportistas son famosos.

7-19. Notables beisbolistas hispanos

Paso 1. ❷ El béisbol es uno de los deportes favoritos de los hispanos en los Estados Unidos. Escribe los nombres de otros deportistas hispanos famosos.

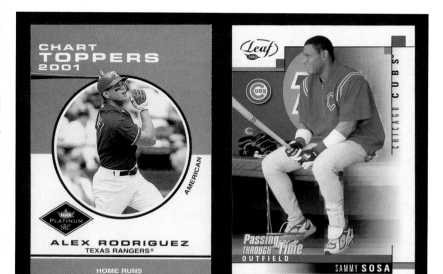

Paso 2. ¿Sabes a quién de los dos beisbolistas anteriores corresponde la siguiente biografía?

Este beisbolista nació en la República Dominicana. Al llegar a los Estados Unidos, se convirtió en uno de los jugadores más famosos de la historia de los Cachorros de Chicago. Alcanzó la cima de su fama en las temporadas (*seasons*) de 1998 y de 1999, cuando compitió con Mark McGwire por el récord de jonrones de todos los tiempos. En 1998, anotó 65 jonrones y en 1999 anotó 63. ¿Quién es?

Paso 3. (**AB**) Entrevista a tu compañero/a para completar la tabla sobre la afiliación de los siguientes beisbolistas hispanos.

MODELO: E1: ¿Para qué equipo juega/jugó Sammy Sosa?
E2: Juega/Jugó para el equipo Chicago Cubs.

A

PELOTERO	CLUB
Sammy Sosa	Chicago Cubs
Orlando "El Duque" Hernández	_____
Manny Ramírez	Boston Red Sox
Omar Vizquel	_____
Alex Rodríguez	Texas Rangers
Carlos Delgado	_____
Roberto Alomar	Cleveland Indians
Liván Hernández	_____
Pedro Martínez	Boston Red Sox

B Information for student B, p. 000

7-20. Futbolistas notables: Diego Maradona, el pibe de oro (golden boy)

Paso 1. (**AUDIO**) El fútbol es otra gran pasión deportiva de los hispanos. Uno de los jugadores de fútbol más famosos de todas las épocas es Maradona. El siguiente párrafo cuenta su historia, pero el texto tiene cinco errores. Escucha la narración con la información correcta y luego corrige los errores.

> **La historia de Diego Maradona**
>
> Diego Maradona fue un jugador uruguayo muy famoso de la década de 1980. Ganó el campeonato del mundo de 1986 con la selección de su país, y fue vicecampeón en 1970. Maradona nació en un suburbio muy pobre de Montevideo, Uruguay. Recibió el apodo (*nickname*) de "pibe de oro" por su habilidad deportiva dribleando la pelota y convirtiendo goles. Jugó varias temporadas en Francia con el equipo de Nápoli. Maradona ayudó al Nápoli a ganar un campeonato por primera vez en 40 años de su historia.

Paso 2. Subraya todos los verbos del texto anterior que están en pasado y escribe la forma del infinitivo de cada uno.

MODELO: fue: **ser**

_____   _____
_____   _____
_____   _____

Paso 3. (**2**) Maradona se convirtió (*became*) en una figura trágica del deporte cuando la FIFA le prohibió jugar en el mundial de 1994 en Estados Unidos a causa del consumo de drogas. Con tu compañero/a hagan una lista de otros deportistas que también tuvieron problemas por drogas en EE.UU.

Paso 4. (**G**) Seleccionen un deportista de su lista. Escriban un párrafo para explicar qué sucedió, cuándo y qué le pasó al/a la deportista. Después, lean el párrafo a sus compañeros/as.

7-21. Atletas y artistas: El concepto de *role–model*

Paso 1. Las personas famosas en los deportes o las artes tienen mucha influencia en el público y, en especial, en los jóvenes. Escribe una lista con las cualidades que hacen que un deportista o artista sea un modelo para tu generación.

MODELO: Sincero/a, generoso/a, . . .

Paso 2. A continuación, haz una lista con los atletas y artistas que tienen la mayoría de los atributos que seleccionaste en el Paso anterior.

Paso 3. ❷ En parejas, seleccionen una persona y escriban dos o tres oraciones para explicar su selección al resto de la clase.

MODELO: Creemos que Tiger Woods es un modelo para nuestra generación. Es trabajador, decidido y tiene gran afición y amor por su carrera.

7-22. Un cantante de ópera notable: José Cura

Paso 1. Para entender a un país es importante conocer la música que es popular en ese país. ¿Crees que la ópera es popular en los países hispanohablantes? ¿Sabes de dónde son estos tenores famosos?

Luciano Pavarotti   José Carreras
Plácido Domingo   José Cura

ESTRATEGIAS Lectura

When we read we use previous information we have about the main topic of the text. Background or previous information, whether accurate or not, helps us read more quickly, and, in the case of a second language, helps us understand the gist of a text without having to analyze every word or concept as they are introduced. In the following activities you'll learn to use background information, expand on it, and integrate it with newly acquired pieces of information.

Paso 2. José Cura es un cantante de ópera relativamente joven que ha sido llamado el cuarto tenor (después de los "tres grandes", Pavarotti, Domingo y Carreras). Lee el siguiente resumen de su biografía y decide dónde deben ir las siguientes oraciones.

a. Después de vivir en Italia se mudó a Francia y finalmente se instaló en España.
b. En mayo del año 1997, este tenor magistral cantó su primer *Otello* en el Teatro Regio Torino, en Italia.

José Cura: Un monstruo sagrado de la ópera

(1) José Cura es un tenor de ópera, además de ser compositor y conductor. (2) Nació en Rosario, Argentina, el 5 de diciembre de 1962 pero se mudó (*moved*) a Verona, Italia en 1991. (3) Su primer éxito de ópera ocurrió en 1993, en Trieste, Italia. (4) Después de ese primer triunfo, recibió la aclamación de varios países, incluyendo los Estados Unidos, Australia, Francia, Inglaterra, Alemania y Japón. (5) Fue una actuación espléndida, y el público aplaudió hasta el cansancio. (6) Su éxito con el público fue confirmado por los críticos especializados quienes eligieron a Cura como uno de los mejores tenores de los años noventa. (7) De este modo, el 28 de mayo del año 2000, el diario *New York Times* publicó un artículo sobre los nuevos ídolos de la ópera, y calificó a Cura como uno de los cantantes más originales de la época moderna. (8) Las primeras grabaciones de Cura, en un estudio profesional, fueron *Puccini Arias* y *Anhelo* y las dos recibieron críticas muy positivas.

Cultura

A causa de la inmigración italiana en Argentina, la ópera es muy popular en este país. El teatro Colón, una de las salas de mejor acústica del mundo refleja la popularidad de la ópera. El Colón, junto con el Palacio del Congreso y la Casa Rosada, es uno de los tres monumentos históricos más representativos de la República Argentina.

Paso 3. ¿Cuáles de las siguientes oraciones son ciertas (**C**) o falsas (**F**) según el texto que acabas de leer?

1. _____ José Cura es un barítono cubano.
2. _____ Su primer éxito fue la interpretación de *Otello* en el año 1997, en Italia.
3. _____ Después de su interpretación de *Otello*, la audiencia le pidió una canción más.
4. _____ El *New York Times* publicó una crítica muy negativa de la actuación de Cura.

Paso 4. ❷ Con tu compañero/a prepara un anuncio publicitario para promover (*to promote*) la actuación de Cura en los Estados Unidos. Utilicen la información del texto del Paso 1.

MODELO: El tenor argentino José Cura estará en nuestra ciudad la semana próxima para cantar *Otello* en el Teatro. . .

Comparaciones culturales

7-23. Carlos Gardel: el "Elvis Presley" del tango

Paso 1. Escribe al menos tres adjetivos u oraciones para describir la imagen que proyecta esta foto de Gardel.

Paso 2. Ⓐ Ⓑ Entrevista a tu compañero/a para obtener la información que no tienes sobre Carlos Gardel.

Ⓐ

1. ¿Cuándo y dónde nació Gardel?
   _____
2. En 1900 se mudó a Buenos Aires (fecha aproximada).
3. ¿Cuándo cantó su primer tango, "Mi noche triste"?
   _____
4. Viajó a Europa por primera vez en el año 1923.
5. ¿Cuándo filmó su primera película?
   _____
6. El 31 de diciembre del año 1933 debutó en Estados Unidos en los estudios de la cadena NBC.
7. ¿Cuándo y dónde murió (*died*)?
   _____
8. Hoy en día la gente dice que Gardel "cada vez canta mejor". (*He sings better and better every day.*)

Ⓑ Information for student B, p. 528

| Escritura | **E S T R A T E G I A S** |

Simple narrative events rely on the main plot of a story. For instance, biographies that describe what someone did and what happened to this person tend to use this simple narrative story line. In the following activity, you will learn to use this simple narrative technique, with the help of a writing model, to narrate the stories of Carlos Gardel and Elvis Presley.

Paso 3. Con la información que ahora tienes sobre Gardel, escribe su biografía. Comienza tu párrafo con la siguiente oración.

Carlos Gardel es el cantante de tangos más famoso. Nació. . .

7-24. La leyenda de Elvis Presley

Paso 1. Elvis Presley es una leyenda del *rock and roll* de Estados Unidos. ¿Qué sabes de él? Escribe varias palabras que asocias con cada una de las siguientes categorías.

Su apariencia física: _____

Su personalidad: _____

Su estilo de baile: _____

Paso 2. A continuación, escribe cuatro o cinco oraciones para contar la historia de Elvis Presley. Utiliza las preguntas a continuación como guía.

1. ¿Cuándo y dónde nació?
2. ¿Cuándo se convirtió en el cantante más famoso de toda la historia de la música moderna?
3. ¿Qué hizo durante la guerra de Corea?
4. ¿Cuándo filmó su primera película? ¿Qué otras películas filmó?
5. ¿Con qué actores y cantantes famosos trabajó?
6. ¿Cuándo y dónde falleció (*passed away*)?

Paso 3. ❷ Compara tus notas con las de un/a compañero/a y combinen el contenido de los dos en un texto único. ¿Les gustaría añadir o eliminar información? Agreguen un párrafo final con sus opiniones personales sobre Elvis Presley.

Paso 4. ❷ Por último, revisen el uso de la gramática, los acentos y la puntuación. Preparen una copia limpia para entregarle a su profesor/a.

7-25. La mezcla de raíces africanas y europeas en el tango

Paso 1. Argentina y Uruguay son famosos por el tango. Observa la siguiente foto y escribe al menos diez palabras que asocies con esta imagen.

MODELO: sensual, . . .

Paso 2. ❷ Comparte tu lista de palabras con la de un/a compañero/a y decidan cuáles son para ustedes las tres palabras clave que definen al tango en comparación con otros bailes.

BAILE	PALABRAS CLAVE
tango	_____
ballet	_____
twist	_____
rock	_____
disco	_____

Paso 3. AUDIO Ahora escucha la música del tango más famoso, "La Cumparsita" y marca con una cruz (X) en la tabla siguiente los sentimientos que te evoca la música del tango.

soledad _____

amor _____

desilusión _____

deseo erótico _____

nostalgia _____

venganza _____

celos (*jealousy*) _____

Audioscript 7-25, Paso 3

Music of "La Cumparsita" (composed in 1917)

Answers 7-25, Paso 3

Some likely answers are: *soledad, amor, desilusión,* and *nostalgia.*

Paso 4. ❷ El siguiente texto describe la historia del tango pero las oraciones están desordenadas. Con tu compañero/a traten de ponerlas en orden.

1. Pero finalmente llegó a Francia, y los franceses aceptaron al tango como símbolo de la esencia latina. Y el resto es historia.
2. A comienzos del siglo XX, el bandoneón el instrumento más representativo de la música del tango y también el más triste se agregó a la guitarra, el violín y el piano. El tango adquirió mucha popularidad en todas las clases sociales y así, se trasladó finalmente a Europa.
3. Sin embargo, cuando llegó al continente europeo, la mayoría de los países lo rechazaron por la sensualidad de los movimientos del baile.
4. El tango, con raíces (*roots*) africanas, comenzó su historia a fines del siglo XIX, entre las clases sociales bajas de Montevideo y Buenos Aires, principalmente en los prostíbulos (*brothels*).
5. Por ejemplo, en Alemania, el Káiser Wilhelm lo prohibió, y en Inglaterra, la alta sociedad trató de limitar su popularidad.

_____ _____ _____ _____ _____

Answers 7-25, Paso 4

The order is 4, 2, 3, 5, and 1.

Suggestion 7-25

If your students are interested in the fact that tango has African roots, mention the following: *El* **candombe**, *una combinación de danzas y músicas africanas, se mezcló con la danza habanera de Cuba y así llegó a ser la* **milonga**. *Y el* **tango** *que bailamos hoy día nació de la milonga.*

Paso 5. Ⓖ Escribe un título para el texto del Paso anterior y compártelo con el resto de la clase. La clase va a escoger el título más original.

7-26. Música y danza representativa de los Estados Unidos

Paso 1. ❷ El tango está asociado con la esencia de Argentina. ¿Existe una música o danza que se asocie con los Estados Unidos? Escribe con un compañero/a dos o tres posibles opciones.

Paso 2. ❷ ¿Qué saben de la historia de ese tipo de música o danza? Completen las siguientes oraciones.

1. El/La _____ comenzó en la ciudad de _____ aproximadamente en el año _____.

2. El/La _____ representa _____ de los Estados Unidos.

Paso 3. ❷ Contesten estas preguntas.

1. ¿Quiénes son los/las cantantes más representativos/as de ese tipo de música?
2. ¿Hay canciones de esos cantantes que sean especialmente conocidas?
3. Describan el tema principal de algunas de las letras (*lyrics*) de esas canciones.

7-27. Horacio Quiroga

Answers 7-27, Paso 1

The order is b, a, e, g, f, c, and d.

Paso 1. El escritor uruguayo Horacio Quiroga es muy famoso por sus cuentos cortos. Utiliza el sentido común y ordena los eventos de su vida de una manera lógica.

a. _____ Desde su adolescencia escribió en varios periódicos y fundó una revista.

b. _____ Nació en Uruguay en 1878.

c. _____ Después de su retorno de París, fue a las misiones jesuitas en el Paraná. Allí conoció la selva (*jungle*), vivió en ella y la describió en su literatura.

d. _____ El final de su tragedia personal ocurrió en 1937 —descubrió que tenía una enfermedad (*illness*) incurable, y se suicidó.

e. _____ Su vida fue extremadamente trágica, y estuvo marcada por una serie de eventos terribles.

f. _____ En el año 1900 viajó a París.

g. _____ En su juventud mató accidentalmente a un amigo y, después, su primera esposa se suicidó.

Answers 7-27, Paso 2

Answers will vary, but Quiroga's life is full of tragedy and a search for challenges in nature, just as Ernest Hemingway's was. On the other hand, some of his stories (like the present one) are more akin to Edgar Allan Poe's writing.

Paso 2. ❷ Con tu compañero/a comparen la vida de Quiroga con la de otros escritores que tuvieron una vida trágica. Por ejemplo, ¿saben qué les pasó a Ernest Hemingway y a Edgar Allan Poe? ¿Hay aspectos trágicos en la obra de estos autores?

Paso 3. Ⓖ Compartan las respuestas del Paso anterior con las del resto de la clase. ¿Cuáles son los paralelos entre estos autores (y otros) y Quiroga?

7-28. El almohadón de plumas: Primeras impresiones

Paso 1. A continuación vas a leer un cuento de Quiroga llamado "El almohadón de plumas" (*The feather pillow*). El cuento es parte de un libro que se titula *Cuentos de amor, de locura y de muerte*. Las siguientes oraciones son parte de la trama (*plot*) del cuento. Léelas para decidir si el cuento es sobre locura (*madness*), amor (*love*) o muerte (*death*), o una combinación de temas.

1. Su luna de miel (*honeymoon*) fue un largo escalofrío (*shiver*).
2. Alicia lanzó (*gave*) un alarido (*shriek*) de horror.
3. Alicia murió por fin.
4. Las plumas volaron (*flew*), y la sirvienta (*maid*) dio un grito de horror.

Paso 2. ❷ Observen ahora los siguientes dibujos y colóquenlos (*place them*) en el orden cronológico que tenga más sentido. Comienza con número 2.

Answers 7-28, Paso 1

Order of drawings is: 2, 4, 5, 1, 6, and 3.

_____ _____ _____ _____ _____

Paso 3. ❷ Por último, escriban una oración para cada dibujo.

Lectura

The short story is profitably used by many authors who can convey detailed nuances of meaning and add drama with the use of fewer rather than more words. The following short story from Quiroga is considered one of the masterpieces of the Spanish short story. The text is presented without any modifications of language except that it has been slightly shortened. You will notice that, although not easy to read, if you follow the steps of the following two activities, you will be amazed at how much you can understand. Most important, you'll be pleased to know that you can already read a literary masterpiece with the help of what you have learned in this course.

7-29. El almohadón de plumas: el cuento

Suggestion 7-29, Paso 1

Point out to students that Quiroga uses the word *bandós*, a Portuguese word that means a type of hairdo.

Paso 1. Ahora lee una versión reducida del cuento original y subraya las oraciones que describen mejor cada uno de los dibujos de la actividad anterior. ¿Corresponde el orden de los dibujos que seleccionaste al orden del cuento original?

> ## El almohadón de plumas
>
> **S**u luna de miel fue un largo escalofrío. Rubia, angelical y tímida, el carácter duro (*hard*) de su marido heló (*froze*) sus soñadas niñerías (*girlhood dreams*) de novia. . . .Tuvo un ligero ataque de influenza que se arrastró (*dragged on*) insidiosamente días y días; Alicia no se reponía (*recovered*) nunca. Al fin una tarde pudo salir al jardín apoyada (*leaning*) en el brazo de su marido. . . . Fue ése el último día que Alicia estuvo levantada (*up*). Al día siguiente amaneció (*awoke*) desvanecida (*in a faint*). El médico de Jordán la examinó con suma (*a lot of, extreme*) atención, ordenándole calma y descanso (*rest*) absolutos. No sé—le dijo a Jordán en la puerta de calle—. Tiene una gran debilidad (*weakness*) que no me explico. . .
>
> . . . Una noche quedó (*remained*) de repente (*suddenly*) con los ojos fijos (*steadfast, without movement*). Al rato abrió la boca para gritar, y sus narices y labios se perlaron de sudor (*sweat*). —¡Jordán! ¡Jordán!—clamó (*cried out*), rígida de espanto (*fear*), sin dejar de mirar la alfombra (*rug*). Jordán corrió al dormitorio, y al verlo aparecer Alicia lanzó un alarido de horror. —¡Soy yo, Alicia, soy yo!. . . Entre sus alucinaciones más porfiadas (*stubborn*), hubo un antropoide apoyado en la alfombra sobre los dedos, que tenía fijos en ella los ojos. . .
>
> Alicia murió por fin. La sirvienta, cuando entró después a deshacer (*undo*) la cama (*bed*), sola (*alone*) ya, miró un rato extrañada el almohadón. —¡Señor!— llamó a Jordán en voz baja (*low*)—. En el almohadón hay manchas (*stains*) que parecen (*seem*) de sangre (*blood*). Jordán se acercó (*came nearer*) rápidamente y se dobló sobre él (*leaned towards it*). —Pesa (*weighs*) mucho—articuló la sirvienta, sin dejar de temblar (*quiver, tremble*). Jordán lo levantó (*raised it*); pesaba extraordinariamente. Salieron con él, y sobre la mesa del comedor (*dining room table*) Jordán cortó funda y envoltura (*pillow case*) de un tajo (*one single slash*). Las plumas superiores volaron, y la sirvienta dio un grito de horror con toda la boca abierta (*open*), llevándose las manos crispadas (*twitching, contorted*) a los bandós (*hair*).

Paso 2. ❷ En parejas, respondan a las siguientes preguntas. ¿Como creen que termina el cuento? ¿Qué encontraron en el almohadón de plumas? Escriban un posible final para el cuento.

Paso 3. ❷ Lean ahora el final del cuento de Quiroga y comparen la versión de ustedes con la del autor. ¿Cuál es más terrorífica? ¿Cuál es más realista?

S obre el fondo (*bottom*), entre las plumas, moviendo lentamente las patas velludas (*hairy feet*), había un animal monstruoso, una bola viviente (*living*) y viscosa (*sticky, heavy, thick*). Estaba tan hinchado (*swollen*) que apenas (*barely*) se le pronunciaba la boca. Noche a noche, desde que Alicia había caído (*had fallen*) en cama, había aplicado sigilosamente (*silently*) su boca—su trompa (*proboscis*), mejor dicho—a las sienes (*temples*) de aquélla, chupándole la sangre (*sucking her blood*).

⋅⋅⋅Diferencias dialectales⋅⋅⋅

Gramática

The pronoun **vos** is used more often in Argentina and Uruguay than the pronoun **tú**; it is also used in many other countries: Throughout Central America (Costa Rica, El Salvador, Honduras, Nicaragua, etc.), and in many countries of South America (especially Bolivia, Ecuador, and Paraguay). This pronoun is not used in either Spain or the Caribbean (Puerto Rico, the Dominican Republic, and Cuba), or in most parts of México.

7-30. ¿Vos estudiás español?

Paso 1. AUDIO En el siguiente diálogo, un estudiante argentino, Mario, habla con un estudiante estadounidense, Sean. Escuchá el diálogo y contestá las siguientes preguntas:

1. ¿Qué estudia el estudiante argentino?
2. ¿Qué ciudad recomienda visitar?
3. ¿Qué van a hacer los dos estudiantes?

Paso 2. Ahora escuchá la entrevista otra vez más. Tratá de escribir los verbos que están conjugados con la forma **vos** y los que están conjugados con **tú** o **usted**.

VOS	TÚ

Follow-up 7-29, Paso 3

Tell students to underline a difficult word in each paragraph of the story and to write a sentence with each. Then, they should select four sentences and rewrite them leaving a blank space for the difficult word. Ask students to give their four sentences to a classmate and challenge him/her to guess the missing word.

Audioscript 7-30, Paso 1

Mario: Hola ¿De dónde sos vos?

Sean: Soy de los Estados Unidos, ¿y tú?

Mario: Soy de Buenos Aires. ¿Conocés Argentina?

Sean: Muy poco. Pero me gustaría visitar tu país.

Mario: Ah! Si viajás a Argentina, tenés que visitar a Mar del Plata. Es un balneario turístico muy famoso. Es fácil ir. . . Cuando llegás a Buenos Aires, tomás el autobús, y en un par de horas, llegás a Mar del Plata.

Sean: Gracias por el consejo.

Mario: ¿Qué hacés? ¿Estudiás o trabajás?

Sean: Estudio biología. Y tú, ¿qué haces?

Mario: Yo estudio ingeniería civil. ¿Querés tomar un café?

Sean: Sí. Como no, encantado.

Suggestion 7-30 Paso 1

Point out to students that the form *vos* is used in titles and instruction lines of Activities 7-30 and 7-31.

Answers 7-30, Paso 1

1. *ingeniería civil,* 2. *Mar del Plata,* 3. *tomar un café*

Answers 7-30, Paso 2

Vos: *sos, conocés, viajás, tenés, llegás, tomás, llegás, hacés, estudiás, trabajás, querés;* **Tú:** *haces*

Paso 3. A continuación, transformá los verbos conjugados con la forma **vos** en el Paso 2 a la forma **tú**.

MODELO: querés: **quieres**

Paso 4. ¿Podés completar la tabla con las conjugaciones de verbos que corresponden al pronombre vos?

	ESTUDIAR	COMER	SALIR
Ud.	estudia	come	sale
tú	estudias	comes	sales
vos	_____	_____	salís

Paso 5. Por último, verificá si las siguientes afirmaciones son ciertas (**C**) o falsas (**F**).

1. _____ La última letra del infinitivo (**-r**) se reemplaza con la letra **-s** en las tres conjugaciones del pronombre **vos**: **-ar**, **-er** e **-ir**.
2. _____ El acento siempre cae (*falls*) en la última sílaba: **cantás** (*sing*).
3. _____ La única excepción a estas reglas es en el uso del verbo **ser: sos**.
4. _____ En conclusión, las formas del presente de **vos** son más simples que las formas de **tú/usted**.

Gramática

Forming the imperative (commands) of the **vos** form is simple: You need only to omit the letter **-r** from the end of the infinitive form and stress the last vowel.

	ESTUDIAR	COMER	SALIR
vos	estudiá	comé	salí

Gramática

In Argentina and Uruguay, letters **y** (as a consonant) and **ll** sound like the /s/ of English words *sure* or *leisure*.

Ya llegó la lluvia.
Ella es paraguaya.
Yo soy uruguayo y ella es argentina.

NOTE: The pronunciation of **y** is not affected when it is placed at the end of a syllable (so**y**) or when it is used as a conjunction (**y** = *and*).

7-31. Identificando argentinos y uruguayos

Paso 1. AUDIO Escuchá la grabación y decidí quién es uruguayo o argentino y quién no lo es. Marcá con una cruz (X) la persona que sí lo es.

1. _____   4. _____

2. _____   5. _____

3. _____   6. _____

Paso 2. Escuchá la grabación de nuevo y anotá el/los número/s de oración que corresponda a los temas siguientes.

a. nacionalidad   _____

b. tiempo   _____

c. comida   _____

Video

Las impresiones de Guadalupe

Primeras impresiones

7-32. La visita a la exposición

Paso 1. En este episodio Guadalupe, Jordi y Pablo van al museo de la universidad a ver una exposición de arte. Observa las siguientes fotos de su conversación y marca con una cruz (X) los posibles temas que se mencionan en cada foto.

(1)

(2)

Foto 1   Foto 2

_____ _____ las clases de arte que tomaron en la escuela secundaria
_____ _____ los artistas y obras de la exposición
_____ _____ el precio (*price*) de las obras de arte
_____ _____ la relación entre Guadalupe y Pablo
_____ _____ la relación entre Guadalupe y Jordi
_____ _____ el tema que Jordi va a preparar para el programa de radio

Paso 2. G VIDEO Miren el video sin sonido en grupo y presten atención a los gestos, expresiones y reacciones físicas de los personajes para decidir cuáles de las siguientes opciones describen mejor la relación entre ellos durante este episodio. Después compartan su opinión con la clase.

Creemos que. . .

1. La relación entre los tres, Guadalupe, Jordi y Pablo, es muy buena. Parece que los tres están muy cómodos durante la visita al museo.
2. La relación entre Guadalupe y Jordi es muy buena pero no entre Jordi y Pablo. Parece que a Pablo no le gusta mucho Jordi.
3. La relación entre Guadalupe y Jordi es muy buena pero no entre Guadalupe y Pablo. Parece que a Guadalupe no le gusta mucho Pablo.

Las impresiones de Guadalupe

7-33. Conversaciones

Paso 1. VIDEO Mira el video otra vez con sonido y pon en orden cronológico los temas de conversación que aparecen en este episodio.

Answers 7-33, Paso 1
1. (5), 2. (3), 3. (4), 4. (2), 5. (1)

1. _____ el trabajo de Guadalupe en la estación
2. _____ el programa de radio de Jordi
3. _____ el choque entre Guadalupe y Pablo
4. _____ los museos de sus países de origen
5. _____ la obra Mae West de Salvador Dalí

Paso 2. Di si las siguientes afirmaciones son ciertas (**C**) o falsas (**F**) según lo que viste en este episodio.

Answers 7-33, Paso 2
1. F, 2. C, 3. F, 4. F.

1. Jordi visitó muchos museos de Latinoamérica.
2. A Jordi le gusta el arte de Miró pero a Pablo no le gusta mucho.
3. Jordi quiere hablar sobre varias obras de Picasso en su programa de radio.
4. Guadalupe no está contenta con su trabajo en la estación de radio.

Impresiones culturales

7-34. ¿Qué piensa Guadalupe de Pablo?

Paso 1. Después del choque entre Guadalupe y Pablo, Guadalupe y Jordi hablan de lo que pasó. Lee el siguiente segmento de la conversación entre Guadalupe y Jordi. ¿Crees que la respuesta de Guadalupe a la pregunta de Jordi es sincera? ¿Por qué?

Answers 7-34, Paso 1
Parece que Guadalupe no quiere hablar con Jordi sobre lo que piensa de Pablo.

JORDI: Oye, ¿te pasa algo?

GUADALUPE: ¡No! No fue para tanto.

JORDI: No, me refiero a si te pasa algo con Pablo.

GUADALUPE: ¡Ah! Eso. . . sí, no, no te preocupes por mí. En que **sólo me molesté un poco con lo de la bolsa**.

Paso 2. ❷ Analiza con un/a compañero/a el siguiente intercambio entre Guadalupe y Jordi. Luego seleccionen la opción que creen que está implícita en la respuesta de Guadalupe.

Answer 7-34, Paso 2
c

JORDI: Tienes razón. . . Ahí, ya viene Pablo. . . Oye, ¿no crees que es buena idea si él nos ayuda en el festival de comida hispana?

GUADALUPE: **Hablamos de eso luego. . .**

La respuesta de Guadalupe quiere decir que. . .

a. Está interesada en la ayuda de Pablo.
b. Sinceramente, prefiere hablar de ese tema más tarde.
c. No está muy interesada en la ayuda de Pablo.
d. Quiere hablar con Pablo de ese tema.

Paso 3. ⓖ ¿Es similar la manera en que las personas de tu cultura evitan hablar de ciertos temas o dar una opinión sobre otra persona? Comparte tu opinión con la de la clase.

En resumen

Gramática

The preterit

The preterit is used mainly to indicate the beginning and the end of an action in the past, and in sequential plots that focus on the main events of a story:

Pedro compró una pelota. *Pedro bought a ball. Pedro did buy a ball.*

	-ar verbs	-er verbs	-ir verbs
	estudiar	**perder**	**asistir**
yo	estudié	perdí	asistí
tú	estudiaste	perdiste	asististe
él/ella/Ud.	estudió	perdió	asistió
nosotros/as	estudiamos	perdimos	asistimos
vosotros/as	estudiasteis	perdisteis	asististeis
ellos/ellas/Uds.	estudiaron	perdieron	asistieron

The preterit: Irregular verbs

estar	hacer	ir/ser	tener	venir	ver
estuve	hice	fui	tuve	vine	vi
estuviste	hiciste	fuiste	tuviste	viniste	viste
estuvo	hizo	fue	tuvo	vino	vio
estuvimos	hicimos	fuimos	tuvimos	vinimos	vimos
estuvisteis	hicisteis	fuisteis	tuvisteis	vinisteis	visteis
estuvieron	hicieron	fueron	tuvieron	vinieron	vieron

Vocabulario

Deportes y actividades atléticas

el/la aficionado/a	*fan*
el bate	*bat*
el/la bateador/a	*batter*
la camiseta	*T-shirt*
el campo de juego/la cancha	*field*
el/la comentarista deportivo/a	*sports commentator*
los deportes en vivo	*live sports*
el/la entrenador/a	*trainer*
el estadio	*stadium*
el guante	*glove*
el jonrón	*home run*
el/la jugador/a	*player*
el/la lanzador/a	*pitcher*
la medalla	*medal*
la pelota	*ball*
el pelotero/a de béisbol	*baseball player*
la piscina (la alberca/la pileta)	*swimming pool*
las Olimpíadas	*Olympic games*
el salvavidas	*the lifeguard*
el trampolín	*diving board*
el trofeo	*trophy*

Verbos relacionados con los deportes y actividades atléticas

anotar/marcar (un gol)	*to score (a goal)*
batear	*to bat*
entrenarse	*to train*
ganar	*to win*
hacer buceo submarino (bucear)	*to scuba dive*
hacer esquí (esquiar)	*to ski*
hacer paracaidismo	*to skydive*
hacer windsurf	*to windsurf*
jugar al fútbol	*to play soccer*
levantar pesas	*to lift weights*
montar/andar en bicicleta	*to ride a bike*
nadar (hacer natación)	*to swim*
patear (la pelota)	*to kick the ball*
pedalear	*to pedal*
perder	*to lose*
pescar	*to fish*

Verbos relacionados con los accidentes

chocar	*to bump (into someone/something)*
derramar	*to spill (something)*
manchar	*to stain*
olvidarse	*to forget*

Actividades culturales

Las artes visuales — *The visual arts*

la arcilla/el barro	*clay*
la arquitectura	*architecture*
la escultura	*sculpture*
la madera	*wood*
el marco	*frame*
el óleo	*oil painting*
el pincel	*paintbrush*
la pintura	*painting*
el taller	*workshop/atelier*

Las artes musicales — *The musical arts*

el bandoneón	*concertina*
la batería	*drums*
la canción	*song*
la guitarra	*guitar*
la letra de la canción	*lyrics (of the song)*
la música clásica	*classical music*
la música country, la música de campo	*country music*
la música de rock	*rock music*
la música popular	*popular music*
la orquesta sinfónica	*symphonic orchestra*
el piano	*piano*
el violín	*violin*

Verbos relacionados con las artes

aplaudir	*to clap*
bailar/danzar	*to dance*
cantar	*to sing*
dibujar	*to draw*
pintar	*to paint*
tallar	*to carve*
tocar (un instrumento musical)	*to play (a musical instrument)*

8 La familia y la sociedad

Vocabulario en contexto

- Las relaciones familiares
- Los apellidos hispanos
- Diferentes etapas de la vida

Intercambios comunicativos

- Apoyo y comprensión

Enfoque cultural

- El español en el mundo

Gramática en contexto

- The imperfect
- The preterit and the imperfect
- Verbs that change meaning
- Other irregular verbs in the preterit

Integración comunicativa

- Mujeres no tradicionales del mundo hispano
- Lenguaje menos sexista
- Apelativos cariñosos

Comparaciones culturales

- La identidad de los hispanos
- Hispanos, latinos y otras categorías
- Poesía y amor

Diferencias dialectales

- Djudeo–espanyol
- /t / y /d /

Video: Las impresiones de Guadalupe

En resumen

Note

These exploratory activities preview some of the major topics covered in the chapter. They do not require right answers. If students do not offer options, volunteer one or two and move on. After you finish the chapter, ask students to do these activities again to give them a sense of progress as, most likely, they'll do better at the end of the chapter.

Vocabulario en contexto

Ask students to think of other words that could be associated to the main word in the box. After you complete the chapter, come back to this page and ask them to mention as many words as they can remember (without consulting notes).

Gramática en contexto

Ask students to fill in the empty spaces in this text. Do they notice any particular structure that differs substantially from English?

Comparaciones culturales

Ask students to add a few more entries to the lists.

Vocabulario en contexto

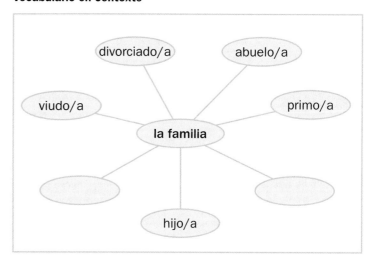

Gramática en contexto

Fernando es mi hermano menor, y cuando (1) _fui_ era pequeño, me volvía loca. Es cierto que (2) _iba_ a jugar a la casa de su mejor amigo con frecuencia porque allí (3) _____ mucha televisión, pero muchas veces (4) _____ jugar en mi cuarto.

Comparaciones culturales

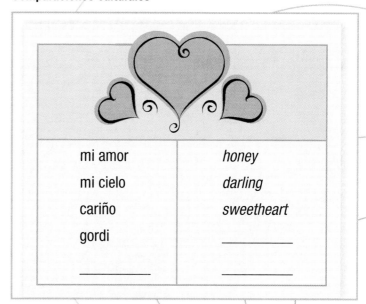

mi amor	honey
mi cielo	darling
cariño	sweetheart
gordi	_____
_____	

Vocabulario en contexto

8-1. Las relaciones familiares

Paso 1. Después de leer texto sobre la familia de un presidente de los Estados Unidos, completa el párrafo con los nombres de las personas que correspondan.

> Geoge Herbert Walker Bush fue el presidente número 41 de los Estados Unidos. George Bush Sr. está casado con Barbara Bush y ambos tienen cinco **hijos** (George, John, Neil, Marvin y Dorothy Bush Koch) y catorce **nietos**. El hijo mayor, George W. Bush, es el presidente número 43 de los Estados Unidos. George W. y su **esposa**, Laura Bush, tienen dos hijas gemelas: Barbara y Jenna. Uno de los **tíos** de Jenna y Barbara, John (Jeb) Bush, es el gobernador del estado de la Florida. Jenna y Barbara son **sobrinas** de Jeb. Los hijos de Jeb son **primos** de las hijas de George y Laura.

Los padres de George W. Bush son (a) _____ y (b) _____. George W. es hermano de (c) _____, _____, _____ y _____. Su esposa se llama (d) _____. Sus hijas son (e) _____ y (f) _____. Jeb es hermano de George W. y tío de (g) _____ y (h) _____. La abuela de Barbara y Jenna es (i) _____.

Paso 2. Basándote en el texto anterior, ¿puedes dar el equivalente en inglés de las siguientes relaciones familiares que se crean legalmente (*legally*)?

Relaciones políticas

1. el suegro y la suegra son padres políticos: _____
2. el yerno y la nuera son hijos políticos: _____
3. el cuñado y la cuñada son hermanos políticos: _____
4. el/la consuegro/a: _____

Paso 3. Ahora estudia el dibujo de la familia Martínez Hernández y señala quién es quién. Empareja los nombres de la columna de la izquierda con las relaciones familiares correspondientes de la columna de la derecha.

1. _____ Pedro   a. es el padre de Luisito y Mía
2. _____ Chus   b. es la cuñada de Marta
3. _____ Luis   c. es el abuelo de Luisito y Mía
4. _____ Álvaro y Paola   d. son esposo y esposa (esposos)
5. _____ Marta y Chus   e. es el tío de Luisito y Mía
6. _____ Carmen y las madres   f. son nietos de Pedro y Carmen
        de Luis y Tania
7. _____ Luisito y Paola   g. son hermanos
8. _____ Tania   h. son consuegras
9. _____ Álvaro, Mía, Luisito   i. son primos
        y Paola
10. _____ Pedro y Carmen   j. son los sobrinos de Luis y Marta

---

Vocabulario   E S T R A T E G I A S

For a couple who is not married, the word **amante** can be translated as *lover*, but the term **pareja**, used very frequently, is more than simply *partner* or *significant other*: it more accurately refers to a couple. Use the words **novio/a** and **prometido/a** for *boyfriend/girlfriend* and *fiancé/fiancée*.

Paso 4. **G** Para terminar, la clase se divide en dos grandes grupos. Cada grupo escoge dos parientes del árbol genealógico y pregunta al otro grupo qué relación hay entre ellos. Obtiene un punto el grupo que contesta correctamente. NOTA: Si repiten los dos parientes pierden un punto.

MODELO: E1: ¿Qué es Mía de Tania?
            E2: Es su sobrina.

8-2. Tu árbol genealógico

Paso 1. Completa este gráfico siguiendo el modelo de la Actividad 8-1 para crear tu propio árbol genealógico.

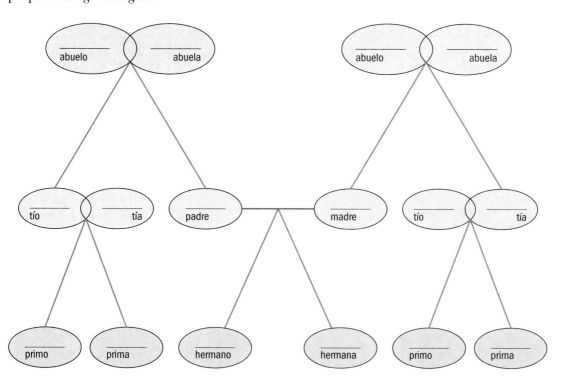

Paso 2. ❷ Ahora entrevista a un/a compañero/a y completa su árbol genealógico en el siguiente gráfico. NOTA: No puedes mirar su árbol.

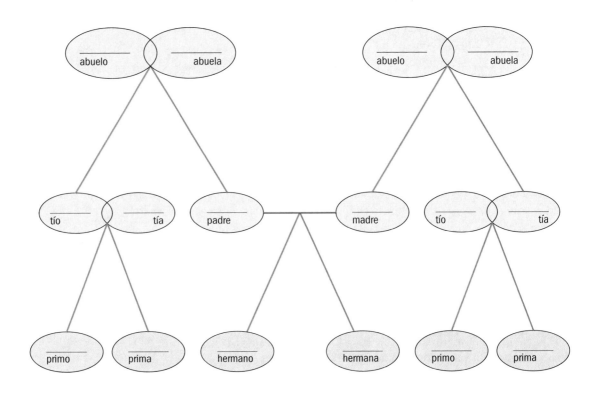

MODELO: E1: ¿Cuántos hermanos/as tienes?
E2: Tengo una hermana. Se llama Stephanie.

Paso 3. Escribe ahora una breve descripción de la familia de tu compañero/a.

MODELO: John tiene una familia pequeña. Su familia está formada por el padre, la madre y una hermana. Su hermana se llama Stephanie. También tiene dos primos y una prima. Sus primos se llaman Peter y Michael, y su prima se llama Ann.

Paso 4. Ⓖ Por último, formen grupos de seis estudiantes y lean las descripciones de sus compañeros/as para determinar el tamaño promedio de la familia de las personas en cada grupo.

La familia típica de nuestro grupo tiene _____ hijos, _____ tíos y _____ primos.

8-3. Los apellidos hispanos

Paso 1. Lee el siguiente párrafo sobre los apellidos que se usan en el mundo hispanohablante. ¿Puedes saber cuál es el nombre completo de las personas que se describen?

Los apellidos de los hispanos

L as diferencias en el sistema de nombres de familia entre el mundo hispanohablante y el anglosajón puede generar malentendidos (*misunderstandings*). En general, los hispanos tienen dos apellidos. El primero es el apellido **paterno** y corresponde al primer apellido del padre; el segundo es el apellido **materno** y corresponde al primer apellido de la madre. Por ejemplo, en el caso de la familia de Pedro Martínez Alonso y de Carmen Hernández Pascal, los hijos Marta y Chus tienen el primer apellido del padre y el primer apellido de la madre. Marta está casada con Luis Álvarez del Pino. Chus está casado con Tania González Iglesias. Chus y Tania tienen un hijo y una hija: Álvaro y Paola. Marta y Luis también tienen dos hijos, Luisito y Mía.

¿Cuál es el nombre completo de las siguientes personas?

1. Marta y Chus: _____

2. Luisito y Mía: _____

3. alvaro y Paola: _____

Paso 2. 🔊AUDIO Escucha ahora una conversación entre María Isabel, una estudiante mexicana, y Karen, una estudiante estadounidense que ayuda a María Isabel a familiarizarse con el sistema de apellidos norteamericano. Después, contesta las siguientes preguntas.

1. ¿De qué temas hablan Karen y María Isabel?
2. ¿Qué relación tienen? ¿Son amigas o colegas con poca relación social?
3. Describe una de las cosas que asombra (sorprende) a María Isabel.

Paso 3. Escucha la conversación nuevamente y escoge la mejor opción para cada frase.

1. La abreviación del nombre de María Isabel es. . .
   a. María I. Silva
   b. María
   c. Maribel
   d. Mary
2. El apellido de María Isabel es. . .
   a. Silva
   b. Silva Pérez
   c. Pérez
   d. Pérez Silva
3. Generalmente, las mujeres hispanas casadas usan. . .
   a. su nombre + "de" + el apellido del esposo.
   b. su nombre + el apellido del esposo.
   c. su nombre + su propio apellido.
   d. el apellido de su esposo.

8-4. La familia y las descripciones

Paso 1. AUDIO Escucha ahora a dos personas describir a una persona famosa de su familia. Completa la tabla y adivina el nombre de la relación.

	1	2
edad	_____	_____
apariencia física	_____	_____
personalidad	_____	_____
gustos	_____	_____

Relación 1: _____

Relación 2: _____

Paso 2. Describe una persona de tu familia a tu compañero/a sin decir qué relación familiar tienes con esa persona. Tu compañero/a debe adivinar la relación. Incluye datos que ayuden a descubrir la relación que tienes con esa persona: la edad, la apariencia física, características de la personalidad, etc.

MODELO: E1: Tiene cuarenta y ocho años. Es de estatura mediana y complexión delgada. Tiene el pelo lacio, corto y rubio y los ojos azules. Es extrovertida y tiene gran sentido del humor. Le gustan las películas de ciencia ficción y conversar con sus dos hijos. Por eso ahora hablo por teléfono tres veces a la semana con ella.
E2: Me parece que es tu madre.
E1: Sí, tienes razón. Es mi madre.

Paso 3. Trae una foto de uno de tus parientes (*relatives*) a clase. Tu instructor/a va a recoger todas las fotos y luego las va a distribuir al azar (*randomly*). Ahora imagina que estás en una fiesta buscando a la persona de la foto que trajiste (*brought*) a clase. Describe la persona de la foto a otras personas para encontrarla. Tus compañeros/as no pueden mostrar las fotos que tienen.

MODELO: E1: Perdón, mi hermano está en la fiesta y no lo puedo encontrar. Es un chico de veinte años, alto y fuerte. Lleva unos jeans y una camisa, ¿lo ha visto?
E2: No estoy seguro/a, ¿de qué color es la camisa?

8-5. Diferentes etapas de la vida

Paso 1. Empareja cada una de las siguientes descripciones con el dibujo correspondiente.

a. relación que mantienen dos personas antes de la unión matrimonial
b. la familia y los amigos se reúnen para celebrar una unión matrimonial
c. ceremonia para despedir a una persona cuando muere
d. ocurre cuando un nuevo ser humano llega a este mundo
e. fiesta para celebrar que una joven cumple quince años

1.   2.   3.

4.   5.

Paso 2. Ahora empareja el nombre del evento o celebración familiar con cada una de las descripciones anteriores.

1. _____ la boda
2. _____ el nacimiento
3. _____ el noviazgo
4. _____ la quinceañera
5. _____ el velorio y el entierro

Paso 3. Lee esta breve noticia sobre personas famosas y después busca en el texto sinónimos para las palabras o frases siguientes.

Bautizo y luego boda:
la originalidad de Madonna

Madonna de 42 años y el director de cine británico Guy Ritchie, de 32, se casaron el 22 de diciembre en el castillo escocés de Skibo. La ceremonia y el banquete posterior se celebraron en la más estricta intimidad. Los recién casados contrataron a tres compañías de seguridad para asegurarse de que ningún *paparazzi* tuviera* acceso al acontecimiento. Los únicos que pudieron admirar el vestido nupcial de estilo gótico de la novia y la tradicional falda escocesa del novio fueron los familiares y algunos amigos de la pareja. Ésta era la primera boda del novio y la segunda de Madonna, que se había casado en 1985 con Sean Penn y se había divorciado de éste poco después. El día anterior los novios habían bautizado a su hijo Rocco. Mientras la ceremonia religiosa de la boda fue privada, la del bautizo fue un acto público como requieren las normas de la iglesia escocesa. ■

*could have

MODELO: boda: **enlace matrimonial**

los novios _____
parientes _____
comida especial para celebrar algo _____
ceremonia religiosa en que se da carácter cristiano y nombre a
un niño _____

8-6. Otras relaciones familiares

Paso 1. ❷ Lee las siguientes definiciones y después con un/a compañero/a piensen en hispanos/as o estadounidenses famosos/as que cumplan las condiciones siguientes.

> casarse: unirse dos personas en matrimonio por un acto civil o religioso
>
> divorciarse: separarse legalmente dos personas casadas
>
> enviudar: le ocurre a la persona a la que se le muere el esposo o la esposa
>
> separarse: dejar de convivir una pareja o un matrimonio

_____ está **divorciado/a**. Se divorció de _____.

_____ está **casado/a**. Se casó con _____.

_____ es **viudo/a**. Su esposo/a **falleció**.

_____ está **separado/a**. Se separó de _____.

Paso 2. 🔊 AUDIO Escucha a dos hispanos hablar sobre su familia y después marca con una cruz (X) a quién corresponde cada descripción:

	JOAQUÍN	LA ESPOSA DE JOAQUÍN	ALBERTO	EL HERMANO DE ALBERTO
1. tiene una familia adoptiva	___	___	___	___
2. tiene hijos gemelos	___	___	___	___
3. tiene una familia extendida	___	___	___	___
4. está divorciado	___	___	___	___
5. tiene una familia nuclear	___	___	___	___
6. tiene sólo hermanos varones (*male*)	___	___	___	___

Paso 3. ❷ Por último, lee el siguiente texto. Contesta las preguntas por escrito. Compara tus respuestas con las de un/a compañero/a.

> **C**uando se bautiza a un bebé lo acompañan el padre y la madre, **la madrina y el padrino**. Los **padrinos** son las personas que se comprometen a criar y a educar al niño, el/la ahijado/a (*godson/daughter*), en caso de que sus padres no puedan hacerlo. El padrino y el padre tienen una relación de **compadres** y la madrina y la madre de **comadres**.
>
> Algunas personas que enviudan o se divorcian se vuelven a casar. Si ya tienen hijos, el nuevo esposo o esposa es el **padrastro** o la **madrastra** de los hijos. A su vez los hijos pasan a ser los **hijastros** del padrastro o la madrastra.

1. ¿Qué tienen de similar los nombres de estos parentescos? ¿Por qué crees que son similares?
2. ¿Tienes madrina y padrino? ¿Tienes algún pariente muy cercano aparte de la familia nuclear? ¿Cómo se llama?
3. ¿Tienes un padrastro o una madrastra? ¿Tienes un hermanastro o hermanastra?
4. ¿Conoces a otras personas que los tienen?

⊕⊕ Intercambios comunicativos

Expresiones para expresar apoyo (*support*) y comprensión

Te entiendo./Te comprendo.	*I understand.*
¡Ay, pobre!	*You poor thing!*
¡Ay, qué lástima!	*What a pity!*
No te preocupes.	*Don't worry about it.*
A mí me pasa igual.	*I feel the same way.*
Cuéntame, ¿qué te pasó?	*Tell me, what happened?*
Ven, vamos a charlar/platicar.	*Come on, let's talk about it.*
Bueno, vas a ver que las cosas van a mejorar.	*Well, you'll see, things will get better.*
Al mal tiempo buena cara.	*Face adversity with courage.*

Intercambios comunicativos

After the video segment for this chapter you will see two brief clips with examples of the **Intercambios comunicativos** that correspond to the images in this section. You can show these brief clips in class to complete the activity.

Refer to the Video Guide within the IRM for other examples of **Intercambios comunicativos** expressions used in the video.

8-7. ¡Te entiendo!

Paso 1. El siguiente texto es una transcripción de una conversación entre Guadalupe y Consuelo. Subraya todas las expresiones que usa Guadalupe para expresar apoyo emocional (*emotional support*) a Consuelo.

CONSUELO: Me siento fatal. Extraño mucho a mi familia en Colombia.

GUADALUPE: Ya veo, yo también extraño a la mía. Trato de no pensar en ellos para no ponerme triste. . . . Oye, ¿y, qué es eso que hay ahí?

CONSUELO: Es un álbum de fotos. Yo lo estaba viendo y no pude más y me puse a llorar.

GUADALUPE: ¡Ay. . . gordita, pobrecita! Bueno, a ver, enséñame las fotos. . . ¿no?

CONSUELO: Bueno, eso era lo que quería. . .

GUADALUPE: Pues dale. . .

CONSUELO: ¡Ay Lupe! Eres tan buena. . . (*Alegrándose un poco*)

GUADALUPE: Para eso somos amigas. . .

Answers 8-7, Paso 1

*Sí, ya veo, yo también extraño a la mía;
¡Ay. . . gordita, pobrecita! Para eso somos amigas.*

Paso 2. VIDEO Observa las siguientes escenas tomadas en dos momentos diferentes de la visita de Consuelo a Guadalupe. ¿Qué imagen corresponde a la transcripción de la conversación del Paso 1? Describe oralmente a tu compañero/a las expresiones físicas de Guadalupe y Consuelo que justifican tu decisión.

(1)

(2)

Paso 3. ❷ Las frases y expresiones que usamos para dar apoyo emocional van acompañadas de una entonación particular que nos ayuda a expresar nuestras emociones. Lee con un/a compañero/a de clase la interacción entre Guadalupe y Consuelo del Paso 1. Luego miren la parte del video que corresponde a esa interacción y representen la escena frente a la clase. Traten de imitar la entonación de Guadalupe y Consuelo.

Suggestion 8-7, Paso 3

Translate into English the dialogue from Paso 1, and videotape the scene with two students. (Two theater majors are ideal.) Show the scene in class without sound, and ask students to compare the most obvious differences in physical behavior that characterize each exchange.

8-8. ¿Cómo reaccionas?

Paso 1. Lee la siguiente lista de expresiones y clasifica cada expresión de acuerdo con el tipo de reacción con la que se asocia: positiva (P) o negativa (N).

_____ ¡bárbaro!	_____ ¡fabuloso!
_____ ¡espantoso!	_____ ¡genial!
_____ ¡chévere!	_____ ¡impresionante!
_____ ¡de primera!	_____ ¡terrible!
_____ ¡de mal en peor!	_____ ¡maravilloso!
_____ ¡fatal!	_____ ¡notable!
_____ ¡divino!	_____ ¡superbien!
_____ ¡estupendo!	_____ ¡horrible!
_____ ¡excelente!	

Paso 2. ❷ Con un/a compañero/a túrnense para utilizar algunas de las expresiones del Paso 1 para reaccionar a las siguientes situaciones.

MODELO: Tus padres te compran un boleto para un crucero como regalo de graduación.
¡Oh! No lo puedo creer. ¿De verdad? ¡Qué increíble! ¡Es fabuloso! Muchísimas gracias. ¡Estoy súper contento/a!

1. Tu compañero/a de casa te dice: "Voy a dar una fiesta en casa el próximo fin de semana".
2. El presidente de la universidad decide exigir una B como mínimo para poder graduarse.
3. El equipo de tu universidad gana el campeonato de la liga.
4. Tu mejor amigo/a tiene un accidente de coche y no puede asistir a clase durante todo el semestre.
5. Debido a la situación económica, tu jefa te dice que te va a pagar menos el año próximo.
6. Tu coche no funciona y no puedes salir esta noche con tus amigos.

ENFOQUE CULTURAL

8-9. ¿Dónde se habla español?

Paso 1. Mira el siguiente mapa donde aparecen marcados en color verde los países en que se habla español y, para cada una de las siguientes afirmaciones, escribe si es cierto (**C**) o falso (**F**). Vas a confirmar tus respuestas en los pasos siguientes.

_____ 1. Se habla español en España.

_____ 2. Se habla español en un país del Medio Oriente.

_____ 3. Se habla español en casi (*almost*) todos los países de Centroamérica.

_____ 4. Se habla español en dos países de África.

_____ 5. Se habla español en toda Sudamérica.

_____ 6. Se habla español en un país de Asia.

_____ 7. Se habla español en muchos estados de los Estados Unidos.

Paso 2. Escribe ahora la palabra que identifica a cada una de las personas descritas en los siguientes párrafos.

| ecuatoguineano | norafricano | filipino | sefardí |

1. Mis antepasados son de España y vinieron a Israel hace siglos. En mi casa, hablamos español, pero para la mayoría de los negocios y nuestros intercambios con otra gente, usamos el hebreo. _____
2. Soy español pero no vivo en España. Vivo en la ciudad de Ceuta. Aunque el español es mi lengua materna, también hablo árabe porque en mi ciudad viven muchos musulmanes y marroquíes. _____
3. Mi nombre es Juan Pitik Sánchez. He pasado toda mi vida aquí en esta isla asiática. Hablo cuatro idiomas: el filipino, el chino, el inglés y el español. _____
4. Soy Arturo. Soy africano y vivo en África Occidental. El país donde vivo fue territorio de España por varios siglos pero ya hace unas décadas que logró su independencia. Además del español, hablo un idioma africano. _____

Paso 3. ¿Por qué crees que se habla español en tantas regiones del mundo? Ordena las siguientes oraciones para encontrar la respuesta.

1. Por ejemplo, en América el imperio español dominó a los incas de Perú, a los aztecas de México y a los mayas de Centroamérica.
2. Pero España también invadió muchos territorios en África. Por eso, en África del Norte y en África Occidental, todavía hay regiones donde mucha gente habla español.
3. Durante los siglos XV y XVI España fue un imperio mundial que conquistó muchos territorios.
4. España conquistó además territorios en lugares aún más lejanos que en América o África. También llegó hasta Asia donde fundó una colonia en lo que es hoy Filipinas.

_____   _____   _____   _____

Gramática en contexto

INTEGRATED COMPONENTS

Use the following instructional resources to practice **The imperfect**.

- **Gramática viva:** Imperfect tense of regular and irregular verbs
- **Student Activities Manual/o-SAM:** Activities 8-9, 8-10, 8-11, 8-12, 8-13
- **IRCD:** p. 272
- **Companion Website:** Chapter 8, Gramática en contexto, The imperfect

I. The imperfect

8-10. Era una noche oscura y lluviosa. . .

Paso 1. La película *Casablanca* tiene lugar en Marruecos. Primero vas a leer una narración en inglés de la última escena de esta película en la que Rick (Humphrey Bogart) está en el aeropuerto con su amada Ilsa (Ingrid Bergman) y su esposo. Las acciones o descripciones que forman el trasfondo (*background*) de la escena son continuas (*ongoing*) y se expresan normalmente con el imperfecto en español. Marca las frases de este tipo con una **I** (imperfecto).

a. _____ It was a dark and rainy night.
b. _____ Rick, Ilsa and her husband were at the airport.
c. _____ Ilsa and her husband wanted to escape the country.
d. _____ Rick told Ilsa to go with her husband.
e. _____ So, Ilsa decided to leave with her husband.
f. _____ Ilsa and her husband boarded the plane.
g. _____ Rick stayed behind.
h. _____ Rick felt sad because he really loved Ilsa.

Answers 8-10, Paso 1

Statements a, b, c, and h should be marked with **I** for imperfect because they provide background information, or were ongoing states in the past. The other statements focus on the events that make up the main plot of the story.

Paso 2. Ahora subraya los verbos que señalaste en el Paso anterior como acciones o descripciones que forman el trasfondo de la narración.

a. Era una noche oscura y lluviosa.
b. Rick, Ilsa y su esposo estaban en el aeropuerto.
c. Ilsa y su esposo querían huir del país.
d. Rick le dijo a Ilsa que se fuera con su esposo.
e. Entonces, Ilsa decidió partir con su esposo.
f. Ilsa y su esposo subieron al avión.
g. Rick se quedó allí.
h. Rick se sentía triste porque amaba mucho a Ilsa.

Answers 8-10, Paso 2

a. *era*; b. *estaban*; c. *querían*; h. *se sentía, amaba*

Gramática

The **imperfect** is a past tense that marks events or states that (1) were ongoing or repeated, or that (2) the speaker wants to provide as background to a story (but which were not the focus of the story). In contrast, the **preterit** (which you learned in Chapter 7) is used to draw attention to completed actions or states, as well as to the beginning or end of actions or states.

Paso 3. Finalmente, escribe el pretérito y el imperfecto de los verbos que subrayaste en el Paso anterior.

Answers 8-10, Paso 3

estar: estuvo, estaba; querer: quiso, quería; sentirse: se sintió, se sentía; amar: amó, amaba

VERBO	PRETÉRITO	IMPERFECTO
ser	*fue*	*era*
estar	_____	_____
querer	_____	_____
sentirse	_____	_____
amar	_____	_____

Follow-up 8-10, Paso 3

Ask students to think of another famous movie scene and ask them to narrate it. Ask some groups to read their versions of the story and focus their attention on the use of the Imperfect and the rationale for its use.

8-11. Historias de la infancia (I)

Paso 1. El imperfecto se usa normalmente en la narración de historias personales. Primero lee la introducción al texto "La realidad infantil no se mantiene". Después marca a qué dibujo corresponde cada una de las frases siguientes para continuar la historia.

> Cuando era bebé dependía completamente de mis padres—no podía hacer nada por mí misma. Mi mamá y mi papá estaban contentísimos de tener una hija después de sus tres hijos. Me cuidaban a toda hora y no se quejaban del trabajo. Por ejemplo. . .

1.

2.

3.

4.

5.

a. _____ Mis abuelitas me cantaban cuando estaban conmigo.
b. _____ A mis padres les gustaba darme de comer.
c. _____ Mis hermanos mayores jugaban conmigo después de hacer su tarea.
d. _____ Dormía mucho cuando salíamos al parque.
e. _____ Mis padres se alegraban mucho al verme sonreír.

Paso 2. Ahora lee el párrafo que sigue rápidamente para verificar que tu descripción de los dibujos sea correcta.

> . . . estaban muy felices conmigo, les gustaba darme de comer y no les molestaba cambiarme los pañales (*diapers*) mojados. Yo pasaba mis días sin responsabilidades: dormía mucho, comía muchísimo, lloraba poco, sonreía siempre, iba al parque (con ayuda) y aprendía todo sobre mis alrededores. Mis hermanos mayores jugaban conmigo, me hablaban y me vestían. Mis abuelitas me cantaban. Las dos tenían una voz bellísima; me calmaban así cuando estaba triste. Cuando era bebé todos me trataban como a una reina. Yo era el centro del universo familiar y veía el mundo desde esa perspectiva.

Paso 3. Completa ahora la tabla siguiente con la lista de los verbos que terminan en **-ía/-ían** o en **-aba/-aban** del párrafo anterior. Luego escribe el infinitivo que corresponde a cada verbo en la tercera columna.

VERBOS EN -ÍA, -ÍAN	VERBOS EN -ABA, -ABAN	INFINITIVO
comía		comer
	estaba	estar

Paso 4. ¿A qué clase(s) de verbo (**-ar**, **-er**, **-ir**) corresponden las terminaciones **-ía(n)** y **-aba/n**? Completa la explicación siguiente.

1. Las terminaciones **-ía/-ían** corresponden a los verbos con infinitivos en _____.

2. Las terminaciones **-aba/-aban** corresponden a los verbos con infinitivo en _____.

Paso 5. Por último, busca en el texto anterior la forma del imperfecto de los verbos **ser**, **ver** e **ir**.

ser: yo _____
ver: yo _____
ir: yo _____

II. The preterit and the imperfect

8-12. Historias de la infancia (II)

Paso 1. En los párrafos anteriores la autora describe su vida de bebé. En el siguiente párrafo la autora describe su niñez (*childhood*). ¿Cómo crees que era la vida de la autora cuando era niña? Escribe un párrafo usando la información de la siguiente tabla. Cambia los verbos que están en infinitivo a la forma del imperfecto correspondiente.

PERSONA	ACTIVIDADES
hermanos	• interesarles las chicas, los deportes, el trabajo • no querer jugar con su hermanita • preferir salir con sus amigos y sus novias • dejar a su hermana solita
padres	• ir a pasear a muchos lugares • hacer las compras en el mercado • caminar por el centro
maestra	• ser divertida y cariñosa • exigir mucho trabajo
la autora	• tener que limpiar el dormitorio • tener que ser educada en la iglesia

Paso 2. Lee el siguiente párrafo rápidamente (un minuto) y luego utiliza esta información para corregir el párrafo que escribiste en el Paso anterior.

> **L**as cosas empezaron a cambiar cuando tenía más o menos cuatro años. Mis hermanos tenían entre 10 y 18 años y les interesaban más las chicas, los deportes y el trabajo que su hermanita. Ya no querían jugar conmigo; preferían salir con sus amigos o novias y me dejaban solita en casa con mis padres y mi abuela. Lo bueno era que en aquel tiempo mis padres y yo íbamos con frecuencia a pasear a diferentes lugares todos los días. Visitábamos a mis tíos y primos, hacíamos las compras en el mercado y caminábamos por el centro. En esa época, empecé a asistir a la escuela. La maestra era muy divertida y cariñosa, pero nos exigía mucho trabajo también. La tuve como maestra por cuatro años, hasta los 8. En ese momento surgieron las primeras indicaciones de la responsabilidad. Tenía que limpiar mi dormitorio y ayudar en la cocina, y tenía que ser educada en la iglesia, las fiestas, las tiendas y durante las visitas.

Paso 3. Por último, subraya con una línea doble los verbos en pretérito del texto anterior. ¿Por qué crees que se usa el pretérito en estos casos?

Gramática

The **preterit** and the **imperfect** forms work together to differentiate actions or states visualized as completed or foregrounded actions or states (*Preterit*) from actions or states visualized as ongoing or background actions or states (*Imperfect*). English translations do not usually help learners to distinguish between the preterite and imperfect. Look at the following sentences:

1. *I went to the store.*
2. *I did go to the store.* (More often seen in question form: ***Did I go to the store?***)
3. *I used to go to the store.*
4. *I was going to the store.*

While the third and fourth sentences almost always appear in the **imperfect** in Spanish, the first two are ambiguous without a larger context, because it could be either completed: *I went to the store this morning,* or ongoing: *I went to the store every day as a child.* English translations are not a reliable means for choosing between these two past tenses.

8-13. Historias de mi infancia

Paso 1. Escribe una lista de diez actividades que hacías cuando eras niño/a.

MODELO: Cuando yo era niño/a, . . .

Paso 2. ❷ Entrevista a un/a compañero/a sobre su niñez. Hazle al menos tres preguntas. Toma nota de sus respuestas.

MODELO: Cuando **eras** niño/a, . . .
  . . . ¿(tú) **vivías** en el campo?, ¿**te peleabas** con tus hermanos?,
  ¿**ibas al** cine?

ESTRATEGIAS   Gramática

If you know the form for the first person singular of the imperfect, you already know the form for the third person singular (**él/ella/Ud.**). They are exactly the same. To form the conjugation for the second person singular (**tú**), you simply add an **-s** to the ending of the first person, e.g., (yo) era → (tú) eras. Compare:

yo:	vivía, cantaba, aprendía, iba
tú:	vivías, cantabas, aprendías, ibas
él:	vivía, cantaba, aprendía, iba
ella:	vivía, cantaba, aprendía, iba
Ud:	vivía, cantaba, aprendía, iba

Suggestion 8-13, Paso 3

Ask students to listen to their classmates and list the activities they mention. Have students find the infinitives of the verbs used, and tell them to choose the most- and the least-mentioned activities.

Paso 3. G Cuéntale al resto de la clase qué hacía tu compañero/a cuando era pequeño/a. Toma nota de las actividades que mencionan los demás. Tu instructor/a te va a preguntar cuáles son las actividades más comunes y las menos comunes que se nombraron en la clase.

8-14. Fotos del pasado

Paso 1. 2 Trae una foto de cuando eras bebé o niño/a para intercambiar con otros/as estudiantes. Mira la foto de tu compañero/a e intenta adivinar cómo era él o ella.

MODELO: E1: Creo que eras un bebé muy alegre, muy sociable y que nunca llorabas.
E2: Gracias, pero no es cierto, mis padres dicen que lloraba mucho y que era muy tímido.

Follow-up 8-14, Paso 2

You may want to bring to class baby photos of famous people. Distribute them to students and ask them to guess who the babies were. You can give them some hints.

Paso 2. G Intercambien sus fotos con las de otra pareja y traten de adivinar quién es el bebé que se ve en las fotos que acaban de intercambiar. Expliquen por qué piensan que es esa persona.

MODELO: Creemos que el bebé (o el niño) en esta foto es Anthony porque los ojos y la boca del bebé son parecidos a sus ojos y su boca.

8-15. Jugábamos al béisbol en la calle

Answers 8-15, Paso 1

-ía, -ía; -ía; -ábamos, -íamos; -aban, -ían, -ían.

Paso 1. Busca ejemplos de las formas plurales del imperfecto en el texto "Historias de la infancia II" que leíste en la página 275 y completa la siguiente tabla con las terminaciones adecuadas.

	-AR	-ER	-IR
yo	-aba	_____	_____
tú	-abas	-ías	-ías
él/ella/Ud.	-aba	-ía	_____
nosotros/as	_____	_____	-íamos
vosotros/as	-abais	-íais	-íais
ellos/ellas/Uds.	_____	_____	_____

Paso 2. Analiza la tabla anterior y especifica si las siguientes afirmaciones son ciertas (**C**) o falsas (**F**).

1. _____ Las terminaciones verbales que corresponden a la primera persona del singular (yo) y a la tercera (él/ella/Ud.) son iguales.
2. _____ Para obtener las formas correspondientes al pronombre **tú**, tienes que agregarle **-s** a la forma correspondiente a la primera persona (yo).
3. _____ Se añade una **-n** para formar la tercera persona del plural (ellos/ellas/Uds.).
4. _____ Las formas correspondientes a **nosotros/as** llevan acento.

Paso 3. A continuación, completa la tabla con los tres verbos irregulares en el imperfecto.

	SER	IR	VER
yo	_____	iba	_____
tú	_____	_____	veías
él/ella/Ud.	era	_____	_____
nosotros/as	_____	íbamos	veíamos
vosotros/as	érais	ibais	veíais
ellos/ellas/Uds.	eran	_____	_____

III. Verbs that change meaning

8-16. Pudimos llegar a tiempo

Paso 1. Lee los siguientes pares de oraciones. Para cada par, selecciona la mejor descripción. Fíjate si la acción se presenta como completa o en desarrollo (*ongoing*).

saber

1. I found out he bought me a gift.
2. I knew he bought me a gift.
a. *I had known about the gift for a while by the time I saw it.*
b. *I realized he bought a gift at the exact moment when I saw it.*

querer

3. He didn't want to come with me.
4. He refused to come with me.
a. *I didn't ask him but I knew he would not want to come.*
b. *I asked him to come and he said he didn't want to.*

poder

5. We managed to (could) arrive on time.
6. We were able to (could) arrive on time.
a. *We did not try to arrive on time, but we knew if we would have tried we would have been successful.*
b. *We tried to arrive on time and we were successful.*

Paso 2. Ahora empareja las oraciones del Paso 1 con sus correspondientes traducciones en español.

a. _____ **Supe** que me compró un regalo.
b. _____ **Sabía** que me compró un regalo.
c. _____ No **quiso** venir conmigo.
d. _____ No **quería** venir conmigo.
e. _____ **Pudimos** llegar a tiempo.
f. _____ **Podíamos** llegar a tiempo.

Gramática

In English we say: "I *met* Robert at a party when his wife introduced us." However, we say "I *knew* Robert when we both lived in Guadalajara." In Spanish these two concepts are expressed using only one verb, **conocer**, but two different aspects: the preterit (**Conocí a Roberto**) and the imperfect (**Conocía a Roberto**). As you know, in Spanish the preterit is used to indicate the beginning of an action (**conocí**), while the imperfect (**conocía**) expresses an ongoing action without focusing on its beginning or end.

Paso 3. Saber, **querer** y **poder** tienen conjugaciones irregulares en el pretérito. Completa la tabla de conjugaciones de estos verbos en el pretérito.

	SABER	QUERER	PODER
yo	_____	quis**e**	_____
tú	sup**iste**	_____	_____
él/ella/Ud.	_____	_____	pud**o**
nosotros/as	_____	quis**imos**	_____
vosotros/as	supisteis	quisisteis	pudisteis
ellos/ellas/Uds.	_____	_____	pud**ieron**

IV. Other irregular verbs in the preterit

8-17. Vino a verme mi abuela

Paso 1. Lee el siguiente texto y decide si las siguientes afirmaciones son ciertas (**C**) o falsas (**F**).

Mi abuela

Ayer me vino a ver mi abuela Antonia porque le dijeron que yo estaba un poco deprimida ya que no me fue muy bien en mi examen de matemáticas. Me dio muchos consejos para superar este bajón (*the blues*) y lo más importante es que me dijo que ella también tuvo problemas con las matemáticas cuando era estudiante universitaria. ¡Y pensar que luego llegó a ser una ingeniera civil muy famosa! Yo le dije que estaba muy contenta de tener una abuelita tan cariñosa y tan humilde, y le pregunté si quería quedarse a tomar un té conmigo. Charlamos por varias horas y, al final, nos dimos un beso y un abrazo. A partir de ese momento tuve más ganas de trabajar para mi clase de matemáticas. Me di cuenta de que en nuestra familia nuestra abuelita es la persona que nos ayuda a poner en perspectiva las situaciones de la vida diaria.

1. _____ La autora vino a ver a su abuelita.
2. _____ La abuelita de la autora estaba deprimida.
3. _____ La abuelita también tuvo problemas con las matemáticas cuando era estudiante.
4. _____ La autora le dio a su abuelita un regalo.
5. _____ La abuelita de la autora trabajó como ingeniera civil.

Paso 2. Ahora completa la siguiente tabla con las conjugaciones que faltan. Busca las formas verbales que faltan en el texto del paso anterior.

	DAR	DECIR	VENIR
yo	_____	_____	vine
tú	diste	dijiste	viniste
él/ella/Ud.	_____	_____	_____
nosotros/as	_____	dijimos	vinimos
vosotros/as	disteis	dijisteis	vinisteis
ellos/ellas/Uds.	dieron	_____	vinieron

Paso 3. Finalmente, decide si las siguientes afirmaciones son ciertas (**C**) o falsas (**F**). En el pretérito. . .

1. _____ El verbo **ver** tiene las mismas terminaciones que el verbo **dar**.
2. _____ Las terminaciones del verbo **venir** son similares a las de los verbos **saber**, **querer** y **poder**.
3. _____ La conjugación del verbo **decir** difiere de los verbos **saber**, **querer**, **poder** y **venir** en la tercera persona del plural solamente.

INTEGRACIÓN COMUNICATIVA

8-18. Los papeles de los miembros de la familia

Paso 1. ❷ Los abuelos siempre tienen consejos muy sensatos (*sensible*) para las personas más jóvenes. Pero, ¿qué pasaba cuando ellos eran jóvenes? Comenta con tu compañero/a cómo eran los papeles de los miembros de la familia en la época en que sus abuelos tenían 20–30 años y en la época en que sus padres tenían 20–30 años. Escriban una lista con las actividades que eran más comunes para cada miembro de la familia.

Cuando mis abuelos eran más jóvenes. . .

- las mujeres: limpiaban la casa, cocinaban, eran dependientes, . . .
- los hombres: trabajaban fuera de casa, tomaban las decisiones importantes, tenían muchos derechos, . . .
- los niños: . . .

Paso 2. Escribe un párrafo describiendo las actividades que tu madre y tu padre hacían cuando tenían más o menos la misma edad que tienes tú ahora. ¿Eran tradicionales tus padres?

MODELO: Cuando mi madre era joven era un poco tradicional porque preparaba la cena todos los días. La tenía lista para las cinco cuando mi papá llegaba del trabajo. Pero ella también trabajaba fuera de casa.
Cuando mi padre era joven era bastante tradicional porque trabajaba entre las 8 de la mañana y las 5 de la tarde. Siempre llevaba un traje con camisa blanca y corbata.

Answers 8-18, Paso 3

no tradicional, independiente o moderna

Paso 3. Ahora, lee el siguiente párrafo y decide si esta persona es tradicional o no.

> **S**oy soltera, graduada en ingeniería y pienso tener mi propio negocio dentro de cinco años. No tengo planes de casarme, pero si lo hago voy a seguir trabajando para ganar un sueldo adecuado y poder mantenerme. Prefiero los hombres independientes, poco celosos y con sus propios intereses. Soy una mujer _____.

Paso 4. Y tú, ¿cómo eres? ¿Eres tradicional? ¿Qué indica que eres tradicional o moderno/a? Escribe un breve párrafo para describirte a ti mismo/a.

Paso 5. ❷ Intercambia ahora tu párrafo con otro/a compañero/a. Él/ella va a decidir si la opinión que tenía sobre ti corresponde a tu propia descripción.

8-19. ¿Mujeres no tradicionales en el mundo hispano?

Answer 8-19, Paso 1

Frida Kahlo

Paso 1. Hay muchas mujeres en la historia del mundo hispano que contradicen la imagen tradicional de la mujer hispana. Lee el siguiente párrafo y trata de adivinar el nombre de la mujer famosa que se describe a continuación.

Mujer misteriosa

Muchas personas la consideran como la esencia del feminismo hispánico. Tuvo una vida muy agitada. Desde temprana edad (*early age*) tuvo que vivir con limitaciones físicas a causa de un accidente que tuvo cuando era adolescente. Su familia fue muy importante en su vida y refleja la variedad y la mezcla de culturas que definen a la sociedad hispana en general. Su padre era un judío de Hungría, y su madre era mexicana y católica. Aunque esta mujer recibió una educación religiosa, tenía una visión política avanzada para la época en que vivía. Por ejemplo, admiraba a Emiliano Zapata y apoyaba el nacionalismo mexicano. Sin embargo, lo más importante es que fue miembro del partido comunista y se convirtió rápidamente en un símbolo del movimiento feminista e indigenista. A pesar de su militancia política, su relación con su esposo Diego Rivera fue bastante dramática. Nunca lo abandonó a pesar de que Rivera tenía regularmente relaciones con otras mujeres. Por otro lado, la relación entre esta mujer y Rivera fue muy fructífera desde el punto de vista artístico.

¿Sabes quién es esta mujer?

Paso 2. ❷ Con un compañero/a, piensen en varias razones por las que consideran que la persona que se describe en el párrafo anterior es o no es tradicional.

MODELO: Esta persona no es tradicional porque no tuvo una relación matrimonial típica.

Paso 3. Finalmente, lee esta tira cómica y explica por qué el vendedor se sorprende.

© Joaquín Salvador Lavado Tejón (QUINO)
Todo Mafalda—Ediciones de La Flor, 1993

a. La niña le dice que no tiene padre ni madre.
b. La niña le dice que su familia no tiene jefe.
c. La niña le dice que su familia compra productos de una cooperativa local.

8-20. ¿Cómo podemos tener una lengua menos sexista?

Paso 1. ❷ Hagan una lista con ejemplos del inglés en que una forma masculina se usa para referirse tanto al hombre como a la mujer, ¿es posible sustituir esa forma por otra forma neutra?

MODELO: **chairman** → **chairperson**

Paso 2. ❷ A continuación encontrarán algunos usos del español en que la forma masculina incluye tanto al hombre como a la mujer, ¿pueden proponer una alternativa a la forma asociada con el sexo masculino?

MODELO: **El hombre** es un ser racional. → **El ser humano** es un ser racional.

1. **El hombre** habita el planeta Tierra.
2. **Los profesores** (*men and women professors*) tienen una reunión.
3. En cualquier trabajo **el jefe y los empleados** tienen deberes (*duties*) y responsabilidades.

Paso 3. ❷ Forma una pareja con una persona del sexo opuesto al tuyo. Lean juntos el siguiente párrafo y decidan si hay usos de la lengua que se pueden considerar sexistas o costumbres que dan ventajas solamente a las personas de un sexo.

La familia de Claudio Rodríguez Pérez

Vengo de una familia muy grande que incluye bisabuelos, abuelos, tíos, primos y hasta primos segundos (es decir los hijos de los primos de mis padres). Por ejemplo, solamente en mi casa somos cinco hermanos: Carlos, Pedro, Juan, Carolina y yo. Yo soy el mayor y mi única hermana, Carolina, es la más joven de nuestra familia. Después de su cuarto hijo varón mis padres creían que nunca iban a tener una niña pero, finalmente, Carolina rompió la secuencia de varones. No fue fácil para Carolina crecer con tantos varones pero lo bueno es que juega muy bien al fútbol.

Mis padres, Roberto y Lucía, querían tener muchos hijos porque los dos crecieron en familias muy grandes y disfrutaron de una infancia muy entretenida y feliz. Por eso, mi madre me tuvo a mí enseguida después de casarse, cuando tenía veinte años, pero no abandonó su trabajo porque el sistema social de nuestro país les da a las madres dos meses de licencia por cada embarazo (*pregnancy*). Así fue que mis padres tuvieron que trabajar toda su vida. De esa manera pudieron mantenernos y nos dieron a todos una buena educación.

8-21. Apelativos cariñosos

Paso 1. ❷ Piensa con tu compañero/a en palabras del inglés (apelativos) que se usan con la familia o con amigos/as para expresar afecto o cariño. Hagan una lista.

MODELO: **sweetheart**

Paso 2. Ⓖ Ahora, en grupos, expliquen con quién usan las palabras de su lista, cuándo y qué comunican con ellas. Agrupen aquellas palabras que sean similares en cuanto al uso.

MODELO: **Honey:** con mi esposo, cuando estamos en casa o cuando estamos en familia o entre amigos, para expresarle mi amor.

Paso 3. ¿Cómo puedes traducir al inglés algunos de los siguientes apelativos? Recuerda que las traducciones literales pueden ser inexactas.

Answers 8-21, Paso 3

Answers may vary, but they should all be very positive and loving terms.

APELATIVOS	TRADUCCIÓN LITERAL	TRADUCCIÓN PROBABLE
cielo	*heaven*	_____
vida	*life*	_____
(mi) reina	*queen*	_____
gordito(a)	*fat person*	_____
flaco/a	*thin person*	_____
negro(a)	*black person*	_____
viejo(a)	*old person*	_____

Cultura

Some of these words do not have the same racial or derogatory connotations they have in English. In some cases, the reasons for this disparity in translation is historical, because in many Spanish-speaking societies, during the colonial period, there was much more racial integration than in the United States. For instance, **negrito/a** (or **mi negro/mi negra**) is used as a term of endearment. However, keep in mind that these words may also be used with the intent to offend, but only context, intonation, and other paralinguistic features will signal that meaning.

8-22. El español en África, Asia y Oriente Medio

Paso 1. Como viste en la sección Enfoque cultural, el español se habla en muchas partes. El siguiente párrafo es sobre un país en África donde el español es lengua oficial. Léelo y complétalo con las palabras que faltan.

Answers 8-22, Paso 1

posesión, país, Occidental, Malabo, población, africano, independencia, democracia, dictador

africano	democracia	población	Malabo	país
dictador	independencia	Occidental	posesión	

En 1778, España tomó _____ de lo que hoy se llama Guinea Ecuatorial. Es un _____ de África _____, situado entre Camerún y Gabón. Su capital, _____, está en la Isla de Bioko. El país tiene una _____ de 410.000 personas. Los principales grupos étnicos del país son los *fang* y los *bubi* nativos y las personas de origen español. La mayoría, además de hablar el español, habla un idioma bantú, es decir un idioma _____. En 1968, el país recibió su _____ de España y desde 1991 el gobierno es una _____ constitucional. Sin embargo, muchos consideran al presidente Teodoro Obiang Nguema un tipo de _____.

Paso 2. AUDIO El judeoespañol es una variante del español. Escucha las siguientes afirmaciones sobre su origen e indica si piensas que son ciertas (**C**) o falsas (**F**).

	C	F
1.	_____	_____
2.	_____	_____
3.	_____	_____
4.	_____	_____
5.	_____	_____

Paso 3. ❷ A continuación, lee con un/a compañero/a el siguiente párrafo y verifiquen sus respuestas al Paso 2. Mientras lo hacen seleccionen el verbo que corresponde en cada caso.

En 1492 los Reyes Católicos, Fernando de Aragón e Isabel de Castilla, (1a. **decidían**, 1b. **decidieron**) convertir al catolicismo a los judíos que vivían en España. Los judíos que (2a. **se negaban**, 2b. **se negaron**) a convertirse al catolicismo, fueron expulsados de España. La gran mayoría de los judíos (3a. **emigraba**, 3b. **emigró**) a varias partes del mundo, a lugares como África del Norte y el Medio Oriente. En sus nuevos países, estos exiliados (4a. **hablaban**, 4b. **hablaron**) entre ellos castellano. También (5a. **aprendían**, 5b. **aprendieron**) a hablar el idioma de su nueva patria. Hasta hoy, hay comunidades de judíos en países como Turquía e Israel donde todavía se habla el castellano. Este dialecto del español se llama popularmente "ladino". El ladino conserva muchos aspectos lingüísticos del castellano del siglo XV (el siglo en que los judíos se fueron de España). Por otro lado, el ladino tiene características lingüísticas de los idiomas que hablan los judíos exiliados: el hebreo, el turco y el árabe, entre otros.

Paso 4. **AB** El siguiente párrafo incompleto presenta una descripción de otro país en el que se usa el español—Filipinas. Consulta con tu compañero/a para completar la información que falta en tu párrafo.

MODELO: E1: ¿Cuántas islas tiene Filipinas?
E2: Tiene _____.

A

Filipinas es un país en el sureste de Asia que tiene aproximadamente 7.107 islas, de las cuales sólo _____ están habitadas. Muchos grupos étnicos viven en Filipinas desde hace _____. Los primeros inmigrantes llegaron de _____. En el siglo XIV, llegaron los musulmanes, que se establecieron en la parte del archipiélago que se denominaba 'Sulu'. Después de siglos de interacción entre diferentes grupos étnicos, los filipinos constituyen una población con mucha variedad étnica, con rasgos _____, entre otros. El filipino es el nombre del idioma oficial del país. Es una lengua basada principalmente en un idioma indígena, _____, con características de otros idiomas, incluyendo también el español.

B Information for student B, p. 529

ESTRATEGIAS   Escritura

In this chapter you read two stories about childhood. These stories were narrated in the past tense using two aspects of the verb: the preterit and the imperfect. Remember to use the imperfect to talk about the background of the story, what was happening at that particular point in time. Use the preterit to refer to events that advance the action of the story, focusing on the completeness, the beginning or the end of those events. Now it's your turn to write a short story about your childhood or adolescence.

8-23. Una anécdota importante de tu vida

Paso 1. Piensa en una anécdota o pequeña historia de tu pasado que sea importante para ti. Escribe una oración con la idea principal de la historia y la razón por la cual es importante para ti.

Paso 2. Ahora, anota todas las ideas que recuerdas para responder a las preguntas siguientes. Puedes añadir otras si crees que es necesario.

1. ¿Qué momento de tu vida era? ¿Dónde y con quién estabas?
2. ¿Qué pasaba en ese momento? ¿Qué hacías? ¿Qué hacían otras personas?
3. ¿Cómo te sentías? ¿Cómo se sentían las personas que estaban contigo?
4. ¿Qué pasó? ¿Por qué?
5. ¿Cómo concluyó todo?
6. ¿Cómo te sentías después? ¿Cómo se sentían las otras personas?
7. ¿Por qué fue importante lo que pasó? ¿Cómo te afectó a ti o a otras personas?

Paso 3. Organiza la información que tienes en tres párrafos: una introducción, el desarrollo de la historia y una conclusión.

Paso 4. ❷ Intercambia ahora tu historia con la de un/a compañero/a. Responde a estas preguntas y comparte tus comentarios con él/ella.

1. ¿Cuál es la idea principal de la anécdota de tu compañero/a?

    _____

    _____

2. ¿Cuál es la conclusión?

    _____

    _____

3. ¿Es interesante? ¿Por qué?

    _____

    _____

Paso 5. Si tu compañero/a no entendió el objetivo de la historia que tratas de contar, haz las modificaciones de contenido necesarias. Si lo entendió, pasa al Paso 6.

Paso 6. Subraya los verbos que hacen avanzar la narración: ¿están en el pretérito? Prepara una copia en limpio para entregar a tu profesor/a.

Comparaciones culturales

Lectura   **ESTRATEGIAS**

To fill out forms and other similar documents you need to pay close attention to the instructions and follow the criteria you are expected to use. Most importantly, you must understand the purpose of the questionnaire to which you are responding.

Answers 8-24, Paso 1

Jeb Bush is not Hispanic. The rest of the answers will vary according to each person's perspective. In some cases, some of these Hispanics may not have the stereotypical Hispanic look or name. For instance, Martin Sheen's original name was Ramón Estévez, born in Ohio to a Galician immigrant from Spain (that's why his son took the name Emilio Estévez). In other cases, Hispanics are well known for not speaking Spanish fluently, as is the case with Cristina Aguilera or Bob Vila.

8-24. La identidad de los hispanos

Paso 1. Mira las siguientes fotografías y señala quién de ellos no es hispano. ¿Cuáles son los criterios con los que puedes establecer la identidad racial o cultural de una persona?

Jeb Bush

La familia Sheen

Bob Vila

Christina Aguilera

Cultura

El censo de los Estados Unidos del año 2000 introdujo importantes diferencias en las preguntas relacionadas con la identificación racial y cultural de la población de los EE.UU. La pregunta sobre identidad racial fue separada de la pregunta sobre posible origen español/hispano/latino.

Follow-up 8-24, Paso 2

Write a summary tally on the board eflecting the results of the entire class.

Paso 2. Aquí tienes el formulario del último censo nacional (año 2000). Imagina que tú eres la Persona 2 y vives con otra persona (Persona 1). Completa el formulario.

United States
Census 2000

Este es el cuestionario oficial para todas las personas en esta dirección. Es rápido y fácil de contestar, y la ley protege sus respuestas. ¡Complete el censo y ayude a su comunidad a conseguir lo que necesita, hoy y en el futuro!

PERSONA 2:

1. ¿Cuál es el nombre de la persona 2? *Escriba a continuación el nombre en letra de molde.*

Apellido _____

Nombre _____ Inicial _____

2. ¿Cómo está esta persona relacionada con la persona 1? *Marque (X) UN cuadrado.*

SI NO ES PARIENTE de la persona 1:

- ☐ Esposo/esposa
- ☐ Hijo/hija
- ☐ Hijo adoptivo/hija adoptiva
- ☐ Hermano/hermana
- ☐ Padre/madre
- ☐ Nieto/nieta
- ☐ Suegro/suegra
- ☐ Yerno/nuera
- ☐ Otro pariente—Escriba en letra de molde el parentesco exacto ->

- ☐ Inquilino(a) *(tenant)*
- ☐ Compañero(a) de casa, compañero(a) de cuarto
- ☐ Compañero(a) no casado(a)
- ☐ Otro no pariente

3. ¿Cuál es el sexo de esta persona? *Marque (X) UN cuadrado.*

☐ Masculino ☐ Femenino

4. ¿Cuál es la edad de la persona y cuál es su fecha de nacimiento?

Escriba los números en las líneas

Edad el 1 de abril del 2000   Mes _____ Día _____ Año de nacimiento _____

NOTA: Por favor conteste las DOS preguntas 5 y 6.

5. ¿Es esta persona de origen español/hispano/latino? *Marque (X) UN cuadrado.*

"No" si no es de origen español/hispano/latino.

- ☐ No, ni español/hispano/latino
- ☐ Sí, mexicano, mexicano-americano, chicano
- ☐ Sí, otro grupo español/hispano/latino—Escriba el grupo en letra de molde. ->
- ☐ Sí, puertorriqueño
- ☐ Sí, cubano

6. ¿Cuál es la raza de esta persona? *Marque (X) una o más razas* para indicar de qué raza se considera esta persona.

- ☐ Blanca
- ☐ Negra, africana americana
- ☐ India americana o nativa de Alaska—*Escriba en letra de molde el nombre de la tribu en la cual está inscrita o la tribu principal. ->*

- ☐ India asiática
- ☐ China
- ☐ Filipina
- ☐ Otra asiática-> Escriba la raza en letra de molde

- ☐ Japonesa
- ☐ Coreana
- ☐ Vietnamita

- ☐ Nativa de Hawaii
- ☐ Guameña o Chamorro
- ☐ Samoana
- ☐ Otra de las islas del Pacífico Escriba la raza en letra de molde

- ☐ Alguna otra raza -> Escriba la raza en letra de molde

Si más personas viven aquí, continúe con la persona 3.

Paso 3. Analiza los resultados del censo de los Estados Unidos del año 2000 que aparece a continuación y decide en cuáles de las categorías pueden estar los hispanos/latinos.

POR NÚMERO DE RAZAS	NÚMERO	PORCENTAJE
Marcaron una raza sola	274.595.678	97.6
Marcaron dos o más razas	6.826.228	2.4
TOTAL		**100.0**
POR RAZA		
Blanco	211.460.626	75.1
Negro o afroamericano	34.658.190	12.3
Nativo americano	2.475.956	0.9
Asiático	10.242.998	3.6
Hawaiano	398.835	0.1
Otra raza	15.359.073	5.6
TOTAL		**97.6**
PORCENTAJE DE HISPANOS O LATINOS SOBRE EL TOTAL		
Hispano o latino	35.305.818	12.5
Otros	246.116.088	87.5
TOTAL	**281.421.906**	**100.0**

8-25. Hispanos, latinos y otras categorías

Paso 1. En el año 2000 la revista *Hispanic* realizó una encuesta con 1.200 votantes identificados como hispanos/latinos. La encuesta reveló que el 65 por ciento prefiere el término "hispano" y que el 30 por ciento prefiere el término "latino". Escribe tu definición para cada uno de estos términos.

hispano/a: _____

latino/a: _____

Paso 2. Entrevista a tres hispanohablantes de tu universidad y pídeles que te den su opinión sobre tus definiciones. Luego pregúntales cómo se identifican ellos.

Paso 3. **G** Escribe un resumen de los resultados de tu entrevista y presenta tus resultados al resto de la clase. Luego, con los resultados de todas las entrevistas vas a escribir con tus compañeros/as qué significa ser "hispano", "latino", "anglo", etc.

8-26. Poesía y amor

Paso 1. **2** La poesía ha sido considerada como una de las formas más tradicionales para expresar amor y cariño. Gustavo Adolfo Bécquer es considerado uno de los poetas españoles más románticos de todos los tiempos. Lee los siguientes poemas de Bécquer e identifica en qué ocasión se puede utilizar cada poema.

a. cuando queremos expresar nuestro amor por otra persona
b. cuando queremos expresar nuestro afecto por un amigo/a
c. cuando queremos expresar nuestro amor a nuestra madre
d. cuando queremos expresar la angustia de un amor olvidado

Cultura

Poetry has been a traditional way of expressing love and affection. Gustavo Adolfo Bécquer is considered one of the most romantic poets of Spanish of all times. In the next activity you will see how Bécquer can communicate so much in so few words.

Answers 8-26, Paso 1

a and d

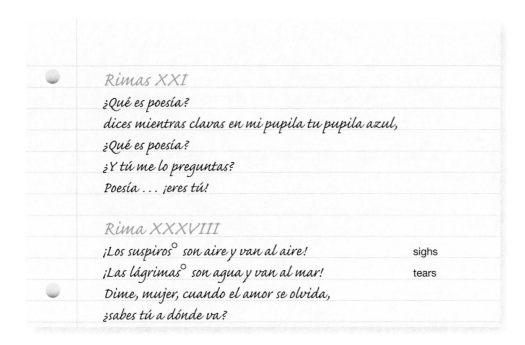

Rimas XXI

¿Qué es poesía?

dices mientras clavas en mi pupila tu pupila azul,

¿Qué es poesía?

¿Y tú me lo preguntas?

Poesía . . . ¡eres tú!

Rima XXXVIII

¡Los suspiros° son aire y van al aire!   sighs

¡Las lágrimas° son agua y van al mar!   tears

Dime, mujer, cuando el amor se olvida,

¿sabes tú a dónde va?

Paso 2. Lee ahora uno de los poemas en voz alta prestando atención a la entonación, la cadencia de lectura y las pausas.

Paso 3. Escribe un poema de cuatro líneas según el modelo de uno de los poemas de Bécquer para enviarle a una persona amada.

···Diferencias dialectales···

8-27. Djudeo-espanyol

Paso 1. Transcribe a la variedad de español que tú conoces la siguiente frase que está escrita en judeoespañol. ¿Es muy difícil?

"Al konkluirsen los Primeros Enkontros Internasionales sovre el Djudeo-espanyol, ke tuvieron lugar en Tel Aviv el 4–5 avril 1994, fue desidido a la unanimidad: De konvokar regolarmente estos enkontros kada dos anyos."

Paso 2. Como en todas las variedades del español hay diferencias sistemáticas que diferencian una variedad de otras. ¿Puedes traducir el significado de las siguientes palabras a la variedad de español que tú conoces?

MODELO: mueve, muevo, muestro: **nueve, . . .**

estó, so, do, vo: _____

siñor, sigundo, siguir: _____

güeno, agüelo: _____

Gramática

/t/ and /d/ between vowels: In English, when we say the sounds /t/ and /d/, the tip of the tongue touches the ridge on the roof of the mouth just behind the teeth. That ridge is called the alveolar ridge. See if you can feel it by pronouncing the following words:

butter   additive   ladder   data

This causes English speakers to sound like they are pronouncing an /r/ in Spanish in words like **todo** and **dato** because the Spanish /r/ touches the alveolar ridge just like the English /t/ and /d/. To produce the sounds /t/ and /d/ in Spanish correctly, the tip of the tongue actually touches the back of the upper teeth instead. Try saying **to̲do**, **da̲to** with your tongue against your teeth.

8-28. Todo o nada

Audioscript 8-28, Paso 1

delgado   boda   banquete
diferente   vida   invitados

Paso 1. AUDIO Escucha las siguientes palabras y trata de repetirlas. Presta atención a la posición de tu lengua (*tongue*) al pronunciar los sonidos /t/ y /d/.

delgado   boda   banquete
diferente   vida   invitados

Audioscript 8-28, Paso 2

Bautizo y luego boda: la originalidad de Madonna

Madonna de 42 años y el director de cine británico Guy Ritchie, de 32, se casaron el 22 de diciembre en el castillo escocés de Skibo. La ceremonia y el banquete posterior se celebraron en la más estricta intimidad. Los novios contrataron a tres compañías de seguridad para asegurarse de que ningún *paparazzi* tuviera acceso al acontecimiento.

Paso 2. AUDIO Subraya en el texto siguiente las letras **t** y **d**. Luego escucha la grabación y presta atención a la pronunciación de las letras que subrayaste.

Bautizo y luego boda: la originalidad de Madonna

Madonna de 42 años y el director de cine británico Guy Ritchie, de 32, se casaron el 22 de diciembre en el castillo escocés de Skibo. La ceremonia y el banquete posterior se celebraron en la más estricta intimidad. Los novios contrataron a tres compañías de seguridad para asegurarse de que ningún *paparazzi* tuviera acceso al acontecimiento.

Gramática

Although with slight differences, in all varieties of Spanish, native speakers pronounce some consonants between vowels less distinctly in informal speech than in formal speech. Spanish speakers may soften the pronunciation, or omit a sound altogether, when speaking informally. As you develop fluency in Spanish, you will learn when consonant reduction is appropriate both socially and in terms of pronunciation. For now, it is important for you to identify the occurrence: it will help you understand what native speakers are saying.

8-29. ¿Qué escuchas?

Paso 1. AUDIO Escucha la grabación y subraya la serie de las palabras que escuchas en cada caso (A o B).

	A	B
1. esto	[ehto] [esto]	[ehto] [esto]
2. afgano	[a'gano] [afgano]	[a'gano] [afgano]
3. submarino	[sumarino] [submarino]	[sumarino] [submarino]
4. verdad	[verda] [verdad]	[verda] [verdad]
5. acto	[a'to] [akto]	[a'to] [akto]
6. abogado	[abogao] [abogado]	[abogao] [abogado]

Paso 2. AUDIO Vas a escuchar ocho palabras con consonantes reducidas. ¿Puedes escribirlas?

1. _____

2. _____

3. _____

4. _____

5. _____

Video

Las impresiones de Guadalupe

Primeras impresiones

8-30. Guadalupe y Connie hablan sobre la familia

Paso 1. ¿Echas de menos (*do you miss*) a tu familia cuando estás lejos de casa? ¿Qué haces cuando sientes mucha nostalgia? Señala con una cruz (X) las opciones que pueden aplicarse a tu caso. Añade otras opciones si es necesario.

Cuando echo de menos a mis parientes. . .

_____ los llamo por teléfono   _____ hablo de ellos con mis amigos

_____ les escribo cartas   _____ trato de no pensar en ellos

_____ les mando mensajes electrónicos   _____ pienso en la próxima visita que les voy a hacer

Paso 2. ❷ Como ya sabes, en este episodio Connie va a ver a Guadalupe a su cuarto porque echa de menos a su familia y desea hablar con alguien. Con un/a compañero/a observa las siguientes fotos y escribe el diálogo de una posible conversación entre las dos.

Las impresiones de Guadalupe

8-31. Guadalupe trata de consolar a Connie

Paso 1. [VIDEO] Mira el video y escoge la opción apropiada para completar el siguiente resumen del episodio.

1. Cuando Connie llega al cuarto de Guadalupe, Guadalupe. . .
   a. está haciendo la tarea para las clases del día siguiente.
   b. está haciendo preparativos para el festival de comida hispana.
   c. está escribiendo un guión para el programa de radio de Jordi.
2. Connie le enseña a Guadalupe fotos. . .
   a. de las vacaciones de verano con su hermano Carlos.
   b. de las vacaciones de Navidad en casa de la abuela Bertica.
   c. de diferentes miembros de la familia en diferentes ocasiones.

3. Connie dice que sabe. . .
   a. hablar ladino perfectamente.
   b. algunas palabras del ladino.
   c. escribir ladino pero no hablarlo.
4. Guadalupe se sorprende porque se da cuenta de que. . .
   a. hay muchas palabras en español para referirse a una misma cosa.
   b. Connie tiene que estudiar para un examen.
   c. Connie hace muchas preguntas.

Paso 2. VIDEO ❷ Mira el video y presta atención a la parte del diálogo que tienen Guadalupe y Connie después de hablar sobre la foto de toda la familia en Navidad. Con un/a compañero/a comenta lo siguiente:

1. Cuando Connie dice: "¡La diferencia es del cielo a la tierra!", ¿qué está comparando? ¿Por qué dice eso?
2. Cuando Connie dice: "Yo era la consentida de mi familia. Para mi es muy difícil estar sin ellos", ¿qué quiere decir?

Paso 3. VIDEO Mira otra vez la misma parte del video y señala con una cruz (X) lo que Guadalupe dice para tratar de consolar a Connie.

1. _____ Creo que debes invitar a tus padres a visitarte.
2. _____ Estás aquí para conseguir lo que quieres en la vida.
3. _____ Tu familia también quiere que estés aquí.
4. _____ Puedes hablar más frecuentemente con tu familia.
5. _____ Es sólo temporalmente.

Paso 4. 🄶 ¿Estás de acuerdo con Guadalupe? ¿Piensas que sus argumentos son buenos o hay otros que son mejores? ¿Por qué? Comparte tu opinión con la clase.

Impresiones culturales

8-32. Guadalupe y Connie hablan sobre el ladino o judeoespañol

Paso 1. VIDEO Mira el segmento del episodio en el que Connie le habla a Guadalupe sobre el ladino o judeoespañol y completa estos datos que menciona Connie.

El ladino se habla en _____.   Hablan ladino más de _____ judíos.

Paso 2. Connie le muestra a Guadalupe varios ejemplos de palabras judeoespañolas y la reacción de Guadalupe es: "Cuando las dices entiendo más o menos, pero como las escribes es muy extraño". Guadalupe quiere decir que:

a. le resulta más extraña la pronunciación que la ortografía
b. le resulta más extraña la ortografía que la pronunciación

Paso 3. ❷ Presta atención a los ejemplos del judeoespañol que da Connie. ¿Puedes adivinar el equivalente de cada palabra en español? Con un/a compañero/a discute las semejanzas y diferencias que ven entre estas palabras y el equivalente en español. ¿Es su reacción similar a la de Guadalupe? ¿Por qué?

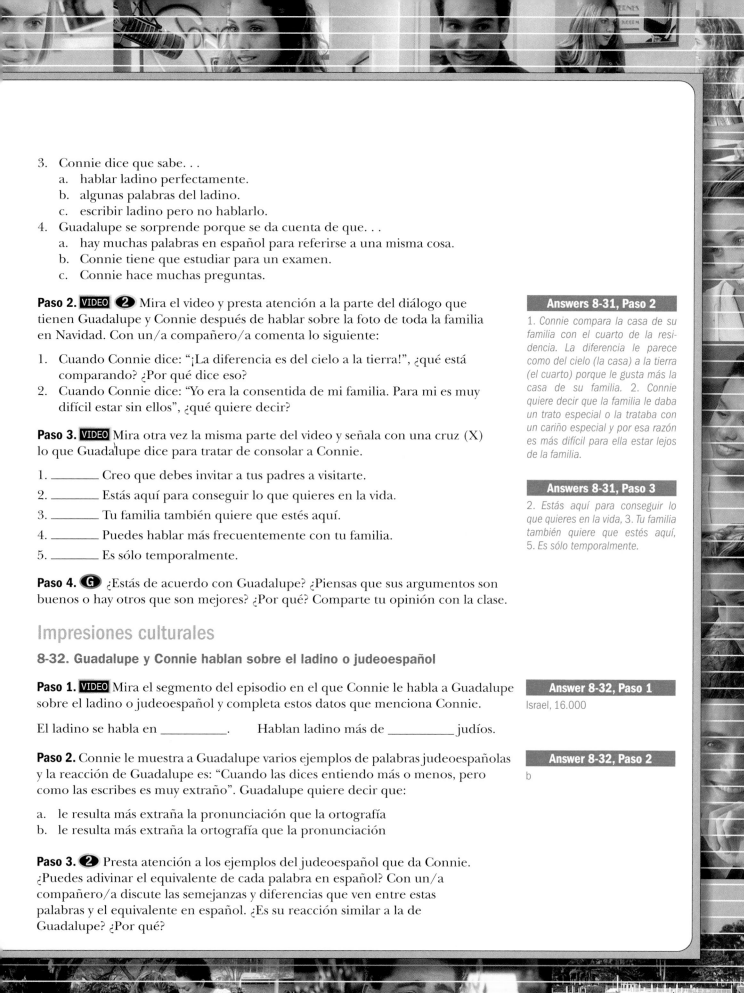

En resumen

Gramática

1. The imperfect

The **preterit** and the **imperfect** allow the speaker to show different perspectives on the same event. Because both are past tenses, both are completed, but in the case of the imperfect the focus is on the ongoing nature of the action or state. In the case of the preterit the focus is on the end, beginning, or completeness of the action or state. The imperfect is typically used to mark the background (as opposed to the main plot) of a story.

	-ar	-er	-ir
yo	-aba	-ía	-ía
tú	-abas	-ías	-ías
él/ella/Ud.	-aba	-ía	-ía
nosotros/as	-ábamos	-íamos	-íamos
vosotros/as	-abais	-íais	-íais
ellos/ellas/Uds.	-aban	-ían	-ían

2. Irregular verbs in the imperfect

	ser	ir	ver
yo	era	iba	veía
tú	eras	ibas	veías
él/ella/Ud.	era	iba	veía
nosotros/as	éramos	íbamos	veíamos
vosotros/as	erais	ibais	veíais
ellos/ellas/Uds.	eran	iban	veían

3. Verbs that change meaning in the preterit and the imperfect

	saber	querer	poder
yo	sup**e**	quis**e**	pud**e**
tú	sup**iste**	quis**iste**	pud**iste**
él/ella/Ud.	sup**o**	quis**o**	pud**o**
nosotros/as	sup**imos**	quis**imos**	pud**imos**
vosotros/as	sup**isteis**	quis**isteis**	pud**isteis**
ellos/ellas/Uds.	sup**ieron**	quis**ieron**	pud**ieron**

4. Irregular verbs in the preterit

	dar	decir	venir
yo	di	dije	vine
tú	diste	dijiste	viniste
él/ella/Ud.	dio	dijo	vino
nosotros/as	dimos	dijimos	vinimos
vosotros/as	disteis	dijisteis	vinisteis
ellos/ellas/Uds.	dieron	dijeron	vinieron

Vocabulario

Los parientes y las relaciones familiares

el/la abuelo/a	grandfather; grandmother
el/la ahijado/a	godson/goddaughter
la comadre	godmother of one's son/daughter; mother of one's godson/goddaughter
el compadre	godfather of one's son/daughter; father of one's godson/goddaughter
el/la consuegro/a	father- and mother-in-law of one's son/daughter
el/la cuñado/a	brother-in-law; sister-in-law
la esposa o la mujer	wife
el esposo o el marido	husband
el/la hermanastro/a	stepbrother; stepsister
el/la hermano/a	brother; sister
el/la hijastro/a	stepson; stepdaughter
el/la hijo/a	son; daughter
la madrastra	stepmother
la madrina	godmother
el/la nieto/a	grandson; granddaughter
la nuera	daughter-in-law
el padrastro	stepfather
el padre y la madre	father and mother
los padres	parents
el padrino	godfather
el/la primo/a	cousin
el/la sobrino/a	nephew; niece
el/la suegro/a	father-in-law; mother-in-law
el/la tío/a	uncle; aunt
el yerno	son-in-law

Sustantivos relacionados con la familia

el/la amante	lover
la baja maternal	maternity leave
el embarazo	pregnancy
los/las gemelos/as	identical twins
el hijo varón	male child
el matrimonio	marriage
el/la novio/a	boyfriend; girlfriend
el/la pareja	couple
el/la prometido/a	fiancé; fiancée

Ocasiones familiares

la boda	wedding
el entierro	burial
el nacimiento	birth
el noviazgo	engagement
la quinceañera	15-year-old girl's celebration
el velorio	wake

Algunos adjetivos para referirse a las relaciones

cariñoso/a	affectionate, loving
casado/a	married
celoso/a	jealous
consentido/a	spoiled
divorciado/a	divorced
separado/a	separated
soltero/a	single
viudo/a	widow

Otros adjetivos

deprimido/a	depressed
educado/a	well behaved (person)
mayor	older
mojado/a	wet
oscuro/a	dark
tímido/a	shy
único/a	only

Otros sustantivos

los alrededores	*surroundings*
la angustia	*anguish*
el avión	*plane*
la ayuda	*help*
el castellano	*Spanish (language)*
el/la empleado/a	*employee*
el hebreo	*Hebrew*
la iglesia	*church*
el/la jefe/a	*boss*
el/la judío/a	*Jew*
la militancia política	*political affiliation*
el mundo	*world*
el musulmán	*Muslim*
la patria	*home country*
la raza	*race*
el turco	*Turkish*
la visita	*visit*
la voz	*voice*

Algunos adverbios

bastante	*rather*
conmigo	*with me*
enseguida	*soon*
temporalmente	*temporarily*

Verbos para referirse a las relaciones familiares

amar	*to love*
casarse	*to marry*
convivir	*to live with someone*
divorciarse	*to get divorced*
enviudar	*to be a widow*
separarse	*to separate (a couple)*

Otros verbos

abandonar	*to leave behind*
alegrarse	*to feel happy*

apoyar	to support (*ideas, positions*)	llorar	to cry
		mandar	to send
aprender	to learn	mantenerse	to support oneself (*by making a living*)
ayudar	to help		
cambiar	to change		
conseguir	to get/achieve/ accomplish	molestar	to mind
		partir	to leave
convertirse	to get to be	pasar (tiempo)	to spend (*time*)
cuidar	to take care of	pelearse	to fight
dar	to give	pensar + infinitive	to plan + infinitive
darse cuenta de	to realize	quedarse	to stay
decir	to say	quejarse	to complain
dejar	to leave (*behind*)	sentirse	to feel
depender de	to depend on	sonreír	to smile
empezar	to begin	subir	to go up/to get on (*a plane/bus*)
exigir	to require/to demand		
expulsar	to expel	surgir	to appear
huir	to flee	tener derechos	to have rights
limpiar	to clean	tratar	to treat
llegar	to arrive	venir	to come
llegar a ser	to become	vestir	to dress

9 *Los viajes y la cultura*

Vocabulario en contexto

- Los viajes

Intercambios comunicativos
- Emociones y sentimientos

Enfoque cultural

- Chile

Gramática en contexto

- Preterit and Imperfect: Background and foreground
- Personal *a* with animate direct objects
- *Hace* + (time) + *que* + (present or preterit)

Integración comunicativa

- Islas Galápagos, Isla de Pascua e Islas Canarias
- Augusto Pinochet
- El comercio y la economía chilena

Comparaciones culturales

- Bebidas tradicionales de Chile y de los EE.UU.
- Oda al vino
- Dos Premios Nobel de literatura

Diferencias dialectales

- The present perfect
- / r/ y /r̄/

Video: Las impresiones de Guadalupe

En resumen

Vocabulario en contexto

Gramática en contexto

Al siguiente día, (1) _decidí_ ir al Parque Pumalín al sur de Puerto Montt. (2) _____ un tour por barco que (3) _salió salía_ del pueblito Homopiren que (4) _____ por su precio y sus actividades.

_____

_____

_____

_____

Comparaciones culturales

Prioridades de amigos chilenos		Mis prioridades
√	Espacio personal	
√√	Transporte público	
√√√	Gente abierta	
√√	Vida lenta	
√√√	Costo de la vivienda	
√	Costo de la comida	
√√√	Educación gratuita	
√√	Buenos hospitales	

Vocabulario en contexto

9-1. ¿Cómo te gusta viajar?

Paso 1. Indica qué medio de transporte prefieres usar en cada una de las siguientes situaciones.

a. _____ para hacer un viaje largo de placer
b. _____ para hacer un viaje largo de negocios
c. _____ para hacer un viaje corto de placer
d. _____ para hacer un viaje corto de negocios

tren   carro   avión

autobús   barco

Paso 2. ¿Por qué (no) prefieres esos medios de transporte? Elige dos respuestas para cada caso.

Es rápido.   Es lento.
Es cómodo.   Es incómodo.
Es relajante.   Es cansado.
Es divertido/entretenido.   Es aburrido.
Es barato.   Es caro.
Es. . .

Paso 3. 🅖 Comparte tus respuestas con la clase y explica cuáles son las ventajas y desventajas de cada medio de transporte para las diferentes situaciones.

MODELO: La ventaja de usar el tren para un viaje largo de placer es que es entretenido, relajante y barato. La desventaja es que. . .

9-2. Preparativos para un viaje

Paso 1. Vas a escuchar una conversación en una agencia de viajes. Antes de hacerlo, ¿puedes adivinar el significado de algunas palabras o expresiones que se usan en las transacciones en una agencia de viajes? Empareja las definiciones de la columna de la izquierda con las palabras o expresiones de la columna de la derecha. NOTA: Puede haber má de una definición por palabra.

1. ____ forma en que se puede pagar algo
2. ____ clase de asiento en el que se puede viajar
3. ____ tipos de pasaje o boleto
4. ____ lugar en el que comienza un viaje
5. ____ lugar en el que termina un viaje
6. ____ se hace para asegurar un boleto antes de pagar

a. de ida y vuelta
b. la reserva
c. de ida
d. de vuelta
e. con un cheque
f. de primera
g. con tarjeta de crédito
h. la salida
i. al contado
j. económica
k. el destino

Paso 2. AUDIO Escucha la conversación entre María Luisa y una agente de viajes y escribe la información que falta.

país al que desea viajar: _____
fecha de salida: _____
fecha de regreso: _____
ciudad de salida: _____
ciudad de destino: _____
clase en la que desea viajar: _____

Paso 3. AUDIO Escucha la conversación de nuevo y coloca en el orden correcto las intervenciones de la agente de viajes.

1. ____ Sí, como no. Por favor, tome asiento. ¿Adónde desea viajar?
2. ____ Hola, buenos días, ¿en qué puedo ayudarla?
3. ____ ¿Le gustaría salir por la mañana o por la tarde?
4. ____ Muy bien y ¿para qué fechas sería?
5. ____ ¿Desde qué ciudad quiere salir y adónde quiere llegar?
6. ____ ¿Quiere viajar en clase económica o primera clase?

Vocabulario ESTRATEGIAS

The verb **gustar** means *to like,* but **gustaría** means *would like.* Use the latter form when you want to express politeness or make an indirect request.

Paso 4. AUDIO Escucha la conversación por última vez y marca con una cruz (X) las frases que se dicen durante la transacción en la agencia de viajes.

_____ 1. Me gustaría hacer una consulta.
_____ 2. Me gustaría saber cuánto cuesta un boleto de avión.
_____ 3. Me gustaría reservar este vuelo.
_____ 4. Me gustaría esperar una semana para comprar el boleto.
_____ 5. ¿Le gustaría salir por la mañana o por la tarde?
_____ 6. ¿Cómo le gustaría pagar?

Paso 5. ❷ En parejas, representen la situación en la agencia de viajes. Uno/a de ustedes es el/la agente y el/la otro/a el/la cliente. Utilicen como modelo la conversación anterior pero cambien los destinos, los precios, las estadías, etc. Presenten su escena a sus compañeros/as. ¿Qué grupo obtuvo el precio de la transacción?

9-3. El alojamiento (*Lodging*)

Paso 1. ❷ María Luisa quiere encontrar un lugar para vivir durante su visita a Chile. Lee la información sobre sus gustos y sus planes, y después con un compañero/a decidan si debe alquilar la casa o el apartamento y expliquen a la clase por qué.

- Sus sobrinos, Pepi y Fabián, van a pasar los fines de semana con ella, pero regresan cada día a dormir a casa de sus padres.
- Durante su viaje a Chile tiene que escribir un artículo sobre la historia de Santiago de Chile.
- Le gusta ir al cine y visitar museos y exposiciones de arte. El apartamento está en el centro de la ciudad pero la casa está lejos del centro.
- Le encanta el mar.
- Va a pasar mucho tiempo fuera de casa.

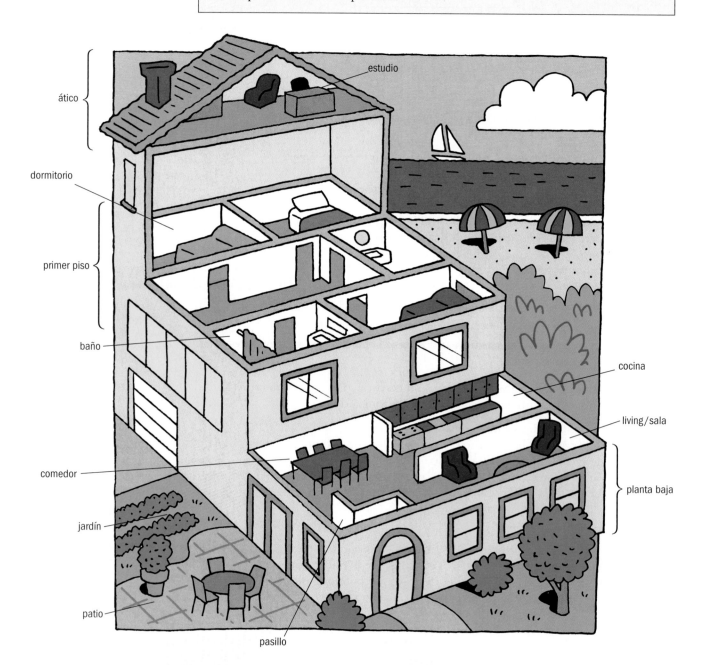

baño

dormitorio

comedor

cocina

living/sala

Paso 2. Describe tu casa o apartamento ideal para pasar unas vacaciones y completa la lista con sus características.

Mi casa/apartamento ideal. . .

Tiene:
_____ dormitorio(s)
_____ baño(s)
_____ comedor(es)
_____ living(s)
_____ estudio(s)
_____ patio(s)
_____ jardín(es)
_____ sótano(s) (*basement*)
_____ vista al mar
_____

Está cerca de:
_____ el mar
_____ las montañas
_____ un lago (*lake*)
_____ un río (*river*)
_____ un bosque (*forest*)
Está en:
_____ una ciudad grande
_____ una ciudad pequeña
_____ el campo (*country*)
_____ los suburbios

Audioscript 9-4, Paso 1

Agente: Apartahoteles Chile. Atiende su llamada Juan Garcés, ¿en qué puedo ayudarlo?

María Luisa: Buenos días. Me llamo María Luisa Alonso García, este. . . estoy interesada en alquilar un apartamento. Me gustaría saber qué tipo de apartamentos tienen.

A: Por supuesto, Sra Alonso, tenemos estudios y apartamentos con una y con dos habitaciones. Los apartamentos de dos habitaciones pueden ser de uno o dos baños. También hay apartamentos de dos habitaciones con dos baños y un sofá–cama en la sala.

ML: ¿Qué precio tienen los apartamentos con una habitación?

A: 42 dólares diarios pero ofrecemos un descuento del diez por ciento por estadías de más de una semana.

ML: Estupendo, es que yo quiero quedarme un mes. Este. . . ¿incluye el precio servicio de limpieza diario?

A: Sí, por supuesto. Y también tienen servicio diario de lavandería.

ML: Ah, ¡qué bien!, eehh. . . , ¿ofrecen transporte del aeropuerto al hotel?

A: Sí, claro que sí. Y también ofrecemos estacionamiento gratis si alquila coche.

ML: Y dígame, ¿tienen radio los apartamentos?

A: Sí. Todos tienen un equipo de estéreo fenomenal.

ML: Disculpe tantas preguntas, pero ¿incluye el precio del apartamento las llamadas telefónicas locales?

A: No. Lo siento, pero no están incluidas.

ML: La última pregunta que tengo, . . . si no le molesta, la cocina, ¿de qué dispone?

A: Tiene refrigerador, microondas y algunos utensilios básicos.

ML: Muy bien. Me gustaría hacer una reserva. ¿Puedo hacerla por teléfono?

A: Sí. Necesito su número de tarjeta de crédito para poder hacer la reserva.

ML: ¿Aceptan VISA?

A: Sí. Se me olvidaba decirle que también tenemos una estupenda piscina en el tejado del edificio.

ML: ¡Genial! ¡A mí me encanta nadar! Pienso quedarme treinta días, ¿cuál sería el precio del apartamento de una habitación?

Paso 3. Ⓖ En grupos de cuatro a seis personas compartan sus listas. Pongan las características y ubicación (*location*) de sus casas en orden de importancia para el grupo. (1: menos importante; 5: más importante)

Paso 4. Ⓖ Por último, compartan las ideas de su grupo con el resto de la clase. Después de oír a otros grupos, ¿creen que el orden de cada grupo refleja las actividades que a diferentes personas les gusta hacer en las vacaciones? ¿Por qué?

MODELO: A las personas que les gusta tener una casa cerca del mar probablemente les gusta nadar y navegar.

Answers 9-4, Paso 1

1. **Tipo de apartamentos:** *todos*, 2. **Tipo de servicios:** *todos menos llamadas locales*, 3. **Cocina:** *todo menos lavaplatos y horno*

9-4. Para alquilar un apartamento

Paso 1. AUDIO María Luisa decidió llamar a una oficina de apartahoteles en el centro (*downtown*) de Santiago. Escucha la conversación telefónica y marca con una cruz (X) las opciones que ofrece la agencia.

Tipo de apartamentos:
_____ una habitación y un baño
_____ dos habitaciones y un baño
_____ dos habitaciones y dos baños
_____ dos habitaciones, sala con sofá–cama y dos baños
_____ estudios

Tipo de servicios:
_____ llamadas locales de teléfono gratis
_____ estéreo
_____ limpieza diaria de habitación
_____ estacionamiento gratis
_____ servicio diario de lavandería
_____ transporte gratis del aeropuerto al apartahotel y viceversa
_____ piscina

Cocina con:
_____ refrigerador
_____ lavaplatos
_____ horno (*oven*) microondas
_____ utensilios básicos de cocina
_____ horno

Paso 2. AUDIO Escucha de nuevo la conversación y completa la tabla con las características del apartamento que María Luisa decidió reservar.

número de habitaciones: _____
número de baños: _____
precio al día: _____
precio al mes: _____

Paso 3. ❷ María Luisa olvidó hacerle algunas preguntas al agente de la oficina de apartahoteles y decidió mandarle una carta. Lee el mensaje con tu compañero/a e identifiquen los temas sobre los que pregunta María Luisa.

Miami, 20 de abril de 2003

María Luisa Alonso García
Avenida del Mar 66
Miami, Florida 33109
Estados Unidos

Estimado Sr. Garcés,

Hace unos días hablé con usted por teléfono para alquilar uno de sus apartamentos. Se me olvidó en aquel momento hacerle algunas preguntas. Me gustaría saber si Ud. me puede recomendar alguna agencia de alquiler de carros. También quisiera saber si el apartamento está cerca de una parada de autobuses urbanos y qué precio tiene el boleto. Tengo planes para viajar un poco por Chile así que, si no es molestia, le agradecería que me indicara dónde están las estaciones de autobuses y de trenes y a cuánta distancia están del apartamento aproximadamente.

Sin más y agradeciéndole de antemano su pronta respuesta,
lo saluda atentamente,

María Luisa Alonso García
María Luisa Alonso García

Vocabulario

Salutations and closings in letters

Business letters use specific openings and closings (**fórmulas de cortesía**), such as the following:

OPENINGS	CLOSINGS
Señor (Sr.) + apellido:	Se despide atentamente.
Señora (Sra.) + apellido:	Lo saluda cordialmente.
Señor Don (Sr. D.) + apellido:	Atentamente,
Señora Doña (Sra. Dña.) + apellido:	Cordialmente,
Estimado/a Sr./Sra. + apellido:	
Estimado/a profesor/a + apellido:	
Estimado/a + nombre:	

Personal letters use more informal openings and closings:

OPENINGS	CLOSINGS
Querido Carlos:	Afectuosamente,
Querida prima:	Un abrazo,
Mi amor:	Con todo mi cariño,

9-5. ¿Cómo se escribe una carta?

Paso 1. Mira la tabla anterior y decide qué combinación de saludo y despedida utilizarías en las siguientes situaciones:

- una carta a tu madre
- una carta a tu profesor(a)
- una carta al/a la presidente/a de la universidad
- una carta con una opinión editorial en el periódico local

Paso 2. Analiza el encabezamiento y la despedida de la carta de María Luisa Alonso de la actividad anterior. ¿Qué fórmulas de cortesía utiliza?

Paso 3. Imagina que tú trabajas en la agencia. Utiliza los siguientes datos para escribirle una respuesta a María Luisa.

La mejor compañía de alquiler de carros: Autoseguro
Distancia hasta la parada de autobuses local: cuatro cuadras (precio: $1)
Distancia hasta la parada de autobuses regional: seis cuadras (precio: varía)
Distancia hasta la estación de trenes: diez cuadras (precio: varía)

9-6. De viaje

Paso 1. Éstas son algunas escenas del viaje a Chile de María Luisa. Ponlas en orden lógico.

1. Se abrocha el cinturón de seguridad.

2. Recoge el equipaje.

3. Toma un taxi hasta el aeropuerto de Miami.

4. Sale a la calle para ir a la ciudad de Santiago de Chile.

5. Pasa la aduana.

6. Va al mostrador de la compañía aérea.

7. Factura el equipaje.

8. Escucha las instrucciones de la asistente de vuelo.

9. Enseña el pasaporte.

10. Sube al avión.

Paso 2.   Entrevista a un/a compañero/a para averiguar qué hizo en su viaje más reciente: adónde fue, qué medios de transporte usó y por qué o para qué; qué hizo inmediatamente antes y después del viaje, qué hizo durante el viaje, etc.

MODELO: E1: ¿Qué medio de transporte usaste en tu viaje más reciente?
E2: Autobús.
E1: ¿Adónde fuiste?
E2: A Chicago.

Paso 3. 🄖 Cuéntale el viaje de tu compañero/a a toda la clase y escucha los viajes de los demás. Luego comenten entre todos cuál es el medio de transporte más usado en la clase y qué tipos de viajes son más comunes: largos, cortos, locales, nacionales, internacionales, etc.

9-7. Los inconvenientes de los viajes

Paso 1. Indica con una cruz (X) las situaciones que te molestan mucho, un poco o nada cuando viajas.

ME MOLESTA. . .	MUCHO	UN POCO	NADA
Tener que esperar mucho tiempo en la cola para facturar el equipaje.	___	___	___
Los retrasos (*delays*) de los vuelos de avión.	___	___	___
Las averías (*breakdowns*) del carro, tren o autobús en medio de un viaje.	___	___	___
Los cambios repentinos (*sudden changes*) de horario o de ruta de los vuelos de avión.	___	___	___
El mal tiempo durante un viaje.	___	___	___
Los empleados de transporte que no son simpáticos.	___	___	___

Paso 2. ¿En cuáles de las situaciones anteriores te gusta protestar o hacerle saber a alguien cómo te sientes? ¿Por qué? Escribe una frase.

MODELO: Me gusta protestar cuando hay cambios en los horarios o ruta de los vuelos de avión porque tengo que cambiar mis planes y a veces es difícil.

Paso 3. 🄖 Comparte tus ideas del Paso 2 con la clase. ¿Qué situaciones les molestan más a los estudiantes de la clase?

Intercambios comunicativos

Expresiones que se usan para expresar reacciones positivas y negativas.

Positivas

¡Qué alegría!	*I am so happy!*
¡Me alegro (por ti/usted)!	*I am happy (for you)!*
¡Estoy tan feliz (por ti/usted)!	*I am happy (for you)!*
¡Estoy tan contento/a!	*I am so happy!*
Le/te agradezco su/tu interés.	*I appreciate your concern.*

Negativas

¡Esto es una vergüenza!	*This is shameful.*
¡No aguanto más!	*I can not stand it any longer!*
Estoy tan decepcionado/a (con Juan).	*I am so disappointed (with Juan).*
¡Tienes una cara/un rostro de piedra!	*You are shameless.*
¡Qué cara dura!	*You are shameless.*
¡Qué barbaridad!	*How awful!*
¡Qué horror!	*How awful!*
¡Qué mala pata!	*What bad luck!*

9-8. ¿Cómo expresamos nuestras emociones?

Paso 1. VIDEO Guadalupe graba un anuncio comercial para una agencia de viajes. Estas escenas representan dos momentos de la grabación. Observa los gestos de Guadalupe y escribe algunas expresiones con las que ella puede expresar sus emociones.

(1)

(2)

Paso 2. A continuación hay una descripción de la escena final del video. Escribe un posible diálogo entre los tres personajes.

- El profesor Parra le agradece a Lupe su trabajo.
- Guadalupe quiere verificar que hizo un buen trabajo.
- El profesor Parra enfatiza que el trabajo de Lupe fue excelente.
- Guadalupe le agradece al profesor Parra su ayuda y expresa su alegría.
- Jordi felicita a Guadalupe por su buen trabajo de locutora.
- Guadalupe le agradece a Jordi su apoyo y expresa su alegría.
- El profesor Parra le dice a Lupe que fue ella quién hizo todo el trabajo.
- Jordi expresa su optimismo sobre los resultados de la campaña publicitaria.

Paso 3. ❷ Combina tu diálogo con el de un/a compañero/a en uno solo. Agreguen las siguientes expresiones usadas en el video. ¿Quién creen que utiliza cada expresión?

_____: ¡Salió muy bien!
_____: ¡Estuviste genial!
_____: Lo hizo. . . ¡perfecto!
_____: Ay, ¡estoy tan contenta!

Answer 9-8, Paso 4

The order is: 4, 8, 7, 6, 5, 1, 3, 2.

Paso 4. VIDEO Ahora, mira lo que sucede en la escena del video y coloca la siguiente transcripción en el orden correcto.

1. GUADALUPE: Gracias Jordi. Ay, ¡estoy tan contenta!
2. JORDI: No sólo eso, profesor. ¡Imagínese la cantidad de dinero que vamos a recaudar para la estación con este anuncio!
3. PROF. PARRA: No fue nada. Usted hizo todo el trabajo. ¡Estoy seguro que ahora todos los estudiantes van a querer ir a Chile!
4. PROF. PARRA: ¡Listo! ¡Muchas gracias Guadalupe! ¡Salió muy bien!
5. JORDI: ¡Estuviste genial Lupe!
6. GUADALUPE: (*Se quita los audífonos, y está muy contenta de su logro*) Ay, ¡qué emoción! ¡Gracias, profesor! Y gracias por ayudarme.
7. PROF. PARRA: (*Riéndose*) Pues, mire, la felicito: lo hizo. . . ¡perfecto!
8. GUADALUPE: ¿Sí, profesor? ¿Le parece que lo hice bien?

_____ _____ _____ _____ _____ _____ _____ _____

ENFOQUE CULTURAL

Cultura

It is often said that Chile is a country unlike any other in South America. In fact, it is true that the natural barriers that separate Chile from other countries have contributed to a separate historical identity.

9-9. La geografía de Chile: el país angosto (*narrow*)

Paso 1. Mira el mapa y, para cada punto cardinal, escribe las barreras geográficas naturales que tiene Chile.

Answers 9-9, Paso 1

Este: montañas, oeste: Océano Pacífico, norte: desierto, sur: Estrecho de Magallanes y Antártida

montañas   desierto   Océano Pacífico   Estrecho de Magallanes y Antártida

PUNTO CARDINAL	BARRERA NATURAL
este	_____
oeste	_____
norte	_____
sur	_____

Bogotá (4.229 kilómetros)
Colombia

Perú
Lima (2.447 kilómetros)

Antofagasta (1.108 kilómetros)
Chile

Valparaíso (92 kilómetros)
Santiago ✳   **Buenos Aires** (1.129 kilómetros)
Concepción (429 kilómetros) Argentina

Paso 2. **AB** La siguiente tabla de datos sobre la inusual geografía de Chile está incompleta. Prepara preguntas para hacerle a tu compañero/a y obtener la información que te falta.

MODELO: E1: ¿Cuál es la máxima distancia de este a oeste?
E2: La distancia máxima de este a oeste es de 180 kilómetros.

A

1. En el siglo XIX, Bolivia y Perú lucharon contra Chile por los recursos naturales, como el cobre, que se encontraban en el desierto Atacama.
2. Los Andes dividen a Chile de Argentina y tienen una longitud de aproximadamente 4.000 kilómetros.
3. La máxima distancia de este a oeste es de 180 kilómetros.
4. La costa chilena tiene una longitud de _____.
5. Los picos altos de los Andes se pueden ver desde _____.
6. La distancia del extremo norte al extremo sur de Chile es similar a la distancia entre Nueva York y _____.

B Information for student B, p. 529

Paso 3. **2** Escribe la equivalencia aproximada en millas de las distancias en kilómetros a Santiago de Chile que se presentan en las tablas anteriores. NOTA: Una milla terrestre es equivalente a aproximadamente 1.60 kilómetros. Compara tus resultados con los de tu compañero/a.

Paso 4. **2** Ahora comparen varias distancias dentro y fuera de Chile con otras distancias dentro de los Estados Unidos. Usa este mapa y el del Paso 1.

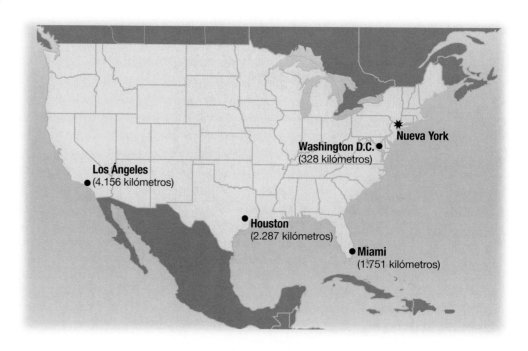

MODELO: La distancia entre Santiago de Chile y Lima es de aproximadamente _____ kilómetros y entre Nueva York y Houston es de _____.

Gramática en contexto

I. Preterit and Imperfect: Background and foreground

9-10. Leía el libro de Neruda cuando. . .

Paso 1. Las dos oraciones siguientes describen el mismo evento. ¿Por qué crees que en un caso se usa el pretérito y en el otro el imperfecto? Empareja la oración en español con su descripción en inglés.

a. _____ Ayer **leí** el libro sobre la vida de Neruda y después fui al cine.
b. _____ Ayer **leía** el libro sobre la vida de Neruda cuando me llamó mi madre por teléfono.
1. The event of reading is presented as an ongoing event in the past that was interrupted—at some point in time—by another event.
2. The event of reading is presented in its totality.

Paso 2. Subraya la actividad que sirve de trasfondo (*background*) de la otra en las siguientes oraciones.

1. Ana llamaba a LanChile para hacer la reserva del vuelo cuando Jorge entró en el comedor con su pasaporte.
2. Pedro llegó a la casa cuando su esposa salía de compras.
3. El tren partía justo cuando llegamos a la estación.

9-11. El diario de un aventurero

Paso 1. ❷ En parejas, subrayen los usos del imperfecto con una línea (<u>era</u>) y los usos del pretérito con dos líneas (<u>supimos</u>) en la siguiente narración.

Día 23 de octubre:

La cordillera de los Andes era un lugar desconocido para nosotros. Pero nada nos podía detener. Estábamos en Chile por un mes y queríamos escalar[1] las montañas de este país. En ese momento no sabíamos que la montaña que elegimos para escalar era, en realidad, muy peligrosa. Luego supimos que podía erupcionar en cualquier momento. Y así fue que caminábamos hacia la cumbre[2] cuando ocurrió una erupción de lava. Primero, hubo un movimiento de tierra muy fuerte y luego la cumbre de la montaña comenzó a lanzar[3] llamas.[4] Mientras ocurría esto mis amigos y yo no hicimos nada. No sabíamos qué hacer. No había nadie alrededor y decidimos correr hacia una sección que estaba cubierta por una piedra muy grande que parecía una prolongación[5] de la montaña. Por suerte, nada malo pasó. En realidad fue una erupción muy pequeña pero ahora sabemos que no fuimos muy sensatos porque no preguntamos a la gente local sobre los peligros de montañas que no conocíamos bien.

[1] climb [2] peak [3] spew [4] flames [5] extension

INTEGRATED COMPONENTS
Use the following instructional resources to practice: **Preterit and Imperfect: Background and foreground.**
- **Gramática viva:** Preterit vs. imperfect, Preterit vs. imperfect II
- **Student Activities Manual/o-SAM:** Activities 9-10, 9-11, 9-12, 9-13
- **Companion Website:** Chapter 9, Gramática en contexto, Preterit and Imperfect: Background and foreground

Suggestion 9-10, Paso 1
Due to the lack of an equivalent contrast in the students' native language, the explanations about the uses of imperfect and preterit are best presented in English. Activities and instructions that follow the explanation, though, will be in Spanish.

Answers 9-10, Paso 1
a. 2, b. 1

Answers 9-10, Paso 2
In all the sentences the action marked with the imperfect provides the background to the action in the preterit.

Gramática

As mentioned in previous chapters, the preterit is used to indicate that the speaker visualizes the action or state as completed during a specific time frame. The use of the imperfect implies that the speaker sees that action or state as ongoing, in progress, repetitive, or incomplete. Hence, the imperfect is often (but not always!) associated with background information, whereas the preterit is frequently associated with foregrounded actions. In other words, the same action can be marked with either preterit or imperfect depending on the (narrative) perspective that the speaker chooses to use.

Answers 9-11, Paso 1
Imperfect: era, podía, Estábamos, queríamos, sabíamos, era, podía, caminábamos, ocurría, sabíamos, había, estaba, parecía, conocíamos

Preterit: elegimos, supimos, fue, ocurrió, hubo, comenzó, hicimos, decidimos, pasó, fue, fuimos, preguntamos

Paso 2. Utiliza el texto anterior como modelo y escribe una narración (ficticia o real) de un viaje a un lugar peligroso. Completa las frases siguientes para comenzar.

_____ era un lugar fascinante para mí. Pero nada me

podía detener. Estaba en _____ por una semana y

quería _____. . .

Paso 3. ② Lee tu narración a otro/a estudiante. Tu compañero/a va a escuchar la narración y la va a calificar con una escala de 1 (poco/malo) a 4 (mucho/bueno) teniendo en cuenta los siguientes factores.

	1	2	3	4
a. suspenso, interés creado por la narración	_____	_____	_____	_____
b. lectura de la narración (dicción)	_____	_____	_____	_____
c. comprensibilidad de la narración	_____	_____	_____	_____
d. variedad de vocabulario	_____	_____	_____	_____
e. corrección gramatical	_____	_____	_____	_____

9-12. Los viajes de un chileno

Paso 1. Un periodista (*reporter*) utilizó las preguntas a continuación en una entrevista que le hizo para el periódico *El globo* a un chileno sobre sus viajes. Lee la entrevista y después incorpora las preguntas al reportaje en el orden correspondiente.

1. ¿Cómo pasabas el tiempo en el carro? ¿Había algún juego que te ayudaba a pasar el tiempo? ¿Cómo se jugaba?
2. ¿Tienes alguna buena memoria de los viajes con tu familia?
3. ¿Viajabas mucho con tu familia cuando eras joven?
4. ¿Y qué hacían tus padres durante los viajes?
5. ¿Cuándo fue la última vez que saliste de vacaciones? ¿Adónde fuiste?
6. ¿Usaste alguna vez una agencia de viajes?
7. ¿Por qué usabas una agencia y cómo te ayudaba el agente?
8. ¿Te gustó hacer esos viajes?
9. ¿Qué hiciste durante este viaje?
10. ¿Dónde prefieres alojarte cuando estás de viaje?

El globo

El globo: ¿_____?
Roberto: Mis últimas vacaciones fueron las Navidades de este año pasado y las pasé en Valparaíso.

EG: ¿_____?
R: Aproveché las vacaciones para visitar a unos amigos y me hospedé en casa de uno de ellos. A todos nos encanta el mar y nos pasamos casi todo el día nadando, navegando, pescando o paseando por la orilla del mar.

EG: ¿_____?
R: Depende. Si visito a amigos o a familia, me quedo en su casa. En otros casos, prefiero un hotel cómodo y de precio razonable.

EG: ¿_____?
R: Sí. Bueno, en mi trabajo anterior tenía que viajar varias veces al año a Chile y siempre usaba una agencia para hacer los arreglos para el viaje.

EG: ¿_____?
R: Prefería usar la agencia de viajes porque era más cómodo y rápido. Siempre viajaba en avión y el agente se encargaba de reservar el pasaje, el hotel y arreglar el transporte del aeropuerto al hotel.

EG: ¿_____?
R: Algunos, sí, especialmente si tenía la oportunidad de quedarme un poco más de tiempo y conocer la ciudad, pero otros fueron muy rápidos y no pude hacer mucho más que trabajar.

EG: ¿_____?
R: Viajábamos un par de veces al año para visitar a mis abuelos, generalmente durante las vacaciones de Navidad y de verano.

EG: ¿_____?
R: Recuerdo con mucho cariño estos viajes. Íbamos todos en el carro de mi papá y era muy divertido. Nos reuníamos en casa de mis abuelos con todos mis tíos y primos, y hacíamos muchas cosas juntas. Yo disfrutaba especialmente las barbacoas y las actividades que hacíamos al aire libre, como los partidos de fútbol que jugaba con mis primos o las visitas que hacíamos a una granja de animales que había cerca de la casa.

EG: ¿_____?
R: Generalmente cantábamos canciones. Mis dos hermanas y yo jugábamos a las adivinanzas.

EG: ¿_____?
R: Mis papás también cantaban y a veces participaban en nuestros juegos.

Paso 2. El periodista de *El globo* escribió un pequeño resumen de la entrevista. Subraya en el texto la información que crees que responde a las preguntas básicas: **qué, quién, cuándo, cómo, dónde**.

MODELO: ¿Quién?: **Roberto es un chileno como muchos otros de la ciudad de Santiago**.

¿Qué?: _____

¿Dónde?: _____

¿Cuándo?: _____

¿Cómo?: _____

Los viajes de un chileno

Roberto es un chileno como muchos otros de la ciudad de Santiago. En una entrevista me habló de algunos de sus viajes y preferencias a la hora de viajar. El viaje más reciente de Roberto fue a la hermosa ciudad de Valparaíso. Fue durante las Navidades pasadas y aprovechó para visitar a unos amigos. Lo pasaron muy bien disfrutando de diferentes actividades a orillas del mar.

Paso 3. Ahora ayuda al periodista a seleccionar el tiempo verbal correcto para cada caso.

Roberto (1. viajaba/viajó) antes más que nada por razones de trabajo, pero ahora cuando (2. viajaba/viaja) es por placer. A veces, visita a la familia o a amigos y se queda en casa de ellos; otras veces va a un hotel cómodo y de precio razonable. Roberto prefiere recurrir a las agencias de viajes cuando viaja por razones de trabajo porque piensa que es más cómodo y rápido. Cuando (3. hacía/hizo) viajes de trabajo le gustaba tener tiempo y estar unos días en las ciudades que visitaba y conocerlas un poco. De niño, Roberto (4. viajaba/viajó) con su familia dos veces al año para visitar a sus abuelos. Viajaban en el carro de su papá y él y sus hermanas (5. cantaban/cantaron) y (6. jugaban/jugaron) a las adivinanzas para pasar el tiempo durante el viaje. En la casa de sus abuelos, (7. se reunían/se reunieron) con su familia y lo (8. pasaban/pasaron) muy bien haciendo barbacoas y muchas actividades al aire libre.

II. Personal *a* with animate direct objects

9-13. ¿Quién vio a quién?

Paso 1. En inglés y en español el orden básico de la oración es sujeto–verbo–objeto. Este orden es fijo en inglés pero no en español. Es decir, el significado básico de una oración en español se puede expresar con las palabras en diferente orden. ¿Cuáles son el sujeto y el objeto directo en las siguientes oraciones?

1. a. Juan vio a María.
   b. Vio a María Juan.
   c. A María la vio Juan.

2. a. Juan compró el boleto.
   b. Compró el boleto Juan.
   c. El boleto lo compró Juan.

Paso 2. Cuando el sujeto y el objeto directo se refieren a seres animados, el objeto lleva una marca para diferenciarlo del sujeto. ¿Qué marca se usa en los ejemplos del paso anterior?

Paso 3. Si el objeto directo animado es el primer elemento de la oración, el pronombre de objeto directo se debe poner después del objeto directo. Subraya el pronombre de objeto directo en las siguientes oraciones.

A los clientes los vio Juan.
A las familias las vio Juan.

Paso 4. ❷ Decide con un/a compañero/a qué pronombre hay que usar en estas oraciones.

1. A mí _____ vio Juan.
2. A ti _____ vio Juan.
3. A nosotros _____ vio Juan.
4. A ustedes _____ vio Juan.

9-14. ¿Qué hace Pedro en Santiago?

Paso 1. Los siguientes dibujos representan escenas del viaje de Pedro a Santiago de Chile. Escribe el número de la oración (u oraciones) que mejor describe(n) cada imagen. NOTA: Puede haber más de una frase para cada imagen.

A.   B.   C.

A: _____

    1. Pedro saluda a un amigo.
    2. Un amigo saluda a Pedro.
    3. A un amigo saluda Pedro.

B: _____

    1. A Isabel la llama Pedro.
    2. Isabel llama a Pedro.
    3. Pedro llama a Isabel.

C: _____

    1. Pedro describe a Isabel en un poema.
    2. A Isabel describe Pedro en un poema.
    3. Isabel describe a Pedro en un poema.

Suggestion 9-14, Paso 2

You may want to use the verbs *mirar*, *saludar*, *ver*, *tocar*, etc. You can also tell the students to create their own examples.

Paso 2. Tu instructor/a va a leer varias frases en que se describen acciones entre dos estudiantes. Si eres uno de los estudiantes nombrados tienes que representar la escena.

MODELO: INSTRUCTOR/A: A John lo llama por teléfono Chris.

(Chris calls John and the latter picks up the phone.)

INTEGRATED COMPONENTS

Use the following instructional resources to practice: ***Hace*** + **(time)** + *que* + **present or preterit.**

- **Student Activities Manual/o-SAM:** Activities 9-15, 9-16
- **Companion Website:** Chapter 9, Gramática en contexto, *Hace* + (time) + *que* + present or preterit

III. *Hace* + (time) + *que* + present or preterit

Gramática

Hace + (time) + *que* + present

Hace with an expression of time (**un día, tres años, dos minutos,** etc.) and the verb in the present tense expresses the duration of an activity.

—¿Cuánto (tiempo) hace que **estudias** español?
How long have you been studying Spanish?
—Hace tres semestres (que **estudio** español).
(I've been studying Spanish) for three semesters.
—¿Cuánto tiempo **hace** que **conoces a** tu profesor/a de español?
—Hace un año.
For a year.

NOTE: The English translation does not use the verb in the present tense as Spanish does.

Suggestion 9-15, Paso 3

After each pair reads their piece, you may want to follow up with your own questions to the students (either the same questions they've asked you or different ones).

Gramática

Hace + (time) + **que** + verb in the preterit

Hace with an expression of time (**un día, tres años, dos minutos,** etc.) and the verb in the preterit is equivalent to phrases in English with "ago."

—¿Cuánto (tiempo) hace que Gabriela Mistral **ganó** el Premio Nobel?
How long ago did Gabriela Mistral win the Nobel Prize?

—Hace casi sesenta años (que Gabriela Mistral **ganó** el Premio Nobel). (*or* Gabriela Mistral **ganó** el Premio Nobel hace casi sesenta años.)
Almost sixty years ago (Gabriela Mistral won the Nobel Prize).

9-15. ¿Cuánto tiempo hace que tu profesor. . .?

Paso 1. ❷ Hace ya varias semanas que conoces a tu profesor/a de español. En parejas escriban cinco preguntas usando **hace que. . .** para saber más de él/ella.

MODELO: Profesor/a, ¿cuánto tiempo hace que Ud. habla español?
¿Cuánto tiempo hace que trabaja como profesor/a?. . .

Paso 2. ❷ Túrnate con tu compañero/a para leerle a tu profesor/a las preguntas que han escrito. Tu profesor/a tiene derecho a no responder si cree que las preguntas son muy indiscretas.

Paso 3. Ⓖ Escriban una biografía corta sobre su profesor/a con la información que obtuvieron. Luego léanla al resto de la clase y decidan quién hizo las preguntas más originales.

9-16. ¿Cuánto tiempo hace que tú. . .?

Paso 1. Escribe cinco oraciones que describan algo de tu vida pero no digas la verdad en todas. En algunas de las oraciones cambia la información como en el modelo.

MODELO: Hace cinco años que recibí mi licencia de conducir. (En realidad fue ocho años.)
Dejé de fumar hace más de dos meses.

Paso 2. ❷ Lee las cinco oraciones a tu compañero/a. Él/ella va a decir si te cree o no. Si no te cree, tiene que decir por qué y tú tienes que decirle cuánto tiempo hace en realidad.

MODELO: E1: Hace cinco años que recibí mi licencia de conducir.
  E2: No es verdad. Creo que hace 12 años que recibiste tu licencia, cuando tenías 16.
  E1: La verdad es que hace 10 años que la recibí.

INTEGRACIÓN COMUNICATIVA

9-17. ¿Por qué viajamos?

Paso 1. ❷ Con un/a compañero/a pongan en orden, de mayor (7) a menor (1) frecuencia, las razones por las que las personas viajan.

_____ para visitar a la familia y a los amigos
_____ para conocer otros lugares o culturas
_____ por razones de trabajo
_____ para aprender lenguas
_____ para descansar
_____ para visitar museos y monumentos
_____ para dedicar tiempo a las aficiones (por ejemplo: el esquí, la pesca, el alpinismo, etc.)
_____ . . .

Paso 2. Ⓖ Compartan los resultados con la clase. ¿Tienen todos un orden similar? ¿Por qué razón predominan ciertas razones para viajar en los Estados Unidos?

MODELO: Una razón muy frecuente es para visitar a amigos y a la familia. Muchas personas en los Estados Unidos viajan una o dos veces al año, por ejemplo, para la fiesta de Acción de Gracias para reunirse con la familia.

Paso 3. AUDIO Escucha a varios hispanohablantes hablar sobre sus viajes y completa la tabla con la información que corresponde a cada uno/a.

	LUIS	MARÍA JOSÉ	CÉSAR
profesión	_____	_____	_____
edad	_____	_____	_____
nacionalidad	_____	_____	_____
frecuencia con que viaja	_____	_____	_____
razón para viajar	_____	_____	_____
adónde fue recientemente	_____	_____	_____

Audioscript 9-17, Paso 3

Luis
Hola, me llamo Luis y soy biólogo de profesión. Tengo 32 años y soy de Panamá. Hago investigación en la universidad y viajo tres o cuatro veces al año para recoger datos para mis proyectos. Mis últimos viajes fueron a las Islas Galápagos y a Costa Rica.

María José
Buenos días. Me llamo María José y soy de origen cubano, aunque nací en Miami y siempre viví en los Estados Unidos. Tengo 35 años y soy reportera de un periódico hispano. Escribo artículos de temas muy variados pero todos relacionados con los países hispanos y con los hispanohablantes. Viajo con mucha frecuencia, normalmente dos o tres veces al mes. Mis viajes más recientes fueron a las Islas Canarias y a Chile. Muy pronto regreso a Chile y esta vez voy a combinar el trabajo y las vacaciones. Voy a escribir un artículo sobre la historia de la ciudad de Santiago de Chile.

César
Hola, ¿cómo está? Me llamo César y soy chicano, es decir, mi familia es originalmente de México pero varias generaciones nacieron en los Estados Unidos. Tengo 38 años y soy dentista. Viajo una o dos veces al año, generalmente para visitar a mi familia. Casi todos viven en Arizona y yo tengo mi trabajo en Chicago. También suelo viajar una o dos veces al año por razones de trabajo. Mis viajes más recientes fueron a Nueva York y a Buenos Aires.

Paso 4. Finalmente, observa esta caricatura y señala cuál puede ser una de las ventajas de viajar y conocer otros lugares.

a. Cuando viajamos miramos mucha televisión en el hotel donde nos hospedamos.
b. Cuando viajamos en tren no tenemos televisión para entretenernos.
c. Cuando viajamos conocemos la situación real de la gente del lugar que visitamos.

*It's a shame that television has better programming than the country.

© Joaquín Salvador Lavado Tejón (QUINO)
Todo Mafalda—Ediciones de La Flor, 1993

9-18. Viajes a Galápagos, Pascua y Canarias

Paso 1. Identifica el anuncio con el que debe estar asociada cada una de estas fotos.

FOTO 1

FOTO 2

FOTO 3

Paso 2. Lee de nuevo estos anuncios de una agencia de viajes y completa la tabla siguiente:

Isla de Pascua

Venga a la famosa Rapa Nui, en el Pacífico Sur, a 3.700 kilómetros de la costa chilena. Conozca una isla formada por tres volcanes extinguidos, los monumentos megalíticos, las estatuas de cabezas gigantes y la cultura polinesia de sus habitantes.

FOTO _____

Islas Canarias

A 1.100 kilómetros de la Península Ibérica y a unos 100 kilómetros de la costa oeste africana disfrute de un clima ideal, de playas, de paisaje volcánico y de los hermosos parques nacionales de sus siete islas. No deje de ver el Teide, el pico más alto de España.

FOTO _____

Islas Galápagos

Si le interesa el turismo ecológico, las Islas Galápagos son su destino. Quince islas grandes como Isabela, San Cristóbal o San Salvador y cientos de otras más pequeñas forman este archipiélago, una provincia de Ecuador en el Océano Pacífico. Encontrará animales fantásticos como tortugas gigantes, lagartos de la familia de la iguana y 85 especies diferentes de pájaros.

FOTO _____

	ISLA DE PASCUA	ISLAS CANARIAS	ISLAS GALÁPAGOS
país	_____	_____	_____
océano	_____	_____	_____
número de islas	_____	_____	_____
característica más especial	_____	_____	_____

Paso 3. Imagínate ahora que tienes la oportunidad de visitar uno de estos tres lugares, ¿cuál te gustaría más? Escribe una explicación breve.

MODELO: Escogería las Islas Galápagos porque quiero ser biólogo/a y me interesa conocer lugares con plantas y animales únicos.

Paso 4. Ⓖ Comparte tu selección con la clase. Decidan entre todos cuál es el lugar más popular para la clase y cuáles son las características del lugar que más les gusta.

9-19. Preparativos de viaje

Paso 1. Ⓖ Imagina que vas a visitar uno de los lugares de la actividad anterior. Haz los preparativos para el viaje con otros dos compañeros/as que escogieron el mismo destino.

Discutan y tomen nota sobre:

- Preparación del equipaje y de la documentación:
    Ropa y documentos que van a necesitar.
- Reserva del pasaje de avión:
    Ciudad de salida.
    Ciudad de destino.
    Hora del vuelo.
    Forma de pago.
    Otro tipo de transporte necesario.
- Alojamiento:
    Tipo de lugar.
    Razones por las que lo prefieren.
- Gastos:
    Cantidad de dinero que van a necesitar.
    Moneda que se usa en el lugar.

Paso 2. Ⓖ Prepara con tus compañeros/as un informe escrito sobre sus preparativos de viaje y preséntenlo a la clase.

Paso 3. Ⓖ Después de que cada grupo lea su informe, escriban entre todos un plan detallado de preparativos en común para ir a cada uno de los tres destinos: Isla de Pascua, Islas Canarias e Islas Galápagos. Básense en las ideas de cada grupo.

Cultura

During the military government of Augusto Pinochet many Chileans disappeared and others who feared for their well-being decided to leave the country and obtain political refuge, mostly in Europe and the United States. The movie *Missing* is a poignant description of some of the events that occurred when Chilean president Salvador Allende was removed from power by the military.

9-20. ¿Quién es Augusto Pinochet?

Answers 9-20, Paso 1

1. Septiembre del año 1973 hasta enero del año 1990

Paso 1. Teniendo en cuenta que los siguientes hechos ocurrieron durante la dictadura de Pinochet ¿puedes adivinar cuál fue el período de gobierno de Pinochet?

> Nixon renuncia a la presidencia de los EE.UU. por el escándalo de Watergate.
>
> Jimmy Carter es elegido presidente de los EE.UU.
>
> Ronald Reagan sobrevive un intento de asesinato.
>
> George H. Bush se convierte en el presidente número 41.

1. Septiembre del año 1973 hasta enero del año 1990.
2. Septiembre del año 1980 hasta enero del año 1990.
3. Septiembre del año 1980 hasta enero del año 1988.

Paso 2. Después de leer el texto siguiente, determina cuáles de las afirmaciones qué siguen son ciertas (**C**) y cuáles son falsas (**F**) de acuerdo con la información que se presenta.

_____ 1. Salvador Allende dio un golpe de estado en Chile.
_____ 2. Patricio Aylwin ganó las elecciones en Chile en 1990.
_____ 3. Pinochet era un dirigente socialista.
_____ 4. Allende hizo reformas con el propósito de mejorar la economía de Chile.
_____ 5. Pinochet murió en el palacio presidencial.
_____ 6. Muchas personas salieron de Chile durante el gobierno de Pinochet.

La dictadura militar de Chile

(1) Durante la década de los setenta los Estados Unidos tenía mucho interés en impedir el acceso al poder de gobiernos socialistas en América Latina porque los gobiernos socialistas tenían obvias afinidades con la Unión Soviética. (2) Por eso, el resultado de las elecciones presidenciales de Chile del año 1970, en las que ganó el candidato socialista Salvador Allende, causó mucha preocupación en los Estados Unidos. (3) Basándose en su análisis del estado de la economía, Allende decidió nacionalizar las industrias, los bancos y los sistemas de comunicación de masas, además de hacer reformas agrarias. (4) Como consecuencia de los cambios propuestos por Allende, hubo una crisis en el país y el 11 de septiembre de 1973, el ejército dio un golpe de estado. (5) El presidente Allende no se entregó y murió en su palacio presidencial.
(6) Algunos de los hechos que sucedieron en Chile inmediatamente después del golpe de estado fueron recreados en la película *Missing*. (7) El General Augusto Pinochet Ugarte dirigió la junta militar después de la muerte de Allende. (8) Él y su gobierno militar asesinaron y pusieron en el exilio a muchas personas que estaban en contra de su régimen. (9) Pinochet fue dictador de Chile hasta 1990, cuando llegó al poder Patricio Aylwin, elegido después de diecinueve años sin elecciones presidenciales.

Paso 3. Pon las siguientes oraciones en el lugar más lógico del texto anterior.

a. Cuando Allende asumió la presidencia de Chile, se dio cuenta de que la economía del país mostraba señales de deterioro.
b. Ese mismo día Allende estaba en el palacio presidencial.
c. Pero mucha gente se oponía a los cambios socialistas que había iniciado el presidente Allende.

Paso 4. 🅖 Ahora vas a participar en un juego similar a *Jeopardy!* Prepara dos o tres preguntas y respuestas en una hoja de papel y entrégalas a tu instructor/a. Él/Ella va a hacer el papel de maestro/a de ceremonias (*host*) y preguntar a cada grupo.

MODELO: INSTRUCTOR/A: General que gobernó a Chile desde el año 1973 hasta el año 1990.
E1: ¿(Quién) es Augusto Pinochet?

9-21. El comercio y la economía chilena en América

Paso 1. AUDIO Muchos economistas consideran que Chile representa un ejemplo de la fuerza y el potencial de las economías de América Latina. Antes de escuchar la grabación con información sobre el comercio entre Chile y los EE.UU. responde a las siguientes preguntas. Luego escucha la narración y confirma tus respuestas.

a. ¿Cuáles son los meses de verano en Chile?
_____

b. ¿Cuáles son los principales productos que exporta Chile a los Estados Unidos?
_____

c. ¿Conoces el nombre de algunas marcas de vinos chilenos en los Estados Unidos?
_____

Paso 2. AUDIO Escucha la grabación otra vez y llena los espacios en blanco con las palabras que faltan.

a. Chile se encuentra en _____.
b. Cuando en los Estados Unidos es _____, en Chile es _____.
c. Chile exporta mucha _____ a Norteamérica.

Paso 3. ❷ Lee el siguiente párrafo sobre el comercio de Chile y su relación con los Estados Unidos. Luego, escribe cuatro oraciones ciertas (**C**) o falsas (**F**) para un mini-examen sobre este texto. Pídele a otro/a estudiante que haga el mini-examen.

El bloque comercial MERCOSUR

Chile es integrante del Tratado de Libre Comercio de Norteamérica (NAFTA). Pero también es miembro asociado de uno de los tres grandes bloques comerciales del mundo: el MERCOSUR. Los otros países miembros del MERCOSUR son Argentina, Bolivia, Brasil, Paraguay y Uruguay. En 1999 solamente, los Estados Unidos vendió más mercancías al MERCOSUR que a Francia o a China, lo cual revela su importancia estratégica comercial para los Estados Unidos. Como muestra de su gran interés en dicho tratado comercial, los Estados Unidos auspició una conferencia en el año 2000 en la sede del MERCOSUR en Montevideo, Uruguay. La reunión se llamó *Doing Business between MERCOSUR and the United States* y en ella participó la entonces Secretaria de Estado de los Estados Unidos Madeleine Albright. También es importante recalcar que el MERCOSUR y los Estados Unidos están trabajando para crear un área de libre comercio en todo el continente americano para el año 2005.

9-22. El pueblo chileno

Paso 1. Lee las siguientes afirmaciones sobre el pueblo de Chile. Basándote en la información que tienes sobre este país, escoge una opción para cada una de las afirmaciones. Consulta con tu instructor/a para saber las respuestas.

1. Más del 80 por ciento de los chilenos vive en (a) el campo/(b) la ciudad.
2. Aproximadamente el (a) 20 por ciento/(b) 40 por ciento de la población chilena se concentra en la capital, Santiago de Chile.
3. El (a) 10 por ciento/(b) 30 por ciento de los chilenos tiene menos de 20 años.
4. La expectativa de vida en Chile es de (a) 65 años/(b) 75 años.
5. Para una familia de clase media en Chile tener empleadas (*maids*) (a) es común/(b) no es común.

Paso 2. Ahora, analiza la siguiente información sobre los Estados Unidos y escribe un párrafo para comparar al pueblo chileno con el de los EE.UU.

- Casi el 80 por ciento de los habitantes de los EE.UU. vive en áreas metropolitanas.
- Las áreas metropolitanas que más han crecido en tiempos recientes, con referencia al número de habitantes, se encuentran en el sur y el oeste del país.
- Aproximadamente el 22 por ciento de los estadounidenses tiene menos de 14 años.
- La expectativa de vida en los Estados Unidos es de 77 años.
- Las familias de clase media no suelen tener empleadas domésticas.

9-23. La vida en Chile y en los EE.UU.

Paso 1. ❷ Observa con un/a compañero/a la siguiente imágen de Chile. ¿Cómo es? Compárala con tu ciudad.

Paso 2. ¿Cómo piensa que era la vida en Chile hace aproximadamente 30 años? ¿Y en los Estados Unidos? ¿Cómo se compara con la vida de hoy en día? Marca con una X las frases que crees que describen a Chile y a los EE.UU., a su cultura o a su gente en esa época.

DESCRIPCIÓN	CHILE HACE 30 AÑOS	EE.UU. HACE 30 AÑOS
gente abierta	X	X
país del tercer mundo		
uso frecuente del auto particular		
papeles tradicionales para las mujeres		
vida lenta y sin problemas		
libre acceso a escuelas y universidades		
gobierno/política inestable		
fiestas de jóvenes con poco alcohol		
necesidad de espacio personal		

Audioscript 9-23, Paso 3

Entrevistador: Ruth, ¿qué te sorprendió de la gente y la cultura de Estados Unidos cuando llegaste al país?

Ruth: El concepto del espacio es muy diferente en los Estados Unidos. Todas las personas necesitan su espacio, no podemos invadir el espacio de las personas, tenemos que mantener nuestra distancia. Cuando vivía en Chile esas cosas ni se me ocurrían. No sabía que existía tal concepto. Nosotros no necesitamos tanto espacio. Pero, una cosa que me gustó es que las mujeres no se pasaban todo el día en la cocina. Mi experiencia con el transporte público en Estados Unidos en contraste con la experiencia en Chile era muy diferente y muy frustrante. Aquí no se podía depender mucho del transporte público, pero yo vivía muy cerca de la universidad y podía caminar, sin embargo no podía conocer mucho porque no tenía auto y tenía que depender mucho de mis amigos que al principio eran muy pocos.

Paso 3. [AUDIO] Ruth es una chilena que llegó a los Estados Unidos hace 30 años. Escucha lo que pensaba Ruth de los EE.UU. cuando llegó a este país. Indica si las siguientes opiniones de Ruth son ciertas (**C**) o falsas (**F**) según lo que ella nos cuenta.

_____ La gente estadounidense requería más espacio personal que los chilenos.

_____ Le gustó que las mujeres en los EE.UU. no tenían que cocinar todo el día.

_____ El transporte público en Chile era más conveniente que en los EE.UU.

_____ La gente estadounidense era muy abierta; ella hacía amigos fácilmente.

Paso 4. 🄖 ¿Estás de acuerdo con la opinión de Ruth? ¿Por qué? Compara ideas con tus compañeros/as.

MODELO: Yo creía que en la década de los sesenta y setenta. . .

ESTRATEGIAS | Lectura

When we read a personal interview, we can usually make educated guesses about the potential responses of the interviewee, and the potential questions that an interviewer may ask. These predictions, based on expectations about personal profiles, are of substantial help when reading an interview.

9-24. Una estudiante visita Chile

Paso 1. Ruth, nuestra amiga chilena, se casó con un estadounidense y tuvieron una hija: Brenda. Brenda creció en Tucson, Arizona, en una zona rural de los Estados Unidos y un día decidió ir a Chile para estudiar. Escribe una lista con las preguntas que te interesaría hacerle a Brenda antes de su viaje.

Paso 2. Ahora imagina que eres Brenda, ¿cómo crees que Brenda contestó las siguientes preguntas? Inventa una respuesta para cada pregunta desde su perspectiva.

MODELO: ENTREVISTADOR: ¿Por qué querías ir a estudiar precisamente a Chile?

BRENDA: **Bueno, quería conocer el país natal de mi madre y sabía que podía quedarme con mis parientes allí.**

1. ENTREVISTADOR: ¿Cómo te sentías al empezar a planear el viaje?
   BRENDA: _____
2. ENTREVISTADOR: ¿Cómo reaccionó tu familia a tu plan de viajar allí?
   BRENDA: _____
3. ENTREVISTADOR: ¿Cómo viajaste, por avión, autobús, taxi, tren?
   BRENDA: _____
4. ENTREVISTADOR: ¿Cómo te sentiste al llegar a Chile?
   BRENDA: _____
5. ENTREVISTADOR: ¿Dónde y con quién viviste durante el semestre que pasaste allí?
   BRENDA: _____
6. ENTREVISTADOR: ¿Había algo diferente en la vida diaria chilena que te gustaba?
   BRENDA: _____

Paso 3. Ahora lee las respuestas originales de Brenda que están a continuación. ¿A qué pregunta del Paso anterior corresponde cada una de ellas?

a. Viajé en avión a Chile y cuando llegué a Santiago tomé un bus a la ciudad de La Serena donde viven mis abuelos. Pasé una semana con ellos y luego tomé otro bus a la ciudad de Calama donde asistí a la universidad. Cuando vivía en la casa de mi tío tenía más privacidad y podía caminar a la casa de mi mejor amigo, pero tenía que tomar un taxi a la escuela.

b. Por un tiempo viví con mi tío que era soltero y luego viví con mi tía, su esposo y su hijo. La casa de mi tía quedaba a pocas cuadras de la escuela y era muy conveniente. Tenía un dormitorio para mí sola en cada casa y vivía un tiempo con uno y luego un tiempo con el otro y los dos eran muy buenos conmigo.

c. Me sentí muy aliviada cuando llegué a Chile. Fue como llegar a mi casa. Era maravilloso estar allí. No tenía miedo ni estaba preocupada, mis amigos y mi familia siempre me cuidaban.

d. Creo que mi padre no estaba muy seguro de querer apoyarme, pero mi mamá y mis hermanas estaban muy entusiasmadas y me apoyaron mucho.

e. Me sentía muy contenta, muy emocionada, lo planeé por un año entero y todo lo que hice ese año fue prepararme para ese viaje.

f. Por supuesto. Siempre había una empleada que preparaba la comida, se encargaba de tener nuestra ropa limpia y limpiaba la casa, aunque yo siempre trataba de no tener desorden en mi cuarto. También, después de las clases los estudiantes se juntaban en la plaza, en el centro de la ciudad y había allí cerca un restaurante en particular donde siempre íbamos a tomar un refresco y a conversar hasta que decidíamos irnos a casa. De nuevo nos juntábamos por la noche a jugar o a hacer alguna actividad.

Paso 4. ❷ Compara tus respuestas del Paso 2 con las respuestas verdaderas de Brenda. Comenta las diferencias y semejanzas con un/a compañero/a. ¿Hubo algo en las respuestas de Brenda que les sorprendió? ¿Cómo lo explican Uds.? ¿Crees que Brenda experimentó la vida chilena típica?

Escritura   E S T R A T E G I A S

A report relates information obtained through research in an objective and organized way. A report can be about a topic or state of an issue, an event, or a person, and it is often based on documented data. Sometimes interviews are used to obtain the information needed to elaborate a report. The questions used in the interview, thus, play an important role in helping the reporter find out specific information. In the next activity you will work with an interview and you will use the information obtained in the interview to write a report.

9-25. Un reportaje: Recuerdos de los viajes

Paso 1. ❷ Entrevista a un hispanohablante o a un/a instructor/a de español (que no sea el/la tuyo/a) y hazle preguntas sobre sus recuerdos de los viajes que hacía cuando era más joven o de niño/a. De ser posible, toma notas o graba la entrevista para poder escribir un informe basado en ella.

Paso 2. Organiza los datos obtenidos en la entrevista y haz un borrador (*draft*) de tu reportaje.

Paso 3. ❷ Intercambia tu borrador con un/a compañero/a. Evalúa su reportaje/informe de acuerdo con los siguientes criterios.

1. ¿Puedes entender todo?
2. ¿Responde el informe a las preguntas básicas?
3. ¿Ayudan los detalles a entender las ideas principales?
4. ¿Es interesante? ¿Por qué?
5. ¿Qué cambios harías para hacerlo más interesante? ¿Qué te gustó más de este informe?

Paso 4. Revisa el contenido del informe teniendo en cuenta las sugerencias de tu compañero/a. Revisa la gramática y el uso de acentos. Entrega una versión en limpio a tu instructor/a.

Comparaciones culturales

9-26. Bebidas tradicionales de Chile y los Estados Unidos

Paso 1. ❷ En Chile el vino es una bebida popular y la industria del vino tiene una larga historia y tradición. ¿Hay alguna bebida popular y tradicional en tu región o comunidad? ¿Cuál es? ¿Sabes algo de su tradición?

Paso 2. Después de leer el párrafo siguiente, empareja cada una de las siguientes palabras relacionadas con la industria del vino con su equivalente inglés.

Los viajes de las cepas de vino

Como durante la época de la conquista los exploradores españoles no podían llevar fruta fresca en sus largos viajes, llevaban pasas de uva. Se cuenta que plantaban las semillas de las pasas de uva y que así fue como comenzó la industria del vino en Chile. Las primeras cepas de vino que se cultivaron de forma comercial llegaron de Francia a mediados del siglo XIX, cuando un rico terrateniente llamado Ochagavía importó de allí las mejores cepas para plantarlas en Chile. El momento que Ochagavía escogió para hacer su viaje fue crucial ya que las cepas que llevó de Francia fueron de las pocas que sobrevivieron la peste del escarabajo *phylloxera*, la cual casi destruyó la industria del vino en Francia, España y Alemania. La recuperación de la producción del vino en Europa se logró con el uso de injertos de cepas de Estados Unidos que eran resistentes a ese escarabajo. De las cepas que se cultivan en Chile las más importantes son las *Cabernet Sauvignon*, *Chardonnay*, *Merlot* y *Malbec*. Entre los tipos de vino, el tinto es el más común. El blanco y el rosado son menos populares.

---

1. _____ tinto   a. *red wine*
2. _____ cepas   b. *graft*
3. _____ viña   c. *vine stock*
4. _____ pasas de uva   d. *bug*
5. _____ injerto   e. *grapevine*
6. _____ escarabajo   f. *raisins*

Paso 3. Con un/a compañero/a, escriban una breve descripción sobre las costumbres, tradiciones o historia relacionada con una bebida popular en los Estados Unidos.

Escritura

Metaphors and metaphorical language are more common than we normally think. For instance, we talk of minds as "empty vessels" that need to be "filled" with knowledge, or we visualize conversation as a physical activity when we "approach" a subject or we "deflect" a question. Writers also use metaphors to describe, narrate, and ultimately delight readers with novel perspectives on everyday life.

9-27. Oda al vino

Paso 1. Pablo Neruda, Premio Nobel de literatura chileno, escribió un poema sobre el vino. Este segmento de su poema no está completo. Selecciona de la lista la palabra que corresponda a la definición entre paréntesis para completarlo.

día	hijo	noche	oro	pies
púrpura	sangre	suave	terciopelo	tierra

Oda al vino

Vino color de _____ (período desde la salida hasta la puesta del sol),

vino color de _____ (período desde la puesta hasta la salida del sol),

vino con _____ (parte del cuerpo humano) de _____ (color)

o _____ (líquido rojo que corre dentro del cuerpo humano) de topacio,

vino, estrellado _____ (miembro de una familia) de la _____

(lugar donde crecen las plantas y árboles), vino, liso como una espada de

_____ (color del sol y de un metal precioso muy caro), _____

(liso, blando) como un desordenado _____ (tipo de tela muy suave).

Paso 2. Escoge cualquier objeto en particular y descríbelo en un poema, al estilo del poema de Neruda que acabas de leer.

Paso 3. **G** Lee tu poema a la clase. No leas el título. Tus compañeros/as van a tratar de adivinar qué objeto describes en tu oda.

9-28. Dos Premios Nobel de la literatura chilena

Paso 1. **AB** Lee la descripción del/de la poeta chileno/a que sigue y completa con los datos que corresponden.

Seudónimo: _____

Nombre verdadero: _____

Fecha de nacimiento: _____

Fecha de la muerte: _____

Año en que salió su primera obra: _____

Premios que ganó: _____

Carreras que tuvo: _____

A

El 12 de julio de 1904 nació en Parral, Chile, Neftali Ricardo Reyes Basoalto, cuya madre murió un mes después. Este niño llegó a ser uno de los poetas más famosos del mundo contemporáneo. Cuando tenía trece años publicó su primera obra literaria. Tres años después, en 1920, decidió usar para siempre el seudónimo por el cual es tan conocido en el mundo literario: Pablo Neruda. No solamente fue poeta sino que fue también político: en 1945 fue elegido senador y se afilió al partido comunista de Chile. En 1971 ganó el Premio Nobel de literatura. Neruda murió en 1973.

B Information for student B, p. 530

Paso 2. ❷ Tu compañero/a tiene información sobre otro/a poeta. Hazle preguntas para llenar la tabla que sigue.

MODELO: E1: ¿En qué año nació tu poeta?
              E2: Nació en 1904.

Seudónimo: _____
Nombre verdadero: _____
Fecha de nacimiento: _____
Fecha de la muerte: _____
Año en que salió su primera obra: _____
Premios que ganó: _____
Carreras que tuvo: _____

···■Diferencias dialectales■···

Gramática

El presente perfecto y el pretérito mantienen una distinción conceptual similar a la que existe en inglés. Aunque el pretérito se usa con más frecuencia, en ciertas áreas del mundo hispano el presente perfecto también se usa para referirse a eventos que ocurrieron en un pasado muy reciente o que tienen un impacto que continúa en el momento actual.

9-29. ¿Has visitado Chile?

Paso 1. Describe la diferencia en significado en el siguiente par de oraciones en inglés y en español.

1a. *My parents and I have gone to Chile.*
1b. *My parents and I went to Chile.*

2a. Mis padres y yo hemos ido a Chile.
2b. Mis padres y yo fuimos a Chile.

Answers 9-29, Paso 1

The second sentence shows the default marker of past tense (preterit) and signals that the (complete) event took place in the past. The first sentence (present perfect) signals that the event has some significance to the present time (e.g., This is one country I have knowledge of, I am familiar with.).

Gramática

El presente perfecto en español se forma con el presente del auxiliar **haber** y el participio pasado del verbo principal.

	HABER	PARTICIPIO PASADO
yo	he	
tú	has	
él/ella/Ud.	ha	_____ + -ado/-ido
nosotros/as	hemos	
vosotros/as	habéis	
ellos/ellas/Uds.	han	

Paso 2. Vuelve a las oraciones del Paso anterior y subraya el verbo principal con una línea y el auxiliar con dos líneas.

Answers 9-29, Paso 2

1a. <u>have</u>, <u>gone</u>; 1b. <u>went</u>; 2a. <u>hemos</u>, <u>ido</u>; 2b. <u>fuimos</u>

Paso 3. Completa ahora la siguientes oraciones con la conjugación del presente perfecto.

1. Yo _____ viajado por América del Sur.
2. Tú has _____ (pensar) mucho sobre tu viaje.
3. Él/Ella/Ud. _____ comido mariscos.
4. Nosotros/as hemos _____ (visitar) Chile.
5. Vosotros/as habéis _____ (reservar) dos billetes de avión.
6. Ellos/Ellas/Uds. _____ vivido en Chile por dos años.

Answers 9-29, Paso 3

1. *he*, 2. *pensado*, 3. *ha*, 4. *visitado*, 5. *reservado*, 6. *han*

Paso 4. Por último, analiza los participios siguientes y determina la regla de formación de los participios para cada terminación verbal.

INFINITIVO	PARTICIPIO	RAÍZ	TERMINACIÓN
hablar	hablado	habl +	_____
comer	comido	com +	_____
vivir	vivido	viv +	_____

Answers 9-29, Paso 4

Verbs whose infinitives end in **-ar** form their participles adding **-ado** to their roots; for infinitives ending in **-er**, **-ir**, the ending **-ido** is added.

Gramática

There are a number of irregular past participles in Spanish that must simply be memorized, although the similarities between them will make it easier for you. Below there is a list of some of the most common irregular past participles.

INFINITIVE	PAST PARTICIPLE
abrir	abierto
cubrir	cubierto
escribir	escrito
describir	descrito
decir	dicho
hacer	hecho
poner	puesto
ver	visto
volver	vuelto

9-30. ¿Has viajado a Viña del Mar?

Paso 1. ¿Conoces bien a tus compañeros/as de clase? Escoge a un/a compañero/a. Luego indica con una X la frecuencia con la que piensas que él/ella ha hecho cada una de las siguientes actividades. No puedes hablar con tu compañero/a.

NOMBRE: _____	NUNCA	UNA VEZ	A VECES	A MENUDO
1. Ha viajado a Sur América.	_____	_____	_____	_X_
2. Ha vivido en un apartamento.	_____	_____	_____	_____
3. Ha comprado muebles.	_____	_____	_____	_____
4. Ha trabajado en un banco.	_____	_____	_____	_____
5. Ha leído un poema de Neruda.	_____	_____	_____	_____
6. Ha conocido a un chileno.	_____	_____	_____	_____
7. Ha escrito o recibido cartas de amor.	_____	_____	_____	_____
8. Ha usado los servicios de una agencia de viajes.	_____	_____	_____	_____
9. Ha viajado en avión.	_____	_____	_____	_____

Paso 2. ❷ Ahora verifica tus respuestas. Pregúntale a tu compañero/a con qué frecuencia ha hecho las actividades del Paso 1. ¿Quién acertó más respuestas, tú o tu compañero/a?

MODELO: E1: Angelina, ¿con qué frecuencia has viajado a Sudamérica?
E2: He viajado a Sudamérica sólo una vez. Fui a Chile en 1998 a visitar a mis abuelos.

Gramática

Correctly pronouncing the /r/ sound in Spanish is a little like a short tap dance with your tongue. Your tongue should quickly tap your alveolar ridge (the ridge on the roof of your mouth just behind your teeth) once. You already do this in English when you pronounce the first letter *t* in the phrase "*pot of tea*" or the double *d* or *t* in "*ladder*" or "*latter*." Try it and pay attention to what your tongue does. When you say "*pot of tea*" in English, it sounds very similar to **para ti** in Spanish because you have pronounced the /r/ sound by tapping your alveolar ridge.

9-31. Moro es el perro de Roberto

Audioscript 9-31, Paso 1
chévere, diarios, dinero, lavadora, maravilloso, Neruda, pero, pretérito, tren, caro

Paso 1. [AUDIO] Lee las siguientes palabras en voz alta. Luego escucha la grabación y trata de ajustar tu pronunciación a la explicación presentada.

chévere	diarios	dinero	lavadora	maravilloso
Neruda	pero	pretérito	tren	caro

Gramática

Correctly pronouncing the trilled /r̄/ in Spanish is like a slightly longer tap dance with your tongue, or like the flapping of a flag in a strong wind. Your tongue still briefly taps your alveolar ridge, but does so in rapid succession, just like the edge of a flag snaps when the wind is high. You can achieve this repeated tapping by increasing the amount of air you exhale and relaxing the tip of your tongue as you pronounce /r̄/.

Paso 2. AUDIO Lee las siguientes palabras en voz alta. Luego escucha la grabación y trata de ajustar tu pronunciación de acuerdo con la explicación anterior.

ahora	ahorra
caro	carro
coro	corro
ere	erre
pero	perro

Audioscript 9-31, Paso 2

ahora ahorra, caro carro, coro corro, ere erre, pero perro

Gramática

The trilled /r̄/ that you associate with the letters **rr** is also used in Spanish when the spelling would seem to indicate only a single tap. The most common occurrence is when the letter **r** comes at the very beginning of a word (e.g.; **rojo**, **reloj**). Even though you only see one **r**, you should pronounce the trilled **r**.

Paso 3. AUDIO Lee las siguientes palabras en voz alta. Luego escucha la grabación y trata de ajustar tu pronunciación de acuerdo con la explicación anterior.

razón	reloj	rojo	rico	ridículo
reconocer	renta	río	respeto	rostro

Audioscript 9-31, Paso 3

razón, reloj, rojo, rico, ridículo, reconocer, renta, río, respeto, rostro

Video *Las impresiones de Guadalupe*

Primeras impresiones

9-32. La grabación del anuncio comercial

Paso 1. `VIDEO` En este episodio, Guadalupe hace su primera grabación para "Sonora", un anuncio comercial para promocionar un viaje. Guadalupe y el profesor Parra están en la cabina de grabación. Mira las primeras escenas del video sin sonido e indica con una cruz (X) lo que crees que ocurre durante la grabación.

Guadalupe. . .

_____ repasa las notas con información sobre el anuncio.

_____ modifica los datos del anuncio comercial.

_____ está nerviosa.

_____ no quiere repetir la grabación.

_____ practica en silencio la grabación.

_____ está tranquila.

El profesor Parra. . .

_____ habla con Guadalupe para tranquilizarla.

_____ modifica los datos del anuncio comercial.

_____ está nervioso.

_____ no quiere que Guadalupe repita la grabación.

_____ le dice a Guadalupe cuando necesita repetir la grabación.

_____ está tranquilo.

Paso 2. Observa las siguientes imágenes del profesor Parra dando instrucciones a Guadalupe durante la grabación del comercial de radio. Para cada imagen escribe con palabras lo que crees que comunica el profesor Parra con sus gestos.

Las impresiones de Guadalupe

9-33. Detalles de la grabación

Paso 1. `VIDEO` Mira el video y presta atención a la información que Guadalupe da en el anuncio comercial. Completa las oraciones con la información que falta.

1. Es un paquete promocional para viajar a _____.
2. El precio del paquete es _____ dólares.
3. El precio incluye el boleto _____, hospedaje y comidas durante ocho _____ y siete _____.

4. Además el precio incluye _____ gratis del aeropuerto al apartahotel y viceversa y el trámite de _____.
5. El teléfono de contacto es el _____.

Paso 2. ❷ Imagina que trabajas en una agencia de viajes y tienes que diseñar un paquete promocional para un viaje de interés para los estudiantes de tu universidad. Con un/a compañero/a, escojan un lugar y hagan una lista con las características del paquete.

MODELO: Paquete promocional para un viaje a Isla del Padre (Padre Island).
Situación. . .
Atractivos turísticos. . .
Precio. . .

Paso 3. ❷ Usen los datos del Paso 2 para escribir un anuncio comercial de radio para promocionar el viaje por radio. Practiquen luego la lectura del anuncio con tono y entonación apropiados para un anuncio de radio.

Paso 4. ❻ Lean su anuncio a la clase y escuchen los anuncios de sus compañeros/as. Decidan cuál de los anuncios es el mejor en cuanto al interés de la información, el tono y la entonación.

Impresiones culturales

9-34. ¿Cómo reaccionarías tú?

Paso 1. VIDEO Mira de nuevo el video y presta atención a lo que Guadalupe piensa en voz alta durante la grabación. Decide si las siguientes afirmaciones son ciertas (**C**) o falsas (**F**).

Answer 9-34, Paso 1

1. F, 2. F, 3. C, 4. F, 5. C

_____ 1. Está muy tranquila y piensa que no necesita repasar la información.
_____ 2. No está interesada en el viaje que anuncia.
_____ 3. Cree que era más fácil hablar para el público de la Universidad de Guadalajara.
_____ 4. Está segura de que quiere tener este tipo de trabajo en el futuro.
_____ 5. Piensa que hablar en la radio es algo que se aprende y no se olvida.

Paso 2. El profesor Parra le pide a Guadalupe que repita la grabación en dos ocasiones. ¿Qué problemas identifica en cada ocasión?

La primera vez _____.
La segunda vez _____.

Answer 9-34, Paso 2

La primera vez lee de forma muy poco natural (rápido y con un tono no propio de un anuncio de radio); la segunda vez pronuncia las erres un poco fuerte.

Paso 3. ❷ Cuando el profesor Parra le pide a Guadalupe que repita el anuncio comercial, Guadalupe reacciona diciendo "¡Son los nervios, profesor! ¡Qué barbaridad!", en la primera ocasión, y "¡Ay, profesor, lo siento. . .¡", en la segunda. Con un/a compañero/a imaginen que están en el lugar de Guadalupe y expliquen cómo sería su reacción.

MODELO: Perdón, profesor, ¿puede explicarme qué parte no suena natural?

Paso 4. ❷ Comparen sus reacciones con la de Guadalupe. Basándose en esa comparación, ¿creen que la reacción de Guadalupe refleja probablemente su personalidad o comportamientos de su cultura? ¿por qué?

En resumen

Gramática

1. Preterit and Imperfect: Background and foreground

The preterit is used to indicate that the speaker visualizes the action or state as completed during the selected time period. The use of the imperfect implies that the speaker sees that action or state as ongoing, in progress, repetitive, or incomplete. Hence, the imperfect is often (but not always!) associated with background information, whereas the preterit is frequently associated with foregrounded actions. In other words, the same action can be marked with either preterit or imperfect depending on the (narrative) perspective that the speaker chooses to use.

2. Personal *a* with animate direct objects

When the direct object in Spanish is animate and human, it is marked by placing an **a** (the personal **a**) before it.

Example: Juan ve **a Pablo**.

3. *Hace* + (time) + *que* + verb in the present or past

a. *Hace* + (time) + *que* + verb in the present tense

Hace used with an expression of time (**un día, tres años, dos minutos,** etc.) and a verb in the present tense expresses the duration of an activity.

Hace un año que ella **vive** en Chile.

b. *Hace* + (time) + *que* + verb in the preterit

Hace used with an expression of time and a verb in the preterit means "ago" in English.

Hace un año que ella **llegó** a Chile.

Vocabulario

Sustantivos relacionados con los viajes

la aduana	*customs*
la agencia de viajes	*travel agency*
el apartahotel	*apartment + hotel*
los atractivos turísticos	*tourist attractions*
el autobús/el micro/ el bus/el ómnibus	*bus*
el auxiliar de vuelo	*flight attendant*
la avería	*breakdown*
el boleto de ida	*one-way ticket*
el boleto de ida y vuelta	*round-trip ticket*
el carro/el coche/el auto	*car*
la clase económica/turista	*coach*
el clima	*weather*
el comportamiento	*behavior*
al contado	*cash*
la expectativa de vida	*life expectancy*
la facturación	*checking in*
la fecha	*date*
los gastos	*expenses*
la habitación	*room*
el hospedaje/alojamiento	*lodging*
el huésped	*guest*
la línea aérea	*airline*
las maletas	*suitcases (luggage)*
la moneda	*coin or currency*
el paisaje	*landscape*
el pasaje o boleto	*ticket*
el precio	*cost*
la reserva	*reservation*
el retraso	*delay*
el servicio de lavandería	*laundry services*
la tarjeta de crédito	*credit card*
el transporte	*transportation*
el transporte gratis	*free transportation*
la ventanilla de tren	*train window*
el viaje de negocios	*business trip*
el viaje de placer	*vacation trip*

Sustantivos relacionados con la casa y la vivienda

el ático	*attic*
el baño	*bathroom*
la cocina	*kitchen*
el comedor	*dining room*
el dormitorio	*bedroom*
el/la empleado/a doméstica	*maid*
el estudio	*study*
el jardín	*garden/yard*
el living/la sala	*living room*
el pasillo	*hallway*
el patio	*patio*
la planta baja	*ground floor*
el sótano	*basement*

Adjetivos relacionados con los viajes

aburrido/a	*boring*
barato	*cheap*
cómodo/a	*comfortable*
lento/a	*slow*
rápido/a	*fast*
(precio) razonable	*(price) reasonable*
relajante	*relaxing*

Verbos relacionados con los viajes

abrocharse el cinturón	*to fasten the seat belts*
aterrizar	*to land*
despegar, decolar	*to take off*
facturar el equipaje	*to check in luggage*
hacer cola	*to wait in line*
hacer una consulta	*to consult*
hacer una reserva	*to make a reservation*
hospedarse, alojarse	*to lodge, rent a room*
pagar	*to pay*
pasar (tiempo)	*to spend (time)*
recoger las maletas	*to pick up luggage*
salir de vacaciones	*to go on vacation*
viajar	*to travel*

Otros verbos

agradecer	*to thank*
enfatizar	*to emphasize*
estar seguro/a	*to be sure*
grabar	*to record*
promocionar	*to promote*
reaccionar	*to react*
repasar	*to review*
tranquilizar	*to calm down*

10 La comida y la dieta

Vocabulario en contexto

- La comida y la dieta

Intercambios comunicativos
- Pedir y dar ayuda
- Pedir, dar y negar ayuda

Enfoque cultural

- Ecuador y Perú

Gramática en contexto

- Formal commands
- Direct and indirect objects together

Integración comunicativa

- Platos y recetas típicas
- Reglas de etiqueta

Comparaciones culturales

- El indigenismo andino
- Leyenda popular: "La quenita"

Diferencias dialectales

- Diferencias de vocabulario
- La **b** y la **v**

Video: Las impresiones de Guadalupe

En resumen

Note
These exploratory activities preview some of the major topics covered in the chapter. They do not require right answers. If students do not offer options, volunteer one or two and move on. After you finish the chapter, ask students to do these activities again to give them a sense of progress as, most likely, they'll do better at the end of the chapter.

Vocabulario en contexto
Ask students to think of other words that could be associated to the main word in the box. After you complete the chapter, come back to this page and ask them to mention as many words as they can remember (without consulting notes).

Gramática en contexto
Ask students to fill in the empty spaces in this text. Do they notice any particular structure that differs substantially from English?

Comparaciones culturales
Ask students to add a few more entries to the lists.

Vocabulario en contexto

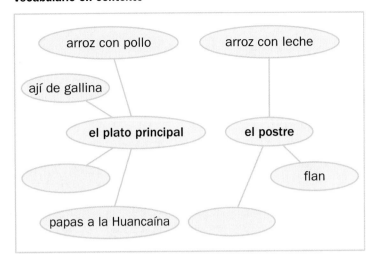

Gramática en contexto

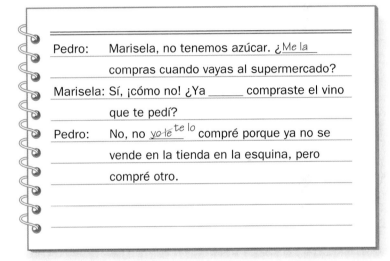

Pedro: Marisela, no tenemos azúcar. ¿Me la compras cuando vayas al supermercado?

Marisela: Sí, ¡cómo no! ¿Ya _____ compraste el vino que te pedí?

Pedro: No, no yo te te lo compré porque ya no se vende en la tienda en la esquina, pero compré otro.

Comparaciones culturales

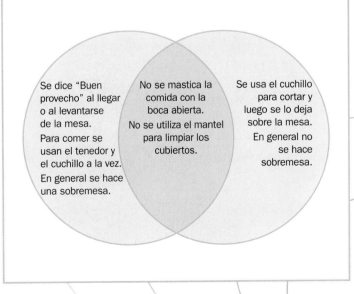

Se dice "Buen provecho" al llegar o al levantarse de la mesa.
Para comer se usan el tenedor y el cuchillo a la vez.
En general se hace una sobremesa.

No se mastica la comida con la boca abierta.
No se utiliza el mantel para limpiar los cubiertos.

Se usa el cuchillo para cortar y luego se lo deja sobre la mesa.
En general no se hace sobremesa.

Vocabulario en contexto

10-1. Los grupos alimentarios

Paso 1. Seis de los dibujos siguientes tienen rótulos (*labels*) que no corresponden a los alimentos representados. Identifica y corrige los errores.

aceite vegetal

aceite de oliva

arroz

avena

cacahuate/maní

aves (pollo, gallina)

azúcar

carne de res

limón

frijoles

huevos

lechuga

lentejas

garbanzos

fresas

leche

maíz

mantequilla

margarina

crema de leche

miel

tomate

pasta

pan

pepino

pescado

pimientos rojos y verdes

plátano

queso

sandía

manzana

harina de trigo

uvas

yogur

ajíes

Paso 2. Clasifica los alimentos del dibujo anterior según la categoría a la que pertenecen.

CARNES	PESCADOS Y MARISCOS	VERDURAS	FRUTAS	LEGUMBRES	LÁCTEOS	CEREALES	ACEITES, GRASAS Y AZÚCAR
aves	____	lechuga	____	frijoles	leche	____	margarina
____	____	____	____	____	____	____	____
____	____	____	____	____	____	____	____
____	____	____	____	____	____	____	____
____	____	____	____	____	____	____	____
____	____	____	____	____	____	____	____

Paso 3. ❷ Escribe una descripción muy breve de tres alimentos representados en los dibujos. Luego, lee la descripción de cada alimento a tu compañero/a quien debe decir el nombre del alimento que se describe.

MODELO: E1: Es una fruta roja, muy buena para la salud.
E2: La manzana.

10-2. Los gustos y la comida

Paso 1. Completa esta encuesta sobre tus preferencias gastronómicas y las de tus amigos/as y familiares.

1. Para el desayuno, me gusta comer/tomar _____
2. A mi padre/madre le gusta mucho comer _____
3. A mi mejor amigo/a le gusta/n _____
4. Cuando salgo a cenar con mis amigos/as, me gusta pedir _____
5. A mis abuelos les encanta comer _____
6. No me gusta nada comer _____

Paso 2. ❷ Entrevista a un/a compañero/a y hazle las preguntas del Paso 1. Anota sus respuestas.

MODELO: E1: ¿Qué te gusta comer o tomar para el desayuno?
E2: Me gusta mucho tomar café con tostadas y mermelada.

Paso 3. Compara tus respuestas con las de tu compañero/a y completa dos de estas afirmaciones con la información apropiada.

Me sorprendió su respuesta a la/s pregunta/s _____ porque. . .
Me parece muy típica su respuesta a la/s pregunta/s _____ porque. . .
Me parece original su respuesta a la/s pregunta/s _____ porque. . .

10-3. ¿Cómo es tu dieta?

Paso 1. Escribe debajo de cada grupo alimentario los nombres de los alimentos que normalmente incluyes en tu dieta diaria y el número de porciones que comes.

	CARNES	PESCADOS Y MARISCOS	VERDURAS	FRUTAS	LEGUMBRES	LÁCTEOS	CEREALES	ACEITES, GRASAS Y AZÚCAR
Alimento	____	____	____	____	____	____	____	____
Porciones	____	____	____	____	____	____	____	____

Answers 10-1, Paso 2

Carnes: aves, carne de res, huevos; **Pescados y mariscos:** pescado; **Verduras:** lechuga, pepino, pimientos rojos y verdes, ajíes, tomates; **Frutas:** fresas, limón, manzanas, plátano, sandía, uvas; **Legumbres:** frijoles, garbanzos, cacahuates, lentejas; **Lácteos:** leche, queso, yogur, crema de leche, mantequilla; **Cereales:** avena, maíz, pan, harina de trigo, pasta, arroz; **Aceites, grasas y azúcar:** aceite vegetal, aceite de oliva, azúcar, miel, margarina

Suggestion 10-2, Paso 1

Tell students to review all food-related vocabulary from previous chapters before doing this activity.

Paso 2. ¿Quieres saber si tu dieta es equilibrada? Lee el siguiente pasaje y compara las recomendaciones que da el artículo con tus respuestas en el Paso 1.

¿Cómo hacer una dieta equilibrada?

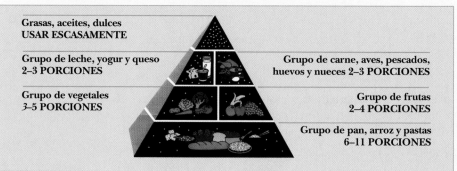

Grasas, aceites, dulces
USAR ESCASAMENTE

Grupo de leche, yogur y queso
2–3 PORCIONES

Grupo de carne, aves, pescados, huevos y nueces 2–3 PORCIONES

Grupo de vegetales
3–5 PORCIONES

Grupo de frutas
2–4 PORCIONES

Grupo de pan, arroz y pastas
6–11 PORCIONES

La ayuda de un nutricionista o un profesional de la salud debidamente habilitado es indispensable para la adecuación de su dieta. Este artículo no tiene por objeto sustituir al profesional de la salud, quien es el responsable de recomendarle una dieta. En la actualidad, los organismos internacionales recomiendan el uso de la pirámide de alimentos para ayudar a sustituir los alimentos y ofrecer una educación nutricional. Así pues, una dieta adecuada debe estar compuesta diariamente por:

1. Cereales (trigo, arroz, cebada,[1] avena,[2] maíz, pan y pastas): De 6 a 11 porciones. Siempre que sea posible, se recomienda el uso de cereales integrales por su mayor concentración de vitaminas, minerales y fibras.

2. Verduras (de todos tipos y colores): De 3 a 5 porciones. En cada comida trate de consumir una verdura blanca/verde y una amarilla/roja.

3. Fruta: De 2 a 4 porciones.

4. Leche y sus derivados (queso, yogur, leche cuajada, fermentada, deshidratada, condensada, etc.): De 2 a 3 porciones.

5. Carnes y legumbres (carnes, aves, pescado, huevos, frijoles, lentejas, garbanzos): De 2 a 3 porciones. Nunca coma carne cruda o mal cocida.

6. Grasas, aceites y azúcar (aceites, aceite de oliva, mantequilla, margarina, crema de leche, azúcar, miel): consumir pequeñas cantidades por día.

Cuanto mayor sea la variedad de alimentos que ingiera, mayor será la variedad de nutrientes. Sobre todo en lo que respecta a verduras y frutas, cuanto más variadas sean, mayor será la diversidad de vitaminas y minerales que estará consumiendo. La proporción entre los distintos grupos se podrá modificar de acuerdo con su estado nutricional y de salud, y según el criterio del profesional que lo asista. Los alimentos con energía vacía, o sea, los alimentos que no contienen proteínas, vitaminas o minerales, sólo poseen la energía proveniente del azúcar. Sustituya caramelos,[3] refrescos,[4] bebidas alcohólicas, azúcar común, gelatina artificial,[5] etc. por alimentos más equilibrados como los de la pirámide. ■

[1] barley [2] oats [3] candies [4] sodas [5] Jell-O

Paso 3. Indica con una cruz (X) en la tabla si consumes poca cantidad, la cantidad apropiada o demasiada cantidad de cada grupo alimentario.

	POCA CANTIDAD	CANTIDAD APROPIADA	DEMASIADA CANTIDAD
lácteos	⎯⎯⎯	⎯⎯⎯	⎯⎯⎯
grasas, aceites y azúcares	⎯⎯⎯	⎯⎯⎯	⎯⎯⎯
carnes, aves, pescado, huevos y legumbres	⎯⎯⎯	⎯⎯⎯	⎯⎯⎯
verduras	⎯⎯⎯	⎯⎯⎯	⎯⎯⎯
panes, cereales, arroz y pastas	⎯⎯⎯	⎯⎯⎯	⎯⎯⎯
frutas	⎯⎯⎯	⎯⎯⎯	⎯⎯⎯

Paso 4. ❷ Intercambia tus respuestas anteriores con las de un/a compañero/a. Analiza las respuestas de tu compañero/a y hazle recomendaciones para una dieta saludable.

MODELO: Debes cambiar tu dieta. Necesitas consumir más/menos productos del grupo/de los grupos. . .

10-4. ¿Tienes buenos hábitos alimentarios?

Paso 1. Completa la siguiente encuesta para averiguar si tienes buenos hábitos alimentarios. Haz un círculo en la opción correspondiente para cada caso.

SÍ   NO   1. Como cada día alimentos ricos en fibra, como pan integral o cereales, fruta fresca o verduras crudas o poco cocidas, pasta o arroz integral.

Cuando cocino. . .
SÍ   NO   2. quito toda la grasa visible de la carne y la piel del pollo.
SÍ   NO   3. preparo la carne al horno o a la plancha.
SÍ   NO   4. utilizo aceite de oliva o aceite vegetal para freír.
SÍ   NO   5. preparo las ensaladas con jugo de limón y/o aderezos que tengan poca grasa.

Cuando voy al supermercado, compro. . .
SÍ   NO   6. productos frescos en lugar de procesados.
SÍ   NO   7. productos envasados a los que no se ha añadido sal ni azúcar.
SÍ   NO   8. conservas de pescado preparadas con agua, no con aceite.
SÍ   NO   9. productos lácteos de bajo contenido graso.
SÍ   NO   10. más pescado y pollo que carne roja, de cerdo, salchichas y otros productos procesados.

Resultados.

A. ¿Cuántos SÍ tienes? Cuenta el número y multiplícalo por 1.

B. ¿Cuántos NO tienes? Cuenta el número y multiplícalo por 2.

C. Suma los resultados de A y B.

Si el número que obtienes es:

      10: Tus hábitos son muy buenos.

  11–15: Tus hábitos son bastante buenos.

  16–20: Tus hábitos no son muy saludables; necesitas cambiar muchos de ellos.

Paso 2. **G** Comparte tus resultados con la clase y determinen entre todos qué porcentaje de estudiantes tiene buenos hábitos.

	PORCENTAJE
hábitos muy buenos	_____ %
hábitos bastante buenos	_____ %
hábitos no saludables	_____ %

Paso 3. **G** Por último, en grupo, determinen cuáles son las cinco afirmaciones del Paso 1 a las que la mayoría de la clase respondió "no". ¿Son estos hábitos típicos de los estudiantes o de la mayoría de los estadounidenses? ¿Por qué? Compartan sus comentarios con la clase.

10-5. ¿Qué bebidas prefieres?

Paso 1. Pon estas bebidas en orden de preferencia (1: la que más te gusta, 10: la que menos te gusta).

_____ el vino

_____ la leche

_____ el jugo de frutas

_____ el agua

_____ el café

_____ el té

_____ el champán

_____ el refresco

_____ la cerveza

_____ el chocolate

Paso 2. **2** A continuación, escribe el nombre de la(s) bebida(s) que prefieres tomar en cada una de las situaciones siguientes.

1. en una fiesta con los amigos _____
2. en una fiesta con la familia _____
3. con el desayuno _____
4. con el almuerzo _____
5. con la cena _____
6. en una barbacoa _____

Paso 3. Ⓖ Prepara ahora preguntas orales para entrevistar a varios/as compañeros/as. **Reglas**: (1) No puedes mostrar tu papel/libro al hacer la pregunta; (2) No puedes hacer dos preguntas seguidas a la misma persona.

MODELO: E1: ¿Bebes leche en el almuerzo?
            E2: Sí, bebo dos o tres vasos.

10-6. ¡A poner la mesa!

Paso 1. ⒶⒷ Observa por unos minutos la mesa del dibujo A. Tu compañero/a va a observar el dibujo B de la misma escena. Las dos mesas son de un restaurante y tienen cuatro servicios, pero a cada una le faltan algunas piezas. Intercambia información con tu compañero/a para poder acabar de poner la mesa. No mires su dibujo.

MODELO: E1: Mi servicio 1 tiene dos platos, un tenedor, un cuchillo, una cuchara, una cucharilla, una copa, una servilleta y un servicio de café. ¿Qué falta?
            E2: Falta una cuchara.

Ⓐ

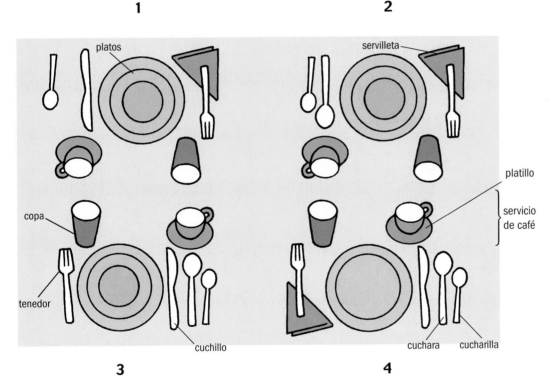

Ⓑ Information for student B, p. 530

Paso 2. ❷ En varios papelitos escribe el nombre o dibuja cada pieza de un servicio de mesa. Dale instrucciones a tu compañero/a para que coloque las piezas en el orden y en el lugar que tú le indicas.

MODELO: E1: Pon el plato en la mesa.
            E1: Bien. Ahora, pon el tenedor a la izquierda del plato.
            E1: No, ahí está a la derecha del plato.

Audioscript 10-7, Paso 1

El plato que vamos a presentar hoy se llama ají de gallina. Es un plato que se sirve como plato principal y es típico de la región de Lima en el Perú. La receta que vamos a compartir con ustedes lleva las cantidades necesarias para servir a seis personas. Los ingredientes que lleva este plato son: 1 gallina, 4 cucharadas de aceite, 1 cebolla picada, 1 diente de ajo picado, 6 ajíes verdes picados, 4 tajadas de pan de molde, 100 gramos de nueces peladas, 1 cucharada de queso rallado, 1 lata de leche evaporada, 6 papas amarillas cocinadas, 6 huevos duros, sal y pimienta.

Answers 10-7, Paso 1

Plato principal; Región: Lima; Número de porciones: seis; Incomplete ingredients: aceite, ajo, queso y 6 huevos

Audioscript 10-7, Paso 2

El modo de preparación es el siguiente: Primero se corta la gallina, se pone en una olla con **agua y sal** y se cocina hasta que esté tierna. Se retira de la olla, se desecha la piel y huesos y se desmenuza. Se **reserva** el caldo.

Luego se calienta el aceite en una **olla** al fuego y se rehoga la cebolla junto con el ajo y los ajíes, todo finamente picado. Se sazona con sal y pimienta al gusto y se cocina hasta que todo esté tierno.

Mientras tanto se quita la corteza de las tajadas de pan de molde, se desmenuza la miga y se la humedece ligeramente con un poco de **caldo de gallina reservado**. Se pone en una sartén y se fríe con las hortalizas durante 10 minutos.

Finalmente, se añaden **las nueces** a la olla junto con la gallina desmenuzada y el queso rallado y se rehoga todo junto durante unos 10 minutos. Se rocía con la leche, se revuelve todo bien y se sirve con las papas y **los huevos**, decorando al gusto.

Answers 10-7, Paso 2

Underlined words should be: aceite, se tira, sartén, leche evaporada, huevos, nueces.

10-7. Una receta típica

Paso 1. `AUDIO` Vas a escuchar a un famoso cocinero explicar cómo se prepara un plato típico peruano. Primero, escucha la explicación sobre las características de la receta y de los ingredientes que lleva y luego completa la ficha de la receta con la información que falta.

Ficha de receta

Nombre del plato: *Ají de gallina*

Plato: _____ *Entrada* _____ *Plato Principal* _____ *Postre*

Región: _____

País: *Perú*

Número de porciones: _____

INGREDIENTES:

1 gallina	100 gr. de nueces[2] peladas[3]
4 cucharadas de _____	1 cucharada de _____ rallado[4]
1 cebolla picada	1 lata de leche evaporada
1 diente de_____ picado[1]	6 papas amarillas cocinadas
6 ajíes verdes picados	6 _____ duros
4 tajadas de pan de molde	sal y pimienta

[1]*minced*   [2]*walnuts* [3]*peeled* [4]*grated*

Paso 2. `AUDIO` En la siguiente transcripción de la receta de ají de gallina hay seis errores. Escucha la explicación del cocinero y trata de identificar los errores. Subráyalos en el texto.

Preparación

Primero se corta la gallina, se pone en una olla con aceite y se cocina hasta que esté tierna (*tender*). Se retira de la olla, se desecha la piel y huesos (*bones*) y se desmenuza. Se tira el caldo (*broth*). Luego se calienta el aceite en una sartén al fuego y se rehoga la cebolla junto con el ajo y los ajíes, todo finamente picado. Se sazona con sal y pimienta al gusto y se cocina hasta que todo esté tierno. Mientras tanto se quita (*remove*) la corteza (*crust*) de las tajadas de pan de molde, se desmenuza la miga (*soft part of bread*) y se la humedece ligeramente con un poco de leche evaporada. Se pone en una sartén y se fríe con las hortalizas (*vegetables*) durante 10 minutos. Finalmente, se añaden los huevos a la olla junto con la gallina desmenuzada y el queso rallado y se rehoga todo junto durante unos 10 minutos. Se rocía con la leche, se revuelve todo bien y se sirve con las papas y las nueces, decorando al gusto.

Paso 3. AUDIO Escucha de nuevo al cocinero y anota el error y la información correcta en esta tabla.

ERROR	INFORMACIÓN CORRECTA
1. _____	_____
2. _____	_____
3. _____	_____
4. _____	_____
5. _____	_____
6. _____	_____

Paso 4. ❷ Por último, con un/a compañero/a empareja los verbos que están en forma impersonal con cada una de las explicaciones. Usen el contexto de "Preparación" del Paso 2.

EXPLICACIÓN	FORMA IMPERSONAL
a. no usar en la receta; tirar a la basura	_____ se revuelve
b. cortar en pedazos muy pequeños	_____ se sazona
c. freír ligeramente durante unos pocos minutos	_____ se desecha
d. añadir ciertas especias	_b_ se desmenuza
e. hacer que algo absorba un poco de líquido	_____ se rocía
f. echar líquido por encima	_____ se humedece
g. darle vueltas a la comida o bebida con una cuchara o cucharón	_c_ se rehoga

Intercambios comunicativos

Expresiones que se usan para pedir, dar o negar ayuda

Para pedir ayuda

Necesito tu ayuda.	*I need your help.*
¿Me puedes/podrías ayudar?	*Can/Could you help me?*
Estoy desesperado/a, ¿me puedes dar un consejo?	*I'm desperate, can I get your advice?*
¿Te/Le molestaría ayudarme?	*Would you mind helping me?*
¿Te/Le importaría ayudarme?	*Would you mind helping me?*
¿Me puedes dar/echar una mano?	*Can you give me a hand?*

Para dar ayuda

¡Claro, cómo no!	*Yes, of course!*
¡Claro, no hay problema!	*Of course, no problem!*
¡Cómo no!	*Of course!*
¡Pero claro!	*Of course!*
¡Por supuesto!	*Of course!*

Para negar ayuda

Lo siento, ahora no puedo.	*I am sorry, but I can't right now.*
Lo siento, pero no me es posible.	*I am sorry, but it's not possible for me.*
Me gustaría poder ayudarte pero no puedo.	*I'd like to be able to help you, but I can't.*

10-8. ¿Te importaría ayudarnos?

Paso 1. VIDEO Guadalupe y Jordi están cenando en un restaurante. Allí se encuentran con Consuelo quien trabaja como mesera. Guadalupe y Jordi le piden ayuda a Consuelo en dos ocasiones. ¿Cuáles de los siguientes pedidos crees que son los más probables?

1. _____ Ayuda porque no conocen todos los platos del menú.
2. _____ Instrucciones para llegar al teatro.
3. _____ La receta de un plato típico de Colombia.
4. _____ Un buen precio para el festival de comida hispana de la emisora de radio.
5. _____ Saber qué cursos está tomando Connie.
6. _____ Dinero para pagar la cuenta del restaurante.

Paso 2. Analiza las siguientes situaciones en las que Guadalupe pide ayuda. Observa la reacción de Consuelo y escribe una respuesta posible de acuerdo con esa reacción física.

Situación 1:

GUADALUPE: Connie nos puede ayudar también. ¿Te molestaría ayudarnos, Connie?
CONSUELO: _____

Situación 2:

GUADALUPE: . . . Oye. Tal vez Connie nos puede ayudar a hablar con el dueño, a ver si nos da un buen precio. ¿Te molestaría?
CONSUELO: _____

Paso 3. Completa la conversación de acuerdo con la descripción entre paréntesis.

GUADALUPE: . . . Oye. Tal vez Connie nos puede ayudar a hablar con el dueño a ver si nos da un buen precio. ¿Te molestaría?

CONSUELO: _____

(*Responde que no puede ayudarlos porque está muy ocupada.*)

GUADALUPE: _____

(*Le dice que no se preocupe.*)

CONSUELO: _____

(*Como alternativa les dice que puede pedirle al dueño que venga a hablar con ellos.*)

Paso 4. Finalmente, mira la parte del video en que ocurre esta escena y escribe lo que realmente dicen Guadalupe y Consuelo.

Paso 5. ¿Pueden pensar en alguna situación en que no puedan ayudar a alguien cuando pide ayuda? ¿Cómo dirían que no? ¿Cómo hacen para demostrar que no es por mala voluntad (*ill will*)? Escriban un diálogo corto para describir la situación.

Answers 10-8, Paso 4

Consuelo: *Pues, me gustaría poder ayudarlos, lo que pasa es que estoy muy ocupada, faltaron dos meseros.* **Guadalupe:** *¡Ay! No te preocupes. Está bien.* **Consuelo:** *Pero le puedo decir al dueño que se dé una pasadita por aquí para que hable con ustedes.*

ENFOQUE CULTURAL

10-9. Ecuador y Perú

Paso 1. ¿Cuánto sabes de Ecuador y Perú? Escribe una **E** (Ecuador) o una **P** (Perú) junto a la oración que describe a cada país o escribe **E/P** si describe a los dos países a la vez.

Answers 10-9, Paso 1

1. P, 2. E, 3. E/P, 4. E/P, 5. E, 6. P, 7. P, 8. E, 9. E, 10. P, 11. P, 12. E

1. _____ Está más cerca de Bolivia.
2. _____ Está más cerca de Colombia.
3. _____ Al oeste de su territorio está la costa.
4. _____ Al este de su territorio está la selva.
5. _____ Su capital es Quito.
6. _____ Su capital es Lima.
7. _____ Su capital está sobre la costa a nivel del mar.
8. _____ Su capital está en un valle situado a 2.850 metros de altura.
9. _____ Su destino turístico más importante es las Islas Galápagos.
10. _____ Su destino turístico más importante es la ciudad de Cuzco/Cusco.
11. _____ Tiene mucha gente que habla quechua y aymará.
12. _____ Tiene mucha gente que habla quichua.

Paso 2. Para verificar las respuestas del Paso 1, lee el siguiente párrafo y subraya las frases u oraciones donde se menciona la respuesta correcta.

Perú y Ecuador se encuentran en la costa oeste de Sudamérica. La geografía de los dos países se asemeja mucho. Por ejemplo, en ambos países hay costa en el oeste, montañas en el centro y selva en el este. Es de destacar que ambos países tienen una riqueza ecológica increíble. Ecuador es el país más pequeño de los dos y, a pesar de ser 34 veces más pequeño que Estados Unidos, tiene más especies de plantas (más de 25.000) y pájaros (más de 1.500) que todo el territorio estadounidense.

Ecuador está entre Colombia (al norte) y Perú (al sur). La capital de Ecuador es Quito, que se encuentra situada en uno de los valles andinos a gran altura sobre el nivel del mar. En cambio, la capital de Perú, Lima, está sobre la costa. Los dos países poseen destinos turísticos importantes de gran valor histórico. En Perú la máxima atracción histórica es la ciudad de Cuzco, que hasta la llegada del conquistador Pizarro fue el centro del imperio incaico. Por su parte, Ecuador atrae a una gran masa de turistas que están interesados en visitar las Islas Galápagos donde Darwin hizo muchos de sus estudios.

El territorio de ambos países perteneció al imperio incaico. A pesar de que Cuzco era el centro del imperio, los incas gobernaron el territorio de Ecuador también. En efecto, a mediados del siglo XV, los incas iniciaron desde Cuzco la conquista de la región que hoy es Ecuador. Después de la muerte del Inca Huayna Capac, se construyó un camino entre Cuzco y Quito, y sus hijos gobernaron el imperio: Huáscar desde Cuzco y Atahualpa desde Quito. Pero, en el momento de la llegada del conquistador Pizarro, los dos hermanos estaban en guerra. La muerte de Atahualpa a manos de Pizarro marcó el fin del imperio inca.

Ambos países tienen una población muy variada a causa de varias olas inmigratorias, pero en los dos países hay también importantes poblaciones indígenas. En Perú la mayoría de la población indígena es descendiente de los incas y habla el quechua, pero también se habla aymará. En Ecuador se habla otra variante del quechua, que se llama quichua.

Answers 10-9, Paso 2

. . . en la costa oeste de Sudamérica; en ambos países hay costa en el oeste, montañas en el centro y selva en el este; Ecuador está entre Colombia (al norte) y Perú (al sur). La capital de Ecuador es Quito, que se encuentra situada en uno de los valles andinos a gran altura. . . ; la capital de Perú, Lima, está sobre la costa; En Perú la máxima atracción histórica es la ciudad de Cuzco; Ecuador atrae a una gran masa de turistas que están interesados en visitar las islas Galápagos; y habla el quechua, pero también se habla aymará. En Ecuador se habla otra variante del quechua, que se llama quichua.

Answers 10-9, Paso 3

Perú, Ecuador, Quito, Lima, Cuzco, las Islas Galápagos

Paso 3. Escribe los nombres de los lugares que están marcados en este mapa basándote en la información del texto anterior.

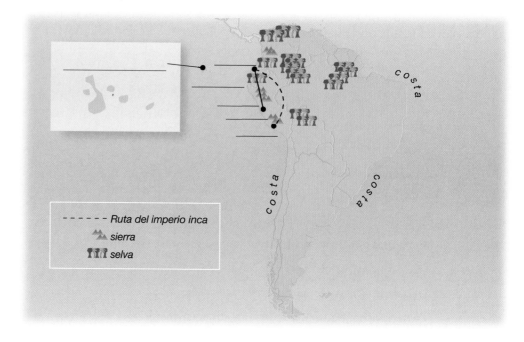

riteull

Gramática en contexto

I. Formal commands

Gramática

Unlike English, there are two forms of commands (or imperatives) in Spanish: the informal command (Chapter 6), which is used with people you know well—family and friends—and the formal command, which is used with people you are not on familiar terms with, adult people, or people belonging to a higher social status or position. Social roles of people determine whether the formal or informal command is used, in the same way that they determine in English the use of *Sir*, *Madam*, *Doctor*, etc. The formal command is used when we want to ask something of one or more persons. It is usually accompanied by **por favor** for politeness.

Abra la ventana, por favor.   *Open the window, please.*

The formal command is also used to give directions or instructions.

Si quiere bajar de peso, coma más frutas y verduras.   *If you want to lose weight, eat more fruits and vegetables.*

10-10. ¡La receta más fácil!

Paso 1. Estudia la siguiente tabla y completa las reglas para explicar el proceso de formación del imperativo o mandato formal.

INFINITIVO	PRESENTE (YO)	MANDATOS AFIRMATIVOS SINGULAR	MANDATOS AFIRMATIVOS PLURAL	MANDATOS AFIRMATIVOS CON PRONOMBRES
preparar	preparo	prepare	preparen	prepárela
comer	como	coma	coman	cómalas
decir	digo	diga	digan	dígalo

Reglas para la formación del imperativo formal

1. Se toma la primera persona _____ (singular/plural) del _____ (presente/pasado) del indicativo (por ejemplo, [yo] **digo**).
2. Se le quita la _____ (primera/última) _____ (consonante/vocal): **dig-**.
3. A los verbos que terminan en _____ (**-ar/-er/-ir**) se les añade **-e** y a los verbos que terminan en _____ (**-ar/-er/-ir**) se les añade **-a**.
4. Para formar el plural se añade una _____ (**s/n**) a la forma singular.
5. Los pronombres de objeto directo e indirecto van _____ (antes/después) del mandato en forma afirmativa.

Paso 2. A continuación, estudia la siguiente tabla e indica si las reglas siguientes sobre la forma negativa del mandato formal son ciertas (C) o falsas (F). Da un ejemplo para cada una.

INFINITIVO	MANDATO		MANDATO CON PRONOMBRES	
	AFIRMATIVO	NEGATIVO	AFIRMATIVO	NEGATIVO
preparar	prepare	no prepare	prepáremela	no me la prepare
comer	coma	no coma	cómalas	no las coma
decir	diga	no diga	dígalo	no lo diga

REGLAS:

1. _____ La forma negativa del mandato formal es igual a la forma afirmativa.
2. _____ Los pronombres de objeto indirecto y de objeto directo preceden a la forma afirmativa del mandato formal.
3. _____ Los pronombres de objeto indirecto y de objeto directo preceden a la forma negativa del mandato formal.

Paso 3. En la primera columna de la siguiente tabla hay algunas de las formas impersonales que se encuentran en la receta de 10-7. Escribe el infinitivo del verbo en la segunda columna y la primera persona del singular en la tercera columna. En la cuarta columna, escribe la forma de mandato formal afirmativa. NOTA: El mandato formal se puede usar en la descripción de las recetas con la misma función que la forma impersonal.

IMPERSONAL	INFINITIVO	PRIMERA PERSONA	MANDATO FORMAL
se corta	*cortar*	*corto*	*corte*
se pone	*poner*		
se cocina			
se retira			
se tira			
se calienta			
se quita			
se fríe	*freír*		
se añade			
se revuelve			
se sirve			

Paso 4. 🇬 Escribe los pasos para la receta de cocina más fácil que conozcas. Después, lee tu receta a la clase. Los/as demás compañeros/as deben adivinar de qué receta se trata.

MODELO: E1: Ponga una salchicha en el microondas durante uno a dos minutos más o menos. Después, póngala en un pan. Añada salsa de tomate y mostaza, ¿qué es?
E2: ¿Es un perrito caliente?
E1: Sí. ¡Cierto!

Paso 5. 🇬 Después de escuchar todas las recetas, decidan entre todos cuál fue la más original, la más popular y la más extraña.

10-11. Papeles sociales

Paso 1. Mira la siguiente tabla y decide si la persona identificada en la primera columna debe usar un mandato formal o uno informal para dirigirse a la persona en la segunda columna.

¿QUIÉN?	¿A QUIÉN?	MANDATO
1. Un estudiante de la universidad	a su profesor de artes culinarias	*formal*
2. Un profesor de artes culinarias	a Marcos, un estudiante suyo	_____
3. Una hija	a su madre	_____
4. Una cocinera	a otro cocinero	_____
5. Un cliente	a un mesero	_____
6. Un mesero	a un cliente	_____
7. Un niño	a una niña	_____
8. Tu jefe en el trabajo	a ti	_____

Cultura

In some Hispanic families, children use formal address with their parents and/or grandparents, while in others informal address may be more acceptable.

Paso 2. Los siguientes pares de expresiones imperativas corresponden a conversaciones de las personas del Paso anterior. Decide quién habla y cuál es la expresión (**a** o **b**) más adecuada para cada caso.

1. a. _____ Profesor, por favor **dígame** si preparé bien este plato.
   b. _____ Profesor, por favor **dime** si preparé bien este plato.
2. a. _____ Marcos, **añada** los huevos antes que las papas.
   b. _____ Marcos, **añade** los huevos antes que las papas.
3. a. _____ Mamá, si va al mercado **cómpreme** una sartén nueva.
   b. _____ Mamá, si vas al mercado **cómprame** una sartén nueva.
4. a. _____ No **vaya** a ese mercado; la fruta es más fresca en el otro.
   b. _____ No **vayas** a ese mercado; la fruta es más fresca en el otro.
5. a. _____ **Traiga** dos platos de arroz con pollo, por favor.
   b. _____ **Trae** dos platos de arroz con pollo.
6. a. _____ Si le gusta el ajo, le recomiendo que **pida** la sopa de ajo.
   b. _____ Si te gusta el ajo, **pide** la sopa de ajo.
7. a. _____ **Déme** un vaso de leche, por favor.
   b. _____ **Dame** un vaso de leche, por favor.
8. a. _____ **Termine** todo pronto.
   b. _____ **Termina** todo pronto.

Paso 3. ❷ Piensa en tres parejas de personas con roles sociales diferentes a los mencionados en el Paso 1. Luego, pregúntale a un/a compañero/a si esas personas deben usar imperativos formales o informales cuando hablan entre sí.

II. Direct and indirect objects together

10-12. Te la traigo enseguida

Paso 1. Lee las conversaciones siguientes e indica cuál es el pronombre de objeto directo y cuál el de indirecto. Luego di a qué o a quién se refiere cada pronombre.

MODELO:

ANA: Mario, tengo que recoger un pedido de comida a las 7 pero no puedo ir.

MARIO: No te preocupes. Yo **te lo** voy a recoger.

> **Te** es el pronombre de objeto **indirecto** y se refiere a **Ana.**
> **Lo** es el pronombre de objeto _____ y se refiere al _____.

DEPENDIENTE: Buenos días Mario, ¿qué desea?

MARIO: Buenos días. Vengo a recoger la comida que Ana encargó por teléfono.

DEPENDIENTE: Ah, sí. Casi está lista. **Se la** están preparando ahora mismo.

Se es _____

La es _____

Gramática

As is the case in English, indirect and direct object pronouns (_pronombres de objeto indirecto y de objeto directo_) are used in place of the nouns they refer to when the latter are obvious from the linguistic or extralinguistic context.

ANA: A Luis le encantó el arroz con leche.	_Luis loved the rice pudding._
BEATRIZ: ¿**Se lo** preparaste tú?	_Did you prepare it for him?_
ALMA: ¿Le pido la cuenta al camarero?	_Do I ask the waiter for the bill?_
BERTO: Sí, píde**sela,** por favor.	_Yes, ask him for it, please._

Paso 2. Marisela y Pedro están hablando de las preparaciones para una fiesta. Completa la conversación con los pronombres apropiados de la tabla siguiente según el contexto.

OBJETO INDIRECTO	OBJETO DIRECTO	OBJETO INDIRECTO	OBJETO DIRECTO
me (_to/for me_)	**lo** (_it—masculine_)	**nos** (_to/for us_)	**las** (_them—feminine_)
te (_to/for you_)	**la** (_it—feminine_)	**os** (_to/for you plural, Spain_)	
le/se (_to/for him/her_)	**los** (_them—masculine_)	**le/se** (_to/for you all_)	

PEDRO: Marisela, me hace falta azúcar. ¿_____ _____ compras cuando vayas al supermercado hoy?

MARISELA: Sí, ¡cómo no! ¿Ya me compraste las botellas de vino que te pedí?

PEDRO: No, no _____ _____ compré porque no hay más en la tienda de la esquina, pero compré otro. ¿Les diste a los invitados nuestro numero de teléfono?

MARISELA: Claro que _____ _____ di. ¿Sabes si tu hermana va a prepararnos su famoso flan otra vez?

PEDRO: Dijo que sí, que _____ _____ va a preparar. ¡Su flan es delicioso!

MARISELA: Debemos escribirle una postal y agradecerle su ayuda.

PEDRO: Tienes razón; yo _____ _____ escribo ahora, y también les mando unas flores a mis padres porque mañana es su aniversario.

MARISELA: ¡Qué buena idea!, pero no _____ _____ mandes de la florería Rosales. No tienen buenos precios ni una gran variedad.

PEDRO: Gracias por decír_____. ¡Ya estamos listos para la fiesta!, ¿no?

Paso 3. ❷ Estás preparando una fiesta con tu compañero/a. Cada uno/a le pidió al otro/a comprar ciertas cosas y debe verificar si el/la otro/a las compró. Primero, hagan una lista de lo que necesitan. Luego escriban un breve diálogo similar al de Marisela y Pedro.

MODELO: E1: ¿Me compraste los platos de papel?
E2: No, no te los compré, pero te los voy a comprar esta tarde.

10-13. ¿Me lo recoges, por favor?

Paso 1. Lee las siguientes reglas para saber cuándo se usan dos pronombres a la vez. Para cada regla busca ejemplos en las conversaciones que siguen.

Answers 10-13, Paso 1

*Regla 1: ¿**Se la** pongo en envase. . .?;
Regla 2: No **me la** ponga en cartón;
Regla 3: . . . pónga**mela** en plástico, por favor; Regla 4: Están preparándo**sela**; Regla 5: Yo voy a recogér**telo**.*

MODELO: REGLA: El pronombre de objeto indirecto siempre va antes del pronombre de objeto directo.

    EJEMPLO: **Yo *te lo* voy a recoger. *Te*, el objeto indirecto, va antes de *lo*, el directo.**

    REGLA 1: Los dos pronombres se colocan antes de la forma conjugada del verbo.

    EJEMPLO: _____

    REGLA 2: En los mandatos negativos, los dos pronombres se colocan antes del verbo.

    EJEMPLO: _____

    REGLA 3: En los mandatos afirmativos, los dos pronombres se colocan detrás y adheridos al verbo.

    EJEMPLO: _____

    REGLA 4: En las formas progresivas (estar + gerundio), los dos pronombres pueden colocarse detrás del gerundio, adheridos a esta forma del verbo.

    EJEMPLO: _____

    REGLA 5: En el futuro inmediato (ir + a + verbo en infinitivo) los dos pronombres pueden colocarse detrás del infinitivo, adheridos a esta forma del verbo.

    EJEMPLO: _____

ANA: Mario, hice un pedido de comida por teléfono y tengo que recogerlo a las 7 pero no puedo ir.

MARIO: No te preocupes. Yo voy a recogértelo.

Unos minutos más tarde. . .

DEPENDIENTE: Buenos días, ¿qué desea?

MARIO: Buenos días. Vengo a recoger la comida que Ana encargó por teléfono.

DEPENDIENTE: Ah, sí. Casi está lista. Están preparándosela ahora mismo. ¿Se la pongo en envase (*container*) de cartón especial o de plástico?

MARIO: No me la ponga en cartón; póngamela en plástico, por favor.

Unos minutos más tarde. . .

DEPENDIENTE: Aquí la tiene. ¡Buen provecho!

MARIO: ¡Gracias!

Paso 2. Pon atención al uso de los dos pronombres juntos en los ejemplos anteriores. ¿Cuál es la palabra que falta en esta regla?

Cuando el pronombre de objeto indirecto **le** va seguido de los pronombres de objeto directo **lo**, **la**, **los** o **las**, el pronombre **le** se transforma en _____.

INTEGRACIÓN COMUNICATIVA

10-14. ¿Cómo te gusta?

Paso 1. ❷ Con un/a compañero/a túrnense para responder a las preguntas siguientes. En los casos negativos especifica qué prefieres.

MODELO: E1: ¿Le pones azúcar al café?
E2: No, le pongo sacarina.

1. ¿Le pones salsas a la carne de barbacoa?
2. ¿Le pones aceite y vinagre a la ensalada?
3. ¿Les pones sal a las papas fritas?
4. ¿Les pones tomate y mostaza a los perritos calientes?
5. ¿Les pones mayonesa a los sándwiches?

Paso 2. Ⓖ Entrevista a otros/as dos compañeros/as y resume las preferencias de los/as tres.

MODELO: Mark y yo no le ponemos nada al café pero Tony le pone azúcar.

Paso 3. Ⓖ Comparte los resultados con la clase y escribe una breve conclusión.

Casi todos les ponen. . . a. . . pero muy pocos les ponen. . . a. . .
Algunos les ponen. . . a. . .
Pienso que se lo/la ponen porque. . .
Pienso que no se lo/la ponen porque. . .

10-15. Un plato típico

Paso 1. Según lo que ves en la foto y la lista de ingredientes siguiente describe esta receta típica de Ecuador y Perú.

MODELO: Me parece que es un postre porque contiene. . .

Arroz con leche

1 taza de arroz	1 cucharadita de vainilla
2 litros de leche condensada	1 taza de azúcar
100 gramos de pasas de uva	50 gramos de margarina
canela entera	

Paso 2. ❷ A continuación, con un/a compañero/a, pon en orden los pasos de la receta y luego numeren los dibujos en el orden adecuado.

Arroz con leche

(a)	(b)	(c)

(d)	(e)	(f)

1. _____ Se retira del fuego y se sirve.
2. _____ Al primer hervor (*first boil*), se añade el arroz.
3. _____ Se hierve con la canela entera.
4. _____ Se disuelve la leche en 2 litros de agua.
5. _____ Cuando el arroz está cocido se le agrega la taza de azúcar.
6. _____ Inmediatamente después se añaden la margarina, la vainilla y las pasas.

Paso 3. ❷ Como en muchos tipos de instrucciones, en la redacción de recetas se usan (1) **formas verbales infinitivas** (e.g., **cortar** la gallina); (2) **formas verbales imperativas** (e.g., **corte** la gallina); o (3) la **forma verbal impersonal con se** (e.g., **se corta** la gallina). Con tu compañero/a reescriban la receta anterior usando una forma alternativa.

Paso 4. Ⓖ Intercambien su receta con una pareja que haya usado una forma gramatical diferente a la que usaron ustedes. Reescriban la receta usando la forma que ninguno de los dos grupos usó. Por ejemplo, si ustedes escribieron su receta con la forma verbal impersonal con **se** y la receta de la otra pareja está en infinitivo, transcriban su receta a la forma imperativa.

10-16. Una receta típica de los Estados Unidos

Paso 1. ❷ Con tu compañero/a escojan un plato típico de los Estados Unidos: una hamburguesa, un batido de fruta, panqueques o tostadas francesas, tarta de manzana, etc. Preparen por escrito una lista de ingredientes y los pasos de la receta.

Paso 2. Ⓖ En grupo, describan el plato que seleccionaron. Los/as demás estudiantes van a decir qué aspecto o característica tiene en común el plato que describen con el arroz con leche.

10-17. Errores en la cocina

Paso 1. ❷ Cuéntale a un/a compañero/a dos errores que cometes frecuentemente en la cocina. Pídele una sugerencia para evitar estos errores.

MODELO: E1: Frecuentemente hago las papas fritas muy tostadas.
E2: Pues, controla el tiempo cuando las fríes.

Paso 2. Piensa en errores comunes que se cometen al cocinar (quemar la carne, no medir con cuidado, agregar un ingrediente incorrecto, etc.). Añade a la receta de la actividad anterior sugerencias de lo que no se debe hacer.

MODELO: No disuelva la leche en menos de dos litros de agua.

10-18. Algunas reglas básicas de etiqueta en la mesa

Paso 1. ❷ Las siguientes reglas de etiqueta en la mesa (*table manners*) contienen errores importantes. Con tu compañero/a marquen con una cruz (X) cuáles son los errores y digan qué cambios les parecen necesarios para corregirlos.

1. _____ Escupir (*to spit out*) los huesos de la carne y las espinas del pescado (*fish bones*) sobre el plato.
2. _____ No masticar la comida con la boca abierta.
3. _____ No hablar mientras se come.
4. _____ Utilizar el mantel (*tablecloth*) o la servilleta para limpiar los cubiertos (*silverware*).
5. _____ No jugar con los cubiertos.
6. _____ Dejar la cucharita en la taza mientras se bebe té o café.
7. _____ Hacer ruido con la cucharita mientras se revuelve el azúcar en el té o café.
8. _____ No tratar de alcanzar con las manos todo lo que hay sobre la mesa.
9. _____ Ponerse lápiz de labios (*lipstick*).
10. _____ Utilizar un escarbadientes/palillo (*toothpick*).
11. _____ No empezar a comer hasta que todo el mundo esté servido.
12. _____ No hablar de política, fútbol, enfermedades o sexo.

Paso 2. ❷ Con tu compañero/a conviertan las recomendaciones del paso anterior al imperativo singular formal.

MODELO: Escupir los huesos de la carne y las espinas del pescado sobre el plato.
No escupa los huesos de la carne y las espinas del pescado sobre el plato.

Paso 3. Ⓖ En grupos van a preparar el guión (*script*) para un video educacional de dos minutos sobre las buenas costumbres en la mesa. Una persona del grupo va a ser el narrador y los demás van a representar las escenas. Escriban el guión en conjunto y piensen cómo van a representar cada escena.

Paso 4. Ⓖ Presenten su/s escena/s a la clase. Su instructor/a y sus compañeros/as van a votar para determinar cuál es la mejor.

10-19. Modales en la mesa

Paso 1. Observa las siguientes fotos de hispanohablantes en la mesa y escribe una descripción de las diferencias que observas entre su comportamiento y el de los estadounidenses en una situación semejante.

(a)

(b)

(c)

Paso 2. Lee el siguiente texto e identifica la foto del Paso anterior que se puede asociar con la información que se presenta en cada párrafo.

Los modales en la mesa

A pesar de que los modales en la mesa entre los hispanohablantes no varían mucho con respecto a los de los estadounidenses, sí se pueden señalar algunas diferencias. En primer lugar, es importante notar que las reglas de uso de los utensilios de la mesa son diferentes. Como norma general, los hispanohablantes usan las dos manos para comer: se toma el tenedor con la mano izquierda y el cuchillo con la mano derecha (o el tenedor con la derecha y el cuchillo con la izquierda si la persona es zurda). Es decir, las dos manos siempre se dejan sobre la mesa; nunca se coloca la mano izquierda o derecha bajo la mesa. Para usar ambas manos se necesita un poco de práctica, pero, a la larga, se puede aprender a usar el tenedor con la mano izquierda (o derecha si la persona es zurda).

En segundo lugar, cada vez que alguien llega o cuando alguien se levanta de la mesa se dice: Buen provecho. En general, se considera de mala educación no desear buen provecho. En contraste, en inglés se usa una expresión en francés, *bon appétit,* porque no existe una expresión equivalente.

Finalmente, existen diferencias con respecto al concepto de la sobremesa, el período de tiempo que se usa para conversar después de terminar de comer. Generalmente, después del almuerzo o la cena los comensales se pueden quedar conversando por mucho tiempo, desde una media hora hasta dos y tres horas. Por supuesto, hablamos de un día de entre semana, no necesariamente de un día de fin de semana.

Paso 3. ❷ Comenta con un/a compañero/a lo siguiente.

1. ¿Hay otras costumbres de los estadounidenses en la mesa que conozcan? ¿Cuáles?
2. ¿Y de los hispanos?
3. ¿Hay algunas que los/las sorprenda? ¿Por qué?

Paso 4. Subraya en el texto anterior las palabras o frases que son sinónimas de las siguientes.

| primero | en general | en otras palabras | con el tiempo |
| la gente considera | no hay | por último | que usamos para |

10-20. ¿Cuánto dejamos de propina?

Paso 1. Escribe tu opinión sobre las acciones de varios comensales (*customers*) en un restaurante. Las siguientes expresiones te pueden ayudar a presentar tu punto de vista.

| Me parece bien. | Me parece de mala educación. |
| Me molesta. | No me importa. |

1. Una pareja llega al restaurante 15 minutos antes de la hora del cierre.
2. Un señor fuma en la mesa de una sección de no fumadores.
3. Una señora le dice al mesero que quiere llevarle a su perro la comida que sobró.
4. Compartes la mesa con un/a amigo/a. Él ofrece pagar la propina porque tú ofreciste pagar la cuenta.

5. Estás cenando con un/a colega de trabajo y ofreces pagar la cuenta. Tu colega te da las gracias.
6. Para llamar al mesero tu amigo levanta la mano y grita: ¡Mesero!
7. Una pareja deja una propina por un valor igual o menor al 10 por ciento de la cuenta.

Paso 2. Ⓖ Comparte tu opinión sobre cada una de las situaciones que siguen con el resto de la clase. Basándote en la opinión del grupo, marca con una cruz (X) qué costumbres se pueden considerar normas culturales y cuáles son cuestión de preferencia individual.

	NORMAS CULTURALES	PREFERENCIA INDIVIDUAL
Llegar 15 minutos tarde a una cita en un restaurante.	_____	_____
Fumar en la sección de no fumadores.	_____	_____
Pedir los restos de la comida después de cenar en un restaurante.	_____	_____
Dejar la propina si la otra persona paga la cuenta.	_____	_____
Aceptar el ofrecimiento de pagar la cuenta inmediatamente.	_____	_____
Levantar la mano y gritar para atraer la atención del mesero.	_____	_____
Dejar propina por un valor equivalente al diez por ciento.	_____	_____

Paso 3. ❷ Con un compañero/a piensen en una norma de comportamiento que no existe y que consideran necesaria o en una que existe y que consideran innecesaria. Expliquen por qué la consideran necesaria o innecesaria en cada caso.

Paso 4. Ⓖ Presenten su opinión a la clase y escuchen lo que dicen sus compañeros/as. De acuerdo con la opinión de la mayoría, ¿hay alguna norma de comportamiento que se debe cambiar? ¿Hay alguna que debería existir? ¿Por qué?

10-21. A Teresa le encanta ser nutricionista

Paso 1. Teresa, una nutricionista explica por qué eligió su carrera y por qué le interesa. Subraya con una línea las oraciones que describen aspectos positivos de su carrera y con dos líneas las oraciones que describen aspectos negativos.

Hace cinco años que soy nutricionista y me encanta mi trabajo. Me interesa la nutrición porque un cambio de dieta de mi papá le cambió la vida cuando le diagnosticaron que tenía diabetes. Muchas personas no conocen la importancia de la dieta y me parece que a muchos les falta la información necesaria. Me gusta poder educar a la gente y darles información para ayudarlos con su dieta y su salud. A veces, a los pacientes no les queda otra opción que cambiar de dieta si quieren tener una vida larga y activa. Sin embargo, lo bueno es que a la mayoría de los pacientes que vienen a verme, la nutrición les importa mucho. Unas veces es porque les preocupa su salud, otras porque un médico les recomendó una visita a un nutricionista. Casi todos los pacientes me caen bien porque intentan superarse y quieren mejorar su vida. Por eso, siempre trato de ayudarlos.

Hay pocos aspectos de mi trabajo que realmente no me gustan. Entre ellos algo que a todos los profesionales nos molesta es cuando un paciente no viene a una cita, no sigue nuestro consejo, o no nos da toda la información que necesitamos para ayudarlo. Además, nos aburre el papeleo administrativo asociado con todas las profesiones médicas, pero, por suerte, estos casos no son frecuentes. En general, los pacientes llegan a tiempo, hacen lo que sugerimos y nos dan la información que necesitamos.

A los nutricionistas nos encanta conocer a los pacientes, aconsejarlos y ver los resultados de una nueva dieta. Si te interesa ser nutricionista hay varios programas excelentes que puedes investigar. ¡Suerte!

Paso 2. ¿A quién se refiere cada complemento indirecto del texto del Paso 1?

MODELO: **Me** interesa la nutrición. . . **a Teresa**

1. **Les** preocupa su salud. . . _____
2. **Me** caen bien porque. . . _____
3. **Nos** aburre el papeleo. . . _____
4. **Nos** molesta cuando un paciente no viene a una cita. . . _____
5. La nutrición **les** importa mucho. _____
6. **Me** parece que **les** falta la información necesaria. _____
7. A veces no **les** queda otra opción que cambiar de dieta. . . _____
8. **Nos** encanta conocer a los pacientes. . . _____

10-22. ¿Qué carrera te interesa a ti?

Paso 1. Define las características de tu carrera ideal respondiendo por escrito a estas preguntas.

1. ¿Qué carrera has escogido para el futuro?
2. ¿Qué te encanta de esa carrera o ese trabajo?
3. ¿Qué aspectos te molestan o te aburren?
4. ¿Te caen bien los profesionales de esa carrera que ya conoces?
5. ¿Qué les importa más a las personas que escogen esa carrera: el dinero, la gente, el lugar donde está el trabajo, . . . ?

Paso 2. ❷ Entrevista a tu compañero/a para descubrir aspectos de su carrera ideal. Usa las preguntas del Paso 1 como guía.

Paso 3. ❷ Túrnate con tu compañero/a para contarle al resto de la clase qué carreras escogieron y cuáles son los aspectos positivos y negativos de cada carrera. Luego completa la tabla para determinar si hay aspectos positivos y negativos que se repiten o son diferentes para cada carrera.

CARRERA	ASPECTOS POSITIVOS	ASPECTOS NEGATIVOS
_____	_____	_____
_____	_____	_____
_____	_____	_____
_____	_____	_____
_____	_____	_____

E S T R A T E G I A S   Escritura

Based on information and data, you can write a report describing the main aspects to take into account when choosing a career. The purpose of the report will be to inform, but also to persuade the reader that the information you present is useful and relevant when making a decision of this nature.

10-23. ¿Qué carrera es la más apropiada?

Paso 1. Vas a escribir un informe para los estudiantes de tu antigua escuela secundaria que deben decidir la carrera que quieren estudiar. Con la información obtenida en la actividad anterior, haz una lista de los aspectos que los estudiantes deben considerar cuando piensan en su futuro.

Paso 2. ❷ Con tu compañero/a entrevisten a personas que conocen que ya están trabajando. Preparen una entrevista para averiguar qué aspectos de sus profesiones son similares o diferentes a la idea que tenían sobre esa profesión cuando estaban estudiando en la universidad.

Paso 3. Escribe un borrador del informe. Después, añade los detalles necesarios, revisa el contenido y la organización.

Paso 4. ❷ Intercambia tu informe con un/a compañero/a. ¿Hay información relevante? ¿Es suficiente o es necesario añadir o explicar más? ¿Son el informe y/o los consejos que da convincentes? Dile a tu compañero/a qué debe hacer para mejorar su informe.

Paso 5. Revisa el contenido de tu informe teniendo en cuenta las sugerencias del Paso 4. Después revisa la gramática y el uso de acentos. Si es posible, envíale por correo electrónico tu informe a tu profesor/a de español de la escuela secundaria para que lo comparta con sus estudiantes. Entrégale una copia a tu instructor/a.

10-24. Los ex-presidentes de Ecuador y Perú

Paso 1. `AUDIO` En el año 2000 el presidente Jamil Mahuad de Ecuador tuvo que dejar su puesto, mientras que el presidente Alberto Fujimori de Perú renunció. Escucha la grabación sobre estos acontecimientos y escribe la información apropiada en la siguiente tabla.

	POR QUÉ RENUNCIÓ	CUÁNDO RENUNCIÓ	QUIÉNES SE MANIFESTARON
Mahuad (Ecuador)	_____	_____	_____
Fujimori (Perú)	_____	_____	_____

Paso 2. ❷ Con tu compañero/a piensa en un escándalo de algún líder político de EE.UU. Luego, organicen los datos más importantes en una tabla similar a la del Paso 1.

Paso 3. ❷ Vuelvan a escuchar la grabación sobre los presidentes de Perú y Ecuador. Basándose en ese modelo escriban un breve párrafo sobre el líder de los Estados Unidos que escogieron y preséntelo en la clase.

Audioscript 10-24, Paso 1

El 10 de enero de 2000 se declaró un estado de emergencia en Ecuador. El presidente Jamil Mahuad había tomado la decisión de "dolarizar" la economía del país. Entre la gente que se manifestó en contra de esta decisión se encontraban los indígenas porque la decisión del presidente significaba que su situación económica iba a empeorar. Debido a la oposición de los indígenas y de otros grupos, Mahuad dejó su puesto el 25 de enero del mismo año y lo tomó su vicepresidente, Gustavo Noboa. Por su parte, en Perú, en el año 2000, Alberto Fujimori apenas había empezado su tercer mandato como presidente cuando empezaron las manifestaciones en contra de sus políticas económicas y sociales. Entre los que se manifestaron hubo estudiantes, alcaldes y gente indígena. El 28 de julio de 2000, más de 50.000 personas se manifestaron en Lima. Finalmente, el 19 de noviembre del mismo año, y a raíz de un escándalo político relacionado con corrupción, Fujimori renunció a su puesto. Fujimori hizo su anuncio desde Tokio, Japón, donde buscó asilo político. Hubo nuevas elecciones y fue elegido presidente "el cholo" Alejandro Toledo.

Answers 10-24, Paso 1

Mahuad: *problemas de la economía; 25 de enero de 2000; indígenas;* **Fujimori:** *escándalo político; 19 de noviembre de 2000; estudiantes, alcaldes, indígenas.*

Vocabulario   E S T R A T E G I A S

The word **cholo** makes reference to someone who is of mixed ethnic heritage, in particular, European and Indian. You should be aware that words like the following may have positive or negative connotations depending on who, why, or when they are used.

negro/a	blanco/a
africano/a	asiático/a
mestizo/a	oriental
mulato/a	

10-25. Un cholo presidente

Paso 1. Escribe el nombre de tres personas famosas de EE.UU. que tienen ascendientes étnicos diferentes.

PERSONA	PADRE	MADRE
Tiger Woods	_____	_____
_____	_____	_____
_____	_____	_____

Paso 2. ¿Qué ascendientes étnicos crees que tienen estas dos personas?

Alberto Fujimori

Alejandro Toledo

Paso 3. Las dos personas anteriores fueron presidentes de Perú. La persona de origen indígena es Alejandro Toledo. ¿Cuáles de las siguientes oraciones crees que describen a Toledo? Márcalas con una cruz (X).

1. _____ Viene de una familia pobre.

2. _____ Es abogado.

3. _____ Fue líder sindical (*union leader*).

4. _____ Estudió en Estados Unidos.

Paso 4. La siguiente biografía de Toledo no está en orden. Léela y ordena los párrafos.

A

Entre 1991 y 1994 fue investigador en economía en el Instituto de Harvard para el Desarrollo Internacional. En esta función, Toledo llegó a ser asesor de tres gobiernos latinoamericanos, fue consultor de la ONU, del Banco Mundial, del Banco Interamericano de Desarrollo y de la Organización Internacional del Trabajo. Después de trabajar en Estados Unidos, Toledo volvió a Perú para enseñar economía y finanzas en la Escuela Superior de Administración de Negocios de Lima.

D

En 1995 fundó el partido Perú Posible y se presentó como candidato en las elecciones presidenciales pero perdió ante Alberto Fujimori. Volvió a presentarse como candidato presidencial en las elecciones del año 2000 y Fujimori volvió a ganar, pero esta vez por escaso margen. Sin embargo, después de cuatro meses a cargo del gobierno, Fujimori renunció a la presidencia a causa de acusaciones de corrupción.

B

Toledo volvió a presentarse como candidato a la presidencia durante las elecciones de 2001 y se enfrentó al ex presidente peruano Alán García. Finalmente, obtuvo el apoyo de los peruanos en las urnas (*ballot boxes*) y se convirtió en el primer presidente indígena del Perú.

E

Durante su formación escolar ganó algunos concursos literarios infantiles y escribió para el diario *La Prensa* de Chimbote. También estuvo vinculado a la iglesia como monaguillo (*altar boy*) y jugó al fútbol universitario.

C

Toledo viene de una familia indígena muy pobre. Su familia trabajaba en el campo y Alejandro ayudaba como pastor cuidando ovejas (*sheep*). Alejandro estudió en escuelas de un barrio marginal y continuó trabajando para ayudar a su familia. Desde los ocho años, fue lustrabotas y vendedor de diarios y golosinas (*candy*).

F

Antes de terminar la secundaria ganó una beca para viajar a Estados Unidos para estudiar economía en la Universidad de San Francisco. Luego ingresó a la Universidad de Stanford, donde obtuvo dos maestrías y finalmente el doctorado en Economía de Recursos Humanos. Durante sus estudios conoció a la franco-belga Eliane Karp, con quien se casó y tuvo una hija

Paso 5. **G** Finalmente, imagina que eres el/la director(a) de redacción (*editor*) de los siguientes periódicos. Escribe un título sobre la historia de Alejandro Toledo para cada periódico. Luego, comparte los títulos con el resto de la clase y voten por el título más apropiado para cada publicación.

1. Un periódico a favor del partido político de Toledo.
2. Un periódico en contra del partido político de Toledo.
3. Un periódico para hispanohablantes de EE.UU.
4. Una versión en español del *New York Times*.

Comparaciones culturales

10-26. El indigenismo andino

Dos representantes del indigenismo literario de Perú y Ecuador son José María Arguedas, novelista peruano que nació en 1911 y murió en 1969, y Jorge Icaza, novelista ecuatoriano que nació en 1906 y murió en 1978. Cada uno trató de presentar la realidad social del indígena de su propio país. En muchas de sus obras literarias, los autores presentan los diálogos de los personajes indígenas en su propio idioma (quechua o quichua). La novela sobresaliente de Icaza se llama *Huasipungo*, publicada en 1934, en la cual ofrece una representación de la realidad social de Ecuador. Entre las obras literarias más conocidas de Arguedas—quien fue también antropólogo, cuentista y folclorista—se encuentra *Los ríos profundos*, escrita en 1958.

Answers 10-26, Paso 3

Perú: *José M. Arguedas, 1911–1969, Los ríos profundos, 1958;* **Ecuador:** *Jorge Icaza, 1906–1978, Huasipungo, 1934.*

Paso 1. Lee el siguiente párrafo y utiliza la información que presenta para escribir definiciones de los términos **indigenismo** e **indianismo** en tus propias palabras.

Como ya sabemos, hay grandes poblaciones indígenas en Perú y en Ecuador. Por desgracia, a través de los siglos, los indígenas han sido explotados. A causa de esto, en los siglos XIX y XX, muchos intelectuales mestizos, generalmente de la clase media, empezaron a escribir sobre la represión y explotación del indio en sus obras literarias. A este movimiento muy activo, especialmente durante los años 1920 y 1970, se le llamó *indigenismo*. Más recientemente, la gente indígena ha empezado a escribir sobre su propia realidad ofreciendo una expresión literaria auténticamente india.

Paso 2. G Compara tus definiciones con las de tus compañeros/as para ver si son o no son correctas. Decide si necesitas hacerles modificaciones.

Paso 3. AUDIO Escucha ahora la grabación y completa la siguiente tabla con la información que falta.

	AUTOR	FECHAS BIOGRÁFICAS	PUBLICACIÓN	AÑO DE PUBLICACIÓN
Perú	___	___	___	___
Ecuador	___	___	___	___

Paso 4. ¿Sabes si hay un movimiento similar al indigenismo en la literatura estadounidense? ¿Conoces a algún autor(a) que haya escrito sobre la realidad de la gente indígena de los Estados Unidos? Investiga un poco este tema, escribe un breve informe y preséntalo a la clase.

ESTRATEGIAS Lectura

Successful reading of any text requires an active approach that includes a variety of techniques such as previewing the content of a passage, constantly asking questions and making predictions about what is likely to happen next, reviewing previous information, and finally reporting on what you have read.

10-27. La quenita

Paso 1. ¿Con qué adjetivos se pueden describir estos cuentos infantiles?

fantástico   violento   romántico   moralista   educativo   divertido

Caperucita Roja   **La Cenicienta**   **La Bella Durmiente**   **Pinocho**

Paso 2. Las siguientes oraciones corresponden a distintos párrafos de la leyenda "La quenita". Escribe al lado de cada una la letra del dibujo que la representa.

(a)   (b)   (c)

(d)   (e)   (f)

1. _____ Una vez en un pueblo, había una mujer, y quedó viuda (*widow*).
2. _____ Una vez, los tres hijos fueron a recoger leña (*wood*), pero uno no volvió.
3. _____ Su mamá lo esperó toda la noche, y lo esperó todo el día siguiente.
4. _____ Un día, un leñador (*woodcutter*) encontró un carrizo (*big reed*) con el que hizo una quena.
5. _____ El hombre se asustó cuando la quena (*musical instrument*) le habló, pero le preguntó a la quena: "¿Quién es este chico?"
6. _____ Ese hombre fue donde la viuda y le contó: "Oye señora, creo que descubrí donde está tu hijo".

Cultura

In every culture, legends and folk tales serve to exemplify some of the values held in high esteem among the members of that culture. In the following activity, you will read an anonymous story: "La quenita" that has been passed on from generation to generation among the indigenous groups of Perú and Bolivia. *Quena* is the Indian name given to a reed flute. *Quenita* means small flute.

Paso 3. Ahora lee la narración y contesta las preguntas.

La Quenita*

Una vez en un pueblo, había una mujer, y quedó viuda. Esa mujer tenía tres hijos. Los dos mayores odiaban muchísimo al hijo menor. La mamá siempre mimaba (*pampered*) al hijo menor, y por eso crecía bien mimado. Los hijos mayores, viendo eso, aborrecían (*hated*) al hijo menor.

1. ¿Qué crees que va a pasar?
    a. Los hermanos mayores hacen algo malo contra su hermano menor.
    b. La madre castiga (*punishes*) a los hermanos mayores.
    c. Los hermanos mayores deciden irse de su casa.
    d. . . .

Una vez, los tres hijos fueron a recoger leña. Y allí en una quebrada silenciosa, los dos mayores mataron a su hermano menor. Volvieron a la casa de su mamá. Cuando ella preguntó por su hijo menor, los mayores dijeron: "No lo hemos visto. Él se fue por otro camino".

2. ¿Qué crees que va a pasar?
    a. Los hermanos mayores se arrepienten y confiesan su crimen.
    b. La madre sale a buscar a su hijo y lo encuentra aún vivo.
    c. La madre llama a la policía pero nunca encuentran el cuerpo de su hijo.
    d. . . .

Su mamá le esperó toda la noche, y le esperó todo el día siguiente. No volvió. Toda una semana, un mes, y no volvió. Entonces la mujer comenzó a andar, llorando, preguntando a todo el mundo: "¿No le han visto a mi hijo?" Nadie podía indicarle nada. Nadie sabía nada acerca de la pérdida de su hijo.

3. ¿Qué crees que va a pasar?
    a. Unos vecinos de la madre descubren el cuerpo del niño en la quebrada.
    b. La madre nunca encuentra a su hijo, pierde toda esperanza y finalmente se suicida.
    c. Los hermanos mayores del niño muerto comienzan a tener pesadillas (*nightmares*) hasta que se vuelven locos.
    d. . . .

Un día, un leñador iba por esa quebrada, y allí un carrizo crecía. Ese hombre cortó el carrizo, e hizo una quena. Comenzó a tocar su quenita, y enseguida la quenita comenzó a llorar, "¡Ay, mamá, mamita mía, soy yo! Estoy aquí. Mis hermanos me mataron, mis hermanos me asesinaron. Estoy enterrado (*buried*) aquí". La quena comenzó a llorar de una manera que daba pena.

---

*This version of the tale was recorded, transcribed, and translated from the Quechua to Spanish by Johnny Payne. Reprinted with author's permission.

4. ¿Qué crees que va a pasar?
   a. El leñador se asusta mucho, tira la quena a la quebrada y se va corriendo muy rápido.
   b. El leñador comienza a hablar con la quena.
   c. La quena cree que el leñador es uno de sus asesinos y lo mata cortándole la respiración.
   d. . . .

> El hombre se asustó, pero preguntó a la quena: "¿Quién es este chico? ¿De quién estás contándome?" Nuevamente tocó la quenita. La quena contestó: "Mi mamá es esa viuda, una mujer pobre. Anda llorando, preguntando por mí. Avísale dónde estoy".

5. ¿Qué crees que va a pasar?
   a. El leñador corre a contarle a la señora lo que le dijo la quena.
   b. Los hermanos mayores del niño muerto escuchan el lamento de la quena y matan al leñador.
   c. El leñador le cuenta lo que pasó a la madre del niño muerto, pero la viuda no le cree.
   d. . . .

> Ese hombre fue donde la viuda y le contó: "Oye señora, creo que he averiguado (*I found out*) donde está tu hijo". "Espero que sí, papito. Cuéntame dónde, y te daré lo que quieras". El hombre comenzó a tocar la quena, y la quena lloró de nuevo, "¡Ay, mamita mía, aquí estoy enterrado! Mis hermanos así me mataron". Entonces, encontraron al chico. Cuando lo regó con sus lágrimas su mamá, el chico resucitó, y así vivieron felices.

Paso 5. 🄖 ¿Cuál es la moraleja de la leyenda? Escribe una oración con tu opinión para compartir con el resto de la clase. Después de escuchar a todos los estudiantes, la clase votará por la más popular.

••• Diferencias dialectales •••

10-28. Tú dices "patata" y yo digo "papa"

Paso 1. Lee el texto para encontrar los equivalentes en español de las siguientes palabras. (NOTA: Puede haber más de un equivalente para cada palabra.)

avocado _____

potato _____

pineapple _____

pine _____

pinecone _____

Vocabulario

What's the difference between chickpeas and garbanzo beans? They both mean the same thing, but the words come from two different languages: chickpeas from English and *garbanzo* from Spanish. Do you think that Spanish may have similar contrasts?

Answers 10-28, Paso 1

avocado: *palta, aguacate;* potato: *papa, patata;* pineapple: *ananá, piña;* pine: *pino;* pinecone: *piña.*

uchas palabras que se usan para designar frutas y verduras en español son, en realidad, palabras de otras lenguas que los conquistadores españoles encontraron a su llegada al Nuevo Mundo. Como resultado, existe más de una palabra para muchas frutas y verduras porque también existía más de una lengua en el continente americano a la llegada de los europeos. Por ejemplo, las palabras *papa* y *palta* vienen del quechua que es un idioma que se habla en la región andina, en países como Perú y Bolivia, así como en otros países limítrofes como los países del cono sur (Argentina, Chile y Uruguay). En otras regiones se usan palabras equivalentes a *papa* y *palta* en otras lenguas como *patata* y *aguacate* que provienen del idioma náhuatl que se habla aún en el territorio que hoy llamamos México.

Sin embargo, las diferencias de vocabulario no obedecen siempre al efecto de las lenguas locales sobre la lengua del conquistador. Por ejemplo, la palabra *ananá* proviene del idioma guaraní y por eso se usa en Paraguay y otros países del cono sur. Por otro lado, en el Caribe y los demás países hispanohablantes se usa la palabra *piña*. Esta palabra no es de origen local, sino que proviene del español y se utiliza para describir la semilla del pino de Europa. Lo que sucedió es que los españoles encontraron una cierta similitud entre la piña del pino y la fruta nueva de América. Así fue que decidieron llamar *piña* a esta fruta.

Answers 10-28, Paso 2

ananá: *guaraní, Paraguay, Argentina, Chile, Uruguay;* **piña:** *español, resto de los países hispanos;* **palta:** *quechua, Perú, Bolivia, Argentina, Chile, Uruguay;* **aguacate:** *náhuatl, México;* **papa:** *quechua, Perú, Bolivia, Argentina, Chile y Uruguay;* **patata:** *náhuatl, México*

Paso 2. Basándote en la información anterior, indica la lengua de origen de estas palabras y dónde se usan.

	LENGUA DE ORIGEN	SE USA PRINCIPALMENTE EN . . .
ananá (*pineapple*)	_____	_____
piña (*pineapple*)	_____	_____
palta (*avocado*)	_____	_____
aguacate (*avocado*)	_____	_____
papa (*potato*)	_____	_____
patata (*potato*)	_____	_____

Answers 10-28, Paso 3

1. *efecto,* 2. *ilustración,* 3. *contraste,* 4. *contraste,* 5. *efecto*

Paso 3. Vuelve a leer el texto por última vez y subraya las expresiones siguientes. Luego, escoge la función que corresponde a cada expresión y escríbela en el lugar correspondiente.

Presentar un contraste.
Ilustrar una afirmación con casos específicos.
Presentar el efecto o consecuencia de algo.

1. como resultado: _____
2. por ejemplo: _____
3. sin embargo: _____
4. por otro lado: _____
5. así fue que: _____

Paso 4. Entrevista a diferentes hispanohablantes en persona o en la red y averigua las regiones en las que se usan las siguientes palabras. Cada grupo de palabras corresponde a un solo alimento (o posibles variaciones de la misma especie).

1. patata, papa
2. maíz, elote, mazorca, choclo
3. judías, habichuelas, frijoles, porotos, caraotas, alubias
4. cacahuate, maní, cacahuete

Gramática

In English the distinction in pronunciation of the letters **b** and **v** serves to contrast different words: <u>b</u>at vs. <u>v</u>at. This phonological distinction, however, is not part of Spanish because both **b** and **v** are pronounced in the same way.

10-29. ¿Se escribe con "be de vaca" o "be de burro"?

Paso 1. AUDIO Escucha la grabación y subraya las palabras pronunciadas por un hablante nativo.

vivir	aves	cerveza
verduras	huevos	cebolla verde
bebidas envasadas	vino	leche evaporada

Cultura

Given that there is no phonological distinction between **b** and **v** in Spanish, there are various ways speakers use to inquire about the way the sound is to be written. Some typical questions are simple (¿be o uve?), some are graphic (¿be larga o be corta?), and yet some are humorous: ¿be de vaca (*cow*) o be de burro (*donkey*)?

A: _____ ¿Cuál es la dirección?

B: _____ Es Avenida Bailén, número 2.

A: _____ ¿Cómo se escribe el nombre de la Avenida, con be o con uve?

B: _____ Con be larga.

Paso 2. Para terminar, pronuncia las palabras del Paso 1 tratando de imitar lo más exactamente posible al hablante nativo.

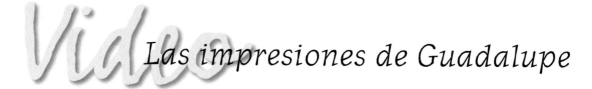

Las impresiones de Guadalupe

Primeras impresiones

10-30. Taco Rico

Paso 1. Jordi y Guadalupe han ido a cenar a un restaurante donde se encuentran con Consuelo, una amiga que trabaja allí de mesera. El restaurante sirve comida de muchos países hispanos. Pon los siguientes eventos del video en el orden cronológico más probable (1. primer evento; 6. último evento).

1. _____ Guadalupe dice: "Buen provecho".
2. _____ Jordi se arregla la servilleta.
3. _____ Jordi y Guadalupe leen y comentan el menú.
4. _____ La mesera contesta preguntas sobre el menú.
5. _____ Jordi y Guadalupe comen pan.
6. _____ La mesera saluda a Jordi y Guadalupe.

Answers 10-30, Paso 2

The correct order is 2, 1, 5, 6, 3, 4.

Paso 2. VIDEO Mira la primera parte del video sin sonido y confirma tus respuestas del Paso 1.

Las impresiones de Guadalupe

10-31. Las flautas y los chilaquiles

Answers 10-31, Paso 1

1. C, 2. F, 3. C, 4. F, 5. C, 6. C

Paso 1. Decide si las siguientes afirmaciones son ciertas (**C**) o falsas (**F**) según el video.

1. _____ Jordi y Guadalupe buscan un restaurante que provea comida para el festival de comida hispana de la emisora.
2. _____ Jordi y Guadalupe piden refrescos y un aperitivo.
3. _____ A Jordi y a Guadalupe les gusta el pan.
4. _____ Connie trabaja en el restaurante porque su padre es el dueño.
5. _____ Jordi cree que la palabra "flauta" significa un instrumento musical.
6. _____ Dos ingredientes de los chilaquiles son las tortillas y la salsa de tomate.

Paso 2. Jordi y Guadalupe le piden ayuda a Connie, y durante la conversación todos usan muchos gestos y expresiones. Mira el video de nuevo y describe los gestos de la siguiente escena.

1. JORDI: Claro. Eso sí, vamos a tardar en decidir, pues, yo por lo menos, no sé nada de la cocina de Centro América y de Sur América. Así que necesito tu ayuda.

   Gestos: _____

2. GUADALUPE: ¡Claro que sí! Oye, Connie nos puede ayudar también. ¿Te molestaría ayudarnos, Connie?

   Gestos: _____

3. CONSUELO: ¡Por supuesto que no! Para eso estoy aquí.

   Gestos: _____

4. GUADALUPE: Sí, queremos probar diferentes platos para seleccionar el menú para el festival de la comida hispana en la estación de radio. Oye. Oye, tal vez tú nos puede ayudar a hablar con el dueño a ver si nos da un buen precio. ¿Te molestaría?

   Gestos: _____

5. CONSUELO: Pues, me gustaría poder ayudarlos, lo que pasa es que estoy muy ocupada, faltaron dos meseros.

   Gestos: _____

6. GUADALUPE: Ay, no te preocupes. Está bien.

   Gestos: _____

7. CONSUELO: Pero le puedo decir al dueño que se dé una pasadita por aquí para que hable con ustedes.

   Gestos: _____

Impresiones culturales

10-32. Cortesía

Paso 1. En la mesa hay comportamientos (*behaviors*) particulares de cada cultura. Lee la siguiente lista e indica con una cruz (X) los que son aceptables en un restaurante elegante en tu cultura.

Answers 10-32, Paso 1

Answers may vary; answers 4, 6, 7, and 8 are acceptable.

1. _____ Hablar con comida en la boca.
2. _____ Poner los codos en la mesa.
3. _____ Ponerse la servilleta en el cuello (*collar*) de la camisa.
4. _____ Ponerse de pie para saludar a un conocido.
5. _____ Ponerse de pie para saludar al mesero.
6. _____ Decirle "gracias" al anfitrión y al mesero.
7. _____ Dejar una propina.
8. _____ Hacer preguntas sobre los platos del menú.

Paso 2. Observa las siguientes imágenes del video e identifica posibles situaciones de comportamientos no aceptables en la mesa.

Answers 10-32, Paso 2

It looks as if Guadalupe is touching a piece of bread she will not eat and Jordi appears to be about to speak with his mouth full.

Paso 3. Por último, mira el video e indica los comportamientos que son aceptables en un restaurante y los que no lo son. Usa los números de la lista del Paso anterior.

Answers 10-32, Paso 3

Aceptables: 1, 4, 6, 7, 8; *No aceptables:* 2, 3, 5

Comportamientos aceptables:

_____

Comportamientos no aceptables:

_____

En resumen

Gramática

1. Formal commands

Formal commands (both singular and plural) use the **yo** form of the present tense conjugation as the stem. For -ar verbs, add **-e** or **-en** (singular vs. plural); for -er and -ir verbs, add **-a** or **-an**. Pronouns are attached to the end of the affirmative commands, but come before negative commands.

Infinitive	Present (*yo*)	Affirmative	Plural
preparar	preparo	prepare	preparen
comer	como	coma	coman
decir	digo	diga	digan

Pronouns with the affirmative:
prepárela/ prepárenla; cómalas/cómanlas; dígalo/díganlo
Pronouns with the negative:
no la prepare(n); no las coma(n); no lo diga(n)

2. Double object pronouns

Indirect and direct object pronouns are used in place of the nouns they refer to when the latter are obvious from the linguistic or extralinguistic context. Both pronouns can be used together; when **le/les** precede another object pronoun, it changes to **se**.

Objeto indirecto	Objeto directo
me (*to/for me*)	**lo** (*it—masculine*)
te (*to/for you*)	**la** (*it—feminine*)
le/se (*to/for him/her*)	**los** (*them—masculine*)
nos (*to/for us*)	**las** (*them—feminine*)
os (*to/for you plural, Spain*)	
le/se (*to/for you all*)	

Vocabulario

Alimentos

el ají	*chili pepper*
avena	*oats*
las aves	*poultry*
los cacahuetes/ cacahuates/manís	*peanuts*
los frijoles	*beans*
la gallina	*chicken*
los garbanzos	*chickpeas*
la harina	*flour*
las hortalizas	*vegetables*
las lentejas	*lentils*
la margarina	*margarine*
la miel	*honey*
la mostaza	*mustard*
las nueces	*walnuts*
la pasta	*pasta*
el pepino	*cucumber*
los pimientos rojos o verdes	*red/green peppers*
el plátano	*banana*
el pollo	*chicken*
el queso	*cheese*
la sal	*salt*
la salchicha	*sausage*
el tomate	*tomato*
el yogur	*yogurt*

Bebidas

el café	*coffee*
la cerveza	*beer*
el champán	*Champagne*
el chocolate	*chocolate*
el jugo	*juice*
el té	*tea*
el vino	*wine*

Más sustantivos relacionados con los alimentos

el aderezo	*dressing*
la barbacoa	*barbecue*
el caldo	*broth*
la conserva	*preserves*
la corteza	*crust*
el envase	*packing*
el escarbadientes/palillo	*toothpick*
las espinas	*fish bones*
las migas	*crumbs*
el perrito caliente	*hot dog*
la tajada	*slice*

Adjetivos relacionados con los alimentos

cocido/a	*boiled*
crudo/a	*raw*
envasado/a	*packed*
saludable	*healthy*
tierno/a	*tender*

Verbos relacionados con la preparación de los alimentos

añadir	*to add*
calentar	*to warm, to heat*
cocer	*to boil*
cocinar	*to cook*
cortar	*to cut*
decorar	*to decorate*
desechar	*to discard*
desmenuzar	*to break into bits/to mince*
freír	*to fry*
humedecer	*to moisten*

picar	to chop	el tenedor	fork
rallar	to grate	el vaso	glass
rehogar	to sauté		
revolver	to stir up, to mix up	**Otros verbos**	
rociar	to sprinkle, to spray	aburrir	to bore
		aconsejar	to advise
sazonar	to season	arreglar	to fix
		asemejarse	to be similar

Utensilios para comer y preparar la comida

		caerle bien (a alguien)	to make a good impression (on someone)
la copa	wine glass		
la cuchara	spoon	construir	to build
la cucharita/cucharilla	little spoon	convencer	to convince
el cuchillo	knife	designar	to name, to designate
el mantel	tablecloth	empeorar	to make/grow worse
la olla	pot	encontrarse	to be located
la sartén	saucepan	escupir	to spit
la servilleta	napkin	explotar	to exploit
la taza	cup	faltar	to lack, to miss

374

gobernar	*to govern*	la costa	*cost*
importar	*to mind*	la cuenta	*bill*
iniciar	*to initiate*	el dueño	*owner*
investigar	*to investigate*	las especies	*species*
manifestarse	*to demonstrate*	la explotación	*exploitation*
masticar	*to chew*	la flauta	*flute*
mejorar	*to improve*	la guerra	*war*
molestar	*to bother*	el indígena	*native inhabitant*
preocupar	*to worry*	la llegada	*arrival*
proveer	*to provide*	el mar	*sea*
renunciar	*to resign*	las montañas	*mountains*
suceder	*to happen*	la ola	*wave*
		el pájaro	*bird*
		la propina	*tip*

Otros sustantivos

el alcalde	*mayor*	la represión	*repression*
el anfitrión	*host*	la riqueza	*wealth*
el asilo	*refuge*	la salud	*health*
el comensal	*table companion,*	la selva	*jungle*
	dinner guest	la semilla	*seed*
		el valle	*valley*

11 Las compras y el consumismo

Vocabulario en contexto

- Las compras
- Solicitud de crédito

Intercambios comunicativos
- Expresar duda y sorpresa

Enfoque cultural

- Bolivia y Paraguay

Gramática en contexto

- Comparisons of equality and inequality
- Superlatives
- The passive voice
- The passive **se**
- The prepositions **por** and **para**

Integración comunicativa

- El regateo
- Consumidores inteligentes y responsables
- El tratado de libre comercio
- Cartas comerciales

Comparaciones culturales

- Los países del Mercosur
- Augusto Roa Bastos

Diferencias dialectales

- La ropa
- La **l**

Video: Las impresiones de Guadalupe

En resumen

Note
These exploratory activities preview some of the major topics covered in the chapter. They do not require right answers. If students do not offer options, volunteer one or two and move on. After you finish the chapter, ask students to do these activities again to give them a sense of progress as, most likely, they'll do better at the end of the chapter.

Vocabulario en contexto
Ask students to think of other words that could be associated to the main word in the box. After you complete the chapter, come back to this page and ask them to mention as many words as they can remember (without consulting notes).

Gramática en contexto
Ask students to fill in the empty spaces in this text. Do they notice any particular structure that differs substantially from English?

Comparaciones culturales
Ask students to add a few more entries to the list.

Vocabulario en contexto

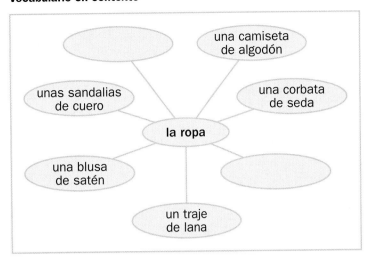

Gramática en contexto

Este jueves cerraremos nuestras puertas (1) _para_ tres horas para recibir a nuestros clientes más preciados. Durante esas tres horas usted podrá comprar cualquier mueble (2) _____ menos del 50% de su precio normal. Ésta es una muestra de nuestro agradecimiento (3) _por_ sus compras anteriores. (4) _____ decorar su casa con estilo, ¡venga a visitarnos!

Comparaciones culturales

1. Nunca compro nada sin preguntar el precio.

2. Comparo precios en varias tiendas antes de comprar algo.

3. Generalmente pido una rebaja si compro muchas unidades de un producto.

4. Me gusta charlar con los vendedores del mercado.

5. _____.

Vocabulario en contexto

11-1. En una tienda de ropa

Paso 1. Aquí tienes varios maniquíes de la tienda de ropa Nuevas Impresiones. Asigna a cada uno la descripción que le corresponde usando tu conocimiento de colores y cognados. Escribe el número del maniquí al lado de cada descripción.

a. Lleva una camiseta blanca, pantalones cortos de color caqui y zapatillas de deporte blancas. _____
b. Lleva una blusa de flores, una falda negra muy corta, un cinturón negro ancho y unas sandalias negras. _____
c. Lleva un vestido beige, una chaqueta marrón y unas botas marrones. _____
d. Lleva un traje de cuadros azules y blancos, una camisa azul claro, una corbata y unos zapatos azul marino. _____
e. Lleva un abrigo gris, una bufanda de rayas grises y negras, y un sombrero gris. _____
f. Lleva un gorro rojo, un impermeable rojo con lunares blancos y un paraguas rojo. _____
g. Lleva unos pantalones vaqueros (o jeans) y un jersey de muchos colores. _____

Paso 2. Haz una lista de todas las prendas de vestir que llevan los maniquíes del Paso 1.

ESTILOS	CABALLEROS	SECCIONES SEÑORAS	JÓVENES	NIÑOS
informal	*número 1*	_____	_____	_____
moderno	_____	_____	_____	_____
clásico	_____	_____	_____	_____

Paso 3. **G** Cada grupo debe observar a los estudiantes del otro grupo para describir la ropa que llevan. Luego un/a representante de cada grupo va a hacer una descripción sin nombrar al estudiante del otro grupo. El otro grupo debe adivinar el nombre del/de la estudiante descrito/a.

MODELO: Este estudiante lleva una camiseta blanca, unos pantalones vaqueros y zapatillas de deporte blancas.

Vocabulario   **ESTRATEGIAS**

If you don't know the exact Spanish equivalent for a specific garment try to use a more general term that, combined with information about color and other characteristics of the piece of clothing, will help you to convey the message successfully. For example, if you don't know the name for a particular shade of color you can define it by brightness (**un rojo claro, un rojo oscuro**) or by indicating a similar color (**un color parecido al. . .**).

11-2. ¿Qué ropa prefieres?

Paso 1. Describe la ropa que llevas en cada una de estas ocasiones.

Una fiesta con amigos: _____
Una cena en un restaurante muy caro: _____
Un paseo en un día muy frío: _____
Un paseo en un día muy caluroso: _____
Una entrevista de trabajo: _____
Un día en la playa: _____

Paso 2. **G** Ahora prepara preguntas sobre el Paso 1 para entrevistar a varios compañeros/as de clase. Recuerda que no puedes mostrar tu pregunta escrita. Tu objetivo es averiguar quién es más formal/informal para vestirse.

MODELO: E1: ¿Qué te pones para ir a una fiesta con amigos?
E2: Vaqueros y una camisa o camiseta.
E1: ¡Qué coincidencia! ¡Yo también! ¿Y para ir a una cena?

Paso 3. **G** Cuéntale al resto de la clase quiénes de las personas que has entrevistado son las personas que visten de una forma muy formal o informal.

MODELO: A José y a Sean les gusta ponerse unos vaqueros y una camiseta para ir a una cena. Visten de forma informal.

11-3. ¿De qué están hechas las prendas de vestir?

Paso 1. Lee las definiciones de los siguientes materiales y después da un ejemplo de una prenda de vestir hecha de ese material. NOTA: No necesitas entender todas las palabras de cada definición.

1. El algodón: tela hecha con un hilo que se obtiene de una planta con flores amarillas (o blancas) y manchas rojas. Es una tela muy popular en el verano. _____

2. La lana: tela hecha con un hilo que se obtiene del pelo de las ovejas (*sheep*) o las alpacas. Se usa principalmente en prendas de vestir para el invierno. _____

3. La seda: tela suave y brillante, hecha con un hilo muy fino que segrega un tipo determinado de gusano (*worm*). _____

4. El cuero: material que se obtiene de la piel de la vaca. Se usa para fabricar calzado (zapatos), cinturones, billeteras y otras prendas de vestir. _____

5. El plástico: material producido por la química orgánica, muy resistente, derivado de la caseína y la celulosa, así como de gomas y resinas. Se usa para fabricar algunos complementos de la vestimenta como cinturones o bolsos. _____

Paso 2. **G** Con otros/as dos compañeros/as prepara una lista de prendas de vestir hechas con estos materiales. Gana el grupo que tenga más prendas para cada material.

ALGODÓN	LANA	SEDA	CUERO	PLÁSTICO
_____	_____	_____	_____	_____
_____	_____	_____	_____	_____
_____	_____	_____	_____	_____
_____	_____	_____	_____	_____

11-4. En unos grandes almacenes

Paso 1. **AUDIO** Estás en el gran almacén El Mejor Precio y escuchas por el altavoz anuncios de ofertas (productos con precios especiales). Señala con una cruz (X) las secciones que tienen ofertas.

PLANTA MODA	PLANTA HOGAR
_____ Sección Señoras	_____ Sección Electrodomésticos
_____ Sección Caballeros	_____ Sección Textiles
_____ Sección Jóvenes	_____ Sección Menaje de Cocina
_____ Sección Niños	_____ Sección Mobiliario (*furniture*)
_____ Sección Bebés	

Paso 2. Clasifica los artículos de la planta moda y de la planta hogar de acuerdo cola sección a la que pertenecen.

El Mejor Precio

Grandes almacenes **El Mejor Precio.** Nuestros precios son insuperables. No se pierda las fabulosas rebajas de algunos de nuestros productos. ¡Dése prisa! ¡Lo esperamos!

PLANTA MODA   PLANTA HOGAR

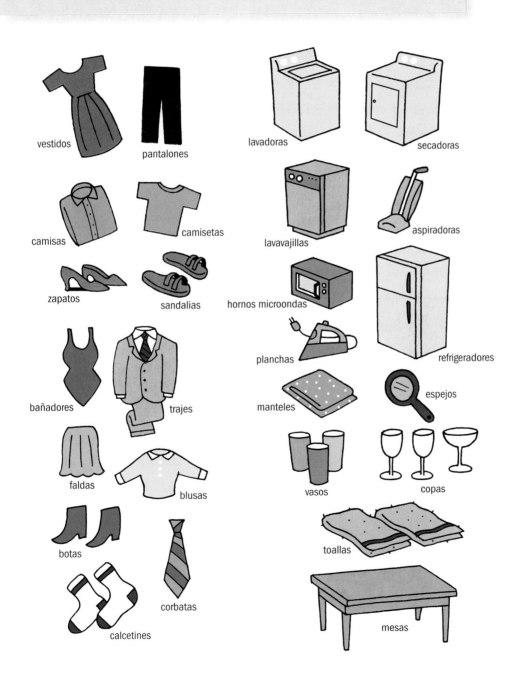

vestidos
pantalones
lavadoras
secadoras

camisas
camisetas
lavavajillas
aspiradoras

zapatos
sandalias
hornos microondas
refrigeradores

bañadores
trajes
planchas

manteles
espejos

faldas
blusas
vasos
copas

botas
corbatas
toallas

calcetines
mesas

PLANTA MODA			PLANTA HOGAR		
SECCIÓN		PRECIO REBAJADO	SECCIÓN		PRECIO REBAJADO
Mujeres	vestidos	_____	Electrodomésticos	lavadoras	_____
_____	pantalones	_____		secadoras	
_____	camisas	_____		lavavajillas	
_____	camisetas	_____		aspiradoras	
_____	zapatos	_____		refrigeradores	
_____	sandalias	_____		hornos microondas	
_____	bañadores	_____		planchas	
_____	trajes	_____		manteles	
_____	faldas	_____		espejos	
_____	blusas	_____		vasos	
_____	botas	_____		copas	
_____	corbatas	_____		toallas	
_____	calcetines	_____		mesas	_____

Paso 3. `AUDIO` Escucha de nuevo el anuncio de ofertas del gran almacén El Mejor Precio y anota en la tabla del Paso 2, en el espacio en blanco a la derecha, el precio rebajado (más bajo o barato) de cada artículo o producto mencionado en el anuncio.

11-5. En la sección de electrodomésticos

Paso 1. Selecciona los tres aparatos eléctricos que tú crees que son más esenciales de la casa y explica porqué. Agrega otros si te parece que no están incluidos en el dibujo.

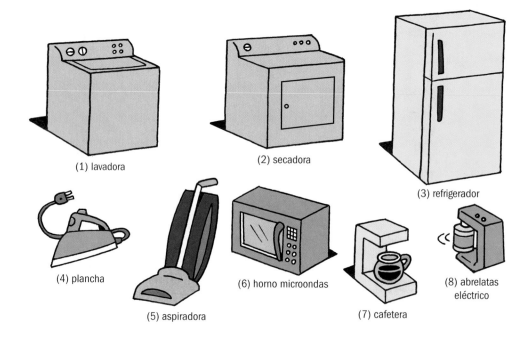

(1) lavadora   (2) secadora   (3) refrigerador
(4) plancha   (5) aspiradora   (6) horno microondas   (7) cafetera   (8) abrelatas eléctrico

MODELO: Creo que un horno microondas es esencial porque no tengo mucho tiempo para cocinar.

1. _____
2. _____
3. _____

Paso 2. AUDIO Escucha ahora la grabación y marca con una cruz (X) los electrodomésticos que Tomás y Nines, una pareja que se va a casar, quieren comprar (completa la columna de la izquierda solamente).

	FORMA DE PAGO	
ELECTRODOMÉSTICOS	**AL CONTADO**	**A PLAZOS**
_____ lavadora	_____	_____
_____ secadora	_____	_____
_____ refrigerador	_____	_____
_____ plancha	_____	_____
_____ aspiradora	_____	_____
_____ horno microondas	_____	_____

Paso 3. AUDIO Escucha la grabación de nuevo y señala en la tabla del Paso 2 (columna de la derecha) los electrodomésticos que Tomás y Nines piensan pagar al contado (el total de la cantidad) y los que piensan pagar a plazos (una parte por mes).

11-6. Cómo solicitar un crédito

Paso 1. ❷ Tomás y Nines quieren conseguir un crédito para comprar un equipo de música. Lee con un/a compañero/a la información sobre la financiación que ofrecen los grandes almacenes donde están haciendo las compras. Después respondan las preguntas que siguen.

✦ MEGAbanco

Servicios Financieros Mega-Banco
Una financiación a su medida

Si Ud. quiere solicitar un crédito tiene que presentar la siguiente documentación:

❖ Documento de identidad

❖ Justificante bancario (cartilla de cuenta bancaria, talonario, etc.)

❖ Justificante de ingresos:

    ◆ Para trabajadores asalariados: nómina firmada y sellada

    ◆ Para trabajadores autónomos: justificante de pago de impuestos

    ◆ Para pensionistas: justificante de pensión

1. La cartilla de la cuenta corriente bancaria, el pasaporte y la cartilla médica son los documentos que Nines y Tomás tienen en ese momento, ¿son suficientes para solicitar el crédito?

2. Nines es la propietaria de una peluquería (*hair salon*) y trabaja por cuenta propia; Tomás es enfermero y trabaja en un hospital privado. ¿Qué documentos pueden presentar como justificante de ingresos?

Paso 2. AUDIO Al día siguiente Nines y Tomás van con sus documentos para solicitar un crédito a través del banco. El representante de Mega-Banco los atiende y les hace preguntas para rellenar la solicitud. Escucha atentamente y rellena la solicitud de crédito con los datos que Nines y Tomás le dan al representante.

⬥ **MEGAbanco**

Solicitud de Crédito

Nombre del solicitante: _____ **Apellidos:** _____

Dirección: _____

Teléfono: _____

Profesión: _____ **Compañía o Empresa:** _____

Dirección: _____

Ingresos mensuales: _____ **Vivienda:** _____ **Propiedad** _____ **Alquiler**

Costo mensual de la vivienda: _____

Deudas: _____

Número de dependientes del solicitante: _____

Firma del solicitante: _____

Nombre del cosolicitante: _____ **Apellidos:** _____

*Dirección: _____

*Teléfono: _____

Profesión: Compañía o Empresa: _____ **Dirección:** _____

Ingresos mensuales: _____ **Vivienda:** _____ **Propiedad** _____ **Alquiler**

Costo mensual de la vivienda: _____

Deudas: _____

*Número de dependientes del cosolicitante: _____

Firma del cosolicitante: _____

**No es necesario rellenar si coincide con los datos del solicitante.

Paso 3. ❷ Ahora tú decides solicitar un crédito, ¿qué te gustaría comprar? Trabaja con un/a compañero/a. Uno/a es el representante de la sección financiera de Mega-Banco, el/la otro/a, el/la cliente que solicita un crédito. Preparen preguntas y respuestas de acuerdo con su papel. El propósito es que el representante financiero obtenga la información necesaria para rellenar la solicitud. Cuando terminen, cambien de papel.

MODELO: E1: Buenos días, ¿en qué puedo servirlo?
E2: Buenos días, me gustaría solicitar un crédito.
E1: Bueno, primero hay que rellenar una solicitud y necesito sus datos personales. Dígame, por favor, ¿cuál es su nombre?

◉◉ Intercambios comunicativos

Expresiones que se usan para expresar duda o sorpresa

¿De veras?	*Really?*
¿Hablas en serio?	*Are you serious?*
¡Parece mentira!	*It's unbelievable!*
¡Eso es increíble!	*It's incredible/unbelievable!*
No te puedo creer.	*That can't be.*
No lo creo.	*I don't believe it.*
No puedo creer que. . .	*I can't believe that . . .*

Una manera muy común de expresar duda o sorpresa es la repetición de una palabra o frase en forma de pregunta.

A: Viajo a Paraguay el martes.
B: ¿A Paraguay?

Otra forma de expresar duda o sorpresa es haciendo una pregunta específica sobre el dato sorprendente.

A: En mi universidad se venden notas de clase.
B: ¿Cómo que se venden notas de clase?

Intercambios comunicativos

After the video segment for this chapter you will see two brief clips with examples of the **Intercambios comunicativos** that correspond to the images in this section. You can show these brief clips in class to complete the activity.

Refer to the Video Guide within the IRM for other examples of **Intercambios comunicativos** expressions used in the video.

11-7. ¿Te sorprende?

Paso 1. Guadalupe y Pablo están buscando artículos baratos para vender en la subasta y recaudar fondos para la emisora de radio. ¿Qué artículos crees que los sorprenderán? ¿Qué crees que van a decir? Usa una de las expresiones anteriores para mostrar duda o sorpresa y agrega un comentario sobre el precio del artículo.

MODELO: Mira, aquí se vende un equipo de audio estéreo con CD por $50.
¿De veras?

1. Me parece un poco caro.
2. Escucha esto—una plancha por $2.
3. Ah, ¡esto sí que puede funcionar! Una lavadora y secadora casi sin uso, por $50.
4. Hmm . . . interesante . . . se alquila un horno microondas por $10.
5. Atendéme esto—una bicicleta de montaña con 10 cambios la ofrecen por $40.
6. Esto sí que es increíble. Un refrigerador en perfecto estado cuesta $30.

Paso 2.   Observa las expresiones de Guadalupe y Pablo en las siguientes escenas del video. ¿Qué crees que expresan en cada una de ellas: duda, sorpresa o indignación?

(1)   (2)

Pablo expresa _____

Guadalupe expresa _____

Paso 3. Completa la transcripción de la conversación entre Guadalupe y Pablo en las escenas anteriores: ¿qué crees que dicen en cada una de ellas?

PABLO: Mirá. Esto sí es una ganga ves. . .
GUADALUPE: ¿Qué cosa?
PABLO: Un horno microondas casi sin uso por sólo $5.
GUADALUPE: _____ Pero, ¿crees que a los estudiantes les va a interesar un microondas?
PABLO: _____ Un microondas es lo mejor para cocinar algo rápido en los dormitorios.
GUADALUPE: Pero por 5 dólares. . . ¡a ver si explota! Pero ese tipo de cosas son las que podemos comprar con el presupuesto tan bajo que tenemos. . . ¡Mira!. . . aquí hay otro. . . ah, no. . . lo están alquilando. . . _____

Paso 4. VIDEO Finalmente, mira el video para confirmar tus predicciones. ¿Usan expresiones diferentes a las que escribiste?

Paso 5. ❷ Con un/a compañero/a escribe una descripción de una situación, noticia o dato que puede causar duda o sorpresa. Explíquenle la situación a otra pareja. La otra pareja debe reaccionar mostrando duda o sorpresa con gestos y palabras. Luego cambien de papel.

ENFOQUE CULTURAL

11-8. Bolivia y Paraguay

Paso 1. Basándote en la información del mapa siguiente y en lo que recuerdas de tus clases de geografía y cultura, determina si las siguientes frases son ciertas (**C**) o falsas (**F**).

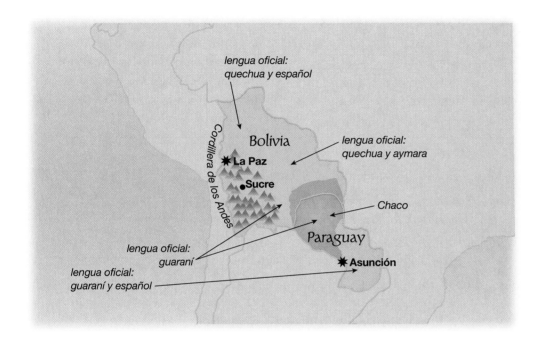

1. _____ Ambos países son los únicos en América que no tienen acceso al mar.

2. _____ Los dos países tienen la proporción de población indígena más baja de toda América del Sur.

3. _____ Bolivia y Paraguay poseen en común (junto con Argentina) la mayor parte de la región subtropical que se denomina el Chaco.

4. _____ Ambos países pelearon frente a frente en la guerra del Chaco.

5. _____ La planicie infértil del Chaco cubre aproximadamente 60% del territorio paraguayo.

6. _____ La capital no oficial de Bolivia, La Paz, está a más altura que Asunción, la capital de Paraguay.

7. _____ El territorio de Bolivia es tan grande como el de España.

8. _____ El territorio de Paraguay es dos veces más grande que el de España.

Paso 2. **AB** Lee el siguiente texto y subraya las oraciones que sirven para verificar las respuestas del Paso anterior. Tu compañero/a tiene un párrafo diferente. Para confirmar tus respuestas a todas las afirmaciones, pregúntale sobre la información que no está en tu texto.

A

Bolivia y Paraguay tienen algunas características en común que los separan de otros países en la región sudamericana. Desde un punto de vista geopolítico, ambos países son los únicos en América que no tienen acceso al mar. Desde un punto de vista sociológico, ambos países tienen un porcentaje de población indígena más alto que el de cualquier otro país. Bolivia es uno de los países habitados por los descendientes del imperio inca y Paraguay es el territorio de los descendientes de muchos grupos indígenas guaraníes. Desde un punto de vista geográfico ambos países poseen en común (junto con Argentina) la mayor parte de la región subtropical que se llama el Chaco. Desde un punto de vista histórico, ambos países tuvieron, lamentablemente, diferencias de límites fronterizos que culminaron en la guerra del Chaco, en la que murieron muchos paraguayos y bolivianos por un pedazo de tierra con muy poco valor.

B Information for student B, p. 531

Paso 3. **2** ¿Qué paralelismos y diferencias pueden encontrar entre estos dos países (o uno de ellos) y los Estados Unidos? Piensen en dos semejanzas y dos diferencias.

MODELO: Una diferencia entre Bolivia y los Estados Unidos es que la proporción de población indígena es más alta en Bolivia que en los Estados Unidos.

Paso 4. **G** Compartan las semejanzas y diferencias que encontraron con el resto de la clase. Tomen nota de las que encontraron sus compañeros/as y clasifíquenlas en el cuadro siguiente. ¿De qué tipo son las semejanzas y diferencias más citadas?

	HISTÓRICAS	SOCIALES	POLÍTICAS	GEOGRÁFICAS	ECONÓMICAS
semejanzas	_____	_____	_____	_____	_____
diferencias	_____	_____	_____	_____	_____

Gramática en contexto

I. Comparisons of equality and inequality

Gramática

In English we use three basic structures to make comparisons.

This activity is *more* difficult *than* that one.
This activity is *less* difficult *than* that one.
This activity is *as* difficult *as* that one.

The first two are comparisons of inequality (superiority and inferiority). The last one is a comparison of equality.

11-9. Comparando cualidades

Paso 1. Indica con una cruz (X) en la columna correspondiente si se hace una comparación de superioridad (**S**), de inferioridad (**IN**) o de igualdad (**IG**).

	S	IN	IG
1. Estados Unidos es **tan** grande **como** Canadá.	_____	_____	_____
2. Estados Unidos es **más** grande **que** México.	_____	_____	_____
3. Los Ángeles está a **menos** altura **que** Denver.	_____	_____	_____
4. Paraguay es **tan** grande **como** España.	_____	_____	_____
5. Bolivia es **más** grande **que** Paraguay.	_____	_____	_____
6. Asunción está a **menos** altura **que** la Paz.	_____	_____	_____

Paso 2. Las alpacas y las llamas son animales comunes en Bolivia y pertenecen a la misma familia pero tienen algunas diferencias fundamentales. Observa las siguientes fotos y marca con una cruz (X) las comparaciones de inferioridad entre estos dos animales.

Alpaca

Llama

1. _____ Las alpacas son más pequeñas que las llamas.
2. _____ La nariz de las alpacas es más chica que la de las llamas.
3. _____ El cuello de las alpacas es más largo que el de las llamas.
4. _____ La lana de las alpacas es menos fina que la de las llamas.
5. _____ Las llamas son más altas que las alpacas.
6. _____ Los ojos de las alpacas son menos grandes que los de las llamas.
7. _____ Las llamas son más lindas que las alpacas.
8. _____ Las llamas son más fuertes que las alpacas (pueden caminar hasta 20 kms. por día con una carga de 22 kgs.).

Paso 3. Selecciona cuatro de las oraciones del Paso 2 y marca las características del sustantivo y adjetivo que se usa en cada una.

SUSTANTIVO	ADJETIVO	SINGULAR	PLURAL	MASCULINO	FEMENINO
alpacas	*pequeñas*	_____	X	_____	X
_____	_____	_____	_____	_____	_____
_____	_____	_____	_____	_____	_____
_____	_____	_____	_____	_____	_____

Paso 4. Modifica las oraciones del Paso 2, invirtiendo la comparación.

MODELO: 1. Las llamas son más grandes que las alpacas.

11-10. ¿Bolivia es tan grande como Paraguay?

Paso 1. ❷ Con tu compañero/a elijan dos países y escriban tres comparaciones entre ellos.

MODELO: E1: Creo que Francia es más grande que España.
E2: No, creo que Francia es tan grande como España.

Paso 2. Ⓖ Lee con tu compañero/a la lista de comparaciones al resto de la clase. Si oyen una comparación con la que no están de acuerdo pueden levantar la mano y repetir la idea, a ser posible, con otra expresión comparativa.

11-11. Más comparaciones

Paso 1. Lee las siguientes comparaciones de superioridad e inferioridad, y determina si comparan cualidades (adjetivos), objetos (sustantivos) o acciones (verbos).

MODELO: Esta blusa tiene más **colores** que esa.
Colores es un objeto (sustantivo).

1. Esta tienda tiene más **clientes** que la otra.
2. El diseño de este vestido es más **interesante** que el diseño del otro.
3. Yo **trabajo** menos que tú.
4. En este almacén hay más **cajeros** que en el otro. Por eso, las colas no son largas.
5. Pagar con tarjeta de crédito es más **eficiente** que pagar al contado.
6. En verano se vende menos **ropa** que en invierno.

Paso 2. Lee otra vez las comparaciones del Paso 1. Presta atención al uso de las palabras, **más**, **menos** y **que**, y luego escoge la terminación correcta para las siguientes afirmaciones.

1. Si comparamos **objetos** o **cualidades**, los sustantivos o los adjetivos aparecen. . .
   a. antes de las palabras **más** y **que**.
   b. entre las palabras **más** y **que**.
   c. después de las palabras **más** y **que**.
2. Si comparamos **acciones**, el verbo aparece. . .
   a. antes de las palabras **más** y **que**.
   b. entre las palabras **más** y **que**.
   c. después de las palabras **más** y **que**.

Paso 3. A continuación, estudia las siguientes comparaciones de igualdad e indica con una cruz (X) si se compara un sustantivo, un adjetivo o un verbo.

	SUSTANTIVO	ADJETIVO	VERBO
1. Este negocio tiene **tantos** <u>empleados</u> **como** el otro negocio.	_____	_____	_____
2. Esta falda <u>cuesta</u> **tanto como** aquella falda.	_____	_____	_____
3. El diseño de este vestido es **tan** <u>bonito</u> **como** el diseño del otro vestido.	_____	_____	_____
4. Yo <u>trabajo</u> **tanto como** tú.	_____	_____	_____
5. En este almacén hay **tantas** <u>cajeras</u> **como** en el otro.	_____	_____	_____
6. Me parece que los zapatos son **tan** <u>cómodos</u> **como** las sandalias.	_____	_____	_____

Paso 4. Por último, utiliza la información del Paso anterior para completar las reglas que siguen.

Frases 2 y 4:

1. Para expresar una comparación de igualdad con un (a) _____ (sustantivo–adjetivo–verbo) se coloca la expresión **tanto como** después del (b) _____ (sustantivo–adjetivo–verbo).

Frases 3 y 6:

2. Para expresar una comparación de igualdad con un (a) _____ (sustantivo–adjetivo–verbo) se coloca la palabra **tan** antes del (b) _____ (sustantivo–adjetivo–verbo) y la palabra **como** después.

Frases 1 y 5:

3. Para expresar una comparación de igualdad con un (a) _____ (sustantivo–adjetivo–verbo), se coloca la palabra **tanto** antes del (b) _____ (sustantivo–adjetivo–verbo) y la palabra **como** después del (c) _____ (sustantivo–adjetivo–verbo). La palabra **tanto** concuerda siempre con el (d) _____ (sustantivo–adjetivo–verbo) y por eso puede cambiar a **tanta**, **tantos** o **tantas**.

II. Superlatives

11-12. ¿Qué opina la clase sobre el consumo?

Paso 1. Después de mirar las ilustraciones completa las oraciones siguientes.

1. La tienda más cara es _____.
2. La ropa más original es la de la tienda _____.
3. Los pantalones más baratos son los de la tienda _____.
4. La tienda _____ es la más barata.
5. El vestido más _____ es el de la tienda La Joya.
6. El sombrero _____ barato es el de la tienda Económica.

ESTRATEGIAS | Gramática

The superlative forms are used to express that someone or something possesses the most extreme degrees of a quality, be it positive or negative.

A. Este centro comercial es **el más caro** de la ciudad.

B. La ropa de esta tienda es **la menos conocida** de la ciudad.

In A and B the adjectives **caro** and **conocida** are preceded by the superlative forms **más** and **menos**. Both **caro** and **conocida** agree in gender and number with the nouns **centro** and **ropa**.

Paso 2. Da tu opinión sobre los siguientes productos de consumo.

1. El electrodoméstico más práctico y el menos práctico

   _____

2. El producto más original y el menos original

   _____

3. El producto más ecológico y el menos ecológico

   _____

4. La ropa más vendida y la menos vendida

   _____

5. Los discos compactos con más éxito y con menos éxito

   _____

6. Las películas más comerciales y las menos comerciales

   _____

Paso 3. **G** Prepara preguntas sobre los productos del Paso anterior para entrevistar a tres compañeros/as y toma nota de sus respuestas. Puedes comenzar tus entrevistas con esta frase: En tu opinión, ¿cuál es/cuáles son. . . ?

Gramática

Some superlatives in Spanish are irregular, in that they do not rely on the use of **más** or **menos**, but rather on some other adverb.

the best store	el **mejor** almacén **(la mejor, los mejores, las mejores)**
the worst store	el **peor** almacén **(la peor, los peores, las peores)**
the eldest	el **mayor** **(la mayor, los mayores, las mayores)**
the youngest	el **menor** **(la menor, los menores, las menores)**

Paso 4. **G** Comparte los resultados de tus entrevistas con la clase. Decidan si hay consenso total en el grupo, hay cierto grado de acuerdo, o no hay consenso con respecto a cada producto.

III. The passive voice

11-13. Algunos hechos históricos

Paso 1. La versión *a* de las siguientes oraciones está en la voz activa y la versión *b* en la voz pasiva. Analiza el significado de las dos versiones y determina qué elementos se refieren al **agente** de la acción, a la **acción** y al **paciente** de la acción.

MODELO: Los españoles conquistaron a los incas.

Agente: **los españoles**   Acción: **conquistaron**   Paciente: **los incas**

Answers 11-13, Paso 1

1a. *agente: los españoles, acción: conquistaron, paciente: los guaraníes;* 1b. *paciente: los guaraníes, acción fueron conquistados, agente: los españoles;* 2a. *agente: los aztecas, acción: construyeron, paciente: las pirámides;* 2b. *paciente: las pirámides, acción: fueron construidas, agente: los aztecas;* 3a. *agente: los incas, acción: construyeron, paciente: Machu Picchu;* 3b. *paciente: Machu Picchu, acción: fue construido, agente: los incas*

INTEGRATED COMPONENTS

Use the following instructional resources to practice **The passive voice**.

- **Student Activities Manual/o-SAM:** Activity 11-11
- **Companion Website:** Chapter 11, Gramática en contexto, The passive voice

1. a. Los españoles conquistaron a los guaraníes.

    Agente: ＿＿＿＿＿＿   Acción: ＿＿＿＿＿＿   Paciente: ＿＿＿＿＿＿

   b. Los guaraníes fueron conquistados por los españoles.

    Paciente: ＿＿＿＿＿＿   Acción: ＿＿＿＿＿＿   Agente: ＿＿＿＿＿＿

2. a. Los aztecas construyeron las pirámides.

    Agente: ＿＿＿＿＿＿   Acción: ＿＿＿＿＿＿   Paciente: ＿＿＿＿＿＿

   b. Las pirámides fueron construidas por los aztecas.

    Paciente: ＿＿＿＿＿＿   Acción: ＿＿＿＿＿＿   Agente: ＿＿＿＿＿＿

3. a. Los incas construyeron Machu Picchu.

    Agente: ＿＿＿＿＿＿   Acción: ＿＿＿＿＿＿   Paciente: ＿＿＿＿＿＿

   b. Machu Picchu fue construido por los incas.

    Paciente: ＿＿＿＿＿＿   Acción: ＿＿＿＿＿＿   Agente: ＿＿＿＿＿＿

Gramática

Active voice and passive voice (**voz activa y voz pasiva**) make reference to certain nuances of meaning conveyed by a different word order of the basic elements of a sentence:

voz activa: agente + acción   +   paciente

Los españoles conquistaron a los guaraníes

voz pasiva: paciente + acción   +   agente

Los guaraníes fueron conquistados por los españoles.

Paso 2. Lee las siguientes afirmaciones y escoge la opción que mejor describa las reglas del uso de la voz pasiva.

Answers 11-13, Paso 2

1. a., 2. b., 3. a., 4. b., 5. a.

1. El verbo conjugado siempre es:
    a. ser   b. estar
2. El verbo principal que describe la acción es:
    a. un infinitivo   b. un participio pasado
3. El agente va precedido de la preposición:
    a. por   b. para
4. El participio pasado concuerda en número (singular, plural) y en género (femenino, masculino) con:
    a. el agente   b. el paciente
5. Los agentes y los pacientes son, con mucha frecuencia:
    a. humanos   b. animales

Paso 3. Utiliza la regla de formación de los participios de la página 329 del capítulo 9 para rellenar los espacios en blanco en las siguientes oraciones.

Answers 11-13, Paso 3

1. *rebajados,*   2. *cerrada,*   3. *firmado,* 4. *puesto,* 5. *visto,* 6. *devuelto*

1. Los precios de la tienda Económica fueron (rebajar) ＿＿＿＿＿＿.
2. La tienda Económica fue (cerrar) ＿＿＿＿＿＿ a causa de la reducción en las ventas.
3. El Tratado de Libre Comercio fue (firmar) ＿＿＿＿＿＿ en el año 2002.
4. El plan de reactivación económica fue (poner) ＿＿＿＿＿＿ en efecto el año pasado.
5. El discurso del ministro de economía fue (ver) ＿＿＿＿＿＿ por muchos televidentes.
6. El proyecto de política económica fue (devolver) ＿＿＿＿＿＿ al poder legislativo.

IV. The passive *se*

Gramática

In Spanish a passive structure with the particle **se** is used where the agent of the action is not identified.

Se cerraron las tiendas.   *The stores were closed.*

INTEGRATED COMPONENTS

Use the following instructional resources to practice **The passive se**.

- **Gramática viva:** Se *impersonal*
- **Student Activities Manual/o-SAM:** Activity 11-12
- **Companion Website:** Chapter 11, Gramática en contexto, The passive se

11-14. Se aumentaron los salarios

Paso 1. ¿Cuál de los siguientes agentes puede sustituir a **se** en el siguiente ejemplo?

Se aumentaron los salarios.   *Salaries were raised.*

1. **La compañía** aumentó los salarios.
2. **Los miembros del comité ejecutivo** aumentaron los salarios.
3. **La junta de accionistas** (*stockholders*) aumentó los salarios.
4. **Ella** aumentó los salarios.

Answers 11-14, Paso 1

All answers are possible.

Paso 2. ❷ Con tu compañero/a decide con quién concuerda el verbo en cada una de las oraciones del Paso 1 incluyendo el ejemplo.

Answers 11-14, Paso 2

The verb agrees with the object in **Se** *aumentaron los salarios*, but with the subject/agent of the verb in sentences 1 to 4.

11-15. ¿Quién lo hizo?

Paso 1. Inventa un posible agente para cada acción y transforma las oraciones siguientes a la voz pasiva.

Answers 11-15, Paso 1

1. Los nuevos centros comerciales fueron construídos por. . . , 2. El interés de los inversores fue aumentado por. . . , 3. Una tienda de electrodomésticos fue abierta el lunes pasado por. . . , 4. La situación económica fue arreglada por. . . , 5. Fueron anunciadas las rebajas por. . . , 6. Todos los libros de texto fueron vendidos por. . .

MODELO: Se aumentaron los salarios.
        Los salarios fueron aumentados por el ministro de economía.

1. Se construyeron los nuevos centros comerciales.
2. Se aumentó el interés de los inversores con la venta de bonos.
3. Se abrió una tienda de electrodomésticos el lunes pasado.
4. Se arregló la situación económica después del alza del bolívar.
5. Se anunciaron rebajas en la tienda más grande de la ciudad.
6. Se vendieron todos los libros de texto durante la primera semana de clases.

Paso 2. Escribe seis oraciones con el **se** pasivo sobre algunos eventos que ocurrieron recientemente en el lugar donde vives.

MODELO: Se fundó un nuevo centro cultural.

Paso 3. A continuación, lee las oraciones del Paso 2 a tu compañero/a y pídele que trate de adivinar la información que falta.

MODELO: E1: Se creó un parque nuevo, ¿sabes qué parque es?
        E2: ¿Es _____?
        E1: Sí, ¿sabes quién lo creó?

V. The prepositions *por* and *para*

ESTRATEGIAS

Vocabulario

The English preposition *for* is the equivalent of both **por** and **para**. So, how do you know when to use one or the other preposition in Spanish? As a rule of thumb, **para** tends to refer to objective, recipient, destination or deadline, whereas **por** is generally used when referring to the cause, agent, or to the spatial or temporal medium traversed.

INTEGRATED COMPONENTS

Use the following instructional resources to practice **The prepositions *por* and *para*.**

- **Student Activities Manual/o-SAM:** Activity 11-13
- **Companion Website:** Chapter 11, Gramática en contexto, The prepositions *por* and *para*

11-16. ¿Para qué?

Paso 1. El siguiente gráfico ilustra una de las distinciones básicas entre las preposiciones **por** y **para**. Usa esta información como guía para rellenar los espacios en blanco de las oraciones siguientes.

por	cause
para	destination, deadline, recipient, objective

1. _____ solucionar la crisis económica el ministro de economía viajó a China _____ invitación del presidente de ese país.
2. Las tasas de interés fueron rebajadas _____ el presidente _____ reactivar la economía.
3. Este libro fue escrito _____ el profesor de finanzas _____ los estudiantes de ciencias que toman su curso.
4. _____ razones desconocidas el asaltante regresó al lugar del crimen _____ tomar fotos del restaurante.
5. La tienda fue cerrada _____ el consejo de dirección _____ evitar pérdidas económicas mayores.

Answers 11-16, Paso 1

1. *para, por,* 2. *por, para,* 3. *por, para,* 4. *por, para,* 5. *por, para*

Paso 2. Lee la lista de funciones que se asocia generalmente con la preposición **por**. Luego selecciona la función que mejor describe el uso de esta preposición en el siguiente párrafo.

a. causa
b. período de tiempo
c. lugar ambiguo cruzado o frecuentado
d. intercambio o sustitución
e. medio de comunicación

Answers 11-16, Paso 2

1. b, 2. d, 3. a, 4. c, 5. e

Felipe es un trabajador incansable. Por ejemplo, ayer trabajó por (1. __b__) más de diez horas y hoy viajó por (2. _____) su gerente a Washington a una reunión de negocios muy importante. Además, le gusta llegar siempre a tiempo, por (3. _____) eso siempre viene por (4. _____) la carretera 202 porque no está tan congestionada como la 45. Pero aún cuando no está en la oficina nunca para de trabajar, inclusive cuando está enfermo se comunica por (5. _____) Internet para estar en contacto con la oficina.

Paso 3. Finalmente, usa la información anterior para rellenar los espacios en blanco de la carta siguiente.

Estimado cliente preferencial:

Este jueves cerraremos nuestras puertas **(1)** _____ tres horas para recibir a nuestros clientes más preciados. Durante esas tres horas usted podrá comprar cualquier mueble **(2)** _____ menos del 50% de su precio normal. Ésta es una muestra de nuestro agradecimiento **(3)** _____ sus compras anteriores. **(4)** _____ decorar su casa con estilo, ¡venga a visitarnos! Marque su calendario **(5)** _____ no olvidarse de la mayor venta de muebles del año. **(6)** _____ llegar a nuestro local tome la salida 45 de la ruta 102. Aclaración: Esta oferta no está disponible en ventas **(7)** _____ Internet y no aceptamos reservas hechas **(8)** _____ teléfono.

INTEGRACIÓN COMUNICATIVA

11-17. Consejos para regatear precios

Paso 1. En algunos lugares del mundo hispano existe la posibilidad de regatear, es decir, de negociar el precio de los productos que se compran. Señala con una cruz (X) los métodos que te parecen buenos para regatear precios.

1. _____ Hacer tu compra en el primer sitio que visitas.
2. _____ Escoger mercancía sin preguntar el precio.
3. _____ Visitar varios sitios antes de hacer la compra.
4. _____ Preguntarle al vendedor si se puede regatear o no.
5. _____ Decirle al vendedor que el precio es demasiado caro y proponerle un precio rebajado.
6. _____ Decirle al vendedor que te encanta el producto y que lo quieres comprar enseguida.
7. _____ Decirle al vendedor que vas a buscar y mirar en otras tiendas antes de tomar una decisión definitiva.
8. _____ Portarte de una manera tímida y aceptar cualquier precio que te ofrezca el vendedor.
9. _____ Portarte con mucha confianza y negociar el precio de una manera razonable y respetuosa con el vendedor.

Paso 2. Marca los lugares en los que crees que es más común regatear.

_____ un videoclub
_____ una tienda de productos electrónicos
_____ un mercado de frutas y verduras al aire libre
_____ una librería en Internet
_____ una farmacia

Paso 3. Observa las siguientes fotos y analiza las expresiones físicas de las personas cuando regatean precios en un mercado al aire libre.

Haciendo compras en Bolivia.

11-18. De compras en el centro comercial

Paso 1. Decide si las expresiones que siguen son dichas por el/la cliente/a (**C**), el/la dependiente/a (**D**) o el/la cajero/a (**J**).

Answers 11-18, Paso 1
1. C, 2. J, 3. D, 4. C, 5. D

1. _____ Perdón. Busco los trajes de hombre que se ofrecen con un descuento del 30 por ciento.
2. _____ El importe de la compra es de 15.000 guaraníes. Muchas gracias, señora.
3. _____ Estas camisas que se venden regularmente a 45.000 guaraníes cada una, están rebajadas a la mitad de precio. Es una ganga. Además, le quedarían muy bonitas.
4. _____ Lo siento señor. No aceptamos esta tarjeta de crédito aquí. ¿No tiene otra? ¿Quisiera pagar al contado?
5. _____ Además, con un pronto pago de solamente 500.000 guaraníes puedes comprar esta lavadora de ropa a plazos, pagando 150.000 guaraníes mensuales durante 10 meses. Es un buen precio, ¿no te parece?

Paso 2. ❷ Vas a representar un diálogo con tu compañero/a. Uno/a de ustedes va a ser el/la cliente/a y el/la otro/a va a ser el/la dependiente o el/la cajero/a.

Primero decidan lo siguiente:

1. El tipo de tienda o sección de la tienda.
2. El producto o la mercancía que quieren vender/comprar.
3. Para quién es la mercancía.
4. Si se ofrece o no un tanto por ciento de descuento en el precio de este producto.
5. El impuesto sobre ventas y si éste está incluido o no en el precio neto.
6. Los tipos de pago que se aceptan en la tienda.
7. El resultado de la negociación: ¿rebajó el precio el/la dependiente/a?

Paso 3. ❷ Después de tener los datos básicos, escriban un esquema del diálogo que van a representar. Recuerden que la persona que hace de cliente/a tiene que tratar de obtener el mejor precio posible.

Paso 4. Ⓖ Finalmente, presenten el diálogo al resto de la clase. La clase va a votar para decir si el/la cliente/a hizo una buena compra, y si la negociación fue efectiva para obtener un descuento.

ESTRATEGIAS   Lectura

Information from titles, subtitles, and other similar headings used in written texts act as advance organizers in the reading process by providing us with a preview of the information to be introduced in the main text. When you read in a second language, this type of information is even more important because it helps you infer the meaning of vocabulary and structures you may not know well through contextual cues.

11-19. ¿Eres un consumidor inteligente y responsable?

Paso 1. Cuando hacemos compras también tomamos decisiones como consumidores. Marca con una cruz (X) los comportamientos que crees que son propios de un consumidor responsable y agrega un comportamiento más en cada categoría.

	RESPONSABLE	IRRESPONSABLE
Lee las etiquetas de los productos.	_____	_____
No lee con atención los contratos.	_____	_____
Hace una investigación de las cualidades del producto antes de comprarlo.	_____	_____
Tira a la basura la factura o recibo.	_____	_____
Compara precios en varias tiendas.	_____	_____
_____	_____	_____

Paso 2. ❷ Lee los subtítulos de un artículo periodístico. Luego con tu compañero/a decidan a cuál de los dos títulos principales (**a** ó **b**) corresponden. Agreguen un subtítulo más al título principal con un consejo importante.

a.   Consejos para ser un consumidor inteligente y responsable
b.   Consejos para ser un buen vendedor

1. **No compre alimentos que hacen mal a la salud.**
2. **No confíe a ciegas en la publicidad.**
3. **Lea la información sobre el producto que desea comprar.**
4. **Recuerde que su compra es un voto por el producto que selecciona.**
5. **Exija recibo, factura o garantía.**
6. **Compare productos similares y diferentes marcas.**
7. **No firme ningún contrato sin leerlo bien.**
8. **Proteja el medio ambiente.**

Paso 3. ❷ Emparejen la información de cada uno de los siguientes párrafos con los consejos del artículo del Paso anterior.

Answers 11-19, Paso 3

a. 1, b. 4, c. 3, d. 7, e. 8, f. 2, g. 5, h. 6

A _____

Cuando compre un producto o elija un servicio entre varios, recuerde que su selección va a favorecer a una compañía sobre otra. Usted está votando con sus compras.

B _____

Antes de hacer la compra o el encargo del servicio, compare precios y calidades de productos en diferentes establecimientos. Si es necesario, pida presupuestos por escrito.

C _____

Lea las etiquetas de los productos, verifique las fechas de expiración de los productos alimenticios y de farmacia. La información tiene que ser legible. Si su manejo tiene alguna complejidad, el producto debe contener instrucciones de uso.

D _____

Lea todas las secciones, inclusive las que tienen letra pequeña. Todas las secciones del contrato forman parte del compromiso legal. Si no entiende alguna parte del contrato, pregunte, y si las respuestas no lo convencen consulte a un abogado/a o al menos obtenga una tercera opinión.

E _____

Los documentos escritos lo ayudarán a encontrar una solución si el producto que compre no está en buen estado. Verifique que su recibo tenga los datos del vendedor, la información del producto comprado o servicio contratado y el precio que pagó por dicho producto.

F _____

Recuerde que la publicidad no es información objetiva o desinteresada. El mejor producto o el mejor servicio no es el que se anuncia más por radio, diario o televisión. Tampoco es el producto que viene en el paquete más bonito, ni el que más promocionan las tiendas.

G _____

Consuma productos alimenticios que ayudan a proteger la salud. Compre alimentos sin aditivos, sin fertilizantes ni conservadores artificiales.

H _____

Compre productos que vienen en envases retornables o reciclables. Utilice papel reciclado. Compre bombillas fluorescentes de bajo consumo. Nuestras compras pueden ayudar a las industrias que invierten en la protección del medio ambiente.

Paso 4. **G** Comenta con tu compañero/a cuáles son dos cosas que haces y dos que no haces de las que aconseja el artículo de la revista. Tomen nota y luego compartan sus comentarios con la clase.

Paso 5. **2** Con la información que tienen ahora, completen estas conclusiones.

1. Nosotros/as somos mejores/peores/el mismo tipo de consumidores que la clase en general porque. . .
2. Algunos de los comportamientos más repetidos que nosotros/as debemos cambiar son. . .
3. Algunos comportamientos que nosotros/as debemos adoptar son. . .
4. Algunos comportamientos que nosotros/as debemos mantener son. . .

11-20. Tratados de libre comercio

Paso 1. Los países también negocian entre sí los mejores precios. Un nuevo sistema de comercio mundial es la asociación económica de bloques de países en los llamados tratados de libre comercio. Lee el siguiente texto para encontrar la respuesta a las siguientes preguntas.

1. ¿Qué tratados incluyen sólo países de habla hispana y cuáles no?
2. ¿Qué países hispanos participan en los tratados mencionados?

Tratados de libre comercio

En los últimos quince años el movimiento de bienes económicos en todo el continente americano se ha acelerado a causa de una serie de tratados comerciales que apuntan a liberar el tránsito de los productos que se comercializan en todo el continente. En 1990, Argentina, Brasil, Paraguay y Uruguay firmaron el tratado inicial de cooperación económica llamado Mercosur (Mercado del Cono Sur). Algunos años después, en 1994, Canadá, EE.UU. y México firmaron el Tratado de Libre Comercio del hemisferio norte (llamado NAFTA en inglés). Más recientemente, en el año 2001, El Salvador, Guatemala, Honduras y México firmaron otro tratado de libre comercio, creando así el Mercado Común Centroamericano.

Paso 2. **2** Observa el mapa con un/a compañero/a y piensen qué otros tratados se pueden crear en el futuro teniendo en cuenta las condiciones geográficas y económicas de los países del continente americano. Hagan una lista con dos o tres sugerencias y compártanlas con la clase.

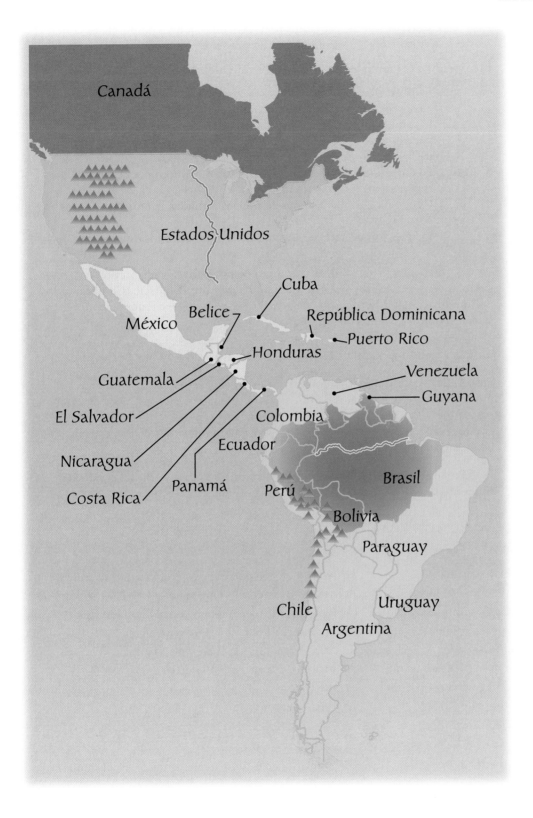

Paso 3. El Mercosur tiene asignados una serie de objetivos comerciales concretos. Marca con una cruz (X) los objetivos que tú crees que tiene el Mercosur.

Los objetivos comerciales del Mercosur como mercado común son:

1. _____ La libre circulación de bienes, servicios y factores productivos entre los países; el establecimiento de un arancel (*tariff*) externo común.
2. _____ El establecimiento de una sola lengua oficial en todos los estados participantes, la cual será el español ya que es la lengua hablada en tres de los cuatro estados signatarios.
3. _____ La coordinación de posiciones en foros económicos comerciales regionales e internacionales.
4. _____ La creación de un sistema de fuerzas armadas común a todos los estados participantes.
5. _____ La elección de un presidente único para todos los estados signatarios.

Paso 4. ❷ Comparte tus ideas con un/a compañero/a y hagan una lista con las posibles ventajas y desventajas de un sistema de libre comercio. Clasifiquen los argumentos a favor y en contra de acuerdo con las consecuencias económicas, sociales, políticas, culturales, etc.

11-21. Consecuencias económicas de un tratado de libre comercio

Paso 1. Los tratados de libre comercio tienen consecuencias económicas importantes ya que muchos de estos grupos firman tratados de cooperación con otros bloques comerciales. Escribe una lista de los países y grupos económicos con los cuales crees que el Mercosur —como bloque comercial— ha firmado convenios de cooperación.

Paso 2. Verifica tus predicciones del paso anterior subrayando en el párrafo siguiente las frases que confirman tus respuestas.

El Mercosur

El Mercosur tiene ambiciones de ser un grupo económico de envergadura mundial al negociar tratados con grupos económicos similares. Así, el 15 de diciembre de 1995 se firmó un acuerdo de asociación interregional, de cooperación y de coordinación política con la Unión Europea. Asimismo, otro acuerdo de libre comercio fue negociado con Chile, el cual comenzó a regir el 1° de octubre de 1996. Más tarde, un acuerdo de libre comercio similar se realizó con Bolivia y se puso en marcha en marzo de 1997. Finalmente, el Mercosur entró en diálogo con el Mercado Común Centroamericano. Este acuerdo fue firmado el 18 de abril de 1998. Actualmente, el Mercosur negocia la constitución de un área de libre comercio de las Américas (ALCA) con otros 30 países del hemisferio, la cual se estima que entrará en funcionamiento a partir del año 2005.

Paso 3. Por último, resume la información del párrafo anterior en el siguiente cuadro.

TIPO DE TRATADO	PAÍS(ES) O GRUPO ECONÓMICO	FECHA
Cooperación política	*Unión Europea*	*15 diciembre 1995*
_____	_____	_____
_____	_____	_____
_____	_____	_____

11-22. Las exportaciones de un miembro del MERCOSUR

Paso 1. **AB** Consulta con un/a compañero/a y completa la tabla de exportaciones de Paraguay a otros países durante la década de los 90.

MODELO: E1: "¿Cuánto exportó Paraguay a Brasil en el año 1990?
E2: "Paraguay exportó. . ."

A

Exportaciones de Paraguay (en millones de dólares)

DESTINO	1990	1991	1992	1993	1994	1995	1996	1997	1998	1999
Argentina	56	45	64	65	91	80	95	305	320	290
Brasil	___	203	171	215	324	411	520	480	___	238
Uruguay	12	11	___	7	___	34	___	26	15	17
Bolivia	4	2	2	3	3	4	3	4	5	2
EE.UU.	41	35	35	53	57	44	37	58	52	34
Europa	304	236	225	248	237	178	227	318	270	___

B Information for student B, p. 531

Paso 2. Basándote en la información anterior, indica cuáles de las siguientes oraciones son ciertas (**C**) o falsas (**F**).

Answers 11-22, Paso 2
C, C, F, C, C, F

1. _____ En el año 1990 Paraguay exportó aproximadamente tanta mercadería a Brasil como a Europa.
2. _____ Uruguay importó la misma cantidad de mercadería de Paraguay en el año 1991 y en el 1992.
3. _____ El país que importó la menor cantidad de productos de Paraguay durante el año 1994 fue Uruguay.
4. _____ Paraguay exportó más mercaderías a Uruguay que a Estados Unidos en el año 1996.
5. _____ El mayor importador de productos de Paraguay durante el año 1998 fue Brasil.
6. _____ Paraguay exportó más mercaderías a Europa que a Brasil en el año 1999.

Paso 3. Finalmente, utiliza la información anterior para determinar si la asociación de Paraguay al Mercosur fue positiva para el país o no. ¿Cambió en algo la dirección y el volumen de sus exportaciones?

11-23. Entrevista con un ejecutivo

Paso 1. **2** Con tu compañero/a imaginen que son dos ejecutivos/as de una compañía estadounidense que hace negocios con el Mercosur. ¿Qué opinan de las siguientes situaciones en sus relaciones con un/a colega hispano/a? Seleccionen su respuesta de acuerdo con las tres opciones ofrecidas.

Situaciones:

1. Llega 30 minutos tarde a la cita y se disculpa porque fue demorado por el tráfico.
2. Al final de la reunión los/las invita a salir a tomar un café o té.
3. Mantiene poca distancia física, generalmente menos de un metro.
4. Les pregunta si subieron de peso (*gained weight*) desde la última vez que los/las vio.

Respuestas posibles:

a. No nos molesta para nada porque creemos que es muy auténtico/a.
b. Nos molesta un poco su actitud, pero estamos acostumbrados/as a estas diferencias culturales.
c. Creemos que nuestro/a colega no nos tiene respeto.

Answers 11-22, Paso 3
There are many possible descriptions: *Paraguay exportó más mercaderías a Argentina que a Europa durante un solo año (1997). Durante toda la década, excepto durante los años 91, 92 y 99, Paraguay exportó más mercadería a Brasil que a ningún otro país. Desde el año 1996 en adelante Paraguay comenzó a exportar muchas mercaderías a Brasil y Argentina. (Fuente de información: CEI en base a Secretaría Administrativa del Mercosur:* www.mercosur.com/es/info/paraguay.jsp).

Entrevistador: En su país y en sus relaciones de negocios, si una persona llega 30 minutos tarde a una cita pero se disculpa porque fue demorada por el tráfico, ¿es una falta de respeto?

Ejecutivo: Pues. . . depende. . . si es una cita muy importante y hace tiempo que está planeada la reunión se espera que las personas lleguen a tiempo. Una demora de cinco minutos puede ser más normal. . . pero creo que el grado de importancia de la reunión determina hasta qué punto hay flexibilidad. No es lo mismo reunirse con amigos para tomar un café y

Paso 2. AUDIO Escucha a continuación la opinión de un ejecutivo hispano sobre las situaciones presentadas en el paso anterior. ¿Qué le parecen? ¿Por qué? Toma nota de las palabras clave que resumen su opinión.

Paso 3. ❷ Escuchen la entrevista de nuevo para comparar las respuestas del ejecutivo hispano con las de ustedes. Decidan cuáles son los puntos en común y cuáles las diferencias más importantes.

Paso 4. Ⓖ Compartan las conclusiones del Paso 3 con la clase. Determinen si sus opiniones son similares a las del ejecutivo hispano o si existen diferencias culturales importantes. Expliquen por qué.

ESTRATEGIAS Escritura

Business writing makes use of many standard openings and closings and fixed phrases that make communication easier. It is important, however, to know when to use these standard formulas since they depend on the addressee, the function of the letter, and your overall objective.

charlar que asistir a una reunión de negocios.

Entrevistadora: Y. . . ¿se considera normal invitar a un colega al que no ve frecuentemente a tomar un café o un té?

Ejecutivo: Pues. . . puede ser normal. . . pero. . . no ocurre siempre. Depende del carácter de las personas, del grado de cordialidad. . . si ocurre no se considera extraño, desde luego.

Entrevistadora: En algunas culturas las personas mantienen más distancia física al hablar y no tocan o abrazan a la otra persona cuando le hablan, ¿qué le parece?

Ejecutivo: Sí, noto eso cuando nos visitan colegas de otros países. Creo que cada cultura tiene sus normas de interacción personal y creo que es importante observar y respetar las preferencias de la otra persona. . . Específicamente en nuestra cultura, creo que algunas personas son más efusivas que otras y lo muestran más con el contacto físico. Depende también un poco del carácter, de la personalidad de cada uno. . .

Entrevistador: Y, con respecto a comentarios sobre la apariencia física: ¿piensa que es natural o normal comentarle a una persona con la que trabaja que subió de peso desde la última vez que lo vió?

Ejecutivo: Si es una persona con la que ya anteriormente intercambié comentarios personales, quiero decir, si existe cierto grado de intimidad o de cordialidad a nivel personal, bueno. . . sí, . . . me parece un comentario normal. . . Bueno, no es necesario tener una relación muy profunda. . . pero sí es necesario tener confianza a nivel personal.

11-24. Cartas comerciales

Paso 1. Combina por escrito las siguientes partes de cartas comerciales típicas (fecha, saludo, carta y despedida) según el grado de formalidad y contenido de cada carta. Hay varias combinaciones posibles, pero las frases subrayadas pueden ayudarte a identificar algunas combinaciones más probables.

Fechas

a. 23 de octubre de 2004

b. 15 de mayo, 2005

c. La Paz, 3 de agosto de 2005

Saludos

a. A quien corresponda:

b. Estimados/as señores/as:

c. Estimado Señor/Sr. Rodríguez:

Cartas

a. **Adjunto les envío** un cheque por la suma de 1.300 bolívares como pago de la factura número 234 de fecha 5 de mayo de 2004.

b. **Le rogamos tenga a bien** enviarnos una copia de su catálogo de productos hechos con lana de alpaca, así como también información sobre los precios y plazos de entrega de la mercadería.

c. **Tengo el agrado de dirigirme a ustedes** para efectuar el primer pedido de mercancías de su catálogo electrónico. **En hoja adjunta le facilito** el número de cuenta de nuestra compañía en el Banco Nacional del Paraguay. Por consiguiente, **le agradecería que** me enviara los siguientes productos a la brevedad posible.

Situación 1: depende del tipo de reunión (personal o de negocios/trabajo); Situación 2: depende del grado de cordialidad, de la personalidad, etc.; Situación 3: varía de acuerdo al carácter de la persona: hay unas más efusivas que otras; Situación 4: es normal si las personas se conocen un poco y existe cierta cordialidad entre ellas.

There are different possibilities. Notice however, that the first and the last *saludos* and the first and the last *cartas* are singular.

Despedidas
a. Atentamente,
b. Sin otro particular, lo saluda atentamente,
c. Rogando que se sirvan acusar recibo, los saluda atentamente,

Paso 2. A continuación tienes una lista de los temas tratados en un folleto sobre los servicios que ofrecen bancos e inmobiliarias. Lee la lista y luego localiza en el folleto los párrafos que describen esos temas.

Bancos

Las entidades financieras conceden, como máximo, un importe equivalente al 80% del valor de la vivienda, por lo que se debe contar con capital previo. El ahorro es fundamental, por eso es necesario disponer de una cuenta vivienda o un fondo de inversión sin descuidar la fiscalidad que generan, los plazos o las normativas. Para decidirse por un tipo de interés fijo o variable en los préstamos, no sólo es importante conocer las condiciones iniciales, sino que hay que considerar cuidadosamente las condiciones de revisión, los plazos establecidos de actualizaciones y la repercusión fiscal que conllevan.

Agencias inmobiliarias

A cambio de su trabajo, los profesionales inmobiliarios cobran un pequeño porcentaje del precio de la operación de compraventa, que generalmente paga el vendedor. También pueden ofrecer otros servicios complementarios como valoraciones y tasaciones, gestión de créditos inmobiliarios y alquileres de todo tipo de inmuebles.

Bancos
Cantidad de dinero que se puede obtener en el banco para la compra de vivienda.
Importancia de tener dinero para hacer el pago inicial.
Cuestiones a considerar cuando obtenemos dinero del banco para la compra de vivienda.

Agencias Inmobiliarias
Precio por uso de la agencia.
Servicios que ofrece la agencia.

Paso 3. AUDIO A continuación vas a escuchar un anuncio de la radio sobre un banco que ofrece préstamos para la compra de viviendas. Toma nota de la información.

INFORMACIÓN DEL ANUNCIO
horario de atención al público _____
dirección _____
préstamos para compra de _____
tasas de interés por préstamo _____

Paso 4. Para finalizar, escribe una carta para solicitar la información no presentada en el anuncio. Utiliza las cartas modelo del Paso 1 como guía.

Comparaciones culturales

11-25. Los países del Mercosur

Paso 1. Analiza el siguiente mapa de la región donde están situados Paraguay y Bolivia, y marca con una cruz (X) a quiénes crees que corresponden los siguientes intereses geopolíticos.

	PARAGUAY	BOLIVIA
obtener salida al mar (tráfico comercial)	_____	_____
tomar control de la zona del Chaco (petróleo)	_____	_____
controlar las cataratas del Iguazú (energía hidroeléctrica)	_____	_____

Paso 2. Después de leer el párrafo que sigue, completa la tabla a continuación.

Bolivia y Paraguay

La historia de Paraguay está trágicamente marcada por el aislamiento político y territorial y por las guerras. La guerra que tuvo las peores consecuencias para este país fue la Guerra de la Triple Alianza que ocurrió a fines del siglo XIX. Su nombre se refiere al hecho de que Paraguay se enfrentó a una alianza de tres países: Argentina, Brasil y Uruguay. Esta guerra tuvo consecuencias desastrosas para Paraguay. De su población total, alrededor de 525.000 personas en aquel momento, más de la mitad murió. De los sobrevivientes de la guerra quedaron aproximadamente 29.000 hombres, lo que constituía un 10% de la población total del Paraguay en esa época. Irónicamente, un siglo más tarde, en otra guerra sangrienta en la que Paraguay ganó la contienda (la Guerra del Chaco contra Bolivia entre 1932 y 1935), perdieron la vida más de 36.000 paraguayos. Lamentablemente también murieron 56.000 bolivianos. Sin embargo, a pesar de que perdió la guerra contra Paraguay, Bolivia pudo retener la región del Chaco que tiene petróleo. La victoria en la Guerra del Chaco le dio a Paraguay un pedazo de territorio que no tuvo, ni tiene, ningún valor económico ni político.

	GUERRA DE LA TRIPLE ALIANZA	GUERRA DEL CHACO
¿Cuándo?	_____	_____
¿Contra quién?	_____	_____
¿Cuántos muertos?	_____	_____
¿Resultado?	_____	_____

Paso 3. ❷ Con un/a compañero/a completa la siguiente tabla con información sobre una guerra entre los Estados Unidos y otro/s país/es.

Nombre de la guerra _____

¿Cuándo ocurrió? _____

¿Contra quién se luchó? _____

¿Cuántos muertos hubo? _____

¿Cuál fue el resultado? _____

11-26. Augusto Roa Bastos

Paso 1. El más famoso autor de la literatura paraguaya, Augusto Roa Bastos, participó en la Guerra del Chaco. Consulta con tu compañero/a para completar la información que falta de sus datos biográficos.

Ⓐ

> **A**ugusto Roa Bastos fue narrador, ensayista y guionista. Nació en _____. Cuando era joven participó en la Guerra del Chaco. Fue afectado íntimamente por la guerra y su efecto es evidente en sus escritos, en los que defiende a las clases oprimidas.
>
> Después de la guerra fue obligado a dejar Asunción debido a la persecución del gobierno. Así, en el año 1947 se trasladó a _____, donde fueron publicados sus primeros trabajos.
>
> En Argentina fue obligado a exiliarse nuevamente, en este caso en _____. Mientras vivía en este país, enseñó literatura y guaraní.
>
> Su carrera literaria comenzó con el estreno de piezas teatrales. Pero su denuncia contra el poder dictatorial fue hecha en una trilogía de novelas: *Hijo de Hombre* (1960), *Yo, el supremo* (1974) y *El fiscal* (1993).

Ⓑ Information for student B, p. 531

Cultura

Great authors stretch the power of communication of language through their creative use of words. But even great authors may find language insufficient to communicate as much as they wish. Roa Bastos, in particular, as a bilingual Spanish-Guaraní speaker, is very much aware of the ambiguity of the meaning of words.

Paso 2. En *Contar un cuento*, Roa Bastos habla de la dificultad de narrar la realidad con palabras. Lee el siguiente texto y escribe ejemplos para cada caso.

Contar un cuento

¿Saben lo que pasa? Se habla demasiado. El mundo está envenenado por las palabras. Son la fuente de la mayor parte de nuestros actos fallidos, de nuestros reflejos, de nuestras frustraciones.

1. Da un ejemplo de un uso de las palabras que genera confusión o malos entendidos.

> La palabra es la gran trampa, la palabra vieja, la palabra usada. Es muy cierto eso de que empezamos a morir por la boca como los peces. Yo mismo hablo y hablo. ¿Para qué? Para sacar nuevas capas (*layers*) a la cebolla. Por ahí no se va a ningún lado.

2. ¿Conoces ejemplos de casos en que se cometen errores de comunicación por hablar mucho? ¿Te pasó a ti?

> Habría que encontrar un nuevo lenguaje, y mejor todavía un lenguaje de silencio en el que nos podamos comunicar por levísimos estremecimientos (*shudder*), como los animales — ¿no se dan cuenta qué libres son ellos?

3. Provee ejemplos de comunicación efectiva entre animales, no entre seres humanos.

> Un pestañeo (*blink*) apenas visible resumiría todos los cantos de la Ilíada, incluso los que se perdieron. Un pliegue de labios, todo Dante, Shakespeare, Goethe, Cervantes, tan aburridos e inentendibles ya. Los gestos más largos expresarían los hechos más simples: el hambre, el odio, la indiferencia. El amor sería aún más simple. . .

4. Expresa con gestos una estrofa o una frase famosa de uno de los autores que menciona Roa Bastos o de otro autor que tú conozcas.

Paso 3. ❷ Selecciona con un/a compañero/a uno de los sentimientos que el autor explica que son difíciles de expresar con palabras, como hambre, odio, indiferencia, amor y escriban una definición.

Paso 4. Ⓖ Como conclusión, cada pareja va a leer su definición y presentar su descripción escénica a la clase que decidirá cuál de los dos modos de representación de cada emoción es una descripción más completa.

Suggestion 11-26, Paso 3

Un estudiante escribe una definición verbal de un sentimiento y el otro/la otra prepara una definición de esa misma emoción con gestos y movimientos. Luego, intercambian papeles.

···Diferencias dialectales···

Gramática

The labels used to name pieces of clothing vary substantially from region to region of the Spanish-speaking world. You don't have to learn all possible variations of these words. What is important is that you can recognize some of the most common words.

11-27. La ropa

Paso 1. Escribe, al lado de cada dibujo el número que corresponde a la serie de palabras que designa a las prendas de ropa o accesorios. Usa tu conocimiento de cognados.

1. colgantes, aretes, aros, pendientes (frecuentemente son de oro, plata o diamantes)
2. gafas, anteojos, lentes (son para ver mejor)
3. medias, calcetines
4. cinturón, correa, cinto
5. anillo, sortija (se llevan en los dedos)
6. campera, chaqueta, casaca, cazadora, chamarra
7. impermeable, gabardina, trinchera (son buenas para la lluvia o el frío)
8. bolsa, bolso, cartera (son para guardar dinero)
9. suéter, pulóver, jersey, chompa
10. vestido, traje
11. pollera, falda, saya
12. camiseta, remera, polera, polo, playera
13. sudadera, chándal, buzo (se usa cuando hace frío)
14. zapatos de correr, tenis, zapatillas, playeros

Paso 2. `AUDIO` ¿En qué país se usan comúnmente las siguientes palabras? Escucha a las siguientes personas, trata de identificar características de su habla que pueden indicar su región de origen y empareja los siguientes países con el vocabulario correspondiente. NOTA: Recuerda cómo hablan algunos personajes del video.

1. _____ Argentina
2. _____ España
3. _____ México
4. _____ Puerto Rico

a. chamarra, sudadera y playera
b. aretes, sortija y traje
c. gafas, jersey y cazadora
d. aros, zapatillas, pollera y buzo

11-28. El control mundial del metal

Paso 1. Lee las siguientes palabras en inglés y trata de notar la diferencia en la pronunciación de la **l**.

- *long, lose, unlike, leisure*
- *tall, kill, bull, pal*

Gramática

In English, the letter **l** can be pronounced in two ways depending on its position at the beginning or at the end of a syllable. In Spanish the **l** always sounds like the **l** at the beginning of a syllable in English.

Paso 2. Pronuncia las palabras en inglés con la **ele** que se usa normalmente al final de la sílaba (ésta es la **ele** que no se usa en español).

ball	bell	bull	call	crawl	kill	Mel	pal	tall	y'all (you all)

Paso 3. Ahora pronuncia las siguientes palabras del español con el sonido /*l*/ del comienzo de sílaba en inglés (como en *long*).

cóctel	coral	mundial	nacional	mental	metal	mortal	papel	penal	portal

Video

Las impresiones de Guadalupe

Primeras Impresiones

11-29. La subasta

Paso 1. Empareja las secciones de un periódico con los intereses de un lector.

1. _____ opinión
2. _____ especiales
3. _____ clasificados
4. _____ deportiva
5. _____ espectáculos

a. quiere leer sobre un concierto de piano.
b. busca ventas y alquileres de artículos de segunda mano.
c. desea leer las cartas de los lectores.
d. necesita saber las actividades organizadas para la feria del domingo.
e. busca los resultados de un torneo de fútbol.

Paso 2. `VIDEO` En este episodio Guadalupe está leyendo el periódico para encontrar artículos para la subasta. Mira los primeros 30 segundos del episodio. ¿Qué sección del periódico crees que está mirando?

Parece que Guadalupe está leyendo la sección de _____.

Paso 3. Según las primeras escenas que viste de este episodio, ¿crees que Guadalupe está contenta de ver a Pablo? Observa las siguientes imágenes y escribe una o dos oraciones con tu opinión de lo que va a pasar en este capítulo.

Las impresiones de Guadalupe

11-30. ¿Qué pasó?

Paso 1. `VIDEO` Mira el video y pon en orden los eventos de este episodio.

_____ Pablo le explica que es mejor buscar artículos que les gusten a los estudiantes.
_____ Pablo dice que es el mejor para pedir descuentos.
_____ Guadalupe no quiere que Pablo la ayude.
_____ Se sorprenden de que alguien alquile un microondas.

Paso 2. Ahora, sin mirar el video, recuerda quién dijo las siguientes expresiones: ¿Pablo (**P**) o Guadalupe (**G**)?

Answers 11-30, Paso 2

1. G, 2. P, 3. P, 4. G, 5. G

1. _____ ¡Pero cómo que no hombre! Eso le puede pasar a cualquiera.
2. _____ ¿Hablás en serio, nena? No le puedes vender una plancha a un estudiante.
3. _____ Mira. Esto sí es una ganga.
4. _____ ¿Regatear? ¡Ay! Es que a mí no me gusta regatear.
5. _____ ¡Ándale! ¿Y cuándo podemos ir?

Paso 3. VIDEO Ahora mira el video y verifica tus respuestas del Paso 2.

Impresiones culturales

11-31. Las interjecciones

Paso 1. Pablo y Guadalupe utilizan varias interjecciones en su conversación. Identifica la función de la interjección en **negrita**.

Answers 11-31, Paso 1

1. b, 2. a, 3. a, 4. b

1. _____ ¡Pero **ché!** Dos cabezas piensan mejor que una.
   a. Para expresar su acuerdo.
   b. Para expresar su desacuerdo.
2. _____ **Oye**, Pablo. Te quería hacer un comentario.
   a. Para llamar la atención.
   b. Para despedirse.
3. _____ **¡Qué chulas!**
   a. Para expresar un alto grado de una calidad.
   b. Para expresar un grado de incertidumbre.
4. _____ ¡Pero **por supuesto**! Un horno microondas es lo mejor para cocinar algo rápido.
   a. Para expresar desacuerdo y descontento.
   b. Para verificar y afirmar algo puesto en duda.

Paso 2. Ahora, empareja las interjecciones de Paso 1 con sus equivalentes en inglés.

Answers 11-31, Paso 2

1. b, 2. d, 3. a, 4. c

1. _____ ché   a. *how cool*
2. _____ oye   b. *come on; hey*
3. _____ qué chulas   c. *of course*
4. _____ por supuesto d. *listen; hey*

Paso 3. VIDEO Pablo y Guadalupe se han reconciliado en este episodio. Una manera por la cual lo sabemos es por el uso de palabras cariñosas. Decide si las siguientes palabras cariñosas aparecieron o no en el episodio. Usa **sí** o **no** para responder.

Answers 11-31, Paso 3

1. *sí*, 2. *sí*, 3. *sí*, 4. *no*, 5. *no*

1. _____ nena
2. _____ Lupe
3. _____ Pablito
4. _____ amorcito
5. _____ gorda

Paso 4. Por último, pídele a tu instructor/a que te enseñe otras palabras cariñosas, por si acaso las necesitas para reconciliarte con alguien.

En resumen

Gramática

1. Comparisons of equality and inequality

más + adjective + **que**	**más** + noun + **que**	action + **más que** + noun
menos + adjective + **que**	**menos** + noun + **que**	action + **menos que** + noun
tan + adjective + **como**	**tanto/a/os/as** + noun + **como**	action + **tanto como** + noun

2. Superlatives

Superlatives are used to indicate that someone or something has the most extreme degree of a quality, be it positive or negative. Spanish uses the appropriate definite article (**el, la, los, las**) and noun, followed by **más/menos** and then an adjective: **el muchacho más alto, la muchacha menos alta.** Some special superlatives are: **mejor** (*better/best*), **peor** (*worse/worst*), **mayor** (*older/oldest*), and **menor** (*younger/youngest*).

3. Passive voice

Passive and active voice can describe the same event, but the passive voice puts a greater focus on the action rather than on the participants. Conjugate **ser** in agreement with the subject of the passive sentence, followed by the form of the past participle that agrees with that subject.

4. Passive *se*

Another strategy for de-emphasizing the agent of an active sentence is to use the passive **se**. In this structure, the agent is replaced by **se**; the verb then agrees in number with the patient of the active sentence. Example: active voice: **El jefe aumentó los salarios** (*The boss raised salaries*) vs. passive **se**: **Se aumentaron los salarios** (*Salaries were raised*).

5. The prepositions *por* and *para*

As a rule of thumb, **para** tends to refer to objective, goal, destination, or deadline, whereas **por** is generally used when referring to the spatial or temporal medium traversed.

Vocabulario

Prendas de ropa

un abrigo	*coat*
un bañador/un traje de baño	*swimsuit*
una blusa de satén	*satin blouse*
una bufanda	*scarf*
una camisa	*shirt*
una camiseta	*T-shirt*
una chaqueta	*jacket*
un cinturón	*belt*
una corbata	*tie*
una falda	*skirt*
un gorro	*cap*
un impermeable	*rain jacket/ raincoat*
un par de pantalones	*pair of pants*
un paraguas	*umbrella*
unas sandalia de cuero	*pair of leather sandals*
un sombrero	*hat*
un traje	*suit*
un par de vaqueros/jeans	*pair of jeans*
un vestido	*dress*
un par de zapatillas	*pair of sneakers*
un par de zapatos	*pair of shoes*
un par de zapatos de tacón	*pair of high-heeled shoes*

Sustantivos relacionados con la ropa

algodón	*cotton*
cuero	*leather*
lana	*wool*
seda	*silk*

Artículos de los grandes almacenes

el abrelatas	*can opener*
la aspiradora	*vacuum cleaner*
la cafetera	*coffee machine*
el espejo	*mirror*
el juego de copas	*set of wine glasses*
el juego de vasos	*set of glasses*
la lavadora	*washing machine*
la lavavajillas	*dishwasher*
el mantel	*tablecloth*
el mueble	*(piece of) furniture*
la plancha	*iron*
el refrigerador	*refrigerator*
la secadora	*dryer*
la toalla	*towel*

Sustantivos relacionados con el comercio

la agencia inmobiliaria	*real estate agency*
el ahorro	*savings*
el arancel	*(commerce) tax*
el/la cajero/a	*cashier*
el/la comprador/a	*buyer*
el/la co-solicitante	*co-borrower*
la cuenta corriente	*bank account*
la factura/el recibo	*receipt*
la fecha de caducidad	*expiration date*
una ganga	*a steal (very cheap)*
los impuestos	*taxes*
los ingresos	*income*
el justificante de pago	*payment receipt*
la mercancía	*goods*
la oferta	*sale*
el plazo	*deadline*
el precio/el importe	*price*
el presupuesto	*budget*
el préstamo	*loan*
la rebaja	*discount*
el regateo	*bargaining*
el salario/el sueldo	*salary*
la tasa de interés	*interest rate*
el tratado/acuerdo	*treaty*
el tránsito de productos	*transportation of goods*
el/la vendedor/a	*seller*
el vuelto	*change (money)*

Verbos relacionados con el comercio

ahorrar	*to save*
comprar	*to buy*
conceder (un) crédito	*to give a loan*
confiar a ciegas	*to have blind faith*
gastar (dinero)	*to spend money*
pagar al contado	*to pay with cash*
pagar en cuotas	*to pay in installments*
rebajar el precio	*to lower the price*
solicitar un crédito/ préstamo	*to request a loan*
vender	*to sell*

12 La cultura y los medios de comunicación

Vocabulario en contexto

· Formas de arte clásico
· Críticas teatrales y cinematográficas

Intercambios comunicativos
· Dar y recibir consejos

Enfoque cultural

· El Salvador, Honduras y Guatemala

Gramática en contexto

· The subjunctive: Impersonal expressions
· **Lo** + adjective

Integración comunicativa

· El arte
· La televisión
· Una cultura en común

Comparaciones culturales

· George Washington y Francisco Morazán
· Identidad cultural
· Dos Premios Nobel: Rigoberta Menchú y Óscar Arias
· Augusto Monterroso

Diferencias dialectales

· El español en la red
· La **b** y la **v**

Video: Las impresiones de Guadalupe

En resumen

Note

These exploratory activities preview some of the major topics covered in the chapter. They do not require right answers. If students do not offer options, volunteer one or two and move on. After you finish the chapter, ask students to do these activities again to give them a sense of progress as, most likely, they'll do better at the end of the chapter.

Vocabulario en contexto

Ask students to think of other words that could be associated to the main word in the box. After you complete the chapter, come back to this page and ask them to mention as many words as they can remember (without consulting notes).

Gramática en contexto

Ask students to fill in the empty spaces in this text. Do they notice any particular structure that differs substantially from English?

Comparaciones culturales

Ask students to add a few more entries to the list.

Vocabulario en contexto

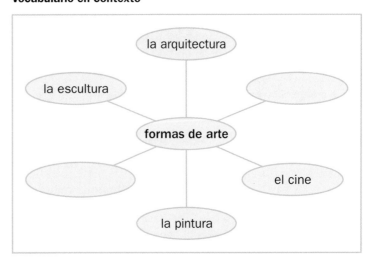

Gramática en contexto

Lamentamos informarte que no has sido admitida en nuestro programa. Sin embargo, es recomendable que no (1) ~~penses~~ _pienses_ (pensar) que no eres buena bailarina. Sólo te hace falta más experiencia. Es una lástima que nosotros no te (2) _____ (poder) admitir ahora. Pero, es importante que (3) _____ (saber) que puedes solicitar ingreso a nuestro programa el próximo semestre.

Comparaciones culturales

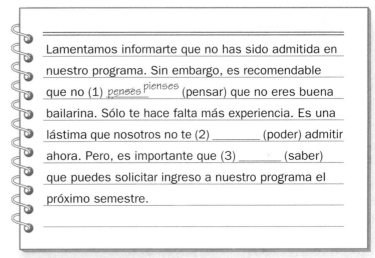

Temas importantes para un estudio de identidad cultural

SÍ	NO	
_____	_____	Donación de tiempo a grupos de ayuda al prójimo (*neighbors/people*)
_____	_____	Tiempo dedicado a los amigos
_____	_____	Tiempo dedicado a la familia
_____	_____	Independencia económica de los padres
_____	_____	Relaciones sociales con grupos raciales distintos al propio
_____	_____	Convivencia con los ancianos en la misma casa
_____	_____	Participación en las elecciones locales y nacionales
_____	_____	Cuidado de la salud
_____	_____	Conocimiento de la historia de tu país

417

Vocabulario en contexto

12-1. Formas de arte clásico

Paso 1. ❷ El cine es llamado **el séptimo arte**. Haz una lista con los nombres de las otras seis formas de arte clásico. Comparte esta información con tu compañero/a.

Paso 2. ❷ ¿Qué otras formas de arte crees que es importante considerar en el mundo actual? Comparte esta información con tu compañero/a.

12-2. Obras de arte

Paso 1. Observa las siguientes obras artísticas. Marca con una cruz (**X**) cuál de ellas es la obra de un artista hispano (**H**) y cuál es la obra de un artista no hispano (**NH**).

(1)

(2)

(3)

(4)

(5)

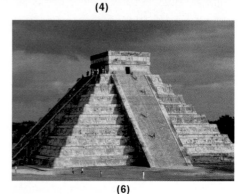
(6)

ARTES	OBRA Nº	H	NH
escultura	_____	_____	_____
pintura	_____	_____	_____
arquitectura	_____	_____	_____

Cultura

The term Hispanic has an ambiguous meaning when we consider the culture of the conquered (e.g., Mayan) in contact with the culture of the conqueror (Spain). This topic will be explored in further detail in remaining sections of this chapter.

Paso 2. Escribe el nombre del autor de cada una de las siguientes obras literarias, musicales o cinematográficas en el lugar correspondiente. Señala en cada caso qué obra es hispana (**H**) y cuál no lo es (**NH**). NOTA: Los nombres de las obras no hispanas fueron traducidos al español. En el recuadro a continuación tienes los nombres de los artistas.

Answers 12-2, Paso 2

Películas: Frank Capra, NH, Roberto Rodríguez, H; **canciones:** Carpenters, NH, Los del Río, H; **novelas:** García Márquez, H, Proust, NH; **piezas musicales:** Beethoven, NH, Joaquín Rodrigo, H

| Beethoven | Frank Capra | Los Carpenters | Los del Río |
| Roberto Rodríguez | Joaquín Rodrigo | Proust | García Márquez |

	TÍTULO	AUTOR	H	NH
películas	*¡Qué bello es vivir!*	_____	_____	_____
	Los niños espía	_____	_____	_____
canciones	«Desperado»	_____	_____	_____
	«La Macarena»	_____	_____	_____
novelas	*Cien años de soledad*	_____	_____	_____
	En busca del tiempo perdido	_____	_____	_____
piezas musicales	*La novena sinfonía*	_____	_____	_____
	Concierto de Aranjuez	_____	_____	_____

Paso 3. (G) Con otros/as dos compañeros/as piensa en títulos de obras de arte famosas en cada una de las siguientes categorías. Hagan una lista.

fotografía	película
escultura	canción
pintura	novela
obra arquitectónica	pieza musical

Paso 4. (G) Compartan sus resultados con el resto de la clase y respondan entre todos a las siguientes preguntas.

1. ¿Con qué tipo de manifestaciones artísticas está más familiarizada la clase?
2. ¿Predominan las obras de algún país en particular?
3. ¿Predominan las obras de alguna tendencia artística o época (por ejemplo, clásicas, contemporáneas, realistas, etc.)?

12-3. La pintura: ¿Qué expresa y cómo lo expresa?

Paso 1. AUDIO Observa las imágenes que siguen. Pertenecen a tres pinturas españolas famosas: "Las Meninas" de Velázquez, el "Guernica" de Picasso y "La persistencia de la memoria" de Dalí. Luego escucha las siguientes descripciones e identifica la obra de arte a la que se refieren.

Audioscript 12-3, Paso 1

1. Ésta es una obra que podemos calificar de abstracta, cubista. Se observa la presencia de figuras fragmentadas y de múltiples perspectivas. Esta escena en blanco y negro representa un gran grito o lamento. Es la reacción del artista ante un suceso trágico de la guerra civil española.

2. Estamos ante una escena surrealista donde predominan los elementos fantásticos y oníricos. Al observar la obra tenemos la impresión de estar ante un mundo de ensueño. El tiempo es omnipresente en esta obra y su persistencia se hace patente.

3. Esta obra barroca del año 1656 es la más famosa del Siglo de Oro de la pintura española. Es una escena realista en la que vemos a varias personas, entre ellas el propio pintor, las figuras del espejo, el rey Felipe Cuarto y la reina Mariana, pero el foco de atención y la luz están en la hija de éstos.

(a)

(b)

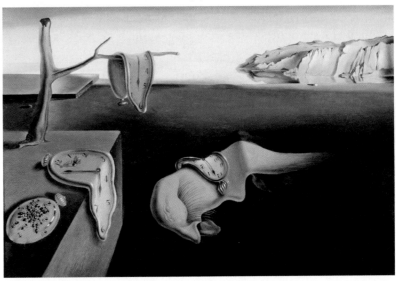

(c)

Descripción 1: _____

Descripción 2: _____

Descripción 3: _____

Vocabulario

Most descriptions of artistic works in English share a great deal of vocabulary with the Spanish lexicon of Latin or Greek roots. Use your knowledge of English cognates to add more variety to your descriptions.

Paso 2. `AUDIO` Escucha de nuevo la grabación e indica qué adjetivos se usan para describir cada una de las pinturas.

cubista   abstracto/a   surrealista   realista   trágico/a   barroco/a   onírico/a

"Las Meninas" _____

"Guernica" _____

"La persistencia de la memoria" _____

Paso 3. A continuación, escoge una de las pinturas anteriores y prepara una breve descripción.

Paso 4. **G** Describe la obra a la clase sin decir el nombre de la obra ni del autor. Los demás deben tratar de adivinar qué obra has elegido.

12-4. El baile como forma de expresión

Paso 1. `AUDIO` Escucha a dos bailarines famosos hablar de su profesión. Después, completa la tabla con información sobre cada uno de ellos.

	BAILARÍN 1	BAILARÍN 2
nombre	_____	_____
bailarín/bailarina de	_____	_____
edad	_____	_____
años en la profesión	_____	_____
por qué escogieron la profesión	_____	_____
tres adjetivos que describen este baile	_____	_____

Paso 2. **2** Con un/a compañero/a describan un baile o forma de arte que les guste. ¿Qué sentimientos permite expresar? ¿Con qué adjetivos lo podrían definir o identificar?

Answers 12-3, Paso 2

"Las Meninas": *realista;* "Guernica": *abstracto, trágico, surrealista;* "La persistencia de la memoria": *onírico, abstracto, surrealista.*

Answers 12-4, Paso 1

Alberto Vargas, flamenco, 36, 24, expresar sentimientos, variados; triste, alegre, exótico; Concha Amorós, danza clásica, 24, 6, delicadeza de movimientos, la música y el entorno; sublime, armónico, elegante

Audioscript 12-4, Paso 1

1. Hola. Me llamo Alberto Vargas y soy bailaor de flamenco. Tengo 36 años y me dedico a esta profesión desde los 12. El baile me atrajo ya en la niñez y decidí dedicarme a esta profesión porque el flamenco siempre me permitió expresarme libremente y expresar sentimientos muy variados a través de una forma de arte que identifica a mi cultura, me hace tener mis raíces muy presentes y sentirme orgulloso de ser gitano. El arte flamenco puede ser muy puro y a la vez, muy versátil y variado, y eso es parte de su encanto. El baile flamenco puede ser triste o alegre, misterioso, exótico, sensual, dramático o lúdico.

2. Hola. Me llamo Concha Amorós y soy bailarina clásica. Comencé a bailar cuando era muy pequeña, cuando tenía 4 años, y me dedico profesionalmente a la danza clásica desde hace 6 años. Ahora tengo 24 años. El ballet me fascinó desde niña cuando mis padres me llevaron por primera vez a ver un espectáculo. Creo que, al principio, me llamó la atención la delicadeza de los movimientos, la música y el entorno que se crea alrededor del ballet. Continué estudiando ballet clásico porque me hacía sentir bien física y mentalmente y, con el tiempo, desarrollé una fascinación por la profesión. En gran parte este tipo de baile me atrae porque, para mí, es simple y sublime a la vez, armónico y elegante, calmo e intenso.

12-5. Críticas teatrales y cinematográficas

Answers 12-5, Paso 1

1. b, 2. a, 3. b, 4. a

Paso 1. Lee las siguientes situaciones y subraya la opción que se asocia con una obra teatral exitosa.

MODELO: En el camerino (*dressing room*), los actores. . .
  a. Se pelean.
  b. Se visten y se maquillan.
  c. Preparan comida.

1. Antes de la presentación de la obra, algunas personas del público. . .
  a. hacen llamadas telefónicas.
  b. leen el libreto de la obra con atención.
  c. bostezan (*yawn*).

2. Mientras los actores cantan, la orquesta. . .
  a. toca la música siguiendo la partitura.
  b. duerme.
  c. lee el diario.

3. Durante el intermedio, el público. . .
  a. se va a su casa.
  b. comenta la primera parte de la obra.
  c. va a pedir un reembolso (*refund*) de su entrada.

4. Cuando termina la obra los aficionados. . .
  a. aplauden con emoción.
  b. no aplauden nada.
  c. tiran tomates a los actores.

Answers 12-5, Paso 2

Crítica positiva: montaje musical, un aspecto destacable, encaja perfectamente con el tono poético y melancólico de la obra; crítica negativa: actor Antonio Amador, su interpretación no es tan buena como la de Rodero.

Paso 2. Lee la siguiente crítica de una obra teatral y determina: quién (o qué) recibe una crítica positiva y quién (o qué) recibe una crítica negativa. Para cada categoría escribe la referencia (palabras u oraciones) que fundamente tu opinión.

Amador es ayudado por la música

El actor Antonio Amador es el nuevo intérprete del drama *Historia de un caballo* del escritor ruso León Tolstoi. La obra teatral, que ya fue llevada al escenario en los años setenta de la mano del actor José María Rodero, narra la vida de un caballo condenado a la marginación por ser diferente. Aunque Amador ha estado sometido a un duro entrenamiento de ejercicio de mimo para producir los movimientos y los gestos del caballo, su interpretación no es tan buena como la protagonizada por el mítico Rodero. Un aspecto destacable de esta nueva versión teatral de la obra de Tolstoi es el montaje musical que encaja perfectamente con el tono poético y melancólico de la obra. En este sentido se puede decir que el director Juan Pedro Girales ha acertado plenamente.

	QUIÉN	QUÉ	REFERENCIA
crítica positiva	_____	_____	_____
crítica negativa	_____	_____	_____

Paso 3. Vuelve a leer la crítica anterior y escribe los sinónimos de las palabras siguientes.

1. autor _____
2. pieza _____
3. cuenta _____
4. actuación _____
5. legendario _____
6. remarcable _____
7. triste _____

Paso 4. ❷ Selecciona con un/a compañero/a una obra de teatro o película que los/las dos hayan visto recientemente y escriban una crítica.

12-6. ¡A actuar!

Paso 1. Empareja cada una de las siguientes palabras del mundo del cine y de la televisión con la definición correspondiente.

el primer plano

los subtítulos

I didn't know...

la taquilla

la cartelera

los efectos especiales

el guión

a. _____ Trucos cinematográficos que se usan para simular algo y hacer que parezca real.
b. _____ Lugar donde se venden boletos de transporte público o entradas para espectáculos.
c. _____ Traducción escrita del guión de una película.
d. _____ Lista de películas que se muestran en un cine.
e. _____ Texto con el desarrollo completo de una película.
f. _____ Toma realizada por una cámara en la que se ve con detalle el objeto o persona.

Paso 2. ❷ Piensa con tu compañero/a en una película que sirva como ejemplo de las siguientes categorías cinematográficas.

MODELO: Un primer plano muy famoso.

El cuchillo que sube y baja para asesinar a la mujer en la ducha de la película *Psicosis*.

1. Una película que estuvo muchos meses en cartelera.
2. Una película con una trama (*plot*) muy simple.
3. Una película famosa por los efectos especiales.
4. Una película reciente que tuvo mucho éxito de taquilla.

Paso 3. Ⓖ En grupos de tres piensen en una escena muy conocida de una obra de teatro, un programa de televisión o una película que la mayoría haya visto. Preparen una mini representación de esa escena.

Paso 4. Ⓖ Representa con tus compañeros/as la escena que prepararon en el Paso anterior. No digan el título de la obra, el programa ni la película. El resto de la clase va a tratar de adivinarlo.

🎧 Intercambios comunicativos

Estrategias de comunicación: Expresiones que se usan para dar consejos

Creo que sería recomendable que. . .	*I think it would be advisable that . . .*
Nadie me pidió consejo, pero creo que. . .	*For what it's worth, I think that . . .*
No quiero meterme/ser metido, pero. . .	*It's none of my business, but . . .*
En mi opinión, creo que. . .	*I think that . . .*
Pienso que deberías. . .	*I think that you should . . .*
Te aconsejo que. . .	*I advise you to . . .*
¿Y qué pasa si. . .	*What about . . . ?*
¿(No) has pensado en. . . ?	*Have you considered . . . ?*
¿(No) sería mejor si/que. . .	*Would it be better if . . .*
¿(No) crees/te parece que. . .	*Do you think . . . ?*

Note that the use of the negative in Spanish does not have the same condescending or negative connotation as its English translation. On the contrary, the negative form in Spanish expresses empathy and is less direct than other forms in the affirmative.

¿No has pensado en. . . ?	*Have you considered . . . ?*

12-7. Consejos

Paso 1. VIDEO Observa las siguientes escenas del video en las cuales Camille le hace una broma a Guadalupe. ¿Cómo describirías la personalidad de Camille y la reacción de Guadalupe?

1. Camille es. . .
   a. pesada   b. divertida   c. madura
2. Guadalupe está. . .
   a. enojada o molesta   b. cansada o agotada   c. contenta o alegre

Paso 2. ¿Cómo reaccionarías ante esta situación? ¿Qué le dirías a Camille? Completa la interacción verbal entre Guadalupe y Camille que sigue a la escena del video anterior. Utiliza la descripción en inglés para escribir las líneas del diálogo en español. Las líneas subrayadas representan consejos/sugerencias similares a las que se presentan en la tabla anterior.

GUADALUPE: [*Tells Camille she is crazy reminds her that her kind of joke may cause someone a heart attack* (un ataque al corazón), *tells her this is not a joke.*]

CAMILLE: [*Asks Guadalupe to consider it fun, tells her that these pranks are good to keep them awake . . . and adds in a creepy voice: especially if a monster is around.*]

GUADALUPE: [*Asks Camille once again to stop teasing her. Asks her not to behave like a child.*]

CAMILLE: [*Asks Guadalupe not to take it too seriously. Tells her that it was just a movie.*]

Paso 3. ② Intercambia la escena que escribiste en el Paso 2 con un/a compañero/a. Seleccionen la mejor escena y represéntenla frente a la clase.

Paso 4. ② Finalmente, mira con tu compañero/a la parte del video para la que acaban de escribir el diálogo y tomen nota de las expresiones que se utilizan en el video para las frases subrayadas. ¿Quién de ustedes se aproximó más al diálogo original del video?

ENFOQUE CULTURAL

12-8. Provincias unidas de Centroamérica

Paso 1. Cinco países centroamericanos celebran su independencia en la misma fecha: el 15 de septiembre. ¿Sabes cuáles son esos países? ¿Por qué crees que esta celebración se festeja el mismo día?

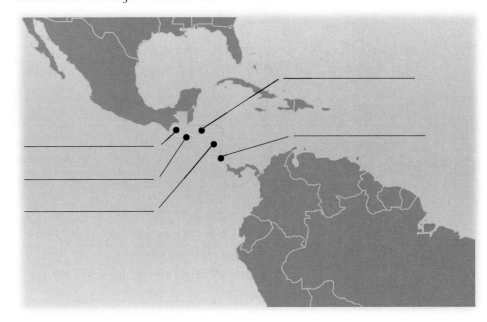

Paso 2. AUDIO Escucha ahora la historia de las Provincias Unidas y empareja las fechas con los hechos que se describen.

1. _____ 1821   a. Nicaragua y Honduras son los primeros estados en separarse de la unión.
2. _____ 1822   b. Guatemala se separa de la federación de provincias centroamericanas.
3. _____ 1823   c. Las Provincias Unidas de Centroamérica proclaman su independencia de España.
4. _____ 1838   d. Los cinco estados centroamericanos actuales se separan del Imperio Mexicano.
5. _____ 1847   e. Costa Rica declara su independencia.
6. _____ 1848   f. Anexión de las Provincias Unidas al entonces llamado Imperio Mexicano.

Paso 2. AUDIO Escucha nuevamente la grabación e indica cuáles de las siguientes afirmaciones son ciertas (**C**) o falsas (**F**).

a. _____ Durante la proclamación de la independencia un grupo político propugnaba la unión con México y otro grupo fomentaba la unión con Estados Unidos.

b. _____ Durante la proclamación de la independencia un grupo político propugnaba la unión con México y otro grupo fomentaba la unión con Colombia.

c. _____ La unión política centroamericana fue el primer país en legalizar la esclavitud en América.

d. _____ La unión política centroamericana fue el primer país en abolir la esclavitud en América.

Cultura

El Salvador, Guatemala, and Honduras will be discussed together in this chapter because all three have one major thing in common—they were the site of the great Mayan empire (the Mayans also inhabited Belize and the southern part of Mexico). The two other nations that formed part of the United Provinces of Central America (Costa Rica and Nicaragua) will be discussed in Chapter 14.

Gramática en contexto

I. The subjunctive: Impersonal expressions

Gramática

The verb conjugations studied in previous chapters are in the **indicative** mood, which is used to express or describe objective facts or ideas. In contrast, the **subjunctive** makes reference to subjective or fictional worlds, wishes, doubt, and uncertainty.

12-9. Es importante que el público llegue a tiempo

Paso 1. En inglés también se usa el subjuntivo (aunque no es una forma muy popular). Señala en cúal de las siguientes oraciones la forma del verbo **to arrive** está en subjuntivo.

1. *It is important that the public arrive at the theater on time.*
2. *He always arrives at the theater on time.*
3. *It is important to arrive at the theater on time.*

Paso 2. Ahora subraya la forma del subjuntivo en las siguientes oraciones en español.

1. Es importante que el público llegue a tiempo al teatro.
2. Él siempre llega a tiempo al teatro.
3. Es importante llegar a tiempo al teatro.

INTEGRATED COMPONENTS

Use the following instructional resources to practice **The subjunctive: Impersonal expressions.**

- **Gramática viva:** Subjunctive: Impersonal expressions
- **Student Activities Manual/o-SAM:** Activities 12-9, 12-10
- **IRCD:** p. 430
- **Companion Website:** Chapter 12, Gramática en contexto, The subjunctive: Impersonal expressions

Answer 12-9, Paso 1

Number 1

Answers 12-9, Paso 2

1. **llegue.** Compare sentences in English and in Spanish to show that English uses the subjunctive in the same conditions that Spanish does (although in English the subjunctive is not used as frequently or consistently as it used to be).

Gramática   E S T R A T E G I A S

The following sentence can be divided into two parts called clauses.

Es importante que el público llegue a tiempo al teatro.

- Independent (or main) clause: **Es importante**
- Dependent clause: **que el público llegue a tiempo al teatro** (introduced by **que**).

Note that in the main clause the verb (**Es**) is conjugated in the indicative, but in the dependent clause, the verb (**llegue**) is in the subjunctive.

Paso 3. ¿Cuál de estas dos oraciones está en subjuntivo y cuál en indicativo? Estudia la oración principal y explica por qué.

a. Es cierto   . . . que los artistas **presentan** una visión subjetiva del tema.
b. No es cierto   . . . que lo **hagan** por interés económico.

Gramática

There are several impersonal expressions that are commonly used to introduce a subjective point of view.

Es bueno que. . . **den** fondos para el desarrollo de las artes.

Es imposible que. . . **permitan** la distribución comercial de esas pinturas.

Es raro que. . . **crean** que los artistas no necesitan un sueldo decente.

However, if what is described in the dependent clause is assumed (by the speaker) to be factual, the indicative is used.

Es cierto. . . que los artistas **presentan** una visión subjetiva del tema.

However, the negation of what could be factual requires the use of the subjunctive.

No es cierto. . . que lo **hagan** por interés económico.

12-10. El mundo del arte y de los artistas

Paso 1. Decide si estás de acuerdo o no con estas afirmaciones y explica por qué.

1. Es cierto que la vida de los artistas es mejor que la vida de una persona con un trabajo normal.
2. Es imposible que un artista viva de su profesión toda la vida.
3. Es importante que todos tengamos acceso a diferentes manifestaciones culturales.
4. No es cierto que todas las formas de arte gusten por igual a todo el mundo.
5. Es obvio que el arte es un bien de consumo muy caro.
6. Es importante que los gobiernos den fondos para el desarrollo de las artes.
7. Es necesario que los artistas tengan libertad de expresión para poder crear.
8. Es increíble que la gente crea que los artistas son todos bohemios y que no tienen una vida normal.

Paso 2. **G** Comparte ahora tu opinión con la clase. Resuman entre todos la opinión de la mayoría.

Paso 3. A continuación, completa la tabla siguiente con los elementos de las afirmaciones del Paso 1.

EXPRESIÓN IMPERSONAL	VERBO DE CLÁUSULA DEPENDIENTE	
	INDICATIVO	SUBJUNTIVO
1. Es cierto que la vida. . .	*es mejor*. . .	_____
2. Es imposible que un artista. . .	_____	*viva*. . .
3. Es importante que todos. . .	_____	_____
4. No es cierto que todas las formas de arte. . .	_____	_____
5. Es obvio que el arte. . .	_____	_____
6. Es importante que los gobiernos. . .	_____	_____
7. Es necesario que los artistas. . .	_____	_____
8. Es increíble que la gente. . .	_____	_____

Gramática   **E S T R A T E G I A S**

To form the present subjunctive:

a. Begin with the first person singular of the present indicative and remove the **-o** (i.e., **hacer: hago: hag-**)

b. With the exception of the **yo** form, for the **-ar** verbs add the **-er** and **-ir** endings of the present indicative, and for the **-er** and **-ir** verbs add the **-ar** endings of the present indicative. The **yo** form is the same as the **él/ella/Ud.** form.

c. Also note that stem changing verbs generally follow the stem-changing pattern in the present subjunctive as well as in the present indicative.

12-11. ¿Qué opinas sobre el arte y los artistas?

Paso 1. Completa las siguientes tablas siguiendo las indicaciones de las estrategias anteriores.

Answers 12-11, Paso 1

aprendas, aprenda; escriba, escriban; pintes, pintemos

	INDICATIVE: -AR	SUBJUNCTIVE: -ER/-IR	
yo	pint-o	aprend-a	escrib-a
tú	pint-as	_____	escrib-as
él/ella/Ud.	pint-a	_____	_____
nosotros/as	pint-amos	aprend-amos	escrib-amos
vosotros/as	pint-áis	aprend-áis	escrib-áis
ellos/ellas/Uds.	pint-an	aprend-an	_____

	INDICATIVE: -ER	SUBJUNCTIVE: -AR
yo	aprend-o	pint-e
tú	aprend-es	_____
él/ella/Ud.	aprend-e	pint-e
nosotros/as	aprend-emos	_____
vosotros/as	aprend-emos	pint-éis
ellos/ellas/Uds.	aprend-en	pint-en

Paso 2. Algunos verbos tienen una raíz irregular, pero sus terminaciones son regulares. Completa ahora la siguiente tabla.

Answers 12-11, Paso 2

haya, hayan; vaya, vaya, vayamos; sepa; seas, seamos; vea, vean

	HABER	IR	SABER	SER	VER
yo	haya	_____	sepa	sea	_____
tú	hayas	vayas	sepas	_____	veas
él/ella/Ud.	_____	_____	_____	sea	vea
nosotros/as	hayamos	_____	sepamos	_____	veamos
vosotros/as	hayáis	vayáis	sepáis	seáis	veáis
ellos/as/Uds.	_____	vayan	sepan	sean	_____

Paso 3. Ⓖ En grupos observen la siguiente obra de arte. Luego comenten qué opinan de la versión de Picasso del cuadro "Las Meninas" de Velázquez en la página 420. Escojan dos frases de cada grupo para expresar sus opiniones sobre los cuadros de Velázquez y de Picasso.

"Las Meninas", Pablo Picasso

Grupo 1	**Grupo 2**	**Grupo 3**
Es verdad que. . .	No es verdad que. . .	Es importante que. . .
Es evidente que. . .	No es evidente que. . .	Es una lástima que. . .
Es seguro que. . .	No es seguro que. . .	Es increíble que. . .
Es obvio que. . .	No es obvio que. . .	Es extraño que. . .

Paso 4. Ⓖ Por último, compartan las ideas del Paso 3 con otros grupos. Tomen nota de lo que opinan los demás grupos para determinar cuáles son las opiniones más populares.

II. *Lo* + adjective

Gramática

a. **Lo** when used with an adjective is a neutral (neither masculine nor feminine) form.

b. **Lo + adjective** is used to refer to general or abstract qualities.

   Lo bueno de vivir en una ciudad grande es que hay muchos museos, cines y teatros.

   Lo malo es que en una ciudad grande hay mucho tráfico y ruido.

12-12. Lo impactante de la obra de Picasso es. . .

Paso 1. ¿Qué crees que significa cada una de las siguientes traducciones de la famosa película de Clint Eastwood *The Good, the Bad and the Ugly*?

1. El bueno, el malo y el feo
2. Lo bueno, lo malo y lo feo

Paso 2. Completa las frases numeradas 1 a 6 con la terminación (**a** a **f**) más lógica.

1. _____ Lo impactante en el Guernica de Picasso es. . .
2. _____ Lo romántico de la poesía de Neruda está representado en su obra. . .
3. _____ Lo armonioso en la escultura de Botero se ve en. . .
4. _____ Lo fantástico en la arquitectura de Gaudí está en. . .
5. _____ Lo horrible en la obra artística de Goya está representado por. . .
6. _____ Lo increíble de Rigoberta Menchú es su persistencia para. . .

a. el uso atrevido de los colores.
b. la forma voluminosa y redondeada de las personas.
c. el caballo con una lengua de puñal.
d. dar a conocer su testimonio personal y colectivo.
e. "Veinte poemas de amor y una canción desesperada".
f. su pintura "Caprichos".

Paso 3. ❷ Forma con un/a compañero/a dos oraciones similares a las del paso anterior sobre una obra o un/a artista.

MODELO: Lo más interesante de _____ son los efectos especiales de muchas de sus películas.

Paso 4. ❻ Lean sus descripciones a la clase sin decir el nombre de la obra o del/de la artista. Los demás deben tratar de adivinar el nombre.

MODELO: E1: Lo más interesante son los efectos especiales de muchas de sus películas
E2: ¿Es George Lucas?

INTEGRACIÓN COMUNICATIVA

12-13. ¿Cómo se define el arte?

Paso 1. Cuando vemos una obra, ¿cómo decidimos si es arte o si no lo es? ¿Es esta pintura una obra de arte? Explica por qué. Describe los colores, las formas, la perspectiva y las posibles emociones que representa.

Paso 2. ❷ Completa las siguientes frases con una idea original para expresar tu opinión. Comparte tu opinión con un/a compañero/a.

MODELO: En mi opinión, para que una obra sea **arte**. . .

a. es importante que el pintor. . .
b. es necesario que la arquitecta. . .
c. es imprescindible que el bailarín. . .

Paso 3. ❷ Ahora, con tu compañero/a seleccionen dos ejemplos de obras de arte de las siguientes categorías

| pintura | literatura |
| escultura | cine |

Paso 4. ❻ Compartan sus ejemplos de "obras de arte" con el resto de la clase. Tomen nota de los ejemplos de los demás para seleccionar los mejores dentro de cada categoría. Expliquen si los criterios seleccionados en los Pasos 1 y 2 se reflejan en los ejemplos.

12-14. Lo que más nos gusta de la televisión es que. . .

Answers 12-14, Paso 1

Noticias: *Primeros titulares, Reporte Rural, Informativo del mediodía, 24 horas;* **Telenovelas:** *Esperanza de amor, Corazón salvaje;* **Deportes:** *Deportísimo, Platea deportiva;* **Cine:** *Como en el cine;* **Variedad:** *Laura en América, Tribunal de familia, La rueda de la fortuna, Conversando con Cristina;* **Comedias:** *El show de Bill Cosby*

Paso 1. Lee la siguiente programación de televisión y clasifica los programas de acuerdo con las siguientes categorías.

Canal 2 Programación
Martes 17 de abril   **CANAL 2**

Mañana

| 08:00 Primeros titulares | 10:30 Deportísimo |
| 10:00 El show de Bill Cosby | 11:30 Reporte Rural |

Tarde

12:00 Informativo del mediodía	17:00 La corte de la familia
13:00 Esperanza de amor	18:00 Conversando con Cristina
14:00 Corazón salvaje	19:00 La rueda de la fortuna
16:00 Laura en América	20:00 24 horas

Noche

| 21:00 Como en el cine | |
| 23:00 Platea deportiva | |

	PROGRAMA(S)
noticias	_____
telenovelas	_____
deportes	_____
cine	_____
variedad	_____
comedias	_____

Paso 2. Haz una lista de los cinco programas de televisión que más te gustan, y escribe dos o tres palabras para explicar por qué te gustan.

Paso 3. Ⓖ Comparte la información del Paso anterior sobre tus programas favoritos de televisión con tres compañeros/as y completen la siguiente tabla.

	ESTUDIANTE 1	ESTUDIANTE 2	YO
canales favoritos	_____	_____	_____
programas favoritos	_____	_____	_____
razón o justificación	_____	_____	_____

Paso 4. Ⓖ Escojan a un/a representante del grupo para que lea la tabla a la clase. Luego decidan entre todos cuáles son los programas de televisión y los canales favoritos de la clase.

Paso 5. Se piensa que la televisión refleja la cultura de un país. Selecciona los programas de televisión que tú crees que reflejan tu cultura y los que presentan una imagen falsa y escribe dos párrafos breves para explicar por qué piensas así.

12-15. El éxito comercial de la televisión en español en EE.UU.

Paso 1. ❷ ¿Sabes que hay muchos canales de televisión en español en EE.UU.? Escribe los nombres de las cadenas nacionales y los canales de televisión locales que ofrecen programas en español. Compara tu lista con la de un/a compañero/a.

Cadenas/canales nacionales _____

Canales locales _____

Paso 2. A continuación, lee las siguientes opiniones editoriales sobre la creciente popularidad de la televisión en español en EE.UU. Escribe un título apropiado para cada una e indica cuál de las críticas está a favor de la televisión en español.

La voz del pueblo

Título: _____

Jorge Villanueva, corresponsal

La compañía de televisión por satélite *Dishnetwork* ofreció a principios de los años 90 un paquete de canales en español con el nombre *Dishlatino 1*. Al final de esa década comenzó a ofrecer un segundo paquete de canales llamado *Dishlatino 2*. En este segundo paquete se incluía el mismo número de canales en español que en el primer paquete, pero lo interesante es que también se ofrecía una serie de canales en inglés *(TNT, A&E, the Travel Channel, HGTV, CNN)*. De esto, resulta evidente que el paquete de canales en inglés y en español refleja un proceso de asimilación del grupo de hispanohablantes a la cultura estadounidense. Es importante recordar que los hispanohablantes que viven en Estados Unidos creen que el inglés es un idioma que ayuda al progreso económico, cultural y político. Por eso, no es verdad que el creciente uso del español compita con el inglés. Por el contrario, es necesario que entendamos que este hecho indica que más y más personas en Estados Unidos son bilingües. ▪

La opinión popular

Título: _____

María José Gómez, redactora

Es obvio que el éxito de las cadenas de televisión en español es un hecho incuestionable. Por ejemplo, a mediados de los años 90 las grandes compañías comerciales comenzaron a pagar grandes cantidades de dinero para poder tener acceso a un inmenso grupo de consumidores con ingresos comerciales cada vez más altos. Este nuevo grupo de consumidores es el que sintoniza los canales que transmiten programas en español. El éxito de las cadenas en español, tal vez inesperado para muchos, presenta una interrogante sobre la unidad cultural nacional. Y es que no tenemos más que observar la realidad actual de nuestro vecino del norte, Canadá, para darnos cuenta de nuestro dilema. En efecto, podemos ver que la identidad cultural de Quebec, expresada en francés, ha creado una interrogante fundamental sobre la unidad cultural canadiense. Es importante que Estados Unidos se plantee la misma interrogante ahora y que trate de encontrar una solución antes de que sea tarde. ■

Answers 12-15, Paso 3
J. V.: 2, 3, 5, 6, 7; M. J. G.: 1, 4, 8

Paso 3. Según los textos que acabas de leer, indica con una cruz (X) si las opiniones que siguen son de Jorge Villanueva (J. V.) o de María José Gómez (M. J. G.).

OPINIONES	J. V.	M. J. G.
1. Es necesario que el gobierno prohíba el uso del español en las escuelas.	_____	_____
2. Es importante que se implementen programas bilingües en más escuelas.	_____	_____
3. Es bueno que el gobierno dé fondos para el desarrollo de programas bilingües.	_____	_____
4. Es indispensable que se reduzca el ingreso de inmigrantes que no hablan inglés.	_____	_____
5. Es necesario que los estudiantes universitarios estudien más de una lengua.	_____	_____
6. Es probable que el inglés siga siendo la lengua franca de EE.UU.	_____	_____
7. Es una lástima que la gente no mire películas extranjeras porque tienen subtítulos.	_____	_____
8. Es increíble que el gobierno gaste tanto dinero para contratar traductores para las cortes.	_____	_____

Answers 12-15, Paso 4
1. *Es necesario prohibir...;* 2. *Es importante implementar...;* 3. *Es bueno dar fondos...;* 4. *Es indispensable reducir el ingreso de...;* 5. *Es una lástima no mirar películas...*

Paso 4. Algunas oraciones del paso anterior también pueden ser expresadas de otra forma si se elimina el sujeto del segundo verbo y se pone este verbo en infinitivo. Escribe las oraciones anteriores (excepto la 5, la 6 y la 8) sin usar el subjuntivo.

MODELO: 1. Es necesario prohibir el uso del español en las escuelas.

Lectura   **E S T R A T E G I A S**

The language of advertisements is intended to persuade readers to purchase a product or service, or simply to change people's opinions. Many advertisements from the printed media tend to use a combination of written texts and visual images. Successful reading entails the use of both visual and textual information to understand the author's message and motivation.

12-16. Las imágenes de los comerciales

Paso 1. Ⓖ Las siguientes imágenes y textos corresponden a dos anuncios comerciales. En grupos, decidan qué texto acompaña a cada imagen y qué producto promociona cada anuncio.

Es una lástima que la gente crea que somos incompatibles.

Las apariencias físicas nos engañan. Lo importante es lo que pensamos, … lo que sentimos, … lo que queremos. Para ir más allá de las apariencias y poder encontrar a tu pareja ideal comunícate con nosotros. Estamos seguros que tu alma gemela* está esperándote.

*twin soul

(1)

(a)

Lo que más nos gusta de la diversidad es que nos ayuda a ser más creativos

Es verdad que somos una compañía que confía en los descubrimientos tecnológicos y la lógica científica.

Pero no es extraño que pongamos tanto esfuerzo en reclutar personas de distintos grupos culturales y con diversidad de opiniones, estilos de vida y experiencia. Sabemos que las diferentes experiencias de vida nos ayudan a pensar de forma original e innovadora.

Y por eso nuestros productos son los más creativos de la industria informática.

(b)

(c)

(2)

Paso 2. ❷ Las siguientes preguntas corresponden a un cuestionario de mercadeo (*marketing*) para evaluar la efectividad comercial de los anuncios anteriores. Con un/a compañero/a escojan uno de los anuncios y escriban tres preguntas más.

1. ¿Qué emociones evoca este anuncio?
2. ¿Te interesaría saber más sobre el producto? ¿Por qué?
3. ¿Cuál es el mensaje subliminal de este anuncio?
4. _____
5. _____
6. _____

Paso 3. Ⓖ Con el cuestionario que crearon, entrevisten a tres estudiantes para evaluar la efectividad de uno de los anuncios.

Paso 4. ❷ Presenten los resultados de su estudio de mercadeo. Presten atención a los resultados de los demás y tomen notas para determinar cuál es el anuncio más exitoso. ¿Qué creen que se debe cambiar en los anuncios comerciales anteriores para mejorar su efectividad?

E S T R A T E G I A S | Escritura
....

To write an effective advertisement you need to take into account the audience (e.g., professionals or lay people), the medium (e.g., a newspaper or a brochure), and the specific style that is appropriate or appealing to your readers (e.g., humor or drama). In the following activity you will be asked to take into account these factors to write the text for an ad.

12-17. El poder de sugestión de los comerciales

Paso 1. Piensa en un mensaje que puedas comunicar con la siguiente imagen. Escribe una oración con tu objetivo de comunicación y el título de la revista o periódico en que lo vas a publicar.

Paso 2. Selecciona el estilo que vas a usar para atraer a los lectores de la revista o periódico: humor, sorpresa, drama, información.

Paso 3. Escribe una serie de palabras que puedas usar en el texto de tu mensaje para lograr (*achieve*) tu objetivo.

Paso 4. Escribe el texto completo que va a acompañar la imagen del anuncio comercial.

Paso 5. **G** Comparte tu anuncio con un grupo de tres o cuatro estudiantes. Comenten entre todos los anuncios y decidan cuál es el más efectivo y por qué.

Vocabulario

The message of advertisements depends on specific cultural assumptions that the writers must take into account in order to be effective communicators. Literal translations of words are usually misleading because we need to understand the underlying cultural assumptions being addressed by the advertisement.

12-18. ¿Hay estereotipos en los anuncios comerciales?

Paso 1. Empareja las definiciones con cada uno de los tres tipos de entendimiento cultural.

Answers 12-18, Paso 1

1. b, 2. c, 3. a

1. _____ conocimiento enciclopédico de otra cultura
2. _____ conocimiento crítico de otra cultura
3. _____ conocimiento estereotípico de otra cultura

Definiciones:

a. Ocurre como consecuencia del estudio de datos generales de otra cultura en una situación de contacto semi-directo. Un ejemplo es el contacto limitado que ocurre en viajes de turismo en que la persona visitante se aloja en hoteles (en vez de convivir con familias locales), come en restaurantes que ofrecen comida internacional (en vez de comer en lugares autóctonos) y los contactos con la gente local son mínimos.

b. Ocurre como consecuencia del estudio de datos generales de otra cultura en una situación de contacto indirecto. El ejemplo clásico es el conocimiento de segunda mano que ocurre cuando se analiza la otra cultura a través de la opinión de otras personas como pueden ser autores de libros, programas de viajes por televisión, etc.

c. Ocurre como consecuencia del estudio de datos generales de otra cultura en una situación de contacto indirecto. Un ejemplo típico de este proceso son los intercambios culturales en los cuales se da un análisis explícito y sistemático de comportamientos culturales que difieren de los nuestros.

Paso 2. Escribe una lista de los factores que pueden generar malentendidos culturales para estudiantes de países hispanos que acaban de llegar a los Estados Unidos.

Audioscript 12-20, Paso 1

Entrevista 1

Entrevistadora: ¿De dónde es usted?

Guatemalteca: Soy de Guatemala.

Entrevistadora: Como guatemalteca y como estudiante de historia, ¿piensa usted que una federación como la de las Provincias Unidas de Centroamérica es una buena idea hoy día?

Guatemalteca: Creo que no. Creo que fue una idea del pasado. Por otro lado, pienso que Guatemala, Honduras y El Salvador se pueden considerar una unidad cultural. Todos estos países comparten la herencia maya y eso hace que tengan una manera similar de ver el mundo. Estas raíces comunes tuvieron un impacto importante no sólo en el arte y la lengua sino también en las costumbres.

Entrevista 2

Entrevistadora: ¿De dónde es usted?

Hondureña: Soy de Honduras.

Entrevistadora: ¿Qué piensa usted de una federación como la de las Provincias Unidas de Centroamérica? ¿Cree que es una buena idea hoy día?

Hondureña: Bueno, no estoy segura... hoy día... no sé si una unión de este tipo es conveniente porque han pasado muchos años desde entonces y los países de Centro América han evolucionado de manera diferente. Sin embargo, creo que, en cierto modo, los cinco países que formaron parte de la federación pueden ser una unidad cultural separada del resto de América. Por una parte, tienen una historia común desde 1823 hasta 1838, y también es importante recordar que existe una proximidad geográfica y mucho contacto comercial que puede ayudar a lograr esa unión.

Entrevista 3

Entrevistadora: ¿De dónde es usted?

Salvadoreño: De El Salvador.

Entrevistadora: Como salvadoreño y estudiante de historia, ¿qué piensa usted de una federación como la de las Provincias Unidas de Centroamérica? ¿Es una buena idea hoy día?

Salvadoreño: De ninguna manera. La federación tuvo una existencia muy corta y eso creo que se debe a que ya en 1823 cada país representaba una unidad cultural única. Aunque hubo aspectos positivos en la federación, no se consiguió establecer una unión sólida. A partir de 1838 cada país sigue su propio camino. A mí me parece que hoy en día, hay demasiados aspectos que nos separan. No, no estoy de acuerdo con la idea de una federación.

Paso 3. (G) Comparte tu lista con el resto de la clase. Clasifiquen los factores de acuerdo al grado de probabilidad y a la gravedad del malentendido.

FACTOR	PROBABILIDAD		GRAVEDAD DEL MALENTENDIDO	
	MUCHA	POCA	MUCHA	POCA
——	——	——	——	——
——	——	——	——	——
——	——	——	——	——
——	——	——	——	——
——	——	——	——	——
——	——	——	——	——
——	——	——	——	——

12-19. Una cultura en común

Paso 1. (G) En grupos de cuatro seleccionen los cinco temas que consideren esenciales para incluir en las preguntas de un estudio de diferencias culturales.

1. ingreso económico
2. horas de trabajo a la semana
3. puntualidad (llegar a tiempo a las citas personales y de trabajo)
4. obediencia de las leyes de tráfico
5. cumplimiento de las obligaciones religiosas
6. contribución de dinero a las organizaciones de caridad
7. donación de tiempo a grupos de ayuda al prójimo
8. tiempo dedicado a los amigos
9. tiempo dedicado a la familia
10. independencia económica de los padres
11. relaciones sociales con grupos raciales distintos al propio
12. convivencia con ancianos en la misma casa
13. participación en las elecciones locales y nacionales
14. cuidado de la salud
15. conocimiento de la historia del propio país

Paso 2. (G) A continuación, escriban entre todos una pregunta para cada uno de los temas que seleccionaron en el paso anterior para crear una encuesta.

MODELO: ¿Qué importancia tiene en tu cultura el tiempo que se dedica a la familia?

Paso 3. (G) Realicen la encuesta dentro de su grupo y clasifiquen las respuestas de acuerdo con la siguiente escala de 1 a 4 para crear un perfil cultural del grupo.

4: Tiene muchísima importancia
3: Es importante
2: Tiene poca importancia
1: No tiene ninguna importancia

TEMAS	PUNTOS			
	1	2	3	4
1. _____	_____	_____	_____	_____
2. _____	_____	_____	_____	_____
3. _____	_____	_____	_____	_____
4. _____	_____	_____	_____	_____
5. _____	_____	_____	_____	_____

Paso 4. **G** Compartan los resultados de las entrevistas que hicieron dentro de su grupo con el resto de la clase. ¿Hay homogeneidad en las respuestas? ¿Pertenece la mayoría de los estudiantes a un mismo grupo cultural?

12-20. La unidad cultural de tres países centroamericanos

Paso 1. AUDIO Escucha las opiniones de una guatemalteca, una hondureña y un salvadoreño sobre la unidad cultural de los países que formaban parte de las Provincias Unidas de Centroamérica. Marca en la tabla siguiente si la opinión es de la guatemalteca (**G**), de la hondureña (**H**) o del salvadoreño (**S**).

	G	H	S
a. Cada uno de estos países refleja una unidad cultural única.	___	___	___
b. Los cinco países son una unidad cultural separada del resto de América.	___	___	___
c. Algunos de estos países deberían formar parte de otra unidad.	___	___	___

Paso 2. AUDIO Escucha las opiniones de estas tres personas nuevamente y marca con una cruz (**X**) las expresiones que los entrevistados usan para fundamentar su punto de vista.

	G	H	S
1. A mí me parece que. . .	___	___	___
2. No, no estoy de acuerdo. . .	___	___	___
3. Sin embargo, creo que. . .	___	___	___
4. Por otro lado, pienso que. . .	___	___	___
5. Y también es importante recordar que. . .	___	___	___
6. De ninguna manera. . .	___	___	___
7. Creo que no. . .	___	___	___
8. Bueno, no estoy segura. . .	___	___	___

Comparaciones culturales

Cultura

Historical factors are an important component that help create a cultural bond among the people and solidify the identity of a nation. For instance, for the countries of the Central American Federation, Francisco Morazán was a hero who achieved the moral, military, and political stature that George Washington achieved in the United States.

12-21. La memoria histórica: George Washington y Francisco Morazán

Paso 1. Identifica el retrato de Morazán entre las tres fotos siguientes. ¿Sabes el nombre de las dos otras personas?

a.

b.

c.

Paso 2. ❷ Lee la biografía de Morazán y luego comparte con un/a compañero/a la información siguiente.

1. Fecha y lugar de nacimiento

2. Personalidad

3. Victorias militares

4. Puestos de gobierno que ocupó

5. Fecha de su muerte

Francisco Morazán es el héroe nacional de Honduras y una de las figuras históricas más respetadas de toda América Central. Nació en Tegucigalpa el 3 de octubre de 1792. Su única educación formal la recibió de un sacerdote de su ciudad, pero su interés por aprender era enorme. Por ejemplo, estudió francés como autodidacta para poder leer libros escritos en la lengua original como el *Contrato Social* de Rousseau y otras obras de Montesquieu y Tocqueville. Durante la independencia, Morazán se enlista con las fuerzas liberales del alcalde de Tegucigalpa. Su primera batalla fue un desastre, pero poco a poco comenzó a tener éxito en sus campañas militares. En 1827 formó un ejército en Nicaragua e invadió El Salvador. Finalmente, en 1829 tomó Guatemala. Al año siguiente fue elegido Presidente de la Federación Centroamericana. Morazán fue presidente hasta poco antes de la disolución de la unión centroamericana. Desafortunadamente, la política liberal de Morazán y de la federación no tuvieron el apoyo de grupos de la iglesia y de muchos terratenientes (*landowners*). Fue forzado a dejar Honduras en exilio y se refugió en Perú en 1840. Sin embargo, regresó para iniciar una sublevación en Costa Rica, donde sus fuerzas fueron derrotadas (*defeated*). Fue ejecutado el día 15 de septiembre de 1842, fecha que era, irónicamente, el aniversario de la declaración de la independencia de las Provincias Unidas de América Central.

Paso 3. Ⓖ ¿Cuánto crees que saben los jóvenes universitarios de hoy sobre George Washington? Prepara una lista de tres preguntas sobre Washington y entrevista a tres estudiantes de tu clase. Dales una nota a cada uno de acuerdo con la siguiente escala.

Respuesta completa: 3 puntos

Respuesta incompleta: 2 puntos

Respuesta mal contestada: 1 punto

Pregunta no contestada: 0 punto

Paso 4. Ⓖ Suma (*Add*) los puntos de las respuestas a tus preguntas del Paso 3. Vas a obtener un total de 0 a 9 puntos. Comparte el resultado con la clase. ¿Quién obtuvo más puntos?

12-22. La identidad de tres países centroamericanos

Paso 1. **AB** En la siguiente tabla puedes analizar otros factores que reflejan la unidad cultural de El Salvador, Guatemala y Honduras. Para completar la lista de datos comparativos consulta con tu compañero/a que tiene los datos que te faltan.

MODELO: E1: ¿Qué idiomas se hablan en El Salvador?
            E2: Se habla. . .

A

PAÍS	EL SALVADOR	GUATEMALA	HONDURAS
población	_____	12 millones	_____
densidad (por milla^2)	_____	_____	131
idiomas	español	_____	español
religiones	católica	_____	católica, protestante
alfabetismo	_____	55%	_____
productos agrícolas	café, algodón, maíz, azúcar	_____ _____	bananas, café, madera
socios comerciales	EE.UU., Alemania, México, Venezuela, Costa Rica	_____ _____ _____	EE.UU., Caribe, Europa, Japón, Alemania, América del Sur

B Information for student B, p. 532

Paso 2. **2** Comparen ahora estos países de acuerdo con las categorías mencionadas en el paso anterior. Tomen nota de las comparaciones.

MODELO: E1: El nivel de alfabetismo de. . . es más alto que el de. . .
            E2: Sí, en realidad creo que es el más alto de los tres países.
            E1: Sí, estoy de acuerdo.

Paso 3. **G** Elijan una de sus comparaciones y léanla en la clase. El resto de la clase va a decidir si la comparación es o no es correcta.

12-23. Dos Premios Nobel de la Paz: Rigoberta Menchú Tum y Óscar Arias

Paso 1. Óscar Arias (Costa Rica) y Rigoberta Menchú Tum (Guatemala) recibieron el Premio Nobel de la Paz en 1987 y 1992 respectivamente. Observa las fotos de Arias y Menchú y describe la personalidad de cada uno de acuerdo con las características físicas que observas.

Óscar Arias

Rigoberta Menchú

Paso 2. **AB** Lee los datos biográficos sobre Óscar Arias y Rigoberta Menchú. Luego consulta con tu compañero/a para encontrar la respuesta a las preguntas de tu lista.

A

Óscar Arias

1940	Nace en Heredia, Costa Rica.
1974	Recibe un título académico. ¿Cuál? ¿Dónde?
1974	Trabaja en la Universidad de Costa Rica como profesor de Ciencias Políticas.
1976	Ocupa un puesto de gobierno. ¿Cuál?
1978	Es elegido diputado de la Asamblea Legislativa de Costa Rica.
1986	Es elegido presidente de la República de Costa Rica.
1987	Recibe el Premio Nobel de la Paz.

Rigoberta Menchú

1959	Nace. ¿Dónde?
1980	Le pasa algo a su padre. ¿Qué?
1980	Huye a México, donde pasa doce años de su vida en exilio.
1983	Se publica su libro autobiográfico *Me llamo Rigoberta Menchú y así me nació la conciencia.*
1988	Regresa a Guatemala donde es detenida en el aeropuerto.
1988	Es liberada gracias a los esfuerzos de la comunidad internacional que exige su liberación.
1992	Recibe un premio. ¿Cuál?

B Information for student B, p. 532

Paso 3. Rigoberta Menchú Tum y Óscar Arias trabajaron a favor de un mismo objetivo—la convivencia pacífica entre todos los seres humanos, y los centroamericanos en particular. Adivina a cuál de los dos se refiere cada una de las oraciones siguientes.

Answers 12-23, Paso 3
1. *Rigoberta Menchú Tum,* 2. *Óscar Arias,*
3. *Rigoberta Menchú Tum,* 4. *Óscar Arias*

1. _____ recibió el premio Nobel por su labor a favor de la justicia social y política para los grupos indígenas de su país y del mundo en general.

2. _____ recibió el premio Nobel por su trabajo para lograr la paz entre los gobiernos de América Central.

3. La labor pública de _____ alcanzó reconocimiento internacional con la publicación de su primer libro en el que denuncia las atrocidades de las fuerzas militares de Guatemala contra grupos indígenas de su país.

4. La labor pública de _____ alcanzó reconocimiento internacional con la firma de un Plan de Paz (Acuerdos de Esquipulas II) que fue firmado por todos los presidentes de los países centroamericanos.

12-24. "El eclipse" de Augusto Monterroso

Lectura

Paso 1. Augusto Monterroso es un famoso escritor guatemalteco. Su cuento corto "El eclipse" cuestiona la vanidad de la civilización moderna. Las siguientes palabras son sinónimos de otras que se usan en el párrafo inicial del cuento. Lee el párrafo inicial y luego escribe al lado de cada término la palabra del texto que le corresponde.

admitió _____

padre (religioso) _____

monasterio _____

cama _____

cara _____

salvadora _____

El eclipse

Cuando fray Bartolomé Arrazola se sintió perdido, aceptó que ya nada podría salvarlo. La selva poderosa de Guatemala lo había apresado, implacable y definitiva. Ante su ignorancia topográfica se sentó con tranquilidad a esperar la muerte. Quiso morir allí sin ninguna esperanza, aislado, con el pensamiento fijo en la España distante, particularmente en el convento de Los Abrojos, donde Carlos Quinto condescendiera (*agreed*) una vez a bajar de su eminencia para decirle que confiaba en el celo religioso de su labor redentora. Al despertar se encontró rodeado por un grupo de indígenas de rostro impasible que se disponían a sacrificarlo ante un altar, un altar que a Bartolomé le pareció como el lecho en que descansaría, al fin, de sus temores, de su destino, de sí mismo.

Paso 2. En la segunda parte del cuento, Monterroso da emoción a la narración presentando una serie de acciones, una tras otra, en rápida sucesión. En la siguiente transcripción se ha borrado la puntuación (los puntos finales de cada oración). Tu tarea es agregar los puntos que faltan. NOTA: Hay nueve oraciones en total.

Tres años en el país le habían conferido un mediano dominio de las lenguas nativas intentó algo dijo algunas palabras que fueron comprendidas entonces floreció en él una idea que tuvo por digna de su talento y de su cultura universal y de su arduo conocimiento de Aristóteles recordó que para ese día se esperaba un eclipse total de sol y dispuso, en lo más íntimo, valerse de aquel conocimiento para engañar a sus opresores y salvar la vida si me matáis les dijo puedo hacer que el sol se oscurezca en su altura los indígenas lo miraron fijamente y Bartolomé sorprendió la incredulidad en sus ojos vio que se produjo un pequeño consejo, y esperó confiado, no sin cierto desdén.

Paso 3. Usando el contexto general del cuento coloca las palabras que faltan en las oraciones del último párrafo.

ayuda	códices	corazón	eclipses
piedra	sangre	sol	voz

Dos horas después el (1) _____ de fray Bartolomé Arrazola chorreaba su (2) _____ vehemente sobre la (3) _____ de los sacrificios (brillante bajo la opaca luz de un (4) _____ eclipsado), mientras uno de los indígenas recitaba sin ninguna inflexión de (5) _____, sin prisa, una por una, las infinitas fechas en que se producirían (6) _____ solares y lunares, que los astrónomos de la comunidad maya habían previsto y anotado en sus (7) _____ sin la valiosa (8) _____ de Aristóteles.

Paso 4. ❷ En contraste con el párrafo del Paso 2, en el último párrafo (Paso 3), el autor presenta la conclusión del cuento en una sola oración. De esta manera se crea un paralelo con el destino de Arrazola que es también único, definitivo. Lee de nuevo todo el texto con un/a compañero/a. Luego cierren el libro. Intenten recontar la historia por escrito y añadan al final una explicación del cuento.

···Diferencias dialectales···

Cultura

Arguably, a new written genre is slowly coming into existence due to the arrival of the Internet: cyber language. The different varieties of Spanish are all affected by the influence of English in the environment of the Internet. Some even talk about the so-called Cyberspanglish.

12-25. El español en la red

Paso 1. Estas son palabras y construcciones del espanglish. ¿Puedes dar su equivalente en inglés y en español?

	INGLÉS	ESPAÑOL
el rufo	_____	_____
likear	_____	_____
formatear	_____	_____
aplicación	_____	_____
lonchear	_____	_____
forwardear el documento	_____	_____

Paso 2. La siguiente lista contiene palabras que se usan en español en el contexto de la informática. Pon una cruz (X) al lado de las que entiendes. ¿Cuáles son similares a su equivalente inglés?

_____ la computadora (el ordenador)
_____ la red mundial
_____ el correo electrónico
_____ el mensaje electrónico
_____ el disco duro
_____ el disquete
_____ el disco compacto
_____ la memoria
_____ la velocidad
_____ la página de la red

Paso 3. Lee el siguiente anuncio y subraya las palabras transferidas del inglés.

PDA ENTERPRISE III

ASISTENTE PERSONAL DIGITAL
▶ **Precio:** $200   **Peso:** 150 gramos
▶ **Memoria RAM:** 128Mb y 64 Mb de ROM
▶ **Batería:** Ion-Litio, 1250 mAh
▶ **Puertos:** IRDA (10 metros), USB, serie
▶ **Lo bueno:** Se puede sincronizar con el software de Microsoft, bajar e-mail es súper rápido, posee un micrófono lateral que permite la grabación de notas, pueden conectarse diferentes módulos de expansión (Expansion Packs) que a su vez permiten el uso de tarjetas Compact Flash o PCMCIA y finalmente, este PDA almacena hasta 200 páginas de la Web.
▶ **Lo malo:** El módem inalámbrico no funciona con algunos tipos de teléfonos, especialmente con teléfonos móviles, los módulos de expansión no se incluyen con el dispositivo básico (deben comprarse por separado) y finalmente, este PDA tiene una resolución de tan solo 320x480 píxels.

Paso 4. ❷ Comenta con un/a compañero/a lo bueno y lo malo de usar las palabras inglesas del campo de la informática en español.

Gramática

La pronunciación de las letras *b* y *v*

In Chapter 10 you learned that the letters **b** and **v** in Spanish are both pronounced like the letter **b** in English: there is no **b/v** distinction at the phonetic level. But that's not the whole story: Regardless of how it's written (i.e., **b** or **v**), the sound /b/ changes according to what comes before or after it. In words like **beber** and **vivir** the first written **v** or **b** is pronounced like any other **b** in English: put your lips together and then release the air in your mouth to produce the /b/ sound (say the letter **b**). In contrast, the second **b** or **v** in each word is pronounced by creating friction while expelling the air through slightly open lips.

12-26. Beber y vivir o vivir y beber

Paso 1. AUDIO Escucha e imita la pronunciación de las siguientes palabras. Sabiendo que en las primeras tres palabras el sonido /*b*/ se pronuncia como en inglés (oclusión), escribe una generalización que se pueda usar como regla para saber cuándo se debe usar este sonido en español.

1. bueno
2. embarazo
3. envidia
4. nuevo
5. abogado
6. El Salvador

Paso 2. Ahora trata de aplicar la regla que escribiste pronunciando las siguientes palabras y frases:

vamos	Andrés Segovia
Rigoberta	positivo o negativo
Premio Nobel	bomba
obra favorita	vuelven a besarse

Suggestion 12-26, Paso 1

The occlusive sound (similar to English) is used after a pause (usually the beginning of a word), after /*n*/ and after /*m*/. In all other cases, the fricative sound is used.

Video.

Las impresiones de Guadalupe

Primeras impresiones

12-27. Me encantan las películas de terror

Paso 1. Guadalupe y Camille vieron varias películas de terror que están comentando. Mira las fotos del video e indica a quién le gustaron y a quién no.

Paso 2. VIDEO En el video, Camille y Guadalupe expresan sus opiniones y se dan sugerencias. Mira este episodio e indica quién de las dos, Guadalupe (**G**) o Camille (**C**), utilizó cada expresión.

	G	C
1. Creo que. . .	_____	_____
2. ¿No has pensado que. . .?	_____	_____
3. ¿No crees que. . .?	_____	_____
4. Pienso que. . .	_____	_____
5. No creo que. . .	_____	_____
6. No quiero ser metida, pero. . .	_____	_____
7. ¿No sería mejor si. . .?	_____	_____
8. En mi opinión. . .	_____	_____

12-28. Un festival de cine

Paso 1. VIDEO Mira el video y escribe dos características de las películas de terror que mencionan Guadalupe y Camille.

Paso 2. A continuación, contesta las preguntas siguientes.

1. ¿Cómo piensan Guadalupe y Camille utilizar su diferencia de opinión con respecto a las películas de terror?
2. ¿Cómo van a prepararse para implementar este plan?

Impresiones culturales

12-29. ¿Qué película me recomiendas?

Paso 1. En EE.UU. se producen muchas películas de terror. ¿Qué crees que indica esta fascinación? Escribe un texto de ocho a diez líneas explicando tu opinión. Utiliza las siguientes preguntas como guía.

1. ¿Refleja este hecho una obsesión cultural con la muerte?
2. ¿Sugiere que es una sociedad y una cultura muy violenta?
3. ¿Es posible interpretar una cultura basándose en sus películas?

Paso 2. Las películas de terror son muy populares pero existen diferencias de opinión. ¿Qué consejos les das a tus amigos/as que se encuentran en las siguientes situaciones? Usa las expresiones de *Intercambios comunicativos* para dar recomendaciones.

1. Tu amiga Rosa invita a Elena a ver una película de horror, pero a Elena las películas de horror no le gustan.

   Tu recomendación para Elena _____

   Tu recomendación para Rosa _____

2. A tu amigo Francisco le encanta jugarles malas pasadas (*play tricks on*) a sus amigos, pero a Roberto no le gustan para nada.

   Tu recomendación para Francisco _____

   Tu recomendación para Roberto _____

En resumen

Gramática

1. The subjunctive: Impersonal expressions

Subjunctive and Indicative

The indicative is the mood related to reality, and thus expresses or affirms ideas or objective acts. In contrast, the subjunctive mood expresses not yet realized actions, or subjective ideas and points of view. The subjunctive mood is used in dependent clauses that follow an independent clause containing a subjective point of view, or an expression of desire, doubt or uncertainty. The two clauses always have a different grammatical subject.

Present Subjunctive

Regular

hablar : hablo : **habl + e** → habl**e**, habl**es**, habl**e**, habl**emos**, habl**éis**, habl**en**
comer : como : **com + a** → com**a**, com**as**, com**a**, com**amos**, com**áis**, com**an**
vivir : vivo : **viv + a**   → viv**a**, viv**as**, viv**a**, viv**amos**, viv**áis**, viv**an**

Irregular

hacer : hago : **hag + a** → hag**a**, hag**as**, hag**a**, hag**amos**, hag**áis**, hag**an**
salir : salgo : **salg + a** → salg**a**, salg**as**, salg**a**, salg**amos**, salg**áis**, salg**an**
haber → **hay-**
ir   → **vay-**
saber → **sep-**
ser   → **se-**
ver   → **ve-**

The subjunctive forms show the following additional changes:

1. Irregular **yo** forms in the indicative show the irregularity in all persons of the subjunctive (**conozca, conozcas,** etc.),
2. Verbs ending in **-car, -gar,** and **-zar** have a spelling change in the subjunctive to preserve the sound of the infinitive (**buscar → busque, pagar → pague,** and **comenzar → comience**),
3. The verbs ending in **-ir** (**pedir → pido, dormir → duermo**) that have a spelling change in the indicative in all persons except the **nosotros** form (**pedimos, dormimos**), keep that change for all persons in the subjunctive (**dormir → duerma, duermas, duerma, durmamos, duerman; pedir → pida, pidas, pida, pidamos, pidan**).

2. Lo + adjective

Lo when used with an adjective is a neutral (neither masculine nor feminine) form. In Spanish **lo + adjective** is used to refer to general or abstract qualities.
e.g., **Para mí, lo interesante del baile moderno es que demuestra el atletismo y control de los bailarines.** *For me, the interesting thing about modern dance is that it shows the athleticism and control the dancers have.*

Vocabulario

Sustantivos relacionados con las artes

el/la aficionado/a	*fan*
el anuncio/comercial	*advertisement*
el bailarín/la bailarina	*dancer*
el baile	*dance*
el camerino	*dressing room*
la canción	*song*
la cartelera	*billboard*
el cuadro	*painting*
el detalle	*detail*
los efectos especiales	*special effects*
la entrada	*ticket*
la escultura	*sculpture*
el espectáculo	*performance*
los fondos	*(monetary) funds*
la fotografía	*photography*
el intermedio	*intermission*
el libreto	*program/script*
la orquesta	*orchestra*
la partitura	*music script*
la película	*movie*
la pieza musical	*musical piece*
la pintura	*painting*
el primer plano	*close-up*
el reembolso	*refund*
los subtítulos	*subtitles*
la taquilla	*ticket booth*
la trama/el argumento	*plot*

Verbos relacionados con las artes

aplaudir	*to clap*
bostezar	*to yawn*
enlistarse	*to join (the army)*
maquillarse	*to put on make-up*
pintar	*to paint*
sintonizar	*to tune (channels)*
tirar tomates	*to throw tomatoes*
vestirse	*to get dressed*

Otros sustantivos

el alfabetismo	*literacy*
la altura	*height/s*
la campaña militar	*military campaign*
el celo	*care*
el códice	*codex*
el conocimiento	*knowledge*
el consejo	*advice*
el cuidado	*care*
el desdén	*disdain*
la desgana	*reluctance*
el dominio	*mastery*
la esclavitud	*slavery*
el esfuerzo	*effort*
la esperanza	*hope*
el espía	*spy*
la incredulidad	*disbelief*
la inflexión	*inflection*
el ingreso económico	*income*
la lástima	*pity*
la luz	*light*
el malentendido	*misunderstanding*
la memoria	*memory*
el monje	*monk*
las noticias	*news*
la obediencia	*obedience*
las obligaciones	*duties, liabilities*
el pensamiento	*thought*
la piedra	*stone*
el prójimo	*others*
el rostro	*face*
el sacerdote	*priest*
el sol	*sun*
la soledad	*loneliness*
la sublevación	*uplift*
la telenovela	*soap opera*
el temor	*fear*
el terrateniente	*landowner*
la voz	*voice*

Adjetivos

aislado/a	*isolated*
arduo/a	*strenuous*
atrevido/a	*daring*
confiado/a	*trustful*
contemporánea	*contemporary*
fijo/a	*fixed*
íntimo/a	*intimate*
redentor/a	*rescuer*
rodeado/a	*surrounded*
salvador/a	*savior*

valioso/a	*valuable*

Otros verbos

abolir	*to abolish*
alcanzar	*to reach*
apresar	*to capture*
asesinar	*to kill*
conferir	*to procure*
confiar	*to trust*
derrotar	*to defeat*
descansar	*to rest*

detener	*to stop*	matar	*to kill*
disponer	*to arrive at a decision*	oscurecer	*to get dark*
		parecer	*to look/seem*
disponerse	*to get ready to*	pasar/ocurrir/suceder	*to happen*
elegir	*to choose*	perder	*to loose*
engañar	*to deceive*	proclamar	*to proclaim*
escoger	*to choose*	propugnar	*to propose*
exigir	*to require/demand*	recordar	*to remember*
florecer	*to flourish*	salvar	*to save*
fomentar	*to promote*	sorprender	*to surprise*
intentar	*to try/attempt*	valerse de	*to make use of*

13 *La medicina y la salud*

Vocabulario en contexto

· Malestares físicos y recomendaciones
· Síntomas y enfermedades
· Medicinas y remedios

Intercambios comunicativos
· Deseos de mejoría y despedidas

Enfoque cultural

· Colombia, Venezuela y Panamá

Gramática en contexto

· The subjuntive in dependent clauses
· The future and the conditional
· Uses of the future and the conditional
· **Se** with unplanned events

Integración comunicativa

· En la sala de espera
· El examen médico anual

Comparaciones culturales

· Los ancianos
· Atención médica
· *Cien años de soledad*

Diferencias dialectales

· Reforma ortográfica
· La **g**, la **j** y la **h**

Vídeo: Las impresiones de Guadalupe

En resumen

Vocabulario en contexto

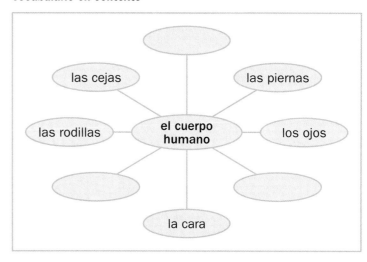

Gramática en contexto

Cuando era joven, (1. podía/podría) comer mucho sin engordar. (2. Leía/Leería) muchos libros, y (3. hacía/haría) poco ejercicio. Ahora (4. quería/querría) vivir así, pero (5. era/sería) muy gordo.

Comparaciones culturales

¿Quiénes fuman más?

Consumo de cigarrillos por fumador por año (período 1988–1998)

Países de Europa

Alemania 3.927
Bélgica 5.300
Francia 3.088
Grecia 4.877

Países anglohablantes

Australia 4.951
Estados Unidos 4.938
Gran Bretaña 3.706

Países hispanohablantes

Chile 1.718
Cuba 2.566
España 3.384
Guatemala 646
Honduras 1.978
Mexico 1.940

Vocabulario en contexto

13-1. Conoce tu cuerpo

Paso 1. Escribe las partes del cuerpo que se nombran en la canción popular llamada "Hokey Pokey".

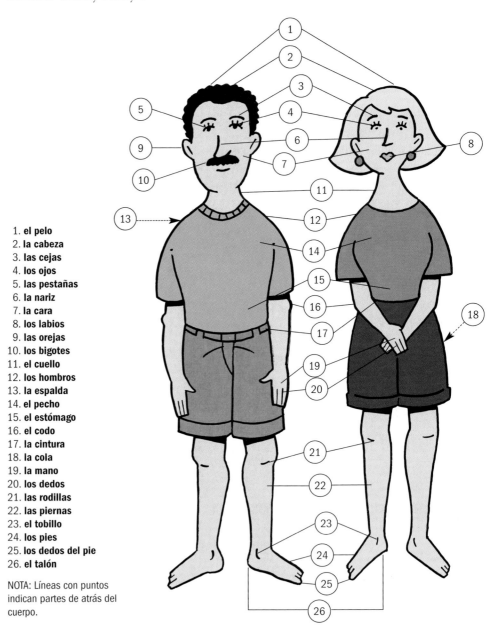

1. **el pelo**
2. **la cabeza**
3. **las cejas**
4. **los ojos**
5. **las pestañas**
6. **la nariz**
7. **la cara**
8. **los labios**
9. **las orejas**
10. **los bigotes**
11. **el cuello**
12. **los hombros**
13. **la espalda**
14. **el pecho**
15. **el estómago**
16. **el codo**
17. **la cintura**
18. **la cola**
19. **la mano**
20. **los dedos**
21. **las rodillas**
22. **las piernas**
23. **el tobillo**
24. **los pies**
25. **los dedos del pie**
26. **el talón**

NOTA: Líneas con puntos indican partes de atrás del cuerpo.

Paso 2. Ahora lee la letra del "Hokey Pokey" en español y escribe las palabras que faltan.

Mueve una _____,
mueve ahora un _____,
mueve la otra _____
y también el otro _____.
Bailamos *hokey pokey,*
giramos una vez
y volvemos a empezar.

Mueve una _____,
mueve ahora un _____,
mueve la otra _____
y también el otro _____.
Bailamos *hokey pokey*,
giramos otra vez
y ahora vamos a bailar.

Mueve la _____, agita la cintura,
mueve las rodillas
y movemos la _____.
Bailamos *hokey pokey*,
giramos en un tris
y volvemos a empezar.

(Se repite la estrofa anterior)

Giramos los _____,
luego todo el cuerpo,
movemos los bigotes
y los _____ de los pies.
Bailamos *hokey pokey*,
giramos otra vez
y volvemos a empezar.

Paso 3. **G** Ahora van a bailar una versión nueva del "Hokey Pokey" en español. En grupos de tres o cuatro, cambien las partes del cuerpo que se mencionan en la canción original por otras. Luego inviten a bailar al resto de la clase con la versión que ustedes inventaron. Toda la clase mueve las partes del cuerpo que se indican en las versiones nuevas.

13-2. ¿Con qué parte del cuerpo las asocias?

Paso 1. Escribe el nombre de las partes del cuerpo con las que asocias las prendas siguientes.

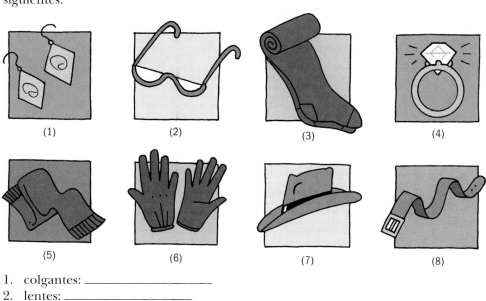

(1)   (2)   (3)   (4)

(5)   (6)   (7)   (8)

1. colgantes: _____
2. lentes: _____
3. medias: _____
4. anillo: _____
5. bufanda: _____
6. guantes: _____
7. sombrero: _____
8. cinturón: _____

Vocabulario

As we have seen in Chapter 10, there is regional variation regarding the vocabulary used for clothing. Earrings are called **aretes** in Mexico, **pendientes** in Spain, **dormilonas** in Cuba, and **caravanas** in Argentina and Uruguay. Glasses are called **gafas** in Spain and **lentes** in most of South America. Similarly, a ring is called **anillo** in many countries but **sortija** in Puerto Rico.

Paso 2. Ahora, escribe una breve descripción de cinco partes del cuerpo sin mencionarlas.

MODELO: Son pequeñas y están en la cabeza. Sirven para escuchar música, conversaciones y ruidos.

Paso 3. ❷ Lee tus descripciones a tu compañero/a para que adivine de qué parte se trata.

MODELO: E1: Son pequeñas y están en la cabeza. Sirven para escuchar música, conversaciones y ruidos. ¿Qué parte del cuerpo son?
E2: Son las orejas.

13-3. ¿Qué te duele?

Paso 1. Empareja los síntomas de enfermedades con el dibujo correspondiente. NOTA: Puede haber más de una interpretación para cada escena.

(a)

(b)

(c)

(d)

(e)

1. Estoy mareado/a.
2. Me molesta la luz cuando me levanto.
3. Me parece que tengo fiebre.

4. Me cae/sienta mal la leche.

5. Me falta (el) aire.

6. Me dan náuseas por la mañana./Me dan ganas de vomitar.

7. Me duele la cabeza.

Paso 2. Ahora empareja las posibles causas de los malestares con los dibujos de cada malestar del Paso anterior (a–e).

Answers 13-3, Paso 2

1. e, 2. c, 3. d, 4. b, 5. a

1. Esta persona está en su quinto mes de embarazo.

2. Esta persona tiene un virus.

3. Esta persona tiene alergias a los productos lácteos.

4. Esta persona subió las escaleras hasta el décimo piso corriendo.

5. Esta persona trabajo más de diez horas en su computadora.

Paso 3. ❷ Representa con mímica (sin palabras) tres malestares o enfermedades descritos en el Paso anterior. Tu compañero/a tiene que adivinar el nombre de tu dolencia (*illness*).

13-4. Malestares físicos y recomendaciones

Paso 1. Mira los dibujos del Paso 1 de la actividad anterior y ofrece sugerencias para mejorar los malestares mencionados. Marca las ideas más adecuadas de la siguiente lista y después agrega otras sugerencias más.

1. _____ Abre la ventana para que entre el aire. Vas a respirar mejor.

2. _____ Baja el volumen de la tele.

3. _____ Creo que lo mejor será que tomes un digestivo.

4. _____ Me parece que debes tomar mucha agua para no deshidratarte.

5. _____ _____

6. _____ _____

Paso 2. ❷ Selecciona ahora con un/a compañero/a una de las dolencias o malestares anteriores y escriban un diálogo entre dos amigos/as en el cual una persona da sugerencias a la otra para que se mejore.

Paso 3. Ⓖ Lean ahora su diálogo a la clase y entre todos decidan si las recomendaciones son apropiadas o no.

Vocabulario

Most English and Spanish words related to medicine and biology have common roots in Latin and Greek. Thus, you already have a lot of passive knowledge about a substantial amount of vocabulary that can be recognized as cognates if you look closely.

13-5. Síntomas y enfermedades

Paso 1. Asocia el nombre de las siguientes enfermedades con las partes del cuerpo afectadas.

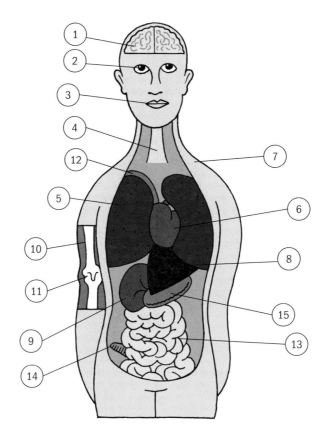

1. **el cerebro**
2. **los ojos**
3. **la boca**
4. **la garganta**
5. **los pulmones**
6. **el corazón**
7. **la piel**
8. **el hígado**
9. **los riñones**
10. **los huesos**
11. **las articulaciones**
12. **la sangre**
13. **los intestinos**
14. **el apéndice**
15. **el páncreas**

resfrío (resfriado)	pulmonía	hemorroides
gripe	ataque cardíaco	hemofilia
alergia	hepatitis	asma
melanoma	artritis	hipertensión arterial
cirrosis	tuberculosis	leucemia
cáncer	conjuntivitis	meningitis
laringitis	apendicitis	derrame cerebral o embolia

Paso 2. ❷ Selecciona con un/a compañero/a una de las enfermedades mencionada en el Paso anterior y tomen nota de sus síntomas.

Síntomas de varias enfermedades

náuseas	mareos	desmayo (*faint*)	hemorragia	fiebre
tos (*cough*)	deshidratación	sudor (*sweat*)	escalofríos (*chills*)	
diarrea	acidez estomacal	dificultad para respirar	congestión	
dolor de cabeza/hombros/brazos/estómago		compresión o dolor en medio del pecho		

Paso 3. ⓖ Ahora, con tu compañero/a describan los síntomas a la clase. El resto de la clase debe adivinar el nombre de la enfermedad.

MODELO: Una persona tiene. . ./A una persona le duele/n. . .
¿Qué enfermedad tiene?

13-6. ¿Causa o remedio?

Paso 1. Escribe en la primera columna de la siguiente tabla el producto con el que se asocia (de una forma positiva o negativa) cada enfermedad.

| alcohol | calcio | cigarrillo | cigarro |
| tabaco en polvo (*snuff*) | hierro | plomo en el agua | flúor |

ENFERMEDAD	PRODUCTO	CAUSA/N	PREVIENE/N
anemia	_____	_____	_____
cáncer	_____	_____	_____
caries	_____	_____	_____
cirrosis	*alcohol*	_____	_____
osteoporosis	_____	_____	_____

Answers 13-6, Paso 1

Possible answers are: *anemia: hierro; cáncer: cigarrillo, cigarro, tabaco en polvo; caries: flúor; osteoporosis: calcio.*

Paso 2. Ahora marca con una cruz (X) en la columna apropiada de la tabla anterior si el producto causa o ayuda a prevenir la enfermedad.

Paso 3. ❷ Con un/a compañero/a piensen en otras enfermedades que se relacionan con un producto en particular. Añadan la enfermedad a la tabla. Compartan la información con la clase.

Answers 13-6, Paso 2

hierro: previene; cigarrillo, cigarro y tabaco en polvo: causan; flúor: previene; alcohol: causa; calcio: previene

13-7. Medicinas y remedios

Paso 1. Cada una de estas medicinas se asocia con una marca comercial. Escribe el nombre de la medicina al lado de cada marca.

antibiótico	aspirina	jarabe contra la tos
pastillas antiácido	vendaje	remedio contra la alergia
ungüento antihemorroidal	polvo para tratar los hongos del pie	

Answers 13-7, Paso 1

Allegra: *remedio contra la alergia,* Band-Aid: *vendaje,* Bayer: *aspirina,* Neosporin: *antibiótico,* NyQuil: *jarabe contra la tos,* Preparation H: *ungüento antihemorroidal,* Tinactin: *polvo para tratar los hongos del pie,* Tums: *pastillas antiácido*

Allegra _____
Band-Aid _____
Bayer _____
Neosporin _____
NyQuil _____
Preparation H _____
Tinactin _____
Tums _____

Paso 2. Además de los remedios que se compran en la farmacia, también hay remedios caseros (*homemade*). Escribe brevemente cuál es el mejor tratamiento no farmacéutico para curar las siguientes diez dolencias.

1. hipo (*hiccups*)
2. resfrío
3. dolor de cabeza
4. dolor de estómago
5. diarrea
6. presión en el ojo
7. acné
8. quemaduras del sol
9. picadura de abeja (*bee*) o avispa (*wasp*)
10. picadura de víbora (*snake*)

Paso 3. ❷ Compara tus consejos con los de un/a compañero/a. Decidan cuál es el mejor remedio para cada caso.

Paso 4. Ⓖ Lean sus remedios a la clase. Después, entre todos decidan cuáles son los remedios más comunes para cada caso.

⊙⊙ Intercambios comunicativos

Deseos de mejoría y despedidas

La palabra del español **ojalá** se deriva de una expresión árabe que significa *May Allah grant*. **Ojalá** es a menudo intercambiable por la expresión **espero que** (*I hope that*). Las dos expresiones requieren el uso del subjuntivo.

Ojalá (que) puedas venir. → **Espero que puedas venir.**

Ojalá/Espero. . .

. . . que te mejores.	*Hope you'll get better.*
. . . que todo sea para bien.	*Hope everything turns out OK.*
. . . que te sea leve.	*Hope you'll be OK.*
. . . que tengas/pases un buen fin de semana.	*Have a nice weekend.*
. . . que te diviertas.	*Have a good time.*
. . . que disfrutes del viaje.	*Enjoy your trip.*

13-8. ¡Ojalá qué vuelvas a visitarnos!

Answers 13-8, Paso 1

Options 2 and 4 are odd or very unlikely for a farewell party.

Paso 1. ❷ Guadalupe va a regresar a México y después de su último día de trabajo en la emisora se reúne con sus amigos. ¿Cuáles de los siguientes deseos de sus amigos crees que son apropiados para esta ocasión?

1. _____ Ojalá vengas pronto a visitarnos.
2. _____ Ojalá que todo sea para bien y que te mejores.
3. _____ Te extrañaremos mucho Lupe. ¡En tan poco tiempo te hemos tomado mucho cariño!
4. _____ Que tengas un buen fin de semana.
5. _____ Escríbenos por e-mail, ¿sí? Vamos a estar esperando tus noticias.
6. _____ ¡Ojalá te acuerdes de nosotros si te vamos a visitar a México!

E S T R A T E G I A S | Vocabulario

Facial expressions, gestures, physical distance, and physical contact are as important as oral expressions to convey your true feelings about best wishes.

Answers 13-8, Paso 2

Jordi expresa ternura o amor; Pablo expresa amistad o ternura.

Paso 2. Las siguientes imágenes muestran a Pablo y a Jordi cuando le expresan sus mejores deseos a Guadalupe. ¿Qué sentimientos crees que trasmite cada uno con sus expresiones faciales y su mirada? Márcalo con una cruz (X) en la tabla siguiente.

(1)

(2)

	JORDI	PABLO
ternura	_____	_____
amor	_____	_____
odio	_____	_____
amistad	_____	_____
celos	_____	_____

Paso 3. [VIDEO] Mira ahora la sección del video en que ocurren las escenas anteriores para confirmar tu respuesta. ¿Qué dice cada uno de los amigos de Guadalupe?

Jordi _____

Connie _____

Camille _____

Pablo _____

Paso 4. ❷ Comenta con un/a compañero/a. ¿Hay diferencias en la manera en que expresan sus deseos las mujeres y los hombres? Si opinan que existen diferencias, ¿creen que se reflejan en la escena que acaban de ver? Expliquen por qué sí o por qué no.

ENFOQUE CULTURAL

13-9. Los países bolivarianos

Paso 1. Simón Bolívar es el héroe de muchos países sudamericanos a los cuales liberó durante la guerra por la independencia de España. Mira el mapa y escribe el nombre de los países que formaban parte de los territorios por los que luchó Bolívar.

Paso 2. (AB) Hazle preguntas a tu compañero/a para obtener la información que no tienes sobre la biografía de Bolívar.

(A)

En 1783 nace en Caracas, Venezuela.
Entre 1799 y 1807...
En 1819...
En 1825 la región del Alto Perú toma el nombre de Bolivia en honor al libertador.
En 1826...
En 1827 Bolívar renuncia a la presidencia de Perú.
En 1829 Bolivia y Venezuela se separan de la unión de Nueva Granada.
En 1830...

(B) Information for student B, p. 533

Cultura

Bolívar was quite progressive in his social outlook—he signed many laws oriented towards social reform, the protection of the indigenous peoples, the preservation of natural resources and the environment, and the rational development of agriculture and commerce.

Answers 13-9, Paso 3

Colombia: 1, 3, 6, 9, 11, 12; *Venezuela:* 2, 5, 7, 10, 12, 13; *Panamá:* 4, 8

Cultura

We tend to form opinions about people and nations based on even limited information; hence the existence of stereotypes. In fact, as you might have stereotypes about other countries and cultures, other countries and cultures may have stereotypes about your own.

Paso 3. Marca con una cruz (X) el nombre del país con el que se asocia cada una de las palabras o expresiones siguientes.

	COLOMBIA	VENEZUELA	PANAMÁ
1. cumbia	_____	_____	_____
2. petróleo	_____	_____	_____
3. tráfico de drogas	_____	_____	_____
4. la zona del canal	_____	_____	_____
5. la isla Margarita	_____	_____	_____
6. Bogotá	_____	_____	_____
7. Caracas	_____	_____	_____
8. Rubén Blades	_____	_____	_____
9. Shakira	_____	_____	_____
10. Hugo Chávez	_____	_____	_____
11. Gabriel García Márquez	_____	_____	_____
12. Simón Bolívar	_____	_____	_____
13. Miss Universo	_____	_____	_____

Paso 4. Escribe una descripción de un estereotipo que asocias con Colombia, Panamá y Venezuela.

Paso 5. (G) Luego, en grupos de tres escriban una descripción de los estereotipos que las personas de otros países pueden tener de los Estados Unidos.

Gramática en contexto

I. The subjunctive in dependent clauses

13-10. ¿Quieres que llame al médico?

Paso 1. Lee las siguientes oraciones y empareja las perspectivas subjetivas (1, 2, 3) con cada uno de los ejemplos (a, b, c).

1. _____ duda o negación
2. _____ emociones/sentimientos (alegría, esperanza o pena)
3. _____ deseo, consejo, recomendación, mandato

a. Espero que estés bien.
   I hope you are fine.
b. Quiero que me compres aspirinas.
   I want you to buy me some aspirin.
c. Dudo que no llegue a tiempo a la cita.
   I doubt he won't be on time for his appointment.

Paso 2. Subraya los verbos conjugados en subjuntivo del Paso anterior.

INTEGRATED COMPONENTS
Use the following instructional resources to practice **The subjunctive in dependent clauses**.

- **Gramática viva:** Subjunctive with expressions of advice and recommendation, Subjunctive after impersonal expressions, Subjunctive with expressions of emotion, Subjunctive with expressions of opinion or doubt, Subjunctive after *cuando*
- **Student Activities Manual/o-SAM:** Activities 13-9, 13-10
- **Companion Website:** Chapter 13, Gramática en contexto, The subjunctive in dependent clauses

Gramática ESTRATEGIAS

When there is an impersonal expression conveying a personal perspective other than certainty in the independent clause, the subjunctive is used in the dependent clause.

[Es importante] que [**llegue** a tiempo a la cita con el médico.]
[*It is important*] *that he* [***arrive** on time for his medical appointment.*] or
*It's important for him **to arrive** on time for his appointment with the doctor.*

The dependent clause will also use the subjunctive if the independent clause uses a subjective expression (other than an impersonal expression).

[No creo] que [**llegue** a tiempo a la cita con el médico.]
[*I don't think*] *that he* [***will arrive** on time for his medical appointment.*]

Remember that if there's no change of subject from the independent to the dependent clause, an infinitive is used.

Necesito **llegar** a tiempo a la cita con el médico.
*I need **to arrive** on time for my appointment with the doctor.*

Answers 13-10, Paso 1
1. c, 2. a, 3. b

Answers 13-10, Paso 2
a. estés, b. compres, c. llegue

Paso 3. A continuación, subraya los verbos que están en subjuntivo en las siguientes oraciones.

1. El paciente tiene fiebre.
2. La doctora quiere que el paciente tome su medicina.
3. El paciente no quiere tomar la medicina.
4. La doctora prefiere que el paciente descanse y que no vaya a trabajar.
5. El paciente no quiere descansar y prefiere ir a trabajar.

Answers 13-10, Paso 3
2. tome; 4. descanse, vaya

Gramática

Sentences may be composed of several main verbs. Each main verb acts as the nucleus of a clause. For instance, **Necesito analgésicos** has one clause but **Necesito comprar analgésicos** has two: one is the main clause or independent clause (**Necesito**) and the other is the dependent clause (**comprar analgésicos**).

Paso 4. Ahora, basándote en la información anterior, completa las tres generalizaciones siguientes sobre el uso del subjuntivo.

1. El verbo que determina el uso del subjuntivo está en. . .
   a. la cláusula independiente.
   b. la cláusula dependiente.
2. El verbo de la cláusula dependiente se conjuga en subjuntivo si. . .
   a. hay un cambio de sujeto.
   b. no hay un cambio de sujeto.
3. El verbo de la cláusula dependiente está en infinitivo, si. . .
   a. hay un cambio de sujeto.
   b. no hay un cambio de sujeto.

13-11. ¿Qué piensa el doctor?

Paso 1. Las siguientes oraciones se refieren a un doctor imaginario. Señala con una cruz (X) en la tabla siguiente si es probable (P) o no es probable (NP) que un doctor haga lo siguiente.

EL DOCTOR. . .	P	NP
1. insiste en que no lo veamos si nos sentimos mal.	_____	X
2. dice que es importante comer muchas verduras para tener buena salud.	_____	_____
3. espera que tomemos el sol durante mucho tiempo.	_____	_____
4. sabe que algunos pacientes no hacen deporte.	_____	_____
5. duda que la mayoría de la gente no padezca (*suffer*) de estrés.	_____	_____
6. no recomienda que bebamos varios vasos de agua cada día.	_____	_____
7. sabe que es importante dormir al menos seis horas cada día.	_____	_____
8. no cree que sea perjudicial fumar ni tomar muchas bebidas alcohólicas.	_____	_____
9. se alegra de que todos hagamos una revisión médica cada año.	_____	_____
10. desea que sus pacientes lean los prospectos de las medicinas.	_____	_____

Paso 2. Analiza las oraciones del Paso anterior. Indica si el verbo de la cláusula dependiente está en indicativo, subjuntivo o infinitivo y explica por qué.

MODELO: **Veamos** es subjuntivo de **ver**. El verbo de la cláusula independiente expresa un mandato.

II. The future and the conditional

INTEGRATED COMPONENTS

Use the following instructional resources to practice **The future and the conditional**.

- **Gramática viva:** Future regular, Future irregular, Conditional
- **Student Activities Manual/o-SAM:** Activities 13-11, 13-12
- **Companion Website:** Chapter 13, Gramática en contexto, The future and the conditional

Gramática

In previous chapters you learned that one of the past tense forms (the *preterit*) is easy to notice because the main verb is usually stressed on the last syllable: hablé, comí, escribió. The last syllable is also stressed in the future.

13-12. ¿Canté o cantaré?

Paso 1. ¿Puedes identificar cuáles de los verbos siguientes están conjugados en el pretérito y cuáles están en el futuro?

1. Ayer **canté** con el coro pero mañana **cantaré** con mi familia.
2. Ayer **aprendí** las reglas del subjuntivo pero mañana **aprenderé** las del futuro.
3. El año pasado **viví** en México pero el año que viene **viviré** en Argentina.

Paso 2. A pesar de que tanto en el pasado como en el futuro los verbos llevan un acento en la última sílaba, hay una diferencia notable que te puede ayudar a diferenciarlos, ¿sabes cuál es? Márcala con una cruz (X).

_____ a. Los verbos en el futuro tienen una sílaba más.
_____ b. Los verbos en el futuro tienen una sílaba menos.
_____ c. Los verbos en el futuro tienen dos sílabas más.

Answers 13-12, Paso 1

In each sentence the first verb is in the preterit and the last one is in the future.

Answer 13-12, Paso 2

a

Gramática

Usually the ending **-ía** is associated with the imperfect of **-er** and **-ir** verbs. However, the conditional of all three verb classes has the same endings as the imperfect of **-er** and **-ir** verbs, but a different stem.

13-13. ¿Comía o comería?

Paso 1. ¿Puedes identificar cuáles de los verbos siguientes están en imperfecto y cuáles están en condicional?

Cuando era joven (1) **viajaba** mucho por mi trabajo, (2) **comía** mucha comida rápida y (3) **asistía** a muchas reuniones de negocios. ¡Ah! ¡Que no (4) **daría** por tener 20 años de nuevo! (5) **Viajaría** a países exóticos, (6) **comería** en los mejores restaurantes y (7) **asistiría** a conciertos de música.

Paso 2. A pesar del uso de la misma terminación (**-ía**) en el imperfecto y en el condicional, hay dos diferencias importantes en las conjugaciones de los dos tiempos verbales. Subraya la opción correcta en cada caso.

a. Para conjugar los verbos regulares en el imperfecto/el condicional se usa el infinitivo.
b. La raíz de los verbos irregulares en el imperfecto/el condicional siempre termina en **-ír**.

Answers 13-13, Paso 1

1, 2, and 3 are in the imperfect and 4–7 are in the conditional.

Answer 13-13, Paso 2

Both a and b

13-14. ¿Qué comeremos mañana?

Paso 1. Completa la siguiente tabla con las terminaciones verbales que indican el futuro y el condicional del verbo **comer**.

Answers 13-14, Paso 1

Futuro: -é, comeré, comerá, -emos, comeremos, comerán; **Condicional:** -ía, comería, comerías, comerían

FUTURO	EJEMPLO	CONDICIONAL	EJEMPLO
_____	_____	_____	_____
-ás	comerás	-ías	_____
-á	_____	-ía	comería
_____	_____	-íamos	comeríamos
-éis	comeréis	-íais	comeríais
-án	_____	-ían	_____

Paso 2. Algunos verbos tienen una raíz irregular en el futuro y el condicional, pero sus terminaciones son regulares. ¿Puedes deducir el infinitivo de estos verbos?

FUTURO IRREGULAR	INFINITIVO
podremos	_____
pondrán	_____
saldré	_____
valdrá	_____
vendrá	_____

CONDICIONAL IRREGULAR	INFINITIVO
habría	_____
querríamos	_____
tendría	_____

III. Uses of the future and the conditional

13-15. ¿Estarán estudiando?

Paso 1. Analiza los usos del futuro y del condicional (1–5) y luego determina qué ejemplo/s (a–g) se refieren a cada uno de ellos.

1. _____ El futuro se usa para hablar de un evento futuro en relación a otro en el presente.
2. _____ El condicional se usa para hablar de un evento futuro en relación a otro en el pasado.
3. _____ El condicional se usa para hablar de eventos hipotéticos.
4. _____ El futuro se usa para expresar probabilidad.
5. _____ El condicional se usa para suavizar una petición y mostrar amabilidad al hacer el requerimiento (similar al uso de los modismos ingleses *would, might, could,* and *should*).

Ejemplos

a.	¿Me prestarías veinte dólares?	*Would you loan me twenty dollars?*
b.	Creí que iría.	*I believed (that) he/she would go.*
c.	¿Quién llamará? Será Pedro.	*Who is it? It must be/It's probably Pedro.*
d.	No deberías ver la televisión todo el día.	*You shouldn't watch TV all day.*
e.	Lo haría pero no tengo tiempo.	*I would do it, but I don't have the time.*
f.	Serán las ocho.	*It must be 8 o'clock./It's probably 8 o'clock.*
g.	Creo que irá.	*I believe (that) he/she will go.*

Paso 2. 🅐🅑 Tu compañero/a y tú tienen información sobre las mismas personas, pero las actividades que están haciendo son diferentes. Teniendo en cuenta donde están las personas, trata de adivinar lo que pueden estar haciendo.

MODELO: E1: ¿Sabes dónde están Alberto y Pedro ahora?
E2: Están en la biblioteca.
E1: ¿Estarán estudiando?
E2: No, creo que no.

A

Alberto y Pedro están en la biblioteca.

Magdalena está en el hospital.

Carlos está en el parque.

Marta está en una fiesta.

B Information for student B, p. 533

IV. The use of *se* with unplanned events

<table>
<tr><td>Gramática</td><td>ESTRATEGIAS</td></tr>
</table>

When we want to express that some unplanned event caused us some trouble, such as a car breakdown, we may use a specific structure in English: *The car broke down on me.* To say the same thing in Spanish, the particle **se** is used: **Se me rompió el auto.** In fact, the expression in Spanish is used much more often than its English equivalent.

13-16. ¡Se me olvidó la tarea, profesora!

Paso 1. Traduce las siguientes oraciones al inglés.

MODELO: Se me olvidó tu nombre.
       I forgot your name.

1. ¡Ay! Se me olvidaron las llaves.

_____

2. ¿Dónde se te perdió la cartera?

_____

3. Se me rompió un vaso sin querer (*unintentionally*).

_____

Paso 2. La construcción con **se** tiene cuatro partes:

1	2	3	4
Se	me	rompió	el vaso

Empareja cada parte (1–4) con su descripción (a–d).

a.   __2__ el objeto indirecto (se refiere a la persona afectada por el evento).

b.   _____ el verbo que expresa la acción.

c.   _____ la partícula **se**.

d.   _____ la(s) cosa(s) afectada(s).

INTEGRATED COMPONENTS

Use the following instructional resources to practice **The use of se with unplanned events**.

- **Student Activities Manual/o-SAM:** Activity 13-14
- **Companion Website:** Chapter 13, Gramática en contexto, The use of se with unplanned events

Answers 13-16, Paso 1

1. Oh, I forgot the keys. 2. Where did you lose your wallet? 3. I broke a glass unintentionally.

Answers 13-16, Paso 2

a. 2, b. 3, c. 1, d. 4

Paso 3. A continuación, marca con una cruz (X) los accidentes que le pueden pasar a una persona con problemas de memoria.

_____ 1. Se le olvida apagar las luces antes de acostarse.

_____ 2. Se le rompen los platos cuando los está lavando en la cocina.

_____ 3. Se le olvida el número de teléfono de sus familiares.

_____ 4. Se le quedan las llaves puestas del lado de afuera de la puerta durante toda la noche.

_____ 5. Se le pierden los documentos de identidad entre sus papeles.

_____ 6. Se le cae la cartera/billetera cada vez que la saca para pagar una cuenta.

_____ 7. Se le quedan algunas bolsas en el supermercado cuando va de compras.

_____ 8. Se le olvidan los nombres de las personas que conoció hace unos días.

Paso 4. Ahora, escribe dos accidentes que te ocurren con frecuencia y que no se mencionan en el Paso anterior. Puedes usar los verbos del recuadro.

| caer | olvidar | perder | quemar (la comida, la ropa) |
| quedar | romper | parar (el carro) | descomponer (el carro, la computadora) |

MODELO: A mí siempre se me cae la cucharita cuando me sirvo un café o un té.

Paso 5. 🅖 En grupos de tres, cuéntale a tus compañeros/as uno de tus accidentes más comunes y haz una lista con los accidentes de los otros estudiantes. ¿Cuáles son los tres accidentes más comunes entre ustedes?

MODELO: A nosotros siempre se nos descompone la computadora.

INTEGRACIÓN COMUNICATIVA

13-17. Para evitar emergencias debemos estar preparados

Paso 1. Estas medicinas se encuentran generalmente en un botiquín de emergencias. Escribe su nombre en la tabla siguiente junto al uso para el que sirve.

antiácidos	crema antibiótica	cinta adhesiva	laxante
antihistamínicos	curitas	descongestionante	Pepto-Bismol
aspirina	vendajes	protector/filtro/crema	
ibuprofeno	gasas	solar (15 mínimo SPF)	

	MEDICINAS
a. para aliviar la tos	_____
b. para prevenir el daño de la piel y el melanoma	_____
c. para tratar los síntomas de la alergia	_____
d. para curar infecciones leves de la piel	_____
e. para curar heridas cortantes	_____
f. para prevenir el estreñimiento (*constipation*)	_____
g. para la fiebre, dolores de cabeza y dolores leves	_____
h. para tratar la acidez del estómago	_____
i. para prevenir la diarrea, para tratar el dolor de estómago	_____

Paso 2. El siguiente texto describe lo que se debe hacer para evitar envenenamientos, pero tiene errores importantes. Subraya las recomendaciones que no se deben seguir y agrega (*add*) lo que crees que se debe hacer.

Para prevenir la muerte por envenenamiento (*poisoning*) accidental siga las siguientes recomendaciones:

1. Lea bien las instrucciones antes de tomar un medicamento.
2. Tome las medicinas en la oscuridad para evitar que sean afectadas por la luz.
3. Guarde las medicinas en un lugar al que tengan acceso los niños.
4. Dígale a los niños que la medicina es un caramelo para que la tomen más fácilmente.
5. Compre botellas de medicamentos con tapas especiales para que los niños no puedan abrirlas.
6. Guarde los medicamentos por muchos años para ahorrar dinero.

Paso 3. ❷ Comenta con un/a compañero/a cómo se puede prevenir la enfermedad que se describe en esta caricatura.

© MAITENA

13-18. En la sala de espera del médico

Paso 1. Cuando vas a ver al/a la médico/a para tu examen médico anual tienes que rellenar una planilla sobre tu historial médico y datos personales. Completa los espacios y haz un círculo alrededor de las palabras que no entiendes para preguntarle al/a la enfermero/a.

☀ *Hospital La Buena Salud*

Historia clínica del paciente

Nombre: _____

Apellidos: _____

Edad: _____

Compañía de seguro médico: _____

Número de póliza: _____

En caso de emergencia llamar a: _____

NOTA: El hospital no se hace responsable de cualquier tipo de emergencia médica causada por falta de información o información errónea sobre su estado de salud. Si tiene dudas sobre qué información debe incluir en esta planilla, por favor consulte a una persona de la recepción.

Firma: _____

Marque con una cruz (X) las enfermedades que ha tenido y su tratamiento

	Sí	No	Fecha y tratamiento
Alergias	__	__	_____
Cáncer (¿tipo?)	__	__	_____
Diabetes	__	__	_____
Enfermedades venéreas	__	__	_____
Epilepsia	__	__	_____
Hemofilia	__	__	_____
Hepatitis A/B/C	__	__	_____
Infarto	__	__	_____
SIDA	__	__	_____
Tuberculosis	__	__	_____
Otras enfermedades	__	__	_____

Paso 2. Escribe ahora el nombre de la enfermedad que corresponde a cada una de las siguientes definiciones. NOTA: Todas las definiciones corresponden a enfermedades que se mencionan en la planilla del Paso anterior.

1. _____ Enfermedad que se manifiesta en forma de crisis compulsivas que pueden estar acompañadas de pérdida del conocimiento o de alucinaciones.

2. _____ Tumor maligno causado por la multiplicación desordenada de las células de un tejido u órgano.

3. _____ Enfermedad causada por el bacilo de Koch. La más frecuente es la pulmonar. La prevención se obtiene con la vacuna BCG.

4. _____ Enfermedad inflamatoria del hígado. Se reconocen tres tipos: A, B y C. Se desconoce la causa del tipo C.

5. _____ Enfermedad hemorrágica hereditaria en que la sangre no coagula normalmente. La transmiten las mujeres y sólo afecta a los hombres.

Paso 3. `AUDIO` A continuación, escucha una breve descripción de las enfermedades que se mencionan en la planilla del Paso 1 pero que no están definidas en el Paso 2 y escribe el nombre de cada enfermedad.

1. _____
2. _____
3. _____
4. _____
5. _____

13-19. El examen médico anual

Paso 1. Tu examen médico anual es un procedimiento que repites todos los años y que se basa en una rutina típica. Escribe una lista de las preguntas que normalmente te hacen los/las doctores/as o enfermeros/as al comienzo de la visita.

Paso 2. `AUDIO` Escucha ahora la siguiente entrevista entre una médica y su paciente, y confirma cuántas preguntas de las que tú escribiste se hicieron en la entrevista. Toma nota también de las preguntas que tú no habías escrito.

Paso 3. `AUDIO` Escucha el diálogo de nuevo y escribe un resumen de las respuestas de la paciente. ¿Crees que la paciente cuida su salud? Fundamenta tu respuesta con ejemplos específicos del diálogo.

Paso 4. ❷ Cuéntale a tu compañero/a las medidas preventivas que tomas para mantenerte en buena salud.

13-20. Recomendaciones del médico

Paso 1. Marca con una cruz (X) en la tabla siguiente algunas de las recomendaciones preventivas para personas de más de 60 años de acuerdo con las siguientes categorías: nutrición, sociedad, ejercicio, medicina.

	NUTRICIÓN	SOCIEDAD	EJERCICIO	MEDICINA
1. Hacerse un examen de mamas o de próstata una vez por año.	_____	_____	_____	_____
2. Caminar 30 minutos al día.	_____	_____	_____	_____
3. Buscar ayuda de los vecinos para mover cosas pesadas en la casa.	_____	_____	_____	_____
4. Ponerse en contacto con grupos de ancianos que organizan reuniones sociales para personas de edad avanzada.	_____	_____	_____	_____
5. Hacer yoga o ejercicios de respiración regularmente.	_____	_____	_____	_____
6. Visitar a la familia con regularidad.	_____	_____	_____	_____
7. Hacer pesas para evitar la osteoporosis.	_____	_____	_____	_____
8. Tener una mascota para sentirse acompañado/a.	_____	_____	_____	_____
9. Consumir muchas frutas y verduras todos los días.	_____	_____	_____	_____
10. Visitar al dentista para una revisión y limpieza dental cada seis meses.	_____	_____	_____	_____
11. Hacerse un examen de la vista anual.	_____	_____	_____	_____

Paso 2. ❷ Utilizando la lista anterior como modelo, prepara con un/a compañero/a una lista de recomendaciones para personas entre 20 y 30 años.

Paso 3. ❷ Con los datos de los dos Pasos anteriores escribe con tu compañero/a un folleto (*brochure*) informativo para los pacientes de una clínica.

E S T R A T E G I A S   Escritura

To develop a convincing argument, it is necessary to use appropriate transitions between sentences and sections of your essay. In the following activity you will learn some common phrases and expressions that are used as transitions.

13-21. ¡No creo que este sistema funcione!

Paso 1. La siguiente es una carta dirigida a la redactora (*editor*) de un periódico. Haz una lista de los problemas que el autor identifica en el sistema de salud.

Answers 13-21, Paso 1

Las compañías de seguros tratan de obtener los máximos beneficios económicos para sus dirigentes y accionistas. Obligan a los médicos a tener una cuota fija de pacientes por día y a ver a cada paciente un tiempo promedio de cinco minutos. También quieren que se ahorre en recetas farmacéuticas.

Dr. Francisco Ruiz

| Médico general | Hospital del Valle | Avenida Principal 2343 |

Estimada Señora Ortiz:

Me dirijo a usted para darle mi opinión sobre la deplorable situación del sistema de salud público. En primer lugar, quiero enfatizar que soy médico general con más de treinta años de experiencia. Asimismo, tengo experiencia administrativa ya que dirigí un hospital regional durante más de cinco años. Espero que considere mi carta útil para el resto de la comunidad y que la publique en su periódico.

Es innegable que el costo real de la atención médica es altísimo. Por otro lado, es importante que la población sepa que el problema no es que los médicos cobren mucho dinero, sino que las compañías de seguro tratan de obtener los máximos beneficios económicos para sus dirigentes y accionistas. Por ejemplo, las compañías obligan a los médicos a tener una cuota fija de pacientes por día. Sin embargo, ¿cómo creen ustedes que un médico puede ver a un paciente en cinco minutos? En general, éste es el tiempo promedio que las asociaciones de la salud nos recomiendan que usemos como guía. A causa de esto, la atención al paciente es deplorable. Lo que es aún peor, ahora también quieren que ahorremos en las recetas farmacéuticas.

Sinceramente, creo que las compañías de seguro no se dan cuenta que si el médico pasa más tiempo con sus pacientes, puede ayudarlos a prevenir enfermedades. De hecho, la prevención nos puede ayudar a ahorrar más dinero que el que se ahorra con el control de tiempo por paciente. En conclusión, es importante que el sistema de salud tenga como objetivo ayudar al paciente. Irónicamente, cuando las asociaciones mutualistas tienen como objetivo ayudar al paciente, también se pueden ayudar a sí mismas.

Sin otro particular, lo saluda atentamente,

Fran Ruiz
Dr. Francisco Ruiz

Vocabulario
Palabras que conectan frases e ideas
Para ofrecer una opinión: en mi opinión, sinceramente, creo que

Para agregar ideas: y, también, asimismo, de la misma manera

Para comparar ideas: pero, por otro lado, sin embargo, aunque, de todas maneras/formas, a pesar de que

Para enfatizar un argumento: lo que es peor, es innegable que. . ., de hecho. . .

Para establecer una secuencia: primero, en primer/segundo lugar, luego, después, finalmente

Para dar ejemplos: por ejemplo, a manera de ejemplo, de hecho

Para explicar causas: a causa de esto, por ello, porque, debido a que

Para hacer generalizaciones: en general, generalmente, como norma general

Para establecer conclusiones: por eso, en conclusión, por lo tanto, por consiguiente

Paso 2. Subraya en el artículo las palabras que utiliza el autor para conectar ideas y conceptos en su argumento.

Answers 13-21, Paso 2

En primer lugar, asimismo, es innegable que, sin embargo, por ejemplo, sin embargo, en general, a causa de esto, lo que es aún peor, sinceramente, creo que, de hecho, en conclusión, irónicamente

Escritura

Editorial letters are an example of a type of writing in which the author tries to establish a logical argument to substantiate his/her opinion and position in reference to a specific and generally controversial topic.

13-22. En mi opinión

Paso 1. **G** Piensa con dos compañeros/as más en un tema polémico o problemático relacionado con la salud o medicina. Hagan una lista de las causas principales de ese problema.

Paso 2. **G** A continuación, con tus compañeros/as, explica y desarrolla argumentos a favor y en contra de cada una de las causas que componen el problema.

Paso 3. Redacta un borrador inicial de una carta en la que describas tu posición con respecto a este problema. Utiliza la carta de la actividad anterior como modelo.

Paso 4. **G** Intercambia tu borrador con las personas de tu grupo. Todos los miembros del grupo deben evaluar la efectividad del mensaje y escoger el mejor borrador.

Paso 5. **G** Por último, hagan una corrección final del borrador elegido basada en los comentarios de todos y preparen la versión final.

Comparaciones culturales

13-23. ¿Qué hacemos con la abuela?

Paso 1. **2** ¿Es bueno que los ancianos, los lisiados (*disabled people*) o las personas con problemas mentales vivan con su familia en vez de vivir en un asilo? ¿Piensas que es mejor que vivan solos en sus propias casas o en un hospital? Escribe con tu compañero/a una lista de las ventajas y desventajas de cada caso.

- Ancianos en su casa
- Ancianos en un asilo
- Lisiados en su casa
- Lisiados en un hospital
- Enfermos mentales en su casa
- Enfermos mentales en un hospital

Paso 2. **2** ¿Crees que las personas ancianas, lisiadas o los enfermos mentales deberían tener una participación más activa en la sociedad? ¿Qué sugerirías? Comenta lo que piensas con tu compañero/a.

Paso 3. **G** Compartan ahora sus sugerencias con el resto de la clase y clasifíquenlas de acuerdo con las siguientes categorías.

SOLUCIONES	PRÁCTICA	POSIBLE	IDEALISTA
hablar con representantes del gobierno	_____	_____	X
_____	_____	_____	_____
_____	_____	_____	_____
_____	_____	_____	_____
_____	_____	_____	_____

13-24. ¡Ojalá que aumente el número de médicos!

Paso 1. 🅰🅱 La tabla que sigue contiene información sobre la salud en cuatro países: Colombia, Panamá, Venezuela y los Estados Unidos. Pregúntale a tu compañero/a los datos que necesitas para completarla.

MODELO: E1: ¿Me puedes decir cuál es la expectativa de vida en Venezuela?
E2: Sí, ¡cómo no! Es de 73 años.
E1: Gracias.

🅐

	Colombia	Panamá	Venezuela	EEUU
Expectativa de vida en años (1998)	70	74	73	____
Mortalidad infantil cada 1.000 nacimientos	____	21	21	7
Gastos médicos por cada habitante en dólares (1990–98)	256	253	205	____
Número de médicos por 1.000 habitantes (1990–98)	1,1	2,2	____	2,6
Número de camas por 1.000 habitantes (1990–98)	1,5	1,5	1,5	4,0
Consumo de cigarrillos por año (1988–98)	1.684	XX	1.699	____
Índice de tuberculosis por 100.000 habitantes (1997)	55	____	42	7
Porcentaje de adultos infectados con SIDA (1997)	____	0,61	0,69	0,76

Fuente de información: Congressional Information Service, Inc. Copyright © 2001
(disponible al público en http://web.lexis-nexis.com).

🅑 Information for student B, p. 533

Paso 2. ❷ Escribe con tu compañero/a un deseo humanitario para cada uno de los datos presentados. Seleccionen un país por dato y describan cómo su país podría ayudar.

MODELO: Ojalá que aumente el número de médicos en Panamá.
Estados Unidos podría ayudar enviando médicos.

Paso 3. ❷ Lee con tu compañero/a la siguiente información y analicen la proporción de médicos por cada 1.000 habitantes en los países listados. Piensen en las posibles causas que determinan la variación de un país a otro. Utilicen el futuro de probabilidad.

MODELO: En Perú será muy caro estudiar medicina.

Número de médicos por cada 1.000 habitantes

Nicaragua	0,8	Uruguay	3,7
Perú	0,9	España	4,2
México	1,2	Israel	4,6
Argentina	2,7	Cuba	5,3
Alemania	3,4	Italia	5,5

Lectura

One of the most distinguished authors of Spanish literature is the Colombian-born Nobel Prize winner Gabriel García Márquez. In his writings we can find examples of what is called magic realism. In the following activity you will discover how the description of disease and its antidote blurs the division between reality and fantasy.

13-25. La enfermedad del insomnio

Paso 1. En una de sus novelas más conocidas, *Cien años de soledad*, Gabriel García Márquez describe la así llamada (*so-called*) "enfermedad del insomnio". ¿Sabes cuáles son los síntomas que se asocian con el insomnio? Haz una lista de esos síntomas y de los posibles remedios para curar la enfermedad.

Paso 2. Un buen lector sabe utilizar el contexto de la narración para adivinar el significado de las palabras que no conoce. Lee el siguiente párrafo de *Cien años de soledad* y luego empareja la definición que corresponde a las palabras subrayadas en el texto.

Answers 13-25, Paso 2
1. *peste*,   2. *cuarentena*,   3. *súplicas*,
4. *chivos*,   5. *guacamayos*,   6. *ciénaga*,
7. *estancia*, 8. *campanitas*

La cuarentena

Cuando José Arcadio Buendía se dio cuenta de que la <u>peste</u> había invadido el pueblo, reunió a los jefes de familia para explicarles lo que sabía sobre la enfermedad del insomnio y se acordaron medidas para impedir que el flagelo se propagara a otras poblaciones de la <u>ciénaga</u>. Fue así como se quitaron a los <u>chivos</u> las <u>campanitas</u> que los árabes cambiaban por <u>guacamayos</u> y se pusieron a la entrada del pueblo a disposición de quienes desatendían los consejos y <u>súplicas</u> de los centinelas e insistían en visitar la población. Todos los forasteros que por aquel tiempo recorrían las calles de Macondo tenían que hacer sonar su campanita para que los enfermos supieran que estaba sano. No se les permitía comer ni beber nada durante su <u>estancia</u>, pues no había duda de que la enfermedad sólo se transmitía por la boca, y todas las cosas de comer y de beber estaban contaminadas de insomnio. En esa forma se mantuvo la peste circunscrita al perímetro de la población. Tan eficaz fue la <u>cuarentena</u> que llegó el día en que la situación de emergencia se tuvo por cosa natural y se organizó la vida de tal modo que el trabajo recobró su ritmo y nadie volvió a preocuparse de la inútil costumbre de dormir.

DEFINICIONES	PALABRAS
1. enfermedad epidémica que causa muchas muertes	_____
2. período de aislamiento para contener una enfermedad	_____
3. pedidos (*calls*) desesperados	_____
4. animales mamíferos de la familia de las ovejas	_____
5. pájaros de zonas tropicales	_____
6. región que tiene mucha concentración de agua	_____
7. período de tiempo en que se permanece de visita en un lugar	_____
8. pequeños instrumentos cuyo ruido sirve para llamar la atención	_____

Paso 3. Sin mirar el párrafo original, ordena los siguientes eventos según ocurren en la narración de la enfermedad del insomnio.

_____ a. José Arcadio Buendía se da cuenta de que la peste ha invadido el pueblo.

_____ b. La situación de emergencia se tiene por cosa natural, el trabajo recobra su ritmo y nadie vuelve a preocuparse de la inútil costumbre de dormir.

_____ c. Se toman prestadas las campanitas de los chivos.

_____ d. A los forasteros no se les permite comer ni beber nada durante su estadía, pues no hay duda de que la enfermedad sólo se transmite por la boca.

_____ e. José Arcadio Buendía reúne a los jefes de familia para explicarles lo que sabe sobre la enfermedad del insomnio.

_____ f. Se ponen las campanitas a la entrada del pueblo a disposición de los forasteros que insisten en visitar la población.

_____ g. La peste se contiene dentro del pueblo.

_____ h. Todos los forasteros tienen que hacer sonar su campanita para que los enfermos sepan que están sanos.

_____ i. Se establecen medidas para impedir que la peste se propague a otras poblaciones de la ciénaga.

Paso 4. En el siguiente párrafo de *Cien años de soledad* otra persona del pueblo, Aureliano, descubre la fórmula contra el insomnio. Utiliza estratégicamente el contexto para leer el siguiente párrafo y explica con tus propias palabras cuál es la solución que Aureliano encontró contra el olvido.

El remedio contra el olvido

Fue Aureliano quien concibió la fórmula que había de defenderlos durante varios meses de las evasiones de la memoria. La descubrió por casualidad. Insomne experto, por haber sido uno de los primeros, había aprendido a la perfección el arte de la platería. Un día estaba buscando el pequeño yunque que utilizaba para laminar los metales, y no recordó su nombre. Su padre se lo dijo: "tas". Aureliano escribió el nombre en un papel que pegó con goma en la base del yunquecito: tas. Así estuvo seguro de no olvidarlo en el futuro. No se le ocurrió que fuera aquella la primera manifestación del olvido, porque el objeto tenía un nombre difícil de recordar. Pero pocos días después descubrió que tenía dificultades para recordar casi todas las cosas del laboratorio. Entonces las marcó con el nombre respectivo, de modo que le bastaba con leer la inscripción para identificarlas. Cuando su padre le comunicó su alarma por haber olvidado hasta los hechos más impresionantes de su niñez, Aureliano le explicó su método y José Arcadio Buendía lo puso en práctica en toda la casa y más tarde lo impuso en todo el pueblo. Con un hisopo entintado marcó cada cosa con su nombre: mesa, silla, reloj, puerta, pared, cama, cacerola. Fue al corral y marcó los animales y las plantas: vaca, chivo, puerco, gallina, yuca, malanga, guineo.

···Diferencias dialectales···

Gramática

All languages are always in a process of change. Thus, it is not unusual that, from time to time, we find proposals for spelling changes.

13-26. "Jubilados, jimnasia y jeriatría"

Answers 13-26, Paso 1

2, 3, 6, 7

Paso 1. Gabriel García Márquez propuso la simplificación de la ortografía española. Lee la siguiente transcripción de una de sus charlas y luego marca con una cruz (X) las reglas que propone que se cambien.

". . . simplifiquemos la gramática antes de que la gramática termine por simplificarnos a nosotros. . . enterremos las haches rupestres, firmemos un tratado de límites entre la ge y la jota, y pongamos más uso de razón en los acentos escritos, que al fin y al cabo nadie ha de leer lagrima donde diga lágrima, ni confundirá revolver con revólver. ¿Y qué de nuestra be de burro y nuestra ve de vaca. . . ?"

1. _____ unificación de la *ce, cu* y *ka*
2. _____ unificación de la *ge* y la *jota*
3. _____ unificación de la *be* con la *ve*
4. _____ unificación de la la *elle* y la *y griega* a favor de la *y griega*
5. _____ eliminación de la *doble ce* por la *equis*
6. _____ eliminación de la *hache*
7. _____ eliminación de los tildes o acentos
8. _____ la *erre* se escribirá con *doble ere*

Answers 13-26, Paso 2

a. 3, b. 7, c. 8, d. 4, e. 6, f. 1, g. 2, h. 5

Paso 2. Lee los siguientes ejemplos que ilustran cada propuesta del Paso anterior y emparéjalos con la regla (1–8) correspondiente.

EJEMPLO	REGLA
a. baca, burro, bideo	_____
b. lagrima, cancer, cancion	_____
c. Rricardo, rrapido, Puerto Rrico	_____
d. yorar, yegar, yo	_____
e. ora, ija, uevo	_____
f. kilo, kasa, kosa, kien	_____
g. jirafa, jimnasia, jeriatría	_____
h. axion, convixion, abstraxion	_____

Suggestions 13-26, Paso 3

Among other options are: *s* replaces the soft *c* (*sentury* follows pronunciation of *sentry*), the hard *c* is dropped in favor of the *k* (*kast* follows example of *kastle*), etc.

Paso 3. ¿Puedes pensar en algunas simplificaciones útiles de la ortografía del inglés? Completa la lista siguiente.

REGLA	EJEMPLOS
1. Reemplazar la *pe hache* por la *efe*.	filosofy, Filadelfia
2. Eliminar las letras dobles.	acurate, speling
3. Eliminar la letra *e* al final de sílaba.	_____ _____
4. _____	_____ _____
5. _____	_____ _____

13-27. Ha, ha o ja, ja

Paso 1. Empareja los ejemplos con las descripciones de cada caso.

Ejemplos

a. jarabe, jengibre, jirafa, joven, jubilado
b. hambre, hernia, hígado, hombro, humor
c. germen, geriatría, gimnasia, gigante
d. gastritis, garganta, gota, gordo, gusano, guante

DESCRIPCIÓN	EJEMPLO
1. Esta letra no se pronuncia en español.	_____
2. Antes de las vocales *a, o* y *u*, esta letra se pronuncia como la letra *ge* en palabras en inglés como *game* y *go*.	_____
3. Antes de las vocales *e* e *i*, esta letra se pronuncia como la letra *hache* en palabras en inglés como *hockey*.	_____
4. Esta letra siempre se pronuncia como la letra *hache* en palabras en inglés como *hockey*.	_____

Paso 2. ❷ Lee el siguiente trabalenguas (*tongue twister*) primero en forma lenta y luego cada vez más rápido. Desafía a tu compañero/a a ver quién lo puede leer más rápido.

Juzgar juzgan los jueces,
Abogar abogan los abogados,
Germinar germinan los geranios y. . .
Hamacas hacen los hacendados.

Video

Las impresiones de Guadalupe

Primeras impresiones

13-28. ¡Ojalá que todo sea para bien!

Paso 1. En la primera escena de este episodio, Guadalupe trasmite su último programa de radio. En él agradece a varias personas, expresa algunos deseos y se despide de su público. Antes de ver el video, indica (X) qué expresiones de la siguiente lista puede haber dicho Guadalupe durante el programa.

1. _____ Quiero agradecer a nuestros patrocinadores.
2. _____ Espero que se mejoren.
3. _____ Pablo, espero que tu experiencia en la emisora sea tan olvidable como la mía.
4. _____ Espero que no se olviden de su amiga Lupe.
5. _____ Ojalá que todo sea para bien.

Paso 2. **VIDEO** Ahora mira la primera escena de este episodio y confirma tus respuestas del Paso 1.

Paso 3. A continuación, mira las fotos siguientes. En esta escena los cinco amigos están hablando sobre la despedida de Guadalupe. Empareja las oraciones con la foto más apropiada.

1. _____: Bueno, ahora sí, vamos a festejar tu último día en la radio y tu regreso a México.
2. _____: Sí, y ojalá vuelvas a visitarnos pronto. Me gustó tanto conocerte, digo. . . nos gustó a todos, y es una lástima (*it's too bad*) que te vayas.

Paso 4. **VIDEO** Ahora mira la escena para confirmar tus respuestas.

Las impresiones de Guadalupe

13-29. ¡Muchas gracias!

Paso 1. `VIDEO` Mira de nuevo este episodio para contestar las siguientes preguntas.

1. ¿Por qué Guadalupe le da las gracias al público, a una agencia de viajes y a un restaurante?
2. ¿Qué opina Guadalupe de su experiencia en los Estados Unidos? ¿Qué planes tiene para el futuro?
3. ¿Por qué le dice a Pablo: "Mis mejores deseos"?

Paso 2. `VIDEO` Mira de nuevo, la segunda escena de este episodio si lo necesitas y contesta las siguientes preguntas.

1. ¿Qué ha aprendido Guadalupe a través de su proyecto final y su estadía en los Estados Unidos con respecto a la cultura hispana?
2. ¿Qué harán los amigos para mantenerse en contacto?
3. ¿Por qué Guadalupe y Pablo no pueden quedarse mucho tiempo festejando?
4. ¿Qué harán los amigos para despedirse de Guadalupe?

Impresiones culturales

13-30. ¿Quieres hablar de tus planes?

Paso 1. En circunstancias de mucha emoción o tristeza, ¿qué hacen las personas de tu propia cultura? Márcalo con una cruz (X) en la lista siguiente.

1. _____ Lloran.
2. _____ Comen.
3. _____ Cantan.
4. _____ Hablan del futuro.
5. _____ Se abrazan.
6. _____ Hablan de cosas positivas.
7. _____ Se besan.
8. _____ Cambian de tema.

Paso 2. `VIDEO` Mira el video de nuevo e indica quiénes hacen cada una de las cosas siguientes. Usa una **G** para Guadalupe, **Ca** para Camille, **Co** para Connie, **J** para Jordi y **P** para Pablo. NOTA: No todas las acciones aparecen en el video.

1. _____ Llora/n.
2. _____ Come/n.
3. _____ Canta/n.
4. _____ Habla/n del futuro.
5. _____ Se abraza/n.
6. _____ Bromea/n para aliviar la pena.
7. _____ Se enfoca/n en un aspecto positivo de la situación.
8. _____ Habla/n de la circunstancia en sí.
9. _____ Piensa/n en formas de relativizar el problema.
10. _____ Cambia/n de tema.

Paso 3. ❷ ¿Hay similitudes o diferencias entre el comportamiento de los hombres y las mujeres de tu cultura y la hispana representada en el video? ¿Cuáles? Comenta tus ideas con un/a compañero/a.

En resumen

Gramática

1. The subjunctive in dependent clauses

When there is an impersonal expression conveying a personal perspective other than certainty in the independent clause, the subjunctive is used in the dependent clause.

> Es importante que **llegue** a tiempo a la cita con el médico.
> *It is important that he **arrive** on time for his appointment with the doctor.*
> or: *It's important for him **to arrive** on time for his appointment with the doctor.*

The dependent clause will also use the subjunctive if the independent clause uses subjective expressions (other than an impersonal expression).

> No creo que **llegue** a tiempo a la cita con el médico.
> *I don't think that he **will arrive** on time for his medical appointment.*

Remember that if there's no change of subject from the independent to the dependent clause, an infinitive is used.

> Necesito **llegar** a tiempo a la cita con el médico.
> *I need **to arrive** on time for my appointment with the doctor.*

2. The future and the conditional

The complete future and conditional conjugations for the verb **comer** follow. Endings are listed on the left.

Futuro		Condicional	
-é	comeré	**-ía**	comería
-ás	comerás	**-ías**	comerías
-á	comerá	**-ía**	comería
-emos	comeremos	**-íamos**	comeríamos
-éis	comeréis	**-íais**	comeríais
-án	comerán	**-ían**	comerían

Future and conditional share the same stem. Some irregular stems include: **haber: habr-; hacer: har-; poder: podr-; poner: pondr-; querer: querr-; salir: saldr-; tener: tendr-; venir: vendr-.**

3. Uses of the future and the conditional

The future tense is used: (1) to refer to an event that comes after an event in the present, or (2) to express the probability of an event.

The conditional tense is used: (1) to refer to an event that happens after an event in the past, (2) to talk about hypothetical events, or (3) to soften requests and suggestions.

4. *Se* with unplanned events

Unplanned events expressed with **se** have four parts:
1. **Se**
2. The indirect object that refers to the person/s affected by the event.
3. The verb that expresses the action (and agrees with the thing/s affected).
4. The thing/s that is/are affected.

Se me rompió el vaso. *The glass broke (on me).*
Se me rompieron los vasos. *The glass broke (on me).*

Vocabulario

Las partes del cuerpo

los bigotes	*moustache*
la cabeza	*head*
la cara	*face*
las cejas	*eyebrows*
la cintura	*waist*
el codo	*elbow*
la cola	*buttocks*
el cuello	*neck*
los dedos de la mano	*fingers*
los dedos del pie	*toes*
la espalda	*back*
los hombros	*shoulders*
los labios	*lips*
la mano	*hand*
la nariz	*nose*
las orejas	*ears*
el pecho	*chest*
el pelo	*hair*
las pestañas	*eyelashes*
las piernas	*legs*
los pies	*feet*
las rodillas	*knees*
el talón	*heel*
el tobillo	*ankle*

Los órganos y otros sustantivos relacionados con el cuerpo

el apéndice	*appendix*
las articulaciones	*joints*
el cerebro	*brain*
el corazón	*heart*
el estómago	*stomach*
la garganta	*throat*
el hígado	*liver*
los huesos	*bones*
el intestino	*intestine*
el páncreas	*pancreas*
la piel	*skin*
los pulmones	*lungs*
el riñón	*kidney*
la sangre	*blood*
el sistema inmunológico	*immunological syste*

Las enfermedades

la alergia	*allergy*
la anemia	*anemia*
la apendicitis	*appendicitis*
la artritis	*arthritis*
el asma	*asthma*
el ataque cardíaco/el infarto	*heart attack*
el cáncer	*cancer*
la caries	*caries*
el catarro	*cold*
la cirrosis	*cirrhosis*
la conjuntivitis	*conjunctivitis*
el derrame cerebral (embolia)	*stroke*
la diabetes	*diabetes*
las enfermedades venéreas	*sexually transmitted diseases*
el enfisema pulmonar	*pulmonary emphysema*
la epilepsia	*epilepsy*
la gripe	*flu*
la hemofilia	*hemophilia*
los hemorroides	*hemorrhoids*
la hepatitis	*hepatitis*
la hipertensión arterial	*high blood pressure*
la laringitis	*laryngitis*
la leucemia	*leukemia*
el melanoma	*melanoma*
la meningitis	*meningitis*
la pulmonía	*pneumonia*
el resfrío (resfriado)	*cold*
el SIDA	*AIDS*
la tuberculosis	*tuberculosis*

Algunos síntomas de las enfermedades

la acidez de estómago	*acid stomach*
la diarrea	*diarrhea*
el dolor de cabeza/estómago	*headache/stomachache*
los escalofríos	*chills*
el estreñimiento	*constipation*
la fiebre	*fever*
el hipo	*hiccups*
la náusea	*nausea*
el sudor	*sweat*
la tos	*cough*

Los medicamentos

el analgésico	*pain reliever*
la curita	*Band-aid*
el jarabe contra la tos	*cough medicine*
el laxante	*laxative*
las pastillas	*pills*
el polvo	*(medicinal) powder*
el ungüento	*(medicinal) cream*
la vacuna	*vaccine*
el vendaje	*bandages*

Verbos relacionados con la salud

desmayarse	*to faint*
enfermarse	*to become sick*
engriparse	*to catch the flu*
fumar	*to smoke*
infectarse	*to become infected*
marearse	*to become dizzy*
padecer de. . .	*to suffer from (medical problem)*
resfriarse	*to catch a cold*
toser	*to cough*
vacunarse	*to get vaccinated*
vomitar	*to throw up*

14 El medio ambiente y la calidad de vida

Vocabulario en contexto

- La ciudad
- Las reglas de tráfico
- La biodiversidad global

Intercambios comunicativos
- Tomar la palabra y finalizar una conversación

Enfoque cultural

- Costa Rica y Nicaragua

Gramática en contexto

- Present subjunctive with nonexistent and indefinite antecedents
- Past and present subjunctive
- The past subjunctive in hypothetical situations

Integración comunicativa

- Perspectivas urbanas
- La diversidad biológica
- El calentamiento de la atmósfera

Comparaciones culturales

- El medio ambiente y la biodiversidad en Costa Rica y EE.UU.
- Ecotours
- La poesía de Rubén Darío

Diferencias dialectales

- El voseo
- La **p**, la **t** y la **k**

Vídeo: Las impresiones de Guadalupe

En resumen

Vocabulario en contexto

Gramática en contexto

Señora, este apartamento tiene casi todo lo que usted quiere, pero no todo. El edificio está en un vecindario donde no se (1) _____ (permitir) mucho tráfico o ruido. Los museos que (2) _están_ (estar) cerca son excelentes, y los mercados (3) _____ (ser) muy convenientes. Sin embargo, no hay una reserva natural que (4) _queda_ _quede_ (quedar) cerca. Además, este vecindario no tiene un centro que (5) _ofreza_ _ofrezca_ (ofrecer) muchas de las atracciones de las ciudades más grandes…

Comparaciones culturales

Porcentaje (%) de población urbana	1980	1998
Argentina	83	89
Bolivia	49	61
Costa Rica	43	47
Ecuador	47	63
España	73	77
Estados Unidos		
México	66	74
Nicaragua	50	55
Uruguay	85	91

Vocabulario en contexto

14-1. La infraestructura física de una ciudad

Paso 1. Cada ciudad tiene sus características propias. Mira las siguientes fotos y escribe las palabras o frases que mejor las describan.

MODELO: Nueva York: ruidosa, muy extendida, cosmopolita, con muchos restaurantes y teatros, muy cara.

Nueva York

Miami

Los Ángeles

Ciudad de México

Managua

San José de Costa Rica

Paso 2. La opinión que se tiene de cada ciudad está relacionada, en gran medida, con su infraestructura física. Describe las ciudades anteriores teniendo en cuenta los siguientes factores.

aceras (*sidewalks*)	señales de tránsito	ruido
edificios	semáforos (*traffic lights*)	transporte público/metro
tráfico	estacionamiento de carros	polución/contaminación

Paso 3. **G** Con dos o tres compañeros/as más seleccionen una ciudad. Analicen los problemas que tiene y luego escojan de la siguiente lista cinco prioridades que exigen acción inmediata.

1. dar incentivos económicos para la reactivación del comercio
2. poner límites a la altura de los edificios en la zona histórica de la ciudad
3. construir plazas y parques
4. instalar semáforos en calles peligrosas (*dangerous*)
5. plantar árboles para limpiar el aire y dar sombra
6. firmar leyes que disminuyan el ruido de las bocinas (*horns*) y tráfico
7. aumentar la cantidad de focos de iluminación nocturna
8. incrementar el número de policías
9. poner señales claras en las zonas de obras en construcción
10. ampliar las calles
11. construir sendas para bicicletas
12. subvencionar (*subsidize*) el transporte público
13. construir un servicio de metro
14. construir acceso para disminuidos físicos
15. construir estacionamiento subterráneo

Paso 4. **G** Para finalizar, compartan la información sobre la ciudad elegida con el resto de la clase.

14-2. Mi ciudad es mi casa

Paso 1. **2** Con un/a compañero/a escriban una lista de los problemas urbanos de la ciudad donde viven.

Paso 2. **G** A continuación, piensen en una solución efectiva y práctica para cada problema. Preparen un argumento que apoye el nivel de prioridad que proponen y compártanlo con sus compañeros/as.

14-3. El mejor medio de transporte

Paso 1. La vida de las ciudades está marcada por el tráfico. Selecciona dos de las ciudades mencionadas en las actividades anteriores, además de la ciudad donde vives (Mi ciudad), y marca con una cruz (X) los medios de transporte ideales para cada ciudad.

	MI CIUDAD	CIUDAD 1	CIUDAD 2
auto/coche/carro	_____	_____	_____
metro/subte	_____	_____	_____
bicicleta	_____	_____	_____
moto	_____	_____	_____
autobús	_____	_____	_____
taxi	_____	_____	_____

Vocabulario

There are a number of words related to transportation that vary by region. For instance, a *car* is called **carro** in Mexico, Central America, and the Caribbean; **coche** in Spain; and **auto** in Argentina. Similarly, a *bus* is called **autobús** in Spain, **colectivo** in Argentina, **camión** in México, and **guagua** in Puerto Rico and Cuba.

Paso 2. ❷ Ahora, dile a tu compañero/a cuál es el medio de transporte que prefieres para cada una de las ciudades que seleccionaste y explícale por qué.

MODELO: En Nueva York hay mucha congestión de tráfico. Los taxis son muy eficientes pero no hay muchos, y las bicicletas y las motos son útiles pero son también muy peligrosas. Creo que el metro es el mejor método de transporte para Nueva York.

Paso 3. Ⓖ Por último, compartan sus resultados con el resto de la clase y decidan entre todos cuál es el medio de transporte que la clase prefiere para la ciudad donde estudian.

14-4. Los automóviles y las reglas de tráfico

Paso 1. Para tener un tráfico organizado y rápido las ciudades usan señales de tránsito. Empareja cada señal de tránsito con el nombre que le corresponde.

1.   2.   3.

4.   5.   6.

7.   8.   9.

10.

a. _____ pare
b. _____ ceda el paso
c. _____ paso peatonal (*pedestrian*)
d. _____ obras
e. _____ no doblar a la derecha
f. _____ no se permite la circulación de camiones
g. _____ no estacionar (Prohibido estacionar)
h. _____ velocidad máxima 50 km/h
i. _____ prohibido doblar a la izquierda
j. _____ circulación en un solo sentido

Paso 2. A continuación empareja la descripción de la acción que el/la conductora del vehículo debe cumplir con cada una de las señales de tránsito.

1. pare
2. ceda el paso
3. paso peatonal
4. obras
5. no doblar
6. prohibido estacionar
7. velocidad máxima 50 km/h

a. Debe reducir la velocidad, porque hay personas trabajando.
b. No puede exceder la velocidad establecida.
c. No puede parquear.
d. Debe permitir el paso al otro vehículo.
e. Debe detener la marcha del vehículo.
f. Debe dar prioridad a los peatones.
g. No puede girar (*turn*).

Paso 3. Escribe una explicación de las posibles consecuencias de cada una de las siguientes infracciones de tránsito.

MODELO: Si excede la velocidad máxima permitida, el/la conductor/a no va a tener suficiente tiempo para frenar y puede causar un accidente con un peatón u otro vehículo.

1. exceder la velocidad máxima permitida
2. conducir en estado de ebriedad (*drunk*)
3. estacionar en un lugar prohibido
4. manejar peligrosamente
5. cruzar con luz roja
6. no disminuir la velocidad en una zona de escolares
7. no detener la marcha del vehículo en una intersección con la señal de **Pare**
8. no tener licencia para conducir un vehículo
9. no usar el cinturón de seguridad

14-5. La convivencia con los vecinos

Paso 1. Las ciudades son un ejemplo de la convivencia humana, pero la convivencia con los vecinos (*neighbors*) no es fácil. Lee la siguiente lista de problemas de convivencia y marca con una cruz (X) los que te molestan.

_____ ruidos molestos (discotecas, autos ruidosos, etc.)
_____ mascotas (*pets*) que hacen sus necesidades en el jardín del vecino o en la acera
_____ acumulación de basura en frente de la casa del vecino
_____ autos abandonados en la calle
_____ niños que juegan en la calle sin la supervisión de sus padres
_____ locales comerciales que no están bien mantenidos

Paso 2. ❷ Con un/a compañero/a escoge uno de los problemas vecinales identificados en el paso anterior. Luego describan posibles soluciones.

Paso 3. 🅐🅑 Ahora con tu compañero/a van a tratar de solucionar "un problema de perros". Uno/a de ustedes es el/la dueño/a del jardín. El/la otro/a es el/la dueño/a del perro. Al perro le gusta usar el jardín para hacer sus necesidades. Representa las situaciones del diálogo guiado que te corresponden.

🅐

Dueño/a del jardín:
1. Quéjate (*Complain*) a tu vecino/a.
2. Pídele que no pasee a su perro por tu calle.
3. Si dice que no, sugiérele otra calle.
4. Trata de llegar a un acuerdo con tu vecino/a.

🅑 Information for student B, p. 534

Paso 4. Junto con tu compañero/a presenten su diálogo a la clase. Escucha las presentaciones de los demás estudiantes. En caso que no hayan encontrado una solución al problema, haz de mediador/a.

14-6. La biodiversidad global

Paso 1. Al igual que convivimos con nuestros vecinos, también lo hacemos con los animales y plantas de nuestro planeta. Identifica en la siguiente lista las especies que están en peligro de extinción.

1. el águila   2. el flamenco   3. el pingüino   4. la paloma   5. la ardilla   6. el tigre
7. el elefante   8. el lobo   9. la ballena gris   10. el delfín   11. el tiburón   12. la trucha

Paso 2. ❷ Trabaja con un/a compañero/a para añadir nombres de otras especies en extinción que no están en la lista anterior.

Paso 3. ❷ Por último, con tu compañero/a clasifica los animales identificados en los pasos anteriores de acuerdo con las siguientes categorías.

MAMÍFEROS	AVES	PECES
el elefante	el águila	la trucha
_____	_____	_____
_____	_____	_____
_____	_____	_____
_____	_____	_____

Answers 14-6, Paso 2

Some examples are: *el búfalo, el manatí, el oso panda, el oso polar,* etc.

Answers 14-6, Paso 3

Mamíferos: el pingüino, la ardilla, el tigre, el elefante, el lobo, la ballena gris, el delfín, el búfalo, el manatí, el oso panda, el oso polar; Aves: el águila, el flamenco, la paloma; Peces, la trucha, el tiburón

 # Intercambios comunicativos

Expresiones útiles para tomar la palabra

Sí, a mí también me pasó. . .	*Yes, the same thing happened to me . . .*
Bueno, pero déjame que te cuente. . .	*Yes, but let me tell you . . .*
Sí, pero por otro lado. . .	*Yes, but on the other hand . . .*
Estoy de acuerdo con usted/contigo, por ejemplo, . . .	*I agree with you, for instance . . .*

Expresiones útiles para finalizar una conversación

Ay, ¡qué tarde que se hizo!	*Wow, it's really late!*
Tengo prisa.	*I'm in a hurry.*
Es muy tarde. Tengo que irme.	*It's late. I have to go.*
Te llamo luego, ¿sí?	*I'll call you later, OK?*
Te/Lo/La tengo que dejar porque tengo una cita.	*I have to go because I have an appointment.*
¿Te/Le parece bien si te/lo/la llamo luego?	*Would it be OK if I call you later?*
¿Te/Le molestaría mucho si continuamos la conversación más tarde?	*Would you mind very much if we continue our conversation later?*

Intercambios comunicativos

After the video segment for this chapter you will see two brief clips with examples of the **Intercambios comunicativos** that correspond to the images in this section. You can show these brief clips in class to complete the activity.

Refer to the Video Guide within the IRM for other examples of **Intercambios comunicativos** expressions used in the video.

Cultura

Although we rarely notice it, oral dialogues are very well synchronized. For instance, each interlocutor knows when to speak and when to let the other person take over. These synchronized sequences, however, vary from language to language. For example, in Spanish, it is generally not considered rude to interrupt an interlocutor to offer an opinion or add to a point.

14-7. ¡Adelante radioescucha!

Paso 1. `VIDEO` Ya instalado en su nuevo puesto de trabajo Pablo recibe la llamada de uno de sus radioescuchas: Ángel. Mira las primeras escenas del video y toma nota de la manera en que Pablo y Ángel toman la palabra a lo largo de su conversación en la siguiente tabla. Utiliza las siguientes categorías para analizar las transiciones de la conversación.

interrupción: la persona que no tiene la palabra interrumpe a la persona que está hablando.
pausa: La persona que habla hace una pausa y permite que el interlocutor tome la palabra.
invitación: La persona que habla le ofrece la palabra al interlocutor, por ejemplo, a través de una pregunta directa.
transición: El interlocutor toma la palabra al final del turno de la persona que habla aunque no se le hace un ofrecimiento explícito.

Answers 14-7, Paso 1

Answers may vary. **Pablo:** *"Estamos. . .":* invitación; **Ángel:** *"Hola Pablo. . .":* transición; **Pablo:** *"Muchas gracias. . . ":* invitación; **Ángel:** *"Bueno. . . ": invitación;* **Pablo:** *"Estoy de. . . ": interrupción;* **Ángel:** *"Pablo, es que. . . ": pausa;* **Pablo:** *"Sí, tenés razón. . . ": transición;* **Ángel:** *"Disculpa. . . ": interrupción.*

	INTERRUPCIÓN	PAUSA	INVITACIÓN	TRANSICIÓN
Pablo: "Estamos. . . "	_____	_____	X	_____
Ángel: "Hola Pablo. . . "	_____	_____	_____	_____
Pablo: "Muchas gracias. . . "	_____	_____	_____	_____
Ángel: "Bueno. . . "	_____	_____	_____	_____
Pablo: "Estoy de. . . "	_____	_____	_____	_____
Ángel: "Pablo, es que. . . "	_____	_____	_____	_____
Pablo: "Si, tenés razón. . . "	_____	_____	_____	_____
Ángel: "Disculpa. . . "	_____	_____	_____	_____

Answers 14-7, Paso 2

Pablo, es que no lo puedo creer; Disculpá que te interrumpa Pablo, pero. . .

Paso 2. `VIDEO` Mira el video nuevamente y completa las frases que se usan para interrumpir la conversación de la otra persona.

Paso 3. ❷ Ahora observa las siguientes escenas en las que Pablo está hablando y es interrumpido por su radioescucha. Luego describe con un/a compañero/a la expresión física de Pablo en cada escena.

MODELO: En la foto 2 mira hacia el costado mientras escucha.

(1)

(2)

Cultura

Conversational transitions are also affected by other social factors such as levels of formality, power issues, intimacy, gender, etc. If the previous conversation were to happen between, for instance, close friends at a café, the dynamics of the conversation would have probably been different.

Paso 4. Imaginen que Pablo es el jefe de Ángel y que los dos están hablando en un café. Modifiquen las partes subrayadas de la siguiente parte de su conversación para reflejar la nueva dinámica social de la conversación en el café.

> PABLO: . . .Pero decíme, ¿cuál es tu pregunta?
>
> ÁNGEL: Bueno, dejáme contarte. . . estoy bastante preocupado porque el parque que está al lado de la universidad está pasando por una crisis ambiental. ¡La polución causada por la basura que la gente arroja es alarmante! Vos ya hablaste de este problema, pero ¿es que nadie más se ha enterado?
>
> PABLO: Estoy de acuerdo con vos, es increíble que los medios de comunicación de mayor alcance no presten más atención a este problema. Por ejemplo, . . .
>
> ÁNGEL: Pablo, es que no lo puedo creer. No siento que la comunidad exprese preocupación por este problema tan grave.
>
> PABLO: Sí, tenés razón, pero por otro lado, la alcaldía ya sabe de este problema. De hecho, tengo aquí un reporte en el que se describe el lamentable estado de la recolección de basura en esa zona.

Paso 5. Ⓖ Con tu compañero/a representen el nuevo diálogo que escribieron en el Paso anterior para la clase. Escucha los diálogos de tus compañeros/as, analiza la dinámica de la conversación, y completa una tabla como la siguiente para cada diálogo.

INTERACCIÓN VERBAL	NATURAL	POCO NATURAL
interrupción	_____	_____
pausa	_____	_____
invitación	_____	_____
transición	_____	_____

INTERACCIÓN VISUAL	NATURAL	POCO NATURAL
movimientos de la cabeza	_____	_____
gestos con la cara	_____	_____
movimientos con las manos	_____	_____

ENFOQUE CULTURAL

14-8. ¿Costa Rica o Nicaragua?

Paso 1. Costa Rica y Nicaragua son países vecinos pero tienen varias diferencias. Marca con una cruz (X) en la columna correspondiente si la descripción se refiere a Costa Rica (**CR**) o a Nicaragua (**N**). NOTA: La descripción puede referirse a los dos países.

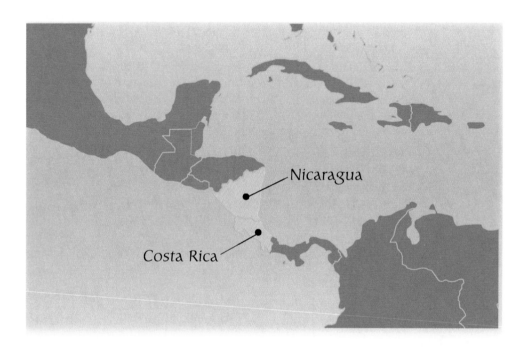

	CR	N
1. Es el país más grande de la antigua Confederación Centroamericana.	_____	_____
2. Tiene frontera con Panamá al sur de su territorio.	_____	_____
3. La cuarta parte del país está compuesta por parques nacionales, reservas biológicas o refugios forestales.	_____	_____
4. Tiene costa sobre el Océano Pacífico y el Atlántico.	_____	_____

Paso 2. **AB** Tu compañero/a y tú tienen tablas con información sobre Costa Rica y Nicaragua. Tu tabla no está completa. Entrevista a tu compañero/a para poder completarla.

MODELO: E1: ¿De qué país fue presidente Daniel Ortega?
            E2: De Nicaragua.

A

1. Actualmente _____ no tiene fuerzas armadas ya que éstas fueron eliminadas en el año 1949.

2. _____ fue el primer país de toda América en hacer la educación obligatoria y gratuita.

3. Costa Rica recibe casi un millón de visitantes al año, lo que hace que el turismo sea la principal industria del país seguida por la producción de café y bananas.

4. El principal producto de exportación de Nicaragua es el café.

5. Don Pepe Figueres, llamado el abuelo de _____, implementó importantes reformas sociales como el derecho a la ciudadanía de todas las personas nacidas en este país y el derecho al voto de las mujeres.

6. Daniel Ortega fue presidente de _____ desde 1984 a 1990, período en el que las relaciones con Estados Unidos fueron muy tensas.

7. Óscar Arias fue presidente de _____ y recibió el Premio Nobel de la Paz por su trabajo por la paz en Nicaragua y otros países centroamericanos.

8. Violeta Chamorro fue la primera mujer en llegar a la presidencia de Nicaragua durante la década de los noventa.

9. Rubén Darío, nacido en Nicaragua en el año 1867, es considerado por muchos uno de los mejores poetas hispanohablantes.

B Information for student B, p. 534

Gramática en contexto

I. Present subjunctive with nonexistent and indefinite antecedents

14-9. ¿Hay alguien que tenga la respuesta?

Paso 1. Analiza las siguientes oraciones y explica por qué el verbo **tener** está en subjuntivo en la primera oración pero en indicativo en la segunda.

MARIO: No hay nadie que **tenga** la capacidad de atraer la atención del público a los temas de la conservación del medio ambiente.

PAULA: Creo que no es así. Hay mucha gente que **tiene** esa capacidad. Por ejemplo, la nueva ministra del medio ambiente es una persona muy carismática.

Paso 2. Comprueba si tu respuesta es válida para los usos del subjuntivo o indicativo subrayados en las siguientes oraciones.

A: ¿Hay algún estudiante que (1) <u>pueda</u> darme la respuesta?
B: Sí, yo sé que hay por lo menos un estudiante que (2) <u>puede</u> dársela.
A: No hay nadie que (3) <u>sepa</u> hablar chino en mi clase.
B: No, no es cierto. Alfredo (4) <u>sabe</u> hablar chino. No sabe mucho, pero puede hablar un poquito.
A: Busco un apartamento que (5) <u>tenga</u> vista a la calle.
B: Yo te puedo ayudar; vivo en un edificio en el que todos los apartamentos (6) <u>tienen</u> vista a la calle, y hay dos disponibles a un buen precio.

INTEGRATED COMPONENTS

Use the following instructional resources to practice **Present subjunctive with nonexistent and indefinite antecedents**.

- **Student Activities Manual/o-SAM:** Activity 14-9
- **Companion Website:** Chapter 14, Gramática en contexto, Present subjunctive with nonexistent and indefinite antecedents

Answer 14-9, Paso 1

In the first sentence no specific person is identified, whereas in the second one there is a reference to many people and one specific person.

Answers 14-9, Paso 2

Point out that the subjunctive is used when the person or thing being described is unknown or indefinite (all the statements from person A). When a person or thing is definite (all the statements from person B), the indicative form is used.

Paso 3. Ahora lee las dos reglas siguientes. Escribe al lado de cada una de ellas el número de las frases del Paso 2 que ejemplifican cada oración.

In a subordinate adjectival clause,
a. use the **subjunctive** if you assume that the described object or idea exists.
b. use the **indicative** if you do not assume that the described object or idea exists.

14-10. Busco un apartamento que no esté lejos del centro

Paso 1. Las siguientes personas están buscando apartamento. Lee sus datos personales y marca con una cruz (X) lo que crees que cada persona prefiere según esos datos.

Mario: Cursa su último año de estudios y quiere ingresar en un programa de posgrado en biología molecular. Termina sus estudios en seis meses.	**Alberto**: Le gusta mucho cocinar y disfrutar de una bonita vista de la ciudad desde su apartamento. Es alérgico a los cigarrillos.
Andrea: Es muy sociable, suele salir a menudo y fuma mucho. No quiere gastar mucho dinero en el alquiler porque prefiere gastar en restaurantes y fiestas fuera de su apartamento.	**Carolina**: Extraña a su familia, especialmente a su hermanito de tres años. Le encanta tomar el sol y salir de compras.

	MARIO	ANDREA	ALBERTO	CAROLINA
una ciudad que no sea muy grande	___	___	___	___
un barrio en el que haya muchos restaurantes y bares	___	___	___	___
un barrio en el que no haya muchos almacenes	___	___	___	___
una calle que no sea muy ruidosa	___	___	___	___
una calle en la que vivan muchas familias con niños	___	___	___	___
un apartamento que tenga tres o más habitaciones	___	___	___	___
un apartamento que tenga solamente una habitación	___	___	___	___
un contrato de alquiler que no dure más de seis meses	___	___	___	___
una cocina que tenga una ventana con una vista bonita	___	___	___	___
una cocina en la que pueda cocinar para muchas personas	___	___	___	___
un balcón en el que pueda tomar el sol después de las clases	___	___	___	___
un/a compañero/a de apartamento que no fume	___	___	___	___
un/a compañero/a de apartamento que organice fiestas todos los sábados	___	___	___	___

Paso 2. Ⓖ Comparte ahora tus respuestas con el resto de la clase y justifícalas.

MODELO: Es probable que Mario esté buscando un contrato que no dure más de seis meses porque termina sus estudios en seis meses.

Paso 3. Escribe una lista con las cosas que son importantes para ti cuando buscas un apartamento o una casa.

MODELO: Busco un apartamento que tenga una cocina con mucha luz, es decir, que tenga muchas ventanas.

Gramática

The past subjunctive is a topic that can be treated more extensively in a second-year course. However, given that even after a first-year course you are likely to find samples of this structure in your Spanish interactions, this section will serve the purpose of making you aware of the major features of this topic for recognition only.

INTEGRATED COMPONENTS

Use the following instructional resources to practice **Past and present subjunctive**.

- **Student Activities Manual/o-SAM:** Activities 14-10, 14-11
- **Companion Website:** Chapter 14, Gramática en contexto, Past and present subjunctive

II. Past and present subjunctive

14-11. Quería que supieras que. . .

Paso 1. El subjuntivo pasado (*past subjunctive*) tiene una sola forma para la raíz y el mismo grupo de terminaciones para todos los verbos. Subraya las formas del subjuntivo pasado en las siguientes oraciones y explica por qué crees que se usa.

1. Alberto creía que el apartamento tenía vista al mar.
2. Mario, en cambio, no creía que el apartamento tuviera vista al mar.
3. Yo no creo que el apartamento tenga vista al mar.
4. No pensaba que costara tanto dinero.
5. Pensaba que costaba poco dinero.
6. No pienso que cueste tanto dinero.

Answers 14-11, Paso 1

2. *tuviera*, 4. *costara*. The past subjunctive is used in the same cases as the present subjunctive but, in a past tense context, as its name implies.

Answers 14-11, Paso 2

escribiera; aprendieras; pintara, aprendiera, escribiera; aprendiéramos, escribiéramos; pintaran, aprendieran

Paso 2. Completa ahora la siguiente tabla con todas las terminaciones verbales del pasado del subjuntivo. Nota el acento en la raíz de las formas verbales para nosotros y vosotros.

	-AR	-ER	-IR
	pintar-**on**	aprendier-**on**	escribier-**on**
yo	pintar-**a**	aprendier-**a**	escribier-_____
tú	pintar-**as**	aprendier-_____	escribier-**as**
él/ella/Ud.	pintar-_____	aprendier-_____	escribier-_____
nosotros/as	pintáramos	aprendiér-_____	escribiér-_____
vosotros/as	pintár-**ais**	aprendiér-**ais**	escribiér-**ais**
ellos/ellas/Uds.	pintar-_____	aprendier-_____	escribier-**an**

14-12. Querían que conociéramos la naturaleza

Paso 1. Marca las ventajas del ecoturismo desde tu punto de vista.

1. _____ El ecoturismo nos ayuda a estar en contacto con la naturaleza.
2. _____ El ecoturismo nos enseña a vivir en armonía con la naturaleza.
3. _____ El ecoturismo nos enseña a cuidar y proteger la naturaleza.
4. _____ El ecoturismo es bueno para la preservación de los parques naturales.
5. _____ El ecoturismo ayuda a regenerar la actividad económica.

Paso 2. A continuación, lee el siguiente texto y señala cuáles de los beneficios anteriores del ecoturismo se mencionan en el texto.

Gramática

The past subjunctive is based on the third person plural conjugations of the preterit indicative. The endings in the past subjunctive are the same for all three basic verb endings (-**ar**, -**er**, and -**ir**):

Pint**ar** (-**ar** verb) → pintaron (preterit third person plural) → pintar-**a**
Ten**er** (-**er** verb) → tuvieron (preterit third person plural) → tuvier-**a**

Answers 14-12, Paso 1

All answers are probably valid.

Answers 14-12, Paso 2

1, 2, 3, 4; 5 is not explicitly addressed.

Ecoturismo

(1) Cuando mi hermano menor y yo éramos niños, papá y mamá siempre organizaban viajes de ecoturismo. (2) Ambos deseaban que pudiéramos estar en contacto con la naturaleza y que viviéramos en armonía con ella. (3) Nuestro padre era el que más quería que aprendiéramos a respetar y a cuidar al medio ambiente. (4) Nos pedía constantemente que participáramos en las actividades organizadas por la sociedad local de protección de la naturaleza y que lo acompañáramos a limpiar los parques nacionales dos veces al año.

(5) Creo que parte de su interés por proteger el medio ambiente era porque se sentía culpable por trabajar como ingeniero para una compañía de petróleo. (6) Él temía que la ambición humana destruyera el equilibrio inestable de la naturaleza. (7) Ahora que terminé mis estudios universitarios y que acabo de recibir una oferta para trabajar en Costa Rica como bióloga de la Reserva Natural no creo que mis padres se sientan decepcionados (*disappointed*).

Gramática

The past subjunctive can also be used to refer to situations in the future, that is, to refer to situations that are hypothetical.

Paso 3. Subraya ahora los usos del pasado del subjuntivo en el texto anterior.

III. The past subjunctive in hypothetical situations

14-13. Si tuviera dinero. . .

Paso 1. El pasado del subjuntivo se usa para expresar situaciones hipotéticas. Empareja la condición de cada hipótesis de la columna A con la conclusión más probable de la columna B. NOTA: Puede haber más de una conclusión para cada hipótesis.

1. _____ Si tuviera mucho dinero. . .
2. _____ Si hablaras español muy bien. . .
3. _____ Si el apartamento tuviera vista a la playa. . .
4. _____ Si pudiéramos terminar el semestre antes. . .
5. _____ Si supiera hablar español. . .
6. _____ Si quisieras estudiar español en Nicaragua. . .

a. lo alquilaría.
b. me compraría una casa en una isla tropical.
c. podría viajar a Alaska.
d. podrías hacer tu reserva de vuelo a San José por teléfono.
e. te aconsejaría que hablaras con Soledad, la chica de Managua.
f. podría trabajar en Costa Rica como guía turístico.

Paso 2. A continuación, subraya las formas del pasado del subjuntivo en las oraciones anteriores.

14-14. Me gustaría que nos enseñaras a bailar salsa

Paso 1. ❷ ¿Qué te gustaría que hiciera tu compañero/a durante el último día de clase como despedida? Escríbelo en una hoja de papel.

MODELO: Me gustaría que mi compañero organizara una fiesta, que trajera comida y que nos invitara a escuchar su música preferida.

Paso 2. ❷ Dale a tu compañero/a la hoja con tus deseos. Contéstale indicando qué deseos podrás cumplir y cuáles no.

MODELO: No creo que pueda traer comida porque no sé cocinar, pero sí traeré bebidas y unos CDs de mis cantantes preferidos.

INTEGRACIÓN COMUNICATIVA

14-15. La vida en la ciudad, los suburbios o el campo

Paso 1. De las diez opciones, siguientes marca con una cruz (X) las cinco más importantes para ti.

1. _____ una casa grande con jardín
2. _____ una casa con mucho terreno para poder cultivar vegetales y criar animales
3. _____ aceras para caminar desde mi casa a todos lados
4. _____ tiendas, restaurantes y teatros accesibles a pie
5. _____ silencio durante la noche para poder dormir bien
6. _____ muchas plazas y parques para caminar y descansar
7. _____ restaurantes abiertos hasta la medianoche
8. _____ muchas opciones de cine y teatro (incluyendo producciones extranjeras)
9. _____ muchas opciones de transporte público para no tener que usar auto
10. _____ vecinos simpáticos con quienes se pueda hablar diariamente

Paso 2. ❷ Intercambia ahora tus respuestas con las de un/a compañero/a. Teniendo en cuenta sus preferencias recomiéndale dónde debería vivir: en una ciudad grande, un pueblo, un suburbio de una ciudad o en el campo, lejos de toda urbanización. Después, piensen en una ciudad o región ideal para vivir.

14-16. Primeras impresiones de una ciudad

Paso 1. ❷ ¿Cuáles son las características más importantes que diferencian los mapas de una típica ciudad hispana de una típica ciudad de los Estados Unidos?

Answers 14-16, Paso 1

The map which is most likely to be from a typical Hispanic city has a central square and winding streets.

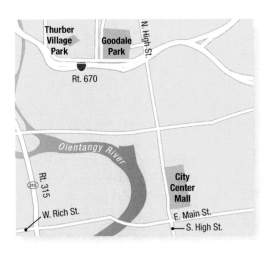

Paso 2. ❷ La visión que los turistas tienen de los Estados Unidos está formada, en general, por visitas a ciudades como Nueva York, Miami, San Francisco o Chicago. Comenta con tu compañero/a cuáles son los lugares más típicos que los turistas visitan en esas ciudades.

Paso 3. ¿Crees que la imagen turística tradicional de Estados Unidos es fiel a la realidad de la vida diaria de este país? Escribe una lista de las actividades o cosas que los turistas no pueden ver en esas ciudades o de actividades que no son representativas de EE.UU.

14-17. Perspectivas urbanas de un país

Paso 1. Los tres párrafos siguientes describen características particulares de la ciudad tradicional del mundo hispanohablante. Coloca las oraciones de cada párrafo en orden lógico.

Párrafo 1

a. _____ Por ejemplo, el centro comercial o *mall* va a traer muchos cambios a la estructura de la ciudad clásica del mundo hispanohablante.

b. _____ La estructura urbana de una ciudad es la huella (*trace*) que deja la rutina diaria de las actividades sociales de los habitantes de la ciudad.

c. _____ Sin embargo, las nuevas costumbres que traen los avances de la tecnología y el aumento de la población generan cambios importantes en la estructura urbana y las costumbres de sus habitantes.

d. _____ Se puede decir que la urbanización de una ciudad es la expresión espacial de las costumbres de una sociedad.

Párrafo 2

a. _____ El resto de la ciudad se construía en círculos concéntricos a partir de la plaza.

b. _____ La ciudad del mundo hispanohablante tradicional tiene una plaza principal.

c. _____ Pero, ¿cómo se puede definir la ciudad tradicional hispana?

d. _____ Esta plaza principal era, antiguamente, el centro de reunión de los habitantes de la ciudad.

Párrafo 3

a. _____ A pesar de que hay diferencias de una ciudad a otra, cada ciudad está adaptada para servir las costumbres y rutinas de sus ciudadanos.

b. _____ Asimismo, es muy común cenar tarde durante la noche, generalmente entre las 9 y las 11. Por eso, se pueden ver restaurantes que abren tarde y que cierran tarde.

c. _____ Por ejemplo, en muchos países hispanohablantes es común que muchos negocios cierren sus puertas durante la hora del almuerzo y que no abran de nuevo hasta aproximadamente las 15 horas.

d. _____ Analicemos el caso del horario de las comidas.

Paso 2. Utiliza la información de la actividad anterior como referencia y escribe un párrafo que sirva para continuar la siguiente carta para estudiantes de intercambio que quieren estudiar en EE.UU.

Querido/a estudiante de intercambio:

Bienvenido/a a nuestro programa. El motivo de la presente carta es describirte algunas características de nuestro país, en particular, de nuestras ciudades y de la vida urbana en EE.UU. Primero, . . .

14-18. ¿Cómo será la ciudad del futuro?

Paso 1. ❷ ¿Será cierto que cada vez más y más gente dejará el campo e irá a vivir a las grandes ciudades? Analiza la siguiente información estadística con un/a compañero/a. Compartan sus ideas y justifiquen sus puntos de vista.

PORCENTAJE (%) DE POBLACIÓN URBANA	1980	1998
Argentina	83	89
Bolivia	49	61
Costa Rica	43	47
Ecuador	47	63
España	73	77
Estados Unidos	74	77
México	66	74
Nicaragua	50	55
Uruguay	85	91

Paso 2. ❷ Ahora mira con tu compañero/a esta otra tabla y señalen los cambios en la población que ocurrirán en las ciudades de un millón o más habitantes en el año 2015.

PORCENTAJE (%) DE POBLACIÓN URBANA EN CIUDADES DE 1 MILLÓN O MÁS	1980	2015
Argentina	35	36
Bolivia	14	20
Costa Rica	0	0
Ecuador	14	31
España	20	18
Estados Unidos	36	39
México	27	26
Nicaragua	22	32
Uruguay	42	40

Paso 3. ¿Cuáles son los cambios que tú crees que ocurrirán, con mayor probabilidad, en las ciudades de EE.UU. dentro de 10 años? Completa cada una de las siguientes frases con tus propias predicciones.

Dentro de 10 años habrá. . .
Dentro de 10 años aumentará. . .
Dentro de 10 años tendremos. . .
Dentro de 10 años haremos. . .
Dentro de 10 años viajaremos. . .
Dentro de 10 años será. . .
Dentro de 10 años. . .

14-19. San José de Costa Rica

Paso 1. AUDIO San José, la capital de Costa Rica, tiene una peculiaridad importante: los edificios no están numerados. Escucha las siguientes instrucciones para llegar al Centro Nacional de Arte y Cultura y al Teatro Nacional. Mientras escuchas, dibuja en el mapa la trayectoria para llegar a este destino desde el punto de inicio, el Centro de Información de Turismo (*i*).

Audioscript 14-19, Paso 1

Lugar 1: A ver déjeme pensar . . . ah, sí, para llegar al Centro Nacional de Arte y Cultura vaya hasta la esquina y se va a encontrar con la calle 5, ahí doble a la izquierda y continue caminando unos doscientos metros hasta la avenida 3, eeeh, se va a encontrar con el Parque Morazán, luego doble a la derecha y siga caminando por la avenida 3 . . . este, . . . creo que como cinco cuadras, el Centro de Arte y Cultura va a estar a su izquierda. Es imposible perderse.

Lugar 2: ¿A qué lugar querés ir? Al Teatro Nacional. Ah, pero si está aquí a la vuelta de la cuadra. Seguí hasta la esquina y te vas a encontrar con la calle 5, luego doblá a la derecha y cuando llegués a la otra esquina mirá a tu derecha y ahí vas a ver un edificio grande y bastante barroco: ése es el Teatro Nacional. Difícil perderse. Hasta luego.

Paso 2. Imagina ahora que alguien te pregunta cómo llegar a los siguientes lugares desde el Centro de Información y Turismo (*i*); ¿qué instrucciones puedes darle a la persona que pregunta?

1. Museo Postal, Telegráfico y Filatélico
2. Biblioteca Nacional
3. Museo de Jade
4. Museo Nacional de Costa Rica

14-20. La diversidad biológica en Costa Rica

Paso 1. Costa Rica posee una increíble biodiversidad. Lee el texto siguiente y trata de adivinar la magnitud de dicha variedad seleccionando una respuesta para cada una de las opciones siguientes.

> Costa Rica posee (el 2%/el 5%/el 20%) de las especies de plantas y animales de todo el mundo. Por ejemplo, en Costa Rica hay 800 especies de helechos (*ferns*), un número más alto que el de las especies que existen en (todo Texas/todo Estados Unidos/Estados Unidos y Canadá juntos). También tiene 50.000 especies de insectos, 1.000 especies de orquídeas, (50/100/200) especies de mamíferos, (250/450/850) especies de pájaros y miles de especies de mariposas. De las 200 especies de reptiles que hay en Costa Rica (la cuarta parte/la tercera parte/la mitad) son víboras.

Paso 2. AUDIO A continuación, escucha la grabación para confirmar tus respuestas del paso anterior.

Lectura ESTRATEGIAS

To read a scientific essay, it is essential to identify the logical sequence of the argument the author is trying to make. In general, main ideas need theoretical and/or empirical substantiation. In the following activity, you will be asked to find the link between the main postulates of the essay and the evidence that supports the main argument.

14-21. Estudio sobre el calentamiento de la atmósfera

Paso 1. Lee el título del siguiente artículo periodístico y marca cada uno de los temas de los que puede tratar.

Título: Calentamiento global de la atmósfera, una nueva amenaza para los habitantes del planeta

Temas:

_____ 1. los peligros del uso de los clorofluorocarbonos
_____ 2. las ventajas de temperaturas más altas para la salud de los ancianos
_____ 3. el afinamiento (*thinning*) de la capa de ozono
_____ 4. las causas del cáncer de próstata
_____ 5. los peligros del uso de aerosoles
_____ 6. los beneficios del uso de pesticidas
_____ 7. las causas del fenómeno "El Niño"

Paso 2. Empareja la primera oración de cada párrafo con la correspondiente terminación. Luego confirma si los temas que seleccionaste en el Paso anterior se tratan en el artículo.

Primera oración:

1. En la atmósfera de nuestro planeta existen los llamados "gases de invernadero", los cuales mantienen la temperatura promedio de la superficie de la Tierra en unos 15 grados centígrados …

2. En los últimos años, ha sido documentado un incremento paulatino en la concentración atmosférica de dichos gases …

3. Se ha calculado que por cada grado centígrado de aumento térmico, el vapor de agua contenido en la atmósfera se incrementa cerca del 6% …

4. Finalmente, se debe enfatizar que las consecuencias del aumento de temperatura de la atmósfera no son sólo atmosféricas …

Terminación:

a. …El aumento del vapor de agua, a su vez, genera sequías prolongadas aunque también ocasiona lluvias más intensas. Por ejemplo, el incremento en la intensidad del "fenómeno del Niño" es la consecuencia del calentamiento atmosférico. El Niño, a su vez, podría causar el fin de especies como el salmón del Pacífico norte, el pelícano de California y los pingüinos de las islas Galápagos.

b. …Así por ejemplo, se prevé que en ciertas zonas del planeta, en los días cálidos la formación de ozono (gas necesario para evitar la entrada de rayos ultravioleta) podría decaer a niveles que afecten la salud de individuos vulnerables.

c. …De otra forma, la temperatura de la superficie de la tierra alcanzaría 18 grados bajo cero. El efecto invernadero es, en realidad, la retención de la radiación emitida por el sol. Los gases de invernadero (dióxido de carbono, metano, óxido nitroso, clorofluorocarbonos, tetrafluoruro de carbono) atrapan la radiación solar y calientan paulatinamente la superficie terrestre.

d. … Los científicos consideran que este progresivo calentamiento es el resultado de la industrialización, la fabricación de aerosoles (con los llamados clorofluorocarbonos), la utilización de combustibles derivados del petróleo, los sistemas de irrigación de cultivos y la fabricación de cemento.

To write a scientific essay you need to present a hypothesis and substantiate it. To develop a convincing argument you will have to critique previous studies and provide a new perspective on the topic based on new data or a new analysis of previous data.

14-22. Discrepancias sobre los efectos del calentamiento de la atmósfera

Paso 1. Casi todo el mundo cree que el aumento del promedio de temperatura de la atmósfera es real. Sin embargo, no todo el mundo está de acuerdo en qué hacer con respecto a este hecho. ¿Qué crees que se debe hacer?

a. El calentamiento de la atmósfera puede tener consecuencias desastrosas. Por eso, es importante tomar medidas urgentes para reducirla de inmediato.

b. El calentamiento de la atmósfera es parte de los cambios cíclicos atmosféricos. Por eso, la mejor solución es adaptarse a los cambios climáticos.

Paso 2. A continuación, marca con un círculo los argumentos que crees que sirven para apoyar la posición b. del Paso 1.

Answers 14-22, Paso 2

Although there could be different opinions, in general options 1, 3, 4, 6, 7, 8, 10, 11, and 12 could be considered in favor of adapting to global warming (as opposed to reducing it).

1. La mayoría de las plantas se benefician si aumenta el anhídrido carbónico (CO_2) de la atmósfera.
2. El nivel del agua ha subido entre 10 y 25 centímetros durante el último siglo.
3. Los agricultores podrían adaptarse a los cambios climáticos variando las épocas de plantación y de cosecha.
4. Estudios recientes demuestran que El Niño no estaba en actividad durante el período holocénico medio (de 8.000 a 5.000 años atrás) durante el cual la temperatura global y regional era entre 1 y 2 grados más alta que hoy en día.
5. La temperatura de la atmósfera ha aumentado 0,6 grados Celsius durante el último siglo.
6. En EE.UU. muere el doble de personas por extremos de frío que por extremos de calor.
7. Las medidas necesarias para cumplir con el tratado de Kyoto reducirían la temperatura de la atmósfera en 0,15 grados centígrado para el año 2100.
8. El aumento combinado de temperaturas, CO_2 y de lluvias hará que la Tierra sea más verde en el futuro.
9. Se estima que aproximadamente para el año 2050 los hoteles con Art Deco de Miami estarán sumergidos bajo el agua y que la malaria será una amenaza para la salud en Vermont.
10. El aumento de la temperatura de la atmósfera puede ser el resultado del incremento de las temperaturas más frías (la mínima nocturna más que la máxima diurna).
11. Aunque la cantidad de lluvia continúa en aumento, las épocas de sequía no disminuyen.
12. Se estima que la inversión de dinero necesaria para cumplir con el pacto de Kyoto (de EE.UU. solamente) sería suficiente para proveer al mundo entero con agua potable y sistemas de filtrado de agua.

Paso 3. Elige ahora una posición (a ó b) del Paso 1 como tesis y selecciona información de la actividad 14-21 y del Paso anterior para justificar tu posición.

Paso 4. Organiza la información y escribe tres párrafos para exponer tu posición sobre la política de acción respecto al calentamiento de la atmósfera.

Párrafo 1: Tesis de tu argumento
Párrafo 2: Argumento a favor de tu tesis
Párrafo 3: Conclusión (reafirma tu tesis)

Paso 5. ❷ Por último, intercambia tu ensayo con un/a compañero/a y comenta su tesis. ¿Es convincente o no? Escribe una oración o dos con tu opinión sobre el argumento de tu compañero/a.

14-23. El medio ambiente y la biodiversidad en Costa Rica y en EE.UU.

Paso 1. **AB** Consulta a tu compañero/a para completar la siguiente tabla con datos estadísticos sobre el medio ambiente y la biodiversidad en Costa Rica y Estados Unidos.

MODELO: E1: ¿Cuántos millones de toneladas de dióxido de carbono emite EE.UU.?
E2: Según la tabla, emite 5.300 por año.

Ⓐ

	COSTA RICA	EE.UU.
Emisiones de dióxido de carbono (millones de toneladas)*	_____	5.300
Producción eléctrica (millones de kilovatios)*	5.000	_____
Porcentaje de producción eléctrica de combustible fósil*	_____	69%
Número de especies de mamíferos y pájaros (1997)	805	_____
Mamíferos y pájaros en peligro de extinción (1997)	27	_____
Número de especies de plantas (1997)	12.119	19.473
Plantas en peligro de extinción (1997)	_____	_____

* por año

Ⓑ Information for student B, p. 534

Paso 2. ❷ Analicen ahora los datos de la tabla anterior para establecer comparaciones entre Costa Rica y Estados Unidos con respecto al medio ambiente y la biodiversidad.

MODELO: El porcentaje de producción eléctrica de combustible fósil es menor en Costa Rica que en EE.UU.

14-24. Ecotours

Paso 1. ❷ La industria turística es muy importante en Costa Rica. Observa con tu compañero/a las fotos siguientes y luego escriban un texto promocional para una agencia de viajes que quiere vender paquetes turísticos en Estados Unidos.

Un bosque de Costa Rica

Un volcán de Costa Rica

Paso 2. Ⓖ Con tu compañero/a presenten el anuncio comercial a la clase. Escucha las presentaciones de tus compañeros/as y decide si sus anuncios son muy convincentes, convincentes o poco convincentes.

14-25. Si saliera petróleo

Paso 1. En la canción "Si saliera petróleo", Juan Luis Guerra habla de algunos de los problemas de la República Dominicana o Quisqueya como la llaman los nativos. NOTA: Las expresiones "na" y "pa" son abreviaciones de **nada** y **para**. "Compai" y "panita" son equivalentes de las palabras **compañero**, **amigo**. Ahora escribe el número de la estrofa en la que Guerra menciona los siguientes problemas:

a. _____ La República Dominicana es muy pobre.

b. _____ Existe falta de voluntad pública para actuar y solucionar los problemas del país.

c. _____ La clase gobernante está conectada a intereses económicos muy fuertes.

d. _____ La pobreza se refleja en la falta de alimentación y los problemas médicos.

e. _____ Es necesario construir más escuelas para la educación de los niños.

f. _____ Muchos dominicanos sueñan (*dream*) con emigrar a Estados Unidos.

g. _____ La solución de los problemas económicos exige el trabajo de todos los dominicanos.

h. _____ La libertad de expresión no existe.

Si saliera petróleo   *Juan Luis Guerra*

1. Si de aquí saliera petróleo
como sale de Kuwait
qué bendición, mi compai
destilaría mi dolor
para mojar mi ilusión

2. Si de aquí saliera petróleo
pero sonaran techos y escuelas
sin hambre ni enfermedad
pero por más que te exprimo
oh, mi panita, no sale na'

3. Si de aquí saliera petróleo
pero que hubiera luz y esperanza
sin visa para soñar
pero es que la providencia
ay, cuando no quiere, no da

4. Si de aquí saliera petróleo
hipotecaría el silencio
para decir la verdad
pero por más que te exprimo
oye, mamacita, no sale na'

5. Mira qué cosa...
Y si aquí
en vez de cemento
pa' la construcción
le hiciéramos un faro
a la educación

6. Y si aquí
lucháramos juntos
por la sociedad
y habláramos menos
resolviendo más
Resolviendo más
pudiera cambiar

7. Borráramos el sucio
(y si aquí)
de la corrupción
sembrando banderas
en el corazón

8. Y si aquí
cantáramos patria
en cada rincón
sería Quisqueya
un país mejor
¡Pa'rriba esa bandera!
un país mejor

Paso 2. Subraya ahora los usos del pasado del subjuntivo en la letra de la canción anterior.

Paso 3. ❷ Con tu compañero/a utilicen la canción de Juan Luis Guerra como modelo para expresar sus deseos sobre su propio país. Sustituyan las palabras de la canción por otras siempre que sea necesario.

Paso 4. 🄶 Con tu compañero/a canta o recita la nueva canción derivada de la canción original de Juan Luis Guerra. La clase decidirá cuál es la mejor canción en las siguientes categorías:

1. letra más original
2. mejor vocalización
3. ritmo y cadencia

14-26. La poesía de Rubén Darío

Paso 1. Walt Whitman, Teddy Roosevelt y Cristóbal Colón son tres personas mencionadas en la poesía del nicaragüense Rubén Darío. Observa las fotos de estas tres personas y escribe las cuatro primeras palabras que asocias con cada foto.

Lectura

Contrary to stereotypes, great literary authors are not necessarily indifferent to world events. Quite the opposite, authors like Nicaraguan-born Rubén Darío used their expressive and artistic abilities to convey their political viewpoints and their opinions of world leaders, including some from the United States.

Walt Whitman

Teddy Roosevelt

Cristóbal Colón

Paso 2. Whitman, Roosevelt y Colón se conocen por sus actividades como escritor, político y aventurero respectivamente. Lee los datos biográficos de Rubén Darío y clasifica las siguientes oraciones de acuerdo con la categoría que mejor lo describe. NOTA: algunas oraciones pueden ser clasificadas en más de una categoría.

ORACIÓN	ESCRITOR	ESTADISTA-GOBERNANTE
3	_X_	_____
4	_____	_____
5	_____	_____
6	_____	_____
7	_____	_____
8	_____	_____
9	_____	_____
10	_____	_____

Rubén Darío

(1) Rubén Darío nace en Metapa, Nicaragua el 18 de enero de 1867. (2) Durante su niñez recibe su educación de los jesuitas. (3) Empieza a escribir poemas desde niño. (4) A los catorce años comienza a escribir artículos políticos en un periódico de Managua. (5) Desde 1886 a 1889 trabaja como periodista en Chile y en 1889 viaja a El Salvador para trabajar en un periódico que propiciaba la Unión Centroamericana. (6) En 1892 viaja a España para representar a Nicaragua en la celebración del Centenario del Descubrimiento. (7) Un año más tarde, en 1893 trabaja como periodista y además como cónsul de Nicaragua en Buenos Aires. (8) Como periodista del diario "La Nación" viaja a España y Francia. (9) En 1908 es nombrado ministro de Nicaragua en España. (10) Después de comenzar la Primera Guerra Mundial viaja a Nueva York en una gira para promover la paz. (11) Muere el 8 de febrero de 1916.

Paso 3. ¿Puedes identificar de qué persona (Whitman, Roosevelt o Colón) habla Darío en cada una de las siguientes estrofas?

En su país de hierro vive el gran viejo,
Bello como un patriarca, sereno y santo.
Tiene la arruga olímpica de su entrecejo
Algo que impera y vence con noble encanto.

a. _____

Eres soberbio y fuerte ejemplar de tu raza;
Eres culto, eres hábil; te opones a Tolstoy.
Y domando caballos, o asesinando tigres,
Eres un Alejandro-Nabucodonosor.

b. _____

¡Desgraciado Almirante! Tu pobre América,
tu india virgen y hermosa de sangre cálida,
la perla de tus sueños, es una histérica
de convulsivos nervios y frente pálida.

c. _____

Paso 4. Utiliza el contexto de cada estrofa para emparejar cada palabra con su definición.

1. _____ patriarca
2. _____ entrecejo
3. _____ soberbio
4. _____ hábil
5. _____ desgraciado
6. _____ frente

a. orgulloso, arrogante
b. inteligente, diestro, capaz
c. persona respetable y sabia
d. persona que no tiene suerte
e. parte superior de la cara
f. espacio de la cara entre ceja y ceja

···Diferencias dialectales···

Gramática

The pronoun **vos** is used regularly in what constituted the former *Provincias Unidas de América Central* (Nicaragua, Costa Rica, Honduras, El Salvador, and Guatemala) as well as many other countries: Argentina, Bolivia, Paraguay, Uruguay, and some regions of Colombia, Ecuador, México, Perú, and Venezuela. Some of the countries where the pronoun **vos** is not used at all are the Caribbean countries (Cuba, Dominican Republic, and Puerto Rico), Panamá, and Spain.

14-27. Hablás muy bien español

Paso 1. Observa el siguiente anuncio. ¿Cuál es el pronombre que se usa en Costa Rica: **tú** o **vos**?

No nos importa si venís a la universidad en carro, en bicicleta o en patín mientras sepás manejar tu futuro con inteligencia.

Universidad Nacional de Costa Rica

Las clases comienzan el 12 de septiembre

¿Qué esperás para matricularte? Tu futuro te espera.

Paso 2. Subraya todos los verbos que correspondan a la forma **vos** en el diálogo siguiente.

> ROBERT: Hola Alfonso. Oye, ¿sabías que estoy planificando hacer un viaje a Costa Rica y a Nicaragua?
>
> ALFONSO: ¡Qué chévere! Yo soy de Nicaragua y te puedo asegurar que no te arrepentirás de visitar mi país.
>
> ROBERT: Ah, sí, es cierto. Tú me habías dicho que eras nicaragüense. En ese caso, ¿me puedes decir dónde puedo conseguir información sobre viajes a reservas naturales de Nicaragua?
>
> ALFONSO: Bueno. . . cuando llegués a Nicaragua tenés que ir primero a la capital, Managua. Allí podés encontrar una cantidad de información. Oye, si querés, te puedo mandar información por correo electrónico.
>
> ROBERT: Ah, muchas gracias. Eres muy amable.
>
> ALFONSO: Es probable que yo viaje en verano a Managua. ¿En qué fecha viajás vos?
>
> ROBERT: El 15 de junio.
>
> ALFONSO: Bueno yo viajo el primero, pero igual te dejo mi número de teléfono. Aquí está. Llamáme cuando llegués a Managua.
>
> ROBERT: Gracias. Nos veremos en Managua entonces.
>
> ALFONSO: De nada. ¿Sabés? Estoy asombrado de lo bien que hablás español.
>
> ROBERT: Ah, bueno, muchas gracias. Es que converso mucho con mis amigos hispanohablantes. Bueno, chau.
>
> ALFONSO: Chau, hasta pronto.

Gramática

The pronunciation of the letters *p*, *t*, and *k* in Spanish is not always the same as in English. In English the sound varies according to its position: at the beginning of a syllable *p*, *t*, and *k* are pronounced with an explosion of air. In Spanish the sound of /p/, /t/, and /k/ is always similar to the sound in English without the explosion of air.

14-28. Pasaje prohibido

Paso 1. AUDIO Escucha la pronunciación de las consonantes /p/, /t/ y /k/. Marca la palabra de la columna en inglés a la que se parece la pronunciación de la misma consonante en la palabra en español.

INGLÉS	ESPAÑOL
pin	pino
tin	tinto
kin	quinta
spin	
stink	
skin	

Paso 2. Ahora vas a escuchar tres palabras pronunciadas dos veces, una vez por un hablante nativo (**HN**) y otra por un no nativo (**NN**). ¿Puedes notar la diferencia de pronunciación? Marca con una cruz (**X**) en la columna correspondiente.

	HABLANTE 1		HABLANTE 2	
	NN	HN	NN	HN
pino	_____	_____	_____	_____
tinto	_____	_____	_____	_____
quinta	_____	_____	_____	_____

Paso 3. Por último, trata de pronunciar la siguiente lista de palabras como si fueras un hablante nativo.

transporte popular
tráfico de hora punta
polución del petróleo
ceda el paso
paso peatonal
prohibido tirar basura
los taxis no son peligrosos
tengo prisa

Video

Las impresiones de Guadalupe

Primeras impresiones

14-29. El programa de radio de Pablo

Paso 1. En este último episodio vemos a Pablo en su trabajo de presentador del programa de radio. Aquí están los temas que trata durante el programa. Ponlos en el orden en que crees que van a aparecer.

_____ 1. Anuncia qué va a tratar en el programa de la semana próxima.
_____ 2. Le da las gracias a los estudiantes que participan haciendo llamadas al programa.
_____ 3. Le da las gracias a Guadalupe por su apoyo y le desea mucha suerte.
_____ 4. Describe la naturaleza del programa y anuncia el tema del día.
_____ 5. Mantiene una conversación con un radioescucha que llama al programa.

Paso 2. Ahora clasifica los temas del Paso 1 según creas que forman parte de la Introducción (**I**), Desarrollo (**D**) o Despedida (**Dp**) del programa.

Paso 3. VIDEO Mira ahora el video y confirma las respuestas de los Pasos 1 y 2.

Las impresiones de Guadalupe

14-30. La crisis del medio ambiente

Paso 1. VIDEO Mira el video y presta atención a la introducción de Pablo al programa del día. Según Pablo, ¿cuál es el criterio para seleccionar los temas del programa? ¿Cuáles son los objetivos del programa? Señala con una cruz (X) los objetivos que menciona Pablo.

_____ 1. Encontrar soluciones a problemas.
_____ 2. Ofrecer diferentes perspectivas de un tema.
_____ 3. Presentar la opinión de expertos sobre un tema.
_____ 4. Analizar las causas de un problema.

Paso 2. VIDEO Pablo habla en el programa de la crisis del medio ambiente que afecta al parque de la universidad. Escucha la conversación que tiene con el radioescucha y completa las frases con la información que comparten.

Tema del programa: _____
Ubicación del parque: _____
Causa de la polución: _____
Estado del agua del lago: _____
Plan de acción de la municipalidad: _____

Paso 3. ❷ Habla con tu compañero/a sobre los problemas o crisis ambientales del lugar donde viven. Escojan un problema. Descríbanlo y propongan una solución. Tomen nota de sus ideas para el Paso 4.

Paso 4. Ⓖ Presenten el problema del Paso 3 y su solución a la clase. Escuchen las presentaciones de sus compañeros. Escojan la propuesta de solución que les parezca más eficiente y expliquen por qué consideran que es la mejor.

Impresiones culturales

14-31. Impresiones finales

Paso 1. Al final de este episodio, Guadalupe se despide y reflexiona sobre lo que aprendió acerca de la comunidad hispanohablante durante su estancia en los EE.UU. Observa la imagen y escribe lo que crees que está pensando Guadalupe sobre sus experiencias en los EE.UU. Luego, escribe lo que crees que les diría a los estudiantes de *Impresiones*. Por último, mira la parte final del video y compara lo que ella dice en realidad con lo que tú escribiste.

Paso 2. ❷ Con un/a compañero/a habla de tu experiencia en este curso. ¿Cambiaron tus primeras impresiones sobre la comunidad hispanohablante a lo largo del curso? ¿Qué ejemplos recuerdas de la variedad de esta comunidad? Anota junto con tu compañero/a algunos ejemplos según las siguientes categorías.

vocabulario _____
pronunciación _____
costumbres/hábitos _____
expresiones físicas y gestos _____
¿otras ideas? _____

Paso 3. Ⓖ Compartan sus ideas del Paso 2 con la clase. Escuchen los ejemplos que mencionan sus compañeros/as y seleccionen los mejores.

En resumen

Gramática

1. Present subjunctive with nonexistent and indefinite antecedents

The subjunctive is used in adjective clauses when the existence of the object or idea being described is not certain.

Quiero un apartamento que tenga una ventana grande en la cocina.

I want an apartment that has a large window in the kitchen.

(While it's likely that such an apartment exists somewhere, the speaker does not know of a specific one from personal experience.)

2. Past and present subjunctive

The past subjunctive is based on the third person plural conjugations of the preterit forms of the indicative.

Pint**ar** (-ar verb) → pintaron (preterit 3rd person plural) → pintar-**a**

Ten**er** (-er verb) → tuvieron (preterit 3rd person plural) → tuvier-**a**

The endings in the past subjunctive are the same for all three basic verb endings (-**ar**, -**er**, and -**ir**).

	-ar	-er	-ir
	pintar-**on**	aprendier-**on**	escribier-**on**
yo	pintar-**a**	aprendier-**a**	escribier-**a**
tú	pintar-**as**	aprendier-**as**	escribier-**as**
él/ella/Ud.	pintar-**a**	aprendier-**a**	escribier-**a**
nosotros/as	pintar-**amos**	aprendier-**amos**	escribier-**amos**
vosotros/as	pintár-**ais**	aprendiér-**ais**	escribiér-**ais**
ellos/ellas/Uds.	pintar-**an**	aprendier-**an**	escribier-**an**

3. The past subjunctive in hypothetical situations

The past subjunctive can be used to describe hypothetical situations.

Si **fuera** rica, viviría en Costa Rica.	*If I <u>were</u> rich, I would live in Costa Rica.*
Me gustaría que **vivieras** allí conmigo.	*I would like for <u>you to live</u> there with me.*

Vocabulario

Sustantivos relacionados con la ciudad

la acera/la vereda	*sidewalk*	el camión	*truck*
el agua potable	*drinking water*	el cartel	*(street) sign*
la alcaldía	*town hall*	el cinturón de seguridad	*safety belt*
la basura	*garbage*	la circulación	*(one-way) traffic*
la bocina	*horn*	(en un sólo sentido)	
la calle	*street*	el edificio	*building*
		el (área de) estacionamiento	*parking lot*

el estado de ebriedad	*to be drunk*
la infraestructura	*infrastructure*
el jardín	*garden*
la licencia de conducir	*driver's license*
la mascota	*pet*
el medio ambiente	*environment*
el paso peatonal	*pedestrian crossing*
el peatón	*pedestrian*
la polución/contaminación	*pollution*
el ruido	*noise*
el semáforo	*traffic light*
las señales de tráfico/tránsito	*traffic signs*
la senda	*path*
el/la vecino/a	*neighbor*
la velocidad	*speed*
la vista	*view*
la zona de escolares	*school zone*

Adjetivos

alarmante	*alarming*
ambiental	*environmental*
ancho/a	*wide*
angosto/a	*narrow*
asombrado/a	*amazed*
cálido/a	*warm*
culpable	*guilty*
gratuito/a	*free of charge*
hábil	*skillful*
luminoso/a	*well-lit*
pálido/a	*pale*
peligroso/a	*dangerous*
ruidoso/a	*noisy*
simpático/a	*pleasant/agreeable*
sucio/a	*dirty*

Verbos relacionados con el tráfico

aminorar	*to reduce*
ampliar	*to widen, to expand*
ceder el paso	*to yield the way*
conducir/manejar	*to drive*
cruzar	*to cross*
detener la marcha	*to stop*
disminuir la velocidad	*to slow down*
doblar (a la derecha/ izquierda)	*to turn left/right*
estacionar/aparcar	*to park*
exceder	*to surpass/exceed*
exceder la velocidad	*to speed*
girar	*to turn*
parar	*to stop*

Otros verbos

arrepentirse de	*to regret*
arrojar	*to throw*
asegurar	*to assure*
contar	*to tell*
decepcionar	*to disappoint*
disminuir	*to decrease*
domar	*to tame*
enterarse de	*to find out*
ingresar	*to enter/to join (a club, society, etc.)*
nombrar	*to nominate/to appoint*
solucionar	*to solve*
submergir	*to sink*
subvencionar	*to subsidize*

Otros sustantivos

el apoyo	*support*
la arruga	*wrinkle*
la cosecha	*harvest*
la costumbre	*custom/habit*
los disminuidos físicos	*physically challenged people*
el ejército/las fuerzas armadas	*armed forces*
el entrecejo	*brow*
el equilibrio	*balance*
el helecho	*fern*
la libertad de expresión	*freedom of speech*
el medio ambiente	*environment*
el nivel	*level*
la orquídea	*orchid*
el petróleo	*oil/petroleum*
la pobreza	*poverty*
el promedio	*average*
la sequía	*drought*
la sombra	*shadow*

Algunos animales

el águila	*eagle*
la ardilla	*squirrel*
las aves	*birds*
la ballena gris	*gray whale*
el delfín	*dolphin*
el elefante	*elephant*
el flamenco	*flamingo*
el lobo	*wolf*
los mamíferos	*mammals*
la mariposa	*butterfly*
la paloma	*dove*
los peces	*fish*
el pingüino	*penguin*
el tiburón	*shark*
el tigre	*tiger*
la trucha	*trout*
la víbora	*viper*

APPENDIX 1

B Activities

1-9. ¿Qué hay? ¿Cuántos hay?

Paso 1. Estudiante B

1-11. ¿Cómo se escribe tu nombre?

Paso 4. Estudiante B

1. CEE: Comunidad Económica Europea
2. EEUU: E_ _a_os U_i_os de A_ér_c_
3. FIFA: Fe_e_ació_ In_e_na_io_a_ de _ _ _bol A_o_iado
4. FMI: Fondo Monetario Internacional
5. OEA: Organización de Estados Americanos
6. ONU: Or_a_i_ación de _aci_ne_ Uni_as

1-13. ¿Dónde se habla español?

Paso 1. Estudiante B

Hay 20 países donde se habla español como lengua oficial.

1-30. ¿Cómo se dice *bus* en tu región?

Paso 1. Estudiante B Busca información sobre Cuba, Guatemala, El Salvador, México y Panamá.

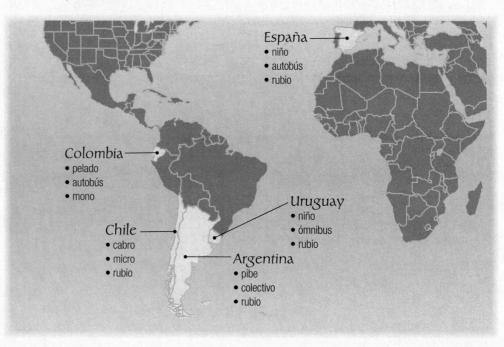

CHAPTER 2

2-9. ¿Cuántas personas viven en. . .?

Paso 1. B

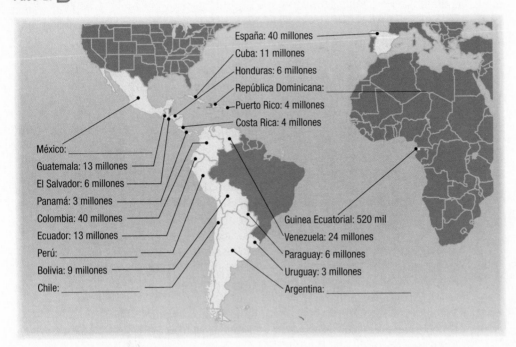

España: 40 millones
Cuba: 11 millones
Honduras: 6 millones
República Dominicana: _____
Puerto Rico: 4 millones
Costa Rica: 4 millones

México: _____
Guatemala: 13 millones
El Salvador: 6 millones
Panamá: 3 millones
Colombia: 40 millones
Ecuador: 13 millones
Perú: _____
Bolivia: 9 millones
Chile: _____

Guinea Ecuatorial: 520 mil
Venezuela: 24 millones
Paraguay: 6 millones
Uruguay: 3 millones
Argentina: _____

2-18. ¿Dónde estás? ¿Cómo estás?

Paso 4. B

Consuelo/la biblioteca

Concepción/el gimnasio

Carlos/la clase

Diego/el teatro

Miriam/la cafetería

2-24. Fechas importantes de los hispanos en los Estados Unidos

Paso 3. 🅱

1. La Dra. Ellen Ochoa es la primera mujer hispana en viajar al espacio con la NASA en el año:
   a. 2000   b. 1991
2. César Chávez organiza una protesta no-violenta en defensa de los trabajadores agrícolas en el año:
   a. 1926   b. 1966

CHAPTER 3

3-17. ¿Qué materias les gustan a estos (*these*) estudiantes?

Paso 1. 🅱

1. Mi nombre es Clara Ordóñez. Soy de Quito, Ecuador. Me gustan las clases de biología y química, pero no me gusta la clase de filosofía.
2. Él se llama Arturo. Es mi hermano. Y yo me llamo Ricardo Fuentes. Somos de Medellín, Colombia. Nos gustan las clases de idiomas, especialmente inglés. No nos gustan las clases de ciencias, como la física y la biología.
3. Yo soy Andrea Ballesteros y él es mi hermano Sebastián. Nacimos en Cuba, pero vivimos ahora en Chicago. Nos gusta mucho estudiar ciencias, pero no nos gustan las clases de computación.
4. Me llamo Carlos Aguirre. Soy de Miami. A mí me gusta mucho estudiar historia, filosofía y ciencias sociales. No me gustan mucho las matemáticas. Quiero ser abogado.

3-27. La sensualidad de Octavio Paz

Paso 1. 🅱

1914: Nace en Mixcoac, México el 31 de marzo
1933: _____
1937: Viaja a España y publica poemas
1938: _____
1943–1945: Ocupa un cargo diplomático en Estados Unidos
1945: _____
1946–1952: Vive en París
1952: _____
1966: Enseña durante un semestre en Universidad de Cornell en Ithaca, N.Y.
1981: _____
1990: Gana el Premio Nobel de Literatura
1998: _____

CHAPTER 4

4-1. Las carreras y profesiones

Paso 2. 🅱

1. Le corta el pelo a los clientes en una peluquería.
2. Atiende a los clientes en un restaurante.
3. Repara problemas eléctricos.
4. Construye casas y edificios.
5. Extingue incendios.
6. Mantiene la seguridad pública.

CHAPTER 5

5-1. Las fiestas y las celebraciones

Paso 1. **B**

5-8. Una fiesta excelente

Paso 1. **B**

CHAPTER 6

6-9. Una cartelera de españoles famosos

Paso 1. 🅱

ORDEN EN LA FILA	NOMBRE	PROFESIÓN
Primera persona:	_____	_____
Segunda persona:	Penélope Cruz	actriz de cine
Tercera persona:	_____	_____
Cuarta persona:	Francisco Goya	pintor
Quinta persona:	Sor Juana Inés de la Cruz	escritora
Sexta persona:	_____	_____
Séptima persona:	La reina de España	reina
Octava persona:	_____	_____
Novena persona:	Sergio García	jugador de golf
Décima persona:	_____	_____

6-15. En un restaurante

Paso 2. 🅱

PLATO	DESCRIPCIÓN
Gazpacho	_____
Paella	Arroz preparado con carne, pollo, mariscos, tomate, ajo (*garlic*), azafrán (*saffron*) y verduras.
Ensaladilla rusa	_____
Cocido madrileño	Guiso (*stew*) preparado con garbanzos, carne, tocino (*bacon*) y hortalizas (*vegetables*).
Caldo gallego	_____
Empanada gallega	Dos capas de pan o de hojaldre (*puff pastry*) cocidas y rellenas de carne o de bonito (*striped tunny*) con tomate.
Pulpo a la marinera	Pulpo (*octopus*) cocido y aliñado (*dressed*) con una salsa preparada con agua, aceite, ajo, cebolla y perejil.
Flan	_____

6-17. Algunos lugares famosos de Madrid

Paso 3. **B**

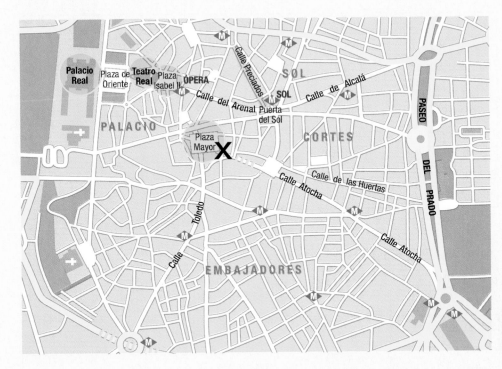

Puerta del Sol
Calle del Arenal
Plaza de Oriente

CHAPTER 7

7-9. ¿Qué sabes de Argentina y Uruguay?

Paso 1. **B**

CARACTERÍSTICA	URUGUAY	ARGENTINA
área	comparable a Oklahoma	_____
población	3 millones	_____
temperatura	18 grados	_____
capital	Montevideo	_____

7-17. Resultados de torneos mundiales de fútbol femenino

Paso 1. 🅑

RESULTADOS	JUEGOS OLÍMPICOS—ATLANTA 1996	MUNDIAL—EE.UU. 1999
Primer puesto	Estados Unidos	_____
Segundo puesto	R. P. China	_____
Tercer puesto	Noruega	_____
Cuarto puesto	Brasil	_____
Quinto puesto	Alemania	_____
Sexto puesto	Suecia	_____
Séptimo puesto	Japón	_____
Octavo puesto	Dinamarca	_____

7-19. Notables beisbolistas hispanos

Paso 3. 🅑

PELOTERO	CLUB
Sammy Sosa	_____
Orlando "El Duque" Hernández	New York Yankees
Manny Ramírez	_____
Omar Vizquel	Cleveland Indians
Alex Rodríguez	_____
Carlos Delgado	Toronto Blue Jays
Roberto Alomar	_____
Liván Hernández	San Francisco Giants
Pedro Martínez	_____

7-25. Carlos Gardel: El "Elvis Presley" del tango

Paso 2. 🅑

1. Nació en 1890 en Toulouse (Francia), aunque también hay quienes dicen que nació en Uruguay.
2. ¿Cuándo se mudó a Buenos Aires?

_____

3. Cantó su primer tango en 1917.
4. ¿Cuándo hizo su primer viaje artístico a Europa?

_____

5. En 1931 filmó su primera película—*Luces de Buenos Aires*.

6. ¿Cuándo cantó por primera vez en Estados Unidos?

_____

7. Murió (*he died*) en el año 1935 en un accidente de avión, en Medellín, Colombia.
8. ¿Qué dice la gente sobre Gardel hoy en día?

_____

CHAPTER 8

8-22. El español en África, Asia y Medio Oriente

Paso 4. 🅑

Filipinas es un país en el sureste de Asia que tiene aproximadamente _____ islas, de las cuales sólo 2.000 están habitadas. Muchos grupos étnicos viven en Filipinas desde hace siglos. Los primeros inmigrantes llegaron de China, Indonesia y la península malaya. En el siglo _____, llegaron los musulmanes, que se establecieron en la parte del archipiélago que se denominaba _____. Después de siglos de interacción entre diferentes grupos étnicos, los filipinos constituyen una población con mucha variedad étnica, con rasgos malayos, chinos, españoles y estadounidenses, entre otros. El _____ es el nombre del idioma oficial del país. Es una lengua basada principalmente en un idioma indígena, tagálog, con características de otros idiomas, entre los que se incluye el _____.

CHAPTER 9

9-9. La geografía de Chile: El país angosto (*narrow*)

Paso 2. 🅑

1. En el siglo XIX, _____ y _____ lucharon contra Chile por los recursos naturales, como el cobre, que se encontraban en el desierto Atacama.
2. Los Andes dividen a Chile de Argentina y tienen una longitud de aproximadamente _____.
3. La máxima distancia de este a oeste es de _____.
4. La costa chilena tiene una longitud de 4.300 kilómetros.
5. Los picos altos de los Andes se pueden ver desde la costa del Pacífico.
6. La distancia del extremo norte al extremo sur de Chile es similar a la distancia entre Nueva York y Los Ángeles.

9-28. Dos Premios Nobel de la literatura chilena

Paso 2. B

> abriela Mistral nació el 7 de abril de 1889, en Vicuña, Chile. Su nombre real era Lucila Godoy y Alcayaga. Cuando tenía tres años, su padre abandonó la familia. A los quince años Lucila publicó sus primeros versos y decidió usar el seudónimo Gabriela Mistral (tomó este nombre de Frédéric Mistral, uno de los escritores que más influyó en su obra poética). Además de escribir poesía, Lucila fue maestra, profesora y directora de varios liceos y escuelas. Años después, fue nombrada cónsul de Nápoles, Madrid y Lisboa, y enseñó literatura española en los Estados Unidos: en Columbia University, Middlebury College, Vassar College y en la Universidad de Puerto Rico. Mistral recibió el premio Nobel de Literatura en 1945. Murió el 10 de enero de 1957 en Nueva York, después de una larga enfermedad.

CHAPTER 10

10-6. ¡A poner la mesa!

Paso 1. B

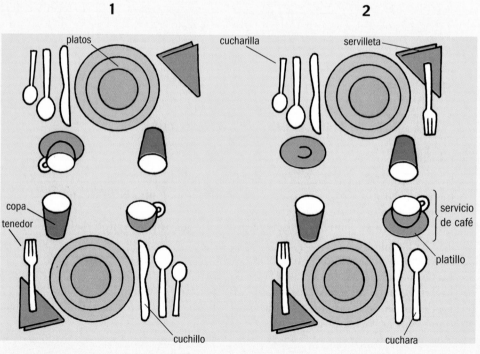

CHAPTER 11

11-8. Bolivia y Paraguay

Paso 2. 🅱

A pesar de las muchas similitudes, también hay diferencias sustanciales en la historia, geografía y población de Bolivia y Paraguay. Para empezar, la extensión geográfica de cada país es muy diferente. En proporción, el territorio de Paraguay es tan grande como el de España. En cambio, el territorio de Bolivia es dos veces más grande que el de España. También las características del terreno son diferentes. Gran parte del territorio boliviano está marcado por la cordillera de los Andes. Por eso, la capital administrativa de Bolivia, La Paz, está a más altura que Asunción, que es la capital de Paraguay. En contraste, gran parte del territorio paraguayo está cubierto por la planicie (*flat land*) infértil del Chaco que cubre aproximadamente 60% del territorio de este país. Por otro lado, en Bolivia hay más tierra forestal que en Paraguay mientras que en Paraguay hay más tierra de pastura (*grass fields*) que en Bolivia.

11-22. Las exportaciones de un miembro del MERCOSUR

Paso 1. 🅱

Exportaciones de Paraguay (en millones de dólares)

DESTINO	1990	1991	1992	1993	1994	1995	1996	1997	1998	1999
Argentina	56	45	64	65	91	80	95	305	___	290
Brasil	312	203	171	215	324	411	520	480	340	___
Uruguay	12	___	11	7	10	34	44	26	15	17
Bolivia	4	2	2	3	___	4	3	4	5	2
EE.UU.	41	35	35	53	57	44	___	58	52	34
Europa	___	236	225	248	237	178	227	318	270	124

11-26. Augusto Roa Bastos

Paso 1. 🅱

Augusto Roa Bastos fue narrador, ensayista y guionista. Nació en Asunción. Cuando era joven participó en la Guerra _____. Fue afectado íntimamente por la guerra y su efecto es evidente en sus escritos, en los que defiende a las clases oprimidas.

Después de la guerra fue obligado a dejar Asunción debido a la persecución del gobierno. Así, en el año 1947 se trasladó a Buenos Aires, donde fueron publicados sus primeros trabajos.

En ese país fue obligado a exiliarse nuevamente, en este caso en Francia. Mientras vivía en este país, enseñó _____.

Su carrera literaria comenzó con el estreno de piezas teatrales. Pero su denuncia contra _____ fue hecha en una trilogía de novelas: *Hijo de Hombre* (1960), *Yo, el supremo* (1974) y *El fiscal* (1993).

CHAPTER 12

12-22. La identidad de tres países centroamericanos
Paso 1. B

PAÍS	EL SALVADOR	GUATEMALA	HONDURAS
población	6 millones	_____	6 millones
densidad (por milla^2)	690	248	_____
idiomas	_____	español, maya-quiché	_____
religiones	_____	católica, protestante, maya	_____
alfabetismo	73%	_____	73%
productos agrícolas	_____	maíz, frijoles, café, algodón	_____
socios comerciales	_____	EE.UU., América Central, Caribe, México, Alemania	

12-23. Dos Premios Nobel de la Paz: Rigoberta Menchú Tum y Óscar Arias
Paso 2. B

Óscar Arias

1940	Nace. ¿Dónde?
1974	Recibe un doctorado en Ciencias Políticas en la Universidad de Essex, Inglaterra.
1974	Trabaja. ¿Dónde? ¿Qué hace?
1976	Es nombrado ministro de Planificación y Política Económica.
1978	Es elegido diputado de la Asamblea Legislativa de Costa Rica.
1986	Es elegido presidente de la República de Costa Rica.
1987	Recibe un premio. ¿Cuál?

Rigoberta Menchú

1959	Nace en Uspantán, Guatemala.
1980	Su padre muere durante el asalto militar a la embajada de España en Guatemala.
1980	Sale de Guatemala. ¿A qué país va? ¿Por cuánto tiempo?
1983	Se publica su libro autobiográfico *Me llamo Rigoberta Menchú y así me nació la conciencia.*
1988	Regresa a Guatemala. ¿Qué le pasa?
1988	Es liberada gracias a los esfuerzos de la comunidad internacional que exige su liberación.
1992	Recibe el Premio Nobel de la Paz.

CHAPTER 13

13-9 Los países bolivarianos

Paso 2. B

En 1783. . .
Entre 1799 y 1807 estudia en España y Francia y visita EE.UU. (Charleston).
En 1819 Bolívar es declarado presidente de la Gran Colombia.
En 1825. . .
En 1826 Bolívar es declarado líder del Perú y presidente de Bolivia.
En 1827. . .
En 1829. . .
En 1830 Bolívar, enfermo y agotado, muere en Santa Marta, Venezuela.

13-15. ¿Estarán estudiando?

Paso 2. B

Alberto y Pedro están en la biblioteca.   Magdalena está en el hospital.   Carlos está en el parque.   Marta está en una fiesta.

13-24. Ojalá que la atención médica mejore

Paso 1. B

	Colombia	Panamá	Venezuela	EEUU
Expectativa de vida en años (1998)	70	____	73	77
Mortalidad infantil cada 1.000 nacimientos	23	21	21	____
Gastos médicos por cada habitante en dólares (1990–98)	____	253	205	4.080
Número de médicos por 1.000 habitantes (1990–98)	____	2,2	1,5	4,0
Número de camas por 1.000 habitantes (1990–98)	2,2	1,5	____	4,0
Consumo de cigarrillos por año (1988–98)	1.684	XX	1.699	4.938
Índice de tuberculosis por 100.000 habitantes (1997)	55	57	42	____
Porcentaje de adultos infectados con SIDA (1997)	0,08	0,61	0,69	____

Fuente de información: *Congressional Information Service, Inc. Copyright © 2001 (disponible al público en http://web.lexis-nexis.com).*

CHAPTER 14

14-5. La convivencia con los vecinos

Paso 3. B

> Dueño/a del perro:
> [Let Person A start the dialogue.]
>
> 1. [Respuesta] Pídele disculpas a tu vecino/a.
> 2. [Respuesta] Dile que prefieres caminar en esta calle porque está iluminada.
> 3. [Respuesta] Explícale que vas a traer una bolsa para recoger los excrementos del perro.
> 4. [Respuesta] Trata de llegar a un acuerdo con él/ella pero insiste en caminar por la calle de tu vecino.

14-8. ¿Costa Rica o Nicaragua?

Paso 2. B

1. Actualmente Costa Rica no tiene fuerzas armadas ya que éstas fueron eliminadas en el año 1949.
2. Costa Rica fue el primer país de toda América en hacer la educación obligatoria y gratuita.
3. _____ recibe casi un millón de visitantes al año, lo que hace que el turismo sea la principal industria del país seguida por la producción de café y bananas.
4. El principal producto de exportación de _____ es el café.
5. Don Pepe Figueres, llamado el abuelo de Costa Rica, implementó reformas sociales como el derecho a la ciudadanía de todas las personas nacidas en este país y el derecho al voto de las mujeres.
6. Daniel Ortega fue presidente de Nicaragua desde 1984 a 1990, período en el que las relaciones con Estados Unidos fueron muy tensas.
7. Óscar Arias fue presidente de Costa Rica y recibió el Premio Nobel de la Paz por su trabajo por la paz en Nicaragua y otros países centroamericanos.
8. Violeta Chamorro fue la primera mujer en llegar a la presidencia de _____ durante la década de los noventa.
9. Rubén Darío, nacido en _____ en el año 1867, es considerado por muchos uno de los mejores poetas hispanohablantes.

14-23. El medioambiente y la biodiversidad en Costa Rica y en EE.UU.

Paso 1. B

	COSTA RICA	EE.UU.
emisiones de dióxido de carbono (millones de toneladas)*	4,7	_____
producción eléctrica (millones de kilowatios)*	_____	3.652.000
porcentaje de producción eléctrica de combustible fósil*	14%	
número de especies de mamíferos y pájaros (1997)	_____	1.078
mamíferos y pájaros en peligro de extinción (1997)	_____	85
número de especies de plantas (1997)	_____	
plantas en peligro de extinción (1997)	527	4.669

*por año

A P P E N D I X 2

Verb Charts

Regular Verbs: Simple Tenses

Infinitive Present Participle Past Participle	Indicative					Subjunctive		Imperative
	Present	Imperfect	Preterite	Future	Conditional	Present	Imperfect	
hablar hablando hablado	hablo hablas habla hablamos habláis hablan	hablaba hablabas hablaba hablábamos hablabais hablaban	hablé hablaste habló hablamos hablasteis hablaron	hablaré hablarás hablará hablaremos hablaréis hablarán	hablaría hablarías hablaría hablaríamos hablaríais hablarían	hable hables hable hablemos habléis hablen	hablara hablaras hablara habláramos hablarais hablaran	habla tú, no hables hable usted hablemos hablen Uds.
comer comiendo comido	como comes come comemos coméis comen	comía comías comía comíamos comíais comían	comí comiste comió comimos comisteis comieron	comeré comerás comerá comeremos comeréis comerán	comería comerías comería comeríamos comeríais comerían	coma comas coma comamos comáis coman	comiera comieras comiera comiéramos comierais comieran	come tú, no comas coma usted comamos coman Uds.
vivir viviendo vivido	vivo vives vive vivimos vivís viven	vivía vivías vivía vivíamos vivíais vivían	viví viviste vivió vivimos vivisteis vivieron	viviré vivirás vivirá viviremos viviréis vivirán	viviría vivirías viviría viviríamos viviríais vivirían	viva vivas viva vivamos viváis vivan	viviera vivieras viviera viviéramos vivierais vivieran	vive tú, no vivas viva usted vivamos vivan Uds.

Vosotros commands

hablar	comer	vivir
hablad no habléis	comed no comáis	vivid no viváis

Regular Verbs: Perfect Tenses

Indicative										Subjunctive		
Present Perfect		Past Perfect		Preterite Perfect		Future Perfect		Conditional Perfect		Present Perfect		Past Perfect
he	hablado	había	hablado	hube	hablado	habré	hablado	habría	hablado	haya	hablado	hubiera	hablado
has	comido	habías	comido	hubiste	comido	habrás	comido	habrías	comido	hayas	comido	hubieras	comido
ha	vivido	había	vivido	hubo	vivido	habrá	vivido	habría	vivido	haya	vivido	hubiera	vivido
hemos		habíamos		hubimos		habremos		habríamos		hayamos		hubiéramos	
habéis		habíais		hubisteis		habréis		habríais		hayáis		hubierais	
han		habían		hubieron		habrán		habrían		hayan		hubieran	

Irregular Verbs

Infinitive Present Participle Past Participle	Indicative					Subjunctive		Imperative
	Present	Imperfect	Preterite	Future	Conditional	Present	Imperfect	
andar andando andado	ando andas anda andamos andáis andan	andaba andabas andaba andábamos andabais andaban	anduve anduviste anduvo anduvimos anduvisteis anduvieron	andaré andarás andará andaremos andaréis andarán	andaría andarías andaría andaríamos andaríais andarían	ande andes ande andemos andéis anden	anduviera anduvieras anduviera anduviéramos anduvierais anduvieran	anda tú, no andes ande usted andemos anden Uds.
caer cayendo caído	caigo caes cae caemos caéis caen	caía caías caía caíamos caíais caían	caí caíste cayó caímos caísteis cayeron	caeré caerás caerá caeremos caeréis caerán	caería caerías caería caeríamos caeríais caerían	caiga caigas caiga caigamos caigáis caigan	cayera cayeras cayera cayéramos cayerais cayeran	cae tú, no caigas caiga usted caigamos caigan Uds.
dar dando dado	doy das da damos dais dan	daba dabas daba dábamos dabais daban	di diste dio dimos disteis dieron	daré darás dará daremos daréis darán	daría darías daría daríamos daríais darían	dé des dé demos deis den	diera dieras diera diéramos dierais dieran	da tú, no des dé usted demos den Uds.

Irregular Verbs (continued)

Infinitive Present Participle Past Participle	Indicative Present	Imperfect	Preterite	Future	Conditional	Subjunctive Present	Imperfect	Imperative
decir diciendo dicho	digo dices dice decimos decís dicen	decía decías decía decíamos decíais decían	dije dijiste dijo dijimos dijisteis dijeron	diré dirás dirá diremos diréis dirán	diría dirías diría diríamos diríais dirían	diga digas diga digamos digáis digan	dijera dijeras dijera dijéramos dijerais dijeran	di tú, no digas diga usted digamos decid vosotros no digáis digan Uds.
estar estando estado	estoy estás está estamos estáis están	estaba estabas estaba estábamos estabais estaban	estuve estuviste estuvo estuvimos estuvisteis estuvieron	estaré estarás estará estaremos estaréis estarán	estaría estarías estaría estaríamos estaríais estarían	esté estés esté estemos estéis estén	estuviera estuvieras estuviera estuviéramos estuvierais estuvieran	está tú, no estés esté usted estemos estad vosotros no estéis estén Uds.
haber habiendo habido	he has ha hemos habéis han	había habías había habíamos habíais habían	hube hubiste hubo hubimos hubisteis hubieron	habré habrás habrá habremos habréis habrán	habría habrías habría habríamos habríais habrían	haya hayas haya hayamos hayáis hayan	hubiera hubieras hubiera hubiéramos hubierais hubieran	
hacer haciendo hecho	hago haces hace hacemos hacéis hacen	hacía hacías hacía hacíamos hacíais hacían	hice hiciste hizo hicimos hicisteis hicieron	haré harás hará haremos haréis harán	haría harías haría haríamos haríais harían	haga hagas haga hagamos hagáis hagan	hiciera hicieras hiciera hiciéramos hicierais hicieran	haz tú, no hagas haga usted hagamos haced vosotros no hagáis hagan Uds.
ir yendo ido	voy vas va vamos vais van	iba ibas iba íbamos ibais iban	fui fuiste fue fuimos fuisteis fueron	iré irás irá iremos iréis irán	iría irías iría iríamos iríais irían	vaya vayas vaya vayamos vayáis vayan	fuera fueras fuera fuéramos fuerais fueran	ve tú, no vayas vaya usted vamos (no vayamos) id vosotros no vayáis vayan Uds.

Irregular Verbs (continued)

Infinitive Present Participle Past Participle	Indicative					Subjunctive		Imperative
	Present	Imperfect	Preterite	Future	Conditional	Present	Imperfect	
oír oyendo oído	oigo oyes oye oímos oís oyen	oía oías oía oíamos oíais oían	oí oíste oyó oímos oísteis oyeron	oiré oirás oirá oiremos oiréis oirán	oiría oirías oiría oiríamos oiríais oirían	oiga oigas oiga oigamos oigáis oigan	oyera oyeras oyera oyéramos oyerais oyeran	oye tú, no oigas oiga usted oigamos oigan Uds.
poder pudiendo podido	puedo puedes puede podemos podéis pueden	podía podías podía podíamos podíais podían	pude pudiste pudo pudimos pudisteis pudieron	podré podrás podrá podremos podréis podrán	podría podrías podría podríamos podríais podrían	pueda puedas pueda podamos podáis puedan	pudiera pudieras pudiera pudiéramos pudierais pudieran	
poner poniendo puesto	pongo pones pone ponemos ponéis ponen	ponía ponías ponía poníamos poníais ponían	puse pusiste puso pusimos pusisteis pusieron	pondré pondrás pondrá pondremos pondréis pondrán	pondría pondrías pondría pondríamos pondríais pondrían	ponga pongas ponga pongamos pongáis pongan	pusiera pusieras pusiera pusiéramos pusierais pusieran	pon tú, no pongas ponga usted pongamos pongan Uds.
querer queriendo querido	quiero quieres quiere queremos queréis quieren	quería querías quería queríamos queríais querían	quise quisiste quiso quisimos quisisteis quisieron	querré querrás querrá querremos querréis querrán	querría querrías querría querríamos querríais querrían	quiera quieras quiera queramos queráis quieran	quisiera quisieras quisiera quisiéramos quisierais quisieran	quiere tú, no quieras quiera usted queramos quieran Uds.
saber sabiendo sabido	sé sabes sabe sabemos sabéis saben	sabía sabías sabía sabíamos sabíais sabían	supe supiste supo supimos supisteis supieron	sabré sabrás sabrá sabremos sabréis sabrán	sabría sabrías sabría sabríamos sabríais sabrían	sepa sepas sepa sepamos sepáis sepan	supiera supieras supiera supiéramos supierais supieran	sabe tú, no sepas sepa usted sepamos sepan Uds.
salir saliendo salido	salgo sales sale salimos salís salen	salía salías salía salíamos salíais salían	salí saliste salió salimos salisteis salieron	saldré saldrás saldrá saldremos saldréis saldrán	saldría saldrías saldría saldríamos saldríais saldrían	salga salgas salga salgamos salgáis salgan	saliera salieras saliera saliéramos salierais salieran	sal tú, no salgas salga usted salgamos salgan Uds.

Irregular Verbs (continued)

Infinitive / Present Participle / Past Participle	Indicative — Present	Imperfect	Preterite	Future	Conditional	Subjunctive — Present	Imperfect	Imperative
ser / siendo / sido	soy	era	fui	seré	sería	sea	fuera	sé tú,
	eres	eras	fuiste	serás	serías	seas	fueras	no seas
	es	era	fue	será	sería	sea	fuera	sea usted
	somos	éramos	fuimos	seremos	seríamos	seamos	fuéramos	seamos
	sois	erais	fuisteis	seréis	seríais	seáis	fuerais	sed vosotros
	son	eran	fueron	serán	serían	sean	fueran	no seáis / sean Uds.
tener / teniendo / tenido	tengo	tenía	tuve	tendré	tendría	tenga	tuviera	ten tú,
	tienes	tenías	tuviste	tendrás	tendrías	tengas	tuvieras	no tengas
	tiene	tenía	tuvo	tendrá	tendría	tenga	tuviera	tenga usted
	tenemos	teníamos	tuvimos	tendremos	tendríamos	tengamos	tuviéramos	tengamos
	tenéis	teníais	tuvisteis	tendréis	tendríais	tengáis	tuvierais	tened vosotros
	tienen	tenían	tuvieron	tendrán	tendrían	tengan	tuvieran	no tengáis / tengan Uds.
traer / trayendo / traído	traigo	traía	traje	traeré	traería	traiga	trajera	trae tú,
	traes	traías	trajiste	traerás	traerías	traigas	trajeras	no traigas
	trae	traía	trajo	traerá	traería	traiga	trajera	traiga usted
	traemos	traíamos	trajimos	traeremos	traeríamos	traigamos	trajéramos	traigamos
	traéis	traíais	trajisteis	traeréis	traeríais	traigáis	trajerais	traed vosotros
	traen	traían	trajeron	traerán	traerían	traigan	trajeran	no traigáis / traigan Uds.
venir / viniendo / venido	vengo	venía	vine	vendré	vendría	venga	viniera	ven tú,
	vienes	venías	viniste	vendrás	vendrías	vengas	vinieras	no vengas
	viene	venía	vino	vendrá	vendría	venga	viniera	venga usted
	venimos	veníamos	vinimos	vendremos	vendríamos	vengamos	viniéramos	vengamos
	venís	veníais	vinisteis	vendréis	vendríais	vengáis	vinierais	venid vosotros
	vienen	venían	vinieron	vendrán	vendrían	vengan	vinieran	no vengáis / vengan Uds.
ver / viendo / visto	veo	veía	vi	veré	vería	vea	viera	ve tú,
	ves	veías	viste	verás	verías	veas	vieras	no veas
	ve	veía	vio	verá	vería	vea	viera	vea usted
	vemos	veíamos	vimos	veremos	veríamos	veamos	viéramos	veamos
	veis	veíais	visteis	veréis	veríais	veáis	vierais	ved vosotros
	ven	veían	vieron	verán	verían	vean	vieran	no veáis / vean Uds.

Stem-changing and Orthographic-changing Verbs

Infinitive Present Participle Past Participle	Indicative					Subjunctive		Imperative
	Present	Imperfect	Preterite	Future	Conditional	Present	Imperfect	
incluir (y) incluyendo incluido	incluyo incluyes incluye incluimos incluís incluyen	incluía incluías incluía incluíamos incluíais incluían	incluí incluiste incluyó incluimos incluisteis incluyeron	incluiré incluirás incluirá incluiremos incluiréis incluirán	incluiría incluirías incluiría incluiríamos incluiríais incluirían	incluya incluyas incluya incluyamos incluyáis incluyan	incluyera incluyeras incluyera incluyéramos incluyerais incluyeran	incluye tú, no incluyas incluya usted incluyamos incluid vosotros no incluyáis incluyan Uds.
dormir (ue, u) durmiendo dormido	duermo duermes duerme dormimos dormís duermen	dormía dormías dormía dormíamos dormíais dormían	dormí dormiste durmió dormimos dormisteis durmieron	dormiré dormirás dormirá dormiremos dormiréis dormirán	dormiría dormirías dormiría dormiríamos dormiríais dormirían	duerma duermas duerma durmamos durmáis duerman	durmiera durmieras durmiera durmiéramos durmierais durmieran	duerme tú, no duermas duerma usted durmamos dormid vosotros no durmáis duerman Uds.
pedir (i, i) pidiendo pedido	pido pides pide pedimos pedís piden	pedía pedías pedía pedíamos pedíais pedían	pedí pediste pidió pedimos pedisteis pidieron	pediré pedirás pedirá pediremos pediréis pedirán	pediría pedirías pediría pediríamos pediríais pedirían	pida pidas pida pidamos pidáis pidan	pidiera pidieras pidiera pidiéramos pidierais pidieran	pide tú, no pidas pida usted pidamos pedid vosotros no pidáis pidan Uds.
pensar (ie) pensando pensado	pienso piensas piensa pensamos pensáis piensan	pensaba pensabas pensaba pensábamos pensabais pensaban	pensé pensaste pensó pensamos pensasteis pensaron	pensaré pensarás pensará pensaremos pensaréis pensarán	pensaría pensarías pensaría pensaríamos pensaríais pensarían	piense pienses piense pensemos penséis piensen	pensara pensaras pensara pensáramos pensarais pensaran	piensa tú, no pienses piense usted pensemos pensad vosotros no penséis piensen Uds.

Stem-changing and Orthographic-changing Verbs (continued)

Infinitive Present Participle Past Participle	Indicative Present	Imperfect	Preterite	Future	Conditional	Subjunctive Present	Imperfect	Imperative
producir (zc) produciendo producido	produzco produces produce producimos producís producen	producía producías producía producíamos producíais producían	produje produjiste produjo produjimos produjisteis produjeron	produciré producirás producirá produciremos produciréis producirán	produciría producirías produciría produciríamos produciríais producirían	produzca produzcas produzca produzcamos produzcáis produzcan	produjera produjeras produjera produjéramos produjerais produjeran	produce tú, no produzcas produzca usted produzcamos pruducid vosotros no produzcáis produzcan Uds.
reír (i, i) riendo reído	río ríes ríe reímos reís ríen	reía reías reía reíamos reíais reían	reí reíste rio reímos reísteis rieron	reiré reirás reirá reiremos reiréis reirán	reiría reirías reiría reiríamos reiríais reirían	ría rías ría riamos riáis rían	riera rieras riera riéramos rierais rieran	ríe tú, no rías ría usted riamos reíd vosotros no riáis rían Uds.
seguir (i, i) (ga) siguiendo seguido	sigo sigues sigue seguimos seguís siguen	seguía seguías seguía seguíamos seguíais seguían	seguí seguiste siguió seguimos seguisteis siguieron	seguiré seguirás seguirá seguiremos seguiréis seguirán	seguiría seguirías seguiría seguiríamos seguiríais seguirían	siga sigas siga sigamos sigáis sigan	siguiera siguieras siguiera siguiéramos siguierais siguieran	sigue tú, no sigas siga usted sigamos seguid vosotros no sigáis sigan Uds.
sentir (ie, i) sintiendo sentido	siento sientes siente sentimos sentís sienten	sentía sentías sentía sentíamos sentíais sentían	sentí sentiste sintió sentimos sentisteis sintieron	sentiré sentirás sentirá sentiremos sentiréis sentirán	sentiría sentirías sentiría sentiríamos sentiríais sentirían	sienta sientas sienta sintamos sintáis sientan	sintiera sintieras sintiera sintiéramos sintierais sintieran	siente tú, no sientas sienta usted sintamos sentid vosotros no sintáis sientan Uds.
volver (ue) volviendo vuelto	vuelvo vuelves vuelve volvemos volvéis vuelven	volvía volvías volvía volvíamos volvíais volvían	volví volviste volvió volvimos volvisteis volvieron	volveré volverás volverá volveremos volveréis volverán	volvería volverías volvería volveríamos volveríais volverían	vuelva vuelvas vuelva volvamos volváis vuelvan	volviera volvieras volviera volviéramos volvierais volvieran	vuelve tú, no vuelvas vuelva usted volvamos volved vosotros no volváis vuelvan Uds.

APPENDIX 3

Spanish-English Glossary

The number following each entry corresponds to the lección in which the word was first introduced. Numbers in italics signal that the item was presented for recognition rather than as active vocabulary.

A

abandonar to leave behind 8
el/la abogado/a lawyer 4
abolir to abolish 12
abrazar to hug 4
el abrazo hug 4
el abrelatas can opener 11
el abrigo coat 4, 11
abril April 4
abrir to open 3
abrocharse el cinturón to fasten the seat belt 9
el/la abuelo/a grandfather, grandmother 5, 8
abuelos maternos/paternos maternal/paternal grandparents 5
aburrido/a boring 9
aburrir to bore 10
el aceite de oliva olive oil 6
la aceituna olive 6
la acera sidewalk 14
la acidez de estómago acid stomach 13
acompañar to go (somewhere with someone) 6
aconsejar to advise, give advice 6, 10
el acuerdo treaty 11
el aderezo dressing 10
adiós goodbye 1
los adornos ornaments 5
la aduana customs 9
el aeropuerto the airport 2
afeitarse to shave 3
el/la aficionado/a fan 7, 12
la agencia de viajes travel agency 9
la agencia inmobiliaria real estate agency 11
el/la agente agent 4
de viajes travel agent 4
de seguros insurance agent 4
agosto August 4
agotado/a tired 2
agradable nice 2

agradecer to thank 9
el agua water 6
con gas carbonated water 6
sin gas non-carbonated water 6
potable drinking water 14
el águila eagle 14
los aguinaldos Christmas carols 5
el/la ahijado/a godson/ goddaughter 5, 8
ahorrar to save 11
el ahorro savings 11
aislado/a isolated 12
el ají chili pepper 10
el ajo garlic 6
alarmante alarming 14
la albahaca basil 6
el albaricoque apricot 6
la alberca swimming pool 7
el alcalde mayor 10
la alcaldía town hall 14
alcanzar to reach 12
alegrarse to feel happy 8
alegre happy 2
el alemán German 3
la alergia allergy 13
el alfabetismo literacy 12
algodón cotton 11
algún some, any 2
los alimentos food items 6
almorzar to have lunch 6
el almuerzo lunch 6
alojarse to lodge, rent a room 9
los alrededores surroundings 8
alto/a tall 2
la altura height 12
el/la amante lover 8
amar to love 8
amarillo/a yellow 2
ambicioso ambitious 2
ambiental environmental 14
el/la amigo/a friend 2
aminorar to reduce 14
ampliar to widen, to expand 14
añadir to add 10
el analgésico pain reliever 13

el/la analista de sistemas systems/computer analyst 4
anaranjado/a orange 2
ancho/a wide 14
andar en bicicleta to ride a bike 7
la anemia anemia 13
el/la anfitrión/a host/hostess 5, 10
angosto/a narrow 14
la angustia anguish 8
Año Nuevo New Year's Day 5
anotar (un gol) to score (a goal) 7
ansioso/a anxious 2
antipático 2
el anuncio advertisement 12
aparcar to park 14
el apartahotel apartment + hotel 9
el apellido surname 1
el apéndice the appendix 13
la apendicitis appendicitis 13
apetecer to feel like 6
aplaudir to clap 7, 12
apoyar to support (ideas, positions) 8
el apoyo support 14
aprender to learn 1, 2, 8
apresar to capture 12
el apretón de manos handshake 4
los apuntes de clase class notes 3
el árabe Arabic 3
el arancel (commerce) tax 11
la arcilla clay 7
la ardilla squirrel 14
arduo/a strenuous 12
el área de estacionamiento parking lot 14
el argumento plot 12
el/la arquitecto/a architect 2, 4
la arquitectura architecture 7
arreglar to fix 10
arrepentirse de to regret 14
arrojar to throw 14
el arroz rice 6
la arruga wrinkle 14
las artes musicales musical arts 7

las artes visuales visual arts 7
las articulaciones the joints 13
la artritis arthritis 13
asegurar to assure 14
asemejarse to be similar 10
asesinar to kill 12
el/la asesor/a financiero/a financial advisor 4
el asilo refuge 10
asistir (a) to attend, to go to 2, 3, 5
el asma asthma 13
asombrado/a amazed 14
la aspiradora vacuum cleaner 11
el ataque cardíaco heart attack 13
aterrizar to land 9
el ático attic 9
el/la atleta athlete 2
los atractivos turísticos tourist attractions 9
atrevido/a daring 12
el atún tuna 6
aumentar to increase 2
el auto car 9
el autobús bus 9
el auxiliar de vuelo flight attendant 9
la avena oats 10
la avería breakdown 9
las aves birds, poultry 10, 14
el avión plane 8
la ayuda help 8
ayudar to help 2, 8
el azúcar sugar 6
azul blue 2

B

el bacalao cod (fish) 6
bailar to dance 2, 3, 5, 7
el/la bailarín/bailarina dancer 12
el baile dance 12
la baja maternal maternity leave 8
bajo/a short 2
la ballena gris gray whale 14
el bañador swimsuit 11
bañarse to bathe 3
la bandera flag 5
bandoneón concertina 7
el baño bathroom 9
barato/a cheap 2, 9
el barro clay 7
la barbacoa barbecue 10
bastante rather 8
la basura garbage 14
el bate bat 7
el/la bateador/a batter 7

batear to bat 7
la batería drums 7
beber to drink 2
besar to kiss 4
el beso kiss 4
el besugo sea bream (type of fish) 6
la biblioteca library 2
el/la bibliotecario/a librarian 4
bienvenido/a/os/as welcome 1
los bigotes moustache 13
blanco/a white 2
la blusa blouse 4
  de satén satin blouse 11
la boca mouth 2
el bocadillo sandwich 6
la bocina horn 14
la boda wedding 8
el boleto ticket 9
  de ida one-way ticket 9
  de ida y vuelta round-trip ticket 9
el bolígrafo pen 1
la bollería bread 6
el/la bombero/a fireman 2, 4
los bombones chocolates 5
bonito/a pretty 2
el borrador eraser 1
bostezar to yawn 12
el brazo arm 2
la buena suerte good luck 5
buenas noches good evening/good night 1
buenas tardes good afternoon 1
buenos días good morning 1
la bufanda scarf 11
el bus bus 9

C

la cabeza head 13
el cacahuete (cacahuate) peanut 10
caerle bien (a alguien) to make a good impression (on someone) 10
café brown 2
el café coffee 10
la cafetera coffee maker 11
el/la cajero/a cashier 4, 11
el caldo broth 10
calentar to warm, to heat 10
cálido/a warm 14
caliente hot 6
la calle street 2, 14
calmado/a relaxed 2
el/la camarero/a waiter 4
los camarones shrimp 6
cambiar to change 8

el camerino dressing room 12
caminar to walk 2, 3
el camión truck 14
la camisa shirt 4, 11
  de manga corta short-sleeved 4
la camiseta T-shirt 4, 7, 11
la campaña militar military campaign 12
la campera jacket 4
el campo field 4, 7
  de estudios field of studies 4
  de juego playing field 7
el cáncer cancer 13
la cancha playing field 7
la canción song 7, 12
la canela en polvo cinnamon powder 6
cansado/a tired 2
el/la cantante singer 5, 6
cantar to sing 2, 3, 7
la cara face 2, 13
los caracoles snails 6
el cargo position 4
la caries caries 13
cariñoso/a affectionate, loving 8
el Carnaval Mardi Gras 5
la carne meat 6
  de cerdo pork 6
  de res beef 6
caro/a expensive 2
el/la carpintero/a carpenter 2, 4
el carro car 9
la carta letter 4
  de presentación cover letter 4
el cartel (street) sign 14
la cartelera billboard 12
el/la cartero/a mail carrier 4
la casa house 2
casado/a married 8
casarse to marry 8
el castellano Spanish (language) 8
el catarro cold 13
la cebolla onion 6
ceder el paso to yield the way 14
las cejas eyebrows 13
el celo care 12
celoso/a jealous 8
la cena dinner, supper 6
cenar to have dinner/supper 6
el cerebro brain 13
la cerveza beer 10
la cesta basket 1
el champán champagne 10
los champiñones mushrooms 6
la chaqueta jacket 4, 11

el/la chino/a Chinese person 3
chocar to bump (into someone/something) 7
el chocolate chocolate 10
el/la chófer driver 4
la chuleta, el chuletón chops (usually pork, unless specified) 6
las ciencias políticas political science 3
el cine movie theater 2
la cintura waist 13
el cinturón belt 11
   de seguridad safety belt 14
la circulación traffic 14
la cirrosis cirrhosis 13
la cita date, appointment 4
la ciudad city 1, 2
el/la ciudadano/a citizen 2, 5
la clase classroom, class 2, 3
   económica/turista coach 9
el/la cliente client 4
el clima weather 9
cobrar to charge 5
cocer to boil 10
el coche car 9
cocido/a boiled 10
la cocina kitchen 9
cocinar to cook 10
el/la cocinero/a cook 4
el códice codex 12
el codo elbow 13
la cola buttocks 13
el/la colega colleague 4
el collar necklace 4
la comadre godmother of one's son/daughter, or mother of one's godson/goddaughter 8
el comedor dining room 9
el comensal table companion, dinner guest 10
el/la comentarista deportivo/a sports commentator 7
comer to eat 2, 3
comercial advertisement 12
cómodo/a comfortable 9
el compadre godfather of one's son/daughter, or father of one's godson/goddaughter 8
el/la compañero/a classmate, colleague 2
compartir to share 2, 5
el comportamiento behavior 9
el/la comprador/a buyer 11
comprar to buy 2, 3, 5, 11
una computadora computer 1

conceder (un) crédito to give a loan 11
concuñado/a relationship of both in-laws 5
el concurso contest 5
conducir to drive 14
conferir to procure 12
confiado/a trusting 12
confiar to trust 12
   a ciegas to have blind faith 11
la conjuntivitis conjunctivitis 13
conmigo with me 1, 8
conocer to know (a person/place), be familiar with 6
el conocimiento knowledge 12
conseguir to attain, obtain, get, achieve, accomplish 3, 8
el consejo advice 6, 12
consentido/a spoiled 8
la conserva preserves 10
construir to build 10
el/la consuegro/a father and mother-in-law of one's son/daughter 8
la contabilidad accounting 3
al contado cash 9
el/la contador/a accountant 4
la contaminacion pollution 14
contar to tell 14
contemporáneo/a contemporary 12
contento/a happy 2
contestar to answer 2
contigo with you 1
convencer to convince 10
convertirse to get to be 8
convivir to live with someone 8
la copa wine glass 10
el corazón heart 13
la corbata tie 4, 11
los cordones de zapatos shoelaces 4
corregir to correct 3
el correo electrónico e-mail 1
correr to run 2, 3
cortar to cut 10
la corteza crust 10
corto short 2
la cosecha harvest 14
el/la co-solicitante co-borrower 11
la costa cost 10
las costillas ribs 6
la costumbre custom, habit 14
crecer to grow 3
creer to believe 3
crudo/a raw 10
cruzar to cross 14
el cuaderno notebook 1, 2

el cuadro painting 12
las cualificaciones (para un trabajo) qualifications, credentials 4
¿cúantos/as? how much, how many? 1
la Cuaresma Lent 5
cuarto/a fourth 6
la cuchara spoon 10
la cucharita/cucharilla little spoon 10
el cuchillo knife 10
el cuello neck 13
la cuenta bill 10
   corriente bank account 11
la cuerda rope, comb 2
el cuero leather 11
el cuidado care 12
cuidar to take care of 4, 8
culpable guilty 14
el cumpleaños birthday 5
el/la cuñado/a brother-in-law, sister-in-law 5, 8
la curita Band-Aid 13
el curso class, course 3

D

el damasco apricot 6
danzar to dance 7
dar to give 8
   un apretón de manos to shake hands 4
   un beso/besar to kiss 5
darse cuenta de to realize 8
deber to have to, must 3
decepcionar to disappoint 14
décimo/a tenth 6
decir to say 8
decolar to take off 9
decorar to decorate 10
los dedos de la mano fingers 13
los dedos del pie toes 13
dejar to leave (behind) 8
el delfín dolphin 14
delgado thin 2
el/la dentista dentist 4
depender de to depend on 8
el/la dependiente shop assistant or salesperson 4
los deportes en vivo live sports 7
deprimido/a depressed 8
el derecho al voto right to vote 5
los derechos humanos human rights 5
derramar to spill (something) 7
el derrame cerebral (embolia) stroke 13

derrotar to defeat 12
desaparecer to disappear 3
el desarrollo development 1
desayunar to have breakfast 6
el desayuno breakfast 6
descansar to rest 6, 12
el desdén disdain 12
desechar to discard 10
el desfile parade 5
la desgana reluctance 12
designar to name, to designate 10
desmayarse to faint 13
desmenuzar to break into bits/
   to mince 10
despedirse to say goodbye 3
despegar to take off 9
despertarse to wake up 3
el detalle detail 12
detener to stop 12
   la marcha to stop 14
el día day 5
   de Acción de Gracias Thanksgiving
      Day 5
   de la Independencia Independence
      Day (for the U.S.) 5
   de la Madre/del Padre
      Mother's/Father's Day 5
   de las Brujas Halloween 5
   de los Enamorados Valentine's
      Day 5
   de los Muertos Day of the Dead 5
   de los Reyes Magos Epiphany 5
   del Santo Saint's Day 5
   de todos los Santos All Saint's
      Day 5
la diabetes diabetes 13
la diarrea diarrhea 13
dibujar to draw 7
diciembre December 4
dictar (sentencias judiciales) to
   pronounce (the verdict) 4
los dientes teeth 2
difícil difficult 1
la direción address 1
diminuto/a tiny 2
discutir to discuss, to exchange
   ideas/opinions 6
diseñar to design 4
disfrazarse to wear costumes 5
disfrutar to enjoy 3, 6
los disminuidos físicos physically
   challenged people 14
disminuir to decrease 14
disminuir la velocidad to slow
   down 14
disponer to arrive at a decision 12

disponerse to get ready to 12
la distancia distance 3
divertirse to have fun 5
divorciado/a divorced 8
divorciarse to get divorced 8
doblar to turn 14
   a la derecha to turn left 14
   a la izquierda to turn right 14
el/la doctor doctor 4
el dolor pain
   de cabeza headache 13
   de estómago stomach ache 13
domar to tame 14
domingo Sunday 3
el dominio mastery 12
¿dónde? where? 1
el dormitorio bedroom 2, 9
ducharse to take a shower 3
el dueño owner 10
los dulces sweets 6
durante during, while 1
el durazno peach 6

E

el/la economista economist 2
el edificio building 2, 14
educado/a polite, well mannered,
   well behaved (person) 2, 8
los efectos especiales special
   effects 12
el ejército army 14
el/la electricista electrician 4
el elefante elephant 14
elegir to choose 12
el embarazo pregnancy 8
empeorar to make/grow worse 10
empezar to begin 8
el/la empleado/a employee 8
   doméstica maid 9
la empresa company 4
encantada/o delighted 1
encontrarse to be located 10
enérgico/a vigorous 2
enero January 4
enfatizar to emphasize 9
enfermarse to become sick 13
las enfermedades venéreas sexually
   transmitted diseases 13
el/la enfermero/a nurse 4
enfermo/a sick 4
el enfisema pulmonar pulmonary
   emphysema 13
engañar to deceive 12
engriparse to catch the flu 13
enlistarse to join (the army) 12
enojado/a angry 2

enorme enormous 2
enseguida soon 8
la enseñanza teaching 3
enseñar to teach 3
enterarse de to find out 14
el entierro burial 8
la entrada ticket 12
el entrecejo brow 14
el/la entrenador/a trainer 7
entrenarse to train 7
entretener to entertain 3
la entrevista interview 4
envasado/a packed 10
el envase packing 10
enviudar to be a widow 8
la epilepsia epilepsy 13
el equilibrio balance 14
los escalofríos chills 13
el escarbadientes toothpick 10
la esclavitud slavery 12
escoger to choose 12
escribir to write 2, 3
el/la escritor/a writer 6
el escritorio desk 1, 2
escuchar to listen 2, 3
la escultura sculpture 7, 12
escupir to spit 10
el esfuerzo effort 12
la espalda back 13
la especialidad major,
   specialization 3
la especialización major,
   specialization 3
especializarse to specialize 3
las especies species 10
el espectáculo performance 12
el espejo mirror 11
la esperanza hope 12
esperar to wait 6
el espía spy 12
la espina fish bone 10
el/la esposo/a the spouse 2, 5, 8
la esquina corner 2
estacionar to park 14
el estadio stadium 7
   de fútbol soccer field 2
el estado de ebriedad to be
   drunk 14
estar to be (condition) 4
el estómago stomach 13
el estreñimiento constipation 13
el/la estudiante student 2
el estudio study room 9
exceder to surpass, exceed 14
   la velocidad to speed 14
exigir to require, to demand 8, 12

la expectativa de vida life
  expectancy 9
el/la explorador/a explorer 2
la explotación exploitation 10
explotar to exploit 10
expulsar to expel 8
extrovertido/a outgoing 2

F

facil easy 1
la factura receipt 11
la facturación checking in 9
facturar el equipaje to check in
  luggage 9
la falda skirt 4, 11
faltar to lack, to miss 10
los familiares relatives 5
febrero February 4
la fecha date 9
  de caducidad expiration date 11
feliz happy 2
feo/a ugly 2
la fiebre fever 13
fijo/a fixed 12
la física physics 3
el flamenco flamingo 14
la flauta flute 10
florecer to flourish 12
fomentar to promote 12
los fondos (monetary) funds 12
el/la fontanero/a plumber 4
la fotografía photography 12
el francés French 3
freír to fry 10
las fresas strawberries 6
los frijoles beans 10
los fuegos artificiales fireworks 5
las fuerzas armadas armed forces 14
fumar to smoke 13
funcionar to work (a machine,
  a plan) 4

G

la galleta cookie 6
  de sal cracker 6
la gallina chicken 10
las gambas shrimp 6
ganar to win 6, 7
  dinero to make money 4
la ganga bargain, steal (very cheap) 11
los garbanzos chickpeas 10
la garganta throat 13
gastar to spend 11
el gasto expense 9
el gazpacho cold soup with bread,
  tomatoes, and garlic 6

los/las gemelos/as identical twins 8
la gente people 1, 2
el gesto gesture 4
el gimnasio gym 2
girar to turn 14
gobernar to govern 10
gordo/a fat 2
el gorro a cap 11
grabar to record 9
grande big 2
gratuito/a free of charge 14
la gripe flu 13
gris gray 2
el guante glove 7
la guerra war 10
la guitarra guitar 7

H

las habas beans 6
las habichuelas beans 6
hábil skillful 14
la habitación room 9
el/la habitante inhabitant 2, 5
hablar to speak, to talk 1, 2
hacer to make, to do 3
  buceo submarino (bucear) to scuba
    dive 7
  chistes to tell jokes 5
  cola to wait in line 9
  esquí (esquiar) to ski 7
  natación to swim 7
  paracaidismo to skydive 7
  una consulta to have a
    consultation 9
  una reserva to make a reservation 9
  windsurf to windsurf 7
hacerse amigo de to get to be friends
  with 2
la harina flour 6, 10
hasta la vista see you around 1
hasta luego see you later 1
hay there is, there are 2
el hebreo Hebrew 3, 8
el helado ice cream 6
el helecho fern 14
la hemofilia hemophilia 13
los hemorroides hemorrhoids 13
la hepatitis hepatitis 13
el/la hermanastro/a stepbrother,
  stepsister 5, 8
el/la hermano/a brother,
  sister 5, 8
la hierba grass 2
el hígado liver 13
el/la hijastro/a stepson,
  stepdaughter 5, 8
el/la hijo/a son, daughter 8

el hijo varón male child 5, 8
la hipertensión arterial high blood
  pressure 13
el hipo hiccups 13
hola hello 1
el hombre man 2
los hombros shoulders 13
los hongos mushrooms 6
el horario de clases class schedule 3
las hortalizas vegetables 10
el hospedaje/alojamiento lodging 9
hospedarse to lodge, rent a room 9
el hueso bone 13
el huésped guest 9
el huevo egg 6
huir to flee 8
humedecer to moisten 10

I

el idioma language 1
la iglesia church 8
igualmente likewise 1
el impermeable raincoat 4, 11
importar to mind 10
el importe price 11
los impuestos taxes 5, 11
la incredulidad disbelief 12
el indígena native inhabitant 10
el infarto heart attack 13
infectarse to become infected 13
la inflexión contraflexure 12
la informática computer science 3
la infraestructura infrastructure 14
la ingeniería engineering 3
el/la ingeniero/a engineer 2, 4
el inglés English 3
ingresar to enter/to join (a club,
  society, etc) 14
el ingreso económico income 12
los ingresos income 11
iniciar to initiate 10
intentar to try, attempt 12
el intermedio intermission 12
interrumpir to interrupt 3
el intestino the intestine 13
íntimo/a intimate 12
investigar to investigate 10
el invierno winter 4
el/la invitado/a guest 5
invitar to invite 3
ir to go 2

J

el japonés Japanese 3
el jarabe contra la tos cough
  medicine 13
el jardín garden, yard 9, 14

el/la jefe/a boss 4, 8
el jonrón home run 7
joven young 2
el/la judío/a Jew 8
el juego de copas wine glass set 11
el juego de vasos glass set 11
jueves Thursday 3
el/la juez/a judge 4
el/la jugador/a player 6, 7
jugar to play (a sport) 3, 6
   al fútbol to play soccer 7
el jugo juice 10
julio July 4
junio June 4
juntos/as together 1
el justificante de pago payment
   receipt 11

L

los labios lips 13
el laboratorio de ciencias science
   lab 2
lacio/a straight 2
la lana wool 11
la langosta lobster 6
el/la lanzador/a pitcher 7
el lápiz pencil 1
largo long 2
la laringitis laryngitis 13
la lástima pity 12
la lavadora washing machine 11
lavar to wash 2, 3
lavarse to wash oneself 3
la lavavajillas dishwasher 11
el laxante laxative 13
la leche milk 2, 6
la lechuga lettuce 6
leer to read 2, 3
las legumbres legumes 6
la lengua language 5
las lentejas lentils 10
lento/a slow 9
la letra de la canción lyric
   (of the song) 7
la leucemia leukemia 13
levantar pesas to lift weights 7
levantarse to get up 3
la libertad de expresión freedom of
   speech 14
el libreto program, script 12
el libro book 1, 2
la licencia de conducir driving
   license 14
ligero/a light 6
limpiar to clean 8
lindo/a pretty 2
la línea aérea airline 9

el living living room 9
la llamada call 4
llamar to call 2
la llegada arrival 10
llegar to arrive 3, 8
   a ser to become 8
llevar (a alguien) en coche to give
   (someone) a ride 6
llorar to cry 8
lo que (no) sé what I (do not)
   know 3
lo que quiero saber what I want to
   know 3
el lobo wolf 14
el/la locutor/a de radio radio
   commentator 4
luminoso/a well-lit 14
lunes Monday 3
la luz light 12

M

la madera wood 7
la madrastra stepmother 5, 8
la madre mother 5
la madrina godmother 5, 8
la madrugada daybreak 5
el/la maestro/a teacher 4
el maíz corn 6
el malentendido
   misunderstanding 12
las maletas suitcases
   (luggage) 9
la mamá mom 5
la mami mom 5
los mamíferos mammals 14
manchar to stain 7
mandar to send 8
manejar to drive 14
el maní peanut 10
manifestarse to demonstrate 10
la mano hand 2, 13
el mantel tablecloth 10, 11
mantenerse to support oneself
   (by making a living) 8
la mantequilla butter 6
la manzana apple, city block 2, 6
maquillarse to put on makeup 3, 12
el mar sea 10
marcar (un gol) to score (a goal) 7
el marco frame 7
marearse to become dizzy 13
la margarina margarine 10
el marido husband 8
la marina the navy 5
la mariposa butterfly 14
los mariscos seafood 6
marrón brown 2

martes Tuesday 3
marzo March 4
más more, plus 1
más o menos so-so 1
la mascota pet 5, 14
masticar to chew 10
matar to kill 12
la materia subject matter 3
el matrimonio marriage 8
mayo May 4
mayor older 8
el/la mecánico mechanic 4
la medalla medal 7
la media hermana half sister 5
el/la médico/a doctor 4
el medio ambiente environment 14
el medio hermano half brother 5
los mejillones mussels 6
mejorar to better, to improve 3, 10
el melanoma melanoma 13
la memoria memory 12
la meningitis meningitis 13
menos less, minus 1
la mercancía goods 11
merendar to have an afternoon
   snack 6
la merienda afternoon snack, teatime
   snack 6
la mermelada jelly or jam,
   marmalade 6
la mesa table 1, 2
el/la mesero/a waiter 4
el micro bus 9
la miel honey 10
miércoles Wednesday 3
   de Ceniza Ash Wednesday 5
la miga crumb 10
la militancia política political
   affiliation 8
el/la ministro/a minister 2
mirar to watch, to see 3
la misa de Gallo midnight mass
   (Christmas Eve) 5
la mochila backpack 1
el/la modelo model 4
mojado/a wet 8
molestar to mind, to bother 8, 10
la moneda coin or currency 6, 9
el monje monk 12
la montaña mountain 10
montar en bicicleta to ride a bike 7
morado/a purple 2
moreno/a brunette 2
la mostaza mustard 10
mucho gusto nice to meet you 1
muchos/as many 2
el mueble (piece of) furniture 11

la mujer woman, wife 2, 8
   mecánico mechanic 4
   policía policewoman 4
el mundo world 6, 8
la música music 7
   clásica classical music 7
   country, de campo country music 7
   de rock rock music 7
   popular popular music 7
el musulmán Muslim 8

N

nacer to be born 6
el nacimiento birth 8
nadar to swim 7
la naranja orange 6
naranja orange 2
la nariz nose 2, 13
la náusea nausea 13
la Navidad Christmas 5
los negocios business 3
negro/a black 2
el/la nieto/a grandson, granddaughter 5, 8
ningún, ninguna none 2
el niño child, kid 2
el nivel level 14
la Nochebuena Christmas Eve 5
la Nochevieja New Year's Eve 5
nombrar to nominate, to appoint 14
la nota grade 3
las noticias news 12
noveno/a ninth 6
el noviazgo engagement 8
noviembre November 4
el/la novio/a boyfriend, girlfriend 5, 6, 8
las nueces walnuts 10
la nuera daughter-in-law 5, 8
nuevo/a new 2

O

la obediencia obedience 12
las obligaciones duties, liabilities 12
el/la obrero/a worker, laborer 2, 4
obtener to obtain 1
occurir to happen 12
octavo/a eighth 6
octubre October 4
la oferta sale 11
oír to hear 2
los ojos eyes 2
la ola wave 10
el óleo oil painting 7
las Olimpíadas Olympic games 7
la olla pot 10

olvidarse to forget 7
el ómnibus bus 9
el/la oplomero/a plumber 4
las orejas ears 13
orgulloso/a proud 2
la orquesta orchestra 12
   sinfónica symphonic orchestra 7
la orquídea orchid 14
oscurecer to get dark 12
oscuro/a dark 8
las ostras oysters 6
el otoño autumn, fall 4

P

la pachanga party 5
padecer de to suffer from (medical problem) 13
el padrastro stepfather 5, 8
el padre father 5
los padres parents 5, 8
el padrino godfather 5, 8
la paella rice with meat, seafood, and vegetables 6
pagar to pay 9
   al contado to pay with cash 11
   en cuotas to pay in installments 11
el país country 1, 5
el paisaje landscape 9
el pájaro bird 10
pálido/a pale 14
el palillo toothpick 10
la paloma dove 14
el pan bread 6
el páncreas pancreas 13
los pantalones pants, trousers 4
   cortos shorts 4
el papá dad 5
las papas potatoes 6
el papel paper 1
papi dad 5
el par pair 11
   de jeans pair of jeans 11
   de mezclillas jeans 4
   de pantalones pair of pants 11
   de vaqueros pair of jeans 11
   de zapatillas pair of sneakers 11
   de zapatos pair of shoes 11
   de zapatos de tacón pair of high-heeled shoes 11
el paraguas umbrella 11
parar to stop 14
parecer to look, seem 12
el/la pareja couple 8
los parientes relatives 5
partir to leave 8
la partitura music script 12

el pasaje ticket 9
pasar to spend, happen
   tiempo to spend time 3, 8, 9
   bien to have a good time 5
   genial to have a great time 5
las pasas raisins 6
la Pascua Easter 5
el pasillo hallway 9
el paso peatonal pedestrian crossing 14
la pasta pasta 10
el pastel cake 6
las pastillas pills 13
las patatas potatoes 6
patear to kick 7
la patilla watermelon 6
el patio patio 9
la patria home country 8
el pavo turkey 6
el peatón pedestrian 14
los peces fish 14
el pecho chest 13
pedalear to pedal 7
peinarse to comb (one's hair) 3
pelearse to fight 8
la película movie 12
peligroso/a dangerous 14
el pelo hair 2, 13
la pelota ball 7
el pelotero/a player 7
   de béisbol baseball 7
el/la peluquero/a barber, hair stylist 4
el pensamiento thought 12
pensar to think, to plan (to do something) 8
el pepino cucumber 10
pequeño/a small 2
perder to lose 7, 12
el perejil parsley 6
perezoso/a lazy 2
el/la periodista newspaper reporter, journalist 2, 4
el perrito caliente hot dog 10
pertenecer to belong 2
el pescado fish 6
pescar to fish 7
las pestañas eyelashes 13
el petróleo oil, petroleum 14
el piano piano 7
picar to chop 10
el pie foot 2
la piedra stone 12
la piel skin 2, 13
las piernas legs 2, 13
los pies feet 2, 13

la pieza musical musical piece 12
el pijama pajamas 4
la pileta swimming pool 7
el/la piloto pilot 4
el pimentón pepper 6
la pimienta negra black pepper 6
el pimiento pepper 6
    rojo o verde red or green
        pepper 10
el pincel paintbrush 7
los pinchos morunos shish kebab 6
el pingüino penguin 14
pintar to paint 7, 12
la pintura painting 7, 12
la piscina swimming pool 7
la piyama pajamas 4
la pizarra blackboard 1, 2
la plancha iron 11
la planta baja ground floor 9
el plátano banana 10
los platos dishes 6
la playera T-shirt 4
la plaza square 2
el plazo deadline 11
la población population 1
pobre poor 2
la pobreza poverty 14
pocos/as a few 2
poder to be able 3
la poesía poetry 2
el/la policía policeman, woman 4
el pollo chicken 10
la polución pollution 14
el polvo (medicinal) powder 13
por ciento percent 5
el porcentaje percentage 5
los porotos beans 6
el postre dessert 6
practicar to practice 3
el precio cost 9, 11
razonable reasonable 9
la pregunta question 1
preguntar to ask 2
preocupado/a worried 2
preocupar to worry 10
preparar to prepare 3
presentar (a alguien) to introduce
    (a person to someone) 6
la presión pressure 3
el préstamo loan 11
el presupuesto budget 11
la primavera spring 4
el primer plano close-up 12
primer/o/a first 6
el/la primo/a cousin 5, 8
proclamar to proclaim 12

el/la profesor/a teacher, professor 2
el prójimo other 12
el promedio average 14
el/la prometido/a fiancé, fiancée 8
promocionar to promote 9
la propina tip 10
propugnar to propose 12
proveer to provide 10
la puerta door 1
el puesto position, job 4
los pulmones lungs 13
la pulmonía pneumonia 13
el pupitre classroom chair 1

Q

quedarse to stay 3, 8
quejarse to complain 8
querer to want 1
el queso cheese 10
la química chemistry 3
la quinceañera 15-year-old girl's
    celebration 8
quinto/a fifth 6

R

rallar to grate 10
el ramo de flores bouquet
    of flowers 5
rápido/a fast 2, 9
la raza race 8
reaccionar to react 9
el realista realist 2
la rebaja discount 11
rebajar el precio to lower the
    price 11
la receta recipe 6
recibir to receive 6
el recibo receipt 11
recoger to pick up 6
    las maletas to pick up luggage 9
recordar to remember 3, 12
el/la redentor/a rescuer 12
el reembolso refund 12
el refresco soda 6
el refrigerador fridge 11
el regalo present 5
el regateo bargaining 11
regresar to return 3
rehogar to sauté 10
relajado/a relaxed 2
relajante relaxing 9
relajar(se) to relax 2, 3
el relieve landscape 6
la remera T-shirt 4
renunciar to resign 10
repasar to review 9

la represión repression 10
la reserva reservation 9
resfriarse to catch a cold 13
el resfrío (resfriado) cold 13
la residencia estudiantil dorm 2
la respuesta answer 1
el retraso delay 9
revolver to stir up, to mix up 10
rico/a rich 2
el riñón kidney 13
la riqueza wealth 10
rizado/a curly 2
rociar to sprinkle, spray 10
rodeado/a surrounded 12
las rodillas knees 13
rojo/a red 2
la ropa interior underwear 4
la rosa rose 2
rosado/a (rosa) pink 2
el rostro face 12
rubio/a blond/e hair 2
el ruido noise 14
ruidoso/a noisy 14
el ruso Russian 3

S

sábado Saturday 3
saber to know (a fact, how to do
    something) 6
el sabor taste 6
el sacerdote priest 12
el saco jacket 4
la sal salt 6, 10
la sala living room 9
salado/a salty 6
el salario salary 11
la salchicha sausage 10
salir de vacaciones to go on vacation 9
saltar to jump 2
la salud health 10
saludable healthy 10
saludar to greet 3
el saludo greeting 4
salvador/a savior 12
salvar to save 12
el salvavidas the lifeguard 7
las sandalias sandals 4
la sandía watermelon 6
la sangre blood 13
la sartén saucepan 10
sazonar to season 10
la secadora dryer 11
el/la secretario/a secretary 4
la seda silk 11
segundo/a second 6
seguro/a sure 9

la selva jungle 10
el semáforo traffic light 14
la Semana Santa Holy Week 5
la semilla seed 10
las señales de tráfico/tránsito traffic signs 14
sencillo/a simple 1
la senda path 14
sentirse to feel 4, 8
separado/a separated 8
separarse to separate (a couple) 8
septiembre September 4
séptimo/a seventh 6
la sequía drought 14
ser conocido to be well known/famous 4
el servicio de lavandería laundry services 9
la servilleta napkin 10
sexto/a sixth 6
el SIDA AIDS 13
la silla chair 1, 2
simpático/a pleasant, agreeable 14
sintonizar to tune (channels) 12
el sistema inmunológico immunological system 13
la sobremesa after-meal conversation 6
la sobrepaga extra pay 4
el/la sobrino/a nephew, niece 5, 8
el sol sun 12
la soledad loneliness 12
solicitar to apply for 2
  un crédito/préstamo to request a loan 11
soltero/a single 8
solucionar to solve 14
la sombra shadow 14
el sombrero hat 11
el/la soñador/a dreamer 2
sonreír to smile 8
sorprender to surprise 12
soso/a insipid 6
el sótano basement 9
la subasta auction 5
subir to go up, to climb 3; to get on (a plane/bus) 8
la sublevación uplift 12
submergir to sink 14
los subtítulos subtitles 12
subvencionar to subsidize 14
suceder to happen 10, 12
sucio/a dirty 14
la sudadera sweatshirt 4
el sudor sweat 13

el/la suegro/a father-in-law, mother-in-law 5, 8
el sueldo salary 4, 11
el suéter sweater 4
surgir to appear 8

T

los tacones altos high-heeled shoes 4
la tajada slice 10
tallar to carve 7
taller workshop, atelier 7
el talón heel 13
la taquilla ticket booth 12
la tarjeta card 5
la tarjeta de crédito credit card 9
la tasa de interés interest rate 11
la taza cup 10
el té tea 10
el teatro theater 3
la telenovela soap opera 12
la televisión television 1
el temor fear 12
temporalmente temporarily 8
el tenedor fork 10
tener to have 2
  calor to be hot 4
  derechos to have rights 8
  éxito to be successful 5
  frío to be cold 4
  ganas de + verbo en infinitivo to feel like + -ing verb form 4
  hambre to be hungry 4
  miedo to be afraid 4
  sed to be thirsty 4
  sueño to be sleepy 4
  suerte to be lucky 4
tercer/a third 6
el terrateniente landowner 12
el tiburón shark 14
tierno/a tender 10
el tigre tiger 14
tímido/a timid, shy 2, 8
el/la tío/a uncle, aunt 5, 8
tirar tomates to throw tomatoes 12
la tiza piece of chalk 1
la toalla towel 11
el tobillo the ankle 13
tocar to play (an instrument), to touch, to knock on a door 2
  el piano to play the piano 3
  un instrumento musical to play a musical instrument 7
tomar to take, to drink 3
  un descanso to take a break 4

el tomate tomato 10
tonto/a silly 2
la torta cake 5, 6
la tos cough 13
toser to cough 13
trabajador/a hard-working 2
trabajar to work 2
el/la traductor/a translator 4
la traición betrayal 1
el traje suit 4, 11
  de baño swimsuit 11
la trama plot 12
el trampolín diving board 7
tranquilizar to calm down 9
el tránsito de productos transportation of goods 11
el transporte transportation 9
el transporte gratis free transportation 9
el tratado treaty 5, 11
tratar to treat 8
triste sad 2
el trofeo trophy 7
la trucha trout 6, 14
la tuberculosis tuberculosis 13
el turco Turkish 8

U

unas sandalias sandals 11
  de cuero a pair of leather sandals 11
el ungüento (medicinal) cream 13
único/a only 8
útil useful 1
las uvas grapes 6

V

las vacaciones vacation 1
la vacuna vaccine 13
vacunarse to get vaccinated 13
la vajilla dish 6
valerse de to make use of 12
valioso/a valuable 12
el valle valley 10
el vaso glass 10
el/la vecino/a neighbor 5, 14
el vegetal vegetable 6
la velocidad speed 14
el velorio wake 8
el vendaje bandages 13
el/la vendedor/a seller 4, 11
vender to sell 4, 5, 11
venir to come 8
la ventana window 1

la ventanilla de tren train window 9
la vereda sidewalk 14
ver to see, to watch 2
el verano summer 4
verde green 2
el vestido dress 4, 11
vestir to dress 8
vestirse to get dressed 3, 12
viajar to travel 2, 9
el viaje trip 9
    de negocios business trip 9
    de placer vacation trip 9
la víbora viper 14

la videocasetera VCR 1
viejo/a old 2
viernes Friday 3
el vino wine 2, 6, 10
violeta violet 2
el violín violin 7
la visita visit 8
la vista view 14
viudo/a widower, widow 8
vivir to live 1, 2, 6
vomitar to throw up 13
la voz voice 8, 12
el vuelto change (money) 11

Y

el yerno son-in-law 5, 8
el yogur yogurt 10

Z

las zanahorias carrots 6
los zapatos shoes 4
    de correr sneakers 4
    tenis sneakers 4
    de lona sneakers 4
la zona de escolares school zone 14
el zumo (jugo) juice 6

A P P E N D I X   4

English-Spanish Glossary

A

to abolish abolir 12
to accomplish conseguir 8
accountant el/la contador/a 4
accounting la contabilidad 3
to achieve conseguir 8
acid stomach la acidez de
　estómago 13
to add añadir 10
address la dirección 1
advertisement el anuncio, el
　comercial 12
advice el consejo 6, 12
to advise aconsejar 10
affectionate cariñoso/a 8
to be afraid tener miedo 4
after-meal conversation
　la sobremesa 6
afternoon snack, tea-time snack la
　merienda 6
agreeable simpático/a 14
AIDS el SIDA 13
airline la línea aérea 9
airport el aeropuerto 2
alarming alarmante 14
All Saint's Day el día de todos los
　Santos 5
allergy la alergia 13
amazed asombrado/a 14
ambitious ambicioso/a 2
anemia la anemia 13
angry enojado/a 2
anguish la angustia 8
ankle el tobillo 13
answer la respuesta 1
to answer contestar 2
anxious ansioso/a 2
apartment + hotel el apartahotel 9
to appear surgir 8
appendicitis la apendicitis 13
appendix el apéndice 13
apple la manzana 2
to apply for solicitar 2
to appoint nombrar 14
appointment la cita 4
apricot el albaricoque, el damasco 6
April abril 4
Arabic el árabe 3

architect el/la arquitecto/a 2, 4
architecture arquitectura 7
armed forces el ejército, las fuerzas
　armadas 14
arms los brazos 2
arrival la llegada 10
to arrive llegar 3, 8
to arrive at a decision disponer 12
arthritis la artritis 13
Ash Wednesday el miércoles de
　Ceniza 5
to ask preguntar 2
to assure asegurar 14
asthma el asma 13
athlete el/la atleta 2
to attain, to obtain conseguir 3
to attend, to go to asistir 2, 3, 5
attic el ático 9
auction la subasta 5
August agosto 4
autumn el otoño 4
average el promedio 14

B

back la espalda 13
backpack una mochila 1
balance el equilibrio 14
ball la pelota 7
banana el plátano 10
bandages el vendaje 13
Band-Aid la curita 13
bank account la cuenta
　corriente 11
barbecue la barbacoa 10
barber el/la peluquero/a 4
bargaining el regateo 11
baseball player el pelotero/a
　de béisbol 7
basement el sótano 9
basil la albahaca 6
basket una cesta 1
bat el bate 7
to bat batear 7
to bathe bañarse 3
bathroom el baño 9
batter el/la bateador/a 7
to be estar 4
　hot tener calor 4

hungry tener hambre 4
lucky tener suerte 4
to be able poder 3
beans las habas, los frijoles,
　las habichuelas, los porotos 6
beans los frijoles 10
to become llegar a ser 8
　dizzy marearse 13
　infected infectarse 13
　sick enfermarse 13
bedroom el dormitorio 2, 9
beef la carne de res 6
beer la cerveza 10
to begin empezar 8
behavior el comportamiento 9
to believe creer 3
to belong pertenecer 2
belt el cinturón 11
betrayal la traición 1
to better mejorar 3
big grande 2
bill la cuenta 10
billboard la cartelera 12
birds los pájaro, las aves 10, 14
birth el nacimiento 8
birthday el cumpleaños 5
black negro/a 2
black pepper la pimienta negra 6
blackboard la pizarra 2
block (city block) la manzana 6
blond/e rubio/a 2
blood la sangre 13
blouse la blusa 4
blue azul 2
to boil cocer 10
boiled cocido/a 10
bones los huesos 13
book el libro 1, 2
to bore aburrir 10
boring aburrido/a 9
to be born nacer 6
boss el jefe/la jefa 4, 8
to bother molestar 10
bouquet of flowers el ramo
　de flores 5
boyfriend el novio 5, 6, 8
brain el cerebro 13
bread la bollería, el pan 6

to break into bits desmenuzar 10
breakdown la avería 9
breakfast el desayuno 6
broth el caldo 10
brother el hermano 5, 8
brother-in-law el cuñado 5, 8
brow el entrecejo 14
brown marrón, café 2
brunette moreno/a 2
budget el presupuesto 11
to build construir 10
building el edificio 2, 14
to bump (into someone/something)
   chocar 7
burial el entierro 8
bus el autobús, el bus, el micro,
   el ómnibus 9
business los negocios 3
business trip el viaje de negocios 9
butter la mantequilla 6
butterfly la mariposa 14
buttocks la cola 13
to buy comprar 2, 3, 5, 11
buyer el/la comprador/a 11

C

cake el pastel, la torta 5, 6
call la llamada 4
to call llamar 2
to calm down tranquilizar 9
can opener el abrelatas 11
cancer el cáncer 13
cap un gorro 11
to capture apresar 12
car el auto, el carro, el coche 9
carbonated water el agua con gas 6
card la tarjeta 5
care el celo, el cuidado 12
caries la caries 13
carpenter el/la carpintero/a 2, 4
carrots las zanahorias 6
to carve tallar 7
cash al contado 9
cashier el/la cajero/a 4, 11
to catch a cold resfriarse 13
   the flu engriparse 13
chair una silla 1, 2
chalkboard la pizarra 1
champagne el champán 10
to change cambiar 8
change (money) el vuelto 11
to charge cobrar 5
cheap barato/a 9
to check in luggage facturar el
   equipaje 9

checking in la facturación 9
cheese el queso 10
chemistry la química 3
chest el pecho 13
to chew masticar 10
chicken la gallina, el pollo 10
chickpeas los garbanzos 10
child el niño 2
chili pepper el ají 10
chills los escalofríos 13
Chinese el chino 3
chocolate el chocolate 10
chocolates los bombones 5
to choose elegir, escoger 12
to chop picar 10
chops (usually pork, unless specified)
   la chuleta, el chuletón 6
Christmas la Navidad 5
Christmas carols los aguinaldos 5
Christmas Eve la Nochebuena 5
church la iglesia 8
cinnamon powder la canela en
   polvo 6
cirrhosis la cirrosis 13
citizen el/la ciudadano/a 2, 5
city la ciudad 1, 2
to clap aplaudir 7, 12
class la clase 3
   material la materia 3
   notes los apuntes de clase 3
   schedule el horario de clases 3
classical music la música clásica 7
classmate el/la compañero/a 2
classroom la clase 2
classroom chair un pupitre 1
clay la arcilla, el barro 7
to clean limpiar 8
client el/la cliente 4
close-up el primer plano 12
coach la clase económica/turista 9
coat el abrigo 4, 11
co-borrower el/la co-solicitante 11
cod (fish) el bacalao 6
codex el códice 12
coffee el café 10
coffee maker la cafetera 11
coin la moneda 9
cold el catarro, el resfrío
   (resfriado) 13
cold frío/a 4
colleague el/la colega, el/la
   compañero/a 2, 4
comb la cuerda 2
to comb (one's hair) peinarse 3
to come venir 8

comfortable cómodo/a 9
company la empresa 4
to complain quejarse 8
computer una computadora 1
computer science la informática 3
concertina el bandoneón 7
conjunctivitis la conjuntivitis 13
constipation el estreñimiento 13
contemporary contemporáneo/a 12
contest el concurso 5
contraflexure la inflexión 12
to convince convencer 10
cook el/la cocinero/a 4
to cook cocinar 10
cookie la galleta 6
corn el maíz 6
corner la esquina 2
to correct corregir 3
cost la costa, el precio 9, 10
cotton el algodón 11
cough la tos 13
to cough toser 13
cough medicine el jarabe contra
   la tos 13
country el país 1, 5
country music música country, música
   de campo 7
couple el/la pareja 8
course el curso 3
cousin el/la primo/a 5, 8
cover letter la carta de
   presentación 4
cracker la galleta de sal 6
credit card la tarjeta de crédito 9
to cross cruzar 14
crumbs las migas 10
crust la corteza 10
to cry llorar 8
cucumber el pepino 10
cup la taza 10
curly rizado/a 2
currency la moneda 6
custom la costumbre 14
customs la aduana 9
to cut cortar 10

D

dad el papá, el papi 5
dance el baile 12
to dance bailar, danzar 2, 3, 5, 7
dancer el bailarín, la bailarina 12
dangerous peligroso/a 14
daring atrevido/a 12
dark oscuro/a 8
date la fecha 9

date la cita 4
daughter-in-law la nuera 5, 8
Day of the Dead el día de los Muertos 5
daybreak la madrugada 5
deadline el plazo 11
to deceive engañar 12
December diciembre 4
to decorate decorar 10
to decrease disminuir 14
to defeat derrotar 12
delay el retraso 9
to demonstrate manifestarse 10
dentist el/la dentista 4
to depend on depender de 8
depressed deprimido/a 8
to design diseñar 4
to designate designar 10
desk el escritorio 1, 2
dessert el postre 6
detail el detalle 12
development el desarrollo 1
diabetes la diabetes 13
diarrhea la diarrea 13
difficult difícil 1
dining room el comedor 9
dinner la cena 6
dirty sucio/a 14
to disappear desaparecer 3
to disappoint decepcionar 14
disbelief la incredulidad 12
to discard desechar 10
discount la rebaja 11
to discuss discutir 6
disdain el desdén 12
dishes los platos, la vajilla 6
dishwasher la lavavajillas 11
distance la distancia 3
diving board el trampolín 7
divorced divorciado/a 8
to do hacer 3
doctor el/la médico/a, el/la doctor 4
dolphin el delfín 14
door la puerta 1
dorm la residencia estudiantil 2
dove la paloma 14
to draw dibujar 7
dreamer el/la soñador/a 2
dreamy soñador/a 2
dress el vestido 4, 11
to dress vestir 8
dressing el aderezo 10
dressing room el camerino 12
to drink beber 2
drinking water el agua potable 14

to drive conducir, manejar 14
driver el/la chófer 4
driving license la licencia de conducir 14
drought la sequía 14
drums la batería 7
to be drunk el estado de ebriedad 14
dryer la secadora 11
during durante 1
duties las obligaciones 12

E

eagle el águila 14
ears las orejas 13
Easter la Pascua 5
easy fácil 1
to eat comer 2, 3
economist el/la economista 2
effort el esfuerzo 12
eggs los huevos 6
eighth octavo/a 6
elbow el codo 13
electrician el/la electricista 4
elephant el elefante 14
e-mail el correo electrónico 1
to emphasize enfatizar 9
employee el/la empleado/a 8
engagement el noviazgo 8
engineer el/la ingeniero/a 2, 4
engineering la ingeniería 3
English el inglés 3
to enjoy disfrutar 3, 6
enormous enorme 2
to enter (a club, etc.) ingresar 14
to entertain entretener 3
environment el medio ambiente 14
environmental ambiental 14
epilepsy la epilepsia 13
Epiphany el día de los Reyes Magos 5
eraser el borrador 1
to expand ampliar 14
to expel expulsar 8
expenses los gastos 9
expensive caro/a 2
expiration date la fecha de caducidad 11
to exploit explotar 10
exploitation la explotación 10
explorer el/la explorador/a 2
extra pay la sobrepaga, la paga extra 4
eyebrows las cejas 13
eyelashes las pestañas 13
eyes los ojos 2

F

face la cara, el rostro 2, 12, 13
to faint desmayarse 13
fan el/la aficionado/a 7, 12
fast rápido/a 9
to fasten seat belts abrocharse el cinturón 9
fat gordo/a 2
father el padre 5, 8
father-in-law/mother-in-law el suegro/a 5, 8
father-in-law and mother-in-law of one's son/daughter el/la consuegro/a 8
Father's Day el día del Padre 5
fear el temor 12
February febrero 4
to feel sentirse 8
  happy alegrarse 8
to feel like (+ ing verb form) apetecer 6, tener ganas de (+ infinitivo) 4
feet los pies 2, 13
fern el helecho 14
fever la fiebre 13
few pocos/as 2
fiancé/fiancée el/la prometido/a 8
field el campo
  sports el campo de juego, la cancha 7
  of studies el campo de estudios 4
fifth quinto/a 6
to fight pelearse 8
financial advisor el/la asesor/a financiero/a 4
to find out enterarse de 14
fingers los dedos de la mano 13
fireman el/la bombero/a 2, 4
fireworks los fuegos artificiales 5
first primer, primero/a 6
fish el pescado, los peces 6, 14
to fish pescar 7
fish bones las espinas 10
to fix arreglar 10
fixed fijo/a 12
flag la bandera 5
flamingo el flamenco 14
flight attendant el auxiliar de vuelo 9
flour la harina 6, 10
to flourish florecer 12
flu la gripe 13
flute la flauta 10
food items los alimentos 6
foot el pie 2

to forget olvidarse 7
fork el tenedor 10
fourth cuarto/a 6
frame el marco 7
free of charge gratuito/a 14
freedom of speech la libertad de expresión 14
French el francés 3
Friday viernes 3
friend el/la amigo/a 2
to fry freír 10
furniture el mueble 11

G

garbage la basura 14
garden el jardín 9, 14
garlic el ajo 6
German el alemán 3
gesture el gesto 4
to get conseguir 8
   dark oscurecer 12
   divorced divorciarse 8
   dressed vestirse 3, 12
   ready to disponerse 12
   to be convertirse 8
   to be friends with hacerse amigo de 2
   up levantarse 3
   vaccinated vacunarse 13
girlfriend la novia 5, 6, 8
to give dar 8
   (someone) a ride llevar (a alguien) en coche 6
   a loan conceder (un) crédito 11
   advice aconsejar 6
glass el vaso 10
glass set el juego de vasos 11
glove el guante 7
to go ir 2
   somewhere with someone acompañar 6
   on vacation salir de vacaciones 9
   up, to climb subir 3
   up, to get on (a plane/bus) subir 8
godfather el padrino 5, 8
godfather of one's son/daughter; father of one's godson/ goddaughter el compadre 8
godmother la madrina 5, 8
godmother of one's son/daughter; mother of one's godson/ goddaughter la comadre 8
godson/goddaughter el/ la ahijado/a 5, 8
good afternoon buenas tardes 1

good evening/good night buenas noches 1
good luck la buena suerte 5
good morning buenos días 1
goodbye adiós 1
goods la mercancía 11
to govern gobernar 10
grades las notas 3
grandfather, grandmother el/la abuelo/a 5, 8
grandson, granddaughter el/la nieto/a 5, 8
grapes las uvas 6
grass la hierba 2
to grate rallar 10
gray gris 2
gray whale la ballena gris 14
green verde 2
to greet saludar 3
greeting el saludo 4
ground floor la planta baja 9
to grow crecer 3
guest el huésped, el/la invitado/a 5, 9
guilty culpable 14
guitar la guitarra 7
gym el gimnasio 2

H

habit la costombre 14
hair el pelo 2, 13
hair stylist el/la peluquero/a 4
half brother medio hermano 5
half sister media hermana 5
Halloween el día de las Brujas 5
hallway el pasillo 9
hand la mano 2, 13
handshake el apretón de manos 4
to happen pasar, ocurrir, suceder 10, 12
happy alegre, contento/a, feliz 2
hard-working trabajador/a 2
harvest la cosecha 14
hat un sombrero 11
to have tener 2
   a good/great time pasar bien/ genial 5
   an afternoon snack merendar 6
   blind faith confiar a ciegas 11
   breakfast desayunar 6
   dinner/supper cenar 6
   fun divertirse 5
   lunch almorzar, comer 6
   rights tener derechos 8
to have to, must deber 3
head la cabeza 13
headache el dolor de cabeza 13

health la salud 10
healthy saludable 10
to hear oír 2
heart el corazón 13
heart attack el ataque cardíaco, el infarto 13
Hebrew el hebreo 3, 8
heel el talón 13
height (s) la altura 12
hello hola 1
help la ayuda 8
to help ayudar 2, 8
hemophilia la hemofilia 13
hemorrhoids los hemorroides 13
hepatitis la hepatitis 13
hiccups el hipo 13
high blood pressure la hipertensión arterial 13
high-heeled shoes los tacones altos 4
Holy Week la Semana Santa 5
home country la patria 8
home run el jonrón 7
honey la miel 10
hope la esperanza 12
horn la bocina 14
host/hostess el/la anfitrión/a 5, 10
hot caliente 6
hot dog el perrito caliente 10
house la casa 2
hug el abrazo 4
to hug abrazar 4
human rights los derechos humanos 5
husband el esposo, el marido 5, 8

I

ice cream el helado 6
immunological system el sistema inmunológico 13
to improve mejorar 10
income el ingreso económico, los ingresos 11, 12
to increase aumentar 2
Independence Day (U.S.) el día de la Independencia 5
infrastructure la infraestructura 14
inhabitant el/la habitante 2, 5
to initiate iniciar 10
insipid soso/a 6
interest rate la tasa de interés 11
intermission el intermedio 12
to interrupt interrumpir 3
interview la entrevista 4
intestine el intestino 13
intimate íntimo/a 12
to introduce (a person to someone) presentar (a alguien) 6

J

to investigate investigar 10
to invite invitar 3
iron la plancha 11
isolated aislado/a 12

J

jacket la campera, la chaqueta,
     el saco 4, 11
January enero 4
Japanese el japonés 3
jealous celoso/a 8
jeans un par de
     vaqueros/jeans/pantalones
     mezclillas 4
jelly la mermelada 6
Jew el/la judío/a 8
to join (a club) ingresar 14
to join (the army) enlistarse 12
joints las articulaciones 13
journalist el/la periodista 2
judge el/la juez/a 4
juice el jugo, el zumo 6, 10
July julio 4
to jump saltar 2
June junio 4
jungle la selva 10

K

to kick (the ball) patear
     (la pelota) 7
kidney el riñón 13
to kill asesinar, matar 12
kiss el beso 4
to kiss besar, dar un beso 4, 5
kitchen la cocina 9
knees las rodillas 13
knife el cuchillo 10
to know (a fact, how to do something)
     saber 6
to know (a person/place, be familiar
     with) conocer 6
knowledge el conocimiento 12

L

laborer el/la obrero/a 4
to lack faltar 10
to land aterrizar 9
landowner el terrateniente 12
landscape el paisaje, el relieve 6, 9
language el idioma, la lengua 1, 5
laryngitis la laringitis 13
laundry service el servicio de
     lavandería 9
lawyer el/la abogado/a 4
laxative el laxante 13
lazy perezoso/a 2

to learn aprender 1, 2, 8
leather el cuero 11
to leave partir 8
     behind abandonar, dejar 8
legs las piernas 2, 13
legumes las legumbres, vegetales 6
Lent la Cuaresma 5
lentils las lentejas 10
less menos 1
letter la carta 4
lettuce la lechuga 6
leukemia la leucemia 13
level el nivel 14
liabilities las obligaciones 12
librarian el/la bibliotecario/a 4
library la biblioteca 2
life expectancy la expectativa
     de vida 9
lifeguard el salvavidas 7
to lift weights levantar pesas 7
light la luz 12
light ligero/a 6
likewise igualmente 1
lips los labios 13
to listen escuchar 2, 3
literacy el alfabetismo 12
to live vivir 1, 2, 6
     with someone convivir 8
liver el hígado 13
living room el living, la sala 9
loan el préstamo 11
lobster la langosta 6
to locate encontrarse 10
to lodge, rent a room hospedarse,
     alojarse 9
lodging el hospedaje, el alojamiento 9
loneliness la soledad 12
long largo 2
to look like parecer 12
to lose perder 7, 12
to love amar 8
lover el/la amante 8
loving cariñoso/a 8
to lower the price rebajar el
     precio 11
luggage las maletas 9
lunch el almuerzo, la comida 6
lungs los pulmones 13
lyrics (of song) letra de la
     canción 7

M

maid el/la empleado/a doméstica 9
mail carrier el/la cartero/a 4
major la especialidad, la
     especialización 3

to make hacer 3
     a consultation hacer una consulta 9
     a good impression (on someone)
          caerle bien (a alguien) 10
     a reservation hacer una reserva 9
     worse empeorar 10
     money ganar (dinero) 4
     use of valerse de 12
male child el hijo varón 8
mammals los mamíferos 14
man el hombre 2
many muchos 2
March marzo 4
Mardi Gras el Carnaval 5
margarine la margarina 10
marriage el matrimonio 8
married casado/a 8
to marry casarse 8
mastery el dominio 12
maternal grandparents los abuelos
     maternos 5
maternity leave la baja maternal 8
May mayo 4
mayor el alcalde 10
meat la carne 6
mechanic el mecánico, la mujer
     mecánico 4
medal la medalla 7
medicinal cream el ungüento 13
melanoma el melanoma 13
memory la memoria 12
meningitis la meningitis 13
midnight mass (Christmas Eve) la
     misa de Gallo 5
military campaign la campaña
     militar 12
milk la leche 2, 6
to mince desmenuzar 10
to mind importar, molestar 8, 10
minister el/la ministro/a 2
minus menos 1
mirror el espejo 11
to miss faltar 10
misunderstanding el malentendido 12
model el/la modelo 4
to moisten humedecer 10
mom la mamá, la mami 5
Monday lunes 3
funds (monetary) los fondos 12
monk el monje 12
more más 1
mother madre 5
Mother's Day el día de la Madre 5
mountains las montañas 10
moustache los bigotes 13
mouth la boca 2

movie la película 12
   theater el cine 2
mushrooms los champiñones,
   los hongos 6
music script la partitura 12
musical arts las artes musicales 7
musical piece la pieza musical 12
Muslim el musulmán 8
mussels los mejillones 6
mustard la mostaza 10

N

to name designar 10
napkin la servilleta 10
narrow angosto/a 14
native inhabitant el indígena 10
nausea la náusea 13
navy la marina 5
neck el cuello 13
necklace el collar 4
neighbor el/la vecino/a 5, 14
nephew, niece el/la sobrino/a 5, 8
New Year's Day Año Nuevo 5
New Year's Eve la Nochevieja 5
news las noticias 12
newspaper reporter el/la
   periodista 4
nice agradable 2
ninth noveno/a 6
none ningún 2
noise el ruido 14
noisy ruidoso/a 14
to nominate nombrar 14
non-carbonated water el agua
   sin gas 6
nose la nariz 2, 13
notebook un cuaderno 1, 2
November noviembre 4
new nuevo/a 2
nurse el/la enfermero/a 4

O

oats la avena 10
obedience la obediencia 12
to obtain obtener 1
October octubre 4
oil el petróleo 14
oil painting el óleo 7
old viejo/a 2
older mayor 8
olive la aceituna 6
olive oil el aceite de oliva 6
Olympic games las Olimpíadas 7
onion la cebolla 6
only único/a 8
to open abrir 3

orange (color) anaranjado/a, naranja 2
orange (fruit) la naranja 2, 6
orchestra la orquesta 12
orchid la orquídea 14
ornaments los adornos 5
others el prójimo 12
outgoing extrovertido/a 2
owner el/la dueño/a 10
oysters las ostras 6

P

packed envasado/a 10
packing el envase 10
pain reliever el analgésico 13
to paint pintar 7, 12
paintbrush pincel 7
painting el cuadro, la pintura 7, 12
pair el par 11
   of high-heeled shoes un par de
      zapatos de tacón 11
   of jeans un par de vaqueros/
      jeans 11
   of leather sandals unas sandalia de
      cuero 11
   of pants un par de pantalones 11
   of shoes un par de zapatos 11
   of sneakers un par de zapatillas 11
pajamas la piyama, el pijama 4
pale pálido/a 14
pancreas el páncreas 13
pants los pantalones 4
paper el papel 1
parade el desfile 5
parents los padres 5, 8
to park estacionar, aparcar 14
parking lot el (área de)
   estacionamiento 14
parsley el perejil 6
party la pachanga 5
pasta la pasta 10
paternal grandparents abuelos
   paternos 5
path la senda 14
patio el patio 9
to pay pagar 9
   in installments pagar en cuotas 11
   with cash pagar al contado 11
payment receipt el justificante de
   pago 11
peach el durazno 6
peanuts los cacahuetes, los cacahuates,
   los manís 10
to pedal pedalear 7
pedestrian el peatón 14
pedestrian crossing el paso
   peatonal 14

pen un bolígrafo 1
pencil un lápiz 1
penguin el pingüino 14
people la gente 1, 2
pepper el pimiento, el pimentón 6
percent por ciento 5
percentage el porcentaje 5
performance el espectáculo 12
pet la mascota 5, 14
photography la fotografía 12
physically challenged people los
   disminuidos físicos 14
physics la física 3
piano el piano 7
to pick up recoger 6
   luggage recoger las maletas 9
a piece of chalk una tiza 1
pills las pastillas 13
pilot el/la piloto 4
pink rosado/a, rosa 2
pitcher el/la lanzador/a 7
pity la lástima 12
to plan + infinitive pensar +
   infinitive 8
plane el avión 8
to play jugar 6
   a musical instrument tocar un
      instrumento musical 7
   a sport jugar 3
   soccer jugar al fútbol 7
player el/la jugador/a 6, 7
pleasant simpático/a 14
plot la trama, el argumento 12
plumber el/la fontanero/a, el/la
   oplomero/a 4
plus más 1
pneumonia la pulmonía 13
poetry la poesía 2
policeman, -woman el/la policía, la
   mujer policía 4
polite educado 2
political affiliation la militancia
   política 8
political science las ciencias
   políticas 3
pollution la polución, la
   contaminación 14
poor pobre 2
population la población 1
pork la carne de cerdo 6
position el cargo, el puesto 4
pot la olla 10
potatoes las papas (patatas) 6
poultry las aves 10
poverty la pobreza 14
powder (medicinal) el polvo 13

to practice practicar 3

pregnancy el embarazo 8

to prepare preparar 3

present el regalo 5

preserves la conserva 10

pressure la presión 3

pretty lindo/a, bonito/a 2

price el precio, el importe 11

    reasonable (precio) razonable 9

priest el sacerdote 12

to proclaim proclamar 12

to procure conferir 12

program/script el libreto 12

to promote fomentar, promocionar 9, 12

to pronounce (the verdict) dictar (sentencias judiciales) 4

to propose propugnar 12

proud orgulloso/a 2

to provide proveer 10

pulmonary emphysema el enfisema pulmonar 13

to put on make-up maquillarse 3, 12

Q

qualifications, credentials las cualificaciones (para un trabajo) 4

question la pregunta 1

R

race la raza 8

radio commentator el/la locutor/a de radio 4

raincoat el impermeable 4, 11

raisins las pasas 6

rather bastante 8

raw crudo/a 10

to reach alcanzar 12

to react reaccionar 9

to read leer 2, 3

real estate agency la agencia inmobiliaria 11

realistic realista 2

to realize darse cuenta de 8

receipt la factura, el recibo 11

to receive recibir 6

recipe la receta 6

to record grabar 9

red rojo/a 2

to reduce aminorar 14

refuge el asilo 10

refund el reembolso 12

refrigerator el refrigerador 11

to regret arrepentirse de 14

relationship of both in-laws concuñado/a 5

relatives los familiares, los parientes 5

to relax relajar(se) 2, 3

relaxed calmado/a 2

relaxing relajante 9

reluctance la desgana 12

to remember recordar 3, 12

repression la represión 10

to request a loan solicitar un crédito/préstamo 11

to require/demand exigir 8, 12

rescuer el/la redentor/a 12

reservation la reserva 9

to resign renunciar 10

to rest descansar 6, 12

to return regresar 3

to review repasar 9

ribs las costillas 6

rice el arroz 6

rice dish with meat, seafood, and vegetables la paella 6

rich rico/a 2

to ride a bike montar/andar en bicicleta 7

right to vote el derecho al voto 5

rock music música de rock 7

room la habitación 9

rope la cuerda 2

rose la rosa 2

to run correr 2, 3

Russian el ruso 3

S

sad triste 2

safety belt el cinturón de seguridad 14

Saint's day el día del Santo 5

salary el salario, el sueldo 1, 11

sale la oferta 11

salesperson el/la dependiente, el/la vendedor/a 4

salt la sal 6, 10

salty salado/a 6

sandals las sandalias 4

sandwich el bocadillo 6

satin blouse una blusa de satén 11

Saturday sábado 3

saucepan la sartén 10

sausage la salchicha 10

to sauté rehogar 10

to save ahorrar, salvar 11, 12

savings el ahorro 11

savior el/la salvador/a 12

to say decir 8

    goodbye despedirse 3

scarf una bufanda 11

school zone la zona de escolares 14

science lab el laboratorio de ciencias 2

to score (a goal) anotar/marcar (un gol) 7

to scuba dive hacer buceo submarino (bucear) 7

sculpture la escultura 7, 12

sea el mar 10

sea bream (type of fish) el besugo 6

seafood los mariscos 6

to season sazonar 10

second segundo/a 6

secretary el/la secretario/a 4

to see mirar, ver 2, 3

seed la semilla 10

to seem parecer 12

to sell vender 4, 5, 11

seller el/la vendedor/a 11

to send mandar 8

to separate (a couple) separarse 8

separated separado/a 8

September septiembre 4

seventh séptimo/a 6

sexually transmitted diseases las enfermedades venéreas 13

shadow la sombra 14

to shake hands dar un apretón de manos 4

to share compartir 2, 5

shark el tiburón 14

to shave afeitarse 3

shirt una camisa 4, 11

shish kebab los pinchos morunos 6

shoelaces los cordones de zapatos 4

shoes los zapatos 4

shop assistant el/la dependiente, el/la vendedor/a 4

short bajo/a, corto/a 2

shorts los pantalones cortos, los shorts 4

short-sleeved la camisa de manga corta 4

shoulders los hombros 13

shrimps los camarones, las gambas 6

shy tímido/a 8

sidewalk la acera, la vereda 14

sign (street) el cartel 14

silk la seda 11

silly tonto/a 2

to be similar asemejarse 10

simple sencillo/a 1

to sing cantar 2, 3, 7

singer el/la cantante 5, 6

single soltero/a 8

to sink submergir 14

sister la hermana 8

sister-in-law la cuñada 5

sixth sexto/a 6

to ski hacer esquí (esquiar) 7

skillful hábil 14

skin la piel 2, 13

skirt la falda 4, 11

to skydive hacer paracaidismo 7

slavery la esclavitud 12

slice la tajada 10

slow lento/a 2, 9

to slow down disminuir la velocidad 14

small pequeño/a 2

to smile sonreír 8

to smoke fumar 13

snails los caracoles 6

sneakers los zapatos de correr, los zapatos tenis, los zapatos de lona 4

so-so más o menos 1

soap opera la telenovela 12

soccer field el estadio de fútbol 2

soda el refresco 6

to solve solucionar 14

some algún 2

son, daughter el/la hijo/a 5, 8

song la canción 7, 12

son-in-law el yerno 5, 8

soon enseguida 8

Spanish (language) el castellano 8

to speak hablar 1

special effects los efectos especiales 12

to specialize especializarse 3

species las especies 10

speed la velocidad 14

to speed exceder la velocidad 14

to spend (time) pasar (tiempo) 3, 8, 9

to spend money gastar dinero 11

to spill derramar 7

to spit escupir 10

spoiled consentido/a 8

spoon la cuchara 10

sports commentator el/la comentarista deportivo/a 7

spouse el/la esposo/a 2

to spray rociar 10

spring la primavera 4

to sprinkle rociar 10

spy el espía 12

square la plaza 2

squirrel la ardilla 14

stadium el estadio 7

to stain manchar 7

to stay quedarse 3, 8

steal (very cheap) una ganga 11

stepbrother, stepsister el/la hermanastro/a 5, 8

stepfather el padrastro 5, 8

stepmother la madrastra 5, 8

stepson, stepdaughter el/la hijastro/a 5, 8

to stir up revolver 10

stomach el estómago 13

stomach ache el dolor de estómago 13

stone la piedra 12

to stop detener (la marcha), parar 12, 14

straight lacio/a 2

strawberries las fresas 6

street la calle 2, 14

strenuous arduo/a 12

stroke el derrame cerebral (embolia) 13

student el/la estudiante 2

study room el estudio 9

to subsidize subvencionar 14

subtitles los subtítulos 12

to suffer from (medical problem) padecer de 13

sugar el azúcar 6

suit un traje 4, 11

suitcases las maletas 9

summer el verano 4

sun el sol 12

Sunday domingo 3

supper la cena 6

support el apoyo 14

to support (ideas, positions) apoyar 8

to support oneself (by making a living) mantenerse 8

surname el apellido 1

to surpass/exceed exceder 14

to surprise sorprender 12

surrounded rodeado/a 12

surroundings los alrededores 8

sweat el sudor 13

sweater el suéter 4

sweatshirt la sudadera 4

sweets los dulces 6

to swim nadar (hacer natación) 7

swimming pool la piscina, la alberca, la pileta 7

swimsuit el bañador, el traje de baño 11

symphonic orchestra orquesta sinfónica 7

systems/computer analyst el/la analista de sistemas 4

T

table una mesa 1, 2

tablecloth el mantel 10, 11

table companion, dinner guest el comensal 10

to take tomar 3

    a break tomar un descanso 4

    a shower ducharse 3

    care of cuidar 4, 8

    off despegar, decolar 9

to talk hablar 2

tall alto/a 2

to tame domar 14

taste el sabor 6

taxes los impuestos 5, 11

tea el té 10

to teach enseñar 3

teacher el/la maestro/a, el/la profesor/a 2, 4

teaching la enseñanza 3

teeth los dientes 2

television una televisión 1

to tell contar 14

    jokes hacer chistes 5

temporarily temporalmente 8

tender tierno/a 10

tenth décimo/a 6

to thank agradecer 9

Thanksgiving Day el día de Acción de Gracias 5

theater el teatro 3

there is, there are hay 2

thin delgado 2

third tercer/a 6

thought el pensamiento 12

throat la garganta 13

to throw arrojar 14

    tomatoes tirar tomates 12

to throw up vomitar 13

Thursday jueves 3

ticket el boleto, la entrada, el pasaje 9, 12

    one-way el boleto de ida 9

    round-trip el boleto de ida y vuelta 9

ticket booth la taquilla 12

tie una corbata 4, 11

tiger el tigre 14

timid tímido/a 2

tiny diminuto/a 2

tip la propina 10

tired cansado/a, agotado/a 2

toes los dedos del pie 13

together juntos/as 1

tomato el tomate 10

toothpick el escarbadientes, el palillo 10

to touch tocar 2
tourist attractions los atractivos turísticos 9
towel la toalla 11
town hall la alcaldía 14
traffic la circulación 14
traffic light el semáforo 14
traffic signs las señales de tráfico/tránsito 14
to train entrenarse 7
train window la ventanilla de tren 9
trainer el/la entrenador/a 7
translator el/la traductor/a 4
transportation el transporte 9
   free el transporte gratis 9
transportation of goods el tránsito de productos 11
to travel viajar 2, 9
travel agency la agencia de viajes 9
to treat tratar 8
treaty el acuerdo, el tratado 5, 11
trophy el trofeo 7
trout la trucha 6, 14
truck el camión 14
to trust confiar 12
trusting confiado/a 12
to try intentar 12
T-shirt la camiseta, la playera, la remera 4, 7, 11
tuberculosis la tuberculosis 13
Tuesday martes 3
tuna el atún 6
to tune (channels) sintonizar 12
turkey el pavo 6
Turkish el turco 8
to turn girar 14
to turn left/right doblar a la derecha/izquierda 14
twins los/las gemelos/as 8

U

ugly feo/a 2
umbrella el paraguas 11
uncle, aunt el/la tío/a 5, 8
underwear la ropa interior 4
uplift la sublevación 12
useful útil 1

V

vacation las vacaciones 1
trip el viaje de placer 9
vaccine la vacuna 13
vacuum cleaner la aspiradora 11
Valentine's Day el día de los Enamorados 5
valley el valle 10
valuable valioso/a 12
VCR una videocasetera 1
vegetables las hortalizas, las legumbres, los vegetales 6, 10
view la vista 14
vigorous enérgico/a 2
violet violeta 2
violin el violín 7
viper la víbora 14
visit la visita 8
visual arts las artes visuales 7
voice la voz 8, 12

W

waist la cintura 13
to wait esperar 6
   in line hacer cola 9
waiter el/la mesero/a, el/la camarero/a 4
wake el velorio 8
to wake up despertarse 3
to walk caminar 2, 3
walnuts las nueces 10
to want querer 1
war la guerra 10
warm cálido/a 14
to warm, to heat calentar 10
to wash lavar 2, 3
   oneself lavarse 3
washing machine la lavadora 11
to watch mirar 3
water el agua 6
watermelon la sandía, la patilla 6
wave la ola 10
wealth la riqueza 10
to wear costumes disfrazarse 5
weather el clima 9
wedding la boda 8

Wednesday miércoles 3
well-behaved, well-mannered (person) educado/a 8
to be well known ser conocido/a 4
well-lit luminoso/a 14
wet mojado/a 8
while durante 1
white blanco/a 2
wide ancho/a 14
to widen ampliar 14
widow el/la viudo/a 8
to be a widow enviudar 8
wife la esposa, la mujer 5, 8
to win ganar 6, 7
window una ventana 1
to windsurf hacer windsurf 7
wine el vino 2, 6, 10
wine glass la copa 10
wine glass set el juego de copas 11
winter el invierno 4
with me conmigo 1, 8
with you contigo 1
wolf el lobo 14
woman la mujer 2
wood la madera 7
wool la lana 11
to work trabajar 2
   (a machine, a plan) funcionar 4
worker el/la obrero/a 2
workshop taller 7
world el mundo 6, 8
worried preocupado/a 2
to worry estar preocupado/a, preocupar 4, 10
wrinkle la arruga 14
to write escribir 2, 3
writer el/la escritor/a 6

Y

yard el jardín 9, 14
to yawn bostezar 12
yellow amarillo/a 2
to yield the way ceder el paso 14
yogurt el yogur 10
young jóven 2

Credits

Text Credits

p. 29 © Joaquín Salvador Lavado Tejón (QUINO); **p. 30** "Where you from?" reprinted courtesy of Gina Valdés; **p. 68** "Ondas Chicanas" reprinted courtesy of Lin Romero; **p. 68** "Óscura Luz" reprinted courtesy of Francisco X. Alarcón; **p. 189** © 2002 RqueR editorial, S.A./Maitena; **p. 226** © 2002 RqueR editorial, S.A./Maitena; **p. 241** © Joaquín Salvador Lavado Tejón (QUINO); **p. 281** © Joaquín Salvador Lavado Tejón (QUINO); **p. 318** © Joaquín Salvador Lavado Tejón (QUINO); **p. 327** Pablo Neruda, "Oda al vino", poema perteneciente a la obra ODAS ELEMENTALES; **p. 358** This version of the tale "La Quenita" was recorded, transcribed, and translated from the Quechua to Spanish by Johnny Payne. Reprinted with author's permission. **pp. 408–09** Augusto Roa Bastos, un fragmento de 11 líneas de la obra CONTAR UN CUENTO; **pp. 444–45** "El eclipse" is reprinted courtesy of International Editors' Co. S.L.; **p. 471** © 2002 RqueR editorial, S.A./Maitena; **pp. 478–79** Gabriel García Márquez, un fragmento de 25 líneas de la obra CIEN AÑOS DE SOLEDAD.

Photo Credits

All video stills courtesy of Larry Mondi Productions. **p. 2** German Meneses Photography; **p. 4** © Chuck Savage/CORBIS BETTMANN; **p. 9** © Pablo Corral Vega/ CORBIS BETTMANN; **p. 22** (top, left to right) AP/Wide World Photos, © POTIER/ALAMO/ CORBIS SYGMA All rights reserved, AP/Wide World Photos, (bottom, left to right) © AFP/CORBIS, © AFP/CORBIS, AP/Wide World Photos; **p. 28** © Karl Weatherly/ CORBIS BETTMANN; **p. 38** AP/Wide World Photos; **p. 64** (top, left to right) © Bettmann/ CORBIS, © Hulton-Deutsch Collection/ CORBIS, Colin Braley/CORBIS BETTMANN, (bottom, left to right) © Reuters NewMedia Inc./CORBIS, Getty Images, Inc.; **p. 78** Sergio Dorantes/ CORBIS BETTMANN; **p. 106** (left) Stuart Cohen/The Image Works, (right) Rafael Salaberry; **p. 107** (left) © Archivo Iconográfico, S.A./CORBIS, (right) © Tully Nola/CORBIS SYGMA; **p. 116** Rick Gómez/CORBIS BETTMANN; **p. 126** (top, left to right) © David Turnley/CORBIS, © David Pollack/CORBIS, (bottom, left to right) Jon Feingersh/CORBIS BETTMANN, © Owen Franken/CORBIS; **p. 152** AP/Wide World Photos; **p. 174** (left) © Bob Krist/CORBIS, (right) AP/Wide World Photos; **p. 176** Bob Krist/CORBIS BETTMANN; **p. 186** Chris Lisle/CORBIS BETTMANN; **p. 197** © Reuters NewMedia Inc./CORBIS All rights reserved; **p. 210** (top, left to right) © Dave G. Houser/CORBIS, AP/Wide World Photos, (bottom, left to right) Streichan/Masterfile Corporation, © Owen Franken/CORBIS All rights reserved; **p. 222** Robbie Jack/CORBIS BETTMANN; **p. 244** © Jimmy Dorantes/Latin Focus.com; **p. 247** © Bettmann/CORBIS All rights reserved; **p. 248** Pablo Corral Vega/CORBIS BETTMANN; **p. 260** Shelley Gazin/ CORBIS BETTMANN; **p. 286** (top, left to right) Brooks Craft/CORBIS BETTMANN, Frank Trapper/CORBIS/ Sygma, (bottom, left to right) TIME LIFE PICTURES/GETTY IMAGES, Getty Images, Inc.; **p. 298** Ken Welsh/AGE Fotostock America, Inc.; **p. 318** (top left) © Paul Thompson; Eye Ubiquitous/CORBIS All rights reserved, (bottom left) © Craig Lovell/CORBIS All rights reserved, (right) © Kevin Schafer/CORBIS All rights reserved; **p. 323** Macduff Everton/The Image Works; **p. 336** David Raymer/CORBIS BETTMANN; **p. 354** © Jimmy Dorantes/Latin Focus.com; **p. 357** (left) Paul Barton/CORBIS BETTMANN, (right) © Jimmy Dorantes/Latin Focus.com; **p. 362** (left) AP/Wide World Photos, (right) © AFP/CORBIS All rights reserved; **p. 376** Jeremy Horner/CORBIS BETTMANN; **p. 389** (left) © Galen Rowell/CORBIS All rights reserved, (right) © Scott T. Smith/CORBIS All rights reserved; **p. 397** Craig Duncan/D. Donne Bryant Stock Photography; **p. 416** AP/Wide World Photos; **p. 418** (top, left to right) AP/Wide World Photos, © Erich Lessing/Art Resource, NY, (center, left to right) © Reunion des Musées Nationaux/Art Resource NY, © Erich Lessing/ Art Resource, NY, (bottom, left to right) © Archivo Iconográfico, S.A./CORBIS, Macduff Everton/CORBIS All rights reserved; **p. 420** (top) © Francis G. Mayer/CORBIS All rights reserved, (center) © Erich Lessing/Art Resource, NY, (bottom) © Bettmann/CORBIS All rights reserved; **p. 430** © Giraudon/Art Resource, NY; **p. 435** (top) CORBIS Royalty Free, (center) Jon Feingersh/Masterfile Corporation, (bottom) CORBIS Royalty Free; **p. 436** © José Luis Pelaez, Inc./CORBIS; **p. 440** (top, left to right) © CORBIS. All rights reserved, © Francis G. Mayer/CORBIS All rights reserved, (bottom) © Bettmann/CORBIS All rights reserved; **p. 442** (left) © Bill Gentile/CORBIS All rights reserved, (right) © Pelletier Micheline/CORBIS SYG All rights reserved; **p. 454** AP/Wide World Photos; **p. 486** © Gary Braasch/CORBIS All rights

Index

A

a
  with direct objects, 314–16, 334
  + indirect object pronouns, 171
  personal, 162, 314–16, 334
abrir, past participle, 329, 393
active voice, 392–93
adjectives
  agreement, 54–56, 74
  comparative forms, 388–91, 414
  lo +, 430, 450
  neutral, 430–31
  ordinal numbers, 195–97, 218
  possessive forms, 169–70, 184
  quantity, 56
  superlative forms, 391–92, 414
adverbs, 135
  -mente, 135, 148
  negative expressions, 168–69
agreement
  adjectives, 54–56, 74, 430–31
  impersonal **se** constructions, 165
  negative expressions, 169
  neutral adjectives, 430–31
  ordinal numbers, 195
  of past participles, 393
  possessive forms, 169–70, 184
Allende, Salvador, 320–21
Almodóvar, Pedro, 206–9
alphabet, 12–13
Álvarez, Luis, 63–64
animals, 492–93
animate direct objects, 314–16, 334
appliances, 380–85
Arias, Óscar, 442–43
articles
  definite, 23–24, 36, 51–53
  gender, 51–53
  indefinite, 23–24, 36
arts, 230–31, 246–49, 418–21, 431–36

-ar verbs
  conditional tense, 467, 484
  formal commands, 349, 372
  imperfect tense, 274, 276–77, 294
  informal commands, 201–2, 218–19
  past participles, 329, 393
  past subjunctive tense, 499–500, 518
  present indicative tense, 58–60, 74, 91, 114
  present perfect tense, 329
  present progressive tense, 98, 114
  present subjunctive tense, 429, 450
  preterit tense, 236–37, 258
auxiliary/helping verbs
  estar, in present progressive tense, 97–98
  haber, in present perfect tense, 329–30
Aylwin, Patricio, 321

B

Bécquer, Gustavo Adolfo, 288–89
body, parts of, 44, 456–58
body language, 462
  gestures, 86–87
  greetings, 6, 126–27
  physical proximity, 126–27
Bolívar, Simón, 463–64

C

cardinal numbers, 10
careers and professions, 118–21
Castro, Fidel, 129
Chávez, César, 63–64
cities. *See* urban life
clothing, 122–23, 378–81, 409–10
cognates, 6–8
colors, 40
commands
  formal, 349–51, 372
  informal, 201–3, 218–19
  negative forms, 219
  use of **vos**, 254
communicative exchanges
  apologies, 48, 232–33
  concluding conversations, 493–94

conversations, 82, 188–89
expressing agreement/disagreement, 162
expressing doubt and surprise, 385
expressing opinions, 162
expressing positive and negative reactions, 307–8
expressing support and understanding, 269–70
expressing wishes for the future, 462
farewells, 462
following directions, 14
invitations, 193–94
offering help and advice, 345–47, 424–25
requesting clarification, 14
requesting permission, 14
requests, 48, 301, 468, 484
routine phrases, 82
thanking, 48
turn-taking, 493–95
using pauses, 86
comparative forms, 388–91, 414
conditional tense, 466–68, 484
conocer, 160
consonants. *See* pronunciación
creer, preterit tense, 241
cubrir, past participle, 329, 393
Cura, José, 246–47
Cyberspanglish, 445–46

D

daily life, 95–96
dar, preterit tense, 278–79, 294
Darío, Rubén, 511–13
days of the week, 79, 115
decir
  commands, 201, 218
  past participle, 329, 393
  present indicative tense, 133, 148
  preterit tense, 278–79, 294
definite articles, 23–24, 36, 51–53, 74
de la Cruz, Sor Juana Inés, 107–8
dependent clauses, 427–28, 465–66, 484, 497–98

describir, past participle, 329
dialects, 31–33
  in Caribbean, 144
  for clothing, 410–11
  Cyberspanglish, 445–46
  Djudeo-espanyol (Ladino), 283, 289
  for fruits and vegetables, 367–68
  in Puerto Rico, 181
  in Spain, 214–15
  use of present perfect tense, 328–30
  use of **vos**, 253–54, 513–14
  See also Espanglish; pronunciation
direct object pronouns, 198–200, 218, 352–54
direct objects, use of personal **a**, 314–16, 334
Djudeo-espanyol (Ladino), 283, 289
"Dos cuerpos" (Paz), 108–9
double object pronouns, 352–54, 372
Duarte, Juan Pablo, 129

E

e→ie stem-changing verbs, present indicative tense, 131–32, 148
e→i stem-changing verbs, present indicative tense, 131–32, 148
emotional states, 125
environmental issues, 492–93, 500, 501–8, 508–13
-er verbs
  conditional tense, 467, 484
  formal commands, 349, 372
  imperfect tense, 274, 276–77, 294
  informal commands, 201–2, 218–19
  past participles, 329, 393
  past subjunctive tense, 499–500, 518
  present indicative tense, 58–60, 74, 91, 114
  present perfect tense, 329
  present progressive tense, 98, 114
  present subjunctive tense, 429, 450
  preterit tense, 236–37, 258

escribir, past participle, 329, 393
Espanglish, 69–70, 110
estar
  as auxiliary/helping verb, 97–98
  contrasted with **ser** and **haber**, 166–68, 184
  informal commands, 203, 218–19
  present indicative tense, 56–57, 74
  present progressive tense, 114
  preterit tense, 240, 258

F

family life, 156–57, 279–81, 285–86
  formal usage, 351
  names, 265, 282
  relationships, 262–68
  stages of life, 266–67
farewells, 32–33, 462
feminine nouns. *See* gender
food and meals, 189–94, 203–4, 338–45
  etiquette, 356–59
  nutrition, 359–60
  recipes, 354–55
  wine, 326–27
formal language
  commands, 349–51, 372
  letter-writing, 104–5, 305–6
  uses of **tú** and **usted**, 5
Fujimori, Alberto, 361–62
future forms
  future tense, 466–68, 484
  immediate future, 134–35, 148, 353–54
  ir + **a** + infinitive, 134–35, 148, 353–54

G

García Márquez, Gabriel, 478–79
Gardel, Carlos, 249–50
gender
  agreement, 54–56, 74
  definite articles, 51–53, 74
  -ión words, 144
  negative expressions, 169
gestures, 86–87
greetings and introductions, 4–6, 32–33, 126–27
Guerra, Juan Luis, 509–11
gustar (and similar verbs), 301

use of **me**, **te**, or **le**, 61–63, 74
use of **nos**/**les**, 90, 114
word order, 172–73, 184

H

haber
  as auxiliary/helping verb, 329–30
  conditional tense, 468, 484
  present subjunctive tense, 429, 450
hacer
  commands, 218
  conditional tense, 484
  past participle, 329, 393
  present indicative tense, 133, 148
  preterit tense, 240, 258
hace + time + **que** + verb, 316–17, 334
haber, 11
  contrasted with **ser** and **estar**, 166–68, 184
health and medicine, 456–61, 470–79
Hemingway, Ernest, 142
Hispanic countries, 15–17, 27–29, 270–71
  Argentina, 234–35, 248–50, 253–55, 503
  Bolivia, 387–88, 406–9, 463–64, 503
  Chile, 309–10, 318–24, 327–28
  Colombia, 463–64
  Costa Rica, 426–27, 496–97, 503–5, 508–9
  Cuba, 128–29, 144
  Ecuador, 319, 347–48, 354–55, 361–64, 463–64, 503
  El Salvador, 426–27, 440–43
  España, 194–95, 205–6, 210–15, 503
  Estados Unidos, 49–50, 63–66, 285–88, 433, 503
  Filipinas, 283–84
  Guatemala, 426–27, 440–43
  Guinea Ecuatorial, 282–83
  Honduras, 426–27, 440–43
  Islas Canarias, 319
  Las Provincias Unidas de Centroamérica, 426–27, 440–43
  México, 88–89, 106–9, 503
  Nicaragua, 426–27, 496–97, 503, 511–13

Panamá, 463–64
  Paraguay, 387–88, 406–9
  Perú, 347–48, 354–55, 361–64, 463–64
  Puerto Rico, 163–64, 174–81
  República Dominicana, 128–29, 144, 509–11
  Uruguay, 234–35, 248–55, 503
  Venezuela, 463–64
Hispanic culture, 28–29
  advertisements, 435–39
  celebrities, 63–64
  indigenous culture, 419
  literature, 250–53
  murals, 106
  music and dance, 230–31, 246–49, 419, 421
  poetry, 68–69, 107–9, 212–13, 288–89
  television, 423–24, 431–36
  theater and cinema, 419, 422–24
  visual arts, 106, 418–21
holidays and celebrations, 154–59, 173–76, 266–67
household goods, 380–85, 396–99
human body, 44, 456–58

I

immediate future form, 134–35, 148
imperatives. *See* commands
imperfect tense, 237, 272–74, 294
  compared to the preterit, 274–77, 294, 311–14, 334
  meaning-changing verbs, 277–78
impersonal **se**, 165–66, 184
indefinite articles, 23–24, 36
indefinite expressions, 161
independent clauses, 427
indicative tenses, 427–28, 450, 497–98
  See also present indicative tense
indirect object pronouns, 170–72, 184, 352–54
infinitive use
  ir + **a** +, 134–35, 148, 353–54
  vs. subjunctive use, 465–66, 484
Internet and the Web, 445–46
interrogative forms, 47, 144

ir
  + **a** + infinitive, 134–35, 148, 353–54
  immediate future form, 134–35, 148, 353–54
  imperfect tense, 277, 294
  informal commands, 203, 218–19
  present indicative tense, 134
  present subjunctive tense, 429, 450
  preterit tense, 240, 258
irregular verbs
  conditional tense, 468, 484
  future tense, 468, 484
  imperfect tense, 294
  informal commands, 218–19
  past participles, 329–30, 393
  present indicative tense, 133–34, 148
  present subjunctive tense, 429, 450
  preterit tense, 240–42, 258, 294
  See also specific verbs, e.g., **ser**
-ir verbs
  conditional tense, 467, 484
  formal commands, 349, 372
  imperfect tense, 274, 276–77, 294
  informal commands, 201–2, 218–19
  past participles, 329, 393
  past subjunctive tense, 499–500, 518
  present indicative tense, 58–60, 74, 91, 114
  present perfect tense, 329
  present progressive tense, 98, 114
  present subjunctive tense, 429, 450
  preterit tense, 236–37, 258

K

Kahlo, Frida, 280

L

Latin roots, 7–9
leer, preterit tense, 241
leisure activities, 188
  arts, 230–31, 246–49
  sports, 224–29, 242–46
  travel, 300–307, 317–20, 509

letter-writing, 104–5, 140–41, 305–6
lo, 430–31, 450
loan words, 6–7

M

Machado, Antonio, 212–13
Mahuad, Jamil, 361–62
Maradona, Diego, 245
Martí, José, 129, 142–43
masculine nouns. *See* gender
meals. *See* food and meals
measurements, 101–2, 309–10
Menchú, Rigoberta, 442–43
Mercosur (Mercado del Cono Sur), 322, 400–403, 406
Metric system, 101–2
money
    obtaining credit, 383–85
    shopping, 378–85, 396–99
    trade, 322
Monterroso, Augusto, 443–45
Morazán, Francisco, 440–41
music and dance, 230–31, 246–49, 419, 421

N

NAFTA, 322, 400–401
names, 265, 282
negative forms, 22, 36
    commands, 202–3, 219, 350
    expressions, 161, 168–69, 424–25
Neruda, Pablo, 327–28
number. *See* plural forms
numbers
    cardinal, 10, 45
    ordinal, 195–97, 218

O

object pronouns
    direct, 198–200, 218
    double object, 352–54, 372
    indirect, 170–72, 184
Ochoa, Ellen, 63–64
Ochoa, Severo, 63–64
oír
    present indicative tense, 133, 148
    preterit tense, 241
ojalá, 462
optional pronouns, 18–19, 36
ordinal numbers, 195–97, 218

o →ue stem-changing verbs, present indicative tense, 131–32, 148

P

para, 393, 395–96, 414
participles
    past, 329–30
    present, 97–98
particles
    in reciprocal verbs, 129–30, 148
    in reflexive verbs, 96, 130
    See also **se**
passive voice, 392–94, 414
past forms
    imperfect tense, 237, 272–77, 311–14, 334
    past subjunctive tense, 499–500, 518
    present perfect tense, 328–30
    preterit tense, 236–42, 258, 274–77, 311–14, 334
past participles
    passive voice, 393
    present perfect tense, 329–30
Paz, Octavio, 107–9
pedir, preterit tense, 241
personal **a**, 162, 314–16, 334
personal characteristics
    appearance, 44
    emotional states, 57
    qualities, 42
physical states, 125
Pinochet, Augusto, 320–21
places, 57–58
plural forms
    agreement, 53–56, 74
    present indicative tense, 91
poder
    conditional tense, 484
    future tense, 468
    preterit *vs.* imperfect, 277–78, 294
poner
    commands, 201, 218
    conditional tense, 484
    future tense, 468
    past participle, 329, 393
    present indicative tense, 133, 148
por, 393, 395–96, 414
possessive forms, 169–70, 184
prepositions, 84
present indicative tense
    hace + time + **que** + verb, 316–17, 334

informal commands, 201–3, 218–19
irregular verbs, 133–34, 148
for ongoing/habitual activities, 98
regular verbs, 58–60, 74, 91, 114
stem-changing verbs, 131–32, 148
present perfect tense, 328–30
present progressive tense, 97–98, 114, 353–54
present subjunctive tense, 427–30, 450, 497–500, 518
    expressing hopes for the future, 462
    making requests, 484
    vs. infinitive, 465–66, 484
preterit tense, 236–42, 258
    compared to the imperfect, 274–77, 294, 311–14, 334
    hace + time + **que** + verb, 316–17, 334
    irregular verbs, 240–42, 278–79
    meaning-changing verbs, 277–78
pronouns
    attached to formal commands, 349–50
    attached to informal commands, 218
    attached to present progressive verbs, 353–54
    attached to reflexive verbs, 218
    direct object, 198–200, 218, 372
    double object, 352–54, 372
    formal *vs.* informal, 5
    indirect object, 170–72, 184, 372
    in negative commands, 203
    optional, 18–19, 36
    possessive forms, 169–70, 184
    in Spain, 214–15
    subject, 5, 17–19, 36, 144, 214–15
    tú and **usted**, 5
    vos, 253–54, 513–14
pronunciation
    b and **v**, 369, 446–47
    consonant reduction, 290
    dialects, 31–33
    -ión words, 144
    l, 411

omission of **s**, 33
p, **t**, and **k**, 514–15
r and **rr**, 330–31
s, **z**, and **c**, 33, 214
s in Spain, 214
sk-, **st-**, and **sp-**, 70–71
t and **d**, 290
vowels, 110–11
y and **ll**, 254–55

Q

querer
    conditional tense, 468, 484
    preterit *vs.* imperfect, 277–78, 294
question forms, 47, 144
Quiroga, Horacio, 250–53

R

reading selections
    "Algunas diferencias entre sistemas educativos," 103
    "Dos cuerpos" (Paz), 108–9
    "El almohadón de plumas" (Quiroga), 252
    "El eclipse" (Monterroso), 444–45
    El español en el mundo, 25
    "Hable con ella" (Almodóvar), 206–9
    "La cuarentena" (García Márquez), 478–79
    "La quenita" (anonymous), 364–67
    "Las moscas" (Machado), 213–14
    "Oda al vino" (Neruda), 327
    "Ondas Chicanas" (Romero), 68
    "Oscura Luz" (Alarcón), 68
    "Rimas XXI" and "Rimas XXXVIII" (Bécquer), 289
    "Si saliera petróleo" (Guerra), 509–11
    "Where you from?" (Valdez), 29–31
reading strategies
    active reading, 364
    advertisements, 435
    details, 206–9
    efficiency, 136–37
    general ideas, 206–9
    guessing, 102–3
    narrative techniques, 444
    predicting, 246, 324
    previewing, 398
    skimming, 24

reciprocal verbs, 129–30, 148
reflexive verbs, 95–96, 114, 130
  attached pronouns, 218
  informal commands, 218
  particle **se**, 96, 130
regular verbs. *See* **-ar** verbs; **-er** verbs; **-ir** verbs
restaurants. *See* food and meals
Reyna, Leonel Fernández, 129
Roa Bastos, Augusto, 408–9
romper, past participle, 393
Ros-Lehtinen, Ileana, 63–64

S

saber, 160
  present subjunctive tense, 429, 450
  preterit *vs.* imperfect, 277–78, 294
salir
  commands, 218
  conditional tense, 484
  future tense, 468
  present indicative tense, 133, 148
school
  asking questions, 14
  educational systems, 102–3
  following directions, 14
  objects in the classroom, 11–12
  schedules, 83–84
  subjects, 82–83
se
  as a double object pronoun, 353–54, 372
  impersonal, 165–66, 184
  in passive constructions, 394, 414
  in reciprocal verbs, 129–30, 148
  in reflexive verbs, 96, 130
  for unplanned events, 469–70, 484
seasons, 123–24
sentir, preterit tense, 241
ser
  contrasted with **estar** and **haber**, 166–68, 184
  imperfect tense, 277, 294
  informal commands, 203, 218–19
  passive voice, 393, 414
  present indicative tense, 19–20, 23, 36

present subjunctive tense, 429, 450
  preterit tense, 240, 258
Serrat, Joan Manuel, 212
shopping, 378–85, 396–99
spelling changes, 480–81
  in negative command forms, 203, 219
  in preterit tense, 241
  in subjunctive forms, 450
  See also stem-changing verbs
sports, 224–29, 242–46
stages of life, 266–67
stem-changing verbs
  present indicative tense, 131–32, 148
  present subjunctive tense, 429, 450
  preterit tense, 241
subject pronouns, 5, 17–19, 36, 144, 214–15
subjunctive tenses
  past, 499–500, 518
  present, 427–30, 450, 462, 465–66, 484, 497–500, 518
subordinate clauses, 497–98
superlative forms, 391–92, 414

T

tener
  commands, 201, 218
  conditional tense, 468, 484
  preterit tense, 240, 258
tener ganas de, 94, 114, 125
tener que, 94, 114
time expressions, 115
  days of the week, 79, 115
  hace + time + **que** + verb, 316–17, 334
  hours and minutes, 80–82
  prepositions for, 84
  time of day, 6
Toledo, Alejandro, 362–63
traer, present indicative tense, 133, 148
transportation, 300, 489–91
Tratado de Libre Comercio de Norteamérica (NAFTA), 322, 400–401
travel and tourism, 300–307, 317–20, 509

U

urban life, 488–90, 501–4

V

vacations. *See* travel and tourism
venir
  conditional tense, 484
  future tense, 468
  informal commands, 218
  preterit tense, 240, 258, 278–79, 294
ver
  imperfect tense, 277, 294
  past participle, 329, 393
  present subjunctive tense, 429, 450
  preterit tense, 240, 258
verbs. *See* specific verbs and verb tenses
vocabulary, 36, 115
  advertising, 437, 451–53
  animals, 521
  appearance, 44, 75
  appliances, 415
  arts, 258, 421, 451–53
  careers and professions, 77, 120, 149
  circumlocutions, 192
  clothing, 151, 415
  cognates, 6–8
  colors, 40, 75
  daily routines, 115
  days of the week, 115
  environment, 375, 520–21
  ethnicity, 361
  expressions of surprise, 159
  family life, 185, 295–97
  feelings, 150
  food and meals, 219–21, 373–74
  greetings and introductions, 36–37, 150
  health and medicine, 485
  holidays and celebrations, 158, 185, 294
  home life, 335
  household goods, 415
  human body, 76, 485
  illnesses, 485
  indefinite expressions, 161
  interrogative words, 47
  languages, 115
  Latin roots, 7–9
  leisure activities, 258, 335
  letter writing, 305
  loan words, 6–7
  metric system units, 101–2
  money management, 415

months, 150
  music and dance, 258, 451–53
  negative expressions, 161
  ordinal numbers, 219
  personal qualities, 42, 75, 295
  places, 75
  relationships, 294
  school and study, 37, 75–77, 115
  seasons, 150
  sports, 225, 258
  superlatives, 392
  synonyms, 192
  theater and cinema, 451–53
  time, 115
  transition words, 475
  transportation, 519
  travel, 335
  urban life, 519
  weather, 149–50
volver, past participle, 329, 393
vos, 253–54, 513–14
vowels, 110–11

W

weather, 123–24
wine, 326–27
word origins
  arts, 421
  Espanglish, 69–70
  Greek, 110
  Latin, 110, 144
  medicine, 459
  transportation, 489
work life, 118–21
writing strategies
  advertisements, 436
  business writing, 404–5
  considering the reader, 140–41
  context, 140–41
  letters, 104–5, 140–41, 305–6
  logical arguments, 476
  metaphors, 327
  research reports, 325, 360–61
  scientific writing, 507–8
  stating your goal, 140–41
  steps for writing, 26
  transition words, 177, 474–75
  using narrative, 247
  verb tense, 284–85

Mar Caribe

Océano Atlántico

Barranquilla
Cartagena
Maracaibo
Caracas
TRINIDAD
Y TOBAGO
Port-of-Spain
R. Orinoco
VENEZUELA
Georgetown
Paramaribo
Cayena
Medellín
Manizales
Salto Ángel
GUYANA
SURINAM
GUAYANA
FRANCESA
Cali
Bogotá
COLOMBIA
Quito
ECUADOR
R. Amazonas
ECUADOR
Guayaquil
Cuenca
Manaus
Belém
Iquitos
Cajamarca
R. Madeira
PERÚ
BRASIL
Recife

Océano Pacífico
Isla Pinta
Isla Marchena
Isla San Salvador
Santa Cruz
Isla Santa Cruz
Isla Isabela
Puerto
Ayora
Isla
San Cristóbal
Puerto
Villamil
Puerto Baquerizo
Moreno
LAS ISLAS
GALÁPAGOS
(ECUADOR)
0   50   100 millas
0   50   100 kilómetros

Machu
Picchu
Lima
Ayacucho
Cuzco
Arequipa
L.Titicaca
BOLIVIA
Arica
La Paz
Sucre
Potosí
Iquique
Salvador
Brasilia
Belo Horizonte
Rio de Janeiro

0   25   50 millas
0   25   50 kilómetros
Cabo Norte
Volcán
Puakatike
Cabo
Cumming
Hanga Roa
Mataveri
Cabo Sur
Océano Pacífico
ISLA DE PASCUA
(CHILE)

Desierto de Atacama
Antofagasta
Salta
PARAGUAY
Asunción
São Paulo
Santos
TRÓPICO DE CAPRICORNIO
Tucumán
Salto Iguazú
Porto Alegre
CHILE
Córdoba
R. Paraná
R. Uruguay
URUGUAY
Mendoza
Rosario
Valparaíso
Buenos Aires
Montevideo
Santiago
La Plata
Río de la Plata
Concepción
Bahía Blanca
CORDILLERA DE LOS ANDES
CORDILLERA DE LOS ANDES
ARGENTINA

Océano Pacífico

Puerto Montt

Estrecho de
Magallanes

América del Sur

0   200   400   600   800 millas

0   200   400   600   800 kilómetros

ISLAS MALVINAS
TIERRA DEL FUEGO
Punta
Arenas
Cabo de Hornos